经世济世
继往开来

贺教育部
人文社同项目

成功立项

李昌林
癸卯立冬

图书在版编目（CIP）数据

民族地区特殊类型贫困与反贫困研究/李俊杰等著.
—北京：经济科学出版社，2019.1
教育部哲学社会科学研究重大课题攻关项目"十三五"
国家重点出版物出版规划项目
ISBN 978 – 7 – 5218 – 0175 – 0

Ⅰ.①民… Ⅱ.①李… Ⅲ.①民族地区 – 贫困问题研究 – 中国 Ⅳ.①F127.8

中国版本图书馆 CIP 数据核字（2019）第 014288 号

责任编辑：张庆杰
责任校对：蒋子明
责任印制：李　鹏

民族地区特殊类型贫困与反贫困研究
李俊杰　等著
经济科学出版社出版、发行　新华书店经销
社址：北京市海淀区阜成路甲 28 号　邮编：100142
总编部电话：010 – 88191217　发行部电话：010 – 88191522
网址：www.esp.com.cn
电子邮件：esp@esp.com.cn
天猫网店：经济科学出版社旗舰店
网址：http://jjkxcbs.tmall.com
北京季蜂印刷有限公司印装
787×1092　16 开　35 印张　670000 字
2019 年 5 月第 1 版　2019 年 5 月第 1 次印刷
ISBN 978 – 7 – 5218 – 0175 – 0　定价：122.00 元
（图书出现印装问题，本社负责调换。电话：010 – 88191510）
（版权所有　侵权必究　打击盗版　举报热线：010 – 88191661
QQ：2242791300　营销中心电话：010 – 88191537
电子邮箱：dbts@esp.com.cn）

课题组主要成员

首席专家 李俊杰
主要成员 叶 慧　李海鹏　李 波　陈祖海
　　　　　　潘泽江　丁士军　揭子平

编审委员会成员

主 任　吕　萍
委 员　李洪波　柳　敏　陈迈利　刘来喜
　　　　樊曙华　孙怡虹　孙丽丽

总　序

哲学社会科学是人们认识世界、改造世界的重要工具，是推动历史发展和社会进步的重要力量，其发展水平反映了一个民族的思维能力、精神品格、文明素质，体现了一个国家的综合国力和国际竞争力。一个国家的发展水平，既取决于自然科学发展水平，也取决于哲学社会科学发展水平。

党和国家高度重视哲学社会科学。党的十八大提出要建设哲学社会科学创新体系，推进马克思主义中国化、时代化、大众化，坚持不懈用中国特色社会主义理论体系武装全党、教育人民。2016年5月17日，习近平总书记亲自主持召开哲学社会科学工作座谈会并发表重要讲话。讲话从坚持和发展中国特色社会主义事业全局的高度，深刻阐释了哲学社会科学的战略地位，全面分析了哲学社会科学面临的新形势，明确了加快构建中国特色哲学社会科学的新目标，对哲学社会科学工作者提出了新期待，体现了我们党对哲学社会科学发展规律的认识达到了一个新高度，是一篇新形势下繁荣发展我国哲学社会科学事业的纲领性文献，为哲学社会科学事业提供了强大精神动力，指明了前进方向。

高校是我国哲学社会科学事业的主力军。贯彻落实习近平总书记哲学社会科学座谈会重要讲话精神，加快构建中国特色哲学社会科学，高校应发挥重要作用：要坚持和巩固马克思主义的指导地位，用中国化的马克思主义指导哲学社会科学；要实施以育人育才为中心的哲学社会科学整体发展战略，构筑学生、学术、学科一体的综合发展体系；要以人为本，从人抓起，积极实施人才工程，构建种类齐全、梯队衔接的高校哲学社会科学人才体系；要深化科研管理体制改革，发挥高校人才、智力和学科优势，提升学术原创能力，激发创新创造活力，建设中国特色新型高校智库；要加强组织领导、做好统筹规划、营造良好学术生态，形成统筹推进高校哲学社会科学发展新格局。

哲学社会科学研究重大课题攻关项目计划是教育部贯彻落实党中央决策部署的一项重大举措，是实施"高校哲学社会科学繁荣计划"的重要内容。重大攻关项目采取招投标的组织方式，按照"公平竞争，择优立项，严格管理，铸造精品"的要求进行，每年评审立项约40个项目。项目研究实行首席专家负责制，鼓励跨学科、跨学校、跨地区的联合研究，协同创新。重大攻关项目以解决国家现代化建设过程中重大理论和实际问题为主攻方向，以提升为党和政府咨询决策服务能力和推动哲学社会科学发展为战略目标，集合优秀研究团队和顶尖人才联合攻关。自2003年以来，项目开展取得了丰硕成果，形成了特色品牌。一大批标志性成果纷纷涌现，一大批科研名家脱颖而出，高校哲学社会科学整体实力和社会影响力快速提升。国务院副总理刘延东同志做出重要批示，指出重大攻关项目有效调动各方面的积极性，产生了一批重要成果，影响广泛，成效显著；要总结经验，再接再厉，紧密服务国家需求，更好地优化资源，突出重点，多出精品，多出人才，为经济社会发展做出新的贡献。

作为教育部社科研究项目中的拳头产品，我们始终秉持以管理创新服务学术创新的理念，坚持科学管理、民主管理、依法管理，切实增强服务意识，不断创新管理模式，健全管理制度，加强对重大攻关项目的选题遴选、评审立项、组织开题、中期检查到最终成果鉴定的全过程管理，逐渐探索并形成一套成熟有效、符合学术研究规律的管理办法，努力将重大攻关项目打造成学术精品工程。我们将项目最终成果汇编成"教育部哲学社会科学研究重大课题攻关项目成果文库"统一组织出版。经济科学出版社倾全社之力，精心组织编辑力量，努力铸造出版精品。国学大师季羡林先生为本文库题词："经时济世 继往开来——贺教育部重大攻关项目成果出版"；欧阳中石先生题写了"教育部哲学社会科学研究重大课题攻关项目"的书名，充分体现了他们对繁荣发展高校哲学社会科学的深切勉励和由衷期望。

伟大的时代呼唤伟大的理论，伟大的理论推动伟大的实践。高校哲学社会科学将不忘初心，继续前进。深入贯彻落实习近平总书记系列重要讲话精神，坚持道路自信、理论自信、制度自信、文化自信，立足中国、借鉴国外，挖掘历史、把握当代，关怀人类、面向未来，立时代之潮头、发思想之先声，为加快构建中国特色哲学社会科学，实现中华民族伟大复兴的中国梦做出新的更大贡献！

教育部社会科学司

前　言

全面建成小康社会是全国各族人民的共同愿望和中华民族伟大复兴的奋斗目标，自改革开放以来，我国在反贫困问题上取得了巨大的成就，贫困人口急剧减少，贫困区域已经缩小到14个集中连片特殊困难地区。然而，贫困作为一个持久、复杂而顽固的问题，仍然是我国通向全面建成小康社会的重大绊脚石。与全国一般地区相比，民族地区在自然条件、经济基础、公共服务、人口质量等方面还有很大的差距，犹如全国小康社会建设中的一块"洼地"。全国贫困人口的三分之一，14个集中连片特区的11个片区的许多县市，以及深度贫困的"三区三州"都在民族地区。同时，民族地区在地缘政治、国家安全方面又具有政治"高地"的特性。我国陆疆与14个国家接壤，陆地边境线长2.2万公里，其中1.9万公里在民族地区。因此，民族地区的贫困问题不但是一个扶贫问题，更是一个战略问题。民族地区的减贫和发展，对于我国的经济发展、国防安全、社会稳定都具有重要意义。

经过30多年的扶贫工作，尤其是2000年以来，中央财政以民族地区转移支付为重要抓手，不断增强民族地区基本公共服务保障能力，更是额外安排少数民族发展资金，专项支持推进兴边富民行动、扶持人口较少民族发展以及开展少数民族特色村寨的保护与发展，民族地区反贫困工作取得了显著成效。少数民族贫困地区农村贫困人口大幅度减少，经济全面发展，基础设施明显改善，社会事业不断进步，群众收入水平稳步提高，为促进民族团结、社会和谐、边疆稳定发挥了重要作用。然而，现阶段民族地区贫困问题仍然不容忽视。2017年，全国农村贫困发生率为3.1%，民族八省区贫困发生率为6.9%，民族

17省区贫困发生率远高于全国，贫困程度较深。

虽然国内外有大量关于中国农村地区贫困问题的研究，这些文献使用了包括国家、省级等不同层次的统计数据和对住户的调查数据，得出了很多有意义的结论和建议。但是，较少有文献采用跨学科范式系统地、分类型地来研究中国民族地区，尤其是集中连片特殊困难地区的民族自治地方的贫困问题。事实上，民族地区贫困问题在经济发展、政治维稳、社会治理、文化建设、生态保护方面呈现特殊规律，该地区的"涉边""涉教"现象不容忽视，"生态贫困""教育贫困""资本贫困"等问题相交织，致贫因素多，持续时间长，扶贫难度大，贫困及反贫困问题极其特殊。为了研究这些问题，在教育部哲学社会科学研究重大课题攻关项目（批准号13JZD026）的资助和支持下，本书构建了一个跨学科分析框架来分析民族地区特殊类型贫困规律，同时按照"集中连片、突出重点、全国统筹、区划完整"的原则，将我国集中连片特殊困难地区中的民族自治地方分成生态脆弱区、省际交界区、特殊地缘区、特殊文化区等四大贫困区域，分类研究这些区域的特殊致贫机理。在尊重市场作用的同时，发挥政府的职能，正确制定和及时调整符合不同类型区域经济社会发展规律的减贫政策，纠正"市场失灵"，以达到"双赢的发展机制"。通过利用对集中连片特殊困难地区中民族自治地方的一手调查数据和官方统计数据，本书全面剖析了中国民族地区贫困特征、致贫机理、扶贫成效及制度创新等问题。研究结果可供政府决策参考，以提高扶贫开发和区域协调发展的绩效，促进民族地区，特别是集中连片特殊困难地区中的民族地区加快发展和脱贫攻坚。

本书还可供政府有关管理部门及其工作人员、科研院所研究人员以及高等院校相关专业的师生参考。

摘　要

　　改革开放40年来,中国成功地实现了经济快速增长和贫困人口大规模减少的发展奇迹。但不容忽视的是,贫困作为一个持久复杂而顽固的问题,仍然是我国通向全面建成小康社会的重大绊脚石。随着扶贫开发的进一步深入,贫困区域缩小到14个集中连片特殊困难地区,尤其是片区中的民族区域自治地方。民族地区的贫困问题不但是一个扶贫问题,更是一个战略问题,其减贫和发展对于我国的经济发展、国防安全、社会稳定都具有重要意义。

　　本书围绕"特殊类型贫困与反贫困"这一主题,构建了民族地区特殊类型贫困问题研究的总体框架,并通过将涵盖有民族地区的11个集中连片特殊困难地区分成生态脆弱区、省际交界区、特殊地缘区、特殊文化区四类,提出反贫困分类研究设想。通过选取干旱牧区、武陵山区、滇桂黔石漠化区、滇桂边境地区、高寒藏区作为重点研究区域,从各区域特殊类型贫困的现状特征、致贫机理、减贫成效、反贫困制度创新四个方面展开深入研究。研究结果可供政府决策参考,以提高扶贫开发和区域协调发展的工作绩效,促进民族地区,尤其是集中连片特殊困难地区中的民族地区加快发展和脱贫攻坚。

Abstract

In the past forty years of reform and opening up, China has successfully achieved the development miracle of rapid economic growth and large-scale reduction of the poverty-stricken population. However, it cannot be ignored that poverty, as a persistent, complex and stubborn problem, is still a major stumbling block to build a moderately prosperous society in all respects in China. With the further development of poverty alleviation, the poor areas have been reduced to 14 concentrated contiguous areas with particular difficulties, especially in national autonomous areas. The poverty in ethnic minority areas is not only a poverty alleviation issue, but also a strategic issue. Poverty reduction and development in ethnic minority areas are of great significance to China's economic development, national defense security and social stability.

Based on the theme of 'special type of poverty and anti-poverty', this report constructs a general framework for the study of special type of poverty in ethnic minority areas. The ethnic minority areas in 11 concentrated contiguous areas with particular difficulties are divided into the ecologically fragile areas, provincial border areas, special geographical areas, and special cultural areas, and the research proposal of anti-poverty classification is put forward. With the investigation and research on the key areas, including arid pastoral areas, Wuling mountain area, rocky desertification areas of Yunnan, Guangxi and Guizhou, the border areas in Yunnan and Guangxi, and alpine Tibetan areas, the paper has studied on the present situation of poverty, and the mechanism of poverty reduction, and the effect of poverty alleviation, and innovation of anti-poverty system in the areas. The results of the research can be used as a reference for government decision-making in order to improve the work performance of poverty alleviation and regional coordinated development, especially in ethnic minority areas in concentrated contiguous areas with particular difficulties.

目 录

第一篇
民族地区特殊类型贫困总体框架与分类研究　1

第一章 ▶ 民族地区特殊类型贫困问题研究的理论框架　3

　　第一节　贫困概念界定　3
　　第二节　贫困区域定位　9
　　第三节　贫困形成机理探析　16
　　第四节　片区贫困的特殊性与跨学科融合的内在机理　34

第二章 ▶ 民族地区特殊类型贫困问题测度的多维方法　36

　　第一节　跨学科框架下多维致贫机理及影响路径　36
　　第二节　生计资本评估　43
　　第三节　多维贫困测度　49

第三章 ▶ 民族地区特殊类型贫困问题治理的分类策略　67

　　第一节　生态脆弱区贫困治理策略　68
　　第二节　特殊地缘区贫困治理策略　76
　　第三节　特殊文化区贫困治理策略　81
　　第四节　省际交界区贫困治理策略　83

本篇结论　89

第二篇

干旱牧区特殊类型贫困研究　91

第四章 ▶ 干旱牧区特殊类型贫困现状与多维测算　93

第一节　干旱牧区概况　93
第二节　干旱牧区贫困状况　96
第三节　干旱牧区多维贫困指数测算　105
第四节　干旱牧区贫困问题的特殊性：基于与农区的比较　109

第五章 ▶ 干旱牧区特殊类型贫困特征与成因　114

第一节　贫困异质性特征分析　114
第二节　贫困的异质性成因分析　118
第三节　干旱牧区生态脆弱性分析：基于生态足迹视角　120

第六章 ▶ 干旱牧区反贫困策略：模式、绩效与推广　129

第一节　干旱牧区扶贫政策　129
第二节　扶贫模式及评价　133
第三节　典型案例　136
第四节　干旱牧区反贫困的政策建议　168

本篇结论　172

第三篇

武陵山区特殊类型贫困研究　175

第七章 ▶ 武陵山区贫困现状与特殊类型贫困测量　177

第一节　武陵山区贫困时空演变分析　177
第二节　武陵山区空间贫困测量　180

第三节 武陵山区贫困脆弱性测量　186
第四节 武陵山区多维贫困测量　192

第八章 ▶ 武陵山区特殊类型贫困形成的微观机理　195

第一节 武陵山区农户家庭生命周期划分　196
第二节 武陵山区农户贫困形成的生命轨迹分析　205
第三节 武陵山区农户贫困形成的劣势累积机制　213
第四节 武陵山区特殊类型贫困的影响因素分析　218

第九章 ▶ 协同治理视角下武陵山区特殊类型贫困的破解　228

第一节 武陵山区贫困问题特殊性来源：行政区划分割　229
第二节 武陵山区贫困问题协同治理的基础与困境　233
第三节 武陵山区贫困问题协同治理体系　237
第四节 武陵山区贫困问题协同治理的农户扶持政策　245

本篇结论　251

第四篇

滇桂黔石漠化区特殊类型贫困研究　255

第十章 ▶ 滇桂黔石漠化区特殊类型贫困现状与致贫机理　257

第一节 滇桂黔石漠化区贫困现状　257
第二节 滇桂黔石漠化区多维贫困测算　265
第三节 滇桂黔石漠化区特殊类型贫困的致贫机理　272

第十一章 ▶ 滇桂黔石漠化区特殊类型贫困的减贫模式与绩效评价　280

第一节 滇桂黔石漠化区特殊类型贫困脱贫攻坚的顶层架构　280
第二节 滇桂黔石漠化区特殊类型贫困治理的典型模式与工程　295
第三节 滇桂黔石漠化区现行扶贫政策的绩效评估　312

第十二章 ▶ 滇桂黔石漠化区特殊类型贫困与反贫困的制度创新　326

第一节 滇桂黔石漠化区特殊类型反贫困制度的创新方向　326

第二节　滇桂黔石漠化区消减特殊类型贫困的政策建议　334

本篇结论　342

第五篇

滇桂边境地区特殊类型贫困研究　345

第十三章 ▶ 滇桂边境地区多维贫困测度及贫困原因　347

第一节　滇桂边境地区贫困现状及特征　347

第二节　滇桂边境地区农户多维贫困测度　359

第三节　滇桂边境地区特殊类型贫困的成因　369

第十四章 ▶ 滇桂边境地区扶贫开发效果评价及扶贫政策创新　377

第一节　滇桂边境地区扶贫开发效果评价　377

第二节　滇桂边境地区扶贫政策创新　395

本篇结论　409

第六篇

高寒藏区特殊类型贫困研究　413

第十五章 ▶ 高寒藏区特殊类型贫困总体特征与空间差异研究　415

第一节　高寒藏区总体区域概况　415

第二节　高寒藏区特殊类型贫困总体特征　425

第三节　高寒藏区特殊类型贫困空间差异研究　434

第十六章 ▶ 高寒藏区特殊类型贫困微观调查与农户政策依赖性　453

第一节　农户基本情况调查　453

第二节　农户多维贫困测量　463

第三节　农户贫困认知与意愿分析　467

第四节　贫困农户政策依赖性分析　475

第十七章 ▶ 高寒藏区特殊类型贫困成因及反贫困模式突破　486

　　第一节　高寒藏区特殊类型贫困的成因分析　486
　　第二节　高寒藏区反贫困模式突破　496

本篇结论　512

参考文献　515

后记　523

Contents

Part I Research on the general framework and classification of special type of poverty in ethnic minority areas   1

Chapter 1 A theoretical framework for the study of special type of poverty in ethnic minority areas   3

    1.1 Definition of poverty   3

    1.2 Positioning of poverty-stricken areas   9

    1.3 Analysis on the formation mechanism of poverty   16

    1.4 The interdisciplinary mechanism of special type of poverty   34

Chapter 2 A multidimensional approach to the measurement of special type of poverty in ethnic minority areas   36

    2.1 Multidimensional poverty mechanism and its influence path in the interdisciplinary framework   36

    2.2 Livelihood capital assessment   43

    2.3 Measurement of multidimensional poverty   49

Chapter 3 Classification strategies for the governance of special type of poverty in ethnic minority areas   67

    3.1 The strategy of poverty governance in ecologically fragile areas   68

3.2　The strategy of poverty governance in special geographical areas　76

3.3　The strategy of poverty governance in special cultural areas　81

3.4　The strategy of poverty governance in provincial border areas　83

Conclusion　89

Part II　Research on special type of poverty in arid pastoral areas　91

Chapter 4　The situation of special type of poverty in arid pastoral areas and multidimensional calculation　93

4.1　An overview　93

4.2　The situation of poverty　96

4.3　Calculation of multidimensional poverty index　105

4.4　The special problem of poverty: based on comparison with rural area　109

Chapter 5　The characteristics and causes of special type of poverty in arid pastoral areas　114

5.1　Analysis on the characteristics of the heterogeneity of poverty　114

5.2　Analysis on the causes of the heterogeneity of poverty　118

5.3　Analysis on ecological vulnerability: from the perspective of ecological footprint　120

Chapter 6　Anti-poverty strategy in arid pastoral areas: pattern, performance and promotion　129

6.1　Poverty alleviation policy　129

6.2　Poverty alleviation model and evaluation　133

6.3　Typical cases　136

6.4　Anti-poverty policy recommendations　168

Conclusion　172

Part III Research on special type of poverty in Wuling mountain area   175

Chapter 7 Poverty status and measurement of special type of poverty in Wuling mountain area   177

7.1 Analysis on the spatial-temporal evolution of poverty   177
7.2 Measurement of space poverty   180
7.3 Measurement of poverty vulnerability   186
7.4 Measurement of multidimensional poverty   192

Chapter 8 The microscopic mechanism of special type of poverty in Wuling mountain area   195

8.1 Division of peasant households's life cycle   196
8.2 Analysis on the life trajectory of peasant households' poverty   205
8.3 The inferiority accumulation mechanism of peasant households' poverty   213
8.4 Analysis on the influence factors of special type of poverty   218

Chapter 9 The crack of special type of poverty from the perspective of collaborative governance   228

9.1 Source of special poverty in Wuling mountain area: administrative division   229
9.2 The foundation and predicament of the collaborative governance of poverty   233
9.3 A collaborative governance system of poverty   237
9.4 The farmer support policy based on the collaborative governance of poverty   245

Conclusion   251

Part IV Reseach on the special type of poverty in the rocky desertification areas of Yunnan, Guangxi and Guizhou　255

Chapter 10　The special type of poverty and the mechanism of poverty alleviation in the rocky desertification areas of Yunnan, Guangxi and Guizhou　257

10.1　The situation of poverty　257
10.2　Measurement of multidimensional poverty　265
10.3　The mechanism of poverty alleviation　272

Chapter 11　Poverty reduction model and performance evaluation of the special type of poverty in the rocky desertification areas of Yunnan, Guangxi and Guizhou　280

11.1　The top-level structure of special type of poverty alleviation　280
11.2　The typical pattern and project of special type of poverty governance　295
11.3　Performance evaluation of current poverty alleviation policies　312

Chapter 12　The system innovation of special type of poverty and anti-poverty in the rocky desertification areas of Yunnan, Guangxi and Guizhou　326

12.1　The innovation direction of special type of anti-poverty system　326
12.2　Policy suggestions on special type of poverty reduction　334

Conclusion　342

Part V Research on the special type of poverty in the border areas in Yunnan and Guangxi   345

Chapter 13 The multidimensional poverty measurement and the causes of poverty in the border areas in Yunnan and Guangxi   347

    13.1 The present situation and characteristics of poverty   347

    13.2 Measurement of multidimensional poverty   359

    13.3 The causes of special type of poverty   369

Chapter 14 The evaluation and policy innovation of poverty alleviation in the border areas in Yunnan and Guangxi   377

    14.1 Evaluation of poverty alleviation   377

    14.2 Policy innovation of poverty alleviation   395

Conclusion   409

Part VI Research on special type of poverty in alpine Tibetan areas   413

Chapter 15 Research on the general characteristics and spatial difference of special type of poverty in alpine Tibetan areas   415

    15.1 General situation   415

    15.2 General characteristics of special type of poverty   425

    15.3 Research on the spatial difference of special type of poverty   434

Chapter 16 Micro survey of special type of poverty and policy dependence of peasant households in alpine Tibetan areas   453

    16.1 Basic situation of peasant households   453

    16.2 Measurement of multidimensional poverty   463

    16.3 Analysis on poverty cognition and intention of peasant households   467

    16.4 Analysis on policy dependence of poor farmers   475

Chapter 17 The causes of special type of poverty and the breakthroughs of anti-poverty model in alpine Tibetan areas　486

    17.1   Analysis on the causes of special type of poverty   486

    17.2   Breakthroughs of anti-poverty model   496

Conclusion　512

References　515

Postscript　523

第一篇

民族地区特殊类型贫困总体框架与分类研究

第一章

民族地区特殊类型贫困问题研究的理论框架

第一节 贫困概念界定

一、贫困特殊性的提出

现阶段,尽管我国反贫困工作取得了显著成效,但民族地区贫困程度相对较深,贫困发生率仍然较高。《中国农村扶贫开发纲要(2011—2020年)》将扶贫开发重点转移到14个集中连片特殊困难地区,其中滇桂黔石漠化区、滇西边境山区、武陵山区、西藏及四省藏区、乌蒙山区、六盘山区、新疆南疆三地州等11个片区主要是少数民族聚居区,可称为集中连片特困民族地区,是全国扶贫工作的重点。[①] 这些区域"生态贫困""教育贫困""资本贫困"等交织,致贫因素多,持续时间长,扶贫难度大。集中连片特困民族地区的贫困家庭脱贫致富对于维护民族团结、保持边疆稳定、促进社会和谐、建设生态文明,具有特殊重大意义,特殊性主要表现在以下五个方面:

一是经济发展的特殊性。民族地区产业基础薄弱,经济增长有利于贫困者发展的作用非常有限。农村二、三产业基础十分薄弱,集体经济发展不足。同时,许多地区受耕地少而山地多的客观条件限制,传统种养殖业无法成为地方支柱产业。虽然边境贸易、特色产业在部分地区是经济发展的重要支柱,但是对贫困居民增收的作用极其有限,贫困者只能处于贸易流通链、产业链的最底端,赚取微薄的打工收入,大部分利润被外地人或本地富裕户赚取。因此,传统的经济发展

---

① 中共中央、国务院:《中国农村扶贫开发纲要(2011—2020年)》,人民日报2011年12月2日第1版。

模式不足以成为贫困者脱贫致富的重要支柱和来源。由于经济发展的利贫性作用有限，民族地区贫困问题仍然比较突出。2015 年民族自治地方农村贫困发生率为 13.8%，而全国平均为 5.7%。[①] 2010 年以后，我国将扶贫开发重点转移到 14 个集中连片特殊困难地区，其中 11 个片区主要是少数民族聚居区，我国贫困地区与民族自治地方的重合是我国贫困问题的突出特点。

二是政治维稳的特殊性。在国防安全战略上，贫困问题不利于固土戍边。边境民族地区是维护国家安全的第一道防线。我国边境地区国土面积 197 万平方公里，人口 2 300 多万，其中少数民族人口近一半，有 30 多个民族与周边国家同一民族毗邻而居。边境地区地处我国对外开放的前沿，是确保国土安全和生态安全的重要屏障，在全国改革发展稳定大局中具有重要战略地位。[②] 例如，在广西壮族自治区的崇左市，20 世纪 70 年代末这里曾是对越自卫反击战的战场，在这里"一个村民就是一个哨兵，一个村庄就是一个哨所"。现今中越关系十分特殊，友谊与分歧并存，如果能够使得广西边境地区的边民富裕起来，他们就会愿意扎根这里，建设这里，他们自然就是守卫边境的最好的"士兵"。然而，由于当地贫困程度较深，许多年轻力壮的劳动力选择到附近的广东等发达城市打工，导致边境地区年轻男子人口锐减，不利于固土戍边，给国家安全带来了很大隐患。[③]

三是社会治理的特殊性。在社会基层治理上，贫困人口动态管理难度大。由于许多民族地区处于欠发达地区、边境地区，再加上频繁的区内外贸易，民族地区人口流动性较强。例如，湖北省恩施土家族苗族自治州有将近 80 万人每年流出务工；[④] 在广西凭祥市 17 万人口中，流动人口就高达 7 万人；[⑤] 在新疆阿克苏地区一师团场团部 31 万人口中流动人口有 2.8 万人。[⑥] 流动人口管理问题成为民族地区社会管理的难题，尤其是在边境。其一，边境地区边境线长，地形复杂，便道多，跨国犯罪活跃。其二，由于边境地区大多是跨界民族，与其他国家边民习俗相近，语言相通，甚至是亲戚，边民来往频繁、相互融合。由于中外经济发展差距，中方边民生活往往优于他国边民，边境通婚成为中方贫困家庭大龄男子解决婚配的主要方式，但外籍新娘的落户问题又带来当地流动人口管理困难等问

---

① 国家统计局农村社会经济调查总队：《中国农村贫困监测报告 2016》，中国统计出版社 2016 年版，第 55 页。
② 国务院办公厅：《国务院办公厅关于印发兴边富民行动"十三五"规划通知》，http：//www. gov. cn/zhengce/content/2017 – 06/06/content_5200277. htm，2017 年 6 月 6 日。
③ 叶慧、李俊杰：《边境民族地区精准扶贫模式创新研究》，载《当代农村财经》2016 年第 5 期，第 18～23 页。
④ 资料来源于恩施州统计局、恩施州调查队《恩施州统计年鉴》（2011 – 2014）。
⑤ 资料来源于课题组 2015 年的调查资料。
⑥ 资料来源于《阿克苏地区统计年鉴 2015》。

题。其三，由于历史原因的影响，一些边境地区为中外战争的战场故地，每年有成千上万的老兵前往祭奠牺牲的战士，这也给边境地区社会治理带来巨大的压力。流动人口数量较大，政府在开展扶贫工作时，难以对贫困人口进行长期的动态管理，相关扶贫政策也难以得到落实。

四是文化建设的特殊性。部分贫困者"等靠要"思想严重，贫困文化导致贫困恶性循环。在长期的贫困文化影响下脱贫困难。例如，1959年民主改革之后，西藏由僧侣贵族专制、政教合一的封建农奴社会一步跨越到社会主义社会，这种社会制度的大跨越并没有彻底消除旧时代的痕迹，自我发展能力仍然低下，贫困具有极其顽固性。① 文化程度偏低导致部分少数民族群众对生产中出现的新技术、新品种一时难以接受，不能很好地将其应用于实际生产当中。部分群众小农经济意识根深蒂固，缺乏市场竞争意识。同时，由于长期生活在闭塞的环境中，或者受生产生活习惯与传统的思维定式影响，一部分人缺乏脱贫的勇气和致富的信心。例如，由于固土戍边的需要，在中越边境0~3公里的广西边民享受政府提供的各种优惠政策，包括每人每月可领取生活补贴130元，边民免费参加新型农村合作医疗，② 这些优惠政策提高了边民生活水平，但也导致部分边民产生"等靠要"的思想，由此造成与其他人的收入差距越拉越大。

五是生态保护的特殊性。主要体现在民族地区生态资源匮乏，环境脆弱性加剧贫困。民族地区大多位于西部边疆地区与边远的山区，地质地形复杂，市场化程度低，且自然灾害频发，生存条件恶劣，资源开发和环境保护矛盾突出。例如，覆盖云南、贵州和广西三省区15个地（市州）和91个县（市区），共计48个民族的1亿多人的滇桂黔石漠化区，喀斯特石漠化的根源在于土地产能退化。③ 农户对生态系统的利用方式较为单一，农户对土地资源更加依赖，土地资源负荷加大形成"人增→耕进→林退→土壤侵蚀→岩石裸露→石漠化→贫困"的恶性循环。又如，我国西部六大干旱牧区，草原面积占全国的四分之三，但由于自然条件恶劣、土地贫瘠、抗御自然灾害的能力相对较弱，因灾致贫、因灾返贫现象十分普遍。在现代生计转化中，牧民通过"草场承包""定牧"增加存栏量，反而使得可利用草场面积减少，草场承载力下降，影响牧民生活，贫困化现象加大。许多牧民希望通过迁移的方式来摆脱贫困的环境，但受限于语言、技能、习俗、户籍等一系列原因，当牧民离开其祖居地时，其日常的生计往往更加艰难。此外，覆盖横断山区、武陵山区、六盘山区等少数民族聚居区的深高山区，地质构

---

① 袁祥：《西藏政教合一封建农奴制与中世纪西欧农奴制》，载《光明日报》2008年4月15日第1版。
② 课题组2015年7月在广西崇左市调研所得。
③ 国务院扶贫办、国家发展和改革委员会：《关于印发〈滇桂黔石漠化片区区域发展与扶贫攻坚规划〉的通知》，http://www.ndrc.gov.cn/zcfb/zcfbqt/201304/t20130425_538578.html，2012年7月12日。

造复杂，地形以山地为主，垂直差异显著，交通极度不便，给山区带来了多层次、多类型的复杂生态环境，导致山区农户不同程度上存在生产生活困难。据不完全统计，2015年末，民族自治地方有767万农牧民尚未解决饮水不安全问题，缺乏基本生存条件需易地搬迁的农牧民有51.4万户、205.5万人。① 贫困人口在住房、饮水、用电、就医、通讯、教育、交通道路、社会保障等方面都存在极大困难，脱贫难度大，因病因灾返贫现象时有发生。

民族地区特殊类型贫困作为我国扶贫工作的重点与难点，政府与社会各界人士一直十分重视。2019年4月10～11日，全国民族经济工作暨民族地区经济形势分析现场会在湖北恩施召开，会议强调民族地区经济发展不平衡不充分的问题依然突出，脱贫攻坚任务依然艰巨，经济发展内生动力不足。民族地区发展要抓住国家对民族地区、边疆地区、贫困地区全方位扶持力度不断加大的历史机遇，下大功夫夯实发展基础。② 要啃下民族扶贫硬骨头，缓解少数民族特殊类型贫困，我们首先应当从理论上认识和理解其概念。

二、特殊类型贫困概念的界定

虽然国内外有大量文献研究贫困问题，得出了很多有意义的结论和建议。但是较少有文献采用跨学科范式系统地、分类型地来研究中国民族地区，尤其是集中连片特殊困难地区的民族自治地方的贫困问题。课题基于国内外已有的贫困的概念界定，结合民族地区的特殊性，从经济学、社会学、发展学、政治学、文化学、地理学和民族学七个学科对民族地区特殊类型贫困进行探究，从理论上界定民族地区特殊类型贫困的概念。

（一）单一学科的概念界定

经济学角度的贫困主要指物质贫困。③ 主要是由于民族地区经济整体发展水平低下，与非民族地区相比居民的收入水平较低，无法获取满足家庭基本物质生活需要的物资，个人福利偏低，难以达到大多数人认可的体面生活的条件，容易陷入贫困恶性循环。

社会学角度的贫困表现为社会排斥。④ 少数民族群体无论是在少数民族本身

---

① 国家统计局农村社会经济调查总队：《中国农村贫困监测报告2016》，中国统计出版社2016年版，第56页。
② 国家民委经济发展司：《2019年全国民族经济工作暨民族地区经济形势分析现场会在湖北恩施州召开》，http://www.seac.gov.cn/seac/xwzx/201904/1133164.shtml，2019年4月17日。
③ ［英］阿尔柯克：《认识贫困》，麦克米伦出版社1993年版。
④ 乌德亚·瓦尔格：《贫困再思考：定义和衡量》，载《国际社会科学杂志》（中文版）2003年第1期，第151～160页。

所在的地区还是在向外流动过程中，都为有些不理解的群外人士排斥，一方面在福利待遇与社会参与等方面受到诸多限制，形成权利贫困，另一方面由于缺乏社会认同易形成情感贫困。①②

发展学角度的贫困主要指能力贫困。③ 民族地区由于资源环境受限，人力资本尤其是教育资本缺乏，人口文化素质偏低，缺乏基本可行能力，形成低劳动生产率和低收入，导致能力贫困，且因缺乏脱贫能力而脱贫难度大。

政治学视角的贫困表现为分配不均。有些民族地区仍存在着一系列分配不均的问题：一方面表现为部分民族地区相对于非民族地区尤其是相对于东南沿海地区的经济社会发展水平处于弱势地位，区域差距明显；另一方面表现为部分民族地区自身的城乡差距高于全国其他非民族地区的城乡差距。部分民族地区较大的城乡差距导致了民族地区整体性的落后与贫困，加剧了民族地区的扶贫难度，不利于我国民族关系的和谐发展。

文化学视角的贫困主要指代际贫困。④ 民族地区教育水平普遍较低，贫困境况使得教育投资少，后代教育延续低水平，他们长期处于贫困价值观与贫困文化价值体系中，难以脱离贫困圈，使得贫困代际传递。⑤

地理学视角的贫困表现为空间贫困。⑥ 少数民族地区多分布于边疆地区与边远山区，气候条件恶劣，土壤肥力低，高山丘陵地形，自然灾害频发。受地形环境条件影响，该地区农业商品化和市场化发育相对较低，容易形成空间贫困。

从民族学视角表现为交流交融不足。多民族是我国的一大特色，随着各民族人口流动的加快，由于少数民族流动人口在语言、风俗习惯、宗教信仰等方面具有自身的特点，在有交往而无充分交流更无彻底交融的情况下，与其他民族之间的矛盾纠纷时有发生，以族群差异为主的城市少数民族贫困问题表现突出。

（二）跨学科的概念界定

通过上述七个学科的贫困概念探索，我们可以发现各学科的贫困概念存在相

---

① 陈纪：《少数民族流动人口问题：社会排斥的视角》，载《云南民族大学学报》（哲学社会科学版）2014年第1期，第83~88页。
② 汤夺先、王增武：《城市少数民族流动人口权利贫困问题论析》，载《贵州民族研究》2011年第5期，第10~17页。
③ ［印度］阿马蒂亚·森：《以自由看待发展》，任赜、于真译，中国人民大学出版社2002年版。
④ ［美］奥斯卡·刘易斯：《桑切斯的孩子们》，李雪顺译，上海译文出版社2014年版。
⑤ 李晓明：《我国山区少数民族农民贫困代际传递的基本特征》，载《内蒙古社会科学》（汉文版）2005年第6期，第155~157页。
⑥ 罗庆、李小建：《国外农村贫困地理研究进展》，载《经济地理》2014年第6期，第1~8页。

互联结、相互交叉、不可分割的关系。如文化贫困涉及社会学、文化学、民族学，在社会学中表现为异域文化的排斥，在文化学中表现为旧文化的负面影响。能力贫困涉及发展学、文化学、地理学，在发展学和文化学中表现为人力资本投入不足导致能力缺乏，在地理学中则表现为空间贫困。

贫困是多维的概念，综合七个学科的研究，具体如图1-1所示，民族地区特殊类型贫困可以这样定义：民族地区由于在经济发展、政治维稳、社会治理、文化建设、生态维护等方面的特殊性，在经济上比其他地区更易陷入收入贫困和福利贫困，且由于涓滴效应的失败，传统的区域开发型扶贫政策在反贫困中的作用越来越有限，贫困地区与贫困居民脱贫更为困难；人口流动中少数民族群众存在一定的社会排斥，容易形成权利贫困和情感贫困；由于人力资本投资水平低下，文化素质发展受限，在某些人群中又表现为一定程度的能力贫困和代际贫困；与外界的远离，容易形成安逸、守旧思想，无法化边疆地区、边远山区的劣势为优势，进一步造成贫困代际传递、恶性循环。

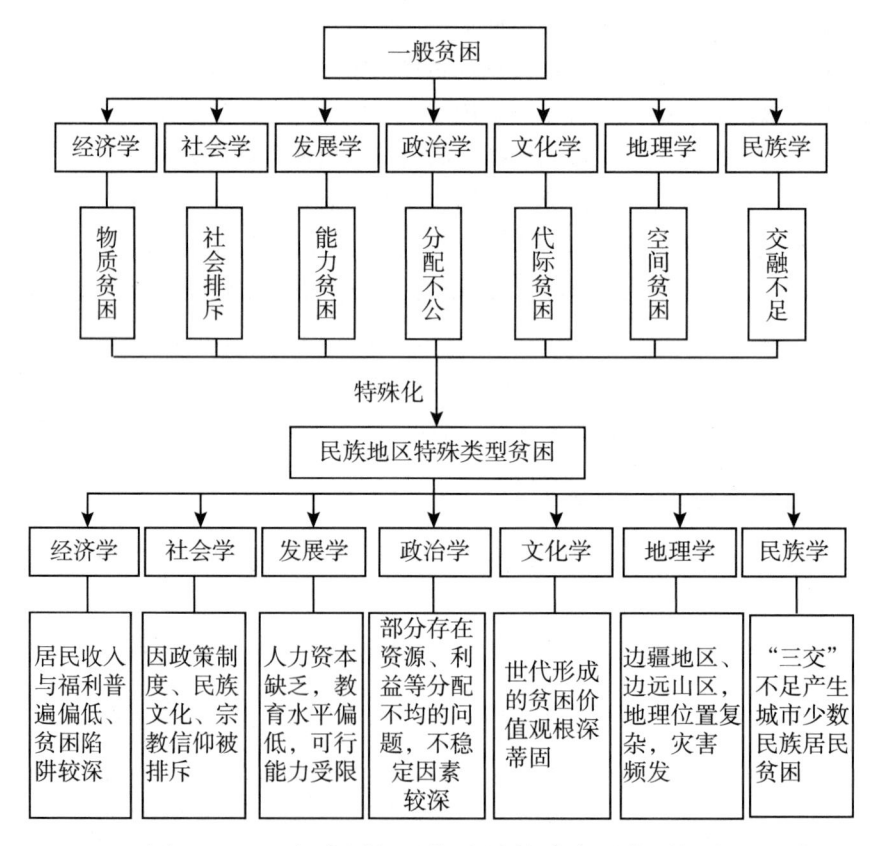

图1-1　一般贫困与民族地区特殊类型贫困概念

第二节 贫困区域定位

本章基于民族地区的地域特征、民族传统以及特殊的文化与生计模式,以 11 个拥有民族自治县的集中连片特殊困难地区为研究对象,运用经济学、社会学、文化学等理论和方法,立足于民族地区贫困的特殊性,确定民族地区特殊类型贫困的不同类别,剖析特殊类型民族地区贫困差异性和贫困陷阱,研究 11 个片区贫困人群生计脆弱性的原因和特征。

一、集中连片特殊困难地区贫困特殊性的提出

中共中央、国务院 1984 年发布的《关于帮助贫困地区尽快改变面貌的通知》指出,解决贫困地区的问题就是"集中力量解决十几个连片贫困地区的问题"。[①] 2011 年 12 月,中共中央、国务院印发了《中国农村扶贫开发纲要(2011—2020 年)》,确定了六盘山区、秦巴山区、武陵山区、乌蒙山区、滇桂黔石漠化区、滇西边境山区、大兴安岭南麓山区、燕山—太行山区、吕梁山区、大别山区、罗霄山区以及已明确实施特殊政策的西藏自治区、四省藏区、新疆南疆三地州[②],共 14 个集中连片特殊困难地区,680 个县,作为我国扶贫攻坚的主战场。[③]

14 个连片特困地区涵盖了我国的主要山脉地带、荒漠化地区、高原地带、喀斯特地貌地区等,片区县中有国家扶贫开发工作重点县 440 个,这就意味着,这些地区属于生态脆弱与贫困问题高度耦合的区域。另外,14 个连片特困地区集民族地区、革命老区、贫困山区、边境地区于一体,片区县中有民族自治县 371 个、革命老区县 252 个、陆地边境县 57 个,[④] "涉疆""涉藏""涉边""涉教"现象不容忽视,也意味着,这些地区具有自然地理条件的复杂性和经济社会

---

① 中共中央、国务院:《关于帮助贫困地区尽快改变面貌的通知》,中华人民共和国国务院公报,1984 年 9 月 29 日。
② 根据《新疆维吾尔自治区南疆死敌洲片区区域发展与扶贫攻坚"十三五"实施规划》,2017 年增加到新疆南疆四地州 33 个县,包括新疆和田地区、喀什地区、克孜勒苏柯尔克孜自治州、阿克苏地区。为保证与其他片区研究时间的一致性,本课题还是以新疆南疆三地州作为分析对象。
③ 国务院扶贫办:《关于公布全国连片特困地区分县名单的说明》,http://www.gov.cn/gzdt/2012-06/14/content_2161045.htm,2012 年 6 月 14 日。
④ 国务院扶贫办:《国家扶贫开发工作重点县和连片特困地区县的认定》,http://www.cpad.gov.cn/art/2013/3/1/art_50_23734.html,2013 年 3 月 1 日。

文化多元性并存的特征。根据各片区区域发展与扶贫攻坚2011~2020年规划，规划中的片区县扩大到720个。

集中连片特殊困难地区中的民族地区是现阶段我国扶贫攻坚的"硬骨头"[①]。根据表1-1，在14个片区720个县中，除吕梁山区、大别山区、罗霄山区不存在民族自治县外，其余11个片区共有民族自治县371个，占片区县的51.5%，民族地区所占比重较大。特殊复杂的贫困形势与较大范围的少数民族聚居使连片特困地区成为研究民族地区特殊类型贫困的主要区域。

表1-1　　14个集中连片特殊困难地区民族自治县统计

片区	贫困县总数量（个）	民族自治县数量（个）	所占比例（%）
合计	720	371	51.5
六盘山区	69	20	29.0
秦巴山区	80	1	1.3
武陵山区	71	33	46.5
乌蒙山区	38	13	34.2
滇桂黔石漠化区	91	73	80.2
滇西边境山区	61	46	75.4
大兴安岭南麓山区	22	5	22.7
燕山—太行山区	33	5	15.2
吕梁山区	20	0	0.0
大别山区	36	0	0.0
罗霄山区	24	0	0.0
西藏	74	74	100.0
四省藏区	77	77	100.0
新疆南疆三地州	24	24	100.0

注：根据各片区规划统计。仅统计县，没有统计县级市、区。根据扶贫最新进展，部分片区有调整，如六盘山区片区县为69个，武陵山区片区县为71个，秦巴山区为80个，滇桂黔石漠化区为91个，滇西边境山区为61个，大兴安岭南麓片区为22个，罗霄山区为24个。

二、民族地区特殊类型贫困的片区划分

以往的贫困县分类，学者们往往按地域或生态类型来分类，更多考虑贫困地

[①] 李翠：《全国脱贫攻坚战中，民族地区这块"硬骨头"如何"啃"》，载《中国民族报》2017年3月24日第6版。

区的自然地理和生态属性，缺乏对经济、文化的考量。考虑先天自然因素和后天发展因素，按照"集中连片、突出重点、全国统筹、区划完整"的原则，我们将这11个集中连片特殊困难地区按照生态、地缘、文化和行政区划因素分成四类，对每一类型、每一片区的贫困问题特殊性进行深入探究。具体如图1-2所示。

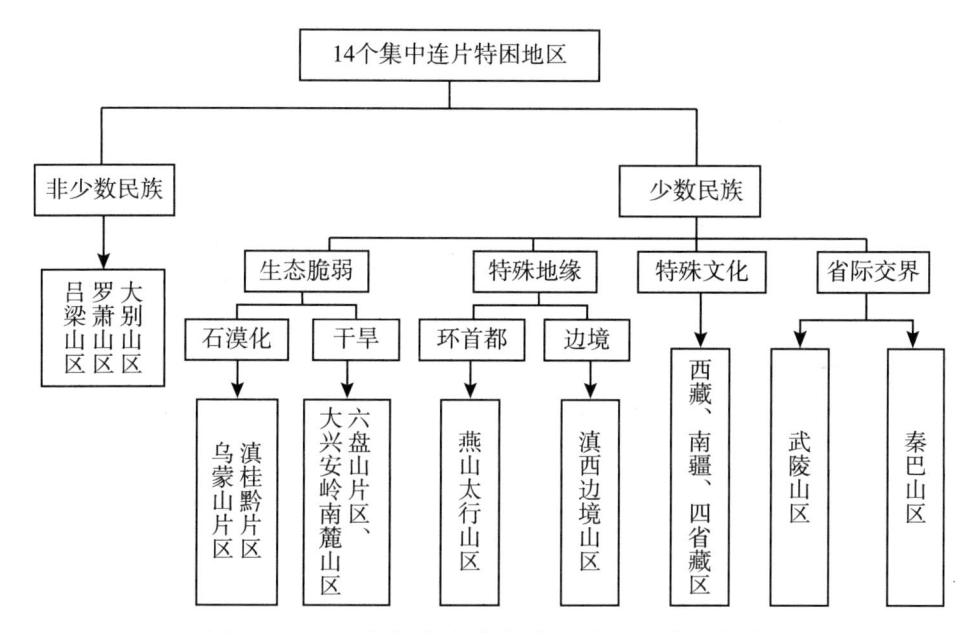

图1-2　14个集中连片特殊困难地区类型划分

（一）生态脆弱区基本情况

生态脆弱区包括石漠化区和干旱农牧区。石漠化区包括滇桂黔石漠化区和乌蒙山片区，生态脆弱性主要表现为石漠化严重、自然灾害频发；地形复杂、交通建设滞后；资源利用率低、经济发展缓慢。干旱农牧区包括六盘山片区、大兴安岭南麓片区，生态脆弱性主要表现为降雨量偏少、干旱缺水问题突出；土地沙化面积大，水土流失比较严重；生态环境恶劣，农户生计脆弱。

1. 石漠化区

滇桂黔石漠化区：区域内有滇桂黔三省区的集中连片特殊困难地区县（市、区）80个，11个其他县（市、区），共91个，区域面积22.8万平方公里，大部分地处云贵高原东南部及其与广西盆地的过渡地带，南与越南接壤，是极为典型的高原山地构造地形，石漠化面积大，集民族地区、革命老区和边境地区于一体。区域内有67个国家扶贫开发工作重点县，革命老区县34个，边境县8个，民族自治地方县73个。滇桂黔石漠化区的石漠化问题非常突出，片区内国家石漠化综合治理的重点县达到80个，岩溶面积达到11.1万平方公里，占总面积的48.7%。片区干旱洪涝等灾害频发，生态条件脆弱，资源环境承载力低，人地资源矛盾突出，人均耕地面积仅为0.99亩，且多为"石缝地"，土层浅薄，土壤贫瘠，农作物产能较低。当地资源不仅量小，且存在开发利用水平低的弊端，县域经济发展落后。①

乌蒙山区：片区包括四川、贵州、云南三省38个县（市、区），地处云贵高原与四川盆地结合部，山高谷深，地势陡峻，集革命老区、民族地区、边远山区、贫困地区于一体。区域内有38个国家和省级扶贫开发工作重点县，13个民族自治地方县。乌蒙山片区喀斯特地貌明显，是世上最大的喀斯特地形分布区，全区大多为高原山地，地质条件复杂，水土流失严重，生态环境脆弱，滑坡、泥石流、低温冷害、地震、干旱、洪涝等自然灾害时有发生。片区内人口众多，石漠化面积占片区总面积的16%，人均耕地过少，且土层浅薄，植被稀疏，土壤极其贫瘠，土地质量差，农业耕作困难，产量低，人口资源环境矛盾突出。②

2. 干旱农牧区

六盘山区：区域内包括陕甘青宁四省区的集中连片特殊困难地区县（市、区）61个，另有其他县区8个，共69个，区域面积16.6万平方公里，气候类型主要为温带大陆性干旱半干旱气候。地处黄土高原中西部及其与青藏高原过渡地带，地形破碎。区域内有国家扶贫开发工作重点县49个，民族自治地方县20个，革命老区县12个。六盘山区处于偏远山区以及本省行政区域治理的边缘，区域内生态环境十分脆弱，水土流失严重，且干旱、洪涝、山洪等自然灾害时有发生，自然地理条件十分恶劣。片区干旱缺水，植被稀疏，土质松散，微量元素含量不足，土地贫瘠，坡地的耕种面积是总耕种面积的70%，气候、土地、植被等资源环境条件较差，资源匮乏。其中，六盘山区的泾源县作为宁夏回族自治区的一个贫困县，常以"春寒夏旱秋雨多，山多川少土层薄，高寒阴湿日照少，无霜期短灾害多"四句话形容其恶劣的自然地理环境以及频繁难消的灾害。③

大兴安岭南麓山区：片区包括内蒙古、吉林、黑龙江三省区集中连片特殊困

---

① 资料来源于国务院扶贫办、国家发展和改革委员会：《关于印发〈滇桂黔石漠化片区区域发展与扶贫攻坚规划〉的通知》，国开办发〔2012〕54号。根据国家扶贫开发最新进度，该区域内贫困县个数有所调整。

② 资料来源于国务院扶贫办、国家发展和改革委员会：《关于印发〈乌蒙山片区区域发展与扶贫攻坚规划〉的通知》，国开办发〔2012〕16号。根据国家扶贫开发最新进度，该区域内贫困县个数有所调整。

③ 资料来源于国务院扶贫办、国家发展和改革委员会：《关于印发〈六盘山片区区域发展与扶贫攻坚规划〉的通知》，国开办发〔2012〕63号。根据国家扶贫开发最新进度，该区域内贫困县个数有所调整。

难地区县（市、区、旗）19个，其他市（区）3个，共22个，区域面积为14.5万平方公里，土地沙化面积达20 383.7平方公里，占区域总面积的14.1%。地形多以丘陵和平原为主。区域内有13个国家扶贫开发工作重点县、3个革命老区县、2个边境市（旗）、15个牧业和半农半牧业县（旗）、5个民族自治地方县，其中少数民族人口111.4万，蒙古族、满族等6个为世居少数民族，其中有达斡尔族、锡伯族、柯尔克孜族等3个人口较少民族。大兴安岭南麓山区人均耕地面积相对于其他地区而言较多，但农作物生产条件差，积温不足，无霜期短，生产力不高。再加上近年来平原地区黑土层逐年变薄，土地污染加重，耕地质量下降，导致农业生产效率低下。①

（二）特殊地缘区基本情况

特殊地缘区包括滇西边境山区、燕山—太行山区。前者特殊地缘性体现为边境地区，地缘政治与边贸经济相融合，基础设施建设落后，公共服务不足，特色产业益贫性不强，贫困面广且程度较深；后者特殊地缘体现为环首都贫困带，生态建设与环境保护任务重，产业发展缓慢，人才和优质劳动力流失。

滇西边境山区：片区包括云南省10个市州的集中连片特殊困难地区县（市、区）56个，其他县（市、区）5个，共61个，区域面积20.9万平方公里，大部分位于横断山区南部和滇南山间盆地，处西南边陲，是国家新一轮扶贫开发攻坚战主战场中边境县数量和世居少数民族最多的片区。区域内有45个国家扶贫开发工作重点县，19个边境县，46个民族自治地方县。片区内有汉、彝、傣、白等26个世居民族，其中有15个云南独有少数民族、8个人口较少民族。②滇西边境山区地处我国地震频发地带，地震、泥石流、干旱、冰冻、洪涝等各种自然灾害十分严重。片区内高山峡谷相间，多数县位于横断山脉南部与滇南的山间盆地，海拔落差悬殊，地理环境较为恶劣，基本农田又大部分分布在高山陡坡地带，耕作难度大，发展后劲不足。如怒江州98%以上的面积为高山峡谷，耕地的坡度较大，人地矛盾紧张。③

燕山—太行山区：片区包括河北、山西、内蒙古三省区集中连片特殊困难地

---

① 资料来源于国务院扶贫办、国家发展和改革委员会：《关于印发〈大兴安岭南麓片区区域发展与扶贫攻坚规划〉的通知》，国开办发〔2012〕89号。根据国家扶贫开发最新进度，该区域内贫困县个数有所调整。

② 资料来源于国务院扶贫办、国家发展和改革委员会：《关于印发〈滇西边境片区区域发展与扶贫攻坚规划〉的通知》，国开办发〔2012〕81号。根据国家扶贫开发最新进度，该区域内贫困县个数有所调整。

③ 资料来源于国务院扶贫办、国家发展和改革委员会：《关于印发〈滇西边境片区区域发展与扶贫攻坚规划（2011—2020年）〉的通知》。根据国家扶贫开发最新进度，该区域内贫困县个数有所调整。

区县（市、区）33个，区域面积9.3万平方公里，深入燕山和太行山腹地，地处内蒙古高原和黄土高原向华北平原过渡地带。区域内有25个国家扶贫开发工作重点县，25个革命老区县，5个民族自治地方县。片区紧邻首都北京和北方经济中心天津，连接冀中南经济区、太原城市群、呼包鄂榆经济区，周边地区资金、人才、技术、信息密集。片区有满族、蒙古族、回族等3个世居少数民族。① 燕山—太行山区山多地少，地貌破碎，生态环境脆弱，无霜期短，昼夜温差大，资源匮乏，自然条件较差。以河北省太行山区为例，处于华北平原和黄土高原的交错地带，土壤以棕壤、褐土、粗骨土、石灰土为主，植被稀疏，基岩裸露，土地贫瘠，土壤肥力低于4级；长期对土地的不合理开发利用使得土层遭到破坏，水土流失严重，86%的地区面临不同程度的生态退化。② 农业持续发展形势严峻。

（三）省际交界区基本情况

秦巴山区、武陵山区是省际交界区的典型。属于省际结合部、偏远山区，片区受大山阻隔，与省会城市相距甚远，相对封闭。片区内地形复杂，自然灾害易发多发，生态环境脆弱。基础设施建设落后，产业支撑能力弱，与所在省其他地区的经济差距较大。此类地区在区域经济发展中往往出现产业空洞，即人财物资源向省会城市或周边中心城市流动，而中心城市对该地区的辐射带动性又不大，地区经济发展滞缓。

秦巴山区：片区内共有湖北、河南、重庆、四川、陕西及甘肃六省市的80个县（市、区），区域面积22.5万平方公里，地跨长江、黄河、淮河三大流域，是我国重要的革命老区和大型水库库区。区域内省级及以上扶贫开发工作重点县占总县数的90%，革命老区县47个，占据总县数的58.8%，民族自治地方县40个。区域内土壤类型多样，土壤结构较差，黏性弱，土地质量贫瘠，商洛谷间盆地、秦岭北麓坡地等主要土壤肥沃区集中了过多人口，人地矛盾较为紧张。③

武陵山区：片区包括湖北、湖南、重庆、贵州四省市的71个县（市、区），区域面积17.18万平方公里，区域跨省市面大，少数民族聚集人数众多，贫困人口分布广泛，是我国重要的民族地区、革命老区以及经济协作区。区域内有国家

---

① 国务院扶贫办、国家发展和改革委员会：《关于印发〈燕山—太行山片区区域发展与扶贫攻坚规划〉的通知》，国开办发〔2012〕91号。根据国家扶贫开发最新进度，该区域内贫困县数量有所调整。

② 杜素红、陶佩君、王贵彦、周大迈：《河北省太行山区生态、经济协调发展对策研究》，载《农业科技管理》2008年第5期，第8~9、19页。

③ 国务院扶贫办、国家发展和改革委员会：《关于印发〈秦巴山片区区域发展与扶贫攻坚规划〉的通知》，国开办发〔2012〕37号。根据国家扶贫开发最新进度，该区域内贫困县个数有所调整。

级贫困县 43 个;有 18 个少数民族自治县及 2 个自治州,均为国家级贫困县。① 武陵山区多为喀斯特地貌,呈岩溶发育状态,80% 的乡镇、75% 的村及 70% 的农户地处大山高山区,② 可利用的土地资源有限,人均耕地面积少,土地耕作条件较差,生态环境脆弱,不具备发展规模农业的良好条件。

(四) 特殊文化区基本情况

特殊文化区包括新疆南疆三地州、四省藏区与西藏区。这些地区具有三大特殊文化特征:一是丝路文化。绝大部分地区为我国丝绸之路经济带的圈定范围,是我国连接亚欧的陆上通道。二是少数民族传统文化。这些地区均为少数民族聚居区,许多少数民族都有自己的语言文字,这些文化是中华文化宝库的一部分。三是特殊的宗教文化。当地少数民族居民的宗教信仰主要有藏传佛教、汉传佛教、伊斯兰教、道教、萨满教等等,宗教信仰对少数民族社会的生活习惯、道德风尚、风俗观念有着重要而深刻的影响。

新疆南疆三地州:片区包括克孜勒苏柯尔克孜自治州、和田地区和喀什地区的 24 个县,区域面积 44.1 万平方公里,地处塔克拉玛干沙漠的南缘,大多为沙漠、戈壁和山地,是新疆贫困面积最大、贫困程度最深的区域。区域内有 19 个国家扶贫开发重点县,5 个为扶贫开发比照县,8 个陆地边境县,5 个牧业半牧业县,24 个县全部为民族自治地方县。③ 三地州许多农牧民长期居住在海拔 1 500~4 800 米的偏远深山区以及石山区中,④ 很大部分处于沙漠边缘,耕种面积有限,和田、喀什、克州的人均耕地面积分别为 1.29 亩、1.52 亩、2 亩,远低于新疆全区的 2.84 亩人均水平,且山区植被退化问题突出,耕地蓄水能力差,耕种困难。片区内干旱多风,旱灾、风灾、冻灾、滑坡、泥石流严重,自然灾害发生率较高。2006~2011 年,和田县、于田县、叶城县等一些边境贫困县共发生了 24 次 5 级以上地震,造成直接经济损失 17.78 亿元,3.18 万户农牧民失去住所。⑤ 南疆三地州远离内地市场,信息传播滞后,对外运输距离遥远,运输成本极高,不具备成本优势,商品经济发展困难,容易造成贫困。

四省藏区:包括四川、云南、甘肃、青海四省的 77 个县,全部是民族自治地方县,国家扶贫开发工作重点县 26 个。区域面积 88.7 万平方公里,位于羌塘

---

① 国务院扶贫办、国家发展和改革委员会:《关于印发〈武陵山片区区域发展与扶贫攻坚规划〉的通知》,国开办发〔2011〕95 号。根据国家扶贫开发最新进度,该区域内贫困县个数有所调整。
② 商兆奎、邵侃:《自然灾害胁迫下武陵山区农业发展:多重困境与突破路径》,载《云南民族大学学报》(哲学社会科学版) 2016 年第 2 期,第 51~57 页。
③④ 《〈南疆三地州片区区域发展与扶贫攻坚规划〉解读》,http://www.xjjsx.gov.cn/Item/10433.aspx,2013-01-14。根据国家扶贫开发最新进度,该区域内贫困县个数有所调整。
⑤ 王宝珍:《新疆南疆三地州扶贫开发研究》,石河子大学 2014 年硕士学位论文,第 21 页。

高原与横断山区，是我国重要的生态功能区。片区生态环境脆弱，贫困面大程度深，扶贫难度较大。① 地处青藏高原的东部边缘地区，多为高原气候，平均海拔高达3 000米以上，高寒缺氧。② 气候条件、地理环境恶劣，干旱少雨，土壤贫瘠，地表储水蓄水功能弱，低温冻害、草原病虫害等自然灾害易发，恶劣的自然地理条件给藏区居民的生产生活带来极大的不便，平均生产率持续低下，经济社会发展长期滞后。以四川省甘孜藏族自治州为例，至2014年甘孜州水土流失面积达4.1万平方公里，草地沙化面积共计29万公顷，仍有65%的人口居住在雪山草甸、高山峡谷以及交通闭塞的区域，地理位置偏僻难行，交通不便。③

西藏自治区：片区包括西藏自治区的74个县，区域面积120.223万平方公里，处于青藏高原西南部，地形复杂，区域差异明显。④ 西藏自治区自然地理环境较为特殊，高原地区空气稀薄，高寒缺氧，生态脆弱，土层浅薄，干旱缺水，沙性强，部分藏区牧场退化，鼠害、荒漠化问题严重。另外，藏区高原还存在着多年冻土层和季节性冻土层，当冻土年平均气温在零摄氏度以上时，形成季节性冻土层，相反，年均温度在零摄氏度以下则形成了多年冻土层，土壤的冻融交替作用使得土壤结构更为复杂，土地耕作更加困难。该片区为我国最贫困的地区，贫困发生率在14个连片特困区中排位之首，2015年为18.6%。⑤

第三节　贫困形成机理探析

一、地理学视角的特殊类型贫困问题：生态脆弱与地缘独特

（一）自然属性

1. 生态环境脆弱且自然灾害频发

集中连片特困民族地区在地形、气候上的表现各有差异，但总体而言，生态

---

① 李卿：《四省藏区金融扶贫调查》，载《青海金融》2014年第10期，第36~38页。
② 中国新闻网：《四省藏区扶贫金融服务会议召开加大贫困地区投放》，http://www.chinanews.com/gn/2014/09-01/6550675.shtml，2014年9月1日。
③ 廖桂蓉：《四川藏区贫困状况及脱贫障碍分析》，载《农村经济》2014年第1期，第53~55页。
④ 光明网：《西藏概况》，http://www.gmw.cn/content/2009-09/07/content_976735.htm，2009年9月7日。
⑤ 国家统计局农村社会经济调查总队：《中国农村贫困监测报告2016》，中国统计出版社2016年版，第233页。

环境脆弱、自然灾害频发是其共同特征。我国55个少数民族主要分布在西部和边境地区，这些地区地貌类型多样，生态环境脆弱，如青藏高原高寒缺氧、西北地区干旱缺水、西南地区大面积岩溶造成土质恶劣等，不可利用或很难利用的土地面积加大，同时，脆弱的生态环境也遭到严重破坏，如滥砍滥伐、过度开垦、超载放牧都造成大量水土流失，使得原本脆弱的生态环境雪上加霜。11个集中连片特困民族地区的自然环境突出特征与主要自然灾害详见表1-2。

表1-2 集中连片特困民族地区自然环境突出特征及主要自然灾害

区域	自然环境突出特征	主要自然灾害
六盘山区	地形破碎，沟壑纵横，植被稀疏，水土流失严重	滑坡、泥石流等主要地质灾害
秦巴山区	气候类型多样，垂直变化显著，地形复杂封闭	洪涝、干旱、山体滑坡、泥石流等
武陵山区	平均海拔高，气候恶劣，土壤瘠薄，部分地区水土流失、石漠化现象严重	旱涝灾害并存，泥石流、风灾、雨雪冰冻等灾害
乌蒙山区	山高谷深，地势陡峻，人均耕地少	干旱、洪涝、风雹、凝冻、低温冷害、滑坡、泥石流等
滇桂黔石漠化区	喀斯特地貌，石漠化面积大，土壤贫瘠，人均耕地少	干旱、洪涝以及地质灾害
滇西边境山区	地形垂直分布明显，山高谷深，海拔高度相差悬殊	滑坡、泥石流等地质灾害
大兴安岭南麓山区	冬季严寒漫长，土地退化明显，部分地区水土流失严重	旱灾、风灾突出，雪灾、冰雹、霜冻、洪涝和沙尘暴等多发
燕山—太行山区	地貌破碎、生态脆弱	地震等自然灾害
新疆南疆、西藏、四省藏区	南疆常年气候干旱，西藏和四省藏区地形复杂，高山峡谷，垂直变化大	南疆旱灾频发，西藏和四省藏区主要为地质灾害

资料来源：根据各片区区域发展与扶贫攻坚规划整理。

2. 自然资源丰富及重要的生态功能区

表1-3　集中连片特困民族地区主要自然资源及生态功能

区域	主要资源	森林覆盖率（％）	生态功能
六盘山区	水能，有色金属矿产资源等	54.6	"动物王国""植物王国""生物基因宝库""药物宝库"
秦巴山区	天然气等矿产资源	53	南水北调中线工程水源保护、生物多样性保护、水源涵养和三峡库区生态建设
武陵山区	锰、锑、汞、石膏、铝等矿资源，水能资源等	53	亚热带森林系统核心区、长江流域重要的水源涵养区和生态屏障、"华中动植物基因库"
乌蒙山区	煤、磷、铝、锰、铁、铅、锌、硫等矿产资源，水能资源等	38.1	珠江、长江上游重要生态保护区
滇桂黔石漠化区	锰、铝土、锑、锡、铅锌、磷、煤炭、重晶石、黄金等矿产资源，生物资源等	47.7	珠江、长江流域重要生态功能区
滇西边境山区	水能、矿产资源等	54.6	生物基因宝库、西南生态安全屏障
大兴安岭南麓山区	铅锌铝、石油等矿产资源等	15.7	水源涵养保护区、动植物保护区
燕山—太行山区	石墨、膨润土、煤炭、钒钛等矿产资源，风能、太阳能等	24.7	京津风沙源治理、三北防护林、太行山绿化、退耕还林、退牧还草、防沙治沙、湿地保护与恢复
新疆南疆、西藏、四省藏区	水能、太阳能、矿产资源等	—	大江大河发源地，重要生态功能区

资料来源：根据各片区区域发展与扶贫攻坚规划整理。

虽然集中连片特困民族地区生态环境非常脆弱，但其特殊的气候、地形、土壤也为其孕育了丰富的能源、矿产、生物资源，部分地区由于尚未进行大规模的经济开发，森林覆盖率依旧非常高，例如武陵山区森林覆盖率达到53%，滇桂黔石漠化区森林覆盖率达到47.7%。这些片区往往也都是重要的生态功能区，是其他地区经济社会发展的生态安全屏障，例如滇西边境山区被称作生物多样性宝库、生物基因宝库、西南生态安全屏障，乌蒙山区与武陵山区都是长江、珠江上游重要的生态保护区。这些地区都承担着生态保护的重要使命，单纯依靠资源优势进行大规模的经济开发会容易对地区环境与生态造成破坏，因此保护生态与经济开发之间的巨大矛盾成为民族地区扶贫工作的一大障碍。

（二）空间分布

1. 主要分布于我国中西部地区

有民族自治地方的11个集中连片特殊困难地区的面积合计为391.2万平方公里，占全国陆地面积的40.7%。如表1-4所示，这些地区多分布于我国的中西部地区，尤其是西部地区，包括滇桂黔石漠化区、武陵山区、六盘山区、秦巴山区、乌蒙山区、滇西边境山区、西藏、四省藏区、新疆南疆三地州。

表1-4　集中连片特困民族地区跨省、地、县级行政单位数

区域	省级行政单位	地级行政单位数（个）	县级行政单位数（个）	面积（万平方公里）
六盘山区	陕西、甘肃、青海、宁夏	15	69	16.6
秦巴山区	河南、湖北、重庆、四川、陕西、甘肃	18	80	22.5
武陵山区	湖北、湖南、重庆、贵州	12	71	17.18
乌蒙山区	四川、贵州、云南	10	38	10.70
滇桂黔石漠化区	广西、贵州、云南	15	91	22.8
滇西边境山区	云南	10	61	20.9
大兴安岭南麓山区	内蒙古、吉林、黑龙江	4	22	14.5
燕山—太行山区	河北、陕西、内蒙古	6	33	9.4
四省藏区	云南、四川、甘肃、青海	14	77	88.7
西藏	西藏	7	74	120.223
新疆南疆三地州	新疆	3	24	44.1

资料来源：根据各片区区域发展与扶贫攻坚规划整理。

2. 多位于省际交界而远离区域中心

集中连片特困民族地区基本上都位于省际交接处。11 个集中连片特殊困难地区中有 8 个片区都跨越了 3 个或者 3 个以上的省级行政单位。这其中秦巴山区的情况最为复杂,跨越了河南、湖北、重庆、四川、陕西、甘肃 6 个省市。另一方面,集中连片特殊困难地区通常距离他们的经济、政治中心较远,难以进行经济贸易的交流,从而在经济社会发展上远远落后于中心城市。

3. 部分位于边境地区并具有特殊的地缘政治

滇西边境地区有 19 个边境县分别与缅甸、老挝、越南接壤,边境线长达 3 148 公里,分别占云南省陆地边境线长度的 77.5% 和全国的 13.8%。区内有 9 个国家级口岸,边民互市贸易活跃,与周边国家产业互补性强,是我国通往东南亚、南亚的重要陆路通道。① 滇桂黔石漠化区广西片区有 8 个边境县与越南接壤。西藏有 18 个边境县,与缅甸、印度、不丹、尼泊尔及印控克什米尔等国家(地区)接壤,陆地国界线 4 000 多公里,是中国西南边陲的重要门户。② 新疆南疆三地州中的喀什地区与阿富汗、巴基斯坦接壤,还邻近吉尔吉斯斯坦、乌兹别克斯坦、印度 3 个国家。③ 克孜勒苏柯尔克孜自治州与 6 个中亚、南亚国家相邻,与吉尔吉斯斯坦、塔吉克斯坦接壤,约 1 200 公里的边境线上有 254 个通外山口及 2 个国家一类口岸。④

二、经济学视角的特殊类型贫困问题:贫困面较广且程度最深

(一)总体情况

从经济学视角来看,经济物品或物质资源的缺乏是形成贫困的主要原因。我国民族地区均存在收入水平低下,社会福利缺乏,贫困陷阱难以逃离的问题。这里以拥有民族县的 11 个集中连片特困民族地区为例阐述少数民族地区的物质贫

---

① 国务院扶贫办、国家发展和改革委员会:《关于印发〈滇西边境片区区域发展与扶贫攻坚规划〉的通知》,http://www.ndrc.gov.cn/fzggzz/dqjj/qygh/201304/t20130425_538653.html,2012 年 11 月 13 日。
② 百度百科:《西藏》https://baike.baidu.com/item/%E8%A5%BF%E8%97%8F/130045?fr=aladdin。
③ 互动百科:《喀什地区》http://www.baike.com/wiki/%E5%96%80%E4%BB%80%E5%9C%B0%E5%8C%BA。
④ 百度百科:《克孜勒苏柯尔克孜自治州》,https://wapbaike.baidu.com/item/%E5%85%8B%E5%AD%9C%E5%8B%92%E8%8B%8F%E6%9F%AF%E5%B0%94%E5%85%8B%E5%AD%9C%E8%87%AA%E6%B2%BB%E5%B7%9E。

困现状。

根据《中国农村贫困监测报告2016》，按年人均收入2 300元（2010年不变价）的国家农村扶贫标准测算，2015年全国农村贫困人口仍有5 575万人，民族八省区贫困人口占全国的比例为32.5%，民族自治地方占全国的比例为32.4%，民族地区贫困人口约占全国贫困人口的1/3，民族地区贫困面较广。2015年全国农村贫困发生率为5.7%，民族八省区贫困发生率为12.1%，民族自治地方贫困发生率为13.8%，民族地区贫困发生率远高于全国，贫困程度较深。2015年，14个集中连片特殊困难地区贫困人口为2 875万人，贫困发生率高达13.9%，片区内的民族自治地方贫困人口占全部片区的比例为47.2%，再次印证民族地区贫困面较广，贫困程度较深。

从贫困人口区域分布来看，民族八省区中贵州、云南和广西贫困人口最多，均超过400万人，其中贵州农村贫困人口占八省区的28%，云南占26%，广西占25%。此外，新疆贫困人口达180万人，新疆贫困问题也不容小觑。根据表1-5，从有民族自治地方的11个集中连片特殊困难地区来看，贫困人口最多的依次是滇桂黔石漠化区、武陵山区、乌蒙山区、秦巴山区，贫困人口均超过300万人，可见中西部偏远山区的贫困面较广。贫困发生率最高的依次是西藏区、乌蒙山区、四省藏区、六盘山区、新疆南疆三地州、滇西边境山区、滇桂黔石漠化区，贫困发生率均超过15%，可见边境民族地区贫困程度较深。片区中的民族地区是我国贫困范围最广、程度最深、类型最典型、扶贫成本最高、扶持难度最大的一个特殊贫困单元。

表1-5　　2015年农村贫困人口变动及片区对比情况

片区	贫困人口			贫困发生率	
	数量（万人）	下降数量（万人）	下降幅度（%）	水平（%）	下降比例（%）
全国农村地区	5 575	1 442	20.6	5.7	1.5
全部片区	2 875	643	18.3	13.9	3.2
六盘山区	280	69	19.8	16.2	3.0
秦巴山区	346	98	22.1	12.3	4.1
武陵山区	379	96	20.2	12.9	4.0
乌蒙山区	373	69	15.6	18.5	3.0
滇桂黔石漠化区	398	90	18.4	15.1	3.4
滇西边境山区	192	48	20.0	15.5	3.6
大兴安岭南麓山区	59	15	20.3	11.1	2.9

续表

片区	贫困人口			贫困发生率	
	数量（万人）	下降数量（万人）	下降幅度（%）	水平（%）	下降比例（%）
燕山—太行山区	122	28	18.7	13.5	3.3
吕梁山区	57	10	14.9	16.4	3.1
大别山区	341	51	13.0	10.4	1.6
罗霄山区	102	32	23.9	10.4	3.9
西藏区	48	13	21.3	18.6	5.1
四省藏区	88	15	14.6	16.5	7.7
新疆南疆三地州	90	9	9.1	15.7	3.1

资料来源：国家统计局农村社会经济调查总队：《中国农村贫困监测报告2016》，中国统计出版社2016年版，第223页。

（二）地区情况[①]

六盘山区。2015年，六盘山片区农村建档立卡贫困人口280万人，贫困发生率为16.2%，比全国贫困发生率高出了10.5%，比14个集中连片特困地区平均水平还高出2.3个百分点。从福利贫困来看，六盘山区干旱缺水严重，水利设施较为薄弱，骨干水利工程支撑城乡发展的能力明显不足，城乡供水保障程度偏低，经过多年建设，2015年仍有18.6%的农户存在饮水困难，42.4%农户尚未使用经过净化处理的自然水，9.9%的农户居住在竹草土坯房。

秦巴山区。2015年，秦巴山区农村建档立卡贫困人口346万人，贫困发生率为12.3%。从福利贫困来看，秦巴山区区域内水利设施薄弱，部分地区工程性缺水严重，农田配套设施建设不完善，经过多年建设，2015年仍有19.4%的农户存在饮水困难，72.6%农户尚未使用经过净化处理的自然水，11.6%的农户居住在竹草土坯房。

武陵山区。2015年，武陵山片区贫困人口379万人，为14个集中连片特殊困难地区贫困人口总数的6.8%，在全部片区排第二，贫困发生率12.9%。从福利贫困来看，至2015年，武陵山片区仍有15.4%的农户存在饮水困难，67.1%农户尚未使用经过净化处理的自然水，2.6%的农户居住在竹草土坯房。

[①] 国家统计局农村社会调查总队：《中国农村贫困监测报告2016》，中国统计出版社2016年版，第223~228页。

乌蒙山区。2015年，乌蒙山区贫困人口有373万人，在全部片区排第三；贫困发生率为18.5%，贫困程度在片区排第二，贫困程度较广较深。从福利贫困来看，乌蒙山区2015年仍有23.8%的农户存在饮水困难，72.7%农户尚未使用经过净化处理的自然水，6.2%的农户居住在竹草土坯房。

滇桂黔石漠化区。2015年滇桂黔石漠化区农村贫困人口有398万人，在全部片区排第一，贫困发生率为15.1%，比全国平均水平高9.4%。从福利贫困来看，滇桂黔石漠化区2015年仍有17.3%的农户存在饮水困难，59%农户尚未使用经过净化处理的自然水，1.7%的农户居住在竹草土坯房。

滇西边境山区。2015年滇西边境山区农村贫困人口为192万人，贫困发生率达15.5%，比全国平均水平高9.8，比民族八省区平均水平还要高3.4个百分点。从福利贫困来看，滇西边境山区相当部分群众还存在住房、出行、饮水、就医、上学等困难问题。因病、因灾返贫等现象突出。部分地区从原始社会末期、奴隶社会初期直接过渡到社会主义社会，社会发育相对滞后。2015年边境山区仍有24.5%的农户存在饮水困难，70.4%农户尚未使用经过净化处理的自然水，4.7%的农户居住在竹草土坯房。

大兴安岭南麓山区。2015年大兴安岭南麓山区农村贫困人口还有59万人，贫困发生率达11.1%，高于全国平均水平。从福利贫困来看，2015年仍有8.9%的农户存在饮水困难，59%农户尚未使用经过净化处理的自然水，17.5%的农户居住在竹草土坯房，居住指标在全部片区排第一，住房条件最差。

燕山—太行山区。2015年燕山—太行山区农村贫困人口有122万人，贫困发生率达13.5%，高于全国和民族八省区平均水平，环首都经济圈的地理优势并未缓解该片区的贫困状况。从福利贫困来看，燕山—太行山区2015年仍有8.8%的农村人口饮水有困难，74.7%的农户尚未使用经过净化处理的自然水，12%的农户居住在竹草土坯房。居住条件差在全部片区排第三，饮水不安全在片区排第二，在环首都经济圈中该片区的贫困问题非常突出。

新疆南疆三地州。2015年新疆南疆三地州农村还有90万名扶贫对象，贫困发生率达15.7%，高于全国10个百分点。从福利贫困来看，新疆南疆三地州区域内结构性缺水和耕地退化严重，南疆三地州部分群众存在饮水安全问题；电网覆盖面狭窄，尚未形成稳定、完善的电源电网新格局。经过多年建设，2015年仍有14.6%的农户存在饮水困难，16.6%农户尚未使用经过净化处理的自然水，15.1%的农户居住在竹草土坯房。新疆南疆三地州农村居民安全饮水条件在全部片区最好，但是居住条件差在片区排第二。

高寒藏区。高寒藏区包括四省藏区和西藏区，是我国贫困程度最深、扶贫成本最高、扶持难度最大的一个特殊贫困单元。根据表1-5，2015年西藏区农村贫困发生率为 18.6%，为全部片区之首；四省藏区贫困发生率为 16.5%，排片区第三。从福利贫困来看，高寒藏区相当部分群众还存在住房、出行、饮水、就医、上学等困难问题。2015 年仍有西藏还有 34.2% 的农户存在饮水困难问题，四省藏区为 23.1%，居全部片区之首，70% 以上的农户尚未使用经过净化处理的自然水。在居住条件方面，西藏农户的居住条件较好，仅有 2.5% 的农户居住在竹草土坯房，然而四省藏区的比例却达到 9.5%。

三、社会学视角的特殊类型贫困问题：流动性差与社会排斥

从社会学视角来看，因地形、文化、政策等造成的社会排斥问题是形成贫困的重要原因，相对封闭的社会圈使其流动性较差，从而在福利待遇与社会参与等方面受到诸多限制。民族地区社会学视角的贫困主要表现为环境封闭、流动性差。具体为，一是社会成员受到其所在地区地形、交通等客观因素的制约，所处环境较为封闭，无法与外界保持及时通畅的联系，无形地受到外界排斥，在交流中处于被动地位。二是社会成员在不完善的社会政策与结构影响下，缺乏平等的福利待遇，尤其是农村户口在二元化政策体制影响下，少数民族人口发展可能受到限制。三是各地区、各民族在其特有地方文化影响下，形成对本地区文化的认同，从而在主观上形成对其他地区文化的排斥。以下从 11 个片区的地理因素、交通因素，以及民族语言文化方面描述片区在社会排斥方面形成的贫困状况。

表 1-6   2015 年分片区基础设施状况统计   单位：%

片区	通电的自然村比重	通电话的自然村比重	通宽带的自然村比重	主干道路面经过硬化处理的自然村比重	通客运班车的自然村比重
全部片区	99.7	97.7	53.2	71.7	47.5
六盘山区	99.6	99.5	52.6	77.2	70.7
秦巴山区	99.6	98.8	55.4	74.1	49.0
武陵山区	100	96.5	50.1	71.7	50.1
乌蒙山区	99.2	95.9	31.1	57	48.0
滇桂黔石漠化区	99.9	95.2	34.4	67.7	42.7
滇西边境山区	99.9	100	41.3	61.9	39.5
大兴安岭南麓山区	99.3	99.2	82.4	85.4	72.8

续表

片区	通电的自然村比重	通电话的自然村比重	通宽带的自然村比重	主干道路面经过硬化处理的自然村比重	通客运班车的自然村比重
燕山—太行山区	100	99.3	69.8	79.4	65.7
西藏区	92.1	89.5	8.5	57.7	29.1
四省藏区	90.7	90.9	25.5	61.4	43.5
新疆南疆三地州	99.9	99.9	50.1	88.1	88.9

资料来源：国家统计局农村社会经济调查总队：《中国农村贫困监测报告 2016》，中国统计出版社，2016 年版，第 230 页。

六盘山区。六盘山区地处黄土高原中西部及其与青藏高原过渡地带，地形破碎，植被稀疏、沟壑纵横，水土流失严重，位于陕甘宁边界的高寒阴湿山区与干旱山区是人口集中地，这些地方山坡地居多，闭塞偏远，地理环境恶劣，片区人民流动困难，形成了闭塞的社会与闭塞的人，难以适应市场化趋势。2015 年，该片区基本实现通电、通电话。通宽带的自然村比重为 52.6%，主干道路硬化的村比例为 77.2%，通客运班车的自然村比重为 70.7%。

秦巴山区。秦巴山片区跨秦岭、大巴山，地形地貌以山地丘陵为主，间有汉中、安康等盆地，片区受到山脉的阻隔，地形复杂，空间相对封闭。其中片区内的白河县有 4 613 户 17 991 人分布在海拔 1 000 米以上，占贫困总人口的 22.2%，群众出入较为不便，久而久之在区域内形成封闭状态，信息闭塞。秦巴山区道路设施建设尚不完善，至 2015 年，片区仍有 49% 的村不通客运班车，主干道路硬化村的比例为 74.1%，通宽带的自然村比重为 55.4%，通电通电话基本都已实现。其中白河县通水泥（沥青）公路的行政村为 313 个，通宽带网络的行政村个数为 170，通客运班车的行政村个数为 260，分别仅占行政村落的 37.1%、19.7%、30.1%，交通闭塞，信息流通不畅。[①]

武陵山区。武陵山区以武陵山脉为中心，喀斯特岩溶地貌为主，地处云贵高原的边缘地带，南北各靠雪峰山脉和巫山山脉，地理位置偏远，山多难行，片区山民有外界往来困难。武陵山区道路网络设施建设不完善，高等公路建设落后于其他地区，不少贫困村组道路状况和通达率极差，与外界处于半隔绝状态。2015 年，该片区基本实现通电、通电话。通宽带的自然村比重为 50.1%，主干道路硬

[①] 覃建雄、张培、陈兴：《旅游产业扶贫开发模式与保障机制研究——以秦巴山区为例》，载《西南民族大学学报》（人文社会科学版）2013 年第 7 期，第 134~138 页。

化的村比例为71.7%，通客运班车的自然村比重为50.1%。

乌蒙山区。乌蒙山片区主体处于云贵高原，以高原山地为主，平均海拔2 400米左右，喀斯特地貌明显，地质情况复杂，地处省际结合部，远离城市中心，环境闭塞，与城区的交流较为困难。由于片区内山大沟深，切割纵横，农民居住分布极为分散，多数人又居住于半山坡上，区域内部的交流也十分不便，对生产生活造成了极大困难。2015年，该片区基本实现通电、通电话。通宽带的自然村比重为31.1%，主干道路硬化的村比例为57%，通客运班车的自然村比重为48%。

滇桂黔石漠化区。滇桂黔石漠化区位于云贵高原东南部及其与广西盆地过渡地带，是典型的高原山地构造地形，石漠化面积大，地质环境复杂，地理位置偏远，在当地形成较为封闭的生活圈。片区内主干网络不完善，县乡公路等级低、质量差，片区内外的运输联络较为不便。2015年，该片区基本实现通电、通电话。通宽带的自然村比重为34.4%，主干道路硬化的村比例为67.7%，通客运班车的自然村比重为42.7%。

滇西边境山区。滇西地区高山峡谷相间，多数县位于横断山脉南部与滇南的山间盆地，地理环境较为恶劣。受地理区位条件影响，滇西边境山区贫困人口的居住分布又相对分散不均匀，山高谷深的地形也让适宜集中聚居的平坦区域缺乏，人口密度较低。地形的复杂、环境的恶劣阻碍了片区农民与外界的沟通与交流，导致该片区相对封闭僵化，社会排斥现象严重；同时相对分散的居住布局、较低的人口密度又阻碍了片区内部农户之间的沟通，内部流动性也较差。怒江州2012年有9个行政村、1 458个自然村没有通公路，55%的人口通过人背马驮的方式解决运输问题，已通的道路设施也较为落后，恶劣天气交通还会受阻，相邻县的车程往往需要耗时六到八个小时。① 经过多年建设，2015年，该片区基本实现通电、通电话。通宽带的自然村比重为41.3%，主干道路硬化的村比例为61.9%，通客运班车的自然村比重为39.5%。但是，道路设施仍然非常落后，这阻碍了当地与外界的交流，容易形成社会排斥，制约经济发展。此外，滇西边境山区相当一部分少数民族由于不会说汉语存在语言沟通的障碍，如双江自治县的邦丙乡少数民族人口占总人口的57.2%，由于少数民族长期与世隔绝的封闭生活，多数少数民族的学生在接受学校教育之后才开始学习汉语。② 目前片区仍有很大一部分人不会说汉语，这给他们与外界的沟通交流造成了极大障碍，同时一

---

① 财政部农业司扶贫处：《集中力量实施扶贫攻坚促进解决滇西深度贫困——关于滇西边境集中连片特困地区扶贫开发调研报告》，载《农村财政与财务》2012年第5期，第23～26页。
② 俸俊馨：《滇西边境地区特有少数民族山区教育发展的思考——以临沧市双江自治县邦丙布朗族聚居乡为例》，载《云南农业大学学报》（社会科学版）2013年第5期，第45～48页。

部分人守土安家、因循守旧思想极为严重,他们难以走出片区,生活封闭,即使克服语言障碍走出去,生活技能、生产技术也难以适应当今经济社会发展的要求,所能务工的范围有限,难免遭受到外界的排斥,工资收入普遍偏低。

大兴安岭南麓山区。片区交通设施建设处于滞后状态,道路等级偏低。经过多年建设,截至 2015 年,该片区通宽带的自然村比重为 82.4%,主干道路硬化的村比例为 85.4%,通客运班车的自然村比重为 72.8%。交通运输和互联网建设加快了与外界的交流,有利于商品的输出与技术的引进。此外,语言成为就业瓶颈,劳动力市场竞争力削弱。大兴安岭南麓山区的少数民族长期以本民族语言进行交流,汉语对他们而言反而是第二语言,但随着市场经济的发展,人与人之间的交流愈加密切,山区的少数民族群众由于长期在本土语言交流的环境中缺乏学习普通话的机会,汉语推广较慢,普通话水平不高,交流存在一定困难,在外出打工时缺乏竞争力,容易被排斥。

燕山—太行山区。燕山—太行山区乡村道路的通行保障水平较低,2015 年只有 79.4% 的村主干道路面经过硬化处理,65.7% 的村通客运班车,道路交通基础设施落后,不便与外界交流;当地农业的生产经营方式较为传统,消费市场的开拓水平低,物流网络建设尚未完善,产品流通相对不畅,流动性不高,经济的边缘性以及封闭性使得山区与平原地区的经济协作交流困难,经济发展易陷入恶性循环。另外,由于周围为北京、天津,进城务工成为片区许多青年的生存方式,人才大量涌向京津及其他大城市,导致人才流失严重,本区域内人口流入量少,缺乏创新元素,给燕山—太行山区的发展带来极大障碍。

新疆南疆三地州。新疆南疆三地州地处我国西部边疆,远离经济中心,环境相对封闭;片区又处于塔克拉玛干沙漠的西南边缘,沙漠广阔,平原区绿洲面积仅占 9.2%,①农牧民多居住在海拔较高的偏远深山区,人口分布较散,山路难行,信息闭塞,流动率低。截至 2013 年,新疆南疆三地州缺少向西开放铁路大通道,铁路、航运服务远不能满足需要,和田地区还没有高速公路,整片区域尚未构建与疆内、内地和周边国家紧密联系的综合交通运输体系,难以打造口岸现代物流体系。经过多年建设,2015 年,该片区基本实现通电、通电话。通宽带的自然村比重为 50.1%,主干道路硬化的村比例为 88.1%,通客运班车的自然村比重为 88.9%。

高寒藏区。藏区远离内地,处于相对封闭的地理位置,与外界交流颇为不便,不利于经济规模的扩大提升。且藏区内高原高山地形独特,高寒缺氧、多年冻土、生态脆弱的难题使得片区的交通建设长期滞后,大多数藏区仍未通铁路、

---

① 王宝珍:《新疆南疆三地州扶贫开发研究》,石河子大学 2014 年硕士学位论文,第 50 页。

高速公路，保留着传统原始的驮马加人力的运输模式，加大了对外交流的难度。例如，西藏区2015年92.1%的村通电，89.5%的村通电话，通宽带的自然村比重为8.5%，主干道路硬化的村比例为57.7%，通客运班车的自然村比重为29.1%，这些指标在全部片区中均处于最差的状况。

新疆南疆和高寒藏区的部分少数民族青年受教育水平偏低，文化素质总体不高，技能水平受到限制，对汉语的掌握不是很熟练，在就业市场及岗位晋升中往往处于劣势，难以在充盈的劳动力市场中站稳脚跟，遭劳动力市场排斥。在藏区的民族学校教育体系中，一些藏族学生往往学习环境较为封闭，缺乏与其他民族学生的沟通交流，受到的教育过于单一，他们在选择工作时，会更加倾向于那些符合自己价值观与生活习惯的职业，以防止其他人对他们的排斥，所以对于少数民族来说，他们所能选择的就业范围相对缩小，也就失去了一些脱贫机会，易陷入贫困。

四、发展学视角的特殊类型贫困问题：人力资本匮乏与能力贫困

民族地区发展学视角的贫困主要表现为健康、教育和生活水平低引致的能力贫困，以下从11个片区的健康因素、教育因素等生活标准方面描述片区的能力贫困状况。

表1-7　　　　2015年分片区农村卫生与教育状况统计　　　　单位：%

片区	有卫生站（室）的行政村比重	拥有合法行医证医生/卫生员行政村比重	有幼儿园或学前班的行政村比重	有小学且就学便利的行政村比重
全部片区	95.5	90.8	57.1	66.2
六盘山区	96.1	92.5	51.4	74.4
秦巴山区	96.3	90	52.7	55.0
武陵山区	91.5	88.7	45.8	50.7
乌蒙山区	93.7	89.4	58.7	74.5
滇桂黔石漠化区	97.6	87.7	69.7	78.8
滇西边境山区	98.2	96.4	63.1	78.4
大兴安岭南麓山区	89.5	96	38.3	41.4
燕山—太行山区	97.6	96.6	62.2	45.2

续表

片区	有卫生站（室）的行政村比重	拥有合法行医证医生/卫生员行政村比重	有幼儿园或学前班的行政村比重	有小学且就学便利的行政村比重
西藏区	69.6	73.1	38.3	27.9
四省藏区	78	76.5	30.5	35.4
新疆南疆三地州	83.4	68.2	78.5	79.8

资料来源：国家统计局农村社会经济调查总队：《中国农村贫困监测报告2016》，中国统计出版社2016年版，第231页。

六盘山区。疾病风险突出，健康状况堪忧。22个县仍存在克山病，59个县存在碘缺乏病，44个县存在地方性氟中毒，28个县存在大骨节病。[①] 教育事业发展滞后，人口素质偏低。六盘山区农村教育事业十分滞后，2015年仅有51.4%的村有幼儿园或学前班的行政村，74.4%的村有小学且就学便利。而且，教育配套设施缺乏，师资力量薄弱，教学困难大，在一定程度上降低了学生的学习积极性，知识吸收较慢，自我发展能力难以得到有效提高。

秦巴山区。医疗水平低，健康状况堪忧。全国45个未控制大骨节病县中，秦巴山区就占了16个。[②] 贫困家庭因经济水平低及自身对疾病的认识浅，往往耽误病情，错过治疗良机，既拖垮了身体，又需筹措更多的金钱进行治疗，因病返贫现象严重。另外，人口素质偏低，教育事业落后。截至2015年，仅有52.7%的村有幼儿园或学前班的行政村，55%的村有小学且就学便利。当地教育设施落后，师资力量不足也是制约教育发展的重要原因。片区群众劳动力文化程度低，技能和经营能力不足，同时农技推广服务不足，农业生产方式依旧较为粗放，对经济增长的贡献偏低。

武陵山区。片区多数少数民族贫困人口居住于深山老区、高寒地区以及边远地区，医疗卫生服务事业落后，村民的健康水平较差，疾病风险突出。武陵山区教育软硬件设施严重滞后，高等教育学校数量较少，无法满足孩子接受高水平素质教育的需求，且人才大规模流失现象严重。截至2015年，仅有45.8%的村有幼儿园或学前班的行政村，50.7%的村有小学且就学便利。武陵山片区由于长期封闭，部分群众思想观念较为保守，"万事不求人""饿死不离乡"等想法的根深蒂固使搬迁式扶贫难以开展，甚至拒绝新技术、新产品、新事物的推广，排外

[①] 周静茹：《六盘山回族地区反贫困研究》，兰州大学2014年博士学位论文，第67页。
[②] 资料来源：《秦巴山片区区域发展与扶贫攻坚规划（2011-2020年）》，国开办发〔2012〕37号。

思想严重。另有一些群众则安于现状，消极畏难，"等、靠、要"思想严重。

新疆南疆三地州。医疗卫生事业严重滞后，医疗机构分布不均，医务人员严重匮乏。截至2015年，有卫生站（室）的行政村比重为83.4%，拥有合法行医证的医生和卫生员的行政村比重为68.2%，医疗条件差在片区中仅次于高寒藏区。小学教育建设较好，有78.5%的村有幼儿园或学前班的行政村，79.8%的村有小学且就学便利。但是，片区内的高中教育以及中等职业教育都呈现发展滞后的局面，教学设施不足，师资力量有限，教师综合素质偏低，严重滞缓了片区教育事业的发展，一些青少年由于不能上高中而过早进入社会。2013年9月开始南疆三地州实现高中免费教育，争取片区内所有初中生都能上高中。①

南疆三地州少数民族人口占该片区人口的90%以上，少数民族人口尤为集中。片区生活环境较为封闭，社会发育程度较低，人力资本素质不高，部分少数民族群众思维观念保守，主动获取财富的欲望低，安于现状，缺乏改变贫困现状的眼光、动力和积极性，贫困易代际循环。

高寒藏区。西藏自治区各种地方病流行较为严重，包括碘缺乏病、地方性氟中毒、大骨节病、克山病以及鼠疫等，同时高原地区由于海拔高容易产生低张性缺氧，加上寒冷、风沙、紫外辐射等，容易诱发高原疾病。但藏区医疗卫生条件差，医务人员较少，医疗设备严重短缺，基层卫生服务能力不足，这严重影响了当地群众的健康，也阻碍了经济发展和社会进步。截至2015年，有卫生站（室）的行政村比重为69.6%，拥有合法行医证的医生和卫生员的行政村比重为73.1%，仅有38.3%的村有幼儿园或学前班的行政村，27.9%的村有小学且就学便利。

受客观条件限制，四省藏区相对封闭，有些农牧民的观念比较保守，又由于地方教育事业的落后，师资力量薄弱，人才总量不足、流失严重，同时部分地区藏语学校少，民族文化课程安排不多，而部分藏区因为忽略了现代教育体系，教育质量较差，使得经济的自我积累发展能力弱，制约了经济的持续发展。截至2015年，有卫生站（室）的行政村比重为78%，拥有合法行医证的医生和卫生员的行政村比重为76.5%，仅有30.5%的村有幼儿园或学前班的行政村，35.4%的村有小学且就学便利。

五、政治学视角的特殊类型贫困问题：贫富差距拉大与恐怖危害加重

随着我国经济体制改革的推进，贫富差距现象日益加剧，社会正义被广泛关

---

① 温丽娜：《新疆南疆三地州实现高中免费教育》，载《中国民族报》2013年9月20日第1版。

注,分配正义作为其中的一个重要组成部分也成为人们关注的焦点。我国部分民族地区仍存在着发展不均衡的问题:一方面表现为部分民族地区相对于全国尤其是东南沿海地区的经济社会发展水平处于弱势地位,区域差距明显。据《瞭望》记者调研走访发现,截至 2014 年底,位于六盘山区的甘肃临夏回族自治州与位于四省藏区的甘南藏族自治州小康程度都在 65% 以下,大多数其他少数民族地区的小康程度基本也只是在 70% 左右,[①] 早在 2010 年,东部地区已有北京、天津、上海、江苏、浙江、福建和广东等 7 省(市)的全面建设小康社会实现程度超过了 90%,[②] 两者差距颇大。另一方面表现为部分民族地区自身的城乡差距高于全国的城乡差距。城乡差距导致了这些民族地区整体性的落后与贫困,加剧了民族地区的扶贫难度,不利于我国民族关系的和谐发展。

表 1 – 8 显示 2015 年全国各地区农村居民人均消费及增长情况。由表可知 2015 年全国人均消费支出为 9 223 元,而全国只有 11 个省区市的人均消费支出高于这一平均水平,其中除了内蒙古,其余民族七省区人均消费支出排序均位于 17 名之后,西藏的人均消费支出最低,仅为 5 580 元,青海省的人均消费支出的名义增长率最低,仅为 4%,新疆次之(4.5%)。由此可见,民族八省区的农村居民人均消费支出明显偏低,部分地区增长速度放缓。上海市农村居民人均消费支出(16 152 元)是西藏(5 580 元)的 3 倍,地区经济差距依旧很大。

表 1 – 8   2015 年 31 个省区市农村居民人均消费及增长情况

排序	省区市	人均消费支出(元)	名义增长(%)	排序	省区市	人均消费支出(元)	名义增长(%)
1	上海	16 152	9	8	*内蒙古	10 637	6.7
2	浙江	16 108	11.1	9	湖北	9 803	12.9
3	北京	15 811	8.8	10	湖南	9 691	7.4
4	天津	14 739	7.3	11	四川	9 251	11.4
5	江苏	12 883	9	12	河北	9 023	9.4
6	福建	11 961	8.2	13	安徽	8 975	12.5
7	广东	11 103	10.6	14	重庆	8 938	12

---

① 瞭望 – 爱微帮:《还有 6 年,民族地区离全面小康还有多远?》,http://www.aiweibang.com/yuedu/33883162.html,2015 年 6 月 26 日。
② 国家统计局科研所:《中国全面建设小康社会进程统计监测报告(2011)》,http://www.stats.gov.cn/ztjc/ztfx/fxbg/201112/t20111219_16151.html,2011 年 12 月 19 日。

续表

排序	省区市	人均消费支出（元）	名义增长（%）	排序	省区市	人均消费支出（元）	名义增长（%）
15	辽宁	8 873	13.7	24	河南	7 887	8.4
16	吉林	8 783	7.9	25	*新疆	7 698	4.5
17	山东	8 748	9.9	26	*广西	7 582	13.6
18	*青海	8 566	4	27	山西	7 421	6.1
19	江西	8 486	12.4	28	*云南	6 830	13.3
20	*宁夏	8 415	9.6	29	甘肃	6 830	11.1
21	黑龙江	8 391	7.2	30	*贵州	6 645	11.3
22	海南	8 210	16.8	31	*西藏	5 580	15.7
23	陕西	7 901	8.9		全国	9 223	10.0

注：* 为民族八省区。

发展不均衡的问题不仅会导致贫富差距的扩大，更容易引起民族地区部分贫困群众的不平衡心理。暴力恐怖势力、宗教极端势力以及民族分裂势力这三股势力别有用心地煽动群众、散布谬论，通过集合一些被蛊惑的群众，意图达到国家民族分裂的政治目的，严重侵害了各族人民的生命与财产安全，影响国家稳定。恐怖主义在西藏自治区和新疆南疆三地州表现得尤为明显，"藏独""东突"等分裂势力在西藏、新疆地区的暗杀、爆炸、纵火等暴恐活动给两个地区人民安居乐业和地区经济社会发展带来了极大障碍。

六、文化学视角的特殊类型贫困问题：思想贫困与代际贫困

贫困文化一旦形成，极易扎根，代际相传。民族地区文化学视角的贫困主要表现为民族传统文化、宗教中的糟粕对经济社会的影响，以下从宗教民俗方面描述片区的代际贫困状况。

六盘山区。六盘山的回族地区受其特有的文化和生态逻辑影响，仍然沿袭以家庭为单位的小规模养殖，家禽家畜作为用于自给自足的食品，直到出现不时之需才会将其当作商品变现。因此当地在家庭养殖的观念下，往往抵触市场化模式的大规模养殖，落后的小农户生产经营方式需要农户独自承担市场风险，又缺乏竞争力，不利于农户收入水平的提高，封闭的思想观念使其陷入代际贫困，脱贫致富困难。

大兴安岭南麓山区。大兴安岭南麓山区的少数民族居住在偏远山区，长期处

于封闭和孤立的状态，文化相对落后，不少群众由于教育水平的低下，容易相信封建迷信，在生病时不及时就医，而是花费自己微薄的收入求神拜仙；受封建思想的影响，重男轻女现象十分严重，他们往往子女颇多但皆无法受到良好教育，尤其女孩的受教育程度更低；部分民众还存在明显的惰性思想，农闲时闲散在家却不选择另谋生计，反而更易拿着贫困补助进行赌博活动，安于现状，脱贫意愿较低。

新疆南疆三地州。南疆三地州少数民族人口占该片区人口的90%以上，少数民族人口尤为集中。片区生活环境较为封闭，人力资本受教育水平不高，部分群众思维观念保守，"等、靠、要"思想较为严重，主动获取财富的欲望低，安于现状，缺乏改变贫困现状的眼光、动力和积极性，贫困易代际循环。

四省藏区。在四川的凉山彝族自治州，还保留着"多子多福"的生育观，彝族民众重视家支观念，认为多生育才能增强家支力量，尤其认为男孩越多，家庭收入更易增加，重男轻女思想严重，结果导致家庭人口过多，温饱问题难以解决，贫困代际传递；彝区的教育起步晚，一些群众缺乏崇尚读书的观念，学生接受教育水平通常较低，劳动竞争力弱，只能回乡从事传统农牧业，收入来源单一；一些彝族群众特别重义气，热情好客，经常倾其所有招待来客，有时甚至为了脸面不惜耗费大量钱财，传统观念影响后代，形成贫困延续。

西藏自治区。宗教在藏区占据着极为重要的地位，区域内宗教氛围分外浓厚，信教群众多，宗教文化同社会主义社会还需要进一步相适应。藏区部分群众的创新意识不强，他们不敢接受新文化，怯于学习新技能，缺乏自我发展能力，容易形成代际贫困。

七、民族学视角特殊类型贫困问题：交往中不充分的交流交融

在国际学术界，民族学又被称为文化人类学或是社会人类学，民族学以民族族体作为一个整体，主要研究民族起源、发展、变化及其逐渐消亡的过程，更多强调的是对于不同民族群体之间社会与文化方面的考察。统一多民族国家是我国的基本国情，五十六个民族共同开发了祖国的锦绣河山、广袤疆域，共同创造了悠久的中国历史、灿烂的中华文化，共同铸就了秦汉雄风、盛唐气象、康乾盛世的辉煌，多民族是我国的一大特点，也是我国发展的一大有利因素。改革开放以来，随着各民族人口流动的加快，少数民族居民逐渐从民族自治地方流动到中东部地区，从农牧区扩展到城市，从聚居地区的常住少数民族人口扩展到散居地区

的少数民族流动人口。① 由于少数民族流动人口在语言、风俗习惯、宗教信仰等方面具有自身的特点，在有交往而无充分交流更无彻底交融的情况下，与其他民族之间的矛盾纠纷时有发生，由于无法真正融入城市工作环境和社区居住环境，以族群差异为主的城市少数民族贫困问题也表现突出。

第四节　片区贫困的特殊性与跨学科融合的内在机理

　　课题组对民族地区特殊类型贫困问题的区域定位及片区进行了划分。11个集中连片特殊困难地区中的民族地区为我国扶贫攻坚的"硬骨头"，该区域生态脆弱与贫困问题重叠，自然地理复杂性与经济社会文化多元性并存，贫困特殊复杂性与少数民族聚居性高度耦合。考虑先天自然因素和后天发展因素，按照"集中连片、突出重点、全国统筹、区划完整"的原则，我们将这11个集中连片特殊困难地区按照生态脆弱、特殊地缘、特殊文化、省际交界分成四类。

　　第一，从地理学视角分析民族地区特殊类型贫困问题就是生态脆弱与地缘独特。有学者指出西部民族地区农村贫困的实质就是生态贫困②③。集中连片特困民族地区在自然属性上具有生态环境脆弱、自然灾害频发的特点，但同时由于片区内自然资源较为丰富，集中连片特困民族地区通常也是重要的生态功能区，一旦盲目进行大规模的经济建设，必将导致生态环境的恶化，最终产生返贫的问题。在空间分布上，集中连片特困民族地区主要分布于我国中西部地区，且多位于省际交界处，部分为我国重要的边境地区，远离区域中心。这样的自然属性与空间分布特征决定了集中连片特困民族地区具有一定的"先天不足"，相较其他地区而言，在长期的发展之中处于劣势地位。

　　第二，从经济学视角分析发现集中连片特困民族地区贫困面较广且程度最深。民族地区贫困人口占全国三分之一，接近占集中连片特殊困难地区的一半。滇桂黔石漠化区、武陵山区贫困人口最多，边境民族地区贫困发生率最高，例如西藏四省藏区、新疆南疆三地州、滇西边境山区。

　　第三，从社会学视角分析发现民族地区特殊类型贫困问题就是流动性差与社

---

　　① 方堃：《改革开放以来我国城市民族工作创新发展的基本经验》，载《中国民族报》2018年11月23日005版。
　　② 张大维：《集中连片少数民族困难社区的灾害与贫困关联研究——基于渝鄂湘黔交界处149个村的调查》，载《内蒙古社会科学》（汉文版）2011年第5期，第127~132页。
　　③ 刘璐琳：《集中连片特困民族地区反贫困的思考》，载《光明日报》2012年4月15日第7版。

会排斥。集中连片特困民族地区交通较为闭塞，社会流动性差。由于这些地区多位于省际交界处，远离行政中心，再加上地形较为崎岖，交通不便，与其他地区的政治经济交流较弱，发展明显滞后于其他地区。从微观农户看，越是贫困的农户其社会资源越贫乏，越是弱势群体越容易受到社会排斥，主要表现在社会结构与政策制度缺陷、对流动人口的偏见歧视与排斥、社会阶层的流动性较弱，从而长期处于贫困之中。

第四，从发展学视角分析发现民族地区人力资本匮乏与能力贫困问题突出。民族地区医疗水平低，健康状况堪忧，尤其是西藏、四省藏区与新疆南疆三地州，无论是村卫生医疗条件还是小学教育都在集中连片特殊困难地区中排倒数。人力资本匮乏将导致能力贫困，贫困家庭难以通过自身的力量脱离贫困。

第五，从政治学视角分析发现民族地区贫富差距拉大，有些民族地区处于整体性落后与贫困，加剧了社会资源分配不均衡，少数民族处于弱势地位。除此之外，部分群众容易被一些民族极端势力利用，跟随极端分子制造社会动荡，阻碍了民族地区的稳定与发展。

第六，从文化学视角分析发现民族地区特殊类型贫困为思想贫困与代际贫困。集中连片特困民族地区的部分农户由于长期受小农经济的影响，思想观念封闭保守，贫困文化根深蒂固。例如，部分少数民族居民还有"穿在银上，吃在酒上"的风俗；"重男轻女"的思想导致女性受教育程度低，不利于家庭教育；"多子多福"的生育观导致"越穷越生，越生越穷"的现象；贫困文化常常会出现一些"等、靠、要"的思想，并且这种思想由父母传递给子女，循环往复下去，形成贫困的代际传递。

第七，从民族学视角表现为交往中交流交融的不充分。多民族是我国的一大特点，也是我国发展的一大有利因素。随着各民族人口流动的加快，由于少数民族流动人口在语言、风俗习惯、宗教信仰等方面具有自身的特点，在有交往而无充分交流更无彻底交融的情况下，与其他民族之间的矛盾纠纷时有发生，以族群差异为主的城市少数民族贫困问题表现突出。

由此可见，种种复杂的原因交织在一起，导致民族特困地区的"后天"发展乏力，再加上"先天不足"，少数民族贫困地区与少数民族贫困群众更难以走出贫困的境地。民族贫困地区在自然条件与社会发展条件上的特殊性与贫困的跨学科融合存在着内在的联系。

第二章

民族地区特殊类型贫困问题测度的多维方法

第一节 跨学科框架下多维致贫机理及影响路径

一、跨学科框架下多维致贫机理探究

贫困意味着福利的丢失，货币贫困具有可逆性，而非货币贫困通常表现出不可逆的特性。传统的"工具性"贫困观下的单维收入贫困无法全面真实的度量贫困的深度和强度。① 贫困是多方面综合原因造成的。贫困人口的贫困特征具有多维性，即通常在收入水平、文化程度、社会关系、政治话语权等诸多方面表现出低于平均水平的现象。因此，我们对贫困致贫机理的探究也应该从单维转向多维。

在致贫机理的探究上，诺贝尔经济学家得主阿马蒂亚·森认为：贫困不仅仅是收入的低下，更是对可行能力的剥夺。这其中，"功能性活动"和"可行能

---

① 崔治文、徐芳、李昊源：《农户多维贫困及致贫机理研究——以甘肃省840份农户为例》，载《中国农业资源与区划》2015年第3期，第91~97页。

力"是两个关键概念。① 功能性活动指各种生活内容的组合,其既包括最基本的生活需要,也包括更复杂的成就;而可行能力指"一个人有可能实现的、各种可能的功能性活动的总和",即一种实质性自由,② 具体表现在健康能力、知识能力等多个方面。作为一个社会人,其生活水平与质量的高低,并不是由其具有的收入和资源所决定的,而是由其实现功能性活动的实际能力以及选择不同生活的自由度决定。收入或者消费水平低下仅仅是贫困的外在表现,其实质在于贫困人口缺乏改变其生活状况、抵御风险、参与经济活动以获取经济收益的"能力",或者这种能力"被剥夺"了。除了收入之外,还有许多因素可能影响到个人能力的剥夺,因此要想更加准确的衡量个体的贫困程度,就必须从多个维度来构造贫困指数。在对致贫机理的探索上,森的可行能力贫困理论并未否认传统的收入贫困,而将收入缺乏视为能力被剥夺的原因之一。除了收入这一因素外,该理论认为个人还存在许多基本可行能力,例如生存能力、健康能力、知识能力、自尊能力以及社会参与方面,这些基本可行能力的缺失也是导致个人陷入贫困的重要原因。以跨学科的视角来看,森的可行能力贫困理论将致贫的原因从经济学拓展到了社会学、政治学、文化学等多个学科领域。例如森在《生活水准》中着重强调了"体面地出现在公众面前"和"参与社会生活"的能力就与社会学中的社会排斥理论具有相通之处。运用森的可行能力贫困理论,结合跨学科视角对贫困特征的认识,我们可以对特殊贫困地区的致贫机理有着更加深入的认识。

图 2-1 跨学科视角下的可行能力贫困理论

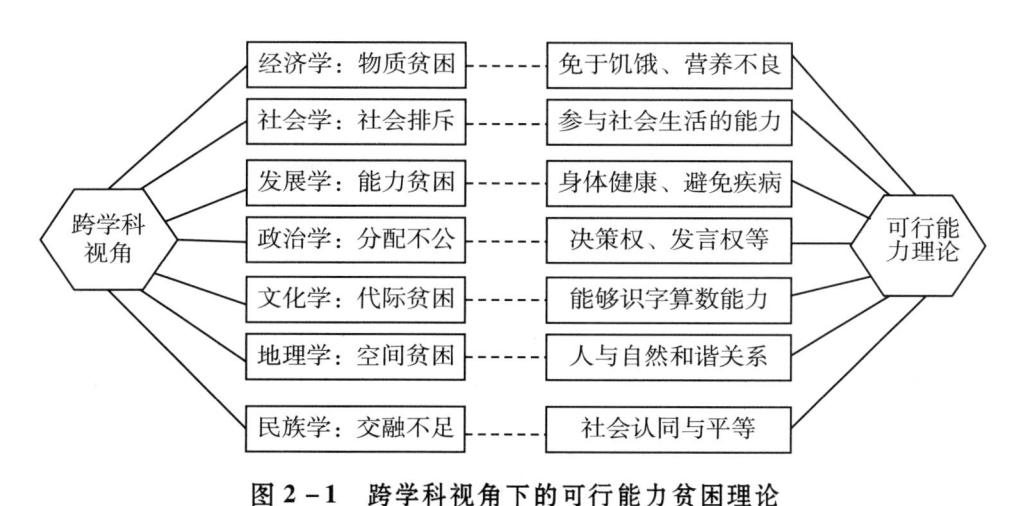

① [印度]阿马蒂亚·森:《以自由看待发展》,任赜、于真译,中国人民大学出版社 2002 年版,第 85 页。
② 刘晓靖、阿马蒂亚·森:《以"权利"和"可行能力"看待贫困思想论析》,载《郑州大学学报》(哲学社会科学版) 2011 年第 1 期,第 24~27 页。

过去人们对致贫机理的探索同样注意到了健康、教育和生活标准等多方面因素对于改善贫困现象的重要意义，但其仅仅将以上因素看作提高收入的手段，依旧将经济学上的收入增加视为终极目标。森的可行能力理论不仅将健康、教育等因素视为提高收入的手段和工具，同时也强调这些因素自身的内在价值，其将缺少健康、教育本身视作一种贫困，而提高健康和知识水平其本身就是个人发展的目的。简单而言，过去人们认为健康、教育能力仅具有工具性价值；而森则认为，提高受教育的程度、改善身体的健康状况与实现收入的增加都是个人自身发展的目的，其同时具有工具性价值和内在价值。以此理论为基础，森也提出在反贫困政策方面，应该重视对基本可行能力的提高，这对于反贫困政策的制定具有深远的意义。在可行能力贫困理论的指导下，近年来越来越多的国家在扶贫工程中，由单纯的物资扶持转变为重视对贫困者知识、健康等能力的开发，也体现出了对森的可行能力贫困理论的认可与实践。

森的观点进一步印证了贫困的多维性与致贫机理的复杂性，但在实际问题中，应该如何对多维贫困的程度进行测算，如何科学地确定各个指标及其权重，是需要思考的问题，我们也将在接下来的内容中进行讨论。

二、多维贫困测算指标的构建

（一）多维测算的指标选择

由于不同地域的经济社会发展状况存在差异，各维度指标的确定也不能一概而论。我们需要思考的是如何构建一个符合少数民族地区现实发展情况的多维测算模型，并科学的确定每一指标所占的权重，从而更加全面、客观的衡量不同的特殊类型地区贫困的深度和强度，并进一步探究各自的致贫机理。

近年来，研究者开始越来越倾向于采取综合性指标来对贫困进行多维测算，其经验可以给我们提供一定的思路。这其中，最主要的三个指数为人类发展指数（Human Development Index，HDI）、人类贫困指数（Human Poverty Index，HPI）、多维贫困指数（Multidimensional Poverty Index，MPI）。共同点在于它们都更加关注非货币性贫困，虽然收入也在衡量指标的参考范围之内，但并不是唯一的影响因素。在具体维度的选择上，三项指数也具有一定的共同点和差异。

人类发展指数（HDI）由巴基斯坦籍经济学家赫布卜·乌·哈格和经济学家阿马蒂亚·森创造，联合国开发计划署（UNDP）在《1990年人文发展报告》中推荐使用，是用来衡量联合国各成员国经济社会发展水平的一个指标。① 人类发展指数主要考虑三个维度，包括出生时的预期寿命、预期受教育年限和购买力平价折算的实际人均国内生产总值。HDI取三个维度的平均值，测算较为简便，联合国开发计划署每年都会在发布的《人类发展报告》中使用人类发展指数来衡量各个国家人类发展水平。然而，在长期的实践中该指数的缺陷和不足也逐渐显现出来。其一，HDI仅仅考虑"预期寿命""教育年限"和"生活水平"三个指标，无法全面反映一个国家的贫困程度和发展水平；其二，人类发展指数侧重于衡量国家宏观层面的发展水平，忽视了对家庭微观层面的考虑；其三，缺乏实证基础导致无法具体反映各个指标对贫困的贡献率。随后UNDP在《1997年人类发展报告》中提出了"人文贫困"的概念，它不仅包括人均国民收入等经济指标，也包括人均寿命、卫生、教育和生活条件等社会文化因素，同时提出"人类贫困指数（HPI）"。② 该指数针对发展中国家和发达国家贫困问题的差异性采取了不同的维度指标。相较HDI，其维度的选取也更加丰富全面，但其仍未解决无法反映微观层面以及不同指标贡献率设置的问题。

为了解决HDI和HPI所存在的缺陷，2007年5月由森发起，UNDP与牛津贫困和发展中心共同致力于研究开发多维贫困指数（MPI）。③ 中心研究主任阿尔基尔和弗斯特（Alkire & Foster, 2008）发表《计数和多维贫困测量》一文中明确提出了多维贫困的计算方法。近年，多维贫困指数（MPI）的测算方法正在逐渐取代人类贫困指数（HPI）并广泛推广，联合国发展计划署在2010年报告中以多维测量方法补充人类发展指数HDI。多维贫困指数同样选取三个维度，但是各维度的指标增加到十个，分别为健康（营养状况和儿童死亡率）、教育（儿童入学率和受教育程度）和生活水平（饮用水、电、日常生活用燃料、室内空间面积、环境卫生和耐用消费品）。从指标的选取上，其考虑的指标更为微观和具体，可以更加全面、准确地反映贫困问题，并且各指标的确定可以根据实际获取数据的情况进行调整，较为灵活。多维贫困指数可以实现各指标对贫困的贡献率的计算，因此通过多维测量可以对致贫原因进行更为深入的探究，从而使得扶贫开发工作更加有的放矢。

跨学科视角下的可行能力贫困理论强调要从多个维度来界定贫困，除了健康、教育和生活水平三个传统维度，越来越多的研究者提出更多同时具有内在性和工具性价值的缺失维度。这些维度不仅仅是脱离贫困的手段，更是自我发展的目的。萨比娜·阿尔基尔（Sabina Alkire）在《贫困的缺失维度》一书中提出了

---

①② 资料来源于联合国开发计划署网站，http：//www.un.org/zh/aboutun/structure/undp/。
③ 张全红、周强：《多维贫困测量及述评》，载《经济与管理》2014年第1期，第24~31页。

就业、主体性和赋权、安全、体面出门的能力，以及心理和主观幸福感五个缺失维度，并就这些指标的设计与选择做了详细阐述。① 随着中国经济、社会等方面发展进程的推进，以及政府、社会团体和广大民众对发展认识的不断深入，中国或多或少都将面对这些维度方面的贫困问题，多维贫困指标的测算也将越来越多地运用于减贫政策制定中。

综上所述，我们在选取少数民族地区多维贫困测算指标时，应该主要考虑三个方面的因素：第一，依旧不能忽视货币性贫困，即能够用货币进行衡量的收入、消费等因素；第二，能够用客观标准进行定义的受教育水平、医疗水平、卫生状况等；第三，基于主观感受的尊严、心理和幸福感等。② 这三个方面中，货币性因素在过去已经得到了大量的关注和研究，第二点在目前也得到了一定的重视，被广泛运用于实证分析中，第三点则是未来需要加以重视和努力的方向。

（二）多维贫困测算方法

在评估各地区的多维贫困程度时，本章借鉴了阿尔基尔和弗斯特（2009）③所提出的多维测算法，多维贫困测算方法表述如下。

令 N 表示人口数，$D \geq 2$ 是考察的维度数，$y = [y_{ij}]$ 指 $N \times D$ 维矩阵的取值，y_{ij} 是个体 i 在第 j 个考察维度的值，行向量 y_i 是个体 i 的取值，列向量 y_j 是维度 j 的取值，假设维度 D 是给定的，Z_j 是维度 j 的贫困临界值（cut-off value）或贫困线，Z 是行向量，代表了具体维度的贫困线。对于任何矩阵 Y，可以定义一个贫困矩阵 $g^0 = [g_{ij}^0]$，当 $y_{ij} < z_j$ 时，$g_{ij}^0 = 1$，表示 y_{ij} 处于贫困水平；当 $y_{ij} > Z_j$ 时，$g_{ij}^0 = 0$ 表示 y_{ij} 处于非贫困水平。定义一个列向量代表个体 i 忍受的总的贫困额度数，即 $c_i = g_i^0$。如果同时考虑 k 个维度，令 $k = 1, 2, \cdots n$；P_k 表示考虑 k 个维度时识别贫困的函数。当 $c_i \geq k$ 时，$P_k(y_i; z) = 1$；当 $c_i < k$ 时，$P_k(y_i; z) = 0$。P_k 既受到维度内贫困状况 z_j 的影响，又受到跨维度贫困状况 c_i 的影响，因此称之为双重临界值的方法。

在识别了各维度的贫困状况后，需要对维度贫困进行加总，得出综合衡量指数。阿尔基尔和弗斯特（2008）建议的多维贫困指数为 $M_0(x, z) = U(go(k)) = HA$。$M_0$ 即为多维贫困指数，其中 $H = H(x; z) = q/n$，表示贫困发生率；如果 $c_i \geq k$，则 $c_i(k) = c_i$，如果 $c_i < k$，则 $c_i(k) = 0$。$c_i(k)/d$ 表示穷人 i 可能经历贫困

---

① ［英］萨比娜·阿尔基尔：《贫困的缺失维度》，刘民权译，科学出版社2010年版，第8页。
② 石智雷、邹蔚然：《库区农户的多维贫困及致贫机理分析》，载《农业经济问题》2013年第6期，第61～69页。
③ Sabina Alkire, James Foster: Counting and multidimensional poverty measurement. Journal of Public Economics, 2009, 95 (7), p476–487.

的比例，$A=|c(k)|/|qd|$ 表示平均贫困份额。在进行贫困维度加总时可以为不同维度赋予不同的权重，也可以采取均等权重。①

三、国外多维测算法的实践经验借鉴

一部分国家已经开始利用多维贫困指数测算本国的贫困现状，为减贫政策的制定提供政策依据，把资源集中于最贫困的地区和人口。这其中主要有墨西哥、菲律宾、印度、不丹、玻利维亚、英国和南非，② 下面将简要介绍这七个国家多维贫困测算经验，以期给我国的贫困识别工作提供有益借鉴。

• 墨西哥。根据 2006 年墨西哥颁布的《社会发展总法》的相关法令，社会评价规划部有权利和义务制定一个标准从多角度定义、识别和衡量贫困。在联邦和州一级，贫困测量至少两年评价一次，在市一级至少 5 年一次。新的法律规定多维贫困衡量必须包括收入贫困，以及其他七个方面，其中一些是社会权利：健康、食品安全、教育、住房、服务、社会安全和社会凝聚力。多维测算指标的选取由相关学术专家、有过调查经验的专家以及政府调查人员进行，对热量和其他物质的需求从早期研究中获得，然后用拉瓦利昂（Ravallion）的食物篮法选择食物篮的商品。

• 菲律宾。20 世纪 90 年代，菲律宾政府把消除贫困作为社会改革议程的一部分，采取步骤监测和追踪贫困。由于搜集资料的困难和资金的限制，因此产生了一个基于社区的系统，社区系统以地方政府工作人员作为监督者，可灵活纳入地方治理的具体指标。贫困测量的核心指标有以下 8 个维度：健康、营养、住房、水和卫生、基础教育、收入、就业、和平和秩序。社区监测系统在设计、收集、监测和执行都是由菲律宾的一群前沿研究者负责。

• 印度。1997 年印度使用支出和多重标准的贫困线代替了单一的收入贫困线，但批评家认为这种方法过于严格，并且由于标准的不统一无法在各州间进行比较，最终难以推行。第十届贫困线调查组为了改进贫困识别方法，组建专家小组提出了若干改善贫困线的建议。最终印度在 2002 年以多维贫困识别方法取代了收入贫困测量方法，其主要包括以下方面的信息：土地数量、住房结构、衣服数量、食物、自产的消费品、教育水平、家庭中的劳动地位、生活状况、贷款情况、家庭迁移等。在指标处理上，专家收集贫困线以下的家庭数据，然后请教政

---

① 吴海涛、丁士军：《贫困学导论》，武汉大学出版社 2013 年版，第 233~234 页。
② 吴忠：《国际减贫理论与前沿问题 2010》，中国农业出版社 2010 年版。以下七个国家的多维贫困测算经验均参考此文献，以下不再赘述。

府人员，再给出他们的意见。

● 不丹。1972年不丹宣布要衡量国民幸福总值，而不是国民生产总值。国民幸福的概念基于四大方面：促进公平和可持续的社会经济发展，保护和提升文化价值，保护自然环境，促进善政。国民幸福总值的指标由不丹研究中心和牛津贫困与人类发展倡议合作设计，构造的国民幸福总值包括72个指标，9个方面的内容。

● 玻利维亚。玻利维亚政府宣布其目标是提高人们"过上幸福生活"的能力。玻利维亚用收入和其他方面的方法衡量基本需求，在评估家庭的基本需求时主要考虑住房、基本服务、教育水平和健康服务。玻利维亚政府正在借此制定一些与过上幸福生活有关的政策。

● 英国。2000年，英国逐步制定多重贫困指标，作为反对社会排斥成果的一部分，贫困指标在2004年和2007年分别进行了改进。多重剥夺的模式是对2007年的多重贫困模式的改进，多重贫困指标有7类37个不同的指标。不同区域加权后作为2007年的贫困指标，每个地区的指标都是既定的技术标准，这些指标的特征是：为特定地区特定目的专门设置的、衡量贫困主要特征的、最新的、定期更新的、满意度稳健的、在整个英格兰的任何一个小地方都可行的。

● 南非。2002年，南非统计局定期对住户进行调查，从2002年开始，每年进行一次，主要调查多维贫困的六个方面：教育、健康、工作或失业、由家庭承担的非酬劳旅行、住房和服务的可得性。

从以上7个国家运用多维测算法的实践中，我们可以发现其方法更强调不同国家的贫困环境，政府试图用不同方法设计指标和收集数据，从而把更广阔意义的贫困测量纳入。多维测算的结果可以有效提高扶贫政策的瞄准性，不仅是贫困个体收入的低下，更注重其在教育、健康等维度上的缺失，通过剥夺指标找到政府应优先干预的领域，强调扶贫政策的多元化与精准性。

我国的扶贫开发事业发展至今，长期以来贫困居民底数不清、情况不明、针对性不强、扶贫资金和项目指向不准的问题较为突出，扶贫攻坚已进入"啃硬骨头"的阶段。在此背景下，2013年12月，中办、国办印发《关于创新机制扎实推进农村扶贫开发工作的意见》，明确提出建立精准扶贫工作机制。精准扶贫的第一步是通过建立瞄准机制，精准识别贫困户。当下，我国大部分地区都是通过收入这一指标来认定贫困户，但是随着理论和实践的发展，政府部门在扶贫开发过程中也开始越来越注重健康、教育等方面的贫困。国外对多维测算法的实践为精准扶贫工作提供了经验借鉴，在贫困指标的选取上更加注重非货币性贫困，将更有利于瞄准贫困户各方面的需求，找出扶贫政策应优先干预的领域，促进精准扶贫工作的落实。

第二节 生计资本评估

为了探究不同类型农户的贫困特征,我们借鉴英国国际发展部(Department For International Development,DFID)的可持续生计分析框架,[①] 重点对农户的五项生计资本状况进行评估。调研数据来源于武陵山区、滇桂黔石漠化区、干旱牧区和高寒藏区的四个典型集中连片特殊困难地区的共计 2 040 份农户样本数据,其中,武陵山区数据来源于课题组 2013 年 7 月于重庆黔江区和酉阳县采集农户数据 200 份,2014 年 7 月于湖南省桑植县沙塔坪乡采集 140 份。滇桂黔石漠化区数据来源于课题组于 2015 年 7 月于广西崇左市沿边四县市采集农户数据 878 份。干旱牧区数据来源于课题组于 2017 年 1 月于内蒙古、青海和新疆等农牧区采集农户数据 260 户。高寒山区数据来源于课题组 2016 年 7 月于西藏和四省藏区采集农户数据 562 份。

一、农户贫困类型划分

根据问卷选项"您家是否为低保户""您家收入与所在村平均水平相比",再加上调研感受,界定如下农户类型:第一类是非贫困户:不是建档立卡贫困户,也不是低保户,家中收入比所在村平均水平更高或差不多。第二类是一般贫困户:建档立卡贫困户但不是低保户,家中收入比所在村平均水平更差或差不多,且收入档次较低。第三类是低保贫困户:建档立卡贫困户且是低保户,家中收入比所在村更差。农户贫困类型划分情况详见表 2-1。

表 2-1　　　　　　　农户贫困类型划分调查

调查项目	非贫困户	一般贫困户	低保贫困户
您家是否为建档立卡贫困户	不是	是	是
您家是否为低保户	不是	不是	是
您家收入与所在村平均水平相比	更高或差不多	更差或差不多	更差
样本量(户)	339	991	710
百分比(%)	16.6	48.6	34.8

---

① DFID. *Sustainable Livelihoods Guidance Sheets*. https://www.ennonline.net/dfidsustainableliving,1999.

二、生计资本评估[①]

借鉴英国国际发展部的可持续生计分析框架,我们选取相关指标,从自然资本、人力资本、物质资本、金融资本、社会资本五个方面对非贫困户、一般贫困户和低保贫困户的生计资本进行评估,考察其在不同资本拥有量上的差异。

(一)自然资本因子

英国国际发展部(DFID,1999)设定的自然资本包括土地、水和水产资源、树木和林产品、野生动物、野生食物等。本研究采用耕地面积和林地面积两个指标来反映调查对象的自然资本状况。F 检验值是方差分析中检验不同类型农户的生计资本拥有量是否存在差异的统计量,对应的检验概率是显著概率,如果显著概率大于 0.1,则认为不同类型农户的生计资本拥有量不存在差异;如果显著概率小于 0.1,则认为不同类型农户的生计资本拥有量存在差异。

根据表 2 - 2,从家庭整体来看,低保贫困户和一般贫困户在家庭耕地面积和家庭林地面积的拥有量较低,两个指标均非常显著。而从人均来看,三个类型农户在人均耕地面积上的差异较人均林地面积更为显著。由此可见,低保贫困户的自然资本是相对匮乏的,尤其体现在耕地面积的拥有量上。

表 2 - 2　　　　　　　　不同类型农户自然资本比较

项目(自然资本)	非贫困户	一般贫困户	低保贫困户	F 检验值	显著概率
人均耕地面积	1.52	0.97	0.95	4.78***	0.009
人均林地面积	2.76	2.65	1.66	2.37*	0.095
家庭耕地面积	7.30	4.29	2.23	19.85***	0
家庭林地面积	15.20	11.67	3.95	10.49***	0

注:*** 代表在 0.01 水平下显著,** 代表在 0.05 水平下显著,* 代表在 0.1 水平下显著。

(二)人力资本因子

DFID(1999)设定的人力资本包括劳动力数量和质量两方面。本研究采用性别(男 = 0,女 = 1)、受教育教育程度(被调查者受教育程度:1 = 研究生;

[①] 向楠、叶慧、罗琦珊:《武陵山区贫困农户生计资本评估及政府对策探究——以湖南省桑植县沙塔坪乡为例》,载《安徽农业科学》2015 年第 8 期,第 303~305、341 页。

2＝本科或大专；3＝高中或中专；4＝初中；5＝小学以下；6＝不识字）、健康状况（1＝非常健康；2＝比较健康；3＝一般；4＝较差；5＝非常差）、劳动力占家庭总人口数的比例（％）四个指标来反映调查对象的人力资本状况。

根据表2－3，低保贫困户、一般贫困户和非贫困户比较在性别和劳动力比例两个指标上的差异并不大。但是，低保贫困户的健康状况明显较差，受教育程度也较低，健康状况和受教育程度两个指标的差异均较为显著。由此可见，低保贫困户的人力资本不足，主要体现在受教育程度和健康状况两个方面。

表2－3　　　　　　　不同类型农户人力资本比较

项目（人力资本）	非贫困户	一般贫困户	低保贫困户	F检验值	显著概率
性别	0.39	0.41	0.33	0.58	0.563
受教育程度	3.63	4.19	4.89	43.42***	0
健康状况	2.02	2.64	4.06	112.02***	0
劳动力占总人口比例	0.63	0.58	0.62	1.02	0.363

注：*** 代表在0.01水平下显著，** 代表在0.05水平下显著，* 代表在0.1水平下显著。

（三）物质资本因子

DFID（1999）设定的物质资本包括基础设施、工具和技术。基础设施包括交通道路和运输工具、安全住所、饮水与卫生设施、能源、通讯等设施；工具包括生产工具、设备；种子、肥料、农药等生产资料；技术主要指农牧经营传统技术。本研究用房屋结构（1＝土木结构；2＝砖瓦/砖木；3＝砖混）、有无生产工具（生产工具包括机动三轮车、拖拉机、抽水泵、联合收割机、耕牛，有＝1，无＝0）、有无生活电器（生活电器包括摩托车、电视机、轿车、洗衣机，有＝1，无＝0）三个指标来反映调查对象的物质资本状况。

根据表2－4，对比数据可以发现，低保贫困户的居住条件较差，住房结构多以土木结构为主。低保贫困户在生活电器方面的匮乏程度上尤为突出，只有34％的低保贫困户拥有生活电器，而90％以上的非贫困户和一般贫困户拥有生活电器。在生产工具方面，低保贫困户和一般贫困户的拥有量都比较少，分别为0.08和0.38。由此可见，低保贫困户的物质资本较缺乏，尤其是在生产、生活工具的拥有数量上。

表2-4　　　　　　　不同类型农户物质资本比较

项目（物质资本）	非贫困户	一般贫困户	低保贫困户	F检验值	显著概率
房屋结构	2.27	2.10	1.31	49.568***	0
有无生产工具	0.62	0.38	0.08	38.21***	0
有无生活电器	0.98	0.94	0.34	149.30***	0

注：*** 代表在0.01水平下显著，** 代表在0.05水平下显著，* 代表在0.1水平下显著。

（四）金融资本因子

DFID（1999）设定的金融资本包括农村居民用于生产和消费的资金，包括储蓄、获得的贷款或借债、从外面寄回来的汇款、养老金、工资及财产性收入。本研究用高利贷贷款经历（是否借过高利贷，1=有，0=否）、亲友借钱经历（是否从其他亲友处借钱，1=有，0=否）、家庭收入档次（1=1万元以下；2=1万~5万元；3=5万~10万元；4=10万~20万元；5=20万元以上）三个指标来反映调查对象的金融资本状况。

根据表2-5，低保贫困户、一般贫困户和非贫困户在家庭收入档次的差异最为显著。低保贫困户的家庭收入档次较低，家庭年收入基本在1万~5万元左右，政府多以收入水平作为认定低保户的标准，这也是低保贫困户收入水平较低的原因之一。而低保贫困户和一般贫困户的亲友借钱经历要多于非贫困户，可能的解释是非贫困户的收入相对较为充裕，因此无需向亲友借钱也能够保持一定的生活水平。因此，低保贫困户的金融资本较为缺乏，主要体现在家庭收入档次较低上。

表2-5　　　　　　　不同类型农户金融资本比较

项目（金融资本）	非贫困户	一般贫困户	低保贫困户	F检验值	显著概率
高利贷贷款经历	0.05	0.07	0.01	3.58**	0.029
亲友借钱经历	0.40	0.56	0.48	3.00*	0.051
家庭收入档次	3.29	1.76	1.19	222.18***	0

注：*** 代表在0.01水平下显著，** 代表在0.05水平下显著，* 代表在0.1水平下显著。

（五）社会资本因子

DFID（1999）设定的社会资本包括社会关系和联系、正式和非正式组织的成员关系、公共准则和约束力、对外的集体诉求、参与决策的能力、领导能力等等。本研究用党员（是否中共党员，1＝是，0＝否）、村里亲戚数量（人）、家庭是否有干部或老板（1＝有，0＝否）、亲朋好友交往程度（1＝非常密切；2＝比较密切；3＝一般；4＝不太密切；5＝基本无来往）、去集市时间（分钟）五个指标来反映调查对象的社会资本状况。

根据表2-6，比较后发现，非贫困户中党员的比例更高，而多数低保贫困户则不是党员，可能的原因在于，党员有着更加丰富的社会资本，更加广泛的社会关系使其更加不容易陷入贫困。在"家里由无干部或老板"和"亲朋好友交往程度"两个指标上，低保贫困户的数值较低，亲戚中缺少国家干部和老板，这意味着他们难以获取相关补助政策的信息，并且在遭遇打击时难以及时获得有效的帮助。由此可见，低保贫困户的社会资本较为匮乏，主要表现在社会关系弱，社会活动参与度较低。

表2-6　　　　　　　不同类型农户社会资本比较

项目（社会资本）	非贫困户	一般贫困户	低保贫困户	F检验值	显著概率
党员	0.27	0.17	0.03	12.7***	0
村里亲戚数量（人）	22.46	15.46	9.29	9.31***	0
家里有无干部或老板	0.38	0.16	0.05	18.7***	0
亲朋好友交往程度	1.83	2.05	1.68	7.83***	0
去集市时间（分钟）	30.87	35.12	36.62	0.63	0.536

注：*** 代表在0.01水平下显著，** 代表在0.05水平下显著，* 代表在0.1水平下显著。

（六）生计资本评估

对上述分析中农户类别显著的生计因子进行标准化处理，这包括与家庭生计资本状况有正相关因子的标准化处理，标准化公式 $z=(x-\min)/(\max-\min)$，这些因子包括家庭耕地面积、家庭林地面积、房屋结构、有无生产工具、有无生活电器、家庭收入档次、党员与否、村里亲戚数量、家庭有无干部或老板、亲朋好友交往程度；同时，对与家庭生计资本状况有负相关因子的标准化处理，标准化公式 $z=1-(x-\min)/(\max-\min)$，这些因子包括健康状况、受教育程度。其中，z 为标准化变量，x 为原始变量，$\min$ 为 x 的最小值，$\max$ 为 x 的最大值。不同类型农户生计资本标准化后的均值比较详见表2-7。

表 2-7　　不同类型农户生计资本标准化的均值比较

项目（生计资本）	非贫困户	一般贫困户	低保贫困户
自然资本	0.25	0.18	0.06
家庭耕地面积	0.16	0.10	0.09
家庭林地面积	0.34	0.26	0.02
人力资本	0.61	0.48	0.23
受教育程度	0.47	0.36	0.22
健康状况	0.74	0.59	0.23
物质资本	0.67	0.56	0.17
房屋结构	0.42	0.37	0.10
有无生产工具	0.62	0.38	0.08
有无生活电器	0.98	0.94	0.34
金融资本	0.57	0.19	0.05
家庭收入档次	0.57	0.19	0.05
社会资本	0.24	0.17	0.08
党员	0.27	0.17	0.03
村里亲戚数量	0.11	0.08	0.05
家里有无干部或老板	0.38	0.16	0.05
亲朋好友交往程度	0.21	0.26	0.17

在对各指标进行标准化之后，按照平均权重，计算各类生计资本的综合值。例如，自然资本标准化系数 =（家庭耕地面积标准化系数 + 家庭林地面积标准化系数）/2，即（0.16 + 0.34）/2 = 0.25。

根据各类农户生计资本综合值，可以绘制农户生计资本状况的雷达图，它比较直观地展现了低保贫困户、一般贫困户及非贫困户的生计状况。根据图 2-2，整体来看，无论是哪一类生计资本，低保贫困户均最为匮乏，处于雷达图的最中心，非贫困户处在雷达图的最外沿，各类资本相对丰富。与一般贫困户比较起来，低保贫困户最缺少物质资本，其次是金融资本和人力资本。在物质资本上，低保贫困户的匮乏程度最为突出，低保贫困户的均值只有 0.17，而一般贫困户和非贫困户的均值分别为 0.56 和 0.67，差异尤为明显。低保贫困户缺少必要的生产工具，导致农业产量较低，从而限制了农户收入的提高，致使农户的生活水平长期处于贫困状态下，陷入贫困的恶性循环。在金融资本上，低保贫困户与一般贫困户和非贫困户的差异都比较大，低保贫困户的金融资本特别匮乏，收入的贫富差距较大。而在人力资本上，低保贫困户具有健康状况较差，受教育程度较低的特点，缺少人力资本，使其更难以通过劳动改善其自身的生存状况，长期处于贫困状态。在社会资本和自然资本上，三者的差异并不是特别明显。

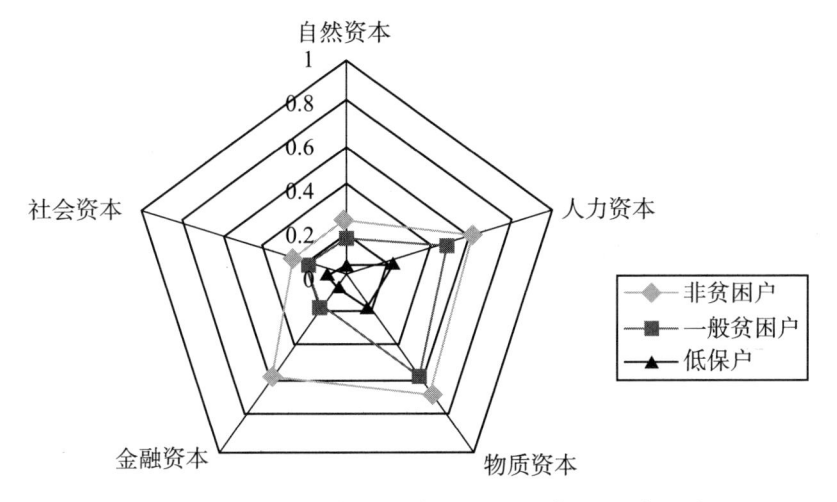

图 2-2　不同类型农户生计资本状况雷达图

第三节　多维贫困测度

为了更好地探索不同民族地区的多维贫困状况，课题组选取三个典型地区——湖南省桑植县、广西壮族自治区沿边四县市（凭祥市、大新县、龙州县、宁明县）、重庆市黔江区和酉阳县进行深入调研。湖南省桑植县位于我国中部地区，为国家级贫困县，并且属于武陵山连片特困地区，其贫困问题是我国中部地区的一个典型代表。广西沿边四县市集边境地区、民族地区、贫困地区于一体，是西部地区扶贫攻坚的主战场之一。重庆市位于我国西部地区，为直辖市，与以上两个地区相比，其经济发展水平较高，但黔江区和酉阳县两地仍然存在不同程度的贫困问题，因此，该地区为发达地区贫困问题的一个典型代表。为了深入探究这三个地区的不同致贫机理，我们运用多维贫困理论，对当地农民的多维贫困状况进行测算，了解各地区贫困问题的特殊性。

表 2-8　　　　　　　各调研地经济发展水平　　　　　　　　单位：元

调研地	所属行政区划	*农民人均纯收入（2014年）
桑植县	湖南省张家界市	6 802
黔江区、酉阳县	重庆市	9 470
凭祥市、大新县、龙州县、宁明县	广西壮族自治区崇左市	7 707

资料来源：*湖南张家界 2015 年政府工作报告、重庆 2015 年政府工作报告、广西崇左 2015 年政府工作报告。

一、边境民族地区特殊类型贫困多维测算——以广西沿边四县市为例

（一）数据来源及剥夺阈值说明

本研究数据样本量来源于广西壮族自治区崇左市扶贫办《崇左市精准扶贫建档立卡结对帮扶信息表》。调研选取了崇左市沿边四县市——凭祥市、大新县、宁明县、龙州县为研究典型，龙州和宁明为国家级贫困县，大新为自治区级贫困县。四县市样本量情况详见表 2-9。

表 2-9　　　　　　　　四县市样本量情况

市/县	样本量（户）	*2014年底实际贫困户数（户）	样本量占比（%）
凭祥市	73	3 487	2.09
大新县	161	20 821	0.77
宁明县	347	23 614	1.47
龙州县	297	17 972	1.65
总计	878	65 894	1.33

资料来源：*崇左市 2015~2020 年贫困人口减贫倒排计划表。

表 2-10　　　　　　　　样本分类情况

类型	样本数（户）	比重（%）
低保贫困户	243	27.68
一般贫困户	635	72.32
总计	878	100

将抽象的贫困现象选取适合的指标进行量化分析，可以更好地认识贫困、解读贫困、分析贫困。根据联合国千年发展目标（MDG）的八项目标和《中国农村扶贫开发纲要（2011－2020）》提出的"在2020年实现贫困人口不愁吃、不愁穿、保障其义务教育、基本医疗和住房"目标，结合广西崇左市实际情况以及数据的可获得性，综合考虑生计资本的状况，本研究分别选取了耕地数、居住、收入、教育和劳动力五个维度作为贫困测算的变量，其指标内容及剥夺阈值详见表2-11。

表 2-11　　　　　　　　变量内容及剥夺阈值

维度	指标内容	剥夺阈值	依据
教育	被调查者受教育程度	受教育程度为小学以下或文盲	
收入	家庭人均年收入	人均年收入≤2 015元	按2013年崇左市农村居民最低生活保障标准2 015元/年·人
劳动力	劳动力占家庭总人口比例	劳动力占家庭总人口比例≤58%	根据2010年全国第六次人口普查结果，广西劳动力人口占家庭总人口的58%
居住	人均住房面积	人均住房建筑面积≤30m²	根据2010年全国第六次人口普查结果，广西人均住房建筑面积30.33平方米
耕地数	人均耕地面积	人均耕地面积≤1.3亩	根据2008年全国土地变更调查结果，广西人均耕地面积1.3亩

（二）测量结果及分析

1. 单维度贫困发生率

根据表2-12，从单维角度进行分析，总体贫困发生率排序为耕地数（81.7%）＞收入（64.7%）＞居住（56.3%）＞教育（47.7%）＞劳动力（36%）。耕地的贫困发生率在所有维度中占比最高，崇左市山多地少，耕地更是缺乏，农作物种植作为农民主要的收入来源，耕地资源的缺乏极大地限制了农业的发展，加剧了农民的贫困程度，政府应在自然资源的分配上多考虑贫困群体；教育与劳动力分别占比47.7%和36.0%，贫困发生率相对较低。但是教育的贫困发生率达到 47.7%，说明接近一半的样本的受教育水平为小学或者小学以下。近年来，崇左市在财政资金的支持下实施一系列教育优惠政策，教育方面有了一定发展，但是对于许多年龄偏大的被调查者而言，他们的受教育程度依旧较低，给他们提供免费的职业技术培训是必不可少的；崇左市劳动力占家庭总人口比例大多大于 58%，劳动人口缺乏现象相对较少，劳动力贫困发生率相对低，但是很多农户存在只有一口人、无其他亲人的现象，自己便是家中唯一的劳动力，生存的压力依旧较大。

一般贫困户和低保贫困户的贫困发生率均为耕地数最高，劳动率最低，保持一致。两者之间最大的差异在于收入维度的贫困发生率，相差 22.2%，可见一般贫困户和低保贫困户收入差距大，低保贫困户收入水平极低。其次差异较大的是居住，据调研组走访，贫困户房屋条件差距极大，部分住房设施老化，甚至出现房屋漏水地面坑洼的濒危情况。一般贫困户的耕地贫困发生率略大于低保贫困户，自然资本是两者都稀缺的因素。

表 2-12　　　　　　　　　样本县单维度贫困发生率

维度	总体	一般贫困户	低保贫困户
教育	0.477	0.432	0.593
收入	0.647	0.585	0.807
劳动力	0.360	0.340	0.412
居住	0.563	0.515	0.687
耕地数	0.817	0.817	0.815

2. 多维贫困测算

本节按照多维贫困的测算方法，估算出一般贫困户与低保贫困户的多维贫困结果，如表 2-13 所示。当考虑 1 个维度时，一般贫困户的贫困发生率为 95.7%，即 95.7% 的家庭存在 5 个维度中任意 1 个维度的贫困，贫困发生份额为 56.2%，多维贫困指数为 0.538。而低保贫困户的贫困发生率为 100%，表明任意一个低保户家庭都存在 5 个维度中 1 个维度的贫困，贫困发生份额为 66.3%，多维贫困指数为 0.663，这也说明低保贫困户的多维贫困程度比一般贫困户更加严重。

当考虑多个维度时，维数越多，一般贫困户和低保贫困户的贫困发生率越呈下降趋势，且在 3、4、5 维度时下降幅度更大，考虑 3 个维度时，贫困发生率依旧大于 50%，说明当地贫困程度深。贫困发生率与多维贫困指数均与维数呈负相关关系，贫困发生份额与维数呈正相关关系，一般贫困户与低保贫困户均存在最高 5 个维度的贫困。

表 2-13　　　贫困户与低保贫困户的多维贫困测算结果

维数	一般贫困户			低保贫困户		
	贫困发生率	贫困发生份额	多维贫困指数	贫困发生率	贫困发生份额	多维贫困指数
1	0.957	0.562	0.538	1.000	0.663	0.663
2	0.824	0.621	0.511	0.930	0.697	0.649
3	0.568	0.720	0.409	0.774	0.757	0.586
4	0.285	0.840	0.239	0.490	0.849	0.416
5	0.057	1.000	0.057	0.119	1.000	0.119

3. 贫困贡献度

表 2-14 表示在不同维度数下对应的多维贫困指数、不同考察维度分别对总指数的贡献度，以及不同类型农户在不同维度下贡献度的均值。为了便于比较，我们将不同类型农户在不同维度下的贡献度进行均值处理后发现，无论是一般贫困户还是低保贫困户，其贫困贡献率排序为：耕地数 > 收入 > 居住 > 教育 > 劳动力，这说明耕地数、收入和居住的平均贡献率更大，而教育与劳动力的平均贡献率相对较小。由此可见，崇左市的贫困主要表现在以下三方面：一是人均耕地数少，难以满足农户农业种植的需要；二是家庭收入水平低下，很多家庭收入无法达到最低生活保障标准；三是居住条件差，住房面积小，居住设施简陋。针对这种情况，政府应积极采取相应措施：积极发展第二、第三产业，促进产业结构升级，规避缺乏自然资本的缺陷；大力发展经济，提高生产总值与农民人均收入水平；努力改善居住条件，保障住房安全。

表 2-14　　　多维贫困指数 M 及不同 K 值下每个维度的贡献率

类型	K	M	教育(%)	收入(%)	劳动力(%)	居住(%)	耕地数(%)
一般贫困户	1	0.538	16.08	21.75	12.65	19.15	30.38
	2	0.511	16.54	21.95	13.25	19.15	29.10
	3	0.409	16.41	22.16	14.62	20.92	25.89
	4	0.239	17.82	22.07	15.82	21.54	22.74
	5	0.057	20.00	20.00	20.00	20.00	20.00
	均值	0.351	17.37	21.59	15.27	20.15	25.62

续表

类型	K	M	教育(%)	收入(%)	劳动力(%)	居住(%)	耕地数(%)
低保贫困户	1	0.663	17.89	24.35	12.42	20.75	24.60
	2	0.649	17.01	24.11	12.69	21.07	25.13
	3	0.586	16.71	23.31	13.48	21.77	24.72
	4	0.416	18.61	21.58	15.64	20.79	23.37
	5	0.119	20.00	20.00	20.00	20.00	20.00
	均值	0.486	18.04	22.67	14.85	20.87	23.56

随着 K 值的增大，耕地数与收入对多维贫困的贡献率逐渐下降，教育与劳动力的贡献率逐渐上升，居住的贡献率基本不变。因此，在采取上述措施时，还应时刻关注教育与劳动力对贫困的影响，继续加大教育投入，提高劳动者素质，培养高科技人才，转移劳动密集型产业，发展高新技术产业。

二、中部民族地区特殊类型贫困多维测算——以湖南省桑植县为例

（一）数据来源及剥夺阈值说明

本节数据来自 2014 年 7 月调研团队于湖南省桑植县沙塔坪乡所采集的数据。共计发放问卷 170 份，回收问卷 163 份，有效问卷 140 份，有效问卷回收率为 82.4%，此次农户调查涵盖了沙塔坪乡 10 个村。根据问卷选项"您家是否为低保户""您家收入与所在村平均水平相比"，再加上课题组调研感受，界定非贫困户、一般贫困户、低保贫困户。调查结果详见表 2 - 15。

表 2 - 15　　　　　　　　农户类型划分调查

调查项目	非贫困户	一般贫困户	低保贫困户
您家是否为低保户	不是	是或不是	是
您家收入与所在村平均水平相比	更高或差不多	差不多或更差	更差
样本量（户）	17	27	96

为了进一步了解不同类型农户的贫困状况，我们选择了教育、消费、居住、

健康、闲暇、决策权六个维度测算贫困，根据我国基本情况，结合当地实际情况确定各个维度的受剥夺阈值，各个维度指标内容及受剥夺阈值详见表2-16。

表2-16　　　　　　　　变量内容及剥夺阈值

维度	指标内容	受剥夺阈值
教育	被调查者受教育年限	受教育程度为小学以下或不识字
消费	家庭人均年支出	人均年支出<2 300元（2011年中国贫困标准）
居住	房屋结构（1=土木结构；2=砖瓦/砖木；3=砖混）	住房结构为土木结构
闲暇	每天外出劳作的时间	劳动时间超过14小时
健康	健康状况（1=非常健康；2=比较健康；3=一般；4=较差；5=非常差）	健康状况较差和非常差
决策权	大事做主权（1=完全做主，2=部分做主，3=完全不能做主）	大事完全不能做主决策权

（二）测量结果及分析

1. 单维度贫困发生率

调查人口总体、非贫困户、一般贫困户、低保贫困户在六个考察维度的贫困发生率详见表2-17。调查人口总体教育贫困发生率高达73.6%，表明大部分家庭人口中最高受教育水平都在小学以下或不识字。调查人口总体居住贫困发生率为77.1%，表明有2/3的农户住房结构为土木结构。调查人口总体健康贫困发生率为75%，表明大部分被调查者的健康状况较差，低保贫困户的健康贫困问题尤为突出，健康贫困发生率高达90.1%，课题组调查过程中也发现，残疾人或者65岁以上的老年人在低保贫困户中占据很大的比例。调查人口总体决策权贫困发生率为12.1%，大部分农户家中事物可以自己做主。

从总体的贫困发生率的排序上来看，居住、健康、教育的贫困发生率均大于消费的贫困发生率，这说明有一部分人虽然未在消费维度陷入贫困，但已在其他维度陷入了贫困，因此政府应对这部分人提供更加多元化的扶贫供给。而针对低保贫困户，其贫困发生率的顺序为：健康（90.1%）>消费（84.4%）>居住（84.3%）>教育（78.1%）>决策（8.3%）>闲暇（0%），可以发现，虽然部分人在消费维度上未陷入贫困，但是在健康维度上已经陷入了贫困。对于这部分人，政府应该重点在医疗方面给予一定帮助。

表 2-17　　　　　　　　单维度的贫困发生率统计

维度	总体	非贫困户	一般贫困户	低保贫困户
教育	0.736	0.529	0.704	0.781
消费	0.711	0.235	0.593	0.844
居住	0.771	0.294	0.815	0.843
闲暇	0	0	0	0
健康	0.75	0.176	0.556	0.901
决策权	0.121	0.118	0.259	0.083

2. 多维贫困指数

为了综合评价非贫困户、一般贫困户及低保贫困户的贫困状况，本节对不同农户的多维贫困指数进行测算，结果列于表 2-18 中。由表可知，非贫困户最高存在 3 个维度的贫困，而一般贫困户和低保贫困户则最高存在 5 个维度的贫困。随着所考察维度的增加，不论是非贫困户，还是一般贫困户和低保贫困户，贫困发生率都有了一定程度的降低，衡量贫困人口平均剥夺程度的贫困发生份额上升，这说明贫困人口平均剥夺的程度在上升，而同时多维贫困指数也在降低。从多维贫困指数测算的最终结果来看，低保贫困户的贫困程度要高于非贫困户和一般贫困户。

表 2-18　　　　　　不同类型农户的多维贫困估计结果

维数	非贫困户			一般贫困户			低保贫困户		
	贫困发生率	贫困发生份额	多维贫困指数	贫困发生率	贫困发生份额	多维贫困指数	贫困发生率	贫困发生份额	多维贫困指数
1	0.882	0.256	0.226	0.926	0.527	0.488	1.000	0.576	0.576
2	0.412	0.357	0.147	0.815	0.576	0.469	0.969	0.589	0.571
3	0.059	0.500	0.030	0.630	0.647	0.408	0.814	0.635	0.517
4	—	—	—	0.407	0.727	0.296	0.588	0.687	0.404
5	—	—	—	0.148	0.833	0.123	0.072	0.833	0.060

3. 贫困贡献度

表 2-19 列示了在考察不同维度数下对应的多维贫困指数、不同考察维度分别对总指数的贡献度，以及不同类型农户在不同维度下贡献度的均值。

对于非贫困户而言，当考虑的贫困维度为 1 时，对于总贫困贡献最大的为教育贫困，其贡献率为 39.13%；而当考虑的贫困维度增至 2 时，居住贫困最为突出；当考虑的贫困维度为 3 时，消费、居住、健康的贡献度均为 33.33%，闲暇贫困的贡献率为0。对以上数据平均后发现，居住贫困最为突出，其次是消费贫困和健康贫困。

对于一般贫困户而言，当考虑的贫困维度小于3时，对总贫困贡献最大的是居住贫困，然后为教育贫困；对总贫困贡献最小的是闲暇和决策权，消费与健康对总贫困的贡献度相近。当贫困维度增加为4和5时，除开闲暇贫困，其他各因素对总贫困的贡献率趋于20%。对以上数据平均后发现，居住贫困和教育贫困对于总贫困的贡献度较大。

对于低保贫困户而言，当考虑的贫困维度为1时，健康贫困对总贫困的贡献率最大，为26.20%。而当所考虑的维度增至4时，教育贫困对总贫困的贡献率最大，约占28.09%~29.24%，其次为健康贫困。当所考虑的贫困维度增至5时，教育、消费、居住、健康、决策对总贫困的贡献率趋于20%。这说明，随着贫困维度的增加，每个因素对总贫困的贡献率趋于均等化。对以上数据平均后发现，教育贫困对于低保贫困户的总贫困贡献率最高，其次为健康贫困。

表2-19　　多维贫困指数及不同K值下每个维度的贡献

农户类型	K	M	教育(%)	消费(%)	居住(%)	闲暇(%)	健康(%)	决策权(%)
非贫困户	1	0.226	39.13	17.39	21.74	0.00	13.04	8.70
	2	0.147	20.00	20.00	26.67	0.00	20.00	13.33
	3	0.030	0.00	33.33	33.33	0.00	33.33	0.00
	均值	0.134	19.71	23.57	27.25	0.00	22.12	7.34
一般贫困户	1	0.488	24.05	20.25	27.85	0.00	18.99	8.86
	2	0.469	25.00	19.74	27.63	0.00	18.42	9.21
	3	0.408	24.24	21.21	24.24	0.00	19.70	10.61
	4	0.296	22.92	22.92	22.92	0.00	22.92	8.33
	5	0.123	20.00	20.00	20.00	0.00	20.00	20.00
	均值	0.357	23.24	20.82	24.53	0.00	20.01	11.40
低保贫困户	1	0.613	22.59	24.40	24.40	0.00	26.20	2.41
	2	0.613	29.18	24.62	24.62	0.00	26.44	2.43
	3	0.585	29.24	26.58	25.91	0.00	27.57	2.66
	4	0.471	28.09	28.09	28.09	0.00	27.66	3.40
	5	0.061	20.00	20.00	20.00	0.00	20.00	20.00
	均值	0.469	25.82	24.74	24.60	0.00	25.57	6.18

综合三种类型农户的数据分析可以发现,教育贫困、居住贫困以及健康贫困是当前普遍存在的问题,不同类型的农户都在这三个方面呈现出了较为突出的匮乏性。

三、西部民族地区特殊类型贫困多维测算——以重庆渝东南两县为例

(一)数据来源及剥夺阈值说明

本节数据来自 2013 年 7 月调研团队于重庆的黔江区和酉阳县进行入户调查所采集的数据。调研团队共计回收有效问卷 200 份,其中黔江区 125 份,占比 62.5%;酉阳县 75 份,占比 37.5%,调研范围涉及两县十余个村的农户,因此样本具有一定的代表性。

根据联合国千年发展目标(MDG)和《中国农村扶贫开发纲要(2011－2020)》提出的"在 2020 年实现贫困人口不愁吃、不愁穿、保障其义务教育、基本医疗和住房"目标,① 结合当地经济社会发展水平,本研究选取消费、教育、健康、生活水平四个维度 7 个指标对当地的多维贫困指数进行测算,各指标内容及剥夺阈值详见表 2–20。

表 2–20 变量内容及剥夺阈值

维度/指标		指标内容	剥夺阈值	权重
消费		家庭人均年支出	人均年支出≤2 300 元(最低消费水平)	1/4
教育		被调查者受教育程度	受教育程度为小学以下或文盲	1/4
健康	医疗保险	是否参加医疗保险	未参加新型农村合作医疗	1/8
	健康状况	被调查者健康状况	健康状况较差或非常差	1/8
生活水平	居住	住房结构	住房结构为土木结构	1/12
	耐用品	耐用品的数量	拥有交通工具/电器(电动自行车或摩托车、农用汽车或轿车、电视机、电冰箱、空调、洗衣机、热水器)数量小于 2	1/12
	饮用水	家庭饮用水源	家庭饮用水源不是来自 5 米以下深度的地下水或者水厂	1/12

---

① 国务院扶贫办:《中国农村扶贫开发纲要(2011－2020 年)》,http://www.cpad.gov.cn/publicfiles/business/htmlfiles/FPB/zlcx/201202/174841.html,2012 年 2 月 8 日。相同资料来源,以下不再赘述。

(二) 测量结果及分析

1. 单维度贫困发生率

表2-21反映了单维度贫困发生率。从样本总体来看，饮用水与居住的贫困发生率最高，分别为56%和32.5%，这说明当地有56%的农户无法获取安全的饮用水，而有接近1/3的农户的住房依旧为土木结构。饮用水与居住两个指标都属于生活水平的维度，这也说明当地农户的生活水平不高。饮用水的贫困发生率较高主要与当地的自然环境相关。黔江区和酉阳县山地面积广大，酉阳县为典型的喀斯特地貌区，植被覆盖率低，涵养水分能力差，多溶洞的地貌导致地面水容易下渗，地表水极度缺乏。再加上两地旱涝灾害频发，群众生活生产用水基本靠天收，因此在农民难以获取安全的饮用水。总体来看，两地在健康维度上的贫困发生率较低，这可能与当地新型农村合作医疗政策落实较到位有关。从两个地区比较来看，两地在消费维度上的贫困发生率基本相当，但黔江区的饮用水贫困发生率高于酉阳县，达到了64%，并且在各维度中贫困发生率最高，因此解决农民的饮水困难应是当地扶贫工作中的重中之重。除了饮用水，酉阳县在耐用品和居住上的贫困发生率最高，达到33.3%，农户缺少物质资本成为致贫的主要原因之一。另外，黔江区的在教育和健康维度上的贫困发生率要高于酉阳县。

将各维度贫困发生率的总体进行排序，饮用水（56%）＞居住（32.5%）＞教育（26.5%）＞消费（24%）耐用品（21%）＞健康状况（18.5%）＞医疗保险（8%），我们可以发现，饮用水、居住、教育的贫困发生率均高于消费，这说明当地有许多农户虽然收入水平较高，但是在其他方面陷入了贫困，这就需要政府部门在提高农民的文化素质和生活水平上做出更多的努力。

表2-21 单维度贫困发生率

维度/指标		总体	黔江区	酉阳县
消费	人均支出	0.240	0.240	0.240
教育	受教育年限	0.265	0.280	0.240
健康	健康状况	0.185	0.216	0.133
	医疗保险	0.080	0.064	0.120
生活水平	居住	0.325	0.320	0.333
	饮用水	0.560	0.640	0.427
	耐用品	0.210	0.128	0.347

2. 多维贫困测算

在多维贫困测算中，k 的取值非常关键，这里我们按照联合国在多维贫困测度中提出的标准，以 k≥1/3 来定义多维贫困。其含义在于，按照不均等权重处理后，当一个家庭在四个维度上的总剥夺得分超过 1/3 时，则认为该家庭陷入了多维贫困。按照此标准以及多维贫困的测算方法，估算出黔江区与酉阳县的多维贫困指数如表所示。由表 2-22 可知，黔江区的多维贫困发生率略高于酉阳县，而酉阳县的贫困剥夺强度略高于黔江区，但两地的多维贫困指数差别不大，可能的原因在于黔江区与酉阳县的地理距离较近，各方面发展水平相似。两个地区中，均有 1/3 以上的农户陷入了多维贫困，说明当地贫困程度较深，贫困问题较为复杂。另外，若单从消费的角度识别贫困户，则两地的贫困发生率仅为 24%，而多维贫困的农户数要高于这一比例，这说明有一部分农户在收入以外的其他维度陷入了贫困，使用多维测算法能够更好地将这类农户识别出来。

表 2-22　　　　　　　　多维贫困估计结果

多维项目	黔江区	酉阳县
多维贫困发生率（H）	0.392	0.360
贫困剥夺强度（A）	0.478	0.492
多维贫困指数（M）	0.187	0.177
消费贫困发生率	0.240	0.240

3. 贫困贡献度

按照指标进行分解，表 2-23 报告了各指标上的贫困对多维贫困指数的贡献。由表可知，黔江区的各维度贫困贡献率排序为：教育（33.1%）>消费（28.83%）>饮用水（14.95%）>健康状况（9.61%）>居住（8.54%）>耐用品（3.91%）>医疗保险（1.07%）；酉阳县的各维度贫困贡献率排序为：教育（33.86%）>消费（31.97%）>耐用品（9.40%）>居住（8.78%）>饮用水（7.52%）>医疗保险（4.70%）>健康状况（3.76%）。从中我们可以得出以下结论：一是两地教育与消费对多维贫困的贡献率较高，而健康对多维贫困的贡献率较低；二是生活水平维度中，黔江区的饮水困难问题较为突出，政府部门应该着力改善当地的饮水条件，保证农户的饮水安全；三是教育对多维贫困的贡献率居于首位，相关部门应该加快落实教育扶贫工作，提高贫困户的人力资本水平。

表 2 – 23　　　　　各指标对多维贫困指数的贡献　　　　　单位: %

维度	消费	教育	健康		生活水平		
	人均支出	受教育年限	健康状况	医疗保险	居住	饮用水	耐用品
黔江区	28.83	33.10	9.61	1.07	8.54	14.95	3.91
酉阳县	31.97	33.86	3.76	4.70	8.78	7.52	9.40

四、特殊类型贫困的影响因素分析

(一) 影响因素选择

从经济学的视角来看，贫困被认为是经济水平的低下，这是最为传统的贫困定义。在这里我们将一个家庭人均收入低于 2 300 元 (2011 年中国扶贫标准) 定义为该家庭已经陷入单维贫困，即在收入这一维度陷入了贫困。研究采用武陵山区、滇桂黔石漠化区、干旱牧区和高寒藏区的四个典型集中连片特殊困难地区的共计 2 040 份样本数据，识别出 816 户农户陷入了收入贫困。借鉴英国国际发展部在 IDS 的研究成果上形成的可持续生计分析框架，我们从农户的生计资本出发，寻找影响农户陷入单维贫困的因素。

根据 DFID (1999) 对自然资本、人力资本、物质资本、社会资本的定义，研究假设以下因素将会影响到农户最终的经济状况: $X1$ 人均耕地数量 (单位: 亩)、$X2$ 人均林地数量 (单位: 亩)、$X3$ 被调查者的受教育程度 (1 = 低学历 (小学及以下); 0 = 中高学历 (中学及以上))、$X4$ 健康状况 (1 = 较差或非常差; 0 = 健康状况较好)、$X5$ 劳动力 (劳动力占家庭总人口的比例)、$X6$ 生产工具 (包括机动三轮车、拖拉机、抽水泵、联合收割机、耕牛, 0 = 无, 1 = 有)、$X7$ 亲戚中是否有国家干部或私营企业老板 (0 = 否; 1 = 是)、$X8$ 与邻居或朋友交往的密切程度 (1 = 非常密切; 2 = 一般; 3 = 不太密切)。我们选取以上八个因素作为自变量 X，选取"农户是否在收入这一维度陷入贫困"作为因变量 Y (0 = 否; 1 = 是)。根据这一假设对调查数据进行处理，我们得到了影响农户消费贫困因素的均值及标准差详见表 2 – 24。

表 2 – 24　　　　　　　各自变量统计描述

变量	均值	标准差
自变量		
1. 自然资本		

续表

变量	均值	标准差
人均耕地数量（X1）	1.05	1.320
人均林地数量（X2）	2.32	4.427
2. 人力资本		
被调查者受教育程度（X3）	0.45	0.499
被调查者健康状况（X4）	0.39	0.489
劳动力（X5）	0.61	0.271
3. 物质资本		
生产工具（X6）	0.32	0.467
4. 社会资本		
与邻居或朋友交往的密切程度（X7）	1.85	0.789
亲戚中是否有国家干部或私营企业老板（X8）	0.17	0.373
因变量		
是否陷入收入贫困（Y）	0.40	0.491

运用 SPSS 计量软件，对"农户是否在收入这一维度陷入贫困"进行二元 Logistic 回归分析，结果详见表 2-25。从模型整体检验结果来看，回归模型的 -2Logliklihood 值为 439.791，模型 Hosmer and Lemeshow Test 拟合优度检验得到的 p 值为 0.527，因此模型的拟合较好，整体检验显著。根据回归模型结果，我们可以看出，在被检验的 8 个变量中，显著影响"农户是否在收入这一维度陷入贫困"的因素有三个，分别为"被调查者受教育程度""被调查者健康状况""生产工具"，其余五个变量在显著性水平上均未通过检验。

在自然资本中，"人均耕地数量"和"人均林地数量"均未通过显著性检验，这说明耕地数和林地数与农户是否陷入收入贫困的关系不大。可能的解释是，在少数民族农村地区，由于社会经济的发展与进步，有一部分农户不再进行传统的农业种植，而是选择通过外出务工、经商等非农的途径增加收入，因此导致耕地数与收入的多少关系不大。

在人力资本中，"被调查者的受教育程度"以及"被调查者的健康状况"对农户是否陷入收入贫困影响较为显著。数据显示，低学历比中高学历农户更容易陷入收入贫困。在控制其他变量的条件下，将一个中高学历农户换为低学历的农户，其陷入收入贫困的概率将上升 96%，可见被调查者的受教育程度对收入贫困的影响较大。可能的解释是，低学历农户由于其文化素质较低，在工作中只能作为廉价劳动力,收入通常较为微薄,因此其更容易陷入贫困。数据显示,以健康状况较好的农户为参照物,健康状况较差的农户陷入贫困的概率是健康状况较好的 2.241 倍。可能的解释是,健康状况较差的农户通常劳动能力也较低,无法通过劳动获取收入,因此更容易陷入收入贫困。另外,"劳动力"比例这一变量未通过显著性检验。

表 2-25　　　　　　　二元 Logistic 回归分析结果

解释变量	全部回归结果		逐步回归结果	
	Wald 值	优势比 Exp(B)	Wald 值	优势比 Exp(B)
常数项(constant)	11.154	0.275***	23.274	0.37***
(1) 人均耕地数量(X1)	0.034	1.019		
(2) 人均林地数量(X2)	0.021	0.995		
(3) 被调查者受教育程度(X3)(以"中高学历"为参照)	7.066	1.952***	7.331	1.96***
(4) 被调查者健康状况(X4)(以"健康状况较好"为参照)	19.301	3.179***	22.461	3.241***
(5) 劳动力(X5)	1.511	1.686		
(6) 生产工具(X6)(以"没有生产工具"为参照)	9.665	0.407***	9.099	0.433***
(7) 与邻居或朋友交往密切程度(X7)(以"交往程度不太密切"为参照)				
一般	0.043	0.945		
较为密切	0.394	1.215		
(8) 亲戚中是否有国家干部或私营企业老板(X8)(以"否"为参照)	0.282	0.831		
-2Logliklihood:	439.791		442.484	
Hosmer and Lemeshow Test	0.527		0.135	
Chi-square	7.091		7.015	
Number of observations	385		385	

注:***代表在 0.01 水平下显著,**代表在 0.05 水平下显著,*代表在 0.1 水平下显著。

在物质资本中,"生产工具"这一变量通过了显著性检验。在控制其他变量的条件下，将一个没有生产工具的农户换成一个有生产工具的农户，其陷入收入贫困的概率降低了56.7%。可能的解释是，没有生产工具的农户只能依靠个人的劳动增收，生产效率较低，因此导致收入较低。

在社会资本中，"与邻居或朋友交往密切程度"和"亲戚中是否有国家干部或私营企业老板"均未通过显著性检验。虽然社会资本较丰富的农户通常更不容易贫困，尤其是亲戚中有国家干部或企业老板的家庭，能够更好地利用国家政策和相关资源来脱贫致富，但是随着民主化进程的推进，政府的信息公开程度有了提高，普通农民也可以通过其他渠道来获知政策来实现脱贫致富。

（二）实证结果及分析

为了进一步探索各项因素对农户是否陷入多维贫困的影响程度，我们在多维贫困的框架下，对六个指标与"农户是否陷入多维贫困（1 = 是，0 = 否）"进行回归分析。首先，对于2 040户调查数据，采用多维测算的方法识别其是否陷入了多维贫困。《2011年人类发展报告》将区分贫困家庭和非贫困家庭的截点值确定为33.3%（即1/3）。若MPI≥33.3%，则属于多维贫困家庭。因此，课题组按照不均等权重进行测算，将陷入了1/3以上维度的贫困视为多维贫困，识别出共有1 409户家庭陷入了多维贫困，具体情况详见表2 – 26。

表2 – 26　　　　　多维贫困户数据来源及分布统计

地区	调研范围	全部农户（户）	多维贫困户（户）
武陵山区	重庆黔江区和酉阳县	200	76
	湖南省桑植县沙塔坪乡	140	130
滇桂黔石漠化区	广西崇左市沿边四县市	872	718.5
干旱牧区	内蒙古和新疆的农牧区	260	171
高寒山区	西藏和四省藏区	568	313.5
合计		2 040	1 409

在识别出多维贫困家庭的基础上，我们假设以下因素将会影响到农户是否陷入多维贫困：X1被调查者的受教育年限（年）、X2健康状况（0 = 健康状况较好；1 = 较差或非常差）、X3人均耕地数（单位：亩）、X4住房结构（1 = 土木结构；2 = 砖瓦、砖木结构；3 = 砖混结构）、X5耐用品数量（电动自行车或摩托车、农用汽车或轿车、电视机、电冰箱、空调、洗衣机、热水器的拥有数量）、X6饮用水是否安全（0 = 是；1 = 否）、X7人均年支出（取对数）。运用SPSS计量软件，对"农户是否陷入多维贫困"进行二元Logistic回归分析，利用最大似

然估计的参数结果如表 2-27 所示。从模型最终检验结果来看，-2Logliklihood 值为 181.218，Hosmer and Lemeshow Test 拟合优度检验得到的 p 值为 0.618，因此模型的拟合较好，整体检验显著。

表 2-27　　　　　　　　二元 Logistic 回归分析结果

解释变量	全部回归结果		逐步回归结果	
	Wald 值	优势比 Exp（B）	Wald 值	优势比 Exp（B）
常数项 Constant	43.923	1.031E7***	43.948	9.841E6***
（1）被调查者受教育年限（X1）	26.677	0.650***	26.828	0.650***
（2）被调查者健康状况（X2）（以"健康状况较好"为参照）	23.639	39.434	23.591	38.967***
（3）人均耕地数（X3）	10.717	0.526***	10.607	0.532***
（4）住房结构（X4）（以"土木结构"为参照）				
砖瓦/砖木结构	0.190	0.805		
砖混结构	6.483	0.313**	7.412	0.347***
（5）耐用品数量（X5）	10.566	0.614***	11.422	0.607***
（6）饮用水（以"饮用水安全"为参照）（X6）	4.480	2.291**	4.448	2.279**
（7）人均年支出取对数（lnX7）	25.300	0.297***	25.498	0.291**
-2Logliklihood	181.218		181.408	
Hosmer and Lemeshow Test	0.618		0.987	
Chi-square	6.260		1.788	
Number of observations	385		385	

注：(1) *** 代表在 0.01 水平下显著，** 代表在 0.05 水平下显著，* 代表在 0.1 水平下显著。(2) 常数项的优势比中，E 代表指数。

二元 Logistic 回归的结果显示，被调查者受教育年限、被调查者健康状况、人均耕地数、住房结构、耐用品数量、饮用水、人均年支出 7 个变量均通过了检验。这其中，在受教育程度上，数据结果显示被调查者受教育年限越长，其陷入多维贫困的可能性越低。可能的解释是一个人的文化程度越高，越能够运用自己的知识和技能实现自身的生存与发展，从而不容易陷入多维贫困。在健康状况上，健康状况较差的农户陷入多维贫困的概率是健康状况较好的 30 多倍。由此可见，健康对多维贫困的影响较为突出。可能的解释是，健康状况较差的人更容易丧失劳动能力，在医疗方面的巨大开支也造成了更大的经济压力，从而增加了其脆弱性，因此更容易陷入多维贫困。在人均耕地数上，结果显示拥有的耕地数量越多，其陷入多维贫困的可能性越小。在住房结构上，将一个住房为砖混结构的农户换成一个住房为土木或砖瓦/砖木结构的农户，其陷入多维贫困的概率将会降低65.3%。在耐用品数量上，拥有的耐用品数量越多就越不容易陷入多维贫困。在饮用水安全上，一个无法获取安全饮用水人陷入多维贫困的概率比一个可以获取安全饮用水的人高1.279倍，这说明生活质量是个体生存和发展的前提。在年均人支出上，支出水平越高的农户其陷入多维贫困的可能性越低。

第三章

民族地区特殊类型贫困问题治理的分类策略

中共中央、国务院颁布的《中国农村扶贫开发纲要（2011－2020）》将我国的 14 个地区列为集中连片特殊困难地区，其中 11 个地区均含有少数民族自治地方，或者少数民族人口比例较大，属于典型的民族贫困地区。如图 3－1 所示，我们将这 11 个贫困地区按照生态、地缘、文化致贫原因进行分类，对每一类型、每一片区的贫困问题特殊性进行深入探究，并有针对性地提出反贫困政策建议。

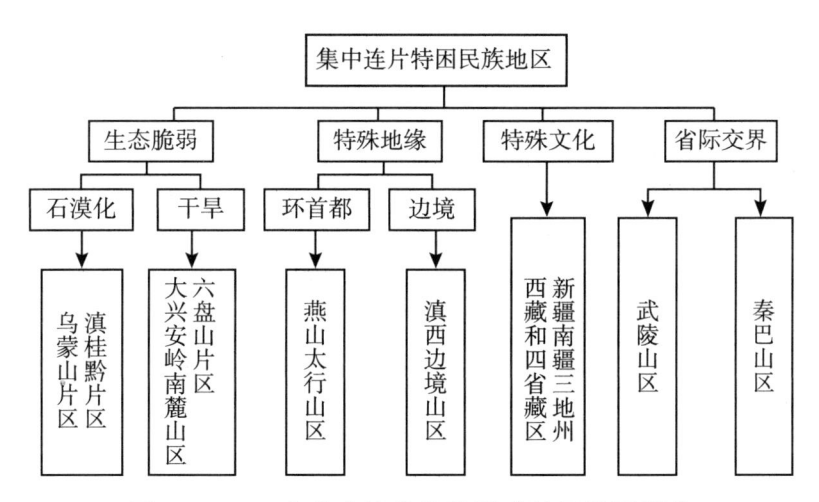

图 3－1　11 个集中连片特殊困难地区类型划分

第一节 生态脆弱区贫困治理策略

生态脆弱区包括石漠化区和干旱农牧区，前者包括乌蒙山片区和滇桂黔石漠化区，后者包括六盘山片区、大兴安岭南麓片区，生态脆弱区贫困根源主要在于生态环境恶劣导致的农户生计脆弱。

一、石漠化区

（一）乌蒙山区

乌蒙山区主要包括四川、贵州、云南的38个县，其中15个为牧业、半牧业县。如图3-2所示，该片区的突出特征在于生态环境脆弱，喀斯特地貌广泛分布，山高路险，土地贫瘠，自然灾害频发。[①] 再加上片区内的人口密度较大，给原本就很脆弱的生态环境带来了更大的压力，人类对自然资源的不合理开发导致该地区陷入"生态脆弱→贫困→掠夺式开发→环境退化→更贫困"的陷阱，形成贫困的恶性循环。[②]

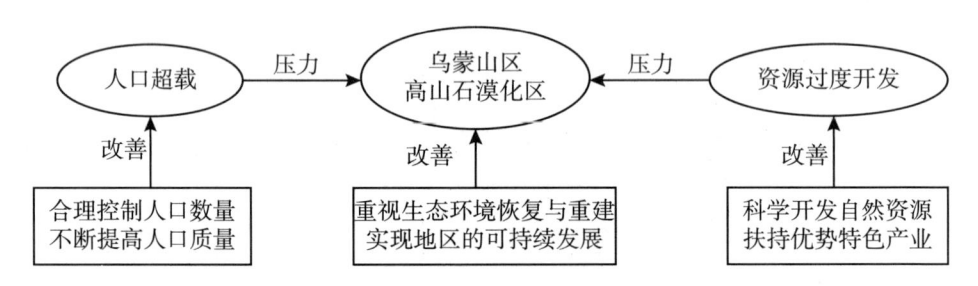

图3-2 乌蒙山区贫困治理体系

第一，重视生态环境的恢复与重建，实现地区的可持续发展。乌蒙山区是典型的高原山地构造地形。片区内水土流失严重，石漠化面积占国土面积的16%，生态环境脆弱严重制约了该地区的发展，而人类不合理的开发更增加了生态环境

[①] 资料来源：《中国农村贫困监测报告》中"乌蒙山区"部分。
[②] 张绪清：《乌蒙山区贫困化形成机理与新农村抉择》，载《特区经济》2010年第5期，第193~195页。

的压力。因此,该片区的扶贫工作,必须高度重视生态环境的恢复与重建,从而实现地区的可持续发展。首先,加强石漠化的综合治理,通过继续实施封山育林、退耕还林等工程,提高森林的覆盖率,防治水土流失。其次,进一步完善生态补偿机制,长江中下游地区应该给予位于上游地区的乌蒙山区生态补偿。① 最后,加大环境保护的宣传力度,提高群众的生态保护意识。

第二,合理控制人口数量,不断提高人口质量。乌蒙山区是云南省开发较早的地区,同时也是人口较为密集的地区,"养儿防老"的陈旧观念更是加大了该地区的人口压力。专家测算,区域的承载能力仅为 150 人/公里^2 左右,2010 年时却高达 380 人/公里^2。② 密集的人口给生态环境造成了巨大的压力,导致人地关系紧张,同时也阻碍了地区经济的发展。因此,片区应该继续实施计划生育,控制人口的较快增长,鼓励夫妻优生优育,引导当地居民树立起正确的生育观念和养老观念,大力实施农村部分计划生育家庭奖励扶助制度和"少生快富"工程,③ 降低人口出生率和自然增长率。另一方面,应该不断提高人口质量。积极落实孕前保健、产前诊断和新生儿疾病筛查三级防治措施,确保新生儿的健康。同时加大教育扶贫的力度,积极推进义务教育制度,加强对农村劳动力的职业技能培训,促进就业和农民收入的提高,缓解人口对于环境的巨大压力。

第三,科学开发自然资源,扶持优势特色产业。解决乌蒙山区的贫困问题,必须处理好经济发展与生态保护之间的关系,应该因地制宜地发展优势特色产业,实现自然资源的科学开发。在农业上,重点发展草地生态畜牧业,促进农民专业合作组织的发展,提高农产品生产的科技水平,促进农业朝规模化、专业化的方向发展。在工业上,在不破坏当地生态环境的基础上,进行矿产资源开发与深加工,因地制宜地承接产业转移,对于部分污染较为严重的工厂或者企业应该及时进行治理。在第三产业方面,积极发挥当地旅游资源较为丰富的优势,加强民族文化的发掘、保护与利用,打造特色旅游的品牌,延长旅游的产业链,积极开发旅游的周边产品,带动群众就业增收。

第四,加大金融扶贫与"互联网+"扶贫的力度。乌蒙山地区农民的金融资本较为薄弱,受高山地形限制,与外界沟通较少,自我发展能力较弱。针对这一现状,我们提出要加大该片区的金融扶贫与"互联网+"扶贫的力度。政府部门应该增加扶贫贷款财政补贴的规模,降低农民的贷款门槛,积极发展小额信贷,

---

① 冯明义:《乌蒙山区精准扶贫问题与对策研究——以泸州市古蔺县为例》,载《西华师范大学学报》(哲学社会科学版)2015 年第 6 期,第 98~101 页。
② 张绪清:《乌蒙山区贫困化形成机理与新农村抉择》,载《特区经济》2010 年第 5 期,第 193~195 页。
③ 国务院扶贫办、国家发展和改革委员会:《关于印发乌蒙山片区区域发展与扶贫攻坚规划的通知》,http://www.ndrc.gov.cn/fzgggz/dqjj/qygh/201304/t20130425_538617.html,2012 年 3 月 5 日。

从而缓解融资压力，促进当地群众的就业创业。推动"互联网+"扶贫，实施电商扶贫工程，建设完善贫困地区物流体系，加强对群众的网络技术方面的培训，积极鼓励群众将地区特产通过电商的形式对外进行推广，解决土特产的销路问题，促进经济的发展与农民收入水平的提高。

（二）滇桂黔石漠化区

生态环境较为脆弱是滇桂黔石漠化区的一个重要特征，这也是导致当地贫困问题突出的重要原因。滇桂黔石漠化地区的水土流失较为严重，有"生态癌症"之称，再加上区域内泥石流、滑坡等自然灾害和旱涝、冰冻等气候灾害频发，农业发展受到了很大的影响。滇桂黔石漠化区贫困治理体系如图3-3所示。

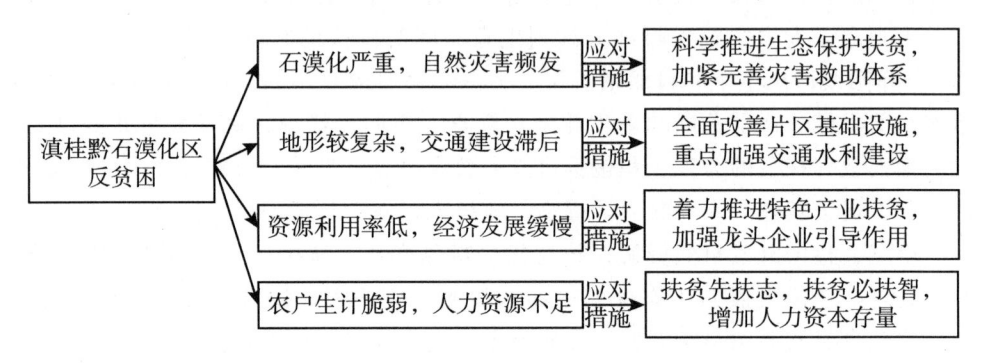

```
                      ┌─ 石漠化严重，自然灾害频发 ─应对措施─→ 科学推进生态保护扶贫，加紧完善灾害救助体系
                      │
滇桂黔石漠化区  ├─ 地形较复杂，交通建设滞后 ─应对措施─→ 全面改善片区基础设施，重点加强交通水利建设
反贫困          │
                      ├─ 资源利用率低，经济发展缓慢 ─应对措施─→ 着力推进特色产业扶贫，加强龙头企业引导作用
                      │
                      └─ 农户生计脆弱，人力资源不足 ─应对措施─→ 扶贫先扶志，扶贫必扶智，增加人力资本存量
```

图3-3　滇桂黔石漠化区贫困治理体系

1. 科学推进生态保护扶贫，加紧完善灾害救助体系

在这样的条件下，该片区应该科学的推进生态保护脱贫，任何经济开发项目都应以环境保护为前提。片区内人均耕地的拥有量较小，大规模的发展农业困难较大，但当地森林资源较为丰富，加强水土保持，开展林业扶贫的优势明显。建设良好的生态环境，有利于加强贫困地区低于自然灾害的能力，降低贫困发生率及返贫率，而林业在生态建设中有着不可替代的作用。① 除此之外，加强荒漠化的治理工作，防治工业污染，促进环境的可持续发展。此外，由于自然灾害频发，片区内因灾致贫、因灾返贫的现象频繁发生。对于政府而言，当务之急是需要加紧完善灾害救助体系，加强防灾减灾体系建设，对受灾民众及时提供灾害救助，使其顺利渡过难关。

---

① 杨旭东、史伟：《滇桂黔石漠化区贵州片区贫困原因及林业扶贫措施》，载《中南林业调查规划》2013年第1期，第49~51、62页。

2. 全面改善片区基础设施，重点加强交通水利建设

滇桂黔石漠化区由于地形较为复杂，交通建设滞后，导致与外界沟通交流困难，制约了经济的发展。因此该地区亟需加强区域内外交通网络的建设。在区域内，继续推进农村公路通达工程和农村客运网络工程，改善道路交通条件，为经济发展和农民生活创造便利的交通。同时，通过公路铁路建设加强与其他省区的联系，尤其注重与边境口岸的联系，建设交通枢纽，促进不同区域之间的经济沟通与交流，形成北连成渝经济区、南达北部湾和东南亚，西接滇中经济区，东引珠三角地区和长三角地区的综合交通运输主通道。① 另一方面，滇桂黔地区由于岩溶地貌的原因，水土流失严重，导致人畜饮水困难，缺水问题十分突出。解决这一问题，一是要开源，二是应节流。政府应重视水利设施建设，加大资金投入，加强农村的饮水安全工程建设，切实解决当地农民的饮水安全问题。同时充分重视水利设施的后续管理工作，对于老化的水利设施，政府应该及时组织人员进行修理维护，避免陷入"重建设，轻管理"的误区。相关部门应推进节水工程建设，提高水资源的利用效率，加强水资源保护。另外，全面改善片区的基础设施，还需要加强信息化建设，包括互联网、通信工程的完善，努力实现信息化建设带动经济发展。

3. 着力推进特色产业扶贫，加强龙头企业的引导作用

滇桂黔地区拥有丰富的自然资源和人文资源，但其经济发展较为缓慢的原因之一就在于这些资源并未得到合理的开发和利用。特色产业扶贫强调因地制宜，通过提高地区造血能力来实现彻底脱贫。首先，由于滇桂黔石漠化区的生态环境较为脆弱，因此当地进行特色产业扶贫时应该在保护自然环境的前提下进行，这是特色产业扶贫需要遵守的一个重要原则，尤其是在工业化建设的过程中，这一点显得尤为重要。第二，应该加大对旅游业的支持力度。一方面该地区有着著名的喀斯特地貌，再加上少数民族丰富的民族文化，给旅游业的发展创造了良好的自然条件和人文意蕴；另一方面，旅游业发展相较工业而言，对自然环境的破坏较小，符合可持续发展的原则。第三，片区发展特色产业扶贫应充分重视龙头企业的作用，提高产业的附加值，延长产业链，通过龙头企业的示范效应带动农户的增收致富。

4. 扶贫先扶志，扶贫必扶智，增加人力资本存量

生态环境的脆弱性同时导致了农户生计资本的脆弱性，突出体现在农户人力资本上。针对部分地区教育质量和医疗服务较低，人口的文化素质较低，针对这

---

① 国务院扶贫办、国家发展和改革委员会：《关于印发滇桂黔石漠化片区区域发展与扶贫攻坚规划的通知》，http://www.ndrc.gov.cn/zcfb/zcfbqt/201304/t20130425_538578.html，2012年7月12日。

一现象，习总书记强调，扶贫先扶志，扶贫必扶智。扶志就是扶思想、扶观念、扶信心，帮助贫困群众树立起摆脱困境的斗志和勇气；扶智就是扶知识、扶技术、扶思路，帮助和指导贫困群众着力提升脱贫致富的综合素质。[①] 在智力上，除了加紧落实义务教育外，还应重视儿童的学前教育、残疾人的特殊教育等，保证每一个适龄儿童都能有学可上。同时提高乡镇师资的待遇水平，加强对教师的培训，以实现教育质量的提高。促进农村劳动力素质的提高也是教育扶贫的重要部分，这就要求相关部门组织农村劳动力进行技术培训，继续实施"阳光工程""雨露工程"，重视职业培训与就业的衔接，对完成职业培训的农民及时给予就业信息上的引导。在体力上，首先应该实现医疗资源的普及，保证每个村都有一个卫生室，每个县重点办好1~2个县级医院，提高医疗服务的可及性。第二，提高医疗服务的质量，保障乡镇医生的合理待遇，积极建立起全国三甲医院与片区内县级医院之间的帮扶关系。第三，保障农户的就医权利，落实基本医疗保险、大病救助等社会保障制度，对于贫困户提供免费体检、医药费减免等服务，解决"看病难"的问题。

二、干旱地区

（一）六盘山区

六盘山区地处黄土高原中西部及其与青藏高原过渡地带，地形破碎。区域内干旱缺水，土地贫瘠，生态环境十分脆弱。六盘山区贫困治理体系如图3-4所示。

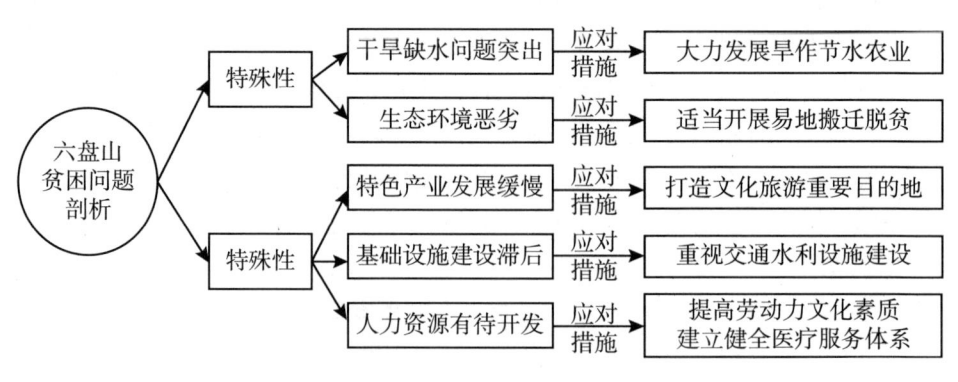

图3-4 六盘山区贫困治理体系

[①] 胡光辉：《扶贫先扶志扶贫必扶智——谈谈如何深入推进脱贫攻坚工作》，载《今日海南》2017年第2期，第8~9页。

第一，大力发展旱作节水农业，打造旱作农业示范区。六盘山地区跨陕西、甘肃、青海、宁夏四省区，包括61个县，其中有8个是牧业、半牧业县，该地区为温带大陆性气候，年均降水量较少，导致干旱缺水问题非常突出，人均占有水资源仅为全国平均水平的16.7%。对于六盘山这类干旱地区，应该大力发展旱作节水农业，打造现代旱作农业示范区。积极完善节水灌溉设施，建设循环用水系，提高科学技术在旱作农业中的运用，从而提高农业防旱抗旱能力以及水资源的利使用效率，挖掘旱作节水农业粮食增产潜力，实现旱作农业的可持续发展。

第二，加强生态环境的保护与治理，适当开展易地搬迁脱贫。六盘山区位于黄土高原中西部及其与青藏高原的过渡地带，地形破碎，水土流失严重，生态环境脆弱。在扶贫开发的过程中，应以综合治理水土流失为核心加强生态建设，继续实施"三北"防护林、防沙治沙综合示范区等重点生态工程建设，完善生态补偿机制，促进封山育林育草、退耕还林还草，加强湿地的保护与恢复和自然保护区建设。对于生态环境非常恶劣、自然资源极度匮乏地区，在注重生态环境保护同时，也应适当采取生态移民的政策，改善生存环境，增强农民自我发展的能力。

第三，重视交通水利设施建设，改善贫困户的生活条件。一方面通过加快铁路公路等重点工程的建设，联系周边经济区，形成东引关中—天水经济区、西通融州—西宁经济区，南达成渝经济区，北联宁夏沿黄经济区的交通运输大通道。另一方面，加强城镇、农村的内部交通网络建设，加快推进"村村通""路路通"等工程，改善道路质量，形成畅通便捷的交通网络。对于干旱地区而言，水利设施的建设也非常重要，片区应坚持全面节水和适度调水相结合的原则，积极推动中小型水源工程的建设，加强节水设施的建设，提高水资源的利用率，保证贫困户的饮用水安全。除此之外，落实危房改造工作，改善住房条件，加快现代通信网络建设，加强城镇基础设施建设，全方位改善贫困户的生活条件。

第四，大力推进旅游业的发展，延长特色旅游产业链。六盘山区拥有丰富的自然景观与人文景观，红色文化、丝路文化、佛道教文化等更是增强了旅游资源的人文底蕴。政府部门应该积极整合当地的旅游资源与文化资源，通过旅游业带动贫困户的就业增收。一是要加大旅游的宣传力度，将旅游业作为六盘山区的支柱产业之一，形成文化旅游重要目的地，吸引国内外游客前来旅游。二是要将当地的自然景观与人文底蕴结合起来，增加旅游的文化内涵，打造知名旅游品牌，将旅游业向特色化方向发展。三是延长特色旅游产业链，强化以特色农产品为主的旅游产品的深度开发，例如牛肉干、六盘山真菌等当地特色菜的加工和销售的开发，配合主题旅游资源开发，大力发展"农家乐"等旅游项目，开发特色旅游纪念品及市场，从而增加旅游者的消费量，带动当地的经济发展。①

第五，提高劳动力的文化素质，建立健全医疗服务体系。提高贫困户的人力资本，加强教育扶贫，尤其是针对同心县、平阳县等人力资本极度匮乏的地区，应该积极推行贫困家庭子女"零"费用义务教育制度。② 同时，推动职业教育，以市场需求为导向科学设置专科院校的培训项目，加强就业引导，使得贫困户能够通过职业教育获得赖以生存的一技之长。另一方面，六盘山区恶劣的自然条件同时也造成贫困户较差的健康状况，六盘山地区也是地方病多发、高发的地区，例如在六盘山片区，克山病的县份就达到了 22 个，碘缺乏症县多达 59 个。③ 因此。六盘山区的医疗服务体系建设显得尤为重要。政府部门应该设立专业机构，组建专业队伍深入病区工作，同时建立地方病的监测系统，研究地方病的流行规律，做出预报预测及评价防治效果，对于不同的地方病实施具有针对性的防控措施，完善地方病的预防机制，加强对地方病防治的健康教育，努力改善当地居民的健康状况。

（二）大兴安岭南麓片区

片区内自然灾害频发，土地退化明显，产业结构不合理。黑龙江、吉林属于东北老工业区，其突出特点在于国有经济比重高，城镇化水平低，城镇扩散效应较弱，经济发展滞缓。如图 3-5 所示，针对这样的问题，该片区的贫困治理必须重视对产业结构的调整，提升三大产业经济发展的活力。

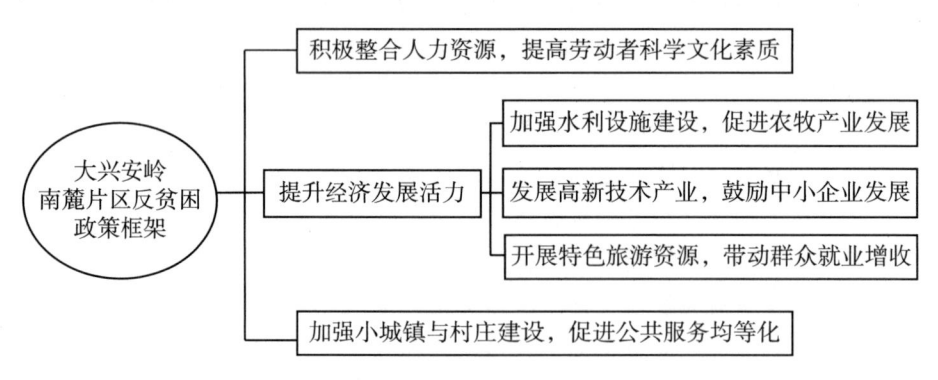

图 3-5 大兴安岭南麓山区贫困治理体系

---

① 刘峰：《宁夏六盘山片区扶贫开发路径与对策研究》，宁夏大学 2013 年硕士学位论文，第 27~28 页。
② 贾金荣：《六盘山连片特困地区自我发展能力研究》，兰州大学 2013 年硕士学位论文，第 64 页。
③ 周静茹：《六盘山回族地区反贫困研究》，兰州大学 2014 年博士学位论文，第 67 页。

1. 促进产业结构升级,重振经济发展活力

大兴安岭南麓片区结构性矛盾突出,区域发展活力不足。黑龙江、吉林属于我国的东北老工业区,片区内拥有丰富的煤炭资源。但是随着科学技术的进步,新兴产业逐渐取代了传统工业,再加上长期过度开发导致能源资源的枯竭,传统工业对经济的带动力明显不足。因此,该片地区的贫困治理需要从改变经济发展方式入手,促进农牧业、工业、第三产业的全面发展。

一是加强农田水利设施建设,促进特色农牧产业发展。大兴安岭南麓片区内,人均耕地面积较多,但水利设施非常落后,工程性缺水问题突出,近年来土壤肥力减退也成为制约片区农业发展的重要原因。为了改善这一现状,发挥片区内土地资源的优势,政府部门应该加大资金投入,建设农田水利、高效节水灌溉工程,加快牧区水利建设,积极调整化肥的使用结构,着力建设旱涝保收的稳定高产田。另一方面,促进优势特色农牧产业的发展,推进特色种植产品优势区建设,加快特色种植新品种的引进、改良,改造传统的种植方式,推广标准化、无公害的生产技术。大力发展农牧产品精深加工业,发展主导优势农牧产品物流业,① 推进畜牧业的深加工与规模化经营。

二是发展高新技术产业,鼓励中小企业发展。在工业发展上,应该由原来的依靠资源开发向依靠科学技术转变,由原来的依靠国有企业向促进中小企业发展转变。中小企业在国民经济中具有抵御经济波动、保持市场活力、技术创新、改善经济布局和协调区域发展的作用。② 东北地区长期以来以国有企业为主,而这些国企近年来经济效益越来越差,片区的经济发展亟需改变这一现状。相关政府应该积极制定地方法规,促进中小企业尤其是科技含量较高、发展潜力较大的中小科技企业的发展。片区还应合理发挥区位优势,创新资源利用合作方式,大力发展高新技术产业,走新型工业化的道路。除此之外,片区在工业发展上,应处理好经济发展与生态保护的关系,重视对工业污染的治理以及对生态环境的保护,促进经济的可持续发展。

三是开发特色旅游资源,带动群众就业增收。大兴安岭南麓片区的旅游资源较为丰富,具有发展旅游业的良好优势,应积极以阿尔山、科尔沁草原和向海、扎龙湿地为重点,大力发展生态旅游、民俗风情、度假休闲等主题旅游。③ 积极开发旅游的周边产品,延长旅游产业链,提升旅游业的服务质量,发挥旅游业在

---

① 农业部办公厅:《关于印发大兴安岭南麓片区农牧业发展规划(2012~2020年)的通知》,载《中华人民共和国农业部公报》2013年第4期,第45~63页。
② 张力化:《关于东北老工业基地产业结构调整研究》,东北师范大学2005年硕士学位论文,第15~17页。
③ 国务院扶贫办,国家发展和改革委员会:《关于印发大兴安岭南麓片区区域发展与扶贫攻坚规划的通知》,http://www.ndrc.gov.cn/zcfb/zcfbqt/201304/t20130425_538581.html,2012年11月28日。

促进农民增收就业上的作用，从而实现经济的发展。

2. 积极整合人力资源，提高劳动者科学文化素质

传统观念根深蒂固，缺少与时俱进的思维与知识的更新换代，使得该地区的经济发展缺少活力。发展职业技术教育，提高劳动者科学文化素质，既能够增强贫困户的生存发展能力，又能够促进相关产业的技术发展。政府应继续实施工程教育与职业技术教育，着力改善职业教育的办学条件，支持职业教育实训基地建设，同时向贫困户免费提供相关培训与就业信息，提高劳动者的就业能力。相关企业也应采取一定策略，建立更有利于留住人才的管理机制，定期对劳动者进行业务培训，促进劳动者技术能力的提高，学习国内外先进的管理技术，加快技术人员和管理人员的知识更新，鼓励技术和知识的创新，从而增强企业核心竞争力，推动经济发展。

3. 加强小城镇与村庄建设，促进公共服务均等化

该片区内的城镇化水平低于我国平均水平15.6个百分点，城市辐射能力带动明显不足。政府部门应该根据片区内的实际情况，有重点的建设一批商贸流通、旅游度假等特色小城镇，支持具有产业基础和发展潜力的城镇成为中心镇，积极完善教育、卫生等公共服务体系，切实发挥小城镇对周边地区的人口集聚能力和经济带动作用，从而改善群众的生产生活条件。同时，加强图书馆、文化馆等文化设施的建设，推进基层公共文化设施的免费开放，丰富人民群众的文化生活。

第二节 特殊地缘区贫困治理策略

特殊地缘区包括滇西边境山区、燕山—太行山区。前者特殊地缘性体现为边境地区，地缘政治与边贸经济相融合，基础设施建设落后，公共服务不足，特色产业益贫性不强，贫困面广且程度较深；后者特殊地缘体现为环首都贫困带，生态建设与环境保护任务重，产业发展缓慢，人才和优质劳动力流失。

一、滇西边境

滇西边境贫困治理体系详见表3-1。

表 3 – 1　　　　　　　　滇西边境贫困治理体系

内部能力	外部因素	
	机会 1. "兴边富民"行动深入开展； 2. 中国—东盟经济自由贸易区合作升级； 3. "大扶贫"格局逐渐形成	威胁 1. 财政资金投入不足，基础设施建设滞后； 2. 产业发展容易破坏环境，生态保护任务艰巨
优势 1. 18 个陆地边境县，对外开放区位优势明显； 2. 水能、矿产资源富集； 3. 旅游资源丰富	优势机会策略 1. 落实"兴边富民"政策，促进人口较少民族发展； 2. 重点发展对外贸易、境内外旅游，加大对外开放的力度	优势威胁策略 1. 争取更多扶贫资金，加强基础设施建设； 2. 促进产业发展，增强地区自我造血能力
劣势 1. 地理环境恶劣，贫困范围广，贫困程度深； 2. 经济水平较低，特色产业发展缓慢； 3. 人力资本开发不足	劣势机会策略 1. 充分整合社会力量，开展社会扶贫； 2. 促进特色产业发展； 3. 开展教育扶贫，提高劳动者素质	劣势威胁策略 1. 产业生态化，生态产业化； 2. 走生态保护扶贫的道路

（一）利用边境区位优势，打造西南开放重要门户

滇西边境山区内有 19 个为陆地边境县，与越南、老挝、缅甸等多国接壤，边境线长达 3 148 公里，占我国边境线长度的 13.8%，区位优势突出。片区内共计 9 个国家级口岸，边民互市贸易非常活跃，是我国通往东南亚、南亚的重要陆路通道。良好的地理位置再加上国家政策的支持，该地区适宜通过开展边境贸易实现脱贫。过去，大部分边贸带来的利润被少数外地商户赚取，农户只能获得微薄的收入，而边贸扶贫的关键就是要将边贸带来的利润实实在在地转化为边民的收入。开展边贸扶贫，首先要精准的识别贫困边民，合理利用精准扶贫建档立卡的数据，将较为贫困的边民作为重点扶持对象。其次，边民由于自身资本较弱，在边贸中通常处于最底层受压榨的劳动力，赚取收入极低，要想改变这一现状，需要通过扶持边贸合作社等组织，开展参与式扶贫，壮大边民的力量，通过贫困边民之间的合作实现利润的共赢。另外，该片区还应积极参与中国—东盟自由贸易区的建设，加强与东南亚、南亚等国家的合作与交流，成为西南开放重要

门户。

（二）落实"兴边富民"政策，促进人口较少民族发展

滇西边境地区有 46 个民族县，同时也是我国人口较少民族的主要聚集区。一是边境民族地区是维护国家安全的第一道防线，落实"兴边富民"政策有利于固土戍边。开展"兴边富民"行动，加强边境地区的基础设施建设，逐步改善当地的交通通信条件，促进农村公共服务的完善，积极实施农村危房改造和饮水安全工程，着力改善和保障民生，全方位提高边民的生活质量，努力实现兴边富民行动"留得下、守得住、能致富"的战略目标。二是近年来我国非常重视人口较少民族的发展，人口较少民族聚居地区的贫困问题更加严重，应该成为重点扶贫对象。滇西边境在发展过程中，应该针对人口较少民族进行特殊的政策设计，加大对人口较少民族的帮扶力度，促进人口较少民族的发展。三是滇西地区的贫困问题较为复杂，其享受到的国家优惠政策也较多，主要有扶贫政策、兴边富民政策、扶持人口较少民族发展政策。这三项政策在扶持项目与发展目标上有一定的重合，其根本目的都是为了缓解地区的贫困问题，改善农民生活条件。因此，相关部门应该在实际工作中，应该统筹各部门的利益，加大对资源、项目的整合力度，加强资金监管，最大程度地提高资金的使用效益。

（三）开发与保护相结合，推动产业生态化

滇西边境地区虽然具有良好的区位优势，但其地理环境较为复杂，区域内山高谷深，江河穿越其间。同时，该地区承担着艰巨的环境保护任务，有多个国家级风景名胜区和国家级自然保护区，也是我国重要的生物多样性宝库，盲目的经济开发会破坏当地居民赖以生存的环境。因此，滇西地区应该坚持开发与保护相结合的原则，推动产业生态化的发展。要珍惜并巩固生态建设的成果，继续推进退耕还林、天然林保护政策以及生态补偿机制。另外，把核桃、油茶等经济林果和中药材等经济作物的种植作为滇西山区群众致富的主导产业，同时通过进一步完善生态补偿机制，调动群众生态保护积极性。①

（四）促进人力资本开发，稳步推进社会扶贫

人力资本开发不足也是当地普遍存在的一大问题。2010 年，该片区高中阶段毛入学率比全国平均水平低 31.6 个百分点，教育设施整体落后，师资力量明

---

① 财政部农业司扶贫处：《集中力量实施扶贫攻坚促进解决滇西深度贫困——关于滇西边境集中连片特困地区扶贫开发调研报告》，载《农村财政与财务》2012 年第 5 期，第 23~26 页。

显不足。① 相关政府部门应该提高对贫困地区农村教师的待遇,改善片区的办学条件,通过相关职业技能培训等全面提高劳动者的文化素质。

滇西边境地区的贫困范围广、程度深、扶贫难度大,要想解决贫困问题,还需要依赖全社会的力量。当下云南省已形成了以定点扶贫为主、滇沪对口帮扶为辅,驻滇人民解放军和武警部队、各民主党派、工商联和无党派人士、企业、社会组织、个人参与为重要补偿的云南特色社会扶贫工作体系。我国也正在逐步形成"大扶贫"的格局,滇西地区应该进一步整合社会资源,尤其是借鉴其他地区经验,发挥知名企业对口帮扶的作用,促进企业和贫困户形成利益共同体,从而实现共同发展。

二、燕山—太行山区

燕山—太行山连片特困地区环绕在北京、天津周边,由于特殊的区位条件,其承担着为首都保护水源和生态的特殊使命,国家对这一地区实行限制开发政策,导致该地区成为"环首都贫困区"。在生态上,其承担着京津风沙源治理、京津重要水源地的环境保护任务;在经济上,为了保护环境,大量工厂被关停,工业发展受限;社会上,大量人才和劳动力被北京、天津等大城市吸引,不断向外流失。可以说,燕山—太行山片区特殊的地理位置导致了当地的贫困。燕山—太行山区贫困治理体系如图3-6所示。

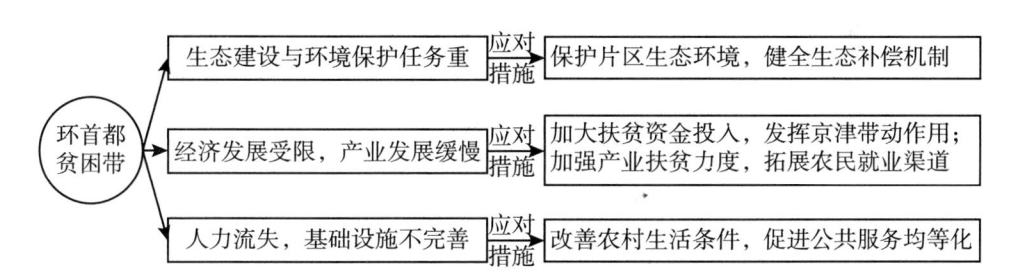

图 3-6 燕山—太行山区贫困治理体系

(一) 加大扶贫财政资金投入,发挥京津经济带动作用

燕山—太行山区具有特殊的地理区位,其环绕在我国首都北京附近,然而北京并未能很好地发挥对周边城市的经济辐射和带动作用,反而形成了一个贫困人

---

① 国务院扶贫办、国家发展和改革委员会:《关于印发滇西边境片区区域发展与扶贫攻坚规划的通知》,http://www.ndrc.gov.cn/fzgggz/dqjj/qygh/201304/t20130425_538653.html,2012年11月13日。

口较为集中的贫困带,被称作"环首都贫困带",环绕在北京周围的张家口、承德、保定市都属于贫困县较为集中的区域。① 为了保障首都北京的生态与水源质量,其周边地区做出了很大的牺牲,以张家口为例,近年来其退耕还林还草的面积达到500多亩,许多工厂企业被关停,同时大量本地劳动力和人才流失到发达地区,导致当地经济发展缓慢。由于工厂企业的关停,地方税收骤减,政府在推动经济发展方面难上加难,而扶贫又需要大量的资金投入,收支差距过大导致财政赤字严重。因此中央政府应加大对此片区的财政资金投入,为当地的扶贫开发工作提供坚实的资金保障。同时要合理发挥京津发达地区的经济带动作用,以环境保护为前提,重点围绕文化创意、信息技术、现代物流、装备制造、金融服务等领域承接京津地区和周边城市的产业转移,积极吸引优秀人才,重视第三产业的发展,在保护生态环境的同时也要借助特殊的区位条件实现自身的发展。

(二)保护片区生态环境,健全生态补偿机制

燕山—太行山区包括河北、山西、内蒙古等省区33个县(旗),这一地区自然资源并不匮乏,但生态环境脆弱,地貌破碎,是京津风沙源地和水源地,自然条件较差,洪水、泥石流等自然灾害频发。另外,由于山西的煤炭资源较为丰富,是中国的产煤大省,也是重要的重工业战略基地之一,但大规模的采煤开矿对当地的生态环境造成了巨大破坏,这对于本来就较为脆弱的生态环境而言,无疑是雪上加霜。面对这样的现实状况,只有加强对生态环境的保护,进一步健全生态补偿机制,才能够给片区内的农户提供一个较为良好的生存发展环境。对该片区环境问题的治理,需要发挥科学技术的作用,结合山区的特点和优势,通过对矿山、森林、土地及河流进行补偿和整治,发展生态农业、立体农业、特色旅游业和环保开采业,继续实施京津风沙源治理、三北防护林、湿地保护与恢复等重点生态工程,改善自然环境,增强山区的经济实力,彻底脱离贫困。②《燕山—太行山片区区域发展与扶贫攻坚规划(2011 - 2020年)》中明确将该片区定位为"京津地区重要生态安全屏障和水源保护区""文化旅游胜地与京津地区休闲度假目的地",充分体现出了生态保护对当地扶贫工作的重要性。

(三)加强产业扶贫力度,拓展农民就业渠道

燕山—太行山区由于自然环境恶劣,经济发展滞后,当地大量的青壮年劳动

---

① 冀晓阳:《河北省集中连片特困区农民贫困问题研究》,河北农业大学2015年硕士学位论文,第9页。
② 鲜开林、史瑞:《贫困山区生态补偿机制问题研究——以山西太行山区为例》,载《东北财经大学学报》2014年第2期,第57~65页。

力都选择进城务工,这种方式虽然能够增加农户家庭的收入,但对于整个片区的长久发展和经济增长却难以发挥作用。面对这种问题,政府应该加强产业扶贫的力度,积极拓展农民的就业渠道,树立特色产品项目,带动经济的持续增长。在第一产业上,应重点支持蔬菜、马铃薯、畜禽养殖等优势突出、带动性强的产业,促进农产品规模化种植,提高农产品的品质与科技水平,积极支持绿色和有机食品的发展,以京津地区的大量消费者为目标打造绿色农业品牌。在第二产业上,在保护环境的前提下,积极承接京津地区装备制造业的产业转移,重点发展特色农产品加工业,延长产业链与附加值,实现当地剩余劳动力的本地就业。对于第三产业,应该积极开发当地的旅游、文化资源,借助片区内的特色景区来带动相关产业发展,例如承德避暑山庄、木兰围场等著名景点。进一步加快旅游商品的开发和生产步伐,吸引旅游购物消费,提高旅游商品的档次和质量。第三产业的发展对于生态环境的破坏较小,应在燕山—太行山这类生态脆弱的地区发挥重要作用。

(四)改善农村生活条件,促进公共服务均等化

由于脆弱的生态环境,再加上特殊的地理位置,片区内的经济开发受到了一定的限制,导致农户的生活条件较差,这就需要充分发挥社会保障的作用,促进公共服务均等化。当地许多青壮年劳动力进城务工,大量的老人、儿童被留在了村中,而他们正是公共服务的重点帮扶对象。社会保障在扶贫的过程中起到了兜底的作用,对于这种现象,应该加紧完善养老保险和最低生活保障制度,加强医疗救助体系的建设,落实九年义务教育,促进扶贫开发政策与最低生活保障政策的制度衔接,保障老人、儿童这些弱势群体的生存发展权利。另一方面,改善农村的生活条件,加强基础设施建设和危房改造工程的落实,打破行政的界限,建立片区内公共服务一体化协调机制①。

第三节 特殊文化区贫困治理策略

西藏、四省藏区、新疆南疆三地州是我国民族问题、宗教问题、政治问题相互交织的地区,三个片区的贫困问题具有一定的共性,因此我们将这三个地区归

---

① 国务院扶贫办、国家发展和改革委员会:《关于印发燕山—太行山片区区域发展与扶贫攻坚规划的通知》,http://www.ndrc.gov.cn/zcfb/zcfbqt/201304/t20130425_538582.html,2012年11月28日。

为一类，针对其特殊的致贫机理进行反贫困政策的设计。涉疆、涉藏地区的贫困治理体系如图3-7所示。

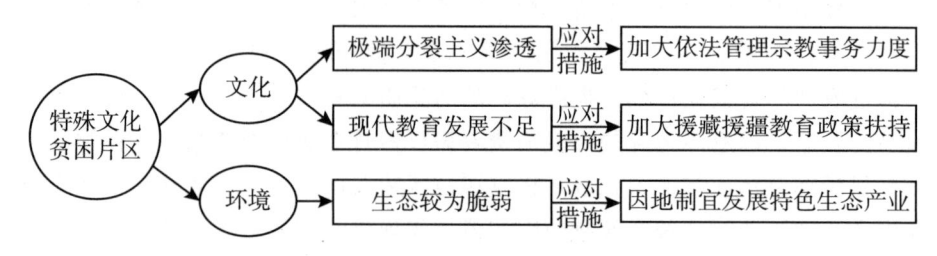

图 3-7 涉疆、涉藏地区的贫困治理体系

第一，依法管理宗教事务，维护地区稳定与团结。三个片区的突出特点表现在：少数民族人口比例大，信教群众数量较多。在复杂的国内外形势下，宗教常常与民族问题、政治问题联结在一起，有些信教群众容易被一些民族极端分裂分子所利用，通过宗教进行一些渗透和分裂活动，严重影响片区的稳定与发展。稳定是经济发展的前提条件。为了给片区的经济发展创造一个稳定的社会环境，政府部门应该加大依法管理宗教事务的力度，在尊重和保护公民的宗教信仰自由权利的同时，严厉打击利用宗教进行非法活动，抵御境内外的敌对势力利用宗教进行渗透的活动，依据国务院颁布的《宗教事务条例》，进一步提高依法管理宗教事务的能力和水平，妥善处理宗教方面的突出问题。[①] 同时，对于片区内的人民群众，应该积极做好爱国主义教育，提高其对中华民族的认同感和归属感，使得广大民众团结一致地投入到社会主义现代化的建设中，共同促进本地区的经济繁荣。积极引导藏传佛教与社会主义价值观相适应，充分发挥宗教文化资源的优势，努力引导宗教界投入改革开放和社会主义经济建设，为地区的稳定和发展做出贡献。

第二，加强援藏教育政策支持，推进汉藏双语教育。宗教对于西藏、新疆等地区的影响，不仅仅体现在民族问题和政治问题上，更影响到片区内的教育发展。新疆和西藏和平解放以后，部分地区出现"重寺庙、轻学校"的现象，忽视了对子女的教育培养。[②] 针对这些问题，国家应该加大对新疆、西藏特殊教育政策的支持，促进西藏教育在办学条件、教育质量上的提高，坚持长期教育援藏的方针，确保西藏地区基础教育的普及率，当地政府也应积极宣传教育对子女成长

---

① 潘建生：《西藏全面建设小康社会中的宗教问题研究》，载《西藏民族学院学报》（哲学社会科学版）2005年第2期，第36~40、106页。
② 王锡宏：《论西藏教育特殊政策及实施》，载《内蒙古师范大学学报》（教育科学版）2008年第1期，第1~5页。

的重要意义，而且，还应坚持推进汉藏双语教育，把藏语文和汉语摆在同等重要的地位上，促进民族优秀传统文化的传承，使培养出来的人才更加适应社会的发展需要。在发展片区教育事业上，必须敢于破除陈旧观念，敢于革除不利于现代教育发展的旧模式、老方法，① 消除"等靠要"的思想，对于宗教观念和传统文化，要取其精华，去其糟粕，促进片区内教育事业的科学发展。

第三，针对恶劣的生态环境，因地制宜的发展特色产业。西藏、四省藏区、南疆地区都位于我国的西部，同时也是边疆地区。西藏基本上是高原地区，南疆三地州大部分是沙漠、戈壁和山地，三个片区的自然条件都比较恶劣，生态环境脆弱，自然灾害频发。在扶贫开发过程中，应该注重对自然环境的保护，走生态产业的发展道路。片区应该根据当地的自然人文环境的特点，积极发展具有特色的产业。例如西藏地区应该发展具有高原特色的生态农业，努力推进高原特色藏医药产业的发展，同时依靠当地独特的自然风光和浓郁的民族特色发展旅游业，南疆三地州片区可以发挥昼夜温差大的气候优势发展特色高效的林果业，这样既能够避免生态环境的破坏，又能够促进经济发展与劳动者就业。另一方面，进一步完善生态补偿机制，在对自然资源合理开发的同时，也应重视对其的建设和补偿，促进大自然自我修复功能的实现，促进人与自然的和谐发展。

第四节　省际交界区贫困治理策略

秦巴山区、武陵山区是省际交界区的典型。属于省际结合部、偏远山区，片区受大山阻隔，与省会城市相距甚远，相对封闭。此类地区在区域经济发展中往往出现产业空洞，即人财物资源向省会城市或周边中心城市流动，而中心城市对该地区的辐射带动性又不大，地区经济发展滞缓。

一、武陵山区

武陵山区位于我国湖北、湖南、贵州、重庆三省一市的边界交汇处，是我国跨省交界面积最大、人口最多的少数民族聚居区，也是典型的"老、少、边、穷"区。该片区的致贫原因体现在自然环境、经济、社会等多个方面，具有综合

---

① 房灵敏、王琼、娄源冰、李智元、尼玛拉姆：《西藏教育的特殊性分析与思考》，载《西藏大学学报》（社会科学版）2008 年第 4 期，第 5~9 页。

性、复杂性的特点。武陵山区的自然资源较为丰富,片区内有乌江、清江等主要河流,水能资源较大,锰、锑、汞等矿产储量居于全国前列,旅游资源非常丰富,森林覆盖率达到53%。但是由于一系列综合原因影响,丰富的自然资源并没有给武陵山区带来经济的发展,反而是陷入了一种"富饶性贫困",[①]即暂时未合理开发而陷入的贫困。在反贫困政策的设计上,应重点针对如何将当地的自然资源转化为经济收入,从而实现贫困户的脱贫。武陵山区贫困治理体系如图3-8所示。

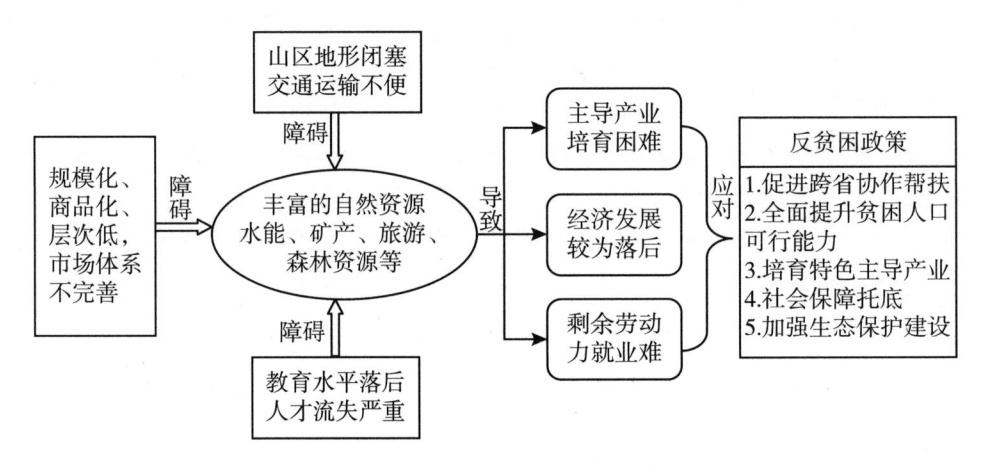

图3-8 武陵山区贫困治理体系

一是促进跨省协作帮扶,完善交通网络建设。武陵山区跨越我国湖北、湖南、贵州、重庆三省一市共计71个县,涉及的范围较广。解决这一片区的贫困问题,还需要各省打破地方利益限制,发挥比较优势,促进信息交流与资源共享,实现公共服务的一体化。同时,由于地理位置较为偏僻,周边城市的带动能力明显未得到发挥,闭塞的地形导致交通运输不便,丰富的自然资源无法转化为农民的收入。因此该片区需要加强与周边地区和中心城市的经济联系,构建完善的交通通信网络,拓展与长三角地区、成渝经济区、长株潭经济区、武汉城市圈等重点经济区的合作,从而实现共同发展。

二是全面提升贫困人口的可行能力。人力资本不足也是造成武陵山区长期以来经济发展较为落后的原因之一。片区内贫困人口的文化素质和健康素质较低,大部分年轻人由于缺乏技术和知识,在工作中只能作为廉价劳动力,同时老龄化问题突出,因病返贫现象严重。再加上地处偏僻,许多农民的"等靠要"思想根

---

① 胡勇:《集中连片特困地区发展现状与贫困的根源探究——以武陵山区为例》,载《湖南农业科学》2013年第19期,第126~129、133页。

深蒂固,缺少脱贫的动力和致富的意识。因此,该片区应该重视全面提升贫困人口的可行能力,通过开展教育扶贫、健康扶贫来提高贫困人口的生存可行能力、生产可行能力、发展可行能力。[①] 在生存可行能力上,应该推进健康扶贫,落实基本医疗保险、大病救助等政策,积极做好地方病、慢性病的预防工作。在生产可行能力上,要加强职业技术教育,深入推进"雨露计划",为贫困学生免费提供技能培训,以市场需求为导向,科学的设置培训专业,发挥教育在解决劳动者就业上的重要作用。在发展可行能力上,要通过参与式扶贫提高农户的积极性,摒弃"等靠要"的传统思想,赋予农民一定的话语权,使其获得自身的发展。

三是加紧培育特色主导产业。武陵山区的特色产业发展较为困难,原因主要有二。其一是地形原因导致的交通不便,需要通过完善基础设施建设来改善。其二是产业发展缺少"软实力",即产品的科技含量低,缺少人才资源、技术支撑以及先进的管理经营模式,产业规模小、商品化层次低。要想推进特色主导产业的发展,必须要增强当地的软实力。首先,人才是地区经济发展的根本,相关部门需要通过设计优惠政策吸引人才、留住人才。其次,发挥农业科研院所等组织的力量,促进农业产品的创新和推广应用,提高产品的核心竞争力。最后,政府部门应促进优秀企业对一些普通乡镇企业在技术上的帮扶,一些刚起步的产业应该积极学习成功企业的先进经营理念、管理模式等,并进行有选择性的借鉴,通过产业发展带动就业从而实现脱贫。

四是发挥社会保障的托底作用。对于武陵山区脆弱性较强的贫困农户,应该积极发挥社会保障的作用,保障其生存的权利。第一,要增强农村社会保障力度,中央和地方政府应建立多元化的筹资机制,加大社会保障力度和受益范围,增加农民收入。第二,要简化医疗补偿程序,完善基层医疗服务能力,进一步提高大病救助的补偿标准以及扩大救助范围。第三,要实现基本养老保险的全覆盖,保障老年人晚年的生活质量。第四,要落实危房改造制度,全方面改善农民的居住条件。第五,要加强自然灾害预警设施建设,完善灾害预警机制,加强灾后登记与救助制度建设。

五是加强生态保护建设。武陵山区的森林、高山草场及世界自然遗产、各类各级自然保护区、森林公园、地质公园等重要生态功能区约占区域总面积的76%,达到了3/4以上。在这部分地区中,对于国家禁止开发的地区应该建立严格的保护机制,限制生产建设活动;对于部分著名的自然景点,也应有节制的开发旅游资源,兼顾生态保护与经济开发两个方面,防止人类经济活动对自然遗存

---

① 党翠:《可行能力视角下武陵山区贫困与减贫措施分析》,华中师范大学 2012 年硕士学位论文,第 25、37 页。

地的影响和破坏。除此之外，积极落实生态补偿机制，加大环境保护的宣传力度，使得广大人民群众自觉加入到生态保护的行列中来。

二、秦巴山区

秦巴山区跨河南、湖北、重庆、四川、甘肃、陕西六省市，是我国新一轮扶贫开发攻坚主战场中涉及省份最多的片区。如图3-9所示，该片区内部差异较大，致贫原因较为复杂，是综合原因致贫的一个典型代表。环境上，生态环境脆弱，自然灾害频发，再加上山地地形较为封闭，受到交通条件的制约；经济上，当地资源富集，但资源开发程度低，产业支撑能力弱，资源优势没有转化为发展优势；社会上，片区内基础设施建设落后，教育、医疗等公共服务不足。这样的宏观大背景导致当地农户的生计资本脆弱，抵抗风险的能力弱，极易陷入贫困。

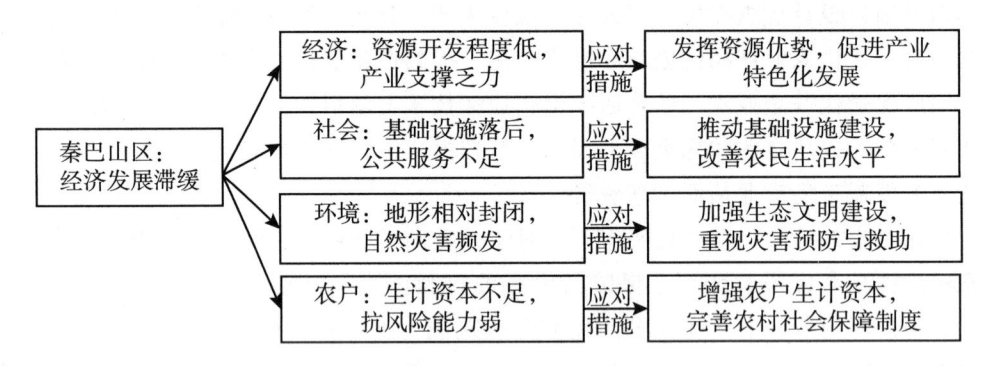

图3-9 秦巴山区贫困治理体系

（一）促进产业特色化发展，将资源优势转化为发展优势

一是提高农产品科技含量。在农业发展过程中，加大科技扶贫的力度，提高农产品的科技含量，促进山地特色高效农业的发展，建设全国无公害农产品加工基地。秦巴山区具有一定的农业发展优势，但是传统的粗放型农业，科技含量低，增收效果不明显，农业发展需要由粗放型向集约型转变。依靠研究院等专业技术人员，加大科技力量投入，促进粮食优良品种的更新换代以及农艺技术的应用，依靠科技提高产出和保障能力。

二是发展绿色低碳循环经济。秦巴山区在开发资源的过程中应该遵循绿色低碳的原则，努力发展循环经济，以汽车和装备制造业、新材料、生物产业、天然气和精细磷化工业、现代物流为重点，延长循环经济产业链，推动循环经济的迅速发展。

三是全面开发文化、旅游资源。秦巴山区的历史非常悠久，是巴蜀文化和中原文化的发源地，同时当地有着丰富的旅游资源，例如武当山、大小三峡、古蜀道等，但一直以来当地文化意识淡薄，文化产业发展动力不足。政府部门应该积极鼓励文化产业的发展，对当地丰富的文化资源进行系统性的树立，在区域层次理清各个地区的文化资源核心点，塑造地方特色文化品牌，从而引导不同县市在区域范围内进行文化产业的异质化发展。①

（二）推动基础设施建设，改善农民生活水平

加快交通通信工程建设。秦巴山区地形以山地为主，较为闭塞，对外交通不便，是制约经济发展的原因之一。为改善这一现状，秦巴山区应加速国家铁路、国家高速公路等重点项目的建设，积极推进陇南、武当山等机场建设，构建十堰、汉中、广元等国家公路运输枢纽，与周边经济发展较为成熟的地区形成纵贯相通的经济区，为跨省经济合作创造便捷的交通条件。在通信基础设施方面，在保证移动通信、广播电视网的前提下，进一步普及互联网，加快农村地区的电子政务、电子商务的发展，促进公共服务的信息化。

改善农民生活水平。政府部门应积极实施水、电、路、气、房和环境改善"六到农家"工程。加大农村危房改造的力度，增加资金投入，提高补助标准，保障农民的基本住房安全。改善村容村貌，推进村庄环境的综合整治。对于部分生存条件较恶劣的地区，应按照自愿原则，实施异地扶贫搬迁，并促进搬迁后贫困户的就业增收。除此之外，政府部门应配合"整村推进"工程，完善基础设施建设、发展社会公益事业、改善群众生产生活条件。

（三）加强生态文明建设，重视灾害预防与救助

秦巴山区承担着保护生物多样性、水源涵养、三峡库区生态建设等重大任务，具有重要的生态屏障功能。而在扶贫开发过程中很容易陷入一个误区，即以牺牲自然环境为代价实现经济的发展。因此，当地必须处理好生态保护与扶贫攻坚之间的关系，以生态文明的理念来指导扶贫开发，根据不同区域的环境特点，选择合适的扶贫道路。秦巴山片区中，在剖蚀构造的中山区，加强生态环境建设，积极实施退耕还林、生态移民工程；在低山河谷区，重视生态经济建设，发

---

① 张磊、杨培峰：《"新常态"下西部欠发达地区城镇化困境与展望——基于秦巴山区贫困县市实例调研的探讨》，载《新常态：传承与变革——2015中国城市规划年会论文集（13 山地城乡规划）》，中国城市规划学会，2015年9月。

展现代生态农业、生态工业和生态服务业。① 另外，对于一些工业开发项目，必须提高产业的准入门槛，对污染企业进行严格处罚，实现片区内的可持续发展。

另一方面，片区内生态环境脆弱，山体滑坡、泥石流等地质灾害频发，因灾致贫的现象非常严重，同时，汶川地震51个极重灾县和重灾县中有20个在此片区，灾后振兴任务繁重。因此，片区应该积极做好灾前预防和灾后救助工作，加强自然灾害预警设施建设，完善灾害预警机制，建立运用计算机技术、网络技术、卫星技术的信息传输系统、定位监控系统，提高减灾工作水平，做到未雨绸缪，有备无患。加强灾后登记与救助制度建设，乡政府和村级干部要及时掌握农户受灾情况，使农户能够及时得到救助。

（四）增强农户生计资本，完善农村社会保障制度

在秦巴山区的经济、社会、自然环境等多种因素的影响下，当地农户的生计资本较为脆弱，抵抗风险冲击的能力较弱。政府部门除了进行经济建设、基础设施建设、生态建设外，更应该重视对农户生计资本的开发，尤其是人力资本方面。大力发展职业教育，积极推进"雨露计划"，促进农村剩余劳动力的就业；医疗方面，应提高医疗服务的质量，做好慢性病、传染病的预防工作，提高大病救助的覆盖面，通过改善教育和医疗来实现贫困人口的自身发展。同时，进一步完善农村的社会保险、社会救助制度，对于突然遭受冲击陷入贫困的人口提供临时救助，使其能够顺利渡过难关。

---

① 李仙娥、李倩：《秦巴集中连片特困地区的贫困特征和生态保护与减贫互动模式探析》，载《农业现代化研究》2013年第4期，第408~411页。

本篇结论

一、民族地区特殊类型贫困概念的跨学科界定

本篇基于国内外已有的贫困的概念界定，结合民族地区的特殊性，从经济学、社会学、发展学、政治学、文化学、地理学和民族学七个学科理论上界定民族地区特殊类型贫困的概念：民族地区由于在经济发展、政治维稳、社会治理、文化建设、生态维护等方面的特殊性，在经济上比其他地区更易陷入收入贫困和福利贫困，且由于涓滴效应的失败，传统的区域开发型扶贫政策在反贫困中的作用越来越有限，贫困地区与贫困居民脱贫更为困难；人口流动中少数民族居民存在一定的社会排斥，容易形成权力贫困和情感贫困；由于人力资本投资水平低下，素质、智力发展受限，在某些人群中又表现为一定程度的能力贫困和代际贫困；与外界的远离，容易形成安逸、守旧思想，无法化边疆地区、边远山区的劣势为优势，这又滋生民族主义、恐怖主义，给经济社会发展带来不稳定因素，进一步造成贫困代际传递、恶性循环。

二、民族地区特殊类型贫困问题的现实表征与跨学科探索

民族贫困地区在自然条件与社会发展条件上的特殊性与贫困的跨学科融合存在着内在的联系。在跨学科框架中，民族地区特殊类型贫困问题在地理学视角就是生态脆弱与地缘独特，在经济学视角发现集中连片特困民族地区贫困面较广且程度最深，在社会学视角就是流动性差与社会排斥，在发展学视角发现民族地区人力资本匮乏与少数民族能力贫困问题突出，在政治学视角发现贫富差距拉大、恐怖危害加重，在文化学视角表现为思想贫困与代际贫困，在民族学视角体现为

交流和交融不足。种种复杂的原因交织在一起，导致民族特困地区的"后天"发展乏力，再加上"先天不足"，农户更难以走出贫困的境地，民族地区扶贫需要市场与政府共同发挥作用。

三、跨学科框架下的致贫机理与多维测度

通过采集武陵山区、滇桂黔石漠化区、干旱牧区和高寒藏区的四个典型集中连片特困地区的共计 2 040 份农户样本数据，分析了民族地区特殊类型贫困的多维致贫机理及实证检验。研究发现：第一，不同地区的多维贫困指数具有差异性，反映不同地区的贫困问题有着内在的特殊性，区域反贫困政策制定也应该进行分类研究，有针对性地制定扶贫政策。第二，利用多维贫困方法识别出的贫困人数明显要多于单维收入贫困人数，这说明很多农户在收入以外的其他维度陷入了贫困，非货币性贫困越来越严重。第三，影响收入的因素有4个（人均耕地数量、被调查者受教育程度、被调查者健康状况、生产工具），影响多维贫困的因素有7个（受教育程度、健康状况、人均耕地数、饮用水、住房结构、耐用品数量、人均年支出），由此说明政府在制定减贫政策时，应提供更加多元化的政策供给，注重贫困户教育、健康、生活水平的提高。

四、特殊类型民族贫困地区反贫困分类研究

按照"集中连片、突出重点、全国统筹、区划完整"的原则，确定不同类型的民族贫困地区反贫困工作重点和政策设计，这包括，在生态脆弱区，应该首先加强生态环境的恢复和重建，促进片区的可持续发展；在特殊地缘区，应该积极发挥区位优势，扬长避短，实现经济跨越式发展和地缘政治稳定；在省际交界区，应该转变经济发展方式，重振经济发展活力；在特殊文化区，国家应该加强宗教活动的管理，对当地的教育、文化、思想观念进行正确的引导。

第二篇

干旱牧区特殊类型贫困研究

干旱牧区是指地处干旱、半干旱环境的干草原和荒漠草原牧区，主要特征是降水稀少，蒸发强烈，气候干旱，水源缺乏。我国的干旱牧区集中分布在北部、西北部干旱、半干旱及西南部青藏高原地区，主要包括13个省（区）的268个牧区半牧区县（旗、市），牧区面积占全国国土面积的40%以上。由于自然、地理、历史等原因，牧区发展仍然面临不少特殊的困难和问题，因此，分析干旱牧区特殊类型贫困现状，探讨干旱牧区贫困特征，对于促进牧区又好又快发展，加强草原生态保护，全面实现小康社会、促进民族团结和边疆稳定具有重要的意义。

第四章

干旱牧区特殊类型贫困现状与多维测算

第一节 干旱牧区概况

根据《2015年全国草原监测报告》数据显示,西部十二省(区、市)草原面积3.31亿公顷,占全国草原面积的84.2%。牧区多分布在边疆地区和少数民族地区,承担着维护民族团结和边疆稳定的重要任务。据《中国民族统计年鉴》显示,民族自治地方草原面积、可利用草原面积占全国72.1%、71.5%。具体情况详见表4-1。

表4-1　　　　　2015年民族自治地方自然资源及状况

	项目	总量	在全国占比(%)
土地资源	土地总面积(万平方公里)	613	63.9
	耕地面积(万公顷)	3 189.664	23.6
	草原面积(万公顷)	28 579.31	72.8
	#可利用草原面积	23 668.21	71.5
	#牧区、半农半牧区草原面积	30 000	75.0
	草山草坡面积(万公顷)	3 560	32.5

续表

项目		总量	在全国占比（%）
森林资源	森林面积（万公顷）	9 036.14	43.5
	森林蓄积量（亿立方米）	64.97	—
水资源	水资源总量（亿立方米）	11 378	40.7
	水力资源蕴藏量（万千瓦）	44 568.00	65.9

资料来源：《中国民族统计年鉴2016》，中国统计出版社2017年版，第280页。草原面积、可利用草原面积为2014年数据。牧区、半农半牧区草原面积、草山草坡面积、水力资源蕴藏量为2009年数据。

内蒙古、新疆、西藏、青海、甘肃和四川六大牧区省份草原面积共2.93亿公顷，约占全国草原面积的3/4。在我国六大牧区中，大部分位于非季风区，年降水量均在400毫米以下，属于干旱牧区。

内蒙古牧草地面积7 880万公顷，可利用草地面积6 359万公顷，①2015年底羊存栏数量5 777.8万只，牛羊肉产量245.7万吨，牛奶产量全国第一，占全国21.39%；细羊毛、山羊绒产量分别为70 831.6吨、8 380.1吨，占全国比例为52.49%、43.54%。②

新疆牧区牧草地面积5 111.38万公顷。草场类型多样，牧草种类繁多，品质优良，给多种畜类发展提供了有利条件。据《中国统计年鉴》数据显示，牛、马、驴、骆驼分别占全国的3.7%、15.2%、14.8%、47.8%。绵羊毛96 862吨。③

西藏牧区是我国最大的高寒草甸草原畜牧区。据2013年中国畜牧业年鉴显示，西藏草场承包面积达6 813万公顷，分别占西藏草场总面积和可利用草场面积的80.06%和98.60%，涉及482 410户。由于自然条件高寒，草场质量以藏东南的山地峡谷较好，主要畜种有藏牦牛、藏羊、藏马等。牛、羊数量分别为616.1万头、1 496.0万只，分别占全国的5.7%、4.8%。④

青海牧区是我国第四大牧区。据2015年《青海统计年鉴》显示，围栏草场面积1 077.7万公顷，年内鼠害发生面积766.5万公顷，草食牲畜出栏数776.2万头，其中牦牛占全国牦牛总数的40%。羊年底存栏数量1 435.0万只，占4.6%，其中绵羊1 243.6万只，占全国的7.7%。⑤四省区牲畜年底存栏数量和畜产品产量详见表4-2和表4-3。

---

① 内蒙古统计局：《内蒙古统计年鉴2016》，中国统计出版社2017年版。
②③ 国家统计局：《中国统计年鉴2016》，中国统计出版社2017年版。
④ 中国畜牧业年鉴编辑部：《中国畜牧业年鉴2013》，中国农业出版社2014年版。
⑤ 青海统计年鉴委员会：《青海统计年鉴2015》，中国统计出版社2016年版。

表4-2　　　　　　　　2015年主要牧区牲畜年底存栏数量

牲畜种类	全国		内蒙古		西藏		青海		新疆	
	数量（万头）	占比（%）	数量（万头）	占比（%）	数量（万头）	占比（%）	数量（万头）	占比（%）	数量（万头）	占比（%）
牛	10 817.0	100.0	670.1	6.2	616.1	5.7	455.3	4.2	396.9	3.7
马	590.8	100.0	87.7	14.8	30.2	5.1	19.5	3.3	89.9	15.2
驴	542.1	100.0	88.5	16.3	6.5	1.2	4.4	0.8	80.3	14.8
骡	210.0	100.0	22.5	10.7	1.4	0.7	5.2	2.5	0.8	0.4
骆驼	35.6	100.0	14.9	41.9	0.0	0.0	1.1	3.1	17.0	47.8
羊	31 099.7	100.0	5 777.8	18.6	1 496.0	4.8	1 435.0	4.6	3 995.7	12.8
山羊	14 893.4	100.0	1 603.5	10.8	533.8	3.6	191.5	1.3	523.6	3.5
绵羊	16 206.2	100.0	4 174.3	25.8	962.2	5.9	1 243.6	7.7	3 472.0	21.4

资料来源：《中国统计年鉴2016》，中国统计出版社2017年版。

表4-3　　　　　2015年内蒙古、新疆、青海、西藏等畜产品产量

畜产品种类	全国		内蒙古		西藏		青海		新疆	
	数量（万吨）	占比（%）	数量（万吨）	占比（%）	数量（万吨）	占比（%）	数量（万吨）	占比（%）	数量（万吨）	占比（%）
肉类	8 625.0	100	245.7	2.85	28.0	0.32	34.7	0.40	153.2	1.78
牛肉	700.1	100	52.9	7.56	16.5	2.36	11.5	1.64	40.4	5.77
羊肉	440.8	100	92.6	21.01	8.2	1.86	11.6	2.63	55.4	12.57
奶类	3 870.3	100	812.2	20.99	35.0	0.90	32.7	0.84	163.8	4.15
牛奶	3 754.8	100	803.2	21.39	30.0	0.80	31.5	0.84	155.8	3.96
绵羊毛	42.7464	100	12.7186	29.75	0.7687	1.80	1.7365	4.06	9.6862	22.66
细羊毛	13.4954	100	7.0832	52.49	0.0781	0.58	0.2094	1.55	1.4918	11.05
半细羊毛	14.3371	100	2.2795	15.90	0.2586	1.80	0.5525	3.85	1.6827	11.74
山羊粗毛	3.6956	100	1.0262	27.77	0.0826	2.24	0.0888	2.40	0.3016	8.16
山羊绒	1.9247	100	0.8380	43.54	0.0962	5.00	0.0422	2.19	0.1218	6.33
禽蛋	2 999.2	100	56.4	1.88	0.5	0.02	2.3	0.08	32.6	1.09
蜂蜜	47.7	100	0.4	0.84	0	0.00	0.2	0.42	1.1	2.31

资料来源：《中国统计年鉴2016》，中国统计出版社2017年版。

第二节 干旱牧区贫困状况

一、主要干旱牧区经济发展比较：四省区数据

改革开放以来，特别是西部大开发政策的实施，我国牧区得到迅速发展。从内蒙古、新疆、青海、西藏经济发展来看（见表4-4），2015年内蒙古人均生产总值为 71 101 元，高于全国平均水平，新疆、青海、西藏分别为 40 036 元、41 252 元、31 999 元，低于全国平均水平；四省区城镇居民人均可支配收入、农村居民人均可支配收入均低于全国平均水平；2014 年内蒙古、新疆、青海、西藏农村贫困发生率分别为 7.3%、18.6%、13.4%、23.7%，高于全国平均水平（7.2%）。①

表4-4　　2015年内蒙古、新疆、青海、西藏经济发展状况

区域	牧草地面积（万公顷）	可利用草地面积（万公顷）	天然草地理论载畜量（只）	人均生产总值（元）	城镇居民人均可支配收入（元）	农村居民人均可支配收入（元）
全国	39 283	33 099	448 915 416	49 351	31 194.8	11 421.7
内蒙古	7 880	6 359	44 201 561	71 101	30 594.1	10 775.9
新疆	5 725	4 800	32 248 600	40 036	26 274.7	9 425.1
青海	3 636	3 153	29 003 611	41 252	24 542.3	7 933.4
西藏	8 205	7 084	27 082 473	31 999	25 456.6	8 243.7

资料来源：1. 牧草地面积、可利用草地面积、天然草地理论载畜量数据来源于《中国农业资源信息系统》。

2. 人均国内生产总值、城镇居民人均可支配收入、农村居民人均可支配收入数据来源于《中国统计年鉴2016》。

习近平总书记在全国民族工作会议上讲的"五个并存"也指出，民族地区经济加快发展势头和发展低水平并存，民族地区基础薄弱，发展条件差，整体落后的状况仍然没有改变，与东部地区相比，民族地区增长速度虽然高，但由于基数

---

① 国家统计局住户调查办公室：《2015中国农村贫困监测报告》，中国统计出版社2016年版。

小，总量差距还在扩大，发展质量的差距更大，民族地区成为全面建成小康社会的短板、重点、难点①。总体而言，牧区呈现继续迅速增长与贫困并存的局面。

二、内蒙古牧区贫困状况

内蒙古自治区现有 57 个贫困旗县，其中国家贫旗县 31 个，自治区贫旗县 26 个；有 8 个国家集中连片特困片区县，兴安盟 5 个国贫旗县（科右前旗、科右中旗、扎赉特旗、突泉县、阿尔山市）列入了大兴安岭南麓片区，乌兰察布市 3 个国贫旗县（商都县、化德县、兴和县）列入了燕山—太行山片区。2015 年底，内蒙古自治区有 2 834 个贫困嘎查村、贫困户 357 581 户，建档立卡贫困人口 802 068 人，贫困发生率为 5.85%。② 按照农区牧区划分来说，内蒙古有牧区旗县 33 个，半牧区 21 个。牧区半牧区贫困状况如下所述。

（一）内蒙古 33 个牧区旗县贫困情况

从贫困人口数量上看（见表 4-5），33 个牧区旗县中，锡林郭勒盟中锡林浩特、东乌珠穆沁和西乌珠穆沁贫困人口数量为零。除此之外，赤峰市巴林左旗贫困人口数量最高，为 35 588 人；赤峰市翁牛特旗和通辽市科尔沁左翼中旗分列二三位，分别为 29 945 人和 26 294 人；呼伦贝尔市陈巴尔虎旗贫困人口数量最低，为 346 人。

从贫困发生率看，锡林郭勒市苏尼特右旗贫困发生率最高，达到 15.24%；赤峰市巴林左旗和兴安盟科尔沁右翼中旗分列二三位，分别为 11.79% 和 9.02%；鄂尔多斯市乌审旗贫困发生率最低，仅为 1.44%。

与内蒙古自治区总体相比，共有 13 个牧区旗县的贫困发生率高于全区的 5.85%，剩余 20 个均低于全区平均水平，表明贫困发生率相对较低。呼伦贝尔市、包头市、鄂尔多斯市和巴彦淖尔市内的所有牧区旗县贫困发生率均低于 5.85%。

表 4-5　　　2015 年内蒙古 33 个牧区旗县贫困人口统计

区域	贫困户（户）	贫困人口（人）	乡村人口（人）	贫困发生率（%）
内蒙古全区总计	357 581	802 068	13 716 423	5.85

---

① 闵言平：《深刻把握民族工作"五个并存"的新特征》，中国民族报 2014 年 11 月 28 日第 5 版。
② 内蒙古自治区扶贫开发（革命老区建设）办公室提供，2016 年 12 月 9 日。

续表

区域		贫困户（户）	贫困人口（人）	乡村人口（人）	贫困发生率（%）
呼伦贝尔市	新巴尔虎左旗	153	396	19 261	2.06
	新巴尔虎右旗	178	447	16 936	2.64
	陈巴尔虎旗	132	346	14 136	2.45
	鄂温克族自治旗	567	1 220	29 536	4.13
兴安盟	科尔沁右翼中旗	6 855	17 027	188 807	9.02
通辽市	科尔沁左翼中旗	10 909	26 294	464 093	5.67
	科尔沁左翼后旗	9 840	24 765	356 693	6.94
	扎鲁特旗	4 845	11 137	235 474	4.73
赤峰市	巴林左旗	15 560	35 588	301 792	11.79
	巴林右旗	4 559	9 893	132 339	7.48
	阿鲁科尔沁旗	10 051	19 738	257 962	7.65
	翁牛特旗	13 803	29 945	412 868	7.25
	克什克腾	6 926	12 424	198 155	6.27
锡林郭勒盟	阿巴嘎旗	187	487	17 914	2.72
	锡林浩特	0	0	0	0.00
	苏尼特左旗	192	528	19 700	2.68
	苏尼特右旗	1 382	3 415	22 402	15.24
	镶黄旗	172	484	18 174	2.66
	正镶白旗	1 841	4 018	54 887	7.32
	正蓝旗	584	1 337	52 691	2.54
	东乌珠穆沁旗	0	0	0	0.00
	西乌珠穆沁旗	0	0	0	0.00
乌兰察布市	四子王旗	5 497	12 633	158 200	7.99
包头市	达茂旗	1 227	2 531	50 900	4.97
鄂尔多斯市	鄂托克旗	371	811	38 882	2.09
	乌审旗	302	733	50 925	1.44
	杭锦旗	1 206	2 964	72 870	4.07
	鄂托克前旗	422	1 118	37 853	2.95

续表

区域		贫困户（户）	贫困人口（人）	乡村人口（人）	贫困发生率（%）
巴彦淖尔市	乌拉特中旗	1 090	2 244	94 866	2.37
	乌拉特后旗	546	1 231	29 552	4.17
阿拉善盟	阿拉善左旗	2 253	4 867	56 352	8.64
	阿拉善右旗	288	549	8 411	6.53
	额济纳旗	216	449	5 498	8.17

资料来源：根据内蒙古自治区扶贫开发（革命老区建设）办公室《2015年末全区扶贫开发建档立卡数据统计表》资料整理，2016年6月。

（二）内蒙古21个半牧区旗县贫困情况

从贫困人口数量上看，21个半牧区旗县中，赤峰市敖汉旗贫困人口数量最高，达到38 720人；通辽市奈曼旗和兴安盟科尔沁右翼前旗分列第二、三位，分别为32 885和29 383人；鄂尔多斯市东胜区贫困人口数量最低，仅为72人。贫困人口具体情况详见表4－6。

从贫困发生率来看，兴安盟突泉县贫困发生率最高，达到10.05%；兴安盟科尔沁右翼前旗和通辽市库伦旗分列第二、三位，分别为9.47%和9.46%；鄂尔多斯市伊金霍洛旗贫困发生率最低，仅为1.24%。

表4－6　2015年内蒙古21个半牧区旗县贫困人口统计

区域		贫困户（户）	贫困人口（人）	乡村人口（人）	贫困发生率（%）
内蒙古全区总计		357 581	802 068	13 716 423	5.85
呼伦贝尔市	扎兰屯市	6 433	16 264	254 811	6.38
	阿荣旗	6 233	15 016	227 812	6.59
	莫力达瓦自治旗	6 188	15 278	274 054	5.57
兴安盟	科尔沁右翼前旗	13 478	29 383	310 161	9.47
	突泉县	13 270	24 927	247 909	10.05
	扎赉特旗	11 642	27 471	326 655	8.41

续表

区域		贫困户（户）	贫困人口（人）	乡村人口（人）	贫困发生率（%）
通辽市	科尔沁区	4 006	9 127	474 944	1.92
	开鲁县	6 633	17 254	328 608	5.25
	奈曼旗	12 278	32 885	392 833	8.37
	库伦旗	5 552	13 913	146 995	9.46
赤峰市	林西县	5 255	10 226	196 241	5.21
	敖汉旗	20 811	38 720	538 592	7.19
锡林郭勒盟	太卜寺旗	3 641	7 984	120 105	6.65
乌兰察布市	察右中旗	8 392	17 485	199 735	8.75
	察右后旗	4 857	9 943	178 354	5.57
鄂尔多斯市	伊金霍洛旗	403	979	78 768	1.24
	准格尔旗	762	1 898	98 512	1.93
	达拉特旗	1 701	4 358	153 984	2.83
	东胜区	27	72	40 927	2.95
巴彦淖尔市	乌拉特前旗	7 188	13 076	203 954	6.41
	磴口县	2 813	4 991	77 040	6.48

资料来源：根据内蒙古自治区扶贫开发（革命老区建设）办公室《2015年末全区扶贫开发建档立卡数据统计表》资料整理，2016年6月。

（三）内蒙古33个牧区旗县致贫因素情况

从内蒙古自治区整体看，2015年全区因病致贫比率40.19%、缺资金比率17.47%、因学致贫比率4.42%、因灾致贫比率9.23%、其他原因比率28.67%。

33个牧区旗县中，巴彦淖尔市乌拉特后旗因病致贫比率最高，达到64.65%；呼伦贝尔市陈巴尔虎旗比率最低，仅为8.33%。呼伦贝尔市鄂温克族自治旗缺资金比率最高，达到53.97%；锡林郭勒盟苏尼特右旗比率最低，仅为0.51%。锡林郭勒盟正蓝旗因学致贫比率最高，达到13.36%；阿拉善盟额济纳旗比率最低，仅为0.93%。锡林郭勒盟苏尼特右旗因灾致贫比率最高，高达79.31%；鄂尔多斯市鄂托克前旗比率最低，仅为0.24%。致贫原因具体情况详见表4-7。

33个牧区旗县中，因病致贫比率高于全区平均水平40.19%的旗县有8个；缺资金比率高于全区平均水平17.47%的旗县有12个；因学致贫比率高于全区平均水平4.42%的旗县有14个；因灾致贫比率高于平均水平9.23%的旗县有11个，其中包括苏尼特右旗在内的6个牧区旗县因灾致贫比率高于20%，说明这些地区受灾情况较为严重，政府援助资金难以帮助受灾群众脱贫。

表4-7　　　　2015年内蒙古33个牧区旗县致贫原因统计　　　　单位：%

区域		因病致贫	缺资金	因学致贫	因灾致贫	其他原因
内蒙古全区总计		40.19	17.47	4.42	9.23	28.67
呼伦贝尔市	新巴尔虎左旗	22.88	10.46	2.61	23.53	40.52
	新巴尔虎右旗	25.28	41.57	3.93	5.06	24.16
	陈巴尔虎旗	8.33	34.09	6.06	11.36	40.15
	鄂温克族自治旗	19.93	53.97	2.12	1.06	22.93
兴安盟	科尔沁右翼中旗	60.79	13.30	3.59	8.24	14.08
通辽市	科尔沁左翼中旗	41.49	14.43	7.45	1.77	34.61
	科尔沁左翼后旗	35.74	17.63	4.98	10.13	31.24
	扎鲁特旗	35.29	18.37	6.67	15.44	24.23
赤峰市	巴林左旗	14.17	43.66	2.26	5.30	33.86
	巴林右旗	39.55	33.89	2.37	4.80	19.39
	阿鲁科尔沁旗	40.82	9.78	3.47	22.86	23.06
	翁牛特旗	47.96	15.27	5.01	3.07	28.68
	克什克腾	24.89	25.21	1.85	3.28	44.77
锡林郭勒盟	阿巴嘎旗	21.93	5.88	6.95	6.95	58.29
	锡林浩特	0.00	0.00	0.00	0.00	0
	苏尼特左旗	11.98	4.69	2.60	36.46	44.27
	苏尼特右旗	10.93	0.51	1.37	79.31	7.89
	镶黄旗	47.67	0.58	8.14	0.00	43.60
	正镶白旗	14.50	11.68	5.00	49.54	19.28
	正蓝旗	40.24	13.70	13.36	14.21	18.49
	东乌珠穆沁旗	0.00	0.00	0.00	0.00	0.00
	西乌珠穆沁旗	0.00	0.00	0.00	0.00	0.00
乌兰察布市	四子王旗	24.78	11.04	7.62	40.22	16.34
包头市	达茂旗	30.24	11.49	4.73	29.75	23.80

续表

区域		因病致贫	缺资金	因学致贫	因灾致贫	其他原因
鄂尔多斯市	鄂托克旗	50.40	19.41	4.31	0.27	25.61
	乌审旗	31.79	15.56	7.28	0.99	44.37
	杭锦旗	13.02	38.31	3.98	0.33	44.36
	鄂托克前旗	27.73	12.56	6.16	0.24	53.32
巴彦淖尔市	乌拉特中旗	27.89	18.07	1.38	2.02	50.64
	乌拉特后旗	64.65	4.58	11.36	0.00	19.41
阿拉善盟	阿拉善左旗	23.39	11.14	4.39	1.38	59.7
	阿拉善右旗	24.65	53.13	5.90	0.00	16.32
	额济纳旗	28.70	5.09	0.93	0.93	64.35

注：其他原因包括因残致贫，缺劳动力、缺土地、缺水、缺技术，交通条件落后，自身发展力不足，因婚致贫，等等。

资料来源：内蒙古自治区扶贫开发（革命老区建设）办公室。

三、内蒙古巴彦淖尔牧区经济发展与贫困状况

（一）草原资源概况

内蒙古巴彦淖尔市天然草原属典型的荒漠、半荒漠草原类型，年均降雨量不足100毫米，蒸发量高达2 500～2 800毫米，草原植被自东向西分布为"干草原—荒漠化草原—草原化荒漠—典型荒漠"四大类型，其特征植物资源贫乏，群落结构单一，植被盖度低，土壤结构松散，受风蚀易沙化，草地生态环境极其脆弱。

草原资源面积总体减少。据草原普查情况，2010年巴彦淖尔市草原面积为7 916.42万亩。从1986年到2010年，巴彦淖尔草原资源面积的变化总体上看有不同程度的减少，2010年与1986年相比，草原面积减少96.28万亩，变化率为－1.20%，与2000年相比，草原面积减少74.38万亩。[①]

草原三化面积变化明显。1986年巴彦淖尔市草原"三化"（退化、沙化、盐渍化）面积为2 800.63万亩，2000年为6 423.95万亩，2010年为5 762.11万亩。2000年至2010年，巴彦淖尔市草原"三化"面积变化趋缓，减少了661.84万亩。[②]

巴彦淖尔市天然草原属于中质草原，草原资源三等草原面积大于50%以上；

---

①② 参见《巴彦淖尔地方志汇编》资料，2016年3月。

天然草原产草量级别处于较低水平，属低产草原，低产草原面积占巴彦淖尔草原面积的99%以上。

草原野生植物属国内干旱区特有和稀有物种。辖区内有植物730种，饲用植物有小针茅、红砂、戈壁针茅等405种；药用植物有甘草、麻黄、锁阳等374种；食用酿造用植物有蒙古栎、沙枣、发菜等84种；纤维植物有柽柳、罗布麻、苎麻等64种。

草原野生动物在地理区划上属于古北界的蒙新区，以适应于荒漠和草原的种类组成。蒙古野驴、蒙古羚羊、戈壁羚羊、狼分布于乌拉特中旗和乌拉特后旗边境一线；青羊、石羊、盘羊分布于乌拉山、查石太山、阴山山脉的狼山；沙狐、狐狸和鼬科动物、鹰、雕、猫头鹰、百灵鸟分布于乌拉特前旗、乌拉特中旗、乌拉特后旗、磴口县等地。其次在长期的人工培育和自然选择过程中，逐渐形成了具有地方特色的品种，如蒙古牛、蒙古马、蒙古羊，特别是二狼山白绒山羊和戈壁红驼享誉国内外。①

（二）经济社会、贫困人口状况

1. 经济社会发展

巴彦淖尔市总面积6.5万平方公里，辖四旗、二县、一区，聚居着蒙、汉、回、满、达斡尔等40多个民族，2015年全市总人口约为178.6万人。巴彦淖尔系蒙古语，意为"富饶的湖泊"，因境内有著名的淡水湖乌梁素海以及众多的湖泊而得名。但土地资源分布不平衡，90%以上的农田、林地、水域分布在河套平原，95%的牧草地集中在北部高平原，形成南北土地利用上的明显差异。② 巴彦淖尔市基本情况详见表4-8。

表4-8　　　2015年巴彦淖尔市经济社会发展基本情况

区域	总人口（人）	年降水量（毫米）	城镇居民人均可支配收入（元）	农村牧区常住居民人均可支配收入（元）	贫困户（户数）	贫困人口（人）
巴彦淖尔市	1 786 046		22 618	12 481	19 409	37 028
临河区	533 495	142.5	23 012	13 250	1 460	3 129

---

① 参见《巴彦淖尔地方志汇编》资料，2016年3月。
② 巴彦淖尔农牧业信息网：《全市概况》，http://www.bmagri.gov.cn/Map。

续表

区域	总人口（人）	年降水量（毫米）	城镇居民人均可支配收入（元）	农村牧区常住居民人均可支配收入（元）	贫困户（户数）	贫困人口（人）
五原县	281 408	185.7	22 533	13 156	3 365	6 271
磴口县	116 779	125.5	22 031	12 744	2 818	4 991
乌拉特前旗	344 691	225.4	22 038	12 459	7 188	13 076
乌拉特中旗	144 165	231.0	23 203	12 064	1 090	2 244
乌拉特后旗	60 041	212.6	23 030	10 896	546	1 231
杭锦后旗	305 467	159.6	22 635	13 129	2 942	6 086

资料来源：1.《巴彦淖尔统计年鉴2015》；人口、降雨量、城镇常住居民人均可支配收入、农村牧区常住居民人均可支配收入为2014年数据。

2. 2015年巴彦淖尔经济社会发展报告。

3. 2015年巴彦淖尔扶贫工作总结。

巴彦淖尔牧区产业发展主要为四大产业：

一是肉羊产业。肉羊产业成为发展现代畜牧业的主导产业，2015年肉羊饲养量达到2 200万只，出栏量1 000万只，居内蒙古第一；屠宰加工企业53家，设计年屠宰加工分割能力25万吨，开通了全国首家羊畜产品电子交易平台，已成为全国地级市中"饲养规模最大、唯一常年育肥出栏、四季均衡上市"的绿色肉羊生产加工输出基地；成功培育出具有自主知识产权的巴美肉羊新品种，被中国畜牧产业协会授予"中国肉羊（巴美）之乡"称号。

二是绒纺产业。巴彦淖尔二狼山白绒山羊属世界上珍贵的绒山羊品种之一，存栏240万只，原绒产量650吨。巴彦淖尔已形成无毛绒加工9 000吨、纺纱750吨的生产能力，是国内最大的无毛绒分梳基地。

三是乳品产业。以圣牧高科为代表的有机奶生产企业带动了乳业快速发展，已成为全国最大、世界第二的有机奶生产基地。圣牧高科公司于2014年7月正式在香港挂牌上市，公司现有有机牧场24座、有机奶牛存栏6万头，产品经过欧盟和农业部中绿华夏有机食品双认证。

四是饲草料产业。近年来，随着农区畜牧业快速发展，饲草种植面积越来越大。其中：玉米种植面积达到400万亩以上，产量达到27.5亿公斤，成为种植面积和产量最大的农作物。2015年种植面积421万亩。按照"为养而种、大兴草业"的思路，优质牧草种植面积曾经达到90万亩以上，其中2004年种植面积92万亩，产量6.6亿公斤，为历史最高。随后种植面积一路下滑，近几年稳定在

20 万亩左右，产量 1.5 亿公斤左右。

2. 贫困人口状况

2016 年巴彦淖尔市贫困人口 19 409 户、37 028 人，其中乌拉特前旗 7 188 户、13 076 人，乌拉特中旗 1 090 户、2 244 人，乌拉特后旗 546 户、1 231 人，临河区 1 460 户、3 129 人，杭锦后旗 2 942 户、6 086 人，磴口县 2 818 户、4 991 人，五原县 3 365 户、6 271 人。①

脱贫工作重点是以山旱区、乌兰布和沙区、乌梁素海周边地区为主战场，依托"三到村三到户"、金融扶贫富民等扶贫工程，实施精准扶贫、精准脱贫，因村因户因人施策，定点定人定责帮扶，支持贫困群众发展庭院经济，提高扶贫质量。

脱贫目标是第一个阶段到 2017 年国家标准线下的贫困人口全部脱贫、5 个自治区级贫困旗县全部摘帽，基本消除绝对贫困现象。第二阶段到 2020 年，农村牧区贫困人口全部稳定脱贫，贫困人口年人均纯收入达到或者超过 6 000 元。概括地说，就是"十三五"前两年完成脱贫任务，后三年进行巩固提高。

第三节　干旱牧区多维贫困指数测算

一、数据来源及指标选取

干旱牧区多维贫困指数来源于少数民族牧区的调研数据。调查主要选取了内蒙古、青海、新疆和西藏少数民族人口众多的农牧区，样本农户为 260 户，分布具体情况详见表 4-9。

表 4-9　　　　　　　　农牧区贫困户样本分布

区域	样本数（户）	百分比（%）
内蒙古	176	67.7
青海	55	21.2
西藏	14	5.4
新疆	15	5.8
合计	260	100

---

① 巴彦淖尔市人民政府：《巴彦淖尔市 2016 年上半年扶贫工作总结》，http：//www.bynr.gov.cn/，2016 年 8 月 16 日。

各个维度采用的贫困线主要依据两个方面,首先是借鉴《中国农村扶贫开发纲要(2011-2020)》提出的减贫目标,其次是参考 MPI 多维贫困指标。[①]综合考虑以上两个方面并结合西部少数民族实际情况,最终选取了6个维度,即教育、健康、消费、居住、决策权、闲暇等。各维度指标的临界值详见表 4-10。

表 4-10　　　　　　　多维度贫困指标的赋值

维度	赋值方案
教育	任一家庭成员受教育程度为小学以下,赋值为 1
消费	根据国家统计局 2010 年公布的 2 300 元贫困线(不变价),2015 年家庭人均年消费支出低于 2 800 元或家庭是低保户,赋值为 1
居住	住房结构为土木结构,赋值为 1
健康	健康状况较差以下,或家庭人均医疗支出少于我国农村居民人均医疗支出 846 元,赋值为 1
决策权	在家庭大事中的决策权(如修房),完全不能做主,赋值为 1
闲暇	每日外出劳作时间超过 10 小时,赋值为 1

注:贫困线、医疗支出标准来源于《2016 年中国统计年鉴》。

二、多维测量结果及分析

按照总体样本和内蒙古、青海、西藏和新疆分区域样本的区分,从六个考察维度分析每个区域的贫困发生率详见表 4-11。如果从单一维度考察,少数民族牧区面临的主要贫困是健康贫困、教育贫困和消费贫困。其中总体样本的健康贫困发生率为 76.5%,反映农村家庭成员健康状况较差或家庭人均医疗支出较少;总体样本的教育贫困发生率为 43.8%,反映将近一半的家庭成员受教育水平都在小学以下或不识字;总体样本的消费贫困发生率为 38.5%。从牧区各区域来看,内蒙古具有同总体类似的特点。西藏牧民的健康贫困最深,而且还有居住贫困,都超过 90%。新疆牧民最为突出的贫困维度是教育,教育贫困发生率达到 66.7%。因此,政府应对不同区域的少数民族居民提供更加多元化的扶贫供给。

[①] 多维贫困指数测算的理论模型参考第二章第一节。

表 4-11　　　　　　　　　　单一维度贫困状况

序号	指标	总体	内蒙古	青海	西藏	新疆
1	教育	0.438	0.438	0.345	0.571	0.667
2	消费	0.385	0.324	0.618	0.357	0.267
3	居住	0.158	0.119	0.127	0.929	0.000
4	健康	0.765	0.750	0.836	0.929	0.533
5	决策权	0.054	0.040	0.091	0.000	0.133
6	闲暇	0.092	0.085	0.091	0.071	0.200

根据多维贫困估计表 4-12 可以看出，少数民族牧区单一维度（K=1）贫困发生率较高，H 值达到 91.2%，即有 91.2% 的牧民存在至少一个维度的贫困。存在至少两个维度贫困的牧民有 65.8%，另外有 25.8% 的牧民存在着三个维度的贫困。在接受调查的 260 户牧民中还存在 6.2% 的样本存在四个维度的贫困，0.4% 的样本存在五个维度的贫困。而三个维度（K=1，2，3）的多维贫困指数分别为 0.315、0.273、0.14，表明自"八七扶贫"以来少数民族牧区反贫困工作取得了较大成就，但作为少数民族的牧民贫困状况依旧严峻，各种贫困交叉贫困，已经不是简单的家庭收入的贫困，而且还存在着其他多个维度的贫困状况。

可以发现，当 K=1 时，对贫困指数（M=0.315）的贡献度较大的指标分别为健康、教育和消费。这与表 4-11 中对单一维度贫困的统计描述相对应。当 K=2 时，即牧民存在至少两个维度的贫困剥夺时，六个维度对于贫困指数（M=0.273）的贡献度依次为教育 0.239、消费 0.218、居住 0.096、健康 0.369、决策权 0.026、闲暇 0.052。从三个及以上维度来看，反映少数民族牧民多维贫困的因素依次为健康（均值为 0.303）、教育（均值为 0.227）、消费（均值为 0.223）。从牧区各区域来看，也具有类似特点，除了西藏还具有居住贫困。

由此说明，无论是从单一维度的贫困还是多维度的数据来看，少数民族牧区的致贫因素主要有四个方面。首先，最为显著但容易被忽视的一个主要原因就是健康问题，由于少数民族地区卫生条件较差、健康水平低，且风湿、心脏病等地域疾病多发，牧民不病则已、一病致贫，在偏远牧区看病难、看病贵问题依然严重。其次，非常严重的指标即牧民家庭成员的受教育程度普遍较低，大部分家庭中至少有一个成年人的受教育程度仅为小学以下。科技是第一生产力，而推动科技进步的重要桥梁就是教育，受教育水平是贫困人群可行能力的一个重要方面。在少数民族偏远地区，教育资源尤其缺乏，基础设施落后，加上牧区独特的游牧习俗，致使大部分适龄儿童不能正常接受基础教育，从而阻碍了其参与开发式、输血式扶贫措施，贫困程度进一步加深，甚至出现代际转移的趋势。再其次，家庭收入较低导致影响其正常消费功能,缺少必要的生活物质资源。最后,对于西藏牧民还有居住贫困。问卷中发现居住贫困主要表现为居住条件相对较差,大部分贫困家庭住房依然为土木结构,甚至有些牧民还住在简陋的蒙古包中,冬不避风夏不遮雨。

表4-12　　　多维贫困指数及不同K值下每个维度的贡献

农户类型	K	H	M	教育	消费	居住	健康	决策权	闲暇
总体	1	0.912	0.315	0.232	0.203	0.083	0.404	0.028	0.049
	2	0.658	0.273	0.239	0.218	0.096	0.369	0.026	0.052
	3	0.258	0.140	0.234	0.248	0.147	0.294	0.023	0.055
	4	0.062	0.042	0.231	0.246	0.215	0.246	0.031	0.031
	5	0.004	0.003	0.200	0.200	0.200	0.200	0.000	0.200
	均值	0.378	0.155	0.227	0.223	0.148	0.303	0.022	0.077
内蒙古	1	0.920	0.293	0.249	0.184	0.068	0.427	0.023	0.049
	2	0.602	0.240	0.269	0.202	0.083	0.379	0.016	0.051
	3	0.199	0.105	0.225	0.261	0.144	0.306	0.018	0.045
	4	0.034	0.023	0.208	0.250	0.250	0.250	0.042	0.000
	均值	0.439	0.165	0.238	0.224	0.136	0.341	0.025	0.036
青海	1	0.891	0.352	0.164	0.293	0.060	0.397	0.043	0.043
	2	0.727	0.324	0.150	0.318	0.065	0.374	0.047	0.047
	3	0.345	0.197	0.246	0.277	0.108	0.292	0.015	0.062
	4	0.127	0.088	0.241	0.241	0.172	0.241	0.034	0.069
	5	0.018	0.015	0.200	0.200	0.200	0.200	0.000	0.200
	均值	0.422	0.195	0.200	0.266	0.121	0.301	0.028	0.084
西藏	1	1.000	0.476	0.200	0.125	0.325	0.325	0.000	0.025
	2	1.000	0.476	0.200	0.125	0.325	0.325	0.000	0.025
	3	0.643	0.357	0.200	0.167	0.300	0.300	0.000	0.033
	4	0.214	0.143	0.250	0.250	0.250	0.250	0.000	0.000
	均值	0.714	0.363	0.213	0.167	0.300	0.300	0.000	0.021
新疆	1	0.800	0.300	0.370	0.148	0.000	0.296	0.074	0.111
	2	0.733	0.289	0.385	0.115	0.000	0.308	0.077	0.115
	3	0.267	0.133	0.333	0.167	0.000	0.167	0.167	0.167
	均值	0.600	0.241	0.363	0.143	0.000	0.257	0.106	0.131

第四节　干旱牧区贫困问题的特殊性：基于与农区的比较

一、贫困类型的差异

牧区尤其是干旱牧区主要是利用天然草原，利用放牧方式，经营畜牧业的地区，并以饲养草食性牲畜为主，是商品牲畜、役畜和种畜的生产基地。[①] 牲畜是牧区主要的生产资料，也是牧民的主要生活资料，皮、毛、肉、奶等是牧区主要产品。农区主要以种植业为主，既生产粮食作物与经济作物，同时兼营林、牧、渔各业的地区。[②] 农区是粮食和经济作物产品的最大提供者，也是轻工业原料、畜禽产品、水产品等各种农副产品的主要产地。

由于生产方式的差异性，与牧区相比，农区的贫困在表现形式上重点体现在绝对贫困渐渐转化为相对贫困，并伴随脱贫与返贫并存现象，呈动态变化发展趋势（见表4-13）。经过改革开放40年扶贫工作的开展，农区贫困人口的温饱问题已得到基本解决，整体生活水平得到大幅度提高和改善。但也应当注意到在绝对贫困人口减少的同时，相对贫困而造成社会影响正逐步凸显出来，很多贫困人口现在正处在贫困线附近上下徘徊且长期可能处在这种脱贫与返贫循环往复的状态。

表4-13　　　　　　　干旱牧区与农区的贫困类型比较

影响因素	干旱牧区	农区
贫困发生的原因	差异化、地区化	农村贫困呈现向城市蔓延
贫困人口的分布	区域化、本地化	微观集中、宏观分散，贫困从整体转向区域
贫困发生的规律	年轻化、家族化	文化贫困与经济贫困相伴而生，相互影响
贫困的表现形式	多样化、复杂化	绝对贫困转化为相对贫困，脱贫与返贫并存

[①] 乌日汗：《内蒙古牧区社会资源的旅游开发研究》，内蒙古师范大学2014年硕士学位论文，第10页。

[②] 李瑾：《基于畜产品消费的畜牧业生产结构调整研究》，中国农业科学院2008年博士学位论文，第47~48页。

二、贫困因素的差异

第一,自然地理因素。当前,由于人类的活动,给牧区生态带来破坏,地理环境因素对牧区的长远发展的制约越来越凸显出来。以内蒙古四子王旗为例,从地形地貌上来看,四子王旗地处内蒙古高原北部干旱半干旱草原区,这样的地质条件既不利于优质牧草的繁育和生长,也不利于草原机器化操作,进而影响现代农牧业的发展;从耕地类型上来看,四子王旗干旱牧区由耕地多以低矮稀疏的草甸为主,草地质量不高,且天然草地数量较为稀少,加之风沙、盐碱及洪涝灾害的影响,草原植被破坏较为严重,出现了大量的劣质草场,严重影响了草原畜牧业的发展;从气候气象条件来看,干旱牧区有一部分属温带大陆性气候,这种气候冬冷夏热,年温差大,光热资源丰富,同时降水集中,四季分明,年雨量较少,不利于牧草的生长。部分区域降水稀少,蒸发强烈,极易引发洪涝、干旱、冰雹、沙尘暴等极端自然灾害,使广大牧民的生产生活陷于不稳定性当中,极易引发贫困现象;从河流水系分布来看,四子王旗干旱牧区区域内河流及湖泊较少,且分散不均。而牧民自古就有逐水草而居的传统,水资源的缺乏导致畜牧业的发展受到严重制约,一方面造成畜牧业生产成本的上升,另一方面对畜牧业的长远发展及草原的生态保护造成不利影响。

与农区相比,四子王旗干旱牧区在自然地理环境上处于劣势发展地位,干旱牧区发展农牧业生产的自然基础条件较差,脱贫致富的基础薄弱,此外频繁的气象灾害也会导致牧区极易发生因灾致贫、因灾返贫现象。干旱牧区与农区地理环境因素的对比情况详见表4-14。

表4-14　　　　　　干旱牧区与农区地理环境因素的对比

影响因素	干旱牧区	农区
地形地貌	以荒漠草原区为主	绝大部分分布的丘陵、平原地区
耕地类型	旱地(荒漠、隔壁、草原)	水田
气象条件	温带大陆性气候	温带季风和亚热带季风气候
河流水系	河流及湖泊较少,且分散不均	河流及湖泊分布相对均匀、水系发达
自然灾害	洪涝、干旱、冰雹、沙尘暴频发	干旱洪涝灾害发生频率低

第二,历史文化因素。干旱牧区地处我国北方少数民族聚居区,在历史上长期处于自然经济状态,商品经济发展严重落后,社会发育相对滞后,历史起点相

对较低。① 在这样的市场大环境下，牧民长期保留着原有的生产生活习惯、封闭保守的思想以及安贫守旧的心理，面对商品经济时，有时会保持一种排斥和抗拒的心理，致使他们很难放弃原有的生产生活方式，脱贫相对困难，严重影响干旱牧区扶贫致富的进程。此外，区域文化的差异也会对牧区的贫困产生影响，当牧民想以迁移的方式摆脱贫困的时候，受语言、技能、习俗、户籍等主客观原因的影响，致使他们一旦离开祖居地，生活就会变得更加艰难。

与农区相比，干旱牧区历史发展的起点较低，商品经济发展滞后，受外在环境因素影响较大，脱贫能力差。干旱牧区与农区历史文化环境因素的对比情况详见表 4 – 15。

表 4 – 15　　　　　　干旱牧区与农区历史文化环境因素的对比

影响因素	干旱牧区	农区
人口构成	北方少数民族聚居区，结构复杂	以汉族为主，少数民族杂居
经济基础	长期处于自然经济，商品经济发展滞后	小农经济，商品经济发展较早
历史起点	相对较低	低
文化背景	受语言、技能、习俗影响大，安土重迁	受语言、技能、习俗、户籍影响不大
生活习惯	封建保守、安贫守旧的思想依旧存在	相对开放，敢于接受新事物、新技能

第三，人力资本因素。人力资本因素已成为干旱牧区最欠缺的发展因素之一。从人口质量层面来讲，调查数据显示，首先，内蒙古四子王旗牧区牧民的整体文化素质不高，文盲和半文盲率达到 51%，仅有 29% 的人接受过高中及以上的文化教育。牧民的文化水平明显低于全国的平均水平。其次，牧民缺乏最基础的生产技能，生产技能水平的相对低下限制了牧民增收和牧业生产力的提高。当前部分牧民依旧采取相对原始的牧业生产管理方式，对新方式新技能的掌握程度不高，生产技能推动牧业产业发展的作用没有显现出来。

从教育投资层面来讲，一是教育经费不足，义务教育经费公共保障水平不高，极大地增加了牧民尤其是贫困牧民的家庭教育负担。以基础教育为例，由于牧区面积广，人口居住较为分散，教育资源分布呈现不均衡，教学条件相对落后，教育效果差；二是子女受教育成本较高。2004 年以前，四子王旗共有 12 所

---

① 孙庆刚、秦放鸣：《中国西部少数民族地区经济社会全面发展的影响因素——综述与评价》，载《经济问题探索》2010 年第 4 期，第 188～190 页。

牧区学校，经过多年的撤并，在红格尔苏木保留一所蒙语授课的中心小学，仅能满足红格尔苏木周边地区部分牧民子女就读，其他牧民子女上学只能选择乌兰花镇或旗外选择就读。红格尔中心小学成了四子王旗唯一一所蒙语授课制小学，学生享受食宿全免的优惠政策，但在其他学校就读的学生，因大部分住宿或者由家长陪读，教育成本显著增加，教育经费开支加大，对牧民增收产生一定影响，部分牧民甚至出现因教返贫现象。

从人口结构上来讲，当前，牧区人力资源的分布相对不合理，人力资源分布不均衡，人才流失现象严重，这些都成为制约牧区经济发展的关键因素，并突出表现在以下三点：一是牧区现存劳动力以留守老人、儿童为主，这部分群体无法适应和满足当前牧区经济社会发展的需要；二是少数接受高等教育的牧区青年在毕业后大多数选择留在城市工作，人才流失导致牧区经济发展的后续动力不足；三是受牧区现有经济社会条件的限制，高素质、专业型人才引不进来。

与农区相比，干旱牧区人口文化水平整体较低，教育投资无法满足新形势下教育改革发展步伐，人力资源严重不足，影响干旱牧区经济发展方式的转变，阻碍了干旱牧区脱贫致富的步伐。干旱牧区与农区人力资本因素的对比情况详见表4-16。

表4-16   干旱牧区与农区人力资本因素的对比

影响因素	干旱牧区	农区
人口质量	整体文化水平不高、文盲率高、低于全国平均水平	文化水平接近全国平均水平
教育投资	教育经费不足、教育资源分布呈现不均衡、教育成本高	相对充足，教育成本高
人力资源	高素质人才留不住、引不进，现有群体无法满足经济发展需要	人才流动自由、人力资源充足

第四，社会政策因素。一是社会保障体系不够健全。突出表现在：牧区是贫困人口相对较为集中的地方，贫困时间久、贫困程度深，牧民在养老、就医、灾害救助及教育方面尚未形成科学完整的保障体系。此外，与农区相比，政府对于牧区的社保资金投入相对不足，因灾返贫、因学返贫、因病返贫的现象发生率较高①。

二是区域发展政策。我国地域广阔，各地条件差异很大，经济发展不平衡。

---

① 彭腾：《在制度完善中消除农村贫困》，载《荆楚理工学院学报》2009年第10期，第66~70页。

这里的不平衡不是单纯的地区之间经济总量的差距,而是人口、经济、资源环境之间的空间失衡,这已经成为我国区域经济发展的一大显著特征。1978年以来,我国先后实施了支持沿海地区优先发展、经济特区建设、对外开放更多沿海城市等区域经济优先发展战略,目前已初步形成了"经济特区—沿海开放城市—沿海经济开发区—沿江和内陆城市—沿边城市"全方位、多层次、宽领域的对外开放格局。[①] 这些政策无疑对促进东部沿海地区经济社会发展,改善我国经济基础薄弱的局面起到了巨大的推动作用,但也进一步拉大了东部与西部、沿海与内地之间的经济差距,西部地区尤其是干旱牧区同中东部农区的经济差距明显拉大。

三是与农业政策相比,牧业政策针对性不强。农区与牧区有着本质的不同,最大的区别在于生产方式的不同,农区以种植和生产农作物为主,而牧区则以饲养各类畜牧为主。近年来,中央出台了一系列有关"三农"问题的"一号文件",这些强农惠农、帮农富农的文件绝大多数针对农业,对牧业的作用针对性相对不高,例如,粮食直补、农资综合补贴、农机补贴等。这些政策极大地降低了农业生产成本,提高了农业生产机械化和现代化水平,而对牧业而言,政策受益度相对较低。此外,与农业政策相比,牧业政策对牧民的受益程度不高。国家"三农"政策由于针对性强,能够极大地降低农民的农业生产成本,对农民提高农业收入和发展再生产都有促进作用。而牧业政策对于牧民的各项补贴一般较低,期限相对较短,缺乏长效机制,牧民受益程度相对较低。

与农区相比,农区在社会保障水平上明显高于牧区,牧区区域经济发展政策塌陷,且差距越来越大;此外,农业政策的针对性更强,收益率更高,牧区脱贫致富的经济社会政策基础相对薄弱。干旱牧区与农区社会政策因素的对比详见表4-17。

表4-17　　　　　干旱牧区与农区社会政策因素的对比

影响因素	干旱牧区	农区
社会保障	社保水平低、保障能力差、资金少	社会保险正在实施省级统筹,保障能力强
区域政策	政策塌陷,差距越来越明显	区域不平衡,差距在缩小
经济政策	针对性不强,收益率较低	针对性强,收益率明显

---

① 徐国祥:《邓小平对外开放思想研究》,吉林省委党校硕士学位论文,2011年,第13~15页。

第五章

干旱牧区特殊类型贫困特征与成因

第一节 贫困异质性特征分析

与全国其他贫困地区相比,干旱半干旱草原地区贫困发生状况呈现出不同特征。干旱牧区贫困异质性主要呈现四大特征:贫困的波动性和不稳定性,转型贫困问题突出,大户掩盖下的贫困问题特征明显,贫困人口年轻化和家族化。[①]

一、贫困的波动性和不稳定性

在对牧区的实地走访调查中,我们发现牧民贫困的发生具有一定的波动性、不稳定性,使其贫困呈现复杂化、多样化。与农区相比,牧区由于自身生产环境的不同,其贫困的发生也具有不同之处。牲畜既是牧民最主要的生产资料,同时又是他们维持生计的生活资料。畜牧业作为受气候影响极大的产业,即便是气候很小的意外波动,都会对牧民的生产生活造成很大的影响,从而导致牧民收入不

---

① 陈祖海、谢浩:《干旱牧区贫困异质性分析——基于内蒙古自治区四子王旗的调查》,载《中南民族大学学报》(人文社会科学版)2015年第1期,第108~113页。

稳定，生产生活面临巨大的风险，很容易出现返贫现象。

第一，受干旱、雪灾、风灾影响大。干旱牧区全年降水稀少，蒸发强烈，气候干旱，水源缺乏，当地有"十年九旱"的说法，一旦哪年有雨就有草、有草就有肥羊、有羊就有收入。冬季雪灾频发，一旦发生自然灾害，牧民们赖以生存的生产资料等就会面临极大的破坏。与农区不同的是，在牧区，遭遇自然灾害以后，牧民们恢复到原来生产水平的时间最少要三年，而农区仅仅只需要一年。以2008年雪灾为例，四子王旗由于基础设施不健全，供各类牲畜越冬的暖棚数量有限，抵御特大自然灾害的能力不足，共冻死冻伤各类牲畜50万头，直接因灾损失1 000多万元，因灾返贫率比2007年提高13.5个百分点。可见，自然灾害所带来的贫困的波动性是影响牧区发展的主要因素。

第二，因病、因学致贫和返贫概率高。由于牧区大多数贫困人口生活在较为偏远的牧区，贫困人口居住较为分散，牧区基础设施不完善，无法满足基本的医疗、卫生、教育条件，使得因病致贫、因学致贫发生率和返贫率明显提高，贫困发生的波动性、不稳定性增大。以四子王旗江岸苏木乌兰嘎查人毛某一家为例，原本一家4口人共有草场14 000亩，130只羊，建筑面积80平方米的砖房和一辆卡车、一辆摩托车，每年靠畜牧业收入和草场补贴共计有9万元左右的家庭年收入。2013年，其妻在看望就读于二连浩特读高中的女儿途中突发脑出血，而距离牧区最近的大医院都有上百公里，由于当地牧区医疗卫生条件不完善，耽误了病情的治疗，从此卧床不起，已经失去劳动能力，只能靠年迈的母亲照顾，导致家庭收入的90%都用于妻子看病治疗和女儿上学，原本幸福富裕的家庭重新陷入贫困。

二、转型贫困问题突出

1. 由"游牧"到"定居"转型

牧区定居工程实施以后，广大牧民离开世代耕种居住的草原，由原来的游牧生活改为定居生活，部分牧民转型为农民，应该说绝大多数生产生活条件得到改善，但仍有一部分转型后的牧民无法适应新的定居生活，导致新的贫困现象。主要是由于受传统语言、技能、习俗、户籍的影响，无法融入新的生活环境，从而会产生一些新的社会问题，甚至个别原本游牧的牧民，离开草原以后，受自身知识文化水平以及生产生活能力的影响，往往不能融入正常的社会生活，还容易滋生社会治安问题，破坏社会秩序，严重影响社会和谐。

2. 由"牧民"到"市民"转型

随着城镇化建设的推进，在部分牧区广泛实行"双减双提"发展战略，即减人减畜，提质提效，使得一部分牧民走出牧区，转为"市民"。这种转变在一定程度上改善了草原生态环境，提高了牧民的生活质量。但有部分牧民由于受到传统农牧观念以及自身文化水平的影响，无法在城镇中获得就业机会，因此这种转型反而会带来新的贫困人口。

3. "生态移民"转型

按照国家草原保护的有关政策，将生态恶化较为严重、失去生存条件的牧区实行移民搬迁工程。如四子王旗已实施移民500户，脑木更苏木和江岸苏木的部分地区牧民在移民搬迁后全部实现无土安置和产业转移。[①] 由于移民绝大部分都是生活特困户，在实施移民工程中，国家只是给予在住房建设方面相关的政策补贴，与牧民相关的后续主导产业方面投入过少，再就业启动资金严重不足，能提供贷款的金融机构少，缺乏融资渠道，移民换产较为困难，因此出现移民"移的出来，富不起来"、两头跑、返迁等现象。加之四子王旗缺乏劳动密集型产业，牧民转产再就业存在较大困难。

三、大户掩盖下的贫困问题特征明显

牧民之间由于文化水平、知识结构、勤劳程度、发展意识以及思维的差别，在面对同样的自然灾害或者其他致贫因素时，往往会出现不同的结果。此外，扶贫政策在实施过程中，采取的具体均衡政策及落实程度不同，也会带来牧民之间新的不平衡。调研发现，四子王旗牧区63%的牲畜集中在37%的大牧户手中，而37%属于中小牧户。一部分牧民除了照顾自己的牲畜外，还经常被当地一些牧业大户雇用放牧，因此这部分牧民收入很大程度上要得益于牧业大户的拉动。由于生产资料较少，中小牧户牧业生产投入产出比相对不高，使得他们的人均收入低于牧业生产收入的平均线，且增收困难。牧区有40%左右的贫困牧民，他们的收入仅仅只占大户牧民总收入的9%左右。[②]

四、贫困人口的年轻化和家族化

从贫困发生的正常规律而言，一般应该是丧失劳动能力或者劳动能力不足的

---

① 资料由四子王旗扶贫办提供，2014年8月6日。
② 四子王旗畜牧局：《四子王旗畜牧业发展报告》，2014年8月6日。

"老弱病残"才会构成贫困对象的主体,但是事实情况并非完全如此,调研发现,贫困户的户主多数为年龄 30~45 岁之间的青壮年劳力。究其原因,一是与牧区近些年来的政策变化和社会变化有关,这部分人绝大多数都是在 20 世纪 80 年代以后牧区实行"草畜双承包"政策以后成家的。所谓"草畜双承包"就是在牧区全面推行草原分片承包、牲畜作价归户的"双包制",即"草场公有、承包经营、牲畜作价、户有户养",把"人畜草"和"责权利"有机地统一协调起来。这样,这部分人所得的生产资料相对有限,经济基础也相对薄弱。二是这部分牧民大多数都被寄宿到苏木小学接受基础教育,使得这部分牧民一方面没有掌握畜牧业生产的技术和能力,另一方面由于受寄宿制的影响,也形成了他们相对超前的消费习惯,各种不利因素的综合作用,致使他们沦为贫困户。三是经营管理水平差异。在同一个嘎查①中,生产资料相等的两家人往往也会呈现出较大的差距。以江岸苏木乌兰嘎查的两个家庭为例,走访第一家,牧民名叫巴图,家庭成员共 6 人,其中劳动力数量 4 人,大儿子大专毕业,女儿中专毕业后按照自己意愿在呼市打工。家里共有 3 间砖房,建筑面积 90 平方米,且有一个面积达 60 平方米的标准化牲畜越冬暖棚;三辆汽车(皮卡、轿车、摩托车);草场 9 000 亩,山羊 40 只,绵羊 60 只,蒙古牛 20 多头。除了禁牧补贴和畜牧业收入外,巴图还每个月都会赶到中蒙边界的集贸市场兼职做蒙语与汉语翻译,每年这项收入就有 2 万元左右,除掉必要的生活成本以外,每年纯收入都在 10 万元左右,在同一个嘎查中属于相对富裕家庭。走访第二家,牧民名叫阿拉腾乌拉,也有家庭成员共 5 人,劳动力数量 4 人,两个儿子一个在外打工,另一个儿子中专毕业以后则在家继续从事放牧。家里共有 4 间砖房,建筑面积 110 平方米;两辆汽车(皮卡、摩托车);草场 8 500 亩,蒙古羊 100 多只,每年的家庭主要收入主要靠禁牧补贴和畜牧业收入,由于经营不善,没有及时修建牲畜越冬用的暖棚,每逢雪灾,损失都相当大,有时也需要向当地信用社贷款,家庭收入极不稳定,在同一个嘎查中属于相对贫困家庭。造成这一局面有着深层次的社会文化因素:一是有遗传疾病或文盲多的家族贫困化现象比较普遍。二是贫富家族主流价值观的差异,富裕家族的主流价值观较为开放、积极进取,而贫困家族价值观则较为保守、消极等待。②

---

① "嘎查"系蒙古语音译,汉语意译为"村",蒙古族聚居的行政村就叫做"嘎查"。——编者注
② 赤峰市委党校课题组、宝音陶格陶夫:《赤峰市牧区贫困化问题研究》,载《松州学刊》2012 年第 6 期,第 23~29 页。

第二节 贫困的异质性成因分析

一、自然环境相对恶劣，抵御风险能力不强

由于自然条件恶劣、土地贫瘠、抗御自然灾害的能力相对较弱，因灾致贫、因灾返贫现象十分普遍。一是异常干旱天气多。如四子王旗地处降水稀少，气候干旱，水源缺乏的荒漠草原地带，边境牧区年降水量仅为 80~150 毫米，而蒸发量高达 2 500~2 800 毫米，俗称"十年九旱，风沙不断"，牧业生产长期处于"大灾大减产、小灾小减产、风调雨顺增点产"的循环当中。2014 年 1~7 月，四子王旗的年降水量不足正常年份的 50%，加上炎热高温，草原出现严重干旱天气，牧区牲畜饮水出现短缺，牧业生产受到重创，牧民的生产生活也陷入困境。二是草地沙化、退化严重。四子王旗近几年沙化、退化草地面积达到 1 200 万亩，占牧区可利用草场面积的 40%。与 20 世纪 70 年代相比，草场的覆盖度和优质牧草减少 50% 以上，家畜可食牧草种类下降，致使畜牧个体生产力水平不高。三是由于自然条件恶劣、交通不便、信息闭塞，不具备起码的生产生活条件，牧民处于极度贫困状态。据统计，这类贫困人口目前在四子王旗供济堂镇、江岸苏木、白彦敖包苏木、脑木更苏木等共有 2 000 户约 7 000 人。

二、人口文化程度低，脱贫能力相对较差

牧区人口的文化程度相对较低，文盲半文盲率相对较高，儿童入学率低，中途辍学率高。如四子王旗牧区小学程度以下的劳动力比重为 50%。文化程度偏低导致农牧民对生产中出现的新技术、新品种一时难以接受，不能很好地将其应用于实际生产当中。此外，由于牧民长期生活在闭塞的环境中，受生产生活习惯与传统的思维定式影响，一部分人"等、要、靠"思想严重，缺乏脱贫的勇气和致富的信心，呈现"宁愿躺着穷，不愿站着富"现象。部分农牧民小农经济意识根深蒂固，缺乏市场竞争意识。走访中发现，有些牧民受交通不便和思乡情结的共同作用，也不愿意出外务工，而是守在家里。等等这些，严重阻碍了干旱牧区生产力的发展，即使国家在这些地区投入了大量的人力、物力和财力，也仍难以取得预期的效果，这种积淀性贫困是扶贫工作中的一大难题。

三、牧区基础设施薄弱，畜牧业效益低下

一是牧区养殖基础设施投入不足。虽然国家累计投入资金不断加大，但平均每亩草场的投入资金不足 1 元。如牧区小草库伦建设数量仅占总户数的 16%，草地围栏只占草场总面积的 21%，标准化过冬暖棚畜舍平均占有 0.27 平方米，平均每户青贮窖只有 0.25 座，平均 10 户牧户拥有机具还不到 1 台（套）。[①] 脆弱的基础设施使得草原畜牧业抵御自然灾害的能力相对较弱，一旦发生自然灾害，因灾致贫现象较多。

二是牧民的组织化程度偏低。由于居住分散，生产规模小，牧业生产水平低下，难以形成规模经济，因而生产成本高，市场竞争弱，经常出现季节性卖难问题，即使出售，也有很大一部分利润流失在销售环节，加之四子王旗境内的畜产品龙头企业辐射带动范围较小，畜产品加工转化能力弱，很难完成产业化要求的产销一条龙格局，畜牧业产值效益低下。因此，提高当地牧民的组织化程度是现代牧业发展的必然要求。

四、草原生态保护补助奖励机制政策不完善，牧民收入不增反降

草场是牧民的全部生产力，退牧还草就意味着有相当一部分牧民要把仅有的草场贡献出来，不得不依靠项目工程补贴款维持生计。调研发现，由于禁牧补贴标准偏低，生活成本上升，导致牧民增收缓慢甚至出现下降。当前禁牧补助标准为 7.5 元/亩、草畜平衡奖励标准为 2.5 元/亩。草畜平衡政策实施前，牧民户均家庭经营性收入为 7 995 元。政策实施后，牧民户均家庭经营性收入为 5 920 元，下降了 26%。[②] 当禁牧的补贴收益小于放牧收益时，牧民在执行禁牧政策和草畜平衡政策时便缺乏积极性，甚至有些牧民既享受草原生态补偿款，但又没有严格贯彻执行国家的禁牧政策，这样不仅浪费了人力、物力、财力，而且政策收效甚微。

五、生产性支出逐年增加，牧民生产生活成本增大

1. 牧民经营性投入逐年递增，成为制约牧民增收的主要因素

近几年随着饲草料、燃油等生产资料价格的上涨，以养殖 100 只羊为例，养

---

①② 数据资料由四子王旗农牧业局提供，2014 年 8 月 6 日。

羊成本包括：①每只羊平均投入草料 165 公斤；②雇工 40 元/只；③医药费 1.5 元/只；④燃油费用 1.5 升/只。除去物价上涨因素，以 2012 年物价水平为基准，100 只羊总生产成本约为 20 850 元，总收入约为 25 438 元，这与 20 世纪 80 年代相比，生产成本增加了 13 000 元，其生产成本占总收入的 82%。以一家 3 口人计算，人均纯收入只有 1 486 元。

2. 生产生活的水源问题成为牧民的主要经济负担之一

在牧区，打一口机井的费用大概在 10 万元左右，大部分牧民没有这部分资金投入到打井用水上。由于牧民间距离相对较为分散，距离较远，政府投入资金打井也具有一定的局限性，不能够满足绝大部分牧民的用水需求。因此大部分牧民解决生产生活用水只能通过从远处水源拉运的方式来解决，牧区仍有 1.3 万牧民生产生活用水需要从大于 3 公里以外的地方拉运，有超过 10% 的牧民拉水的距离超过 10 公里。

3. 牧区上学教育成本与就医成本相对较高

四子王旗 2004 年前有 12 所牧区小学，经过合并撤校，目前只有红格尔苏木保留一所蒙古语授课制中心小学，仅能满足红格尔苏木周边地区牧民子女就学，大多数牧民子女只能到县城（旗所在地）或旗外就读，大部分住宿并有家长陪读，教育成本显著增加，据不完全统计，在实行"两免一补"后，牧民每年用于支付学生生活、食宿等费用平均约为 6 000 元，其中中小学为 4 000 元、高中为 8 000 元，大中专 15 000 元。由于居住分散、交通不便、牧民出行成本、就医成本、生产生活资料消费支出相对较高。据统计，牧民在交通方面支出约为农民 4 倍，日常生产生活用品价格较农区高 20% ~ 40%。[①]

第三节　干旱牧区生态脆弱性分析：基于生态足迹视角

加拿大生态经济学家威廉和瓦克纳格尔（William & Wackernagel，1992）提出生态足迹分析法，该方法通过测量人类对自然生态的开发利用程度与自然的供给能力，研究人类对自然的利用状况并分析生态系统的承受能力，来度量可持续发展程度。自 1999 年引入中国以后，生态足迹分析法被广泛地应用于研究区域经济可持续发展程度等相关领域。杨开忠、杨咏等（2000）介绍了生态足迹分析

---

① 数据资料由四子王旗民族宗教事务局提供资料，2014 年 8 月 6 日。

法的理论框架、指标体系和计算方法,并对其应用前景作出评价;[1] 张志强、徐忠民等(2001)在系统地介绍了生态足迹的概念和计算方法及目前研究成果的基础上,计算分析了中国西部12省区1999年的生态足迹,结果表明区域生态系统处于人类的过度开发利用和压力之下;[2] 杨艳等(2011)应用生态足迹法对锡林郭勒的生态足迹和生态承载力进行了实证计算和研究,探讨了半干旱草原区的生态承载力动态变化及其对可持续发展的影响;[3] 安宝晟、程国栋(2014)利用生态足迹模型,测算了西藏的生态足迹和生态承载力以及生态盈余;[4] 周涛等(2015)解析了近年来生态足迹模型在参数调整、项目计算、账户扩展等方面的演变和修正。[5]

本章基于四子王旗的数据,分析牧区生态足迹的状况。四子王旗位于内蒙古自治区中北部,北纬41°10′~43°22′,东经110°20′~113°,属于中温带大陆性气候,降水不足,却蒸发强烈。是内蒙古自治区33个纯牧业旗县之一,也是内蒙古19个少数民族边境旗县(市)之一,边境线长104公里,境内居住着蒙、汉、回、满等11个民族,截至2012年末共有人口21.5万人,其中少数民族人口2万人。四子王旗总面积2.55万平方公里,其中牧区2.08万平方公里,占总面积的81.7%,截至2012年建有牧区草场3 049.54万亩。近年来四子王旗的林地面积持续扩大,但由于当地的林地多为防风林、保护林,其主要价值体现于生态环境的保护上;在水域方面,四子王旗境内地表水主要以塔布河流域为主,而由塔布河注入的呼和淖尔内陆湖为咸水湖,其他区域地表水资源贫乏且利用困难,难以形成经济效益。[6]

一、研究方法

(一)生态足迹计算

生态足迹理论认为,人类的所有消费都可以折算成相应的生物生产性土地面

---

[1] 杨开忠、杨咏、陈洁:《生态足迹分析理论与方法》,载《地球科学进展》2000年第6期,第630~636页。

[2] 张志强、徐中民、程国栋、陈东景:《中国西部12省(区市)的生态足迹》,载《地理学报》2001年第5期,第598~609页。

[3] 杨艳、牛建明、张庆、张艳楠:《基于生态足迹的半干旱草原区生态承载力与可持续发展研究——以内蒙古锡林郭勒盟为例》,载《生态学报》2011年第17期,第5096~5104页。

[4] 安宝晟、程国栋:《西藏生态足迹与承载力动态分析》,载《生态学报》2014年第4期,第1002~1009页。

[5] 周涛、王云鹏、龚健周等:《生态足迹的模型修正与方法改进》,载《生态学报》2015年第14期,第4592~4603页。

[6] 资料来源于四子王旗人民政府网站,www.szwq.gov.cn。

积。生态生产性足迹是指一个区域每年从生态系统中实际取得的生物产量所需要的生物生产性土地面积,按照生态足迹理论,一般将区域生产性土地面积大体分为六种类型,分别是草地、林地、耕地、水域、建筑用地、化石燃料用地。① 生态足迹的计算模型为:

$$EF = N \times ef = N \times \sum_{i=1}^{6} \left(\frac{c_i}{p_i} \right) \cdot r_j \tag{5.1}$$

其中,EF 为区域总生态足迹;N 为人口数;ef 为人均生态足迹;r_j 为均衡因子;i 为消费项目类型;p_i 为第 i 种消费品的平均生产量;c_i 为该区域第 i 种消费品的人均年消费量。

(二) 生态承载力计算

生态承载力(简称 EC)是指某一时期某一地域某一特定的生态系统,在确保资源的合理开发利用和生态环境循环发展的条件下,可持续承载人口数量、经济强度及社会总量的能力。② 在生态足迹分析法中表现为某一区域内所能提供给人类的生态生产性土地面积的总和。生态承载力的计算公式为:

$$EC = (1 - 12\%) \times N \times ec \tag{5.2}$$

式(5.2)中,$ec = a_j \times r_j \times y_j$,$EC$ 为区域总生态承载力;N 为区域人口数;根据世界环境发展委员会报告《我们共同的未来》所建议,生态承载力计算时应扣除 12% 生态系统中生物多样性的保护面积。ec 为人均生态承载力,即可利用生态生产性土地面积(公顷/人);a_j 为第 j 类生态生产性土地面积;r_j 为均衡因子;y_j 为产量因子。

(三) 生态盈余与赤字

生态盈余(赤字)是用来计量人地系统间自然资本的供需情况和可持续程度的指标。当一个区域的生态承载力大于生态足迹时,表现为生态盈余,其大小等于生态承载力减去生态足迹的余数,即该地区的发展处于生态承载力范围之内,表明该地区消费模式具有相对可持续性,当地生态系统具备可自我循环调节能力,处于可持续发展状态,反之亦然。③ 计算公式为:

$$生态盈余(赤字) = 生态承载力 - 生态足迹 \tag{5.3}$$

---

① 常文娟、马海波:《生态足迹研究进展》,载《黑龙江水专学报》2010 年第 1 期,第 69～74 页。
② 黄青、任志远:《论生态承载力与生态安全》,载《干旱区资源与环境》2004 年第 2 期,第 11～17 页。
③ 熊德国、鲜学福、姜永东:《生态足迹理论在区域可持续发展评价中的应用及改进》,载《地理科学进展》2003 年第 6 期,第 618～626 页。

二、数据来源及计算过程

(一) 数据来源

根据当地的现实条件，对四子王旗生态足迹和生态承载力计算及分析选取种植业和畜牧业方面 2006~2012 年的数据为基础。四子王旗生产的农牧业产品绝大部分供当地消费，与外界物资交换很少，各项物资的进出口缺乏详尽的统计资料数据，所以将每年进出口物资所引起的生态足迹的变化忽略不计，而直接采用人均净消费数据作为参考计算。由于 2008 年数据的缺失，采用移动平均法计算得出 2008 年的数据。

(二) 计算过程[①]

1. 均衡因子

由于不同的生产性土地的生产能力不同，为了将它们转换成具有相同生产能力的面积，需要在计算式中将各种类型的土地乘以一个均衡因子，结合同类其他地区生态足迹均衡因子的取值。生态足迹模型本身就是一个与空间尺度密切相关的模型，以全球公顷为标准进行生态足迹核算适用于国家层面的分析和比较，但在进行国家级以下不同地区生态足迹比较和结果分析时，采用全球统一的均衡因子和全国统一的产量因子，鉴于其数据繁复、计算过程较为复杂，均衡因子的取值直接采用世界自然基金 (WWF) 提出的均衡因子：耕地 2.21、草地 0.49。

2. 产量因子

即生产力系数，反映了当地的生产技术和管理实践。科技进步，提高环保意识，改善生态环境，优化管理水平，都会引起区域产量的变化，从而引起产量因子变化。产量因子为该地区各类生态生产性土地相对于全国各类生态生产性土地的产出能力的反映。在产量因子计算中，首先将各类产品的产出转化为热值产出，以便于统一相加，土地面积采用实际占用面积，通过将生产性土地所生产出的生物资源的产量转化为热值的产出，将四子王旗耕地与草地上的农牧产品总产量转化为总热值，进而与国家相应的农牧产品总产量所转化的总热值对比，得出产量因子。四子王旗主要农牧产品的产量详见表 5-1，全国主要农牧产品的产量详见表 5-2，生物资源的单位热值详见表 5-3。

[①] 黄羿、杨林安、张正栋等：《基于"国家公顷"生态足迹模型的广东省生态安全研究》，载《生态经济》2012 年第 7 期，第 47~51、56 页。

表 5-1　　　　　2006~2012 年四子王旗主要农牧产品的产量　　　　单位：吨

年份	耕地				牧草地	
	小麦	玉米	马铃薯	蔬菜	牛羊肉	牛奶
2006	2 210	22 370	108 360	60 650	20 204	33 005
2007	1 205	18 900	67 650	71 670	25 363	38 000
2008	1 180	21 102	53 205	75 807	22 727	46 500
2009	1 155	23 305	38 760	79 945	20 091	55 000
2010	1 195	17 975	62 405	82 475	24 225	33 803
2011	1 055	11 345	82 410	96 640	23 425	33 803
2012	2 334	19 585	129 220	72 850	25 359	57 600

注：1. 数据来源于 2006~2013 年《四子王旗统计资料简编》。

2. 由于 2008 年数据的缺失，采取移动平均法计算，即 $Q_{2008} = (Q_{2009} + Q_{2007})/2$。

表 5-2　　　　　2006~2012 年中国主要农牧产品的产量　　　　单位：万吨

年份	耕地				牧草地	
	小麦	玉米	马铃薯	蔬菜	牛羊肉	牛奶
2006	10 846.40	15 160.30	1 289.73	621.16	940.50	3 193.41
2007	10 929.80	15 230.06	1 295.81	703.47	996.00	3 525.24
2008	11 246.41	16 591.40	1 415.58	816.73	993.55	3 555.80
2009	11 511.51	16 397.40	1 464.61	626.28	1 024.94	3 518.80
2010	11 518.07	17 724.53	1 630.67	749.47	1 051.97	3 575.60
2011	11 740.09	19 278.11	1 855.22	783.80	1 040.59	3 657.85
2012	12 100.71	20 561.42	1 855.24	821.16	1 063.25	3 743.60

注：数据来源于 2006~2012 年《中国统计年鉴》。

表 5-3　　　　　　　　生物资源的单位热值

生产性土地类型	生物资源	单位热值（1 000J/kg）
耕地	小麦	16 138.98
	玉米	16 444.12
	马铃薯	5 721.04
	蔬菜	1 463.00
草地	牛羊肉	13 731.30
	奶类	2 842.40

资料来源：《技术经济手册（农业卷）》，辽宁人民出版社 1986 年版。

产量因子的计算公式如下：

$$y_i^j = \frac{\overline{P_i^j}}{\overline{P_i}} = \frac{Q_i^j}{S_i^j} \bigg/ \frac{Q_i}{S_i} = \frac{\sum_k (P_k^i)^j \cdot \gamma_k^i}{S_i^j} \bigg/ \frac{\sum_k P_k^i \cdot \gamma_k^i}{S_i} \quad (5.4)$$

其中，y_i^j 指 j 区域第 i 类土地的产量因子，$\overline{P_i^j}$ 指 j 区域第 i 类土地的平均生产力（10^9J/公顷），$\overline{P_i}$ 代表全国第 i 类土地的平均生产力（10^9J/公顷），Q_i^j 表示 j 区域第 i 类土地的总产出（10^9J），S_i^j 表示 j 区域第 i 类土地的总面积（公顷），Q_i 表示区域第 i 类土地的总生物产量（10^9J），S_i 表示全国第 i 类土地的总面积（公顷），$(P_k^i)^j$ 代表 j 区域第 i 类土地的第 k 种产品的年产量（kg）。

（三）结果分析

1. 产量因子

根据统计资料，计算出四子王旗和国家耕地、草地的平均生产力，进而对比四子王旗与国家耕地和草地平均生产力，得出相应的产量因子即生产力系数，如图 5-1 所示。

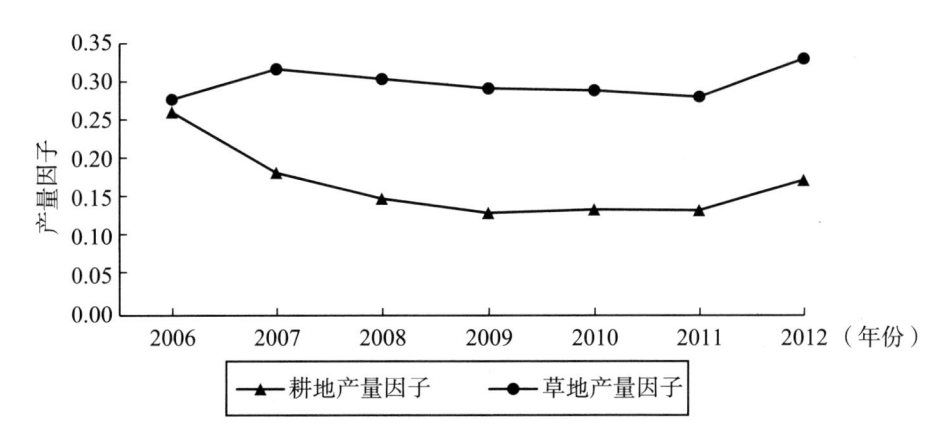

图 5-1　2006~2012 年四子王旗耕地与草地的产量因子

四子王旗耕地产量因子从 2006 年的 0.2615 开始连续下降，到 2009 年下降至近年来的最低点 0.1320，随后进入短暂的恢复调整期，在 2012 年大幅上升至 0.1740；草地的产量因子从 2006 年的 0.2780 上升至 2007 年的 0.3170 后经历了连续的小幅下降，下降至 2011 年的低点 0.2814 后，并于 2012 年上升至 0.3302。

计算出四子王旗耕地、草地的产量因子，由式（5.1）、式（5.2）、式（5.3）可分别得出四子王旗耕地、草地人均生态足迹、人均生态承载力，进而得出人均生态盈余（赤字）。

2. 耕地、草地的人均生态足迹、生态承载力以及人均生态盈余/赤字

通过计算，得到 2006~2012 年四子王旗耕地的人均生态足迹、人均生态承载力以及耕地人均生态盈余/赤字的表现情况（如图 5-2 所示）。四子王旗耕地的人均生态足迹除了从 2006 年的 0.24212 公顷/人下降至 2007 年的 0.2426 公顷/人，2007~2012 年均表现为不同程度的上升，从 2007 年的 0.2426 公顷/人上升至 2012 年的 0.4258 公顷/人，其间上升了 75.52%。耕地的人均生态承载力则从 2006 年的 0.1402 公顷/人下降至 2009 年的 0.0882 公顷/人，随后持续上升至 2012 年的 0.1332 公顷/人。由耕地人均生态承载力减去耕地人均生态足迹，得出四子王旗的耕地生态状况整体表现为赤字，2006 年的人均生态赤字为 0.2810 公顷/人，到了 2007 年则大幅下降至 0.1396 公顷/人，随后表现为耕地的人均生态赤字逐年上升，到 2012 年上升至 0.2926 公顷/人，较 2006 年仍整体上升了 4.13%。由此可以得知，四子王旗的耕地生态环境持续恶化。

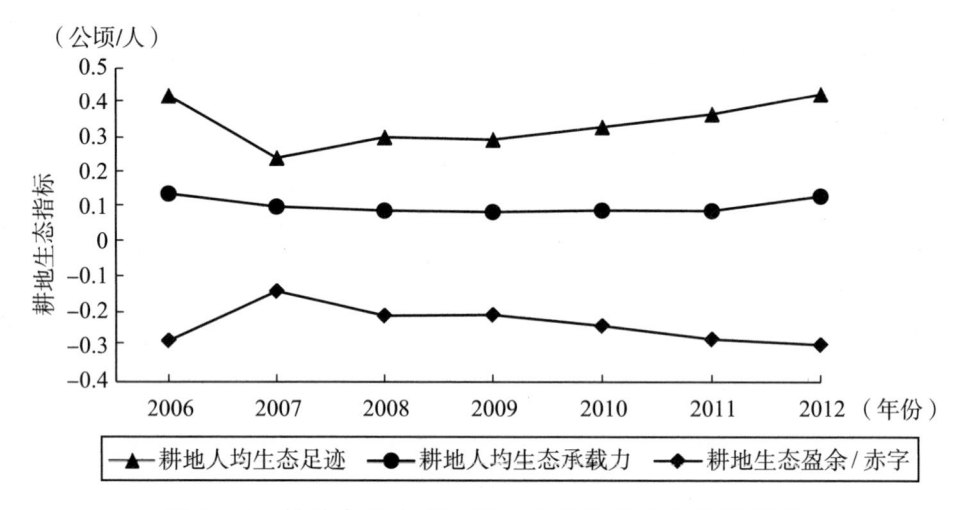

图 5-2 耕地人均生态足迹、生态承载力与生态赤字

四子王旗草地的人均生态足迹从 2006 年的 1.0155 公顷/人上升至 2009 年的 1.2352 公顷/人，随后连续两年下降至 2011 年的 0.9122 公顷/人，2012 年又大幅上升至 1.3078 公顷/人，其间草地的人均生态足迹总体上升了近 30%；草地的人均生态承载力同样呈现波动，总体表现上升，从 2006 年的 0.9376 公顷/人上升至 2012 年的 1.0819 公顷/人；根据四子王旗草地的人均生态足迹和生态承载力，便可得出四子王旗草地的生态盈余/赤字状况（如图 5-3 所示）。计算结果显示，四子王旗的草地表现为生态赤字，并从 2006 年的赤字 0.0779 公顷/人上升至 2012 年的赤字 0.2259 公顷/人，并于 2009 年达到阶段性高点，人均赤字 0.2906 公顷/人。

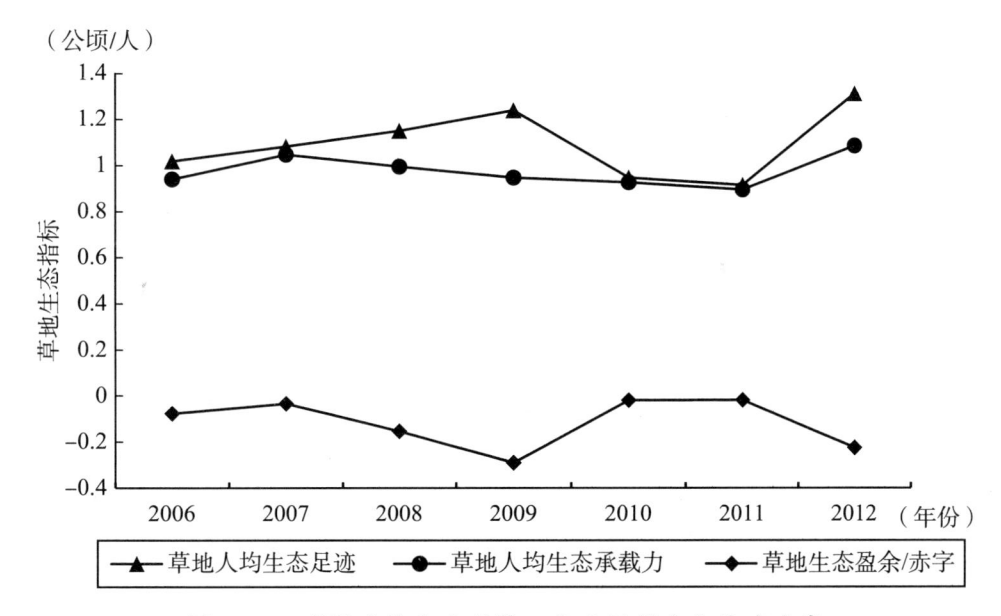

图 5-3 草地人均生态足迹、生态承载力与生态赤字

2006~2012年，如图5-4所示，四子王旗的人均生态足迹、生态承载力与生态赤字总体表现为上升趋势，由于人均生态足迹的上升幅度明显大于人均生态承载力，所以四子王旗的生态赤字也表现为上升趋势，人均生态赤字总体由2006年的0.3589公顷/人上升至2012年的0.5185公顷/人，其间上升幅度高达44.47%，由此可以得知，四子王旗的生态环境迅速恶化。

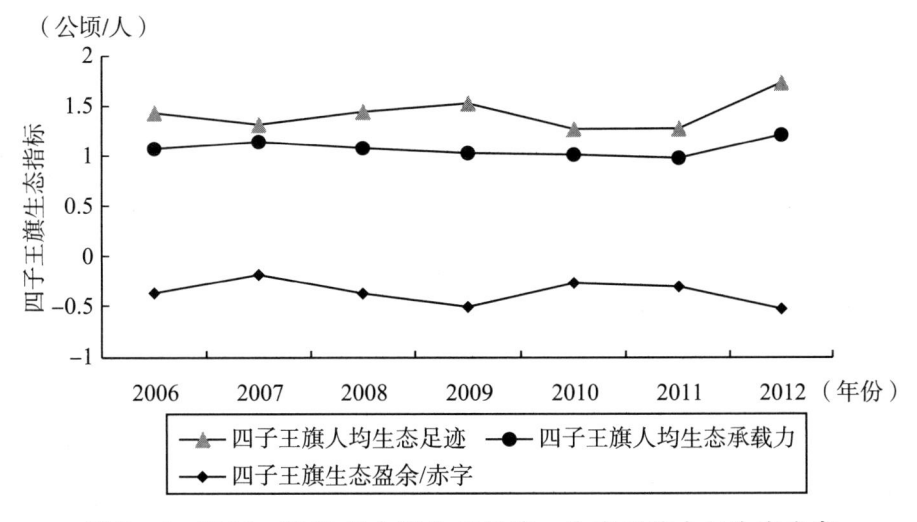

图 5-4 2006~2012年人均生态足迹、生态承载力与生态赤字

地处干旱半干旱草原牧区的四子王旗，生态条件恶劣，生态系统的自我调节恢复能力较弱。同时，四子王旗农牧业总的人均生态足迹整体上升趋势明显，生态赤字持续恶化，面临的生态环境压力逐渐增大，人与自然正处于一种不可持续的发展状态中，生态环境的安全正面临挑战。这应当引起政府部门和人民对生态环境保护的重视和紧迫感，深刻分析相关原因，探讨相关政策。如何协调经济社会发展过程中需求的不断扩大与土地承载力有限之间的矛盾，是四子王旗能否实现可持续发展的一个重要课题。

第六章

干旱牧区反贫困策略：模式、绩效与推广

本章主要梳理改革开放以来民族地区扶贫开发的主要措施，分析干旱牧区特殊类型扶贫模式，评价扶贫绩效。基于调研的基础上，分析内蒙古四子王旗、巴彦淖尔市、巴林左旗、二连浩特市、锡林郭勒盟等地的扶贫模式、经验做法以及遇到困难，梳理扶贫政策在支持规模、结构、方式等绩效与推广价值，最后阐述干旱牧区反贫困政策建议。

第一节 干旱牧区扶贫政策

党和政府十分重视少数民族和民族地区扶贫工作，充分尊重和照顾民族自治地方的特点和需要，根据全国发展的整体布局和总体要求，先后制定了一系列扶贫政策，相关干旱牧区扶贫政策详见表6-1和表6-2。

表6-1　　　　　　　　　　国家扶贫政策举例

分类	时间	文件	内容
国家层面	1994年4月15日	《国家八七扶贫攻坚计划（1994~2000年）》	从1994年到2000年，用七年左右的时间，基本解决全国农村八千万贫困人口的温饱问题

续表

分类	时间	文件	内容
国家层面	2001年9月19日	《中国农村扶贫开发纲要（2001－2010年）》	贫困人口集中的中西部少数民族地区、革命老区、边疆地区和特困地区作为扶贫开发的重点，并在上述四类地区确定扶贫开发工作重点县
	2011年12月1日	《中国农村扶贫开发纲要（2011－2020年）》	扶贫范围：14个连片特困地区；592个贫困县。 专项扶贫、行业扶贫、社会扶贫
	2013年12月18日 2014年5月12日	《关于创新机制扎实推进农村扶贫开发工作的意见》、关于印发《建立精准扶贫工作机制实施方案》的通知	习近平总书记在2013年11月于湖南湘西考察时，首次提出了"精准扶贫"。改进贫困县考核机制；建立精准扶贫工作机制；健全干部驻村帮扶机制。改革财政专项扶贫资金管理机制；完善金融服务机制；创新社会参与机制。建立精准扶贫工作机制实施方案
	2015年11月29日	《中共中央、国务院关于打赢脱贫攻坚战的决定》	由"大水漫灌"向"精准滴灌"转变；由多头分散向统筹集中转变；由偏重"输血"向注重"造血"转变；由侧重考核地区生产总值向主要考核脱贫成效转变
产业层面	2011年8月9日	《国务院关于促进牧区又好又快发展的若干意见》《中央财政草原生态保护补助奖励资金管理暂行办法》	草原生态保护补助奖励机制。范围：13个主要草原牧区省（区）。补偿标准：禁牧补助，6元/亩·年，5年为一个补助周期；草畜平衡补助1.5元/亩·年；牧草良种补贴10元/亩·年；牧民生产资料综合补贴按每年每户500元的标准发放
	2016年3月1日	新一轮草原生态保护补助奖励政策实施指导意见（2016～2020年）	范围：13个主要草原牧区省（区）。补助标准：禁牧补助，7.5元/亩·年，5年为一个补助周期；草畜平衡奖励2.5元/亩·年

续表

分类	时间	文件	内容
民族层面	2007年2月27日 2012年7月12日	《少数民族事业"十一五"规划》 《少数民族事业"十二五"规划》	规划中民族地区指5个自治区、30个自治州和117个自治县、3个自治旗。以解决少数民族和民族自治地方经济社会发展中的突出问题和特殊困难为切入点，以实现基本公共服务均等化为目标
	2011年6月5日	《兴边富民行动规划（2011－2015年）》	指导思想："富民、兴边、强国、睦邻"。 实施范围：为内蒙古、辽宁、吉林、黑龙江、广西、云南、西藏、甘肃、新疆等9个省、自治区的136个陆地边境县、旗、市、市辖区，新疆生产建设兵团的58个边境团场
	2012年8月31日	《中共中央、国务院关于进一步加强民族工作加快少数民族和民族地区经济社会发展的决定》	第6至第17共12条款是关于"加快少数民族和民族地区经济社会发展"。即……支持民族地区基础设施建设；支持民族地区经济结构调整；加大对民族地区的财政投入和金融支持；妥善解决生态建设和资源开发的补偿问题；突出解决少数民族群众的贫困问题；大力推进兴边富民行动；加大对人口较少民族的扶持力度；扶持民族地区发展教育和科技事业；扶持民族地区发展文化事业；扶持民族地区发展卫生、体育事业
	2014年6月9日	《中央财政农业资源及生态保护补助资金管理办法》	草原植被恢复费。对象是进行矿藏勘查开采和工程建设征用或使用草原的单位和个人

注：主要梳理1994年以后的政策（文件）。

表 6-2　　部分省（区）关于扶贫项目的政策举例

省区	扶贫工程	内容	来源
内蒙古	《内蒙古自治区农村牧区扶贫开发条例》（2012年11月29日）	包括第二章扶贫标准、对象和范围，第三章扶贫措施，第四章项目与资金管理	2012年11月29日内蒙古自治区第十一届人民代表大会常务委员会第三十二次会议
	十个全覆盖	2014年起，3年时间，实现"农村牧区危房改造、安全饮水、嘎查村街巷硬化、村村通电、村村通广播电视通讯、校舍建设及安全改造、嘎查村标准化卫生室、嘎查村文化活动室、便民连锁超市、农村牧区常住人口养老医疗低保等社会保障""十个全覆盖"	2014年1月13日内蒙古自治区农牧区工作会议
	三到村三到户（2014年4月23日）	从2014年到2017年，全面开展"规划到村到户、项目到村到户、干部到村到户"。范围：内蒙古2 834个贫困嘎查村	内蒙古自治区《深入推进扶贫攻坚工程"三到村三到户"工作方案》的通知
	《关于下达2016年扶贫攻坚工程"三到村三到户"项目实施计划的通知》	兴安盟每个村25万元，其余盟市每个村22万元	2015年11月26日
	实施两种途径、五种模式、10种套餐新兴扶贫机制	两种途径：自营式脱贫和收益式脱贫。"五个一批"措施：发展生产和创业就业脱贫一批，易地搬迁脱贫一批，生态补偿脱贫一批，发展教育脱贫一批，社会保障兜底一批。五种模式：主导产业带动模式；新兴产业推动模式；"七小产业"发展模式；"传、帮、带、领"互助模式；创业就业扶持模式	巴彦淖尔市五原县精准脱贫实施方案（试行），内蒙古自治区扶贫开发办公室，2016年扶贫情况通报，第48期，2016年7月29日
青海	《青海省农村牧区扶贫开发条例》	包括"第二章扶贫对象和范围；第三章扶贫开发工作机制；第四章扶贫开发措施；第五章扶贫开发项目与资金管理"	条例自2015年9月1日起施行

续表

省区	扶贫工程	内容	来源
宁夏	《宁夏回族自治区农村扶贫开发条例》	农村扶贫开发范围包括连片特困地区、贫困县、贫困村（含移民村），以贫困户为主要扶持对象；农村扶贫开发规划；农村扶贫开发措施	条例自 2016 年 5 月 1 日起施行

第二节 扶贫模式及评价

一、扶贫模式

（一）搬迁式扶贫

为帮助偏远地区、生活环境恶劣地区等彻底摆脱贫困，实现生产、生活、生态的融合发展，许多地方政府采取了多种措施积极推进搬迁式扶贫，又称为易地扶贫，起到了很好的效果。从以往的经验来看，牧区的贫困不同于农村的贫困，农村的贫困多以"老弱病残"留守为主；而牧区的贫困则表现出了年轻化的趋势。造成这一现象的主要原因在于：一是牧区居民的基础教育没有受到重视；二是牧区生产生活方式较为单一，身处这样的环境对牧区居民的生活经验和生产技术的培养也相对困难。因此，牧区中的年轻居民相对于城市青年来说，其劳动力素质相对较弱，没有较强的竞争力。我国实行的有关牧区移民的扶贫模式，是将牧区中的青壮年劳动力向外界转移，并集中培养使其具有一定的生产技能，或生活在城市或回到牧区将自己所学用于牧区的扶贫事业。

（二）产业扶贫

对于我国的牧区来说，产业扶贫所采取的是一种为贫困牧区建立优势产业的模式，即发展牧区最具竞争力的产业——畜牧业。其重点在于发展畜牧产品，包括：肉类、动物毛皮、奶制品等。许多企业与牧区居民已经建立起了良好的合作关系，比如伊利集团、蒙牛集团。他们的合作方式为：企业作为主体向农户收集奶源，再统一管理、统一检测，由此建立了长期的合作关系。而动物在产出的过程中，也会产生大量的排泄物，一些农业肥料厂家又向牧区居民收集作为肥料原料的动物排泄物。通过这两种途径,为牧区居民增加了经济来源,在一定程度上减轻了牧区的贫困程度。同时有助于形成一个产供销一体化的整体,并逐步建立自己的品牌,产生一定的品牌效应。

(三) 社会扶贫

依靠社会成员的力量来扶困济贫是推进减贫事业发展的一项重要手段。第一,牧区居民的生产方式较为单一,大多是以养殖牲畜并生产动物相关产品为主。由于其交通不便,导致其对外输出产品的能力较差,从而可取得货币收入较少,长此以往便产生了牧区贫困现象。鉴于此,我国政府和社会组织始终对牧区实施大量的资金投入以保障牧区居民的最低生活水平。第二,加大对牧区的科技扶贫投入,就是提高牧区居民的科学文化水平、生产专业技能,更好地发挥牧区居民的主观能动性,使国家扶贫与牧民脱贫紧密结合。第三,牧区的人力资本主要指两方面:一是劳动力水平较高的牧区居民,主要通过加强牧区居民的基础教育与继续教育来实现;二是具有一定领导才能的牧区干部,主要依靠引进专业型人才来实现。通过以上三方面的措施,我国牧区的贫困状态得到有效改善。

(四) 雨露计划

我国农村贫困人口受教育程度普遍不高,思想观念落后,生产力水平低下,这种情况在牧区表现得更为突出。其中,牧区居民的基础教育落后,在其思想观念陈旧落后的情况下,其接受新思想新方法的能力也较弱,这就直接表现为牧区居民的劳动力水平偏低,成为牧区贫困首因。雨露计划与其他扶贫模式的不同之处在于:它有其特定的扶贫对象,主要针对的是扶贫工作建档立卡的青壮年农民(16~45岁)、贫困户中的复员退伍士兵(含技术军士,下同)、扶贫开发工作重点村的村干部和能帮助带动贫困户脱贫的致富骨干,以及读中职或高职的在校学生。它朝着培养"讲道德、有文化、懂技术、会经营的新型农民"的方向发展,使得贫困地区农民的整体素质明显提高,工作能力与创业能力明显增强。雨露计划的实施使得人口压力转变为了人口资源,加快了贫困农民脱贫致富的步伐。

(五) 整村推进

整村推进的扶贫思路有四个主要步骤。第一,根据所要实现的目标效果制定符合当地实际情况的扶贫规划,并及时通过反馈来不断完善扶贫规划。以村级规划为例,其规划通常针对具体工作的落实,如改善基本生产生活条件及优化产业结构,为农民脱贫增收夯实基础。第二,在保障贫困农户基本生产生活的基础上,通过多种渠道来增加贫困农民的务农和非农收入。根据市场发展的方向,以优质、高产、生态、安全的理念来建立特色产业;同时健全农民专业合作组织,为贫困农户产业的扩大及农村剩余劳动力的转移提供有效的帮助。第三,整合各类扶贫资源的,包括合理利用人力资源、支农资金,完善"整村推进"帮扶工作体系,调动贫困群众积极性与主动性。第四,针对整村推进的实施过程,完善和加强对项目各个环节的管理与监督,不断创新扶贫机制,充分发挥贫困群众的自身力量。

(六) 精准扶贫

精准扶贫是指针对不同贫困区域环境、不同贫困农户状况,运用科学有效程序对扶贫对象实施精确识别、精确帮扶、精确管理的治贫方式。精准扶贫的思想于 2013 年习近平总书记考察湖南湘西时首次提出,① 精准扶贫主要有以下步骤:第一,通过合理有效的手段将贫困居民精确识别出来,并建立扶贫档案;第二,分析贫困对象贫困状况,建立有针对性的帮扶措施确保帮扶效果;第三,注重扶贫过程的管理工作,包括对农户信息的管理、扶贫全过程公开透明、各扶贫参与者的权责明确。

二、扶贫手段的评价

一是经济性扶贫手段多,社会性扶贫探索相对欠缺。政府制定的减缓贫困的战略也大多是从经济领域入手选择的,如政府间转移支付、税收政策、小额信贷措施、以工代赈方案等。目前的问题是,从社会、历史、文化、宗教、政治角度进行贫困和反贫困理论研究的还不多见。这种倾向性本身就隐含着片面性问题,这一问题的存在,便很难对城乡反贫困理论进行全面、深刻、系统的分析,也终将会影响我国反贫困的实践效果。

二是解决牧区贫困的政策受益程度相对较弱。近年来,国家出台了一系列有关"三农"问题的文件,极大地降低了农业生产成本,提高了农业生产机械化和现代化水平,但对牧业的针对性相对较弱。例如,粮食直补、农资综合补贴、农机补贴等等,这些政策对农业针对性较强;而对牧业而言,政策受益度相对较低。另外,由于生态类型的差异,无论是地形地貌、资源条件、战略位置、历史文化、民俗民情均有较大差异。因此,致使在某类地区适用的对策在另一地区却出现"政策失灵"。因此,民族地区、牧区反贫困对策需根据不同

---

① 唐任伍:《习近平精准扶贫思想阐释》,载《人民论坛》2015 年第 30 期,第 28~30 页。

类型地区分类制定。

三是精准扶贫与精准救济问题。精准扶贫更多的是支持产业发展，提高农牧民自我发展能力，而不是一味地兜底，要把"输血式扶贫"转变为"造血式扶贫"。因遵循牧区生产特点，制定适宜的帮扶之策，不能一味给钱。精准扶贫不等于精准救济。

第三节 典 型 案 例

一、四子王旗牧区贫困与扶贫模式调查

（一）扶贫模式

1. 整村推进扶贫工程

以往扶贫开发过程中，对于重点贫困村，单个扶贫项目起到的扶贫效果不是很明显，2014年，四子王旗通过集中扶贫资金，因地制宜有重点地对55个重点贫困嘎查覆盖23 731户77 252人，其中贫困人口8 787户24 030人，进行连续四年的整村推进项目。[①] 每个村投入财政扶贫资金200多万元，整合部门资金800多万元，主要对贫困嘎查的交通、信息、能源、饮水、基本农田和小型农田水利等基础设施项目，以及危房改造和种养业、特色产业发展、技能培训等进行集中扶持，努力让农牧民发展一项能稳定增收的产业。实施整村推进扶贫开发项目等，给贫困牧区基础设施建设和牧民生产生活条件的提高注入了新的血液，同时奠定了牧区新型生态畜牧业发展道路的基石。

通过扶贫开发项目的实施，牧区基础设施明显改善，主导产业发展有了新的突破，还使部分牧民意识到保护草原、保护生态环境的重要性，采取划区轮牧、季节性休牧、舍饲育肥等措施，草原生态环境得到一定程度恢复。[②]

2. 金融信贷扶贫工程

金融扶贫富民工程突破了传统的扶贫开发模式，主要通过政府扶贫开发和市

---

① 数据资料由四子王旗扶贫办提供，2014年8月6日。
② 李俊杰、其乐木格：《干旱牧区特殊类型贫困治理研究——以锡林郭勒盟牧区为例》，载《内蒙古民族大学学报》（社会科学版）2015年第5期，第60~66页。

场商业化运作相结合的方式，最终达到资源合理配置，产业结构升级的扶贫效果，并形成有利于促进牧区经济社会发展的创新型扶贫新模式。按照《内蒙古自治区金融扶贫富民工程实施方案》，四子王旗扶贫办与农业银行开展横向合作，安排 1 000 万元财政扶贫资金作为贷款担保抵押金，通过农行扩大 10 倍向扶持对象提供贷款，同时从增量扶贫资金中拿出 500 万元用于金融扶贫资金贷款贴息。扶持对象主要是贫困嘎查村中有生产能力的农牧民、专业合作社和区、市扶贫龙头企业。2014 年调研了解到，四子王旗已发放扶贫富民农贷 1 776 户、6 770 万元。完成调查采集 3~5 户联保贷款户 1 278 户，金额 3 942 万元，正在组织发放。已审批未发放的合作社 4 户，金额 287 万元，正在审批的合作社 8 户，金额 843 万元，近期可发放到户。已经完成调查及信贷资料整理的扶贫强农贷 4 户，申请贷款金额 6 000 万元，待分行批准后立即发放。① 金融扶贫富民工程带动贫困户早日脱贫致富，进而形成扶贫资金有偿使用、滚动发展、多元投入的新扶贫格局，达到变"输血式"扶贫为"造血式"扶贫、变短期性扶贫为长期性扶贫的预期效果。

3. 生态脆弱地区移民扶贫工程

四子王旗干旱牧区分布广，人口较为分散，目前仍有 500 多户牧民生活在生态环境较为脆弱，交通信息较为闭塞的偏远地区。为彻底改变这一部分贫困群体的生活，四子王旗实施 500 户生态脆弱地区移民扶贫工程。迁出区确定在失去生存条件的江岸苏木②、脑木更苏木、白彦敖包苏木、供济堂镇和库伦图镇原朝克温都乡的 5 个嘎查和 7 个行政村，迁入区确定在自然条件好、有产业支撑、能实现稳定就业的乌兰花镇周边。其中无土安置 200 户，獭兔养殖园区安置 300 户。项目总投资 5 000 万元，其中财政扶贫资金 2 250 万元，地方配套 500 万元，农牧户自筹 2 250 万元。项目前期准备工作已就绪，正在组织征用土地、规划设计和移民户的确定等工作③。

4. 建档立卡工作情况

内蒙古建档立卡培训会后，中共四子王旗委、四子王旗政府高度重视，及时成立了领导小组，制定和印发了四子王旗建档立卡实施方案。2014 年 5 月 26 日，召开了领导小组第一次会议，对各苏木乡镇贫困人口规模分解情况进行了认真讨论；6 月 9 日，由旗委组织部和旗扶贫办组织召开了建档立卡业务培训会，各苏木乡镇分管领导、扶贫干事、扶贫办全体干部参加。目前，贫困户识别工作已全面完成，党员干部正在开展"一对一帮扶"工作。

---

①③ 数据资料由四子王旗扶贫办提供，2014 年 8 月 6 日。
② "苏木"系蒙古语音译，汉语意译为"乡"——编者注。

5. 干部驻村帮扶工作

为了保证扶贫开发工作顺利实施，结合党的群众路线教育实践活动，继续推行"领导包片、单位包村、干部包户"的结对帮扶机制，四子王旗旗级领导联系重点贫困嘎查村，旗直125个有经济实力的机关企事业单位包扶87个贫困嘎查村，切实解决贫困村面临的各种困难。动员党员干部实行"一对一"帮扶，资助贫困人口发展生产、改善生活。在55个扶贫重点嘎查村安排了14个工作团55个驻村工作队，协助基层组织贯彻落实党和政府各项强农惠农富农政策，积极参与扶贫开发各项工作，帮助贫困村、贫困户脱贫致富。

6. 雨露计划

主要开展了以初高中为主的技能培训，以文秘工作人员为主的文字处理工作的培训，以畜牧业合作社管理人员为主的专题培训，以返乡农牧民创业为主题的培训。四子王旗雨露计划取得了良好的成效，使参与者提升了生产技能，提高了工作效率，开阔了眼界。

7. 产业扶贫工程

产业扶贫工程即通过对传统的畜牧业生产方式进行改革，主要是人工种草和饲草基地建设，采取"公司+养殖户""公司+养殖基地+养殖户""公司+合作社+养殖户"等多种合作形式，延伸产业链，提升企业效益，增加农民收入。四子王旗作为自治旗33个纯牧业旗之一，境内肉牛、肉羊产业都具有一定生产规模，但由于储藏、加工、物流等环节薄弱，没有形成完整的产业链，大多数农牧业产品仍以原材料形式出售，产品的附加值极低，抵抗市场风险和自然灾害的能力相对较弱，农民增产不增收的现象普遍存在。针对此情况，四子王旗开始启动科技产业化扶贫项目，以此来推动牧民增收，脱贫致富。

（二）存在的问题

四子王旗紧紧围绕自治区"8337"发展思路，开展了声势浩大的扶贫攻坚工作，取得了明显成效。但是，一些新情况新问题增加了扶贫工作的难度。

一是四子王旗贫困村大多集中在风蚀沙化区和边境牧区，水资源贫乏，基础条件落后，自然灾害频繁，大多数贫困人口经过扶持当年减贫，可是基础极不稳定，遇到灾年极易造成返贫致贫。

二是四子王旗辖地面积大，贫困户居住分散，交通不便，农牧民生产生活成本大，维持温饱费用多，特别是偏远牧区生活成本大约是农区的2倍多，扶贫成本相对较高。

三是贫困地区40%是"空壳村"和"老龄村"，贫困村道路年久失修，房屋破旧不堪，贫困户的年龄结构偏大，文化素质较低，信息闭塞，适应市场经济的能力不强。公共服务明显不足,出行难、吃水难、就医难等问题突出。

四是扶贫资金投入不足。按照上级扶贫部门要求,四子王旗启动实施55个整村推进项目,每个嘎查村投入财政扶贫资金50万元,连续投入4年,虽然可以覆盖大多数贫困人口,但由于投资强度低而分散,只能起到"头痛医头、脚痛医脚"的作用,不能从根本上改变项目村贫困面貌。

五是配套资金缺乏。为了扩大扶贫覆盖面,扶贫项目均要求有一定比例的配套资金,但由于四子王旗财政自给能力有限,配套资金很难到位,在一定程度上影响着项目的实施效果。

(三) 思路与建议

鉴于以上情况,为了实现2017年贫困人口"两不愁三保障"的目标,希望国家将四子王旗作为一个特殊的扶贫地域在扶贫措施及项目安排上给予倾斜,特别是加大扶贫资金投入力度,从根本上改善贫困嘎查村的基础设施条件,完善社会公共服务体系,推动当地肉羊、马铃薯等产业规模化发展。

一是根据四子王旗扶贫工作实际,结合"三到村三到户"和"十个全覆盖工程",对55个项目村实行"统一规划、全面推进、重点突出、分年度实施"。2014年重点实施14个嘎查村,做到扶持一村脱贫一村,扶持一户致富一户。

二是由于自然条件恶劣,四子王旗供济堂镇、江岸苏木、白彦敖包苏木、脑木更苏木的部分地区现有2 000户7 000多贫困人口已失去基本的生存条件,到了"一方水土养不了一方人的地步",迫切需要实施移民搬迁扶贫。建议上级部门增加移民投资。结合城镇化、工业化进程,整体搬迁到乌兰花镇新区,实现转移就业。

三是四子王旗马铃薯、葵花、肉羊、肉牛等产业,虽初具规模,但由于储藏、加工、物流等环节薄弱,没有形成产业链条,大多数农畜产品以原料形式出售,产品的附加值极低,抵御市场风险和自然灾害的能力弱,农牧民增产不增收的现象非常普遍。建议加大对扶贫龙头企业的扶持力度,通过"龙头企业+基地+农牧户"的模式,带动农牧民脱贫致富。

四是结合党的群众路线教育实践活动,协助基层组织切实解决贫困村面临的各种困难。进一步加强金融信贷扶贫工程,加强与旗农业银行的合作,认真总结经验,不断创新模式,争取使金融扶贫工作再上一个新的台阶。

五是四子王旗扶贫开发工作已到了攻坚克难的重要阶段,建议自治区、市属两级机关企事业单位能对贫困嘎查村进行集中帮扶,同时动员大中型企业来四子王旗投资开发,带动当地县域经济发展。

二、巴彦淖尔市牧区贫困与扶贫模式调查

（一）精准扶贫做法①

一是建档立卡、精准识别。既不能把非贫困人口纳入扶持对象，更不能把真正的贫困人口漏掉。巴彦淖尔市扶贫办采取高密度、轮番式的现场培训和督促检查，组织和督促各旗县区开展了贫困人口建档立卡"回头看"和2015年度信息采集、录入工作。通过贫困人口建档立卡贫困人口精准识别、找准致贫原因，解决了"怎么扶"的问题。

二是干部包扶，落实帮扶责任人。按照"区负总责、地市直管、县抓落实、乡镇专干"的扶贫管理体制和"资金到地、责任到地、任务到地、权力到地"的扶贫工作机制，切实落实贫困户的帮扶责任人，每个贫困户都有明确的帮扶责任人，切实解决"谁来扶"的问题。按照市级领导每人每年包扶5户、两年10户，厅级干部每人每年包扶4户、两年8户，处级干部每人每年包扶3户、两年6户，剩余的贫困户由所在旗县区的各级干部包扶，做到"包扶不漏户、户户有干部，当年包扶当年脱贫"。各旗县区也同步安排了本旗县区处级、科级干部包扶贫困户工作，实现了干部包联帮扶贫困人口全覆盖，不落一户、不落一人。目前，巴彦淖尔8 000余名各级干部包扶贫困户名单已经确定，90%以上的各级干部已完成第一轮对接工作，剩余的正在对接中。

三是易地扶贫搬迁。巴彦淖尔市确定了五种搬迁方式，即对行政村内部进行搬迁安置，向中心村靠拢；向农牧业产业园区集中；建设移民新村；向城镇搬迁；建设幸福院、敬老院。目前，自治区易地搬迁工程2016年投资计划和同步搬迁人口投资计划已下达各旗县区，涉及建档立卡贫困人口4 390人，同步搬迁人口3 330人。市、旗县区两级均成立了易地扶贫搬迁协调小组，各旗县区确定了移民搬迁的投融资平台。各旗县区移民搬迁规划、实施方案和实施计划已完成，各搬迁工程均已开工建设。

四是以精准扶贫"453"挂图作战为指挥棒。按照自治区"453"挂图作战要求，巴彦淖尔市对"453"挂图作战进行了全面部署，各旗县区挂图作战基本完成。用图层层传导脱贫攻坚压力，时刻提醒挂图上墙不是目的，目的是明确脱贫攻坚战打哪里、怎么打、什么时间打下来等，让各级党员干部始终保持"临战"和"实战"状态，主动作为。

---

① 根据巴彦淖尔市扶贫办提供的材料整理，2016年8月16日。

五是"三到村三到户"项目为新支撑。自治区 2016 年"三到村三到户"项目专项资金 7 290 万元已下达各旗县区。2016 年各旗县区按照精准到户和精准到人的新要求,制定了"三到村三到户"项目实施方案,已上报自治区审批。"三到村三到户"项目安排打破了 162 个嘎查村的限定,以旗县区为单位,统筹用于有建档立卡户的嘎查村精准对户、编制方案。方案着重"三个突出",即:突出了"菜单式"管理,旗县区政府制定"菜单",贫困户"点菜";突出了今年预脱贫的贫困人口,确保今年脱贫的贫困人口都能得到项目和资金的支持;突出产业和危房改造这两个重点。

六是实施金融扶贫富民工程。根据春季生产的实际需要,积极与农业银行协调,集中力量,加快金融扶贫富民工程贷款投放进度。截至 2016 年 6 月底,2016 年上半年发放贷款 7.2 亿元,超过年初计划规模 3 亿元的 2 倍多,发放贷款 17 487 户。巴彦淖尔市累计发放金融扶贫贷款 18.39 亿元,贷款投放总户数达到 41 387 户。调查显示,"富农贷"户均增收 3 900 元,"强农贷"带动建档立卡贫困户户均增收 7 680 元。按照每个贫困户 5 万元贷款计算,每年可节省利息支出 2 500 元,这相当于贷款户年新增收入 2 500 元。为进一步扩大贫困户贷款的覆盖面,扶贫办与农业银行巴彦淖尔分行联合印发了《关于精准推进金融扶贫富民工程的通知》,对建档立卡贫困户的贷款积极推行"两免、一简、一延长",即"免担保、免抵押、简化流程、延长贷款期限",对有贷款需求、有生产经营能力和还款能力的建档立卡贫困户 2016 年要覆盖 70%,2017 年实现全覆盖,充分发挥金融扶贫助推精准扶贫、精准脱贫的作用。

七是部门联动精准扶贫。中共巴彦淖尔市委、巴彦淖尔市政府专门召开部门联动推进精准扶贫工作会议,要求部门联动重点打出一套部门联动组合拳,以"五个一批"脱贫路径为重点,以贫困地区基础设施和公共服务为抓手,以建档立卡贫困户为脱贫关键,进一步明确相关行业和部门责任,迅速改善贫困地区生产生活条件、消除贫困户生活顾虑、提升民生保障水平。积极督促行业、部门制定精准扶贫方案,推动政策、项目、资金、资源向扶贫工作倾斜。目前,卫生、教育等部门精准扶贫实施方案正在征求各方意见,其他部门单位也正在制定出台各领域的精准扶贫工作方案。启动了"村(嘎查)企合作"精准扶贫开发行动,动员巴彦淖尔市广大非公有制经济人士积极参与精准扶贫精准脱贫,巴彦淖尔市首批有 18 家企业(商会、合作社)与 21 个扶贫开发重点村签订结对帮扶协议。起草了《部门联动推进精准扶贫工作方案》。

（二）扶贫模式[①]

1. "旅游扶贫"模式

乌拉特中旗宝格达嘎查是一个以牧为主的嘎查，位于呼勒斯太苏木人民政府西北部。草场面积200 400亩。2013年牧业年度牲畜数为8 710头（只）。该嘎查共有58户208人，常住人口187人其中蒙古族138人、汉族49人，劳动力152人，共有党员17名，贫困户28户，其中精准贫困户26户，贫困人口87人。2014年人均纯收入5 800元，其中贫困人口人均纯收入仅有2 700元。该嘎查经济收入主要以牧业为主。

（1）做法：发展"旅游扶贫"。在确定项目的过程中，坚持充分尊重民意，将选择权、决策权、管理权全部交给群众，直接把扶贫项目落实到村到户。实施的项目均由群众民主选择、民主管理、民主监督。为提高扶贫开发效率，增强群众自我发展能力，宝格达嘎查结合近年旗委、政府提出打造二狼山水库旅游建设的实际，提出发展特色旅游业和牧业结合实现贫困人口脱贫致富的思路。用4年时间建立牧业产业发展与旅游产业发展相协调的脱贫产业体系，着力开发二狼山水库天然旅游资源，带动集体经济和贫困农牧户增收发展脱贫。宝格达嘎查"三到村三到户"项目规划期为4年，即2014～2017年。2014年修建蒙古包群12座以及电、水、硬化等配套设施，用于餐饮、住宿，并结合二郎山水库景点和鸿雁文化旅游产业，发展特色旅游产业，使12户贫困户46人受益。同时，配套实施嘎查文化阵地建设和农牧户风光互补发电项目工程，以改善牧民日常生活条件。2015年在上年的基础上继续发展旅游业，新建蒙古包18座及配套设施，扩大规模，增加旅游收入，使受益人增加到30户98人。并整合交通项目资金修建石兰计至宝格达嘎查6米宽10公里长的水泥路，改善水库通车条件，保证交通畅通无阻。2016年为28户牧民建设标准化养殖棚圈，为牧民减负增收，为早日脱贫打下良好的基础。2017年支持嘎查现有贫困户发展牧业生产，购买基础母畜130只、种公畜116只，以进一步扩大牧业经济。

（2）取得的效益。通过发展"旅游扶贫"，由嘎查村领办和创办产业模式，发展本地特色的优势产业，动员农户积极参与项目建设，由村集体采取统一经营、专业承包、租赁、股份合作等形式进行开发经营，拓宽了增收渠道。通过项目实施，宝格达嘎查牧业与旅游业实现协调发展，形成了以旅游养牧，以牧促进旅游的良性发展轨道，并到2017年实现人均收入增收2 700～4 300元，所有贫困农牧户全部实现脱贫致富达小康。

---

① 根据巴彦淖尔市扶贫办提供的材料整理，2016年8月16日。

2. "股份合作"模式

将"三到村三到户"项目扶贫资金以股份合作形式让每个农户入股专业合作社,形成了"自主经营、民主管理、利益共享、风险共担"的合作经营共同体,以"保底分红、再次分配"的原则,增加嘎查村农牧户的收入。呼勒斯太苏木哈拉图嘎查与维农农民专业合作社合作,开展股份合作发展种养殖和旅游业,项目规划总投入为590万元。其中维农农民专业合作社投入股份390万元,维农农民专业合作社占股份比为66.1%,维农农民专业合作社持有股本金数额占总股份比例分红利;哈拉图嘎查和农户投入股份200万元(资金以分化四年入股),哈拉图嘎查和农户总计占股份比为33.9%,按哈拉图嘎查农户持有股本金数额占总股份比例分红利。

哈拉图嘎查以农畜产品产、供、销、加工为主导产业,依托维农农民专业合作社,走组织化、规模化、产业化、机械化的道路。项目投产后,实行"按股兜底+市场效益分红"。为保护农户利益,哈拉图嘎查与维农农民专业合作社商定,每年不论维农农民专业合作社盈亏,哈拉图嘎查农户兜底分红利按农牧户入股股份的6%,也就是12万元(按分化四年每年入股股份计算)分配,盈利部分按股份额进行再次分配,从而形成"股份合作、保底分红、二次分利"模式。

哈拉图嘎查和农户投入股份200万元(分四年入股)的80%、160万元成为全嘎查142户、377人的股本金,人均持有股本金为4 244.03元,占总股份比例为27.12%,即为"普惠";另外20%、40万元追加安排在特困户、建档立卡贫困户49户、114人头上,人均持有股本金为3 508.77元,占总股份比例为6.78%,即为"特惠"。特困户、建档立卡贫困户"普惠"+"特惠"持有股本金为7 752.8元,占总股份比例为14.98%,与一般户的股份比为18.92%。按每个农户持有股本金数额占总股份比例分红利。

通过"股份合作"模式,取得了较好的效果。一是提高资金使用效益。在扶贫项目实施过程中,引进企业,采取股份合作模式,将扶贫项目资金捆绑使用,提高资金效益,实现规模化经营。通过股份合作制的运作模式,改变小而散、农户单打独斗和不善经营的局面。二是变"输血"为"造血"。通过合作社运作,不断培育成农业经济实体,把农业经济实体建成企业的生产基地,促进产业结构调整,加快农业产业化经营。

3. "自建直补"模式

采取"自建直补"模式,激发内生动力,充分调动群众积极性。在确定项目的过程中,坚持充分尊重民意,将选择权、决策权、管理权全部交给群众,直接把扶贫项目落实到村到户。实施的项目均由群众民主选择、民主管理、民主监督。为提高扶贫开发效率,增强群众自我发展能力,对所有到户项目全部采取

"自建直补"的模式,严格按照"统一规划设计、统一技术标准、统一检查验收、统一补助资金"四统一原则和自愿申请、审核审批、明确标准、自主建设、竣工验收、定额补贴六个步骤,先由村委会组织农户进行项目自建。项目完成后,由扶贫、财政部门组织验收,对符合项目建设标准的给予资金补贴。此外,严格坚持公开公示制度,把扶贫项目、资金通过公开栏向群众公开,接受村民的监督,确保扶贫项目的实施,确保资金管理公开、公正、透明。

(1)做法。隆盛合镇海子沿村位于隆盛合镇中南部,京援公路穿境而过,距磴口县城40公里。全村有七个村民小组,1 206人。现有党员42人,孤寡老人4人,残疾人36人,低保户和五保户117户。其中贫困人口260户635人,占全村总人口的52.7%。农作物种植以玉米、葵花为主,畜牧养殖业以肉羊养殖为主,种植业和养殖业是农民的主要经济来源。海子沿村是有名的贫困村,组织建设薄弱,基础设施落后,土地盐碱化程度高,广种薄收,村集体经济空白,2014年初全村人均收入4 200元,贫困人口人均纯收入只有2 100元,是自治区级重点贫困村。

2014年以来,海子沿村抓住"三到村三到户"扶贫项目实施契机,在驻村工作队的帮助下,积极开展调查研究,摸清村情民意,立足实际,制定了以设施农业和肉羊养殖业为主导的海子沿村扶贫发展规划。通过两年多的帮扶,海子沿村基层组织建设得到加强,村两委的威信和凝聚力明显提高,村民面貌一新,贫困人口发展生产脱贫致富信心高涨,通过种植早熟瓜菜和养殖肉羊,贫困户人均纯收入增长了3倍。海子沿村经召开村民代表大会,确定贫困户建设蔬菜大棚每亩补贴5 000元,购买基础母羊5只以上,每只补贴400元,政策出台后,贫困户参与项目建设的积极性空前高涨。当年就建起大棚54座53亩,并给60户贫困户每户发放基础母羊5只。大棚种植早熟香瓜,当年收入最高的每亩达1.6万元,最低的收入8 000元。养羊户每户养殖基础母羊5只,产羔15只,每只售价400元,户均增收6 000元。

项目实施实实在在要让贫困户看到效益。2015年,贫困户自发参与项目建设,目前已建起大棚60多栋,使该村大棚种植面积达110亩,贫困户户均0.5亩,又购基础母羊540只,户均5只。直接扶持贫困户150户,预计大棚户均增收6 000元,养羊增收6 000元,合计户均增收1.2万元,人均4 000元以上,同时涌现出一批脱贫致富典型。隆盛合镇海子沿村有名的贫困户马生荣在"三到村三到户"扶贫项目和"富农贷"项目的扶持下,建起大棚6栋,当年种植5亩大棚甜瓜,收入66 000元。此外,他还免费当起了技术指导员,指导大家种植甜瓜。在扶贫产业项目的引领和马生荣大棚受益的带动下,如今隆盛合镇海子沿村大棚甜瓜种植已经达到110亩,2015年,马生荣在夏秋两季种点青椒,这也是瓜地闲置的季节。马生荣算了一下，实行瓜椒轮作，甜瓜一年收入大概有 1.3 万元，晚青椒也差不多有 500 多公斤。

（2）取得的效益。2015 年巴彦淖尔"三到村三到户"项目主要推广了"自建直补"模式，取得了较好的效果。一是充分调动了群众的积极性，提高了项目效益。贫困群众变"要我干"为"我要干"，并"要我脱贫"为"我要脱贫"，主动筹资并投工投劳。二是保证了项目质量，加快了项目实施进度。贫困群众作为项目建设的主体，增强了建设项目的责任心，为了能够及早足额获得补贴资金，在确保项目建设质量的同时，抓紧时间赶工期，大多都提前完工并投入使用，实现了项目当年规划、当年建设、当年完工。三是节省了资金，打消了群众顾虑。项目由群众先行垫付资金实施，群众能节约的就节约，最大限度地节省了开支，降低了项目建设成本，而且项目由群众自己建设，彻底打消了群众顾虑，提高了群众满意度。

4. 资金整合模式

在确定"三到村三到户"项目的过程中，坚持充分尊重民意，将选择权、决策权、管理权全部交给群众，直接把扶贫项目落实到村到户。实施的项目均由群众民主选择、民主管理、民主监督。为提高扶贫开发效率，增强群众自我发展能力，在广泛征求群众意见的基础上，以发展肉羊产业为切入点，充分发挥"三到村三到户"扶贫项目资金"四两拨千斤"撬动作用，将金融扶贫贷款，与农业开发、林业生态、"十个全覆盖""一事一议"财政奖补及社会帮扶等资金捆绑打包，集中投入到嘎查村。此外，严格坚持公开公示制度，把扶贫项目、资金通过公开栏向群众公开，接受村民的监督，确保扶贫项目的实施、资金管理公开、公正、透明。

（1）做法：典型案例。五原县复兴镇联丰村位于镇政府东南 3 公里处，区域面积为 24 平方公里，耕地面积 13 000 亩，所辖 7 个社，有 468 农户 1 420 人，其中在册贫困户 123 户 252 人。全村地势低洼，土地盐碱化较高，种养殖结构单一，农民收入较低。2015 年，项目在二社和四社实施。

一是取长补短、学习借鉴。春节前后，镇主要领导、分管领导和项目村社负责人多次组织村民代表到周边乡镇"三到村三到户"搞得不错的村社进行学习，从而在总结提炼、扬长避短的基础上，结合项目社实际产业发展需求和农户自筹能力，提出了以"圈舍建设面积 30 平方米、活动场所 80 平方米"为主推模式的经济适用型普惠式肉羊养殖圈舍，在资金匹配上采取 1∶1 的比例，即项目资金补贴 4 000 元，农户自筹资金 1 500 元、以劳代筹 2 500 元（顶子由农户自行完成）。此举在当前肉羊产业发展面临发展困境的前提下，有效提升了农户发展肉羊养殖的积极性和投工投劳的主动性。

二是集中民智、汇集民意。在项目规划中，由县林业局驻村工作队和镇村干部牵头，逐村入户深入摸底调查，了解贫困户及非贫困户的生产需求，最后经社员会和村民代表会反复研究论证，形成产业发展规划，规划"接地气""合民意"。

三是整合项目、杠杆撬动。为充分发挥"三到村三到户"扶贫项目资金的"杠杆"撬动作用，在项目实施前，镇政府就和施工方进行签约，明确镇政府、农户等相应承担的责任和义务，要求项目受益村、受益社必须无条件承担危房、"五堆"清理及村屯绿化等义务投工投劳，否则，产业发展建设等不予享受项目资金补贴。而且为确保项目实施取得实效，镇政府多策并举，想方设法捆绑各类项目，以捆绑扶贫、"十个全覆盖"等项目资金的强大合力来促进该社产业及基础设施建设的不断发展。

（2）取得的效益。在实施扶贫开发中，以规划为引导，整合相关项目资金，做到项目跟着规划走，资金跟着项目走，缺什么整合什么，缺什么建设什么，集中投入，配套建设，一次成型，整体推进，使资金项目整合步入科学化、制度化、规范化轨道。通过整合资金，一方面发挥资金优势互补，更好地扶持产业；另一方面凝聚各类资金力量，更好地引导整合其他项目资金投入，推进美丽乡村建设。

以五原县复兴镇联丰村为缩影，巴彦淖尔市委、市政府把资金整合作为加大扶贫开发工作力度的一个重大举措。在2015年50个贫困嘎查村完成农村牧区"十个全覆盖工程"的基础上，2016年巴彦淖尔94个贫困嘎查村纳入了农村牧区"十个全覆盖"工程范畴，占480个"十个全覆盖"工程嘎查村的20%，占162个贫困嘎查村的58%，整合资金6.17亿元。另外土地整理项目、规模化养殖业项目、设施农业等等都向贫困嘎查村倾斜。资金的大整合、大投入已经显示出扶贫开发的大效果，为贫困地区快速改变生产生活条件、持续增加贫困农牧民群众的收入奠定了坚实的基础。

5. "杠杆式扶贫"模式

以"三到村三到户"财政专项扶贫资金提供担保，撬动银行贷款支持贫困户发展种植、养殖增收项目，财政扶贫资金本息归项目村集体所有，降低贫困农民贷款门槛，银行信贷资金扩大投入，让更多有生产能力的贫困农牧民得到金融支持，这种被百姓形象地称作"杠杆式"扶贫的模式，其辐射力和带动力正在给贫困百姓注入更多脱贫致富的能量。

（1）典型案例。远景村位于城关镇东部，地处临河城区西郊，距市区4公里，在110国道两侧。该村所辖9个村民小组，农户541户，人口2 501人，全村现有耕地11 340亩，人均耕地4.5亩，农业基础条件薄弱，基础设施落后，交通条件不便。2012年全村人均纯收入为3 680元，其中人均纯收入低于2 896元的贫困户有330户908人，贫困人口占总人口的36.3%，是临河区贫困的村之一。2014年远景村被确定为自治区扶贫攻坚工程"三到村三到户"重点扶持村。

由于临河区不属于国家和自治区级重点贫困旗县区，没有被列入自治区实施的"金融扶贫富民工程"范围。为了给贫困群众争取更多的扶贫资金，区扶贫办自加压力，主动作为。

在确定项目的过程中，坚持充分尊重民意，将选择权、决策权、管理权全部交给群众，直接把扶贫项目落实到村到户。实施的项目均由群众民主选择、民主管理、民主监督。为提高扶贫开发效率，增强群众自我发展能力，征得村民代表同意后，2014年通过与农业银行合作，将远景村互助资金项目的20万元资金抵押到农行先行试点，农行按照1∶10的比例，为贫困农户发放贷款，贷款期限一年。共向27户贫困户发放贷款63万元，每户平均2.3万元，贷款到期后农户100%全额偿还。

2015年经召开村民代表大会，将远景村"三到村三到户"专项资金45万元作为风险金抵押到中行，以最低的利息，为远景村以发展设施农业为主导产业的五个村民小组农户放贷200多万元。

同时，将远景村列为"十个全覆盖"工程实施范围，整合各类涉农资金，集中捆绑使用，深入推进到村到户扶贫项目的实施。

2014年至2017年，远景村扶贫攻坚工程共计投资1 527.4万元，其中专项财政扶贫资金200万元；整合交通项目资金910万元；整合水利工程项目资金140万元；整合文体项目资金58万元；整合医疗卫生项目资金4万元；社会帮扶资金60万元；群众自筹资金155.4万元。

（2）取得的效益。通过"杠杆式"扶贫模式，取得了较好效果。一是发挥了扶贫资金的杠杆作用，有效解决了扶贫开发资金不足的问题。二是调动了贫困农民的积极性。贫困农民都可以享受到扶贫开发项目资金的支持，规避以往扶贫开发资金的分配难题。变无偿投资为无偿投资与贷款自筹相结合，贫困农民参与扶贫开发的主动性、积极性明显增强。三是经济效益明显，实现了当年建设、当年见效、当年脱贫致富。

远景村依靠城郊优势和便利的交通条件，在扶贫龙头企业金融农业专业合作社的带动下，大力发展大中棚瓜菜。西部的三组、四组、七组、九组4个村民小组大力发展肉羊养殖，目前养殖大户有80多户，存栏羊达到2 400多只。扶贫项目全部建成后，瓜菜中棚项目每年将增加销售收入1 500万元以上，纯收入增加900万元以上；肉羊养殖项目每年增加销售收入2 400万元以上，纯收入增加800

万元以上。到 2017 年，全村人均纯收入增加 6 797 元，达到 1 万元以上，贫困人口人均纯收入可达到 7 000 元以上，贫困户可实现全部稳定脱贫。

以临河区城关镇远景村为缩影，巴彦淖尔市 162 个"三到村三到户"嘎查村中有 18 个"三到村三到户"项目资金以金融扶贫的方式运行。古希腊数学家阿基米德曾说过，"给我一个杠杆，我可以撬动地球"，金融扶贫正是这个杠杆的最强支点之一，其所撬动的杠杆式扶贫效应，正在扶贫攻坚路上"倍增释放"。

6. "电商扶贫"模式

依托县、镇、村三级电子商务服务网络，帮助贫困户低价购买生产资料、生活用品，高价卖出农副产品，实现贫困户节本增收致富。例如，五原县胜丰镇启动"互联网+扶贫"模式，组织 116 户农民和"先蛋先鸡"公司签订收购鸡蛋协议，其中贫困户有 36 户。这项工作成效明显，得到自治区扶贫办的充分肯定和高度评价。6 月 27 日，自治区扶贫办组织西部各盟市、各旗县区在五原县召开了内蒙古电商扶贫培训现场会。

五原县塔尔湖镇丰产村村民郝恒，他的淘宝店主要售卖河套本土特产，其中最主要的一个品种是他二舅王金年家的土鸡蛋，店铺名"二舅特产"。2015 年初，五原县启动万人电商培训计划，为有志通过电子商务创业的人群提供免费培训。王金年第一时间报了名，可由于之前没接触过网络，老王学起来很吃力。看舅舅有心在网上卖鸡蛋，但因为不懂网络而举步维艰，王金年的外甥郝恒和培训班的同学组建了一个小团队，专门开了网店销售"二舅鸡蛋"，每颗鸡蛋的售价在 2 块多，鸡蛋卖到了全国各地，销售市场正在逐步打开。①

在国家及自治区启动电商扶贫新模式后，五原县抢抓机遇，率先创建自治区首家县级电子商务产业园——河套电子商务产业园。依托电商产业园，五原县拓宽农畜产品销售渠道，拉动贫困农民增收脱贫。

在推进电子商务进农村工程中，五原县重点引导网商经纪人、能人、大户、专业协会等，构建"农户+网商+客户"的电子商务产业链，并培育电子商务扶贫龙头企业，建设流通体系，实现农户增收和贫困户脱贫。河套电子商务产业园运营以来，五原特产灯笼红香瓜、葵花籽、农家土鸡蛋、羊肉等农畜产品通过网络销往了北京、广东等 20 多个省市，并提升了市场价格，促进了农民增收。以灯笼红香瓜为例，本地卖价为每斤 6 元，通过网络销售价格为每斤 33 元，据测算，每亩可增收 3 万元；农村土鸡蛋通过网上销售每颗多卖 1 元，可增收 70%，

---

① 吕园：《"二舅鸡蛋"触电，土鸡蛋走出五原走向全国》，http://www.bynrnews.com/new/qixian/20151221/215823.html，2015 年 12 月 21 日。

并出现了市场供不应求的局面。

7. "光伏扶贫"模式

五原县"易地扶贫搬迁+光伏产业"。通过易地搬迁项目,迁出不适宜人居环境的贫困户,集中建新村,发展特色产业,实现搬得出、稳得住、能致富。

从模式实施来看,内蒙古巴彦淖尔市五原县隆兴昌镇联星光伏新村,是由同联村和五星村整村搬迁新建的移民村。按照"政府主导、企业牵头、农民主体"的原则,引进山路能源集团投资建设,项目分两期实施,一期工程于2015年底建成,总投资8.5亿元,搬迁2个行政村、4个自然村、457户、1 352人,复垦2 350亩耕地,配套建设457套光伏住宅、年出栏10万只肉羊养殖园、2万亩规模化种植基地、50MWP光伏电站。

从效益来看,来自土地流转收入2万元,光伏发电收入3万元,为合作社种养殖收入3万元,年收入合计可达8万元左右。实现"十个全覆盖"、清洁能源、土地整治、规模化养殖、绿色有机种植、农民增收"六位一体"模式,年产绿色有机粮食4 000万斤、肉羊10万只;光伏产业利用屋顶、院落、圈舍年发电8 500万度。①

(三) 面临的问题和提高农牧业竞争力的策略

1. 面临问题

一是农牧业生产经营方式仍然粗放,专业化、规模化、集约化水平低;二是农畜产品加工企业规模小,加工层次不高,农畜产品加工产业链条短,以初级的原料加工为主,农畜产品深加工发展滞后,缺乏附加值高的产品;三是知名品牌少,产品知名度低,没有形成品牌效应,产品市场认知率、占有率低,在培育发挥绿色、特色优势,提升农畜产品品牌知名度,增强产业竞争力,实现优质优价上还有很大差距;四是农畜产品检测检验手段滞后,农畜产品、安全保障难度大,农畜产品生产、加工、流通、质量检验、标识管理等环节,尚未建立一套严格完整的标准和市场准入、准出监管体系,从田头到餐桌的可追溯制度没有建立;五是农牧业执法和农畜产品安全监管资金投入不足,基层技术人员较少且专业素质有待提高,基层检测站作用还没有真正发挥;六是现代化的职业农牧民培养培训投入少、力度小。农牧业科技服务和推广的内容不足,科技贡献率低。

2. 应对策略

第一,创新农牧业生产经营体制,提升产业化经营水平。调整优化结构,转

---

① 电力网:《蒙古五原县联星光伏新村脱贫》, http://www.chinapower.com.cn/gfgnxw/20160815/46855.html, 2016年8月15日。

变农业发展方式，着力推进农业供给侧结构性改革，扭转过去对产量、数量的片面强调，转为数量、质量、效益并重。加快促进土地等生产要素向农牧民合作社和家庭农牧场等新型经营主体集中，不断提高规模化经营水平，向规模要效益，积极研究和开发下游产品，提高产品附加值。大力推广"企业+合作社+农户""企业+基地+农户"等运行模式，构建以农户家庭经营为基础、合作与联合为纽带、社会化服务为支撑的立体式复合型现代农业经营体系。

第二，提高农牧业标准化和科技服务水平。一是完善农牧业科技服务体系。依托基层农技改革与建设项目，按照主体多元化、服务专业化、运行市场化的方向，加快构建公益性服务与经营性服务相结合、专业服务与综合服务相协调的新型农牧业社会化服务体系。进一步完善市、旗县区、苏木镇三级农牧业技术推广机构，加强队伍建设，增强服务能力。二是大力推广农牧业适用技术。加强科技培训工作，积极组织开展农牧业适用技术培训，特别是要向广大农牧民发布农畜产品和农牧业生产资料供求信息，重点突出农畜产品生产加工输出基地建设方面的培训，确保从事农牧业生产的农牧民科技培训覆盖率达到100%。

第三，强化农畜产品质量安全监管能力。一是健全完善农畜产品质量安全监管体系。积极争取国家和自治区的项目支持，努力构建市、旗县区和农畜产品生产基地三级检测检验体系，解决农畜产品质量安全监管手段滞后的问题，全面提高农牧业标准化水平和农畜产品质量安全水平。二是加大农畜产品质量安全专项整治力度。三是加强产地环境保护和源头治理。全面落实投入品使用记录制度和安全休药期（安全间隔）制度。

第四，抓好农牧业品牌化建设。一是制定激励扶持政策。对农产品品牌的整合加以必要的引导、激励和扶持，提高区域内农产品整体的市场竞争力。二是整合产业资源，合理安排农业产业区域化布局。三是整合品牌资源，制定一个开放式的品牌资源共享机制。建立地域性农产品品牌资源共建共享机制，整合品牌资源，打响优势拳头品牌。

三、内蒙古巴林左旗碧流台镇四方城村小额信贷杠杆式扶贫调查[①]

（一）案例背景

四方城村位于巴林左旗碧流台镇北部，南距镇政府20公里，北距西乌旗草

---

① 根据内蒙古自治区扶贫开发（革命老区建设）办公室提供的资料整理，2016年12月16日。

原35公里，是一个宜农宜牧的地方。全村725户、2 293口人，其中贫困户374户，贫困人口1 124人，占全村总人口的49%。由于贫困人口多、扶持资金少；村级人口数量大、扶持强度小；基础设施投入多、到户资金少；以及扶贫开发投入后劲不足，机制不活等问题，导致四方城村始终没能摆脱贫穷落后状况。

能不能改变这种现状？怎么改？从哪里突破？采取什么方式？2011年末，旗扶贫办、碧流台镇政府领导到四方城村就2012年整村推进项目与村两委班子、村民代表、村民组长进行座谈。镇党委书记刘海峰了解到，这个村从祖辈就传下来一个习惯，家家户户都爱养羊，也会养羊，养了卖，卖了再养，既是村民们生活中的重要部分，更是他们由来已久的生财之道。他提出能不能拿出部分扶贫资金作抵押，放大农行贷款，实行有借有还。让农民用贷款买羊，挣了钱再还贷。一个新的扶贫思路"放大额度、保值增值、滚动发展、按期脱贫"就这样酝酿产生了。他们把这称为"杠杆式"扶贫模式。

（二）主要内容

旗农行以130万元扶贫资金作抵押向这个村投放700万元贷款，扶持四方城村259户贫困户重点发展养殖业。首轮周期确定为3年，贷款利率月息8.2‰，贷款额度根据扶贫户需求每户2万~5万元不等。

2012年，该村参与"杠杆式"扶持的农户达215户，落实扶贫贷款545万元，购羊7 079只，发展食用菌40万袋。项目实施当年，该村小尾寒羊存栏已达18 700只，全村人均养殖肉羊平均达8.1只，而项目实施户人均养羊达10只以上。仅此一项，可实现人均收入增加1 800元以上。

（三）管理运行模式

协会化管理。四方城村采取"支部+协会"的组织领导方式，集中瞄准"两项制度有效衔接"确定的扶贫对象，成立了以扶贫户为主体的"四方城村农牧民养殖信用互助协会"，制定了协会章程。从项目选定、组织实施、管理监督等事项全部由协会负责，为保证项目资金和农行支农贷款的安全，在项目实施全过程严格按协会章程办事，协会与会员之间通过签订协议明确双方权利、义务及违约责任。

民主式推进。在旗扶贫办的指导下，镇党委召开专题会议研究四方城村整村推进扶贫工作，旗扶贫办领导和工作人员同镇党委、政府领导多次参加村"两委"班子会议、党员会议、村民代表会议、贫困户代表会议等各层面会议，在反复调查走访、广泛听取各方面意见建议的基础上，与旗农行达成抵押贷款协议，全村259户贫困户庄严地按下了代表他们权利和责任的红手印，最终确定采取

"杠杆式"的扶贫方式。由于群众的广泛参与和民主管理模式，项目选定符合实际、有群众基础，充分调动了群众参与项目实施的积极性，有效地推动了项目顺利实施。

全方位服务。"杠杆式"扶贫方式确定后，旗委、旗政府主要领导高度重视和大力支持，旗政府主要领导和分管领导就四方城村扶贫项目多次召开协调会研究解决遇到的困难和问题，为促进项目推进步伐，在财政扶贫资金没到位的前提下，协调旗财政预借130万元保证金撬动农行700万元贷款先行启动。成立了由副镇长为组长的四方城村包村工作队。旗农牧业局改良站作为旗下乡工作队，为养殖户提供技术培训指导、防疫、检疫、品种改良、科技服务、技术咨询等。镇纪委、财政对扶贫项目资金实行全程监管，确保资金安全使用。

（四）主要成效

四方城村"杠杆式"扶贫项目的实施，实现了"四个转变"，取得了"四个成效"。

1. "四个转变"

一是内生活力增强。从过去单一给钱给物的"输血式"扶贫向给机制、给政策的"造血式"扶贫转变。催生了项目户的内生活力。村民们的积极性高了，主动性也强了，主动要项目，主动学技术。村民刘晓军47岁，在北京打工近七年，每年收入所剩无几，知道村里实施养羊扶贫项目，他放弃了外出打工的念头，在旗农行获得3万元贷款加上几年来打工的积蓄购小尾寒羊40只，已产羔45只，纯收入达3.2万元以上，相当于他近三年的打工收入。由过去"背井离乡"外出打工，实现了守家在地"安居乐业"的农户还有6户。

二是更新了扶贫理念。过去一说到扶贫，就是给钱，给项目。钱花完了，项目建完了，扶贫也就结束了，现在不给钱，也不直接给项目，而是给政策给机制。由过去财政资金的无偿给予，变成现在的有偿使用。这一改变改掉了过去等、靠、要的懒散思想，改掉了过去扶贫项目大锅饭、与自己关系不大的传统认识，改出了积极性和主动性，改出了压力和动力。

三是扩大了扶持力度。四方城村用700万元银行贷款扶持本村236户发展养牛，10户发展养羊，食用菌种植户7户，交通运输1户，个体经商户1户。全村259户贫困户实现了项目全覆盖。贷款周期根据项目内容和村民家庭情况的差异为1～3年不等，灵活性大了，个性化、针对性也更强了。村民们可以有一个更长远的发展计划，扶贫资金也一改过去一次性使用，变为现在的保值增值、循环使用、项目持续发展、村民持续受益。

四是脱贫效果显著。全村215户养羊户购羊7 079只，通过繁殖加上原有存栏已达 18 700 只，人均养殖量达到 10 只，贫困人口人均增收达到 1 000 元。

2. "四个成效"

一是真正做到了扶持到户，实现了贫困人口的全覆盖。二是促进了村民和谐，改善了民情民风。由于项目充分尊重群众意愿，确保了群众的积极参与，没有一名群众因项目资金多少、给谁不给谁而发生不满和上访，群众气顺、邻里团结、互帮互助。三是强化了村两委班子建设，密切了党群干群关系。四是实现了扶贫资金"保值增值"。三年结束后，养殖户将按要求还清全部贷款，存入农行的财政扶贫保证资金连本带息近 145 万元全部归项目村贫困户所有，并借鉴扶贫互助资金的管理方式，继续实行"滚动式"管理使用，也可根据贫困群众意愿，继续发展其他增收致富的相关产业项目。

（五）推广价值

碧流台镇四方城村的"杠杆式"扶贫模式，不仅使项目覆盖到所有贫困户，更让养羊户有了压力，有了责任，较好地克服了过去无偿的给钱、给物，后续管理跟不上去，导致一些农民觉得钱物来得容易，花得也快，因为白给，也不怎么心疼，患上"懈怠症""依赖症"，甚至等靠要思想的弊端。这种"杠杆模式"，撬动的不仅仅是银行贷款，也撬动了扶贫资金使用模式、传统做法，更撬动了贫困农牧民的积极性、主动性和思想观念，催生了项目户的内生活力，也催生出了扶贫的新机制，其意义和影响已经超出了项目本身。

四、二连浩特市牧区贫困特点与扶贫模式调查

课题组于 2016 年 7 月对二连浩特牧区贫困问题展开调查，分别走访了农牧业局扶贫办、民委、旅游局等单位，探讨二连浩特贫困现状、贫困特征以及精准扶贫的经验，以便更好地推动干旱牧区扶贫工作，促进牧区又好又快的发展。

（一）贫困状况

二连浩特位于内蒙古自治区正北部，既是口岸城市也是口岸经济，口岸进出口货物总量增长超过满洲里和绥芬河，是我国"一带一路"建设的重要节点。地区收入主要来自第三产业。以 2013 年为例，一二三产业比重分别 0.63%、39.30%、60.07%，其产值分别为 5 006 万元、310 619 万元、474 777 万元，显然第三产业产值远高于一二产业。从人口变动情况看，户籍人口 27 052 人，暂住人口 48 602 人；二连浩特全社会从业人员 29 389 人，其中第一产业 992 人、

第二产业 228 人、第三产业 16 139 人，农村牧区从业人员仅 950 人。①

总体来看，二连浩特农村人口贫困发生率并不高，2014 年、2015 年、2016 年贫困人口分别为 139 人、83 人、25 人。据二连浩特扶贫办郝翠枝主任介绍，"二连浩特贫困面不算大，通过定点帮扶、加大基础设施建设投资、项目增收、政策兜底等措施，稳步推进扶贫进程，取得了显著效果，二连浩特扶贫目标是 2017 年实现整体脱贫"。

（二）扶贫工作做法

1. 基础设施建设

通过在农村牧区实施基本公共服务"十个全覆盖"工程，大大改善农村牧区公共服务设施和生产生活条件。内蒙古十个全覆盖具体内容是："一是危房改造工程；二是安全饮水工程；三是街巷硬化工程；四是电力村村通和农网改造工程；五是村村通广播电视和通信工程；六是校舍建设及安全改造工程；七是标准化卫生室建设工程；八是文化室建设工程；九是便民连锁超市工程；十是农村牧区常住人口养老医疗低保等社会保障工程。"

二连浩特市 2015 年筹集资金 1.2 亿元实施"十个全覆盖"工程，其中获得上级资金 1.08 亿元。实施危房改造 58 套；新打机井 35 眼、新建水窖 7 处，解决了 297 户养牧户安全饮水问题；新建蔬菜温室大棚 20 座，对 269 户牧民房屋进行外墙保温和门窗更换；完成通村公路 3 条、街巷硬化 52.4 公里，嘎查公路通达率达到 100%；新建 35 千伏变电站、广播电视基站各一座，实现赛乌素菜农光纤入户；完成赛乌素综合服务楼建设，改造 4 个嘎查文化活动室和 3 处便民连锁超市，农村牧区常住人口低保、医疗、养老保险水平保持内蒙古自治区前列。推动农牧业产业化发展，发放支农再贷款 1.5 亿元，培育盟级以上农牧业产业化龙头企业 4 家、专业合作组织 4 家。开展草原确权登记工作，确权率达 95% 以上。

2016 年，二连浩特市为贫困户建档立卡，有针对性地实施帮扶措施（见表 6-3）。

表 6-3　2016 年内蒙古二连浩特市建档立卡贫困户帮扶措施一览

嘎查	户主姓名	帮扶措施
额嘎查	图某某	提供基础母畜 30 只，建储草棚 80 平方米，通网电，协调水务局打机井 1 眼。因其年轻有文化，进行技能或创业方面的培训

---

① 二连浩特市人民政府：《2014 年二连浩特市统计年鉴》，http://www.elht.gov.cn，2016 年 7 月 28 日。

续表

嘎查	户主姓名	帮扶措施
呼嘎查	钢某某	提供基础母畜 30 只，申请低保。为其两个儿子进行技能或创业方面的培训，全年不少于 4 人次
呼嘎查	图某某	提供基础母畜 30 只，建储草棚 80 平方米，协调电业局为机井配套网电
陶力嘎查	哈某某	提供基础母畜 30 只，通网电，协调教育局给予教育补贴
陶力嘎查	胡某某	提供基础母畜 30 只，申请低保，协调水务局打机电井 1 眼
陶力嘎查	毕某某	提供基础母畜 30 只，进行技能或创业方面的培训，鼓励其发挥赛骆驼的特长
陶力嘎查	斯某某	提供基础母畜 30 只，由于草场面积小无基础设施，本人又会电焊等手艺，鼓励其继续发挥特长打工获得收入，进行技能或创业方面的培训。同时引导其二期补奖实施时进行禁牧或草原流转
陶力嘎查	乌某某	提供基础母畜 30 只，草场面积小，二期建议禁牧或草原流转。对其长子进行技能或创业方面的培训
陶力嘎查	额某某	提供基础母畜 30 只，建储草棚 80 平方米，协调电业局通网电
苏吉嘎查	温某某	提供基础母畜 30 只，建暖棚 100 平方米，储草棚 80 平方米，协调电业局通网电

资料来源：课题组 2016 年 7 月对内蒙古二连浩特扶贫办的调查。

2. 项目增收

发展特色旅游乡村，带动农牧民增收。二连浩特市通过实施"十个全覆盖"工程，二连浩特市投入 7 000 万元，对赛乌素嘎查的房舍、道路、广场等公共设施进行全面改造，兴建蔬菜大棚，免费为市民及游客开通二连至赛乌素嘎查旅游专线，发展观光农牧业，助推赛乌素特色乡村旅游村镇发展。

一是完成基础设施建设。拆除全部危旧房屋，对旧有建筑状况较好的房屋按照统一风格和集中连片原则进行维修改造。高标准建设 102 套改善性住房，将有意愿、有能力的住户迁入改善性住房居住，对无购房能力住户统筹安排到维修改造后的房屋居住，实现老旧居民区与新村的自然衔接。配套完善供水网络、排污系统、照明系统、景观标志、巷道建设、绿化种植，新建幼儿园、卫生院、广场、商街、公园等公共服务设施，实施街巷硬化无死角，全力推进人居环境综合整治工作。二是完善设施农业种植水平。结合产业发展，完成现有 46 座蔬菜大棚的维修改造，投资 400 万元新建 20 座温室大棚，切实提高设施农业和蔬菜种植水平，积极发展蔬菜、花卉规模化种植，开发绿色果蔬采摘、园艺休闲观光、农家乐餐饮等特色休闲项目，全力打造绿色果蔬种植和观光旅游休闲农牧业基地。①

3. 政策兜底

二连浩特市实施城乡一条线，通过危房改造工程大大改善贫困户居住条件。实现城乡统筹社会保障体系，城乡居民最低生活保障标准为 640 元，三无人员分散供养标准为 1 600 元，集中供养标准为 2 000 元，有效保障了城乡困难人群的基本生活。贫困户人均政策性收入最低的是陶力嘎查的胡日查，为 2 596.6 元；最高的是苏吉嘎查的温都苏，为 8 775 元。

（三）贫困特点

1. 自然因素

二连浩特属于典型干旱荒漠戈壁型草原，自然条件恶劣、土地贫瘠，抵御自然灾害能力较弱，农牧民靠天吃饭，因灾致贫、因灾返贫问题突出，农牧民增收困难。如 2016 年上半年气候干旱，导致牲畜膘情不好、羊肉价格持续走低。因东、西乌旗等主要产草地今年也干旱，产草量锐减导致了饲草料价格同期上涨的生产困难。

2. 思想观念与理财行为

由于思想观念落后，不善于理财，目前靠政策性收入脱贫方式不会持久，一旦没有了政策性收入很快又会陷入贫困。国家通过项目扶持、生态搬迁，使他们收入暂时增加，现在实施的禁牧、草原生态补偿奖励政策，以及社会保障政策，确确实实使他们摆脱了贫困。二连浩特市委主任特木勒说："2000 年国家实施京津冀风沙源治理，国家投入 50 亿～60 亿元实施生态移民搬迁，解决草原生态保护问题。市里专门划出 200 亩地盖房子，让生态移民进城，有些人不愿意进城，怕失去草场。进来的人，待上 10 年钱花光了，没固定工作，没技能，啥也不会，反而染上了赌博恶习、成为一个游手好闲的懒汉。10 年禁牧期到了以后，又回到草原，投靠亲戚，没有积蓄，也不享受'十个全覆盖'的优惠政策，成为地地道道的返贫户。这样，生态没有保护好，国家的钱也花了，还养了一群懒汉。"他认为政府应充分调研，在扶贫项目上、扶贫制度上要做一些调整。

3. 扶贫方式问题

精准扶贫不是精准救济。精准扶贫更多的是支持产业发展，提高农牧民自我

---

① 《深入实施十个全覆盖工程打造美丽边境小镇——赛乌素》，http://www.elht.gov.cn/zwgkzl/hmss/hmssjzqk/201505/t20150508_65656.html，2015 年 4 月 20 日。

发展能力，而不是一味地兜底，要把"输血式扶贫"转变为"造血式扶贫"。二连浩特市民委主任特木勒说："因遵循牧区生产特点，制定适宜的帮扶之策，不能一味给钱。"养羊周期内，头9月至第二年7月处于漫长冬季，羊群没有天然草吃，靠饲料喂养，周期长，成本高，牧民难以维持，这样，扶贫方式可以补偿饲料形式支持牧业生产；同时实施短期育肥补助，使牧民羔羊均衡出栏，避免集中出栏带来市场价格波动。特木勒还介绍说："生产方式可以多种经营，分类指导，可以养骆驼、养羊、养马，多头并举，可以选择20户作为示范，示范引领，试点带动；可以委托专业机构进行可行性研究、拿出实施方案。"二连浩特结合兴边富民规划，整合少数民族发展经济，发展牧业经济，推动特色村寨建设，弘扬传统民族文化，促进产业发展（如手工艺、服饰、雕刻、皮衣等），利用民族博物馆展示蒙古马奶、马文化、骆驼产品，已建成内蒙古训马基地等特色项目。随着口岸旅游业发展，进一步推广这些产品已有较好的基础。

（四）发展思路

1. 重视牧业可持续发展

规模经营上层次。牧业发展要上规模、上层级、上效益、上品牌，增加产品竞争力。既要有特色，还要有规模，如果没有规模则成本下不来，产品就会缺乏竞争力。扩大规模经营，还是要靠人才带动。这个人才是乡土人才、乡村能人。不是农民都会种地，要培养职业农民。面临小生产和大市场的矛盾，应大力培养"家庭农场、种植大户、农业企业、农牧民专业合作社"等农业新型经营主体。

2. 加大电商扶贫力度

电商已深入人心，如今实体店纷纷关门。过去"一个旺铺旺三代"，如今"一代没旺就关门"。好酒也怕巷子深，茅台也要做广告。电子商务如今成为农家较好的营销平台。

从全国来讲，宁夏枸杞、新疆哈密瓜、福建铁观音销往全国。更重要的是实行产品追溯系统、私人订制、满足个性需求，实现效益翻番。如新疆哈密瓜卖到北京由原来1个20~30元到现在50~90元。

具体工作：第一，加快电子商务平台和销售网络建设，发展O2O（线上线下）、C2B（消费者订制）、C2F（订单农业）、F2C（农场直供）等模式。第二，培育农产品加工电子商务应用一体化龙头企业。由于家庭生产规模狭小，专业化程度低，生产成本高，因此，农户参与市场竞争的能力十分有限，因此，少数民族贫困地区培育具有影响力大、带动力强的龙头企业十分必要。内蒙古虽然已有一些农业龙头企业，但从总体上看，加工技术设备落后、产品档次较低、品种单一，真正上规模、上档次的骨干企业很少，也就难以按照产业化的要求完成产、加、销全部生产环节的一体化过程，从而形成"小马拉大车"的尴尬局面，因此，必须积极培育龙头企业，提升企业核心竞争力。第三，加强流通基础设施建设，包括冷库仓储、冷链物流等基础设施。

3. 发展绿色生产，树立品牌意识

品牌就是竞争力。山东寿光蔬菜、湖北罗田板栗、陕西苹果、河北雪梨、新疆哈密瓜等让人耳闻眼熟。当然，这里所指的品牌不是地名"品牌"，而是企业的商标品牌。龙头企业通过对产品进行精选、分级、加工、包装而进入市场。树立起良好的品牌公众形象后，才能得以壮大发展。

具体工作：一是加强农产品标准化生产示范基地建设。二是建立统一的农产品编码标识，实现农产品全供应链的质量安全可追溯监管体系。三是开展进行有机、绿色及质量体系认证，推出二连浩特精品，打响二连浩特品牌。

绿色发展创品牌，单靠农牧民自己无法完成。需要"政府引导、企业驱动、牧民参与"三位一体才行。政府引导是通过一些制度规范农民行为、出台一些优惠政策激励企业参与，企业驱动是主体，龙头企业通过严格的规范生产，按照现代企业制度、国际标准体系推出有竞争力的产品。

五、锡林郭勒盟牧区贫困治理分析[①]

（一）锡林郭勒盟牧区经济发展现状

1. 自然资源得天独厚，但生态环境脆弱

锡林郭勒草原是内蒙古草原的主要天然草场之一，是华北地区重要的生态屏障，是距首都北京最近的草原牧区，境内有全国唯一被联合国教科文组织纳入国际生物圈监测体系的锡林郭勒国家级草原自然保护区。草原面积17.96万平方公里，占土地总面积的89.85%。锡林郭勒属中温带干旱半干旱大陆性季风气候，寒冷、风沙大、少雨，俗有"十年九旱"之说。[②]

锡林郭勒盟天然的草场资源对当地畜牧业发展有着积极的影响，是当地主打以畜产品为第一产业的基石，要实现牧民增收必须加大草原生态环境的保护和建设。锡林郭勒盟草原牧区的退化，草场退化与牧民收入反比关系，退化越严重收

---

① 李俊杰、其乐木格：《干旱牧区特殊类型贫困治理研究——以锡林郭勒盟牧区为例》，载《内蒙古民族大学学报》（社会科学版）2015年第5期，第60～66页。

② 锡林郭勒盟政务门户网站：《锡林郭勒盟概况》，http：//www.xlgl.gov.cn/zjxlgl/xmgk/201609/t20160908_1642633.html，2010年10月19日。

入越低导致贫困。例如草场退化比重为83%的正镶黄旗是区贫旗，农牧民人均收入7 034元，低于内蒙古平均水平1 161元。草场退化比重为23%的锡林浩特市农牧民人均收入为9 140元，高出内蒙古平均水平3 030元。由表6-4还可以看出，锡林郭勒盟人口承载力大约在每平方公里4~5人，但多数旗县实际承载人口大大超出了人口承载力标准，国贫旗苏尼特右旗和正镶白旗超出比例更多。

表6-4 2008年锡林郭勒盟草地退化及人口承载力比重

市旗	草地退化比重（%）	人口承载力标准（人/平方公里）	实际人口密度（人/平方公里）
锡林浩特市	23	5.0	11.2
东乌珠穆沁旗	37	5.0	1.4
西乌珠穆沁旗	25	5.0	3.3
阿巴嘎旗	62	5.0	1.6
苏尼特右旗	38	2.0	3.1
苏尼特左旗	38	2.0	1.0
正蓝旗	41	5.0	7.9
正镶黄旗	83	5.0	5.9
正镶白旗	50	5.0	11.6

资料来源：内蒙古草原勘察设计院。

2. 经济稳定增长，但产业结构不平衡

近5年来，锡林郭勒盟综合利用区位、资源、政策优势，经济持续、稳定发展。2010~2014年，锡林郭勒盟GDP从485亿元增加到930亿元，年平均增长率11.87%，高于10.7%的全国平均水平（如图6-1所示）。2013年末城镇化率达到了62.67%，高于53.73%的全国城镇化率。

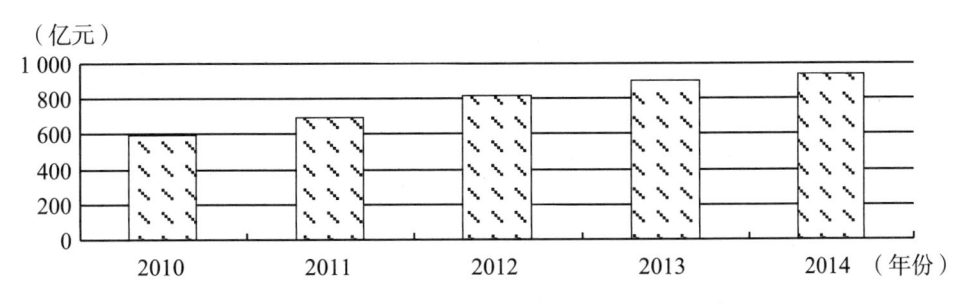

图6-1 2010~2014年锡林郭勒盟GDP变化

三次产业结构是否合理是衡量一个地区经济发展质量的重要指标。根据世界经济发展一般规律,一个国家的产业结构的变化随着经济发展依次呈现"一二三""二一三""二三一""三二一"的发展阶段。2015年锡林郭勒全盟,只有二连浩特市生产总值产业结构呈现"三二一"情况,其余旗县的产业结构均呈现出"二三一"的情况,锡林郭勒盟牧区还需要进一步发展第三产业(见表6-5)。

表6-5 2015年锡林郭勒盟生产总值三次产业比重

地区	第一产业 产值(万元)	第一产业 比值(%)	第二产业 产值(万元)	第二产业 比值(%)	第三产业 产值(万元)	第三产业 比值(%)	生产总值(万元)
正镶白旗	49 231	15.84	156 076	50.22	105 450	33.93	310 757
苏尼特左旗	59 673	11.98	338 334	67.91	100 172	20.11	498 179
苏尼特右旗	51 053	8.57	398 523	66.93	145 815	24.49	595 391
太仆寺旗	128 707	25.68	204 011	40.71	168 472	33.61	501 190
镶黄旗	33 555	6.36	399 164	75.70	94 577	17.94	527 296
正蓝旗	70 098	10.06	473 039	67.89	153 662	22.05	696 799
多伦县	91 050	11.10	568 025	69.23	161 398	19.67	820 473
东乌珠穆沁旗	204 854	15.04	914 009	67.11	243 090	17.85	1 361 953
西乌珠穆沁旗	155 383	13.47	835 040	72.41	162 868	14.12	1 153 290
锡林浩特	160 014	7.61	1 056 385	50.26	885 412	42.13	2 101 811
阿巴嘎旗	77 554	11.51	493 093	73.21	102 904	15.28	673 551
二连浩特市	6 276	0.62	357 991	35.54	643 041	63.83	1 007 308

资料来源:根据《2016年内蒙古统计年鉴》整理。

3. 收入水平提高,但收入结构单一

牧民收入来源于经营性收入、工资收入、转移性收入和财产性收入四大部分。如图6-2所示,2013年锡林郭勒盟牧区牧民人均收入10 050元,其中经营性收入6 116元,占全部收入的60.7%,其第一产业净收入占牧民收入主导地位;以乡镇企业劳动和外出打工报酬为主的工资性收入1 572元,占全部收入的15.5%,有同比迅速增长的态势;转移性净收入2 014元,占全部收入的20.3%;财产性收入348元,占全部收入的3.5%。

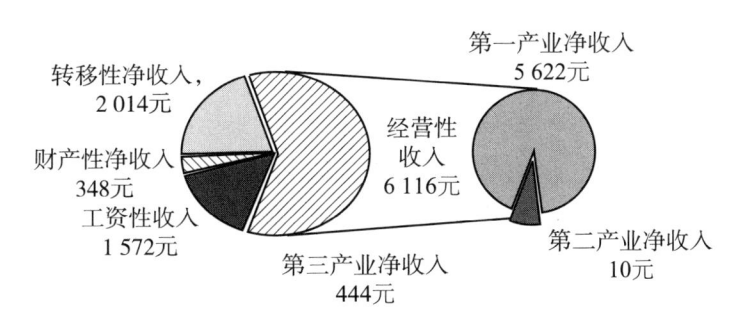

图 6-2　2013 年锡林郭勒盟牧民人均收入构成

牧民主要收入来源畜牧业收入，不稳定且风险大。畜牧业收入主要取决于畜牧产品的市场价格和数量，而畜牧产品的数量和价格受自然灾害和市场价格双重影响，其中任何一个因素的变动都会引起牧民收入很大的波动，从而影响牧民家庭生活状况。不完善的牧区基础设施供给也阻碍了牧民收入来源的多样化。据统计资料发现，该地区牧民收入主要来自家庭经营畜牧业的收入，经营第二产业和第三产业收入所占比重非常低。有保障、稳定持续的工资性收入很少，财政性收入和转移性收入所占牧民收入比重也不高。

（二）锡林郭勒盟牧区贫困特殊性

1. 畜牧业发展不稳定影响牧民增收

第一，畜牧业存在脆弱性和季节性。通过十几年的建设和改革，干旱牧区传统畜牧业在很多方面得到了创造性的进步，为现代化牧业奠定了基础。但是从整体发展水平上看，干旱牧区畜牧业还处在传统畜牧业过渡到现代化畜牧业的初级阶段。尤其畜牧业脆弱性、季节性依然存在，草畜矛盾日益加剧，加上人口持续增长，资源过度消耗，环境破坏严重等日益突出的问题严重影响了牧民收入。

畜牧业生产是在天然草场基础上，以第一生产为基础建立的第二生产，牲畜是该特殊生产的劳动对象，因此很容易受自然条件和生产环境的影响，并呈现出明显的脆弱性，也就是不稳定性或风险性。干旱牧区基本上全年利用自然草场，依附于自然条件。牲畜跟随四季，"夏壮、秋肥、冬瘦、春乏"的变化情况增加了畜牧业发展的不稳定性，从而影响牧民增收。

第二，生产周期长，生产经营成本高。锡林郭勒盟牧区在畜牧业养殖过程中，生产周期比较长，如肉牛的生产周期在 7~10 年以上，羊的生产周期在 2~3 年以上，由于常年投入，使得畜牧业生产资金占用时间比较长，资金周转缓慢。尤其改良后的牲畜养殖，生产投入更大，一是改良后的牲畜需要更多的悉心照料，增加了牧民劳动力强度；二是改良后的牲畜耐寒能力下降，需要更完善的基础设施才能带来经济效益。所以牧区畜牧业经营需要大量的资金投入、人力投入、物力投入才能实现持续增收。

第三，产业结构单一，发展后劲不足。锡林郭勒盟牧区主要生产方式以第一产业畜牧业为主，生产经营投入大，产量低，第二、第三产业发展不足。此外，不完善的牧区基础设施供给也阻碍了牧民收入来源的多样化。据统计资料发现，该地区牧民收入主要来自家庭经营畜牧业的收入，经营第二产业和第三产业收入所占比重非常低。有保障、稳定持续的工资性收入很少，财政性收入和转移性收入所占牧民收入比重也非常低。

2. 自然灾害多危害大

一是四季灾情频繁。草原火灾一般发生在春秋两季，没有水分的枯草容易引发火灾。一般有以下几个特点：速度快、火势猛、面积大。草原面积宽广，一旦着火受阻碍少，火势蔓延速度非常迅速，面积又大。一方面，火灾是造成森林和草原资源毁损的直接原因，与此同时会引发水土流失，土壤干旱化等一系列后续生态问题。另一方面，火灾也会造成畜牧业经济损失，甚至危害到牧民生命、财产安全。

干旱一般发生在夏季。干旱通常是指牧区在无灌溉条件下的地区降水量少，使得空气干燥、土壤干旱，造成牲口饮水困难，牧草无法正常生长的现象。从人口密度、牲畜数量、农牧业人口比例、耕地面积、农牧民人均收入等指标区分锡林郭勒盟，可以化分成五个干旱脆弱区，分别是微脆弱区、轻脆弱区、一般脆弱区、严重脆弱区、极重脆弱区（详见表6-6）。

表6-6　　　　　　　　锡林郭勒盟干旱脆弱性分区

干旱程度	隶属行政区域	区域特点
微脆弱性区	东乌珠穆沁旗	人口密度小、降雨量和植被盖度较高、地表水可利用量全盟最高
轻脆弱性区	西乌珠穆沁旗、锡林浩特市	人均收入较高及地表水开采量较大
一般脆弱性区	阿巴嘎旗、正蓝旗、	地下水可采用量较大、地表水可用量少、农牧业人口比例较大
严重脆弱性区	多伦县、镶黄旗、苏尼特右旗	植被覆盖率低，地表水可利用量与地下水可采量少。旱灾发生率概率大，区域的抗旱能力较差
极重脆弱性区	二连浩特市、苏尼特左旗、正镶白旗、太卜寺旗	农牧业人口比例高，植被覆盖度低，地表水可利用量和地下水开采量少

资料来源：锡林郭勒盟政府网，http://www.xlgl.gov.cn/，2010年10月19日。

雪灾是内蒙古冬春季牧区的重大自然灾害，其形成是由于长时间大量降雪而造成的大面积的积雪，其积雪厚、雪层维持时间长，掩埋了牧草，导致草场长时间被掩盖，使家畜失去食物，进而造成"饿灾"的局面。

二是沙尘暴危害严重。沙尘暴导致自然环境受到污染、作物生长环境受到破坏，严重时还会造成房屋倒塌，交通供电受阻或中断，甚至造成人畜伤亡等，给环境造成严重损失和破坏的同时，还对人民生命财产安全造成严重的威胁。锡林郭勒盟脆弱的生态环境，加重了其沙漠化、风阻沙化、水土流失和草原退化的程度，加上近年来人类过度使用草场，使得草场日益超载，丧失了自身调节能力，陷入了恶性循环之中，草原荒漠化日益加深，沙尘暴发生频次明显增加，风力逐步加大，严重危害着当地的正常生活和生产发展。

三是虫害时有发生。锡林郭勒草原因气候干旱与超载放牧导致严重的退化现象，从 2002 年至 2005 年连续爆发草原蝗虫灾害，而且受灾面积不断扩大，危害不断增加。因为防治面积有限再加上大面积受灾，使得以亚洲小车蝗为优势的草原蝗虫种群在该旗大肆爆发，三分之二以上的可利用草场受到蝗虫侵害，甚至有些地区蝗虫成片，成为不毛之地，① 进而导致草场的沙化、退化更加严重。不仅影响畜牧业的生产而且给牧民生活带来严重的损失。

3. 居住分散，生活成本高

锡林郭勒盟牧区地处偏远地带，交通不便，信息渠道比较闭塞，牧民居住分散，生活成本高。干旱牧区锡林郭勒盟草原显著特点是辽阔无际，牧民在自己承包的草场上一户、两户地分散居住，这样不利于牧民之间的贸易活动，大大提高了牧民生活成本。因牧区居住分散且偏远，公共设施建设难度大，很难覆盖到偏远的牧区。如全盟很多旗县没有公共交通设施，牧民交通工具主要是汽车，显而易见加重了牧区交通成本。另外，日常生活中的必需品，如粮油、蔬菜、水果以及生活用品都要从小商贩手中购买，这会使牧民购买成本加大，加重了牧区牧民生活负担。

4. 市场化程度低

由于地理条件的限制，降低了整个牧区发展中心的吸引力和辐射力，而当地生产的产品结构单一，在深加工农牧产品方面后劲不足，所以很难在市场经济条件下吸引外资和先进技术，导致经济发育不良，循环生产能力变弱；加之缺乏龙头企业的带动，农牧民增收困难，市场发育程度更加低下。而在受市场发育不成熟限制的同时，锡林郭勒盟牧区还没有统一的市场法规来规范中间商贩的行为和

---

① 葛长青、王美芬、郭振林等：《锡林郭勒盟正镶白旗草原蝗虫灾害的综合防治》，载《内蒙古草业》2006 年第 4 期，第 18～21 页。

畜牧的收购价格，导致牛羊肉价格长期走低，牧民存在买难卖难（高买低卖）情况，在市场竞争中处于明显弱势地位，即使增产也很难增收。

（三）锡林郭勒牧区扶贫政策成效

1. 整村推进项目

2010 年锡林郭勒盟有 34 个嘎查村实施整村推进项目，总投入资金高达 4 162.81 万元，主要实施项目：棚圈建设、围栏草场建设、青贮窖、购牛、购羊等，共有 62 套关于畜牧业的项目，覆盖到 34 个贫困村。[①] 实施整村推进扶贫开发项目给贫困牧区基础设施建设和牧民生产生活条件的提高注入了新的血液，同时奠定了牧区新型生态畜牧业发展道路的基石。通过扶贫开发项目的实施，牧民意识到保护草原、保护生态环境的重要性，采取划区轮牧、季节性休牧、舍饲育肥等一系列措施，使草原得到休养生息的空间，恢复生态环境，保持生态平衡。

2. 劳动力输出培训扶贫：""雨露计划""

2014 年锡林郭勒盟扶贫办和各贫困旗县合作主办多次劳动力培训。如 2014 年 6 月 17 日，主要以初高中为主的技能培训；2014 年 6 月 13 日，主要以文秘工作人员为主的文字处理工作培训；2014 年 8 月 6 日，以畜牧业合作社管理人员为主的专讲讲座都取得了良好的成效。培训使参与者提升了生产技能，提高了工作效率，开阔了眼界。

3. 定点帮扶

锡林郭勒盟定点扶贫工作情况：锡林郭勒盟机关、企事业单位投入的帮扶资金达 492.54 万元，其中从投资力度看，主要集中在贫困地区的公共基础设施建设。同时还注重贫困地区人才培养和培训方面，做到真正的扶贫。

4. 产业化扶贫

对传统的畜牧业生产方式进行改革，主要是人工种草和饲草基地建设，通过"公司＋养殖户""公司＋养殖基地＋养殖户""公司＋合作社＋养殖户"等形式延伸产业链，从而实现企业效益提升和贫困牧民收入增加双重目标。近年来锡林郭勒盟政府大力支持种草养畜的产业化道路。截至 2012 年 11 月底，启动科技产业化扶贫项目 15 个，上级投入财政扶贫资金 1 000 万元。其中，第一批产业化扶贫项目 8 个，上级财政扶贫资金 400 万元；第二批产业化项目 6 个，上级财政扶

---

① 锡林郭勒盟扶贫办：《关于解决农村牧区贫困问题的一点思考》，http：//fpb. xlgl. gov. cn/ywxg_2/sewgh/201104/t20110406_642307. htm，2010 年 10 月 19 日。

贫资金 300 万元；科技扶贫项目 1 个，上级财政扶贫资金 300 万元。①

5. 金融扶贫富民工程

"金融扶贫富民工程"突破了传统的扶贫开发模式，通过政府扶贫开发和市场商业化运作相结合，合理配置资源，促进当地产业升级和经济社会发展的创新型扶贫模式。截至 2014 年 4 月 21 日，锡林郭勒盟共投放金融扶贫贷款 10 237 万元，其中，向 1 687 户农牧户投放"农户贷"贷款 7 246 万元，2 家扶贫龙头企业投放"产业贷"贷款 1 300 万元。②

（四）贫困治理策略

1. 借鉴发达国家牧区模式

作为畜牧业大国，澳大利亚和新西兰不仅在具备先天优良的气候条件和广袤土地的基础上，注重科学技术应用，同时也注重建立低投入，高产出的人工种草养畜生产模式。在致力于牧草、牲畜品种的培育、改良和推广应用的同时，不断寻求草畜资源最优配置方式，防治自然灾害，并形成了种草—养畜—畜产品加工的良好畜产业生产体系。这些先进的技术体系和经验都值得我们借鉴。

第一，健全的畜牧业科研体系。澳大利亚有三大层次分明的研究机构：一是偏重于基础理论研究的全国性联邦科学工业组织；二是侧重于基础研究的高等院校，其教学与科研结合进行。三是主要研究畜牧业生产中实际问题的各种农业部所属科研机构和初级产业部、试验站等。三大研究机构支撑着澳大利亚畜牧业科研和生产体系，对该国家畜牧业生产起到良好的理论指导作用。

第二，完备的畜牧业技术推广体系。澳大利亚畜牧业技术的推广主要依靠政府、公司、科研与教学机构的大力扶持与推广。首先，地区农业部承担政府角色，负责畜牧业技术推广工作，提供无偿公共服务。其次，科研与教学机构，主要负责以发明技术在实际生产中遇到的问题反馈与实验成果在实践中的推广。其经费主要由政府和生产者协会承担。最后是农资公司、畜产品加工企业和银行，会为农牧民有偿提供生产经营、市场经营信息。"澳大利亚每年用于畜牧业科研和推广的科研经费约有 4 亿澳元（换算成人民币约为 18.71 亿元），其中政府拨款比重为 70% ~ 80%"。③

---

① 锡林郭勒盟农牧业信息中心：《内蒙古锡盟：大力发展农区舍饲畜牧业是农民脱贫致富的突破口》，http：//www.nmagri.gov.cn/nszd/xlhts/317151.shtml，2013 年 5 月 17 日。

② 周欣欣、杨磊：《金融扶贫富民工程为农牧民搭建致富桥梁》，http：//www.xlglrtv.com/view.asp?sid = 9953，2014 年 5 月 5 日。

③ 闵东来：《新西兰、澳大利亚生态文化考察启示》，载《四川林勘设计》2013 年第 2 期，第 49 ~ 54 页。

第三，高效的动物防疫保健体系。澳大利亚、新西兰都建立有完善的动物卫生保健体系，全国国家级、州级和地区级各农民协会组织、农牧民与兽医、政府兽医卫生站和科研机构之间建立了统一的网络体系。该体系促进了信息的迅速交流和反馈，有利于形成全面、科学的动物卫生保健体系。

第四，有效的防灾减灾体系。澳大利亚和新西兰政府在草原牧区建立了应对灾害发生的预防机制和减灾的机构。针对不同的自然灾害如草原鼠虫病害提出短、中、长期预测实地检测报告。对草原牧区潜在的自然灾害危险信息能及时采取相应措施，达到有效预防的目的。同时，在灾害发生时，各级草原工作站会根据实际情况，全力深入灾区指导工作，制定减少灾害应急方案，组织队伍做好各方面的工作，努力让灾害损失降到最低程度。

第五，建立有效的人口退出机制。从国外的先进经验来看，一个牧场经营者有严格的经营草场的准入条件，经营者必须有已获取相关的经营管理、实用技术方面的资格证书，并且牧场继承者只能是一个人。这样做法能够保证牧区牧场的良好经营。锡林郭勒盟草原牧区可以借鉴这种人口退出机制，让最合适的人去经营管理草场，提高牧场经营效率。

2. 构建牧区精准扶贫体系

2014年1月25日，中共中央办公厅、国务院办公厅印发了《关于创新机制扎实推进农村扶贫开发工作的意见》，文件强调建立精准扶贫工作机制，切实做到扶真贫、真扶贫。"实事求是、因地制宜、分类指导、精准扶贫。"这是习近平总书记对扶贫工作提出的新要求。我们对于锡林郭勒盟干旱牧区的贫困特殊成因已经有了一定认识，如何将精准扶贫落到实处，切实提高特殊类型贫困地区的扶贫的针对性和瞄准度，形成反贫困的牧区新格局，构建牧区精准扶贫体系是当务之急。

第一，制度精准。目前，由于牧区情况的统计数据不全、牧区特有现状的研究资料匮乏导致政府在制定和规划扶贫开发工作时缺乏足够的理论支撑，不能保障扶贫开发工作理论的针对性和精准度。而我们所说是制度精准，首先就要明确牧区扶持范围，找准制约牧区发展的主要因素，结合牧区的现实情况和特点采取有针对性的措施；其次，建立健全牧区的扶贫开发政策体系，保证扶贫开发政策的统一性。再其次，要加强牧区扶贫开发政策的激励作用。政府在制定扶贫开发计划和具体实施扶贫开发工作时，要注意运用"激励"政策，通过政策导向，使得政府各部门、各企业和牧民积极地参与到扶贫开发工作中，不仅能提升牧区、牧民自我发展的能力，还能加强扶贫的"造血"功能。最后，要加强生态优先发展观的研究。草原生态是畜牧业发展的基础，更是牧民增收的前提。在推进退草还牧等重点生态建设工程的同时，结合整村推进连片开发，扶持贫困牧区自身特色的产业基地，走现代生态畜牧业产业化之路。

第二，对象精准。从特殊性角度看，牧区减贫的项目和政策应瞄准贫困群体的特殊贫困属性，而非特殊民族属性。我们要从了解牧区不同类型嘎查村和牧户贫困的特征及其贫困主要决定因素入手，建立高效、合理的贫困瞄准机制，提高扶贫效率。一是扶贫政策项目如整村推进项目等需要结合当地实际，解决牧民实际需要的持续增加的机会的问题。二是贫困牧区本身需要大量的资金作为生产生活发展的保障，需要具有先进生产力的人在当地发展经济，而当地由于贫困，在筹集资金和留住人才方面的能力非常薄弱，故而牧区在对产业化扶贫方面的支持应突出"三融"——融资、融智、融商。主要以政府扶贫为主导，以银行信贷市场化运作为基础，扩大牧民资金来源，提高使用效率；同时强化牧民的信息意识，引到牧民看市场养牲畜，依靠信息安排生产，决定投入，销售产品，提高牧民对市场经济的适应性。三是切实落实移民工程政策，协调移民迁入与当地相关环境政策相冲突的问题，提升当地生态承载力。

第三，措施精准。一是在整村推进项目中要注意贫困人口的分布分层受益情况，使得处于底层的收入群体甚至还未达到生存基本标准的人群真正享受到这项工作带来的益处。二是在雨露计划培训政策的相关实施过程中，要注意真正的贫困人口是无法承担培训的学费、生活费、交通费和住宿费等费用以及在这个过程中花费的时间成本的。三是通过扶贫开发项目的实施，要使得牧民意识到保护草原，保护生态环境的重要性，采取划区轮牧、季节性休牧、舍饲育肥等一系列措施，使草原得到休养生息的空间，恢复生态环境，保持生态平衡，实现草原生态的可持续发展。

3. 建立牧区经济可持续发展机制

第一，增加基础设施建设力度。牧区发展离不开基础设施建设，要想提高畜牧业生产效率就要高度重视基础设施建设。加大基础设施投资力度，突破基础设施建设难点，建设交通运输、通信、仓储、能源基地建设能为牧民提供更多获得其他商品和服务的机会，降低牧区生活成本。在加强牧区旗（县）、苏木乡（镇）、嘎查（村）三级集贸市场基础建设的基础上，不断完善市场设施，提供良好的交换场所，扩大市场规模，吸引外地经营商到牧区从事商贸活动，建立繁荣的畜牧业集贸市场。同时，利用现代科技网络系统，推进农牧业信息化发展。重点开发信息采集、精准作业和信息管理，牧区远程数字化和可视化、气象预测预报与灾害预警等技术，使农村新技术推广、农牧产品营销、政策宣传及普及、电子政务尽快实现网络化。

第二，积极培育各种市场体系。牧区需要优化资源利用方式去适应市场经济步伐，要求建立合理的要素市场，实现资本、劳动力、土地、科技等生产要素的合理配置。在有良好的要素市场的基础上兴建批发市场，主要是建立以畜产品为依托，覆盖苏木、嘎查的，交易量大、运行有法可依的批发市场。同时要不断加强化市场功能，加强对市场的管理，建立健全市场交易的管理规则，打造公平竞争的良好环境，保证市场体系健康发育。

第三，培养广大牧民的市场经济意识。锡林郭勒盟牧区的牧民以少数民族为主，这些牧民长年生活在距离边境的地区，所以在受教育、生产技能和市场信息等方面受到严重阻碍，甚至有些牧区的贫困牧民"等、靠、要"的落后思想严重，缺乏积极性和主动性。我们还应注意"贫困文化"① 给牧区牧民带来的负面影响。转变牧民传统自给自足的生产方式，使牧民生产和流通一起抓，组织引导牧民全面进入市场交换。使广大牧民群众既是商品生产者，又是商品经营者。让他们懂得学习市场规律、掌握经济政策、运用政策，最后能用活政策。

第四，提高牧场经营准入制度。锡林郭勒盟政府可以提高经营草场的准入门槛，对外来个体户、企业及相关组织收取很高的租金和风险押金。对经营不善，造成草场生态恶化、退化的，可以根据严重程度收取罚金。这种制度可以提高牧区牧场经营成本，有利于保护牧区生态环境，促进生态环境与畜牧业良性循环。

第四节　干旱牧区反贫困的政策建议

一、加大草原畜牧业基础设施投入，提高牧民抵御自然灾害能力

草原牧区基础设施落后是导致贫困主要因素之一，因此加强基础设施建设仍然是扶贫工作的重点。一是加大饲草料地、暖棚、草棚等基础设施投入，提高围栏建设补助标准，并将人工饲料基地和舍饲棚圈、青贮窖等配套设施建设纳入补助范围。二是积极探索建立牧业保险制度，将自然灾害、病虫害逐步纳入政策性牧业保险范围，提高牧民抵御自然灾害的能力，减少牧民因灾致贫、因灾返贫的

---

① 包玉山：《对"三牧"问题的几点新认识》，载《内蒙古师范大学学报》（哲学社会科学版）2009年第4期，第65~69页。

发生率。① 三是加快实施牧区饮水安全工程，尽快解决牧民饮水安全、牲畜饮水困难问题，切实改善牧区生产生活条件。四是加大金融扶贫力度，重点扶持贫困嘎查村中有生产能力的农牧民、专业合作社、扶贫龙头企业，提升牧区经营主体内生自我发展能力。

二、加强教育扶贫力度，提高贫困人口素质

一是根据牧区牧民居住分散、教育资源分散的特点，合理布局中小学教育资源，不断提高牧区基础教育质量，全面推进牧区义务教育阶段"两免一补"政策，切实保障所有牧区孩子接受义务教育的权利，集中解决好学生的交通、饮食、餐饮等问题，确实减轻家庭陪读和教育支出负担。二是加快牧区职业教育，提高牧民科技素质，培养牧区所需要的新型人才。以转变牧民思想观念和生产生活方式为重点，开展引导式培训，帮助牧民摆脱传统思想观念的束缚，调动牧民保护草原的积极性，同时加强以提高职业技能为主的实用技术培训，提高牧区贫困人口技能。积极开展牧草优质高产种植技术、饲草饲料青贮技术、肉用牛羊杂交改良和人工授精技术、科学饲养技术及动物防疫、牧业机械使用等方面的培训。培训要注重实效，培训形式要灵活多样，边培训边实践，坚持办班培训与现场观摩相结合、声像教育与实践教育相结合、一季培训与四季跟踪指导相结合，每年要利用夏秋季农作物长势良好、科技示范明显直观的机会，进行巡回参观学习，体现"贴近实际、注重实用、获得实效"。三是利用现代科技网络系统，推进农牧业信息化发展。重点开发信息采集、精准作业和信息管理，牧区远程数字化和可视化、气象预测预报与灾害预警等技术，使农村新技术推广、农牧产品营销、政策宣传与普及、电子政务尽快实现网络化。

三、大力发展牧区二三产业，促进牧民转产转业

一是大力发展牧区二三产业，加快牧区城镇化建设，依靠产业吸引牧民向城镇集中，坚持城镇聚产业、产业促城镇的产城融合思路，促进产业发展。鼓励牧民创业，积极吸纳牧民就业，鼓励牧民从事商贸、旅游、交通运输以及特色农畜产品收购、加工、贮运、保鲜等相关活动，拓宽牧民就业渠道。二是实施更加积极的就业政策，按规定为符合条件的转移就业牧民提供免费就业信息和职业介绍

---

① 李俊杰、其乐木格：《干旱牧区特殊类型贫困治理研究——以锡林郭勒盟牧区为例》，载《内蒙古民族大学学报》（社会科学版）2015年第5期，第60~66页。

等服务，落实职业培训补贴、职业技能鉴定补贴、牧区未继续升学的应届初高中毕业生参加劳动预备制培训补贴等政策，结合职业技能培训，培育新型职业牧民，提高牧民素质和转产转业能力，减轻草原人口承载压力。三是加强劳务品牌培育和推介，有序组织牧民劳务输出，搭建劳动力转移供需信息平台，加强公共就业服务体系建设，严格市场监管，规范就业中介服务，为牧民提供高效优质的就业服务，让转型牧民"转得出、能就业、能致富"。四是依据禁牧政策，积极推动草原生态保护，通过设立毒草治理、围栏管护、减畜监督、防火、鼠虫害测报等草原管护公益岗位，组织牧民开展草原管护。① 五是充分挖掘民族文化、草原文化和民族民间传统体育，发展以草原风光、民族风情为特色的草原文化产业和旅游业，使牧区保护与经济发展相得益彰。

四、转变牧业生产方式，发展现代草原畜牧业

目前牧业养殖还处在"小、散、弱"的较低层面，因此，必须采取有效措施，转变牧业生产方式，推进规模化养殖业发展。一是依托现有的养殖小区和养殖大户，引进有实力的龙头企业，建设肉牛（羊）标准化养殖场（基地）和集中连片的养殖小区，彻底改变规模小、分散经营、科技含量低的现状，提高生产能力和水平。二是发展牧民专业合作组织，推进适度规模经营，提高草原畜牧业组织化程度。三是推进草地流转制度，促进规模化养殖。按照权属明确、管理规范、承包到户的要求，积极稳妥地推进草原确权和承包工作，保持草原承包关系稳定并长久不变。在依法自愿有偿和加强服务的基础上，规范承包经营权流转。在推进规模化养殖的同时，鼓励草场集中经营，允许草场实行有偿流转、承包、租赁经营，促进草场向大户、能人集中。② 总之，要积极鼓励和支持由企业、牧业大户牵头、牧民以草场等生产资料参股，组建牧区生产合作组织和协会，大力发展"公司+基地+牧户"的产业化组织，转变牧业发展方式，不断完善肉、奶、草等产业链条，形成增收的长效机制，带动牧区相关产业发展，改变牧民单一的增收渠道，增加牧民收入。内蒙古四子王旗"杜蒙"杂交肉羊生态养殖模式具有特色，值得推广，其特色是通过"政府扶持、企业主导、牧户合作"方式，实现杜蒙肉羊产业化发展。"杜蒙"杂交肉羊全部实行圈养，草场承载能力减轻80％左右，这种新的生态养殖模式实现了保护草原生态和牧民增收双赢的目标。

---

① 中国政府网：《国务院关于促进牧区又好又快发展的若干意见》，http：//www.gov.cn/zwgk/2011-08/09/content_1922237.htm，2011年8月9日。
② 雷振扬：《少数民族牧民定居政策实施效果与完善研究——基于新疆博尔塔拉蒙古自治州两个定居点的调查》，载《中南民族大学学报》（人文社科版）2011年第6期，第1~6页。

但这种龙头企业在四子王旗实在太少，带动牧户有限。因此，大力培育龙头企业是实现农牧业产业化的关键。

五、完善草原生态保护补助奖励政策，构建草原保护的长效机制

一是提高补助奖励标准，应形成逐年提高的动态补助奖励机制，以保障牧民的收入水平不降低并有所提高，建议禁牧补助标准由 7.5 元/亩提高到 12 元/亩。二是严格执行禁牧政策，除了牛羊纳入禁牧外，骆驼也应纳入禁牧范围，否则影响禁牧的效果。三是调整牧草良种补贴结构及标准。可重点补贴当年新建优质多年生牧草，补贴标准可由每亩 50（或 70 元）增加到 100 元（5 年补贴一次）；对一年生牧草、饲用灌木可不予补贴。这种做法可以使不同地区按照当地环境特点将补贴资金集中使用，因地制宜，实现良种补贴资金效益最大化。四是加快建立后续产业延伸和转产就业的保障机制，提高草原保护的效率。

六、推进牧区精准扶贫，提升牧区自身发展能力

长期以来，由于牧区人口的相对分散和随机性迁移等原因，牧区扶贫开发存在着贫困人口底数不清、情况不明、针对性不强、扶贫资金和项目指向不准的问题，致使一些贫困户和贫困人口没有得到帮扶，扶贫帮扶工作还存在一些盲点。为此，牧区相继开展了实施精准扶贫，但精准扶贫不是精准救济。精准扶贫更多的是支持产业发展，而不是一味地兜底，因此，要求把"输血式扶贫"转变为"造血式扶贫"，应遵循牧区生产特点，制定适宜的帮扶之策，转变草原畜牧业发展方式，通过产业脱贫，提高农牧民自我发展能力。

本篇结论

我国的干旱牧区集中分布在北部、西北部干旱、半干旱及西南部青藏高原地区,主要包括13个省(区)的268个牧区半牧区县(旗、市),牧区面积占全国国土面积的40%以上。内蒙古、新疆、西藏、青海、甘肃和四川六大牧区省份草原面积共2.93亿公顷,约占全国草原面积的3/4。课题组于2013年对内蒙古四子王旗、2016年对内蒙古巴彦淖尔市进行典型调查,2017年在内蒙古、青海等少数民族人口众多的农牧区采集农户数据260户。

一、干旱牧区特殊类型贫困现状与特征

第一,贫困的波动性和不稳定性。表现在:一是农户生计受干旱、雪灾、风灾影响大;二是因病、因学致贫和返贫概率高;三是农户贫困多维性,健康贫困最为突出,其次是教育贫困、收入贫困和居住贫困。

第二,转型贫困问题突出。表现在:由"游牧"到"定居"转型,由"牧民"到"市民"转型,以及"生态移民"转型。

第三,大户掩盖下的贫困问题特征明显。2013年牧区有40%左右的贫困牧民,他们的收入仅仅只占大户牧民总收入的9%左右。扶贫政策在实施过程中,采取的具体均衡政策及落实程度不同,也会带来牧民之间新的不平衡,扶贫必须精准。

第四,贫困人口的年轻化和家族化。调研发现,贫困户的户主多数为年龄在30~45岁之间的青壮年劳力。

二、干旱牧区特殊类型贫困的成因

一是自然环境相对恶劣,抵御风险能力不强。首先,干旱牧区贫困村大多集

中在风蚀沙化区、干旱荒漠戈壁型草原和边境牧区，水资源贫乏，自然灾害频繁，遇到灾年极易造成返贫致贫。其次，牧区辖地面积大，贫困户居住分散，交通不便，农牧民生产生活成本大，维持温饱费用多，特别是偏远牧区生活成本大约是农区的2倍多，扶贫成本相对较高。最后，生态足迹分析结果显示，干旱牧区人均生态足迹整体上升趋势明显，生态环境压力逐渐增大。

二是人口文化程度低，脱贫能力相对较差。干旱牧区文盲半文盲率相对较高，儿童入学率低，中途辍学率高，部分牧民难以接受生产生活中出现的新技术、新品种，也无法将其运用到实际生产中。此外，干旱牧区部分贫困人口欠缺脱贫致富思想与理财观念，"等、要、靠"思想严重，也缺乏相应的市场竞争意识，从而阻碍了干旱牧区生产力的发展。

三是牧区基础设施薄弱，市场化程度低。贫困地区40%是"空壳村"和"老龄村"，贫困村道路年久失修，贫困户的年龄结构偏大，信息闭塞，适应市场经济的能力不强。经过多年扶贫工作，公共服务得到明显改善，但深度贫困地区的基础设施建设有待突破"最后一公里"。

四是草原生态保护补助奖励机制政策不完善。由于禁牧补贴标准偏低，生活成本上升，导致牧民户均家庭经营性收入大幅度下降。此外，由于草原生态保护补助奖励机制政策与部分牧区生产特点不适应，使得牧民执行政策缺乏积极性，甚至出现牧民既享受草原生态补偿款，又没有严格贯彻执行国家禁牧政策的状况。

五是生产性支出逐年增加，牧民生产生活负担加重。牧民主要收入来源畜牧业收入，不稳定且风险大。在畜牧业养殖过程中，生产周期比较长，如肉牛的生产周期在7~10年以上，羊的生产周期在2~3年以上。牧区畜牧业经营需要大量的资金投入、人力投入、物力投入才能实现持续增收。

三、干旱牧区反贫困策略：模式、绩效与推广

减贫模式包括搬迁式扶贫、产业扶贫、社会扶贫、雨露计划、整村推进、精准扶贫。

四子王旗、巴林左旗碧流台镇四方城村、锡林郭勒盟通过扶贫开发项目的实施，牧区基础设施明显改善，主导产业发展有了新的突破，使得部分牧民意识到保护草原、保护生态环境的重要性，采取划区轮牧、季节性休牧、舍饲育肥等措施，草原生态环境得到一定程度恢复。雨露计划使参与者提升了生产技能，提高了工作效率，开阔了眼界。

巴彦淖尔市通过实施旅游扶贫项目，宝格达嘎查牧业与旅游业实现协调发

展，形成了以旅游养牧，以牧促进旅游的良性发展轨道。

哈拉图嘎查通过实施股份合作模式，以农畜产品产、供、销、加工为主导产业，依托维农农民专业合作社，改变小而散、农户单打独斗和不善经营的局面。哈拉图嘎查农户兜底分红利按农牧户入股股份分配，盈利部分按股份额进行再次分配，从而形成"股份合作、保底分红、二次分利"模式。

四、干旱牧区扶贫政策创新

干旱牧区处于自然环境恶劣、社会经济发展落后的地区，牧区人口的相对分散和随机性迁移等原因致使牧区扶贫开发针对性不强。干旱牧区扶贫开发应遵循牧区生产特点，把"输血式扶贫"转变为"造血式扶贫"，制定适宜的帮扶之策，转变草原畜牧业发展方式，通过产业脱贫，提高农牧民自我发展能力。

一是加大草原畜牧业基础设施投入，提高牧民抵御自然灾害能力。二是加强教育扶贫力度，提高贫困人口素质。三是大力发展牧区二三产业，促进牧民转产转业。四是转变牧业生产方式，发展现代草原畜牧业。五是完善草原生态保护补助奖励政策，构建草原保护的长效机制。六是推进牧区精准扶贫，提升牧区自身发展能力。

第三篇

武陵山区特殊类型贫困研究

武陵山区位于渝鄂湘黔四省（市）交界处，包括71个县（市、区），区域总面积为17.18万平方公里。武陵山区有国家级贫困县43个，其中湖北省10个，湖南省15个，重庆市7个，贵州省11个。武陵山区涉及18个少数民族自治县和2个自治州，民族自治地区均为国家级贫困县。少数民族人口占总人口76.6%。武陵山区集民族地区、革命老区、贫困地区与经济协作区于一体，贫困人口多，分布区域广，致贫因素复杂，扶贫难度大。2011年10月22日，国务院批复《武陵山片区区域发展与扶贫攻坚规划（2011－2020年）》，推动武陵山区率先探索区域发展与扶贫攻坚的试点工作。"十二五"时期，随着产业扶贫、旅游扶贫、教育扶贫等多种扶贫方式不断开展，武陵山区的扶贫工作取得较大成效，共减少贫困人口318万人，贫困发生率下降9.4个百分点，基础设施建设持续改善，公共服务能力不断提升，贫困程度得到一定缓解。"十三五"时期以来，武陵山区扶贫工作进入决胜阶段，要实现2020年全面建成小康社会的目标，必须深入评价前期扶贫效果，摸清贫困现状，总结当前武陵山区贫困问题的特点和难点。

第七章

武陵山区贫困现状与特殊类型贫困测量

第一节 武陵山区贫困时空演变分析

一、贫困空间分布

从地理环境来看，武陵山区的贫困呈现出与自然环境恶劣、地理区位较差高度耦合的特征。贫困人口主要集中在自然条件恶劣、资源短缺、基础设施落后的岩溶干旱区、高寒山区、深山老林区和库区等。这些地区远离城镇、土地稀缺、信息不对称、交通不便，不利于农产品生产和交换，也不利于提高人们的生活水平。

从国家级贫困县分布来看，20世纪80~90年代全国18个集中连片特困区，武陵山区涉及40个县（市、区）；21世纪国家重点扶持的592个贫困县中，武陵山区涉及30个。《中国扶贫规划纲要（2011–2020）》中，武陵山片区共有国家扶贫开发重点县43个，其中湖北省10个，即秭归县、长阳土家族自治县、恩施市、利川市、建始县、巴东县、来凤县、宣恩县、咸丰县和鹤峰县；湖南省15个，包括邵阳县、隆回县、城步县、桑植县、安化县、沅陵县、通道县、新化县、泸溪县、凤凰县、花垣县、保靖县、古丈县、永顺县、龙山县；重庆市7

个，包括黔江区、丰都县、武隆县、石柱县、秀山县、酉阳县、彭水县；贵州省11个，包括万山特区、正安县、道真县、务川县、江口县、石阡县、思南县、印江县、德江县、沿河县、松桃县。武陵山区涉及18个少数民族自治县和2个自治州，民族自治地区均为国家级贫困县。

从贫困人口分布格局上看，武陵山区的贫困空间分布呈现"大聚集、小分散"的特点。总的来看，武陵山区的贫困人口分布比较集中，但是就各片区具体而言，片区内部的贫困人口多分散；这一方面是由于地理环境使得贫困人口多分布在山高、偏僻、生活环境差、基础设施落后和交通不方便的边缘地区，另一方面是因为贫困人口自身的思想、能力、收入水平决定他们多分散在各区。

二、贫困动态变化

（一）"十五"期间贫困动态变化

为消除存在温饱问题的极端贫困人口，1994年国家实施了八七扶贫攻坚计划，至2000年底武陵山区要基本解决温饱问题。从贫困人口数量看，至2005年底武陵山区绝对贫困人口数量为147万左右，贫困发生率7.32%，处于低收入状态的人口约为20%。[①] 从贫困程度看，武陵山区农村恩格尔系数约52.6%，远高于全国平均水平。从贫困人口思想状态看，受多方面因素影响，武陵山区的贫困人口仍处于安于现状、思想保守、"等靠要"状态。

（二）"十一五"期间的贫困动态变化

"十一五"期间国家实施整村推进、雨露计划、产业扶贫等针对性措施，通过给予扶贫资金、扶贫项目、扶贫政策支持，变"输血"为"造血"，帮助贫困人口改善生产生活条件，持续加大对武陵山区的扶贫力度，扶贫工作取得明显成效。至2009年，武陵山区农民人均纯收入低于1 196元的农村贫困人口仅为301.8万人，贫困发生率为11.21%；到2010年按照2 300元的贫困标准计算，贫困发生率为13.3%。[②]

---

① 根据各地区统计年鉴（2005）整理。
② 国务院扶贫办、国家发展和改革委员会：《武陵山片区区域发展与扶贫攻坚规划（2011－2020年）》，http://www.ndrc.gov.cn/zcfb/zcfbqt/201304/t20130425_538575.html，2011年10月31日。

(三) "十二五"期间的贫困动态变化

2011年国家批复了《武陵山片区区域发展与扶贫攻坚规划 (2011—2020)》，随着规划的实施，武陵山区的基础设施条件和公共服务水平迅速改善，经济发展水平迅速上升，贫困问题得到极大的缓解。武陵山区农村贫困人口从2011年的793万下降到2014年的475万。2015年底片区通电、通电话、通有线、通宽带的自然村比重分别为99.9%、94.9%、66.8%、43.8%；仅有3%的比重人口居住竹草土坯房，43.9%的比重人口居住砖瓦砖木房，36.2%的人口居住砖混材料房，其余16.9%的人口居住条件较好。①

三、贫困总体评价

随着贫困问题的不断演化以及反贫困工作的不断开展，武陵山区的贫困动态也在不断发生改变。从整体来看，2000年以来国家实施了一系列促发展减贫困的政策和战略，武陵山区的社会经济发展取得明显成效，农村贫困人口大幅下降，人民生产、生活水平得到不断提升。2011~2014年，湖南武陵山片区共减少贫困人口318万人，贫困发生率下降了9.4个百分点。② 2015年武陵山区贫困人口减少到379万人，贫困发生率为12.9%。③ 当前是扶贫攻坚的决胜阶段，这一时期的武陵山区贫困特点有：

一是剩余贫困人口脱贫难度大，贫困程度深。经过前16年的努力，武陵山区的贫困人口已大幅减少；但是剩余贫困人口顽固性强、贫困程度深、致贫原因多元化、空间分布过于分散且脱贫成本高，都是些"难啃的硬骨头"，每年实现脱贫的人口数逐年递减，脱贫速度明显趋缓，反贫任务仍然艰巨。

二是贫困人口的社会问题凸显。随着城镇化进程加快，大量农村青壮年和知识分子进入到城市，农村人力资本大量流失，农村衰落，"留守老人、儿童和妇女"问题严峻，随之带来一系列诸如教育问题、养老问题及卫生健康问题，这些问题对该区的扶贫工作带来严峻挑战。

三是脱贫与返贫交织出现。经过一系列扶贫工作开展，武陵山区的大量贫困

---

① 根据各地区统计年鉴 (2011) 整理。
② 湖南省人民政府扶贫办网站，http://hnsfpb.hunan.gov.cn/tslm_71160/jzfp/201601/t20160119_2908723.html。
③ 国家统计局农村社会经济调查总队：《中国农村贫困监测报告2016》，中国统计出版社2016年版，第232~233页。

人口脱贫,但是其中贫困人口返贫现象也是异常严重。武陵山区的一些脱贫人口多居住于偏远高海拔、地理位置相对较为恶劣的地区,往往陷入"扶贫—脱贫—返贫"不断循环的发展怪圈,就湖南武陵山区而言,部分地区返贫率达到 10%以上,高的年份甚至达到 20%。

第二节 武陵山区空间贫困测量

把握贫困的时空分布是决策者制定动态扶贫策略,评估扶贫效果的重要依据。20 世纪 90 年代中期,国际贫困研究界开始关注全球贫困的时空分布和分异规律问题,世界银行专家通过对贫困的空间聚集研究指出,全球贫困分布存在空间陷阱(Jalan. J, M. Ravallion, 1997)[①]。此后,伯克等(W. J. Burke et al., 2008)建立了由经济、社会和环境 3 个维度表征贫困空间分布的范例指标。将经济环境要素和社会环境要素包括收入和消费、市场连通性、人口状况、学有所教、病有所医、老有所养、住有所居、劳有所得、农业生态和粮食安全等因素纳入一个"地理资本"中,从经济、社会和环境三个维度来反映贫困的经济劣势、社会和政治劣势、生态劣势,并提供一个清晰明了的贫困分布地图,以供决策者参考。[②] 鉴于此,本章在摸清武陵山区发展概况和贫困现状的基础上,借鉴伯克的研究,构建多维贫困指标体系,利用 TOPSIS 模型和 ARCGIS 工具,分析集中连片扶贫开发时期武陵山区贫困时空变化状况,以期为进一步研究武陵山区特殊类型贫困奠定基础。

一、分析方法

(一) 模型构建

TOPSIS 模型是一种逼近理想点排序法,主要根据研究对象与正、负理想解的距离进行相对优劣的评价。

[①] M Ravallion, J Jalan: *Spatial Poverty Traps?* . Social Science Electronic Publishing, 1997.
[②] WJ Burke, TS Jayne: *Spatial Disadvantages or Spatial Poverty Traps: Household Evidence from Rural Kenya*. General Information, 2008.

① 构造原始评价矩阵 $\{X_{ij}\}_{m*n} = \begin{bmatrix} x_{11} & x_{12} & x_{13} & \cdots & x_{1n} \\ x_{21} & x_{22} & x_{23} & \cdots & x_{2n} \\ x_{31} & x_{32} & x_{33} & \cdots & x_{3n} \\ \vdots & \vdots & \vdots & \cdots & \vdots \\ x_{m1} & x_{m2} & x_{m3} & \cdots & x_{mn} \end{bmatrix}$，$x_{ij}$ 表示第 i 个对象在第 j 个指标上的取值，$m = 71$，$n = 19$。

然后采用极差法将数据进行无量纲处理，得到归一化矩阵 $\{r_{ij}\}_{m*n}$：$r_{ij} = X_{ij} / \sqrt{\sum_{i=1}^{n} X_{ij}^2}$。

② 利用熵值法确定指标的权重 w_j，w_j 表示第 j 个指标的权重，熵值法确定权重时首先对正负向指标进行处理，正向指标 $x_{ij}^+ = (x_{ij} - \min x_{ij}) / (\max x_{ij} - \min x_{ij})$，负向指标 $x_{ij}^- = (\max x_{ij} - x_{ij}) / (\max x_{ij} - \min x_{ij})$，然后再计算出各项指标的权重 w_j。

再在此基础上建立关于权重规范化值的权重化矩阵 V_{ij}：$V_{ij} = w_j * r_{ij}$。

③ 确定正理想解和负理想解：正理想解表示能够造成某一结果的最优值，也就是正向指标中的最大值和负向指标中的最小值；负理想解则相反，是造成同一结果的最差值，也就是正向指标中的最小值和负向指标的最大值。

正理想解的集：$\{e_j^+\} = (\max V_{ij} | j \in J_1)$，$(\min V_{ij} | j \in J_2)$

负理想解的集：$\{e_j^-\} = (\min V_{ij} | j \in J_1)$，$(\max V_{ij} | j \in J_2)$

J_1 是收益性指标集，表示在第 i 个指标上的最优值。

J_2 是损耗性指标集，表示在第 i 个指标上的最劣值。

④ 计算与正理想解 e_j^+ 和负理想解 e_j^- 的欧式距离：

$$d_i^+ = \sqrt{\sum_{j=1}^{n} (V_{ij} - e_j^+)^2}; \quad d_i^- = \sqrt{\sum_{j=1}^{n} (V_{ij} - e_j^-)^2}$$

e_j^+ 与 e_j^- 分别表示第 j 各目标到最优目标与最劣目标的距离。

⑤ 计算贴近度 $\prod_i$：$\prod_i = d_i^- / (d_i^- + d_i^+)$，式中 $\prod_i$ 取值介于 0 和 1 之间，$\prod_i$ 值越大，表示与决策目标越接近，即区域贫困程度越高。

(二) 指标构建

本章借鉴了伯克（2008）等建立的由经济、社会和环境 3 个维度表征空间贫困的范例指标，同样从经济维度、社会维度和环境维度（生态维度）构建了空间贫困指标体系，每个维度又分为若干个指标，共 19 个指标（详见表 7 - 1）。经济纬度包括 6 个指标，其中 X1 ~ X3 表示研究区各县居民的收入变动状况，X4 ~ X5 反映了支撑农民收入增长的基础设施建设状况；社会维度包括 8 个指标，分别是从教育、医疗卫生和社会保障三个方面来反映研究区各县农村基本公共服务差异；环境维度包括 5 个指标，反映了研究区各县人为活动对生态环境的影响。数据来源于武陵山区所在省市 2011~2015 年统计年鉴、武陵山区 71 个县统计公报和各县域的年度政府工作报告。

表 7-1　　　　　　　　2015 年武陵山区空间贫困指标体系

维度层	指标层	单位	指标属性	权重
经济维度	x1 人均 GDP	元	-	0.08799
	x2 农民人均纯收入	元	-	0.06291
	x3 农村恩格尔系数	%	+	0.09762
	x4 公路密度	公里/平方公里	-	0.07026
	x5 平均每百户移动电话拥有量	部/百人	-	0.05836
	x6 平均每百户移动计算机拥有量	部/百人	-	0.04641
社会维度	x7 农村人口比重	%	+	0.05510
	x8 最低生活保障人数农村人口比重	%	+	-
	x9 普通中学在校生人数占总人口比重	%	-	0.4306
	x10 普通小学在校生人数占总人口比重	%	-	0.05374
	x11 每千人拥有职业医生数	人/千人	-	0.05887
	x12 新型农村合作医疗参保率	%	-	0.05216
	x13 新型农村社会养老保险参保人数	人	-	-
	x14 社会福利收养单位	个	-	0.05402
生态维度	x15 人均耕地面积	平方米/人	-	0.05002
	x16 人均粮食产量	吨/人	-	0.2900
	x17 人均农作物播种面积	平方米/人	-	0.03951
	x18 森林覆盖率	%	-	0.05958
	x19 化肥使用量	吨	+	0.08140

注："+"代表正向指标，"-"代表负向指标。

由于 2011 年和 2015 年在最低社会保障的评定方面的标准不同，因此尽管其是一个衡量贫困的重要指标，但是未将其纳入指标权重的计算当中。农村合作医疗在 2011 年和 2015 年的参保率均较高，变化非常小，故未计算其权重。

通过 TOPSIS 模型计算出武陵山区 71 个贫困县在经济、社会、环境维度的贴近度和空间贫困指数。依据对 2011 年和 2015 年的计算结果，利用 ARCGIS10.3 将其绘制成地图，图中颜色越深表示贴近度越贴近于 1，贫困程度越大。

二、经济维度的空间贫困变化分析

如图 7-1 所示,经济维度方面,2011~2015 年,武陵山区的空间贫困状况获得较大的好转,分布格局从 2011 年的 "总体贫困" 向 "插花贫困" 转变。2011 年武陵山区贴近度相对较大,总体贫困程度较高。其中,贴近度达到 0.82 以上的县共有 34 个,集中分布在武陵山区西部的贵州铜仁、南部的湖南怀化和湘鄂渝边的部分县市。贴近度在 0.77 以下的县市较少,仅有武陵源区、沅陵县、吉首县和涟源县 4 个贫困县。至 2015 年武陵山区贫困情况已经获得较大的好转。贴近度在 0.82 以上的已经基本消失。贴近度在 0.77 以上的相对贫困县主要集中在武陵山区中部区域的部分县市。贴近度在 0.77 以下的贫困县明显增多,其中发展较快的县市主要集中在武陵山区西北和西南部。

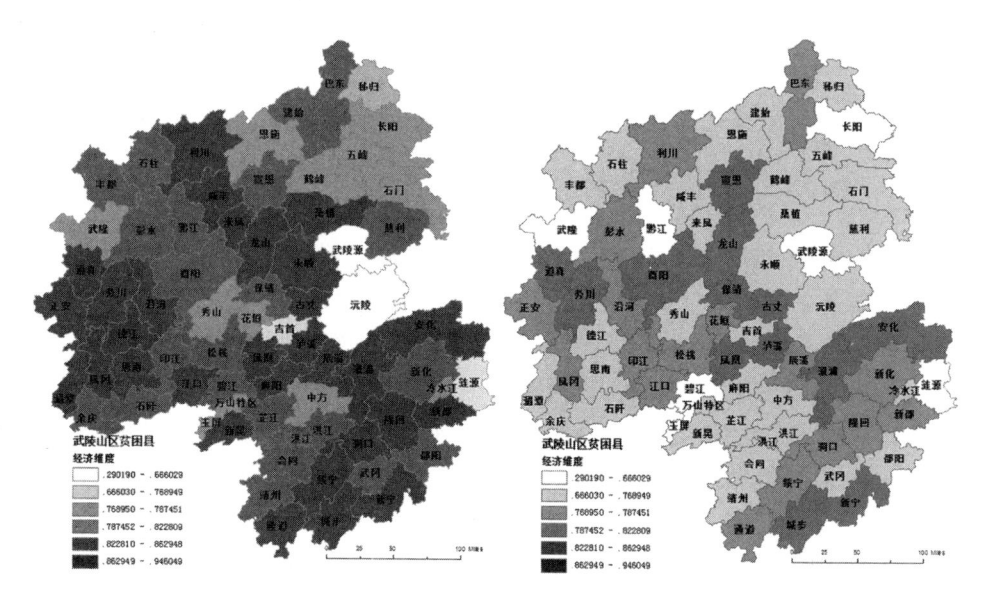

图 7-1 2011 年(左)和 2015 年(右)经济维度贴近度

三、社会维度的空间贫困变化分析

如图 7-2 所示,社会维度方面,2011~2015 年,武陵山区空间贫困相对减弱,分布格局从 2011 年的 "东弱西强" 向 "西弱东强" 转变。2011 年 0.82 以下的贫困县较少,仅有恩施、吉首、新化等县市。大部分贫困县的贴近度在 0.82~0.92 之间,主要分布在武陵山区西部和中部县区。贴近度在 0.89 以上的深度贫困县分布在东部武陵山区边缘县市。至 2015 年，贴近度 0.82 以下的贫困县明显增多，主要分布在武陵山区西部区县。位于 0.89~0.91 之间的只有万山特区和中方县两个贫困县。

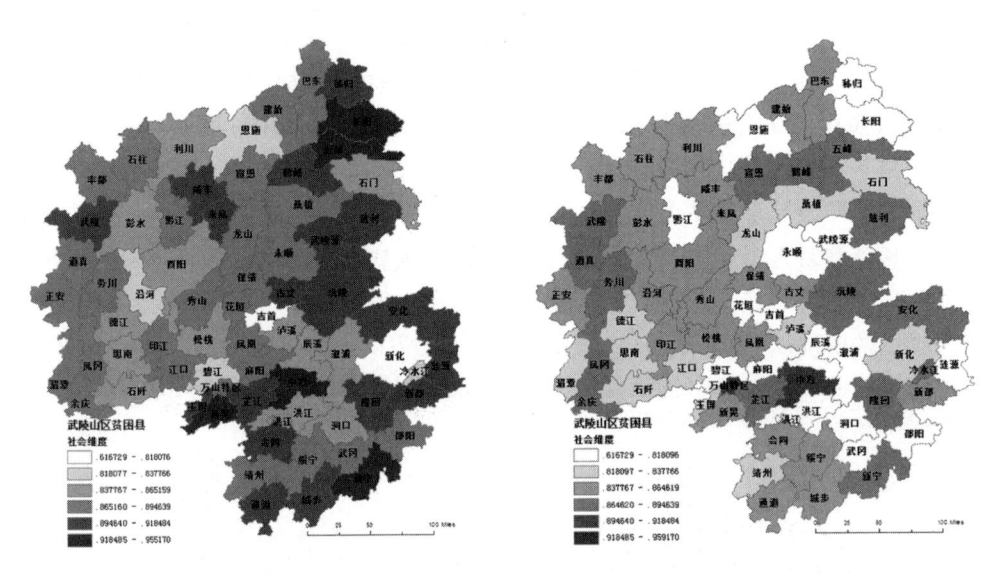

图 7-2　2011 年（左）和 2015 年（右）社会维度贴近度

从分布格局来看，2011 年主要是武陵山区西部的颜色较浅，东部的颜色则相对较深，这表明东部的社会条件，尤其是在教育、医疗和社会保障等公共服务设施方面的条件较差。至 2015 年，武陵山区东部的颜色明显变浅，西部的变化则相对较小，颜色略深于东部。这表明在这 5 年的时间中，东部地区采取了强有力的措施加强了在教育、医疗、社会保障方面的基础设施和公共服务的投入，使社会维度的条件明显提高。西部地区则发展较慢，在社会维度各方面的提高有限。

这主要是因为东部地区正好位于第一级阶梯向第二级阶梯的过渡地带，多为地势起伏较大的山地，因此，这些地区的社会公共服务的普及比较困难，而西部地区的地势相对平缓，在公共服务和基础设施的建设发展上难度相对较小，相对容易普及，因此 2011 年呈现"东弱西强"的格局。至 2015 年，东部地区鉴于本身在社会服务和基础设施上就相对薄弱，大力加强了对这些方面的投入，克服了因地势条件而造成的一系列难以普及的困难，因此东部地区的公共服务得到了很大的改善，贴近度明显降低，形成了"西弱东强"的格局。

四、生态维度的空间贫困变化分析

如图 7-3 所示,生态维度方面,2011~2015 年,武陵山区空间贫困变化较小,分布格局呈现由西向东逐渐好转的局面。2011 年,生态维度指数较高的县市多数分布在重庆市和贵州省。生态环境维度指数较低的县市主要是湖北省五峰县和鹤峰县,湖南省吉首市、泸溪县、冷水江市和贵州省的万山特区。2015 年,武陵山区生态环境由西向东逐渐好转,贴近度较低的县市扩大,但是有部分贫困县存在生态破坏的现象,包括贴近度位于 0.51~0.75 之间的鹤峰县、桑植县等 8 个贫困县,位于 0.75~0.91 之间的江口县,碧江县和万山特区。

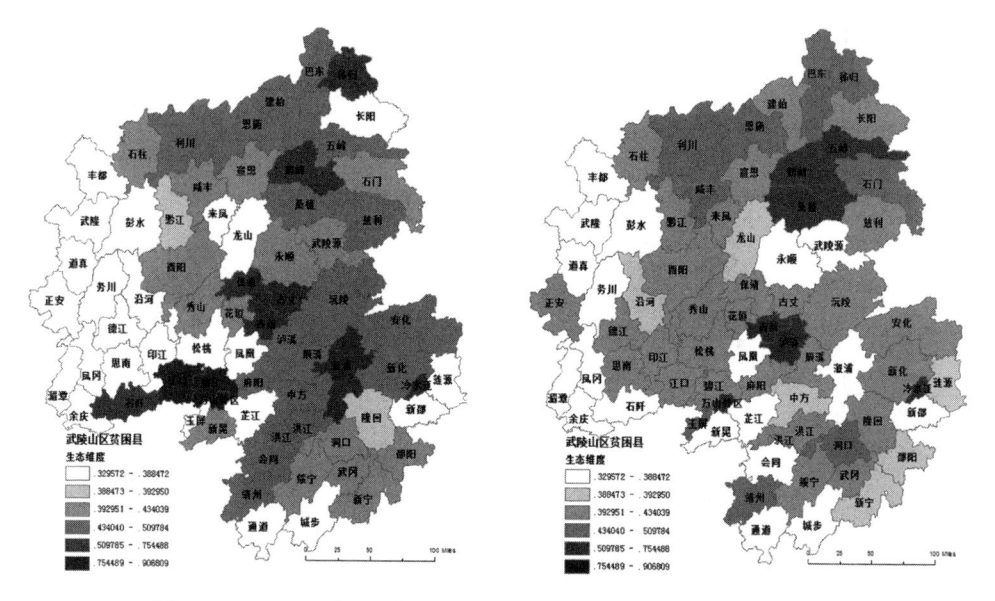

图 7-3　2011 年(左)和 2015 年(右)生态维度贴近度

至 2015 年,东西部之间在农业生态系统上的差异并没有得到改善,相反这种差异略有变大。东部地区的贫困县在这 5 年中经济和社会均获得了较大的发展,但是这种发展也造成了一定的环境破坏,东部地区原本的可用耕地面积就比西部少,再加上这几年来为了增加农民的收入,增加粮食产量,大力推行特色农业发展的扶贫政策,导致大量使用化肥,森林遭到砍伐,森林覆盖率降低,破坏了这些地区的自然生态环境,使得农业生态系统变差。

五、贫困综合变化分析

通过三个维度的综合叠加，从图7-4可以看出，2011~2015年，武陵山区空间贫困得到较大缓解，呈现"整体贫困"向"大分散，小聚集"转变的局面。2011年，空间贫困指数贴近度多数位于0.63~0.82之间，而高于0.82的县主要分布在武陵山区北部的湖北省的贫困县、湖南省的西部和贵州省交界的地带、湖南省西南部的湘西州等三个区域，重庆市和贵州省的贫困县的空间贫困指数则相对较低，均位于贫困带以外。2015年，空间贫困指数贴近度0.63以下的县市明显增多，主要位于武陵山区西部的重庆和贵州铜仁地区。贴近度高于0.82以上的只有江口县和万山特区两个贫困区县。通过对比图7-1，7-2，7-3，7-4，可以发现，武陵山区贵州和重庆片区各县相对发展较为均衡，综合空间贫困得到较大的改善。但分区域看，武陵山区东部地区发展主要是受经济维度的制约，中部和西部发展主要受到社会维度和生态维度的制约。

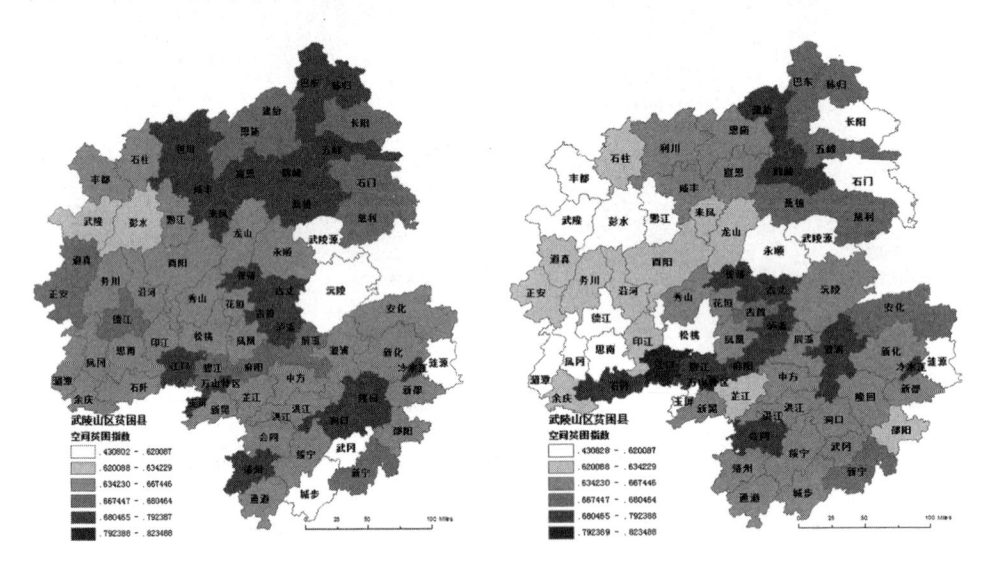

图7-4 武陵山区2011年（左）和2015年（右）空间贫困指数

第三节 武陵山区贫困脆弱性测量

生计资本是衡量农户家庭贫困脆弱性的重要指标，通过对农户的生计资本进行量化处理后计算得分,可以衡量出农户家庭的贫困脆弱性特征。本节选择湖北武陵山区为本文的研究区域,在该区采取发放调查问卷和入户访谈相结合的方式进行重点调查。课题组于 2015 年 10 月至 2016 年 8 月,结合武陵山区百村调查工作,深入该区贫困农户家庭,获得很多有用的资料。获取数据内容包括武陵山区 11 个县市、17 个村、2 357 户农户家庭的生产生活方式、家庭收入状况、家庭生计资本现状、社会保障以及国家政策支持等方面。

一、脆弱性评估方法

基于李小云(2007)的研究,① 对调查数据进行标准化处理(详见表 7-2)。运用 SPSS 17.0 统计软件,首先,计算农户生计指标,测算其生计资本;其次,利用样本聚类划分农户的贫困类型;最后,总结得出武陵山区农户贫困脆弱性的基本特征。

表 7-2 农户生计资本指标测算方法

资本类型	一级指标	二级指标	指标标准化公式	权重	测量计算公式
人力资本	农户家庭劳动能力指标(H_1)	农户家庭年龄农户健康状态	家庭总体劳动能力单位/7	0.6	$0.6 \times H_1 + 0.4 \times H_2$
	农户家庭劳动素质指标(H_2)	农户家庭文化程度	家庭总体受教育程度单位/3	0.4	
自然资本	户有耕地面积(公顷)(N_1)	—	户均耕地/指标最大值	0.5	$0.5 \times N_1 + 0.5 \times N_2$
	户有林地面积(公顷)(N_2)	—	户均林地/指标最大值	0.5	
物质资本	家庭资产(件)(P_1)	—	户均拥有的家庭资产/13	0.4	$0.4 \times P_1 + 0.6 \times P_2$
	住房情况(P_2)	房屋结构房屋面积(m^2)	(住房结构赋值+住房面积赋值)/2	0.6	

---

① 李小云、董强、饶小龙、赵丽霞:《农户脆弱性分析方法及其本土化应用》,载《中国农村经济》2007 年第 4 期,第 32~39 页。

续表

资本类型	一级指标	二级指标	指标标准化公式	权重	测量计算公式
金融资本	农户人均年收入（元）（F_1）				
社会资本	是否为村干部（S_1）		极差标准化公式：$$Z_{ij} = \frac{X_{ij} - \min X_{ij}}{\max X_{ij} - \min X_{ij}}$$	0.3	$0.3 \times S_1 +$ $0.4 \times S_2 +$ $0.3 \times S_3$
	是否参加合作组织（S_2）			0.4	
	是否有得力亲戚（S_3）			0.3	

根据贫困测量指标，对农户5种生计资本进行打分，汇总可得生计资本总值。利用SPSS 17.0统计分析软件对农户资本总值进行聚类分析，将2357户农户分为3类。对数据进一步整理，我们得到的结果详见表7-3。

表7-3　　　　　不同类型贫困农户的生计资产状况

农户类型	农户特点	户数	人力资产	自然资产	物质资产	金融资产	社会资产	资产总值
高	仅自然资本缺失	641	0.529	0.059	0.604	0.489	0.192	1.873
中	自然资本和社会资本缺失	1 027	0.356	0.054	0.491	0.470	0.074	1.445
低	多种资本缺失	689	0.161	0.030	0.349	0.408	0.042	0.990
	总体	2 357	0.346	0.048	0.480	0.458	0.097	1.429

• 总体来看，以总分5分计算，3类农户的生计资本总值都在2分以下，可以看出武陵山区农户生计资本整体匮乏。按照资产总值划分农户类型，2 357户农户划分为高、中、低3类。其中高得分类型农户共641户，占27.2%；中得分类型农户共1 027户，占43.6%；低得分类型农户共689户，占29.2%。

• 高得分类型农户，累计资产总值得分1.873分，单项得分较低的是自然资产，得分0.059分。该类农户特点是仅自然资本缺失，表现为耕地和林地缺乏，农业收益低，抗风险能力差等，在遭受自然灾害时，表现出极大的脆弱性。对于该类农户，只要补齐自然资本短板，将其纳入市场，就能激发农户自我发展能力。

● 自然资本和社会资本缺失型农户得分次之，累计资产总值得分 1.445 分；与第 1 类农户相比，该类农户分项得分较低的是自然资产 0.054 分和社会资产 0.074 分。这类农户表现为耕地林地缺乏，没有得力亲戚，没有参加合作组织，没有担任村干部等，在面临生计威胁时，不能通过救助来弥补损失。对于这类农户，只要对自然资本和社会资本加以扶持，就能让其实现内生性脱贫。

● 多种资本缺失型农户得分最低，累计资产总值得分 0.990 分，与其他 2 类农户相比，该类农户单项得分均较低。5 种单项资产中，分值得分较低的是人力资产 0.161 分、自然资产 0.030 分、社会资产 0.042 分。该类农户多为鳏寡孤独者，一方面缺乏内生能力，另一方面缺少社会救助，这类农户是脆弱性最强的群体。对于该类农户，一般的扶贫方式难以奏效，必须通过极贫重扶，安排专项资金，集中解决基本生活保障问题。

二、评估结果

（一）同其他相关研究结论的比较

李小云的生计测量方法运用广泛，近四年来大量学者运用同种权重和变量研究其他地区的贫困问题。滇西边境山区（王丹丹等，2013）[①]、武陵山区三峡库区（徐定德等，2015）[②]、新疆南疆三地州（万婷等，2015）[③]、四省藏区甘南地区（赵雪雁，2011）[④]、秦巴山区（刘伟，2014；伍艳，2015）[⑤][⑥]、滇桂黔石漠化区广西凤三县（史月兰，2014）[⑦]、六盘山区甘肃天水（翟彬等，2015）[⑧]。通

[①] 王丹丹、甘淑、张超、孙冠华：《不同地形特征下云南沿边村寨农户生计资产研究》，载《云南地理环境研究》2013 年第 6 期，第 41~47 页。

[②] 徐定德、张继飞、刘邵权、谢芳婷、曹梦甜、王小兰、刘恩来：《西南典型山区农户生计资本与生计策略关系研究》，载《西南大学学报》（自然科学版）2015 年第 9 期，第 118~126 页。

[③] 万婷、蒲春玲、陶崇鑫：《基于 SLA 分析框架的新疆南部地区农户生计资本研究》，载《农业经济》2015 年第 6 期，第 96~98 页。

[④] 赵雪雁：《生计资本对农牧民生活满意度的影响——以甘南高原为例》，载《地理研究》2011 年第 4 期，第 687~698 页。

[⑤] 刘伟、黎洁、李聪、李树茁：《西部山区项目扶贫的农户收入效应——来自陕西安康的经验证据》，载《南京农业大学学报》（社会科学版）2014 年第 6 期，第 42~51 页。

[⑥] 伍艳：《贫困地区农户生计脆弱性的测度——基于秦巴山片区的实证分析》，载《西南民族大学学报》（人文社科版）2015 年第 5 期，第 128~133 页。

[⑦] 史月兰、唐卞、俞洋：《基于生计资本路径的贫困地区生计策略研究——广西凤山县四个可持续生计项目村的调查》，载《改革与战略》2014 年第 4 期，第 83~87 页。

[⑧] 翟彬、梁流涛：《基于可持续生计的农村反贫困研究——以甘肃省天水贫困地区为例》，载《农村经济》2015 年第 5 期，第 55~60 页。

过归纳总结，得到表 7-4 中的数据。

表 7-4　　运用本书同理论的其他地区的生计资本情况

贫困区域	具体地区	人力资本得分	自然资本得分	物质资本得分	金融资本得分	社会资本得分	资本总值
滇西边境山区	25 个沿边县	0.728	0.608	0.621	0.533	0.478	2.968
武陵山区	三峡库区	0.379	0.073	0.490	0.245	0.069	1.256
新疆南疆三地州	3 乡 9 村	0.407	0.207	0.237	0.211	0.497	1.559
四省藏区	甘南牧区	0.140	0.590	0.190	0.250	0.340	1.510
四省藏区	甘南高原	0.435	0.215	0.185	0.234	0.283	1.352
秦巴山区	陕南	0.510	0.060	0.390	0.150	0.230	1.340
秦巴山区	洋县	0.339	0.225	0.292	0.081	0.416	1.353
秦巴山区	安康	0.370	0.100	0.460	0.180	0.380	1.490
滇桂黔石漠区	广西凤山	0.330	0.230	0.270	0.280	0.190	1.300
六盘山区	甘肃天水	0.093	0.113	0.087	0.057	0.040	0.390
武陵山区	11 个县市	0.346	0.048	0.480	0.458	0.097	1.429

注：表中最后一行武陵山区 11 个县市的数据是由课题组研究得出的结果。

• 以总分 5 分为衡量标准，7 个贫困地区的生计资本得分都在 3 分以下，且大部分地区得分都在 1 分至 2 分之间。由此可以看出集中连片特困区生计资本普遍匮乏，抵御生计风险能力低。

• 从生计资本总值来看，滇西边境山区 2.968 分最高，然后依次是新疆南疆三地州、四省藏区、秦巴山区、滇桂黔石漠化区以及武陵山区，六盘山区 0.390 分最低。

• 5 类生计资本得分各地区不一。从 5 类生计资本得分来看，滇西边境山区和滇桂黔石漠化区社会资本有限；新疆南疆三地州自然资本匮乏；四省藏区物质资本匮乏；秦巴山区自然资本和金融资本较弱；六盘山区多种资本匮乏，其中缺失最严重的是社会资本；武陵山区和本研究自然资本与社会资本匮乏。

• 从地理区划来看，位于中西结合部的武陵山区和秦巴山区，在自然、金融、社会方面处于不利地位；位于西北地区的新疆南疆三地州、六盘山区、四省藏区，所有生计资本与其他地区相比普遍较弱；西南地区的滇西边境山区和滇桂黔石漠化区在社会资本方面不利。

（二）贫困脆弱性特征归纳

与其他集中连片特殊困难地区相比，武陵山区农户的贫困脆弱性呈现出不同的特征。具体而言有以下四点：

一是空间贫困特征明显。从比较分析看，武陵山区农户自然资本得分较低，仅为 0.048 分，在所有区域中得分最低，其原因在于武陵山区地处深山区，人均耕地资源和林地资源较少。此外，由于武陵山区地处内陆，距各省省会城市较远，交通不便，也限制了农户对自然资源的有效开发。

二是自然和社会贫困特征明显。从比较分析看，武陵山区农户自然资本得分 0.048 分、社会资本得分 0.097 分；通过实地调研，样本农户多为自然资本和社会资本缺失型农户；和其他片区相比，武陵山区自然资本和社会资本得分均较低。农户普遍表现为耕地和林地缺乏、没有得力亲戚、没有参加社会合作组织、没有担任村干部，农户缺少融入社会的通道；同时由于武陵山区社交网络封闭，农产品缺乏深加工和销售渠道，专业合作社、规模以上企业和小额信贷机构等社会组织较少，农户缺少技术、市场及资金等社会合作平台。

三是能力贫困特征显著。自然资本、人力资本是农户发展的基础性资本，如果这两个资本配备不合理，则物质资本、金融资本和社会资本配备再多，也不可能具备自我发展能力。武陵山区位于中西结合部，自然环境恶劣、教育条件落后、社会保障制度不完善等多方面原因，导致武陵山区农户生计资本总值低；其中人力资本 0.346 分、自然资本 0.048 分、社会资本 0.097 分。自然资本、人力资本和社会资本的缺失，使得即使在物质资本和金融资本上给予充足的支持，也难以促进武陵山区自身发展。

四是持续贫困比重较高。武陵山区持续贫困是 5 类生计资本综合影响作用的结果。用受教育程度和健康状况来反映一个家庭的人力资本，从教育程度来看，武陵山区农户家庭整体文化程度低，小学及文盲人口比重占到 56%。从健康状况来看，农户家庭劳动力健康状况不佳，非健康人员占 55.9%，劳动力负担过重，因病致贫返贫的贫困问题突出。此外，由于处于省际结合部，武陵山区农户家庭位置偏远，自然资本缺乏，农业生产成本高但收入低，创收渠道少，在自然、物质、金融、社会等资本方面均处于劣势。

第四节 武陵山区多维贫困测量

一、多维贫困指标

随着对贫困问题的深入研究发现,贫困是由多方面的因素导致的,贫困的研究逐渐从一维转向多维研究。表7-5是多维贫困指标维度及赋值情况。

表7-5 多维贫困指标维度及赋值

维度	指标内容	赋值
教育	受教育年限	<6年赋值为1;>6年赋值为0
健康	健康状况是否良好	否赋值为1;是赋值为0
住房	住房是否危房	是赋值为1;否赋值为0
劳动力	劳动力占家庭人口比例	≤58%赋值为1,其余为0
耕地面积	人均耕地面积	≤1.3赋值为1,其余为0
基本收入	人均年收入	≤2 300元(2010年不变价)赋值为1,其余为0

二、测量结果

(一) 单维度测量结果

从武陵山区农户单维测量结果来看(详见表7-6),教育、健康、住房、劳动力和耕地面积的贫困发生率均大于基本收入的贫困发生率,说明武陵山区一部分农户虽然没有在基本收入上陷入贫困,但却在其他维度上陷入了贫困。在扶贫过程中对这类人群更应关注,讲究扶贫方式的多元化及有效性。从6个维度上来看,在耕地面积上的贫困发生率是最高的为0.628,表明武陵山区农户更易因自然资本缺乏陷入贫困,这是因为武陵山区多山地且少耕地。

表 7-6　　　　　武陵山区农户单维贫困测量结果

序号	维度	贫困发生率（H）
1	教育	0.555
2	健康	0.267
3	住房	0.080
4	劳动力	0.393
5	耕地收入	0.628
6	基本收入	0.075

（二）多维度测量结果

从武陵山区的多维测量结果来看（详见表 7-7）：第一，考虑 1 个维度时，武陵山区农户的贫困发生率为 0.932，表示武陵山区有 93.2% 的农户在任意一个维度上发生贫困的，贫困剥夺份额为 0.344，多维贫困指数为 0.320；第二，考虑 2 个维度时，武陵山区农户的贫困发生率为 0.648，表示武陵山区有 64.8% 的农户在任意两个维度上发生贫困，贫困剥夺份额为 0.421，多维贫困指数为 0.273；第三，考虑 3 个维度时，武陵山区农户的贫困发生率为 0.281，表示武陵山区有 28.1% 的农户在任意三个维度上陷入贫困，贫困剥夺份额为 0.536，多维贫困指数为 0.151；第四，考虑 4 个维度时，武陵山区农户的贫困发生率为 0.058，表示武陵山区有 5.8% 的农户在任意四个维度上陷入贫困，贫困剥夺份额为 0.675，多维贫困指数为 0.039；第五，考虑 5 个维度时，武陵山区农户的贫困发生率为 0.003，表示武陵山区有 0.3% 的农户在任意五个维度上陷入贫困，贫困剥夺份额为 0.833，多维贫困指数为 0.003；第六，测算可知武陵山区农户没有同时在 6 个维度上陷入贫困的。最后，从结果来看，随着维度增加武陵山区农户的贫困发生率下降，多维贫困指数下降，剥夺份额增加；通过贫困剥夺份额可以看出农户的平均剥夺程度。

表 7-7　　　　　武陵山区农户多维贫困测量结果

K	贫困发生率（H）	贫困剥夺份额（A）	多维贫困指数（M）
1	0.932	0.344	0.320
2	0.648	0.421	0.273
3	0.281	0.536	0.151
4	0.058	0.675	0.039
5	0.003	0.833	0.003

因为当 K=5 时，多维贫困指数为 0.003；K=6 时，多维贫困指数为 0；因此，在进行多维分解时考虑 K=1、2、3、4 时的情况，详见表 7-8。当维度为 1 时，耕地面积对总贫困贡献最大为 32.7%，且说明耕地贫困在武陵山区农户的贫困中较为普遍。当维度为 2 时，29.8% 的总贫困来自教育贫困。当维度扩大到 3、4 时，仍然是教育贫困突出，贡献率分别为 28.3%、24.4%。对比各维度的贡献率发现，武陵山区的教育贫困问题突出，其次是耕地贫困、劳动力贫困和健康贫困。

表 7-8　　　　多维贫困指数及不同 K 值下的每个维度贡献

K	M	教育（%）	健康（%）	住房（%）	劳动力（%）	耕地面积（%）	基本收入（%）
1	0.320	28.9	13.9	4.2	20.4	32.7	3.9
2	0.273	29.8	15.4	4.6	21.3	28.9	3.2
3	0.151	28.3	18.2	5.6	22.6	25.4	3.8
4	0.039	24.4	21.8	7.5	22.7	23.7	4.5

从对武陵山区农户的多维贫困测量分析中可知，武陵山区农户存在不同程度的贫困，具体而言有以下几点：

一是耕地贫困和教育贫困突出。从单一维度来看武陵山区的耕地贫困发生率在 62.8%，教育贫困发生率在 55.5%；进行多维分析发现耕地贫困仍占有较大贡献率，而在多维分析中教育贫困在各维度中均占有较大的比重。

二是健康贫困和劳动力贫困普遍。从多维分析来看，健康贫困和劳动力贫困的贡献率随着维度增加均呈现逐渐增加的态势。武陵山区有独特的山区气候，多地方病且农户存在普遍的长期慢性病现象，随着健康状况的变差家庭的劳动力也在不断减少。

第八章

武陵山区特殊类型贫困形成的微观机理

从宏观上看，武陵山区的反贫困工作受到特殊因素的制约：一是武陵山区的基础设施、人力资本和金融资本的占有量和增长率历来落后于其他民族地区，形成"经济发展滞后惯性"；二是武陵山区的可开发自然资源较少，人口承载多，自然灾害发生率较高，是民族地区中人地关系矛盾突出的地区；三是社会文化发育落后，生产生活方式原始。四是武陵山区缺乏区域增长极，不易形成区域经济带，是少数民族地区中区位分布最不理想的地带。在如此特殊的发展背景下，武陵山区农户贫困必然呈现出多样性、复杂性和特殊性，因而厘清武陵山区农户贫困的形成机理和特殊类型，是制定精准扶贫相关政策的重要依据。

农户贫困是其家庭生命过程中的一个阶段，要探究农户贫困的形成机理和特殊类型，就必须将农户贫困问题放置于个体生命背景之中，结合具体的社会经济状况和地域特征进行分析。然而，由于我国贫困的统计监测数据历时较短，我们并不拥有覆盖农户家庭生命历程的分析数据，因此无法精确地计量分析农户的贫困机理。而利用当前扶贫统计数据，虽然能够从表面上区分农户贫困类型，但由于缺乏对多种因素导致农户贫困发生机制的深层次理解，而有可能使得对农户贫困的区分过于类型化和浅薄化。基于此，本章首先以农户生命历程为分析背景，总结贫困农户劣势累计机制，找出农户贫困的形成机理。其次以当前扶贫监测数据为基础，通过两种方式进行类型划分。最后综合质性分析和量化分析得出的结论，总结提出武陵山区贫困问题的特殊性。

第一节　武陵山区农户家庭生命周期划分

一、农户家庭生命周期变化与贫困发生的理论分析

导致农村贫困的原因很多,宏观层面的因素主要包括自然条件恶劣、各类资源缺乏、基础设施落后、交通不便、教育卫生等基本社会服务水平较低、地方财政投入严重不足等;微观层面则多与农户自身原因有关,如户主的性别、受教育水平、认知能力等以及家庭的劳动力数量、耕地面积、收入水平等。虽然各地的致贫因素不完全一致,但或多或少都会受到上述因素的影响。在过往研究中,探讨农村抑或农户贫困都是基于上述因素并以某一节点的调查数据作为分析基础。通过分析,虽能获取一些导致农户贫困的重要因素,但却忽视了家庭生命周期这一重要变量对农户贫困可能产生的影响。事实上,当一个家庭处于不同的生命周期阶段时,各方面的情形均会有所区别,比如户主在家中角色的扮演、看待问题的视角、处理各类大小事务的手段、农业生产与日常生活决策的制定、自身的健康水平与劳动能力等,这些因素的客观存在显然会对一个家庭的发展产生影响。已有研究也很好地论证了这一点,即家庭生命周期变化会显著影响农户的家庭决策、劳动力转移以及农业科学技术的采纳应用等,而家庭决策是否科学、家中剩余劳动力能否正常转移、农业科学技术是否被农户广泛采纳又可影响一个家庭的收入水平,进而在一定程度上决定其是否会落入贫困状态。

家庭生命周期概念最初是美国人类学学者 P·C·格利克于 1947 年首先提出来的。家庭生命周期,指的是一个家庭诞生、发展直至消亡的运动过程,它反映了家庭从形成到解体呈循环运动的变化规律。家庭随着家庭组织者的年龄增长,而表现出明显的阶段性,并随着家庭组织者的寿命终止而消亡。家庭生命周期理论中被普遍接受的关于家庭生命周期阶段的划分,是格利克在 1949 年的一篇论文中提出来的,他根据标志着每一阶段的起始与结束的人口事件,将家庭生命周期划分为形成、扩展、稳定、收缩、空巢与解体等 6 个阶段。[①] 为了更为直观地

[①] 百度百科. 家庭生命周期理论. https：//baike.baidu.com/item/% E5% AE% B6% E5% BA% AD% E7% 94% 9F% E5% 91% BD% E5% 91% A8% E6% 9C% 9F% E7% 90% 86% E8% AE% BA/7575655? fr = aladdin.

了解家庭生命周期与农户贫困之间的关系，构建二者的理论逻辑如图 8-1 所示。

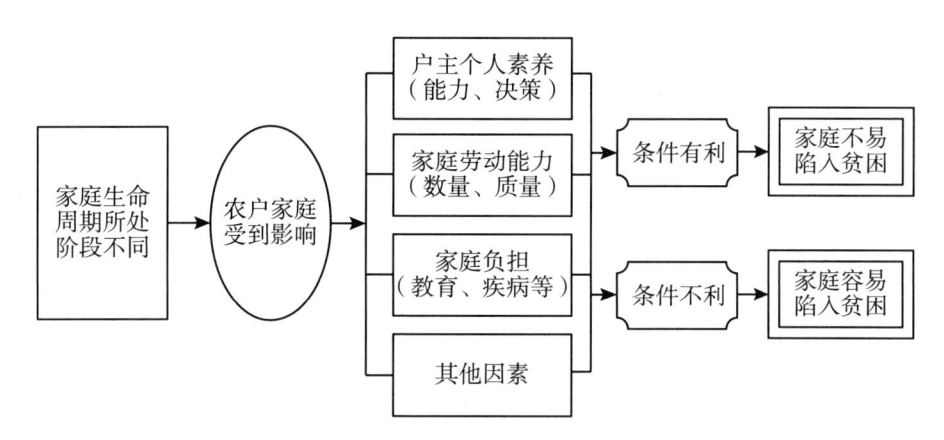

图 8-1 家庭生命周期与农户贫困之间关系的理论逻辑

图 8-1 明确了家庭生命周期与农户贫困之间的总体逻辑，而接下来将进一步探讨家庭生命周期历程对农户家庭的具体影响：其一是有利的一面，比如在年轻夫妇（生育小孩之前）阶段，如父母已为其提供住房以及必备的生活物品，夫妻二人则经济压力较小，所获取的收入足以让其家庭保持在较好的状态，不会陷入贫困。又如在通常意义上的成熟核心家庭阶段，家中子女虽已成年却并未出嫁，由此成为家中除夫妻二人之外的第三劳动力，家庭经济状况会得到有效改善，陷入贫困的可能性由此大幅降低。再如家庭到了"三世同堂"的阶段时，虽有抚养小孩的压力，但家中通常有四个左右的劳动力支撑，其中，小孩父母正值壮年，年富力强且干劲十足，而爷爷奶奶的年龄虽大（可能过了半百），但仍能在农业生产甚至外出务工中发挥重要作用，为家庭发展尽一份力；也正是基于此，"三世同堂"的家庭一般经济状况较好，陷入贫困的可能性相对较低。其二是不利的一面，比如存在于"三世同堂"阶段的另一种情形，即一些家庭不按照计划生育政策的规定进行生育，而存在非法"超生"行为，它们就很有可能陷入贫困状态，究其原因在于这样既加剧了自身在一定时期内的抚养压力而陷入"因孩致贫"的困境，还可能因为高额的罚款陷入到无休止的借贷之中，进而使其家庭长期处于贫困状态（甚至延续到成熟核心家庭阶段）；又如一个家庭步入衰退或者萎缩阶段之后，由于自身劳动能力的大幅减弱，以及其他收入来源的相对有限，其家庭可能会陷入贫困状态。

由此可见，在不同的家庭生命周期阶段同一农户的经济状况可能会表现出很大的差异性（贫困或者非贫困）；但同时，处于同一家庭生命周期阶段的不同农户也可能因为决策的差异（比如是否存在"超生"情形）使其家庭遭受不同境遇（贫困或者非贫困）。这也很好地论证了家庭生命周期与农户贫困之间是存在一定关联的,但二者关系究竟如何则需实证检验。

那么,如何具体考察家庭生命周期与农户贫困之间的关系呢?严格意义上讲,家庭生命周期问题的探讨必须了解每一个家庭的形成、发展、扩展、衰落、解体等各个阶段,厘清各自家庭在发展历程中所经历的一些标志性事件及其所引发的显著性影响。但在实际中我们却很难获取完整的信息,究其原因主要在于单个家庭在传承过程中缺少必要的信息记录。除了一些重大事件(比如哪年结婚、哪年生育小孩、哪年儿女成家、哪年与儿女分家、哪年盖新房)之外,当前户主很难回忆起诸如每年自身家庭收支状况、一些重要家具、家电乃至出行工具(如自行车、摩托车、小汽车等)的具体添置情况、所处村落区域基础设施改善状况等一些与家庭发展变迁紧密相关的必要信息。而上述信息的缺失也使得我们难以系统地判断家庭生命周期与贫困之间所存在的一些可能性关联。另外,即使能完整获取一个家庭从形成到解体的所有信息,我们也只能做一个案例分析,同样难以深入探讨其与农村家庭贫困之间是否存在一定关联。

鉴于此,我们将另辟蹊径分析家庭生命周期与农村贫困之间的关系。考虑到各个家庭在发展过程中伴随着不停地组合、壮大与分家,在某一特定时间节点上所处的发展阶段必然有所区别。比如,某些家庭可能只有刚从大家庭分离出来的年轻夫妇二人,从生命周期发展来看他们正处于年轻夫妇家庭阶段;某些家庭可能只由夫妻二人和其未成年子女构成,表明他们正处于标准核心家庭阶段;也有家庭可能只剩下年迈夫妻二老,说明他们正处于衰退家庭阶段……。由于所处各个生命周期阶段的家庭都满足一定的数量,满足了样本的多样性,故在后期的实证分析中,可以将家庭生命周期类型设为分类自变量,一方面可考察处在不同家庭生命周期发展阶段的家庭其贫困发生率是否存在差异;另一方面则可考察家庭生命周期这一变量是否对农村贫困发生行为产生了显著性影响;除此之外,还可考察因为家庭生命周期变量的介入是否会对影响农村贫困的其他因素产生调节性作用。

二、武陵山区家庭生命周期变化情况

为了更为深入地了解武陵山区家庭生命周期情况,我们以恩施州为例进行分析。课题组于 2015 年 10 月至 2016 年 8 月,走访了来凤县后坝、黄柏、桐子园等 3 村,从当地村委会获取了各村所有居民家庭基本情况,家庭合计 514 户,由于主要考察家庭结构及生育状况,故剔除老年二人夫妇家庭、年轻二人夫妇家庭以及孤寡、单身等特殊类家庭,最终涉及家庭 350 户。接下来,以这 350 个家庭为基本样本,分析武陵山区家庭生命历程情况。具体特点表现在以下四个方面:

一是独生子女家庭较少，绝大多数家庭子女数量达到或者超过 2 个。不同于其他农村地区所实施的独生子女政策或者带有一定限制条件的"二孩"生育政策，武陵山区农村地区虽然鼓励广大农民只生育一个子女，但一直实行的却是普遍性"二孩"生育政策。而较为宽松的生育政策是否对当地农村家庭结构产生了显著影响？这一问题值得探索。为此，将基于所收集的 350 个样本农户数据，考察总体的家庭生育情况。结果如图 8-2 所示。

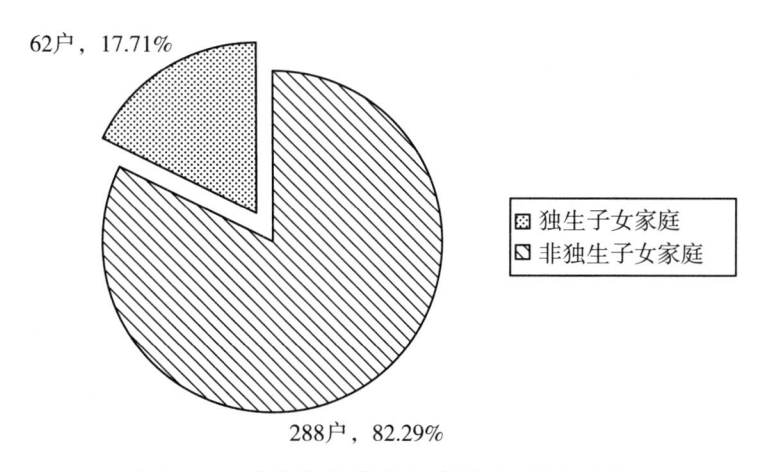

图 8-2 受访农户家庭生育基本情况（户）

由图 8-2 可知，在获取数据来源的 350 个农户中，只生育一个子女的家庭（独生子女家庭）仅为 62 户，占比仅为 17.71%；与之对应，有 288 个农户生育了 2 个甚至更多的子女，其占比高达 82.29%。由此可见，在当地农村地区，独生子女家庭数量较少，而"二孩"及以上家庭数量相对较多。究其原因，许多家庭可能受传统多子多福观念的影响，秉承人多力量大、养儿多更助于防老的思想；当然，更为重要的原因可能是当地计生部门允许农村村民生育二孩。与之对应，对于严格实行计划生育政策的农村地区而言，拥有独生子女的农村家庭所占比重一般要偏高一些，因为政府对于"超生"行为通常会处以高额罚款。

二是子女数量为 3 个及以上的家庭不在少数，存在一定"超生"现象。在恩施农村虽然以两孩家庭甚至独生子女家庭为主，但也存在一些子女数量为 3 个甚至更多的家庭。调查数据表明，此类家庭占比超过 10%；其中，有 34 个农户的小孩数量为 3 个，占样本总数的比重达到了 9.71%；同时另有 3 个家庭的小孩数量甚至高达 4 个，占比为 0.86%。这些家庭均违反了当地的计划生育政策，属于典型的"超生家庭"。是什么原因导致上述家庭"超生"了？接下来将以"三孩"家庭为例，基于其子女的出生顺序以及农村的一些传统观念来探讨可能性原因。根据排列组合思想可知，对于"三孩家庭"，子女出生顺序包括 8 类情形，分别是"女—女—女"（即第一、第二、第三个孩子均为女儿，以此类推）、"女—女—男""女—男—男""女—男—女""男—女—男""男—女—女""男—男—女"和"男—男—男"。接下来便考察这 8 类情形所对应的家庭数量以及父亲年龄特点、最大和最小子女之间的年龄间隔特点，具体情况详见表 8-1。

表 8-1　　　　　"三孩"家庭的子女出生顺序及其特点

出生顺序	总体情况		父亲年龄区间			最大、最小子女年龄间隔		
	户数（户）	比重（%）	51岁及以上（户）	41~50岁（户）	40岁及以下（户）	5年及以内（户）	6~12年（户）	13年及以上（户）
女—女—女	6	17.65	3	2	1	0	4	2
女—女—男	15	44.12	3	6	6	4	8	3
女—男—男	3	8.82	1	1	1	1	2	0
女—男—女	2	5.88	0	2	0	1	1	0
男—女—男	2	5.88	0	2	0	1	1	0
男—女—女	1	2.94	1	0	0	0	1	0
男—男—女	5	14.71	3	1	1	2	3	0
男—男—男	0	0.00	0	0	0	0	0	0
合计	34	100.00	11	14	9	9	20	5

由表 8-1 可知，"女—女—男"和"女—女—女"型家庭数量最多，分别有 15 个家庭和 6 个家庭，二者家庭之和占比超过 60%。这两类家庭的共同之处是第一胎和第二胎是女儿，因此生育了第三胎。由此我们可以大胆猜想，这两类家庭很有可能是受"重男轻女"思想影响，由于前两个小孩均为女儿，为了延续所谓的香火而公然违背计划生育政策而生育第三个子女，当然第三个小孩的性别却不能被人为控制，故有男有女；从父亲年龄构成来看，以 50 岁以下居多，最大子女与最小子女的年龄间隔集中在 6 年以上，其中部分家庭甚至超过 13 年。"男—男—女"型家庭数量排在第三位，拥有 5 户，占比为 14.71%，这类家庭可能是因为想要女儿而生育第三胎，毕竟儿女双全凑成一个"好"字也是很多家庭梦寐以求的目标，当然可能是样本量偏少的缘故，预想中的"男—男—男"型家庭并未出现；这类家庭父亲年龄总体偏大，以 51 岁及以上为主，最大与最小子女间的年龄间隔均在 12 年及以下。除此之外的四类家庭前两个子女生育即实现了儿女双全，生育第三个小孩可能是受传统"多子多福"观念的影响，认为一个家庭儿女越多越好；这四类家庭的数量相对较少，占比之和仅为 23.53%；父

亲年龄以41～50岁居多，最大与最小子女间的年龄间隔以6～12年为主。综合分析可知，产生"三孩家庭"原因按照其重要性依次是生儿子、求女儿和追求多子多福。至于余下三家"四孩"家庭，其生育顺序分别是"男—男—男—女""男—男—女—女""女—女—女—男"，从中不难发现，有两家是前三胎生育了儿子，第四胎为女儿，还有一家则是前两胎是儿子，而第三、四胎是女儿，由此可以大致判断，他们之所以选择生育四胎，一方面可能是追求多子多福，另一方面则可能是希望生育女儿。

三是大多数非独子女间存在3年以上年龄间隔，但不同阶段差异明显。理论上讲，农户生育"两胎"的最小间隔期为1年，但实际情形通常并非如此，"二孩"之间的间隔期通常为多年。我们以2004年、2012年为界，以第二个小孩出生年份作为阶段划分依据，观察非独子女的年龄间隔，最终结果如表8-2所示。

表8-2　　　　　　农户生育"两胎"的时间间隔情况

出生时间	总户数	1～2年		3年		4年		5年及以上		违法生育	
		户数（户）	比重（%）	户数（户）	比重（%）	户数（户）	比重（%）	户数（户）	比重（%）	户数（户）	比重（%）
2004年之前	143	48	33.57	32	22.38	15	10.49	48	33.57	80	66.43
2004～2012年	75	13	17.33	11	14.67	4	5.33	47	62.67	24	32.00
2013年及以后	33	8	24.24	8	24.24	1	3.03	16	48.48	—	—

由表8-2可知，在2004年之前，农户生育"两胎"的时间间隔以1～2年和5年及以上为主，二者占比均为33.57%，各包含农户48户；间隔为3年的农户数量紧随其后，占比22.38%；间隔为4年的农户数量最少，只有15户，占比仅为10.49%；该阶段当地计生部门规定的生育最低间隔期为5年，低于5年均属违法生育，需视具体情形承担一定数额的罚款，从表中不难发现有高达66.43%的农户"两胎"生育时间间隔低于5年，存在违法生育行为。在2004～2012年，绝大多数农户生育两个小孩的时间间隔选在5年及以上，其占比高达62.67%；间隔为1～2年的农户数量排在第二位，为13户，占比为17.33%；排在第三位的是间隔为3年的农户数量，为11户，占比为14.67%；相比较而言，间隔为4年的农户数量最少，只有4户，占比仅为5.33%；这一阶段计生部门规定的生育最低间隔期为4年，低于4年则属违法生育，违反农户需承担一定数额的罚款，从表8-2可知该阶段因间隔期不够而存在违法行为的农户数量为24户，占比为32%，相比前一阶段的55.97%已大幅下降。在2013年及以后，数量排在第一位的依然是将两小孩生育间隔时间选择在5年及以上的农户，合计16

户,占比高达 48.48%;间隔为 1~2 年和 3 年的农户数量相同(8 户),各自占比均为 24.24%,并列排在第二位;相比较而言,间隔为 4 年的农户数量最少,只有 1 户,占比仅为 3.03%;由于 2013 年 2 月恩施州出台的计生政策已取消生育间隔这一规定,因此该阶段不再存在因两个小孩之间的年龄间隔问题所导致的违反生育行为。

总体而言,在一、二阶段当地计生部门对于"二胎"生育虽规定了时间间隔,但仍有大量农户并未按照相关条例所规定的最低年限间隔要求进行生育。究其原因,一方面可能是农民较低的文化程度导致其法制意识较为淡薄,对计划生育政策了解不够透彻;另一方面则可能归结于日常避孕措施的不到位。但同时,第二阶段不按照最低间隔期生育而违法的农户比重要明显低于第一个阶段,可见随着时代的发展,农户的法律意识正逐步增强,越来越多的农户开始遵从计生委的相关规定。而到了第三阶段,虽已取消年龄间隔限制,但仍有近一半的农户将间隔期控制在 5 年及以上,可见这一生育时间间隔已逐步成为越来越多农户的自主选择;究其原因,可能是为了分散家庭抚养压力,便于两个子女都能健康、茁壮成长。

四是农村家庭贫困发生率较高,且与家中小孩数量呈正比。恩施州所辖 6 县 2 市均为国家级贫困县,各县(市)农村地区贫困发生率基本都在 20% 以上,换言之,有超过五分之一的农村家庭陷入到贫困状态。虽然导致当地贫困的原因很多(如地处山区、交通不便等),但同时也可能受到了当地生育政策的影响。为此,将以这 350 个样本农户为例,考察其农村家庭贫困发生率及其与家中小孩数量的关系,以此来探讨恩施州较为宽松的人口生育政策是否加剧了当地贫困。具体而言,将以人均纯收入作为一个家庭是否贫困的划分依据,考虑到课题组所获取的农户收入数据均源自 2015 年,因此将采用国家统计局 2015 年发布的贫困衡量标准,该年国家统计局所公布的数据是 2 855 元,故在接下来的分析中会将年人均纯收入 2 855 元作为衡量一个家庭贫困与否的依据。然后通过数据分析得到研究结果详见表 8-3。

表 8-3　　　　　农户家庭贫困总体发生率及各自比较

类型	家庭总数(户)	贫困家庭数(户)	贫困发生率(%)
独生子女家庭	62	6	9.68
"二孩"家庭	251	34	13.55
"三孩"及以上家庭	37	9	24.32
合计	350	49	14.00

由表 8-3 可知，在 350 个受访农户中，有 49 个家庭陷入到贫困状态，占比为 14.00%，低于当时恩施州 20% 左右的总体贫困发生率。之所以如此，主要在于我们所考察的样本数据已生育了小孩的家庭，而剔除了老年二人夫妇家庭、孤寡家庭等一些贫困高发类家庭。进一步，比较独生子女家庭、"二孩"家庭以及"三孩"家庭等不同类型家庭在陷入贫困上所表现出来的差异性，结果表明，独生子女家庭的贫困发生率仅为 9.68%；"二孩"家庭相对高一些，为 13.55%；相比较而言，"三孩"家庭贫困发生率最高，高达 24.32%。可见，从生育了子女的家庭来看，其家庭贫困发生率与家中小孩数量总体呈现正相关。究其原因，可以归结为两个方面：一是恩施地区无论是农村社会经济发展水平还是农民的思想文化水平、对世界认知的能力都相对落后，缺少系统抚育多个子女的综合能力；但同时相比其他很多农村地区却又多抚养一个孩子，由此导致后代无法像那些严格推行计划生育的农村地区一样对子女进行重点培养，而只能采用相对粗放的抚养模式，这在一定程度上也降低了子女成人之后在社会上的综合竞争力。二是该地区"超生"或者违法生育（不依照最低间隔期）现象较为突出，因为无论是"超生"还是违法生育，一旦触犯政府部门都会施以较大数额的罚款，加之当地经济水平总体较为落后，许多家庭负担多个孩子的抚养费用都稍显吃力，而高额的罚款则进一步加剧了其家庭的经济危机，其中不少家庭只能通过拆借、贷款的方式交纳罚款，从而导致债台高筑，家庭由此陷入持续贫困状态。

三、武陵山区农户家庭生命周期阶段划分

由前文分析可知，无论是格利克（Glick）所形成的家庭生命周期经典理论还是后续学者（Duvall，Rodgers et al.）在此基础上进行的修正与完善，无一不是将家庭生命周期看作个人生命历程，认为家庭在不同阶段扮演不同的角色，也面临着不同的使命和危机。不过，由于中西文化的差异，国外学者所构建的家庭生命周期模型并不完全与中国尤其是中国农村的现实情况相符合。一方面，在广大中国农村，新婚夫妇通常会与父母同住一段时间，直到他们与父母分家、单独立户之后才意味着一个新家庭的组建。另一方面，夫妻生育小孩之后，由于需要夫妻某一方父母照顾小孩，很多年轻家庭会仍与父母同住，不会分家，就此形成"三世同堂"的局面。而具体到武陵山区，基于前文分析可知，由于在其农村地区长期施行较为宽松的人口生育政策，导致当地农户的家庭结构及特点明显区别于湖北其他农村地区，主要表现在"二孩"及以上家庭所占比重较高、非独子女间存在特定的年龄间隔、贫困发生率与家中小孩数量呈正比等几个方面。而这些特点的存在也使得武陵山区农村居民的家庭生命周期相比其他地区又有所差异。

鉴于此，本章将在充分联系武陵山区农村实际，并在结合格利克和罗杰斯等（Glick & Rodgers et al.）学者研究结论的基础上，对其家庭生命周期进行重新划分，其结果如表8-4所示。

表8-4　　　　　　　　武陵山区农户家庭生命周期划分

阶段	标志性事件	家庭基本成员	家庭类型
Ⅰ	年轻夫妻尚未生育	年轻夫妻	年轻夫妇家庭
Ⅱ	夫妇生育子女且长子女尚未成年	夫妻、未成年子女	标准核心家庭
Ⅲ	长子女成年未成家	夫妻、子女	成熟核心家庭
Ⅳ	子女成家、生育	夫妻、子女及配偶、孙子女	扩大核心家庭
Ⅴ	分家	年迈夫妻	衰退家庭
Ⅵ	丧偶	孤寡老人	萎缩家庭

由表8-4可知，武陵山区农户的家庭生命周期包括六个阶段：第一阶段是年轻夫妇家庭，即年轻男女在形成夫妻之后便与父母析产分家，单独立户，但尚未生育子女；从家庭生命周期发展角度来看，年轻夫妇家庭是其起始阶段，但实际中这类家庭相对较少，究其原因在于刚成婚的年轻夫妻多与父母一起生活，一般生育小孩之后才会分家立户。第二阶段是标准核心家庭，即年轻夫妻在生育子女之后从原先父母家中分离出来组成新的家庭，并直至长子女成年之前的整个阶段；在此期间，家庭基本成员主要包括夫妻二人、一个或者多个未成年子女。第三阶段是成熟核心家庭，此时家中长子女已经成年但并未成家，而余下子女（如果有的话）可能成年也可能未成年；家庭基本成员主要由夫妻二人和一个或者多个子女构成。第四个阶段为扩大核心家庭，子女先后成家并生育小孩，且与父母住在一起；此时家庭成员数量达到顶峰，可能包括年老夫妻二人、一个或者多个子女、一个或者多个儿媳（女婿）、一个或者多个（外）孙子女，所有成员生活在一起；需要说明的是，此时若年老夫妻二人中的一方过世，剩下一方仍与子女、孙子们一起生活，我们仍归为扩大核心家庭；第五个阶段为衰退家庭，即已成家的子女与父母分家，年迈夫妻独住；当然也包括一些特殊情形，比如年迈夫妻与自己更加年迈的父母或者其中的一方居住在一起，年迈夫妻与自己年龄较大（通常超过50岁）的单身子女居住在一起。第六个阶段为萎缩家庭，老年丧偶，成员仅剩下孤寡老人。需要说明的是，当地农村地区还会出现一些特殊情形，比如未成年子女与祖父母同住、单亲父母与未婚子女同住等，考虑到此类家庭数量偏少，故将其归为其他类家庭。

第二节 武陵山区农户贫困形成的生命轨迹分析

由于本节需考察对象的整个生命历程,被访者平均年龄为63岁,故用国家每年的贫困线标准来衡量贫困状况并不现实,因此本章中对贫困户的界定,是依据该户在不同时间节点的居住状况(土屋)、收支状况(负债或储蓄较少、负担较大)、日常饮食(肉类食品较少),以及在该村中的相对状况进行综合判定。本节的具体分析路径为:第一,将30个贫困户的生命轨迹分类,进行宏观上的描述与分析,主要按照目前生活状态发展趋势分为上升、水平、下降(恶化)三种类型;第二,依据纵向因素劣势累积作用框架,将劣势累积分为初始累计与事件累积两个方面,其中婚前期作为初始积累阶段,婚后家庭遭遇的冲击作为后期的事件累积;第三,观察案例中贫困较为集中的时间点,对家庭经济状况影响较大的事件进行归纳。

一、武陵山区贫困农户生命轨迹类型

在访谈过程中,我们采用开放式调查方式,通过关键时间的提示,促使被访户主将过去与现在串联起来,形成了持续的、有时间顺序的生命事件链,生命历程的脉络在他们的描画与自我叙说中逐渐清晰与丰富。我们借鉴戴维斯(Davis,2006)将个体生命轨迹方向的划分为上升、水平、下降来观察被访农户生命轨迹的发展。① 研究发现,虽然他们长期同处在贫困的生存状态,但却是处在通往不同方向的生命轨迹上,其中有9户户主表示,生活状况有所好转,有逃脱的趋势;7户生活状况仍然日益恶化;14户家庭趋于平稳,无明显逃脱趋势(如图8-3所示)。虽然在政府扶持以及自身能动作用影响下,曾经摆脱过贫困,可是最后又返贫,66%的贫困户经历了两次以上逃离贫困的经历(如图8-4所示)。

---

① 徐静、徐永德:《生命历程理论视域下的老年贫困》,载《社会学研究》2009年第6期,第122~144、245页。

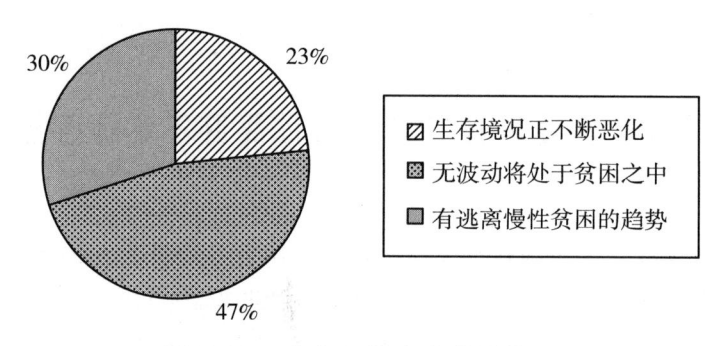

图 8-3 农户目前家庭贫困状况

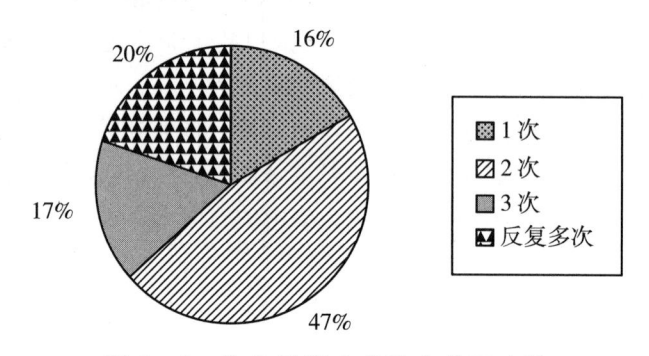

图 8-4 生命历程中曾逃离贫困次数

(一) 贫困状况平稳农户类型

在这一类别下的被访农户有一个共同的特征：其生命轨迹线虽有一定起伏，但绝大多数情况下均处于贫困线以下，并且在一段时期内无明显上升或下降趋势。

个案梁某（如图 8-5 所示）是该类别下的典型案例，梁某的贫困根植于家庭的重大事件。从他的生命轨迹图（见图 8-5）可以看到，其生命轨迹线有两次显著地上升，第一次是女儿 2001 年外出打工，加上当时家庭负担较小，故经济状况有所好转并打算盖新房；另一次是梁某去深圳打工，经过三年的积累有脱贫趋势。然而，中年时期因为两起重大家庭生命事件而直线下落，一次是妻子重病去世，家庭劳动力减少以及高额的医药费让梁某无法承受。另一次就是梁某由于自身健康状况不好，结束外地打工的日子回乡，导致生活状况下降。此外，家庭目前主要的负担在于未婚的儿子需要资金娶妻。虽然经年累月的积极应对并且随着政策环境的逐渐改善，有所起色。可由于家庭成员缺乏技术以及未来可预测的事件，梁某在短期内仍然无逃离贫困的明显趋势。

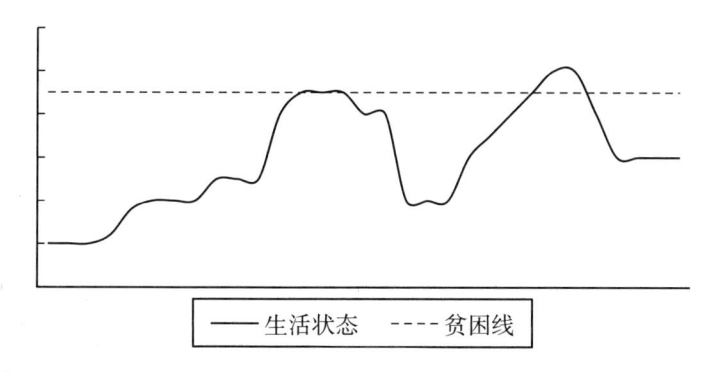

图 8-5　生活轨迹——梁某个案

梁某说："当下有较为稳定的收入来源，可一旦工程队离开，因为多年在外，村里自己已无土地，并且身体一日不如一日，届时，生活又如何自足？"这让户主担心不已，不仅如此，户主女儿虽然已嫁，但儿子 31 岁至今仍未婚，这更是户主心中的一大烦恼。梁某的家庭是典型的因病、因债致贫，并且缺劳动力，缺技术，所以一直无法改善。家庭在面对冲击以及风险的抵御能力差。个体生命发展与重大事件冲击的相互结合形塑人生轨迹的走向，疾病、缺乏增收因子等因素阻碍农户脱贫。在另外几个案例的人生经历中也有明显的体现。

（二）逃离贫困趋势农户类型

在这一类别下的被访农户生命轨迹线有一个共同的特征：进入晚年后，由于家庭经济状况的逐渐好转（社会整体经济水平的提高、下一代的职业发展）与政策环境的有利倾向使得他们生活状况也在慢慢好转，并有望走出贫困。而他们在晚年阶段的贫困实质上是早年贫困的延续，并且这种贫困正随着重大事件影响力的消退而逐渐削弱。①

总观英某（如图 8-6 所示）的生命历程，有两次巨大的下降。第一次是 1969 年到 1973 年之间，经历了丈夫被单位开除，两个孩子出生导致的生活压力增大，以及自然灾害导致的减产。第二次是 1984 年至 2010 年左右的时间，英某和丈夫都患大病，一连串的负面冲击造成贫困。近年来，由于国家政策以及儿子的生活资助，有逃离贫困的趋势。英某说自己是受尽苦难才存活下来，她这样描述他的一生"苦了一辈子，现在慢慢的终于开始熬出头了。"

---

① 徐静、徐永德：《生命历程理论视域下的老年贫困》，载《社会学研究》2009 年第 6 期，第 122~144、245 页。

―― 生活状态　---- 贫困线

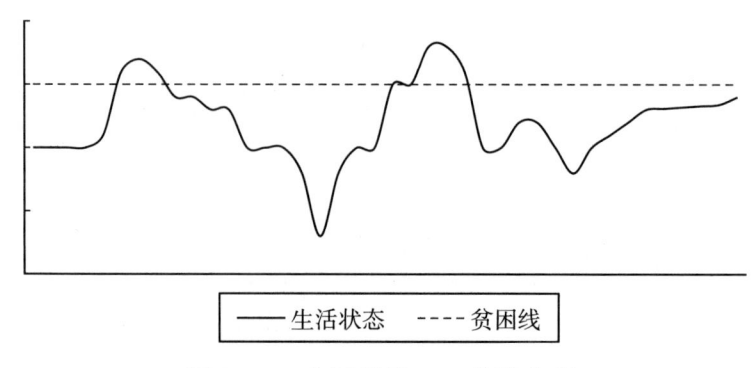

图 8-6　生活轨迹——英某个案

蔡家和林家，这两家长期处在贫困之中，由于政策倾斜以及自身支出减少的原因，有逃离趋势。蔡某的大儿子是个先天性肌肉萎缩患者，从小就需要有人照料。这些年来为了照顾大儿子，家中一直没有什么积蓄，加上蔡自己身体不好需要常年接受药物治疗，故蔡家一直是村里典型的贫困户。直至 2011 年大儿子去世，家中的支出减少，因此条件也逐渐变好。2005 年，小儿子初中毕业后就外出打工，有修车的手艺。2010 年结婚，小儿子和儿媳目前都有固定工作，并可适当给予老人经济补给。2013 年，考虑到老人身体不行无法下地，老人在政府的帮助下在村里开了个小卖部。目前日子远比从前好，有明显脱贫趋势。

(三) 贫困状况恶化农户类型

"恶化"类农户都遭遇了一连串负面生命事件（丧子、重病等），还包括早年埋下的危机在该阶段爆发而身陷贫困，伴随衰老的步伐生活状况进一步恶化，并很难通过自身的努力摆脱困境。

以朱某个案（如图 8-7 所示）为主要案例来探讨该种生命轨迹的贫困，并借此阐述农户早年如何陷入贫困、一段时期内经济状况的变动趋势以及经济状况日益恶化的缘由，总观朱某的生命历程，波动较为明显。朱某和女儿两次外出打工，以及政府资助，使家庭情况有明显起色，但丈夫与儿子的去世造成生活状态线直线下降。在对朱某的访谈中，她反复强调社会网络、党和组织的关怀给她创造了有利的外部环境。

贫困农户受到单重负面事件效应和多重负面事件效应的影响，其个人或家庭的生活轨迹出现大幅下滑，个人能动性受到了制约，社会关系网络无法提供有力的支持，导致其个人或家庭在陷入贫困之后，难以恢复，并长期处于贫困之中。

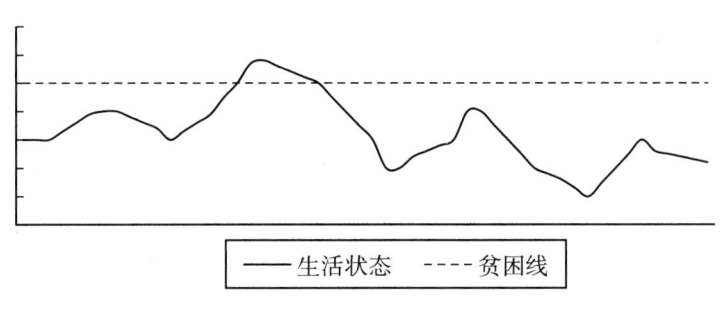

图 8-7　生活轨迹——朱某个案

二、武陵山区农户贫困轨迹变化的时点分析

（一）农户贫困轨迹变化的宏观时段分析

分析受访的 30 位户主的表述可以看出所有家庭都是处在长期贫困当中，但是在不同的时间点均有农户暂时脱贫，而他们有个共同点就是：30 个户主出生的时候，户主父辈家庭情况均为贫困状态。受访户主平均年龄为 63 岁，其中大部分出生在 20 世纪 50 年代，故 50 年代为重要的一个时间点（图 8-8）。

受访户主家庭生活水平有所提高比较集中的时间点是：1980~1990 年，有 9 户家庭生活水平有所上升；2007 年左右，有 12 户农户生活水平有所提高，其中有 7 户当时基本脱贫；2015 年至今有 6 户有明显脱贫趋势（即目前的生活状态）。仔细观察这几个时间段不难发现：

● 20 世纪 50 年代，中华人民共和国成立初期百废俱兴，新中国开始了全面的经济建设，但是整体国力不强，尤其是农村还处于普遍的贫困中。

● 1980~1990 年，为改革开放初期，1978 年我国开始进行土地经营制度改革，到 1985 年农民人均年纯收入由 133.57 元增加到 397.60 元，农村贫困人口由 2.5 亿人下降到 1.25 亿人，贫困发生率由 30.7% 下降到 14.8%，全国范围内的普遍贫困得到相当程度的缓解。

● 观察对象第三次较为集中的脱贫时间为 2007 年左右，主要得益于一系列惠农政策的实施：一方面，2005 年户籍制度改革，逐步放宽大中城市户口迁移限制，山区一些农户开始告别农业生产，走出大山，到外地打工创收，另一方面，我国扶贫工作进入特困民族地区重点扶持阶段，2004 年，国家民委针对遗留下来的特困民族地区，提出了包括减免农业税、将特困村优先纳入实施整村推进扶贫规划、加大基础设施投入、加大教育投入与特困学生实行"两免一补"、缺乏生存条件的实行易地搬迁扶贫和对部分特困群体提供最低生活保障等扶持措施。

• 2014年1月，中央详细规制了精准扶贫工作模式的顶层设计，推动了"精准扶贫"思想落地。2015年1月，精准扶贫首个调研地点选择了云南，标志着精准扶贫正式开始实行。特别是随着新型农村合作医疗以及新型养老保险等制度不断完善，为大病慢性病患者以及老人提供了一定程度的保障，而6户农户在此时有明显逃离趋势离不开这些政策背景。

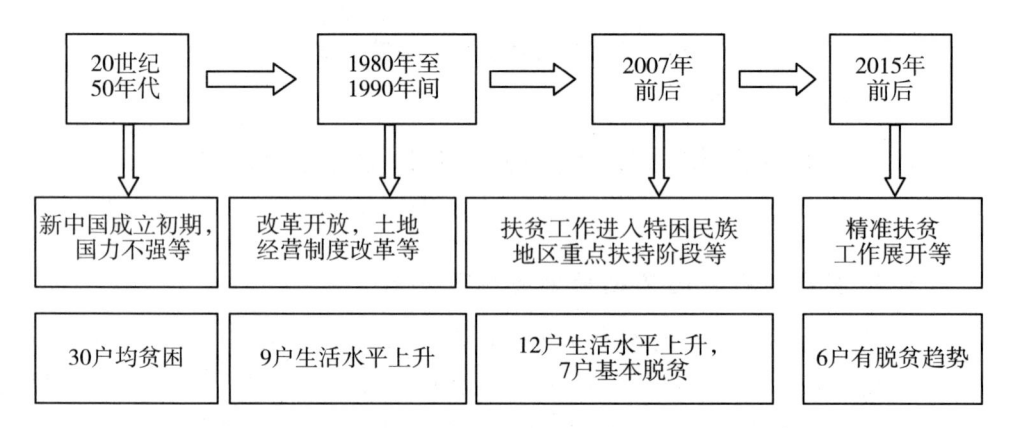

```
┌──────────┐    ┌──────────┐    ┌──────────┐    ┌──────────┐
│ 20世纪   │ ⇒  │ 1980年至 │ ⇒  │ 2007年   │ ⇒  │ 2015年   │
│ 50年代   │    │ 1990年间 │    │ 前后     │    │ 前后     │
└────┬─────┘    └────┬─────┘    └────┬─────┘    └────┬─────┘
     ↓               ↓                ↓                ↓
┌──────────┐    ┌──────────┐    ┌──────────────┐  ┌──────────┐
│新中国成立初期，│ │改革开放，土地│ │扶贫工作进入特困民族│ │精准扶贫  │
│国力不强等 │    │经营制度改革等│ │地区重点扶持阶段等│ │工作展开等│
└──────────┘    └──────────┘    └──────────────┘  └──────────┘

┌──────────┐    ┌──────────┐    ┌──────────────┐  ┌──────────┐
│30户均贫困│    │9户生活水平上升│ │12户生活水平上升，│ │6户有脱贫趋势│
│          │    │          │    │7户基本脱贫   │  │          │
└──────────┘    └──────────┘    └──────────────┘  └──────────┘
```

图8-8　30位农户贫困状况比较集中的时间点

（二）农户贫困轨迹变化的生命周期分析

30户户主平均年龄63岁，处于中老年期，户主结婚之前与父母居住，父辈家庭贫困状况等同于户主的贫困状况，故30位户主父辈均处于贫困状态，绝大多数被访户户主婚前都处于贫困状态之中（有27名户主结婚的年龄为20~24岁之间），青壮年时期身体状况最佳，此时已成家立户，身体条件相对较好，家庭压力较小，最容易摆脱贫困（28岁前），中年阶段身体开始走下坡路，此时主要靠前期的财富积累（47岁前），老年阶段劳动力慢慢丧失（目前），主要靠子女反哺。本章将结婚前、青壮年期、中年时期、老年时期作为四个观察周期点（图8-9）。不同阶段的贫困状况均由户主描述得出，且贫困、非贫困以及浮动状态均指该时期内，大部分时间的生活状态。

从图8-9可以看出，最初发生贫困的时间都为出生时，30户主家庭均处于贫困状态，从小家庭环境差，是由上代贫困状况传递而来的，这正是学术界称为"贫困代际传递"的现象。据调查，他们摆脱贫困的时点往往在自己结婚立业后的青壮年时期，但此周期点仍有3户长期处于贫困状态之中，并有20户处于贫困与非贫困状态波动，部分贫困青壮年出门打工却存在没有工厂接受的现象，故只能返乡种地，收入甚微。中年时期浮动较大，据了解是因为子女负担，老人负

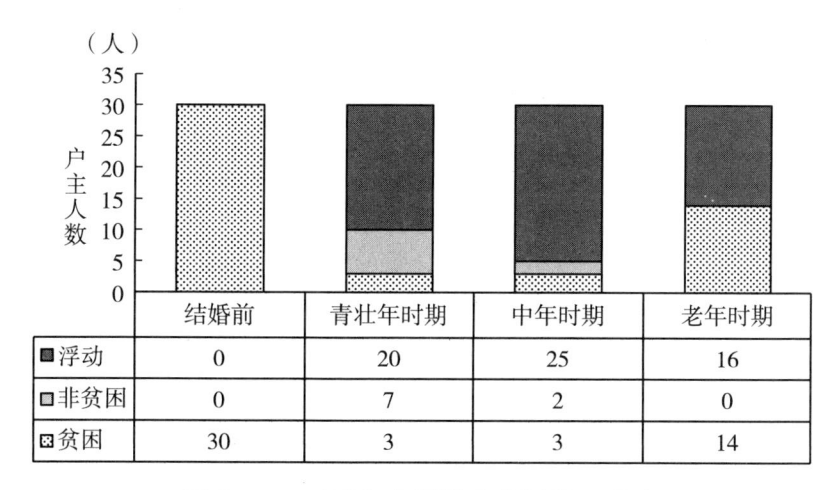

	结婚前	青壮年时期	中年时期	老年时期
浮动	0	20	25	16
非贫困	0	7	2	0
贫困	30	3	3	14

图 8-9 不同生命周期点贫困状况分布

担,以及自身疾病等影响,老年时期的贫困户,主要是年轻时期无资产积累,身体状况日益下降的户主,如有子女较好的照顾的户主一般都有逃离趋势,但还是有部分家庭仍然将处在贫困之中。

贫困个体的生命周期分析具有典型的政策意义:阻断贫困代际传递,就是要防止孩子出生时陷入贫困,因此,帮扶孕期父母非常重要;贫困人口摆脱贫困往往发生在青壮年时期,因此,扶贫工作对象应该是青壮年农民,而给年轻人提供就业渠道与增收因子便是重中之重;中年时期家庭负担大,各种突发事件多,这就要加强对此类农户的压力分摊,加强教育、医疗等方面的制度建设;针对老年人以及丧失劳动力群体,则需要完善各项保障性以及救济性制度。

三、武陵山区农户贫困轨迹变化的关键事件分析

每个家庭和个体有着不同的生活故事,但陷入贫困或者逃离贫困的因素基本相同。通过编译受访农户家庭和个体一生重大历程,我们发现孩子出生、子女上学、就业、结婚、残疾以及慢性病等是影响贫困变化的关键事件(详见表8-5)。

结婚在农村是人生一个较为美好的阶段,在一定程度上摆脱了上一代贫困家庭的约束。同时刚结婚时家庭负担较小,没有孩子,而且上一代的父母一般此时还能够自己负担自己的生活,夫妻两人身体状况最佳,劳动所得能够满足自己生活的基本开销。

被访农户中,有11户均表示,从孩子出生后家庭压力开始变大,农户居某

半开玩笑地说:"孩子就是来讨债的吸血鬼,自从有了孩子后,本来只能刚好养活两口人的家庭,生活变得格外困难。"可见,孩子的出生意味着家庭负担和开支增加,有可能导致贫困发生;特别是民族地区农村多子女的情况下,它更容易成为致贫原因。如果父母本身贫困,这个刚出生的孩子也就承继了上代贫困。若家庭负担较重,脱贫难度很大。

子女长大后上学,会产生教育费用,既可能成为家庭致贫的关键事件,也可能是家庭脱贫的关键条件。例如,上文提到的受访农户李某,孩子到医院上班,家里这两年的生活状况慢慢改善,李某笑着说:"以前孩子是个'化钱炉',投的钱现在终于有点回报了。"

生病是导致受访农户长期处于贫困的大事件。我们调查的30户中有19户因为家里有慢性病或痴呆傻残成员,导致整个家庭长期陷入贫困之中。梁某就是典型的受疾病折磨的家庭,梁某的妻子得重病死亡,自己也因为一直有慢性病,反复发作,阻碍家庭逃离贫困。

30农户普遍缺乏增收因子,那么外出打工便成为一个增加家庭收入的重要手段,一共有22户自己或者子女有外出务工经历,并且对家庭生活状况有明显帮助。可见缺乏增收因子,提供当地就业岗位是脱贫的重要途径之一。

子女结婚也是家庭的大事件。在农村,这是一个人"独立"的标志。但是据农户的表述,儿子与女儿结婚似乎结局不太一样,在农村彩礼费用较高,儿子结婚,父辈一般要存有一定积蓄,向某表示目前最担心的就是没结婚的儿子:"家里一分钱没有,住的还是个破房子,哪家姑娘会嫁过来,儿子也不争气,愁死人。"

表8-5　　　　　　　　　家庭重大事件影响

家庭重大事件		贫困状况	户数	典型表述
户主结婚		改善	10户	父母那辈穷,自己刚结婚那会压力小,日子慢慢好起来
生孩子		下降	11户	孩子出生花销明显变大
教育		下降	5户	坚持让孩子读点书,虽然现在苦点,但希望他以后有出息
打工	自己打工	改善	10户	种地挣不到几个钱,出去多少能有点剩余的贴补家用
	子女打工	改善	12户	没钱让孩子读书,大点就让出去打工,家里生活也好点
痴呆残病		下降	19户	自从家里……病了,生活一日不如一日

续表

家庭重大事件		贫困状况	户数	典型表述
懒惰		下降	7户	……好吃懒做不干活,就受穷(该项主要从村支书及邻里打听得知)
死亡	老人死亡	改善	9户	老头在那会儿长期吃药看病家里开销很大
	劳动力死亡	下降	4户	农活没人干了,家里像垮了一样
子女结婚	儿子娶妻	下降	4户	打工存的一点钱给儿子娶媳妇
	女儿出嫁	—	—	意见不统一
子女就业	良好教育	改善	3户	终于盼到孩子读书出来,家里好过了一点

第三节 武陵山区农户贫困形成的劣势累积机制

贫困是横贯整个生命历程的动态过程,贫困的发生,是生命各个阶段各种事件组合、累积的结果。生命历程理论与累积劣势是个体发展不平等问题的重要研究范式。由于农户贫困发生受到宏观发展背景和微观生命历程两个层面的影响,因此本节构建了在时间、空间、情境三维因素作用下的贫困农户劣势累积机制分析框架,通过发掘导致贫困农户劣势的文化、制度、政策的因素,深入理解贫困农户经济劣势形成过程。[①]

一、框架构建

时间维度将农户的生命时间和社会时间按照年龄层级的时序,如若简单地将所有户主分为婴儿期、幼儿期、儿童期、少年期、青年期、成年期、老年期、高龄期,对于考察其一生的贫困状态来说意义不大。户主结婚之前与父母居住,父辈家庭贫困状况等同于户主的贫困状况,将生命历程划分为婚前期(学前期、学龄期)、青壮年期(婚育期)、中年期(发展期)和老年期(衰老期)四个阶段。如图 8-10 所示,时间、空间、情境三个维度在农户生命轨迹中交织互动,共同

---

① 徐洁、李树茁:《生命历程视角下女性老年人健康劣势及累积机制分析》,载《西安交通大学学报(社会科学版)》2014 年第 4 期,第 47~53、68 页。

作用于每一个生命历程阶段，维系农户陷入贫困状态无法逃脱。

对30户农户的调查发现某单一的元素无法构成贫困的充分条件，例如被观察者朱某与其邻居杨某同样是患上慢性疾病（肺病），但杨某却只是暂时贫困，而朱某却陷入贫困无法自拔。可见疾病只是导火索，朱某的生活现状是经历了一个长期的生命事件累积过程的结果。研究按照"初始的不平等"与"时间"这两个标准，把个案生命历程中的累积性因素区分为"初始的累积因素"与"时间上的累积因素"两种。

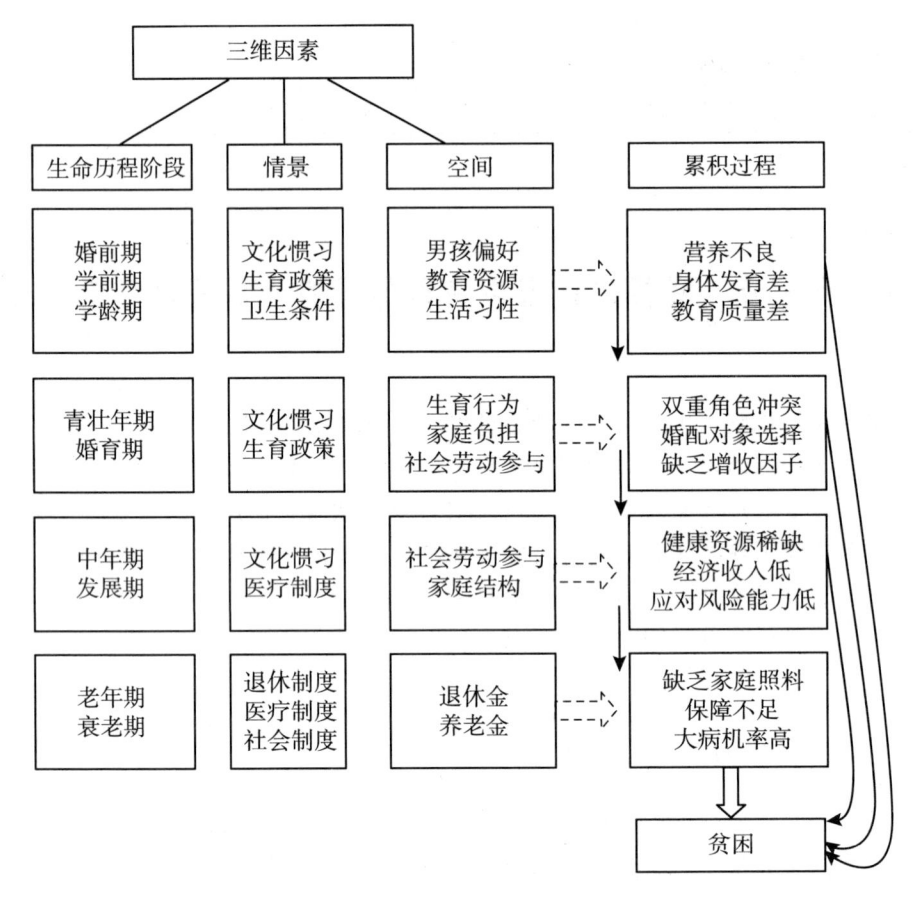

图 8-10　贫困农户生命历程阶段累积作用机制分析

二、初始累积因素分析

在个体的生命历程中，初始条件具有特别重要的意义，下面以三个不同的案例比较来看初始因素对个体的影响（图 8-11）。

户主秦某，丈夫早年肝癌去世，目前家庭只有两口人，自己和残疾的儿子。从小母亲身体不好，父亲爱酗酒，自己和母亲都经常挨打，因为家里极度贫穷再加上父亲的"读书无用论"，从小便在家中务农，18岁便被父亲卖给了村里懒惰出名的男子做妻子。回忆起自己的一生，她最怨恨的就是自己的父亲，认为自己的贫困根源就是糟糕的家庭关系状况。"我这一生就是被父亲害了的，从小没上学，是在父亲拳打脚踢中长大的，嫁了这个男人也是拖累了我一辈子。"

从秦某的案例可以看出，在初始阶段，由于家庭因素，一方面从未受过教育也无技术，另一方面，因为家庭情况差，所以被父亲卖给一个懒惰的人做妻子，为后期的长期贫困埋下了祸根。

海某（男，1960年出生），7岁时候在山上摔过一跤，因家庭贫困无钱看病落下腿疾，并且在访谈中发现海某有一种明显的"认命心理"。他说："因为有腿疾，后来娶了媳妇又跑了，留下女儿和自己，女儿不懂事出去打工，好几年没回来了，从来也没有给自己一分钱。年轻的时候和同村的人一起去打工，别人都找到了事情做，就我找不到。就回到村里种点地，这一辈子就这样了，也没啥盼头。"他把自己贫困的根源归咎于腿疾。

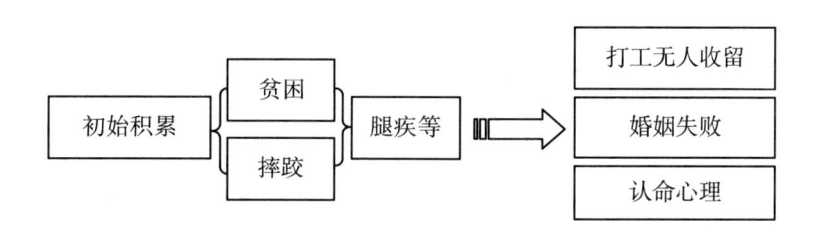

图 8-11 海某早年家庭初始累积

李某（女，1960年出生）的情况有所不同，她的出生家庭情况当时在村中属于中等水平，但因为村里普遍重男轻女的思想，家中一个弟弟和一个哥哥都上过几年学，自己从小和父母一起下地干农活，父亲爱赌博，欠下的赌债都是自己婚后慢慢还上的，因此和丈夫一直有矛盾（图8-12）。2002年被骗好几千，用她的话说，"都是我没文化，当时丈夫也不在家，相信那几个外地人，买了一堆假的银洋"。自己成家后下决心女送孩子读书，教育支出也一段时间内成为家中的主要负担。

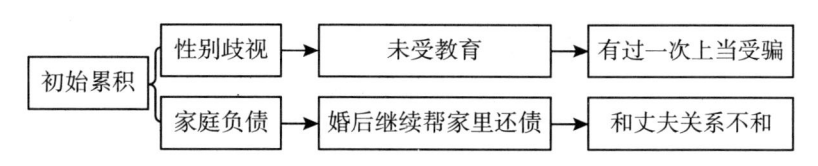

图 8-12 李某早年家庭初始累积

通过上述分析可以发现：第一，初始的累积因素能够影响生命历程中重要的生活事件，如教育、工作和婚姻事件，通过这些事件，其影响会持续性地发挥作用。第二，初始的累积因素是在一定的机会结构和历史环境下产生累积作用的，家庭情况、性别等只有与一定的历史背景相结合才能够产生作用（李某遭受性别歧视）。第三，某些初始的累积因素具有一定的稳定性，不会因为社会福利结构的转变而发生大的改变，如性别、家庭经济状况等，但另一些与社会政策环境紧密相关的因素则会随着政策的变迁而发生转变，如海某的贫困认命的心理其实是可以通过疏导进行消除的。初始累积因素作用的稳定性与变动性在以往的研究中受到了不同程度的忽略。[①]

三、时间累积因素分析

时间上的累积因素指的是随生命历程的不断演进而发生的一系列生活事件，这里主要指婚后自立门户后的事件积累。这些事件会对个体生活产生转折性的和持续性的影响，其影响会不断地叠加，像滚雪球一样放大个人与他人之间的差异。这些生活事件复杂多变，有些是社会性的，有些则纯粹是个人性的。

有些户主在生命的不同阶段发生明显的事件，为老年的生活贫困做了铺垫（见图8-13）。1958年出生的户主宋某，1980年结婚立户，结婚后两人一直在家务农，夫妻二人比较勤劳，因此务农收入也能够维持基本生活。1985年儿子出生，因王某认为读书无用，且家庭条件原因未送过孩子上学，2001年，儿子外出打工，却因为各种原因而无法找到一份满意的工作，工资不固定而且有限，基本只能供应自己的生活。2010年儿子和一个外地女人结婚，且极少回家，也从未给家里寄过一分钱。因年轻时宋某得过一场重病，未到正规医院医治，只是采用了一些土方子，落下病根，身体状况一直不好，无法下地做重活，生活主要靠大女儿的偶尔照顾。

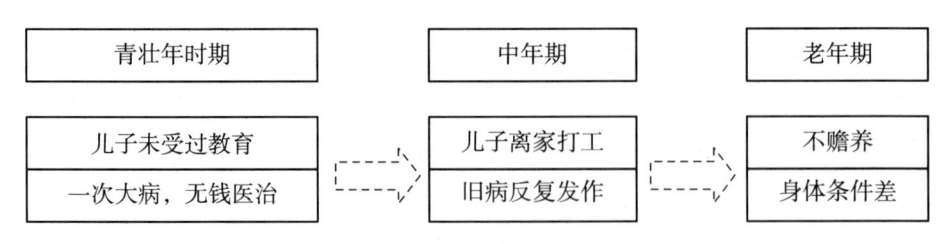

图 8-13 宋某家庭事件累积

[①] 胡薇：《累积的异质性：生命历程视角下的老年人分化》，载《社会》2009年第2期，第112~130、225~226页。

此外，存在另一种连锁传递类的累积效应（A→B→C→D），某一事件虽然当时没有对贫困造成直接影响，但随着时间的推移，在遭遇特定的环境的机缘下却引发一系列的负面事件，使农户身陷贫困（见图8-14）。访谈中有户华某老人，说起自己的家庭情况就泪流满面："我儿子前几年被抓到监狱去了，进去一年，那个女人就自己走了，留下我和一个孙子。"后通过了解得知儿子是故意伤人被判了刑，从那时候开始老人因为受到打击，身体一日不如一日，孙子才八岁，住的是危房，处境非常困难，家里的生活都是依靠一点国家补贴金，还有嫁出去的大女儿偶尔照料才勉强度日。可见，由入狱而引起一系列风波，便是连锁累积。

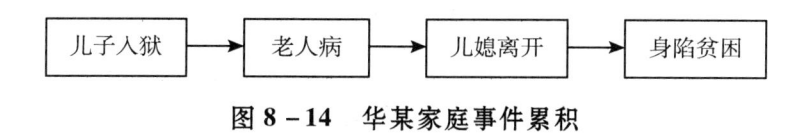

儿子入狱 → 老人病 → 儿媳离开 → 身陷贫困

图 8-14 华某家庭事件累积

不同的事件之间也可能会产生交互作用：独立事件之间发生交互作用后形成某种负面结果（A+B→C→D）。例如，上文提到的海某自己认为因为腿疾导致婚姻失败，其实从村支书与邻居口中得知海某不仅无技能还好吃懒做，并且有小偷小摸的习惯，所以才导致婚姻失败以及外出找不到工作，致使贫困的发生。

除了以上分析的几种负面累积作用外还存在一种典型的，正面削弱贫困的累积，当这种累积作用大于负面累积作用时，农户摆脱贫困。这种主要的削弱作用主要包括通过个体积极的能动性、周围人际作用以及外部有利的政策环境等方面。例如，梁某的案例中，女儿以及自己分别两次外出打工、华某得到大女儿的照料以及政策的帮助等。

分析表明，时间上的累积因素，能够以相互递进的方式产生一系列的累积作用，如一系列突发事件和冲击，也可以独立发挥作用影响个体的晚年生活，如儿子不赡养等，其产生受到初始性累积因素和以往生活基础的影响，是当时个体的策略性选择，其作用会因为社会政策的变迁而改变，需要累积与强化效应帮助摆脱贫困。[①] 对突发独立负面事件应该重点削弱重大突发事件的破坏性影响，以避免衍化成长期贫困，具体来说重视培养削弱效应的事件，除了国家扶贫政策外，要充分发挥自主能动作用，克服"认命"心理，村干部也要积极做好心理疏导工作。

[①] 胡薇：《累积的异质性：生命历程视角下的老年人分化》，载《社会》2009年第2期，第112~130、225~226页。

第四节 武陵山区特殊类型贫困的影响因素分析

一、研究设计[①]

(一) 数据来源

本部分研究所用数据源自课题组 2015 年 7~8 月对武陵山区农户开展的问卷调查。在调研过程中,本研究采取随机抽样与典型抽样相结合的调查方式,选取位于武陵山区的重庆石柱和酉阳、恩施州利川市、宣恩和来凤、宜昌长阳和秭归、贵州松桃、湖南凤凰和张家界共 10 个县 (市),进行贫困民族地区调查。实际调研中,通常每个镇抽取 3~5 个村庄,每个村则随机走访 10~20 个农户,通过问卷填写的方式从农户那里获取所需信息。本次调研累计发放问卷 1 015 份,最终获取有效问卷 998 份,问卷有效率为 98.33%。

(二) 样本描述

按照前文构建的农户家庭生命周期划分方法明晰各个阶段的家庭构成情况,其结果详见表 8-6。其中,受访农户中成熟核心家庭占比最高,接近三分之一 (32.46%);扩大核心家庭和标准核心家庭所占比重较为接近,分别为 28.66% 和 28.26%,依次排在第二、第三位;衰退家庭、其他类家庭、萎缩家庭所占比重均比较低,分别仅占 5.41%、2.51% 和 2.30%;依次排在第四至第六位;相比较而言,年轻夫妇家庭数量最少,只有 4 家,占比仅为 0.40%。考虑到年轻夫妇家庭数量太少,在接下来的实证环节将不予考虑此类型家庭,同时其他类家庭也不在考虑之列。为此,最终运用到实证分析的样本农户数量为 969 个。

[①] 阶段性成果:李贝、李海鹏、苏祖勤:《家庭生命周期、农户贫困及其影响因素分析——基于湖北恩施州的微观数据》,载《干旱区资源与环境》2017 年第 3 期,第 32~37 页。

表8-6　　　　　　　家庭生命周期各个阶段的家庭构成情况

阶段	年轻夫妇家庭	标准核心家庭	成熟核心家庭	扩大核心家庭	衰退家庭	萎缩家庭	其他
频率（户）	4	282	324	286	54	23	25
百分比（%）	0.40	28.26	32.46	28.66	5.41	2.30	2.51

进一步，分别对样本农户及户主的基本情况进行描述性分析，其结果详见表8-7。首先是户主层面。从户主性别来看，以男性为主，所占比重高达88.24%；女性户主相对较少，仅占受访家庭总数的11.76%。户主年龄普遍较大，以40岁以上为主，其中41~50岁、51岁及以上的户主数量最多，占比分别高达39.83%和38.91%；相比较而言，40岁及以下的户主数量较少，只占受访家庭总数的21.26%，而30岁及以下的户主甚至仅占到户主总数的3.51%。户主文化程度普遍偏低，以初中及小学学历为主，二者占比之和高达96.28%，其中户主受教育程度处于小学及以下水平的有395人，占受访家庭总数的40.76%，初中学历则占到了55.52%；与之对应，拥有高中（中专）和大专及以上文化程度的户主数量严重偏少，分别只有34人和2人，仅占到受访家庭总数的3.51%和0.21%。仅有少数户主具有除农业生产经验之外的其他专业技能，所占比重仅为2.06%，而高达97.94%的户主并不具有其他专业技能。

表8-7　　　　　　　样本农户及户主的描述性分析

户主特征	选项	人数（人）	占比（%）	农户特征	选项	户数（户）	占比（%）
性别	男	855	88.24	人均纯收入	2 000元及以下	22	2.27
	女	114	11.76		2 001~3 500元	205	21.16
年龄	30岁及以下	34	3.51		3 501~5 000元	394	40.66
	31~40岁	172	17.75		5 001元及以上	348	35.91
	41~50岁	386	39.83	所经营的耕地面积	3亩及以下	525	54.18
	51岁及以上	377	38.91		3.01~5亩	282	29.10
文化程度	识字很少或小学	395	40.76		5.01~8亩	136	14.04
	初中	538	55.52		8.01亩及以上	26	2.68
	高中（中专）	34	3.51	家庭劳动力数量	1人及以下	173	17.85
	大专及以上	2	0.21		2人	330	34.06
是否具有专业技能	是	20	2.06		3人	238	24.56
	否	949	97.94		4人及以上	228	23.53

接下来是农户家庭层面。从人均纯收入来看,绝大多数家庭在 3 500 元以上,其中,人均纯收入介于 3 501~5 000 元的家庭数量最多,占比高达 40.66%;人均纯收入超过 5 000 元的家庭紧随其后,其占比也达到了 35.91%;人均纯收入介于 2 001~3 500 元的家庭数量排在第三,所占比重为 21.26%;相比较而言,人均纯收入低于 2 000 元的农户数量较少,仅有 22 家,只占受访家庭总数的 2.27%。从农地经营来看,绝大多数农户所经营的耕地面积在 5 亩以下,其中耕地经营在 3 亩及以下的农户所占比重最大,高达 54.18%;3.01~5 亩的农户数量紧随其后,占比也达到了 23.10%;相比较而言,耕地经营面积为 5.01~8 亩、8.01 亩及以上的农户所占比重较少,分别仅占受访农户总数的 14.04% 和 2.68%。从家庭劳动力来看,占比居于第一位的是拥有 2 个劳动力的家庭,共计 330 户,占受访家庭总数的 34.06%;排在第二、第三位的依次是拥有 3 个和 4 个劳动力的农户家庭,分别占受访家庭总数的 24.56% 和 23.53%;劳动力数量为 1 人及以下的家庭最少,所占比重为 17.85%。

(三) 贫困农户的划分标准及现状

考虑到课题组调研时间是在 2016 年 1 月中旬,所获取的收入数据均源自 2015 年,本研究将年人均纯收入 2 855 元作为衡量一个家庭贫困与否的依据。统计分析显示(见表 8-8),依照现行标准划分,受访地区仍有高达 21.98% 的农户家庭处于贫困状态,这一比例与武陵山区建档立卡的农村贫困户人口比重(22.5% 左右)基本相当,由此表明本次调研所获取的数据来源较为可靠。其中,萎缩家庭贫困率最高,超过 9 成(91.30%)的家庭陷入贫困;衰退家庭组紧随其后,其贫困率也高达 85.19%;扩大核心家庭组和标准核心家庭组排在第三和第四位,其贫困占比分别为 22.38% 和 18.44%;相比较而言,成熟核心家庭组情况较好,仅有 9.26% 的家庭陷入贫困。

表 8-8　　　　　　　受访农户贫困现状

阶段	标准核心家庭	成熟核心家庭	扩大核心家庭	衰退家庭	萎缩家庭	合计
家庭总数(户)	282	324	286	54	23	969
贫困家庭(户)	52	30	64	46	21	213
贫困率(%)	18.44	9.26	22.38	85.19	91.30	21.98

二、模型构建

为了分析家庭生命周期对农户贫困的影响,本章将构建一个关于农户是否贫困的模型。农户家庭是否贫困（y）为一个二元分类变量，为此，将选择二元 Logistic 回归模型来展开分析。具体而言，农户处于贫困状态的概率可以用 p 表示，则：

$$p = \frac{e^{f(x)}}{1 + e^{f(x)}} \tag{8.1}$$

$$1 - p = \frac{1}{1 + e^{f(x)}} \tag{8.2}$$

由此可以得到农户处于贫困状态的机会比率是：

$$\frac{p}{1-p} = \frac{1 + e^{f(x)}}{1 + e^{-f(x)}} \tag{8.3}$$

将式（8.3）转化为线性方程式，得：

$$y = Ln\left(\frac{p}{1-p}\right) = \beta_0 + \beta_1 x_1 + \beta_2 x_2 + \cdots + \beta_{12} x_{12} + \mu \tag{8.4}$$

式（8.4）中，β_0 为回归截距，x_1，x_2，…，x_{12} 是上文提及的有关自变量，β_1，β_2，…，β_i 为这些自变量的回归系数，μ 表示随机干扰项。

结合农户调查数据，本章所确定变量的描述性统计分析结果见表 8-9。

表 8-9 　　　　　　　　　变量的选择与赋值

变量		含义及赋值	最小值	最大值	均值	标准差	预期影响
因变量	家庭是否贫困	否=0；是=1	0	1	0.220	0.414	—
户主个人特征	性别	女=0；男=1	0	1	0.882	0.322	负向
	年龄	户主实际年龄（岁）	20	83	49.641	11.669	不确定
	受教育年限	以户主实际受教育年限为准（年）	0	16	7.612	2.363	负向
家庭基本特征	家庭劳动力	家庭全部劳动力人数（人）	0	5	2.187	0.994	负向
	耕地面积	家庭实际经营耕地总面积（亩）	0	14	3.349	2.167	负向
	是否有成员外出务工	否=0；是=1					
	是否遭受重大疾病	否=0；是=1	0	1	0.078	0.269	正向
	是否供养在读大学生	否=0；是=1	0	1	0.058	0.233	不确定

续表

变量		含义及赋值	最小值	最大值	均值	标准差	预期影响
家庭基本特征	交通通达度	距离村主干道路距离（千米）	0	5	0.490	2.113	正向
	家庭生命周期类型	标准核心家庭=1；成熟核心家庭=2；扩大核心家庭=3；衰退家庭=4；萎缩家庭=5	0	5	2.187	0.994	不确定

三、影响因素讨论

（一）多重共线性检验

在进行回归分析之前，有必要考察各自变量之间是否存在多重共线性问题。为此，将利用 SPSS17.0 统计分析软件对此展开检验。首先，将户主性别作为因变量，其他9个变量作为自变量，得到多重共线性诊断结果详见表 8-10。回归结果[①]显示，容差值基本都在 0.7 以上，而方差膨胀因子则多在 1.5 以内，由此表明，性别变量与其他自变量之间不存在多重共线性。接下来，依次选用年龄、受教育年限、耕地面积、家庭劳动力人口等其他9个自变量重复上述操作。综合全部回归结果来看，虽然偶尔也存在容差值偏小的情形，但其最小值也远高于 0.1 的警戒线；与此对应，方差膨胀因子也均低于 10。[②] 为此，我们可以判定，所有自变量之间均不存在多重共线性。

[①] 限于篇幅关系，仅列出了以户主性别作为因变量的多重共线性检验结果，其他9个变量的类似结果未被列出。

[②] 容差值与方差膨胀因子是诊断多重共线性的两大指标。其中，容差值介于 0~1 之间，VIF 值介于 1~∞ 之间，两者互为倒数。通常情况下，容差值小于 0.1，VIF 大于 10，即可认定自变量之间存在共线性问题。

表 8 – 10　　　　多重共线性检验结果（性别为因变量）

自变量	共线性检验统计量		是否存在共线性问题
	容差	VIF	
年龄	0.544	1.839	否
受教育年限	0.752	1.330	否
耕地面积	0.875	1.143	否
家庭劳动力人口	0.904	1.106	否
是否有人外出务工	0.869	1.151	否
是否遭受重大疾病	0.975	1.026	否
是否供养在读大学生	0.974	1.027	否
交通通达度	0.959	1.043	否
家庭生命周期类型	0.657	1.531	否

（二）实证结果

接下来利用 SPSS17.0 分析软件对样本数据展开计量分析，结果详见表 8 – 11。其中，模型 Ⅰ 为一般估计结果，而模型 Ⅱ 是在模型 Ⅰ 的基础上引入家庭生命周期变量之后的估计结果。两模型的卡方检验值分别为 227.737 和 301.460，均在 1% 的水平下通过显著性检验，为此可认为本章所选取的变量可以有效解释和预测样本的回归结果。

表 8 – 11　　　　模型回归结果

变量	模型 Ⅰ			模型 Ⅱ		
	系数	标准误	Exp(β)	系数	标准误	Exp(β)
性别	-1.882***	0.240	0.152	-1.785***	0.257	0.168
年龄	0.040***	0.009	1.040	0.012	0.010	1.012
受教育年限	-0.106***	0.040	0.899	-0.152***	0.043	0.859
耕地面积	-0.017	0.042	0.983	-0.060	0.048	0.942
劳动力人口	-0.460***	0.083	0.631	-0.281***	0.099	0.755
是否有人外出务工	-0.545***	0.200	0.631	-0.186	0.226	0.830
是否遭受重大疾病	1.114***	0.305	3.047	1.073***	0.311	2.925
是否供养在读大学生	-0.789*	0.480	0.454	-1.547***	0.581	0.213

续表

变量	模型 I			模型 II		
	系数	标准误	Exp(β)	系数	标准误	Exp(β)
交通通达度	-0.131*	0.076	0.877	-0.191*	0.104	0.826
家庭生命周期（以萎缩家庭为参照）						
标准核心家庭				-3.095***	0.871	0.045
成熟核心家庭				-3.401***	0.862	0.033
扩大核心家庭				-2.550***	0.851	0.078
衰退家庭				0.084	0.9216	1.088
常数项	0.554	0.691	1.740	4.449***	1.252	59.710
卡方检验值	227.737***			301.460***		

注：*、**、***分别表示变量在10%、5%和1%的统计水平上显著。

第一，年龄、是否有人外出务工两变量在增加家庭生命周期变量之后变得不再显著。由此表明，处在不同生命周期阶段的家庭，其户主年龄、是否有家庭成员外出务工对家庭贫困与否的影响并非完全一致。性别、受教育年限、劳动力人口、是否遭受重大疾病、是否供养在读大学生、交通通达度等6变量在模型 I 和模型 II 中均通过显著性检验。其中，受教育年限、是否供养在读大学生、交通通达度等3变量的回归系数绝对值在引入家庭生命周期变量之后都得到了一定程度的提高，可见二者对农户家庭贫困的影响系数因家庭生命周期的中介作用而提高；性别、劳动力人口、是否遭受重大疾病等3变量情形正好相反。

第二，性别对农户家庭贫困具有显著的负向影响，即户主为女性时，其家庭陷入贫困状态的可能性更大。统计结果表明，当户主为女性时，其家庭呈现贫困状态的比重高达57.89%；而当户主为男性时，处于贫困状态的家庭占比仅为17.19%，不及前者的三分之一，可见当户主为女性时，家庭更易陷入贫困状态。可能的原因是，女性户主在相关决策制定时更倾向于风险规避，低风险一般伴随着低收益，由此导致其家庭更容易陷入贫困。

第三，受教育年限对农户家庭贫困具有显著的负向影响，即受教育年限越短，其家庭遭受贫困的可能性越大。统计结果也基本印证了这一点，当户主受教育年限为12年以上、10～12年、7～9年、6年及以下时，其家庭处于贫困状态的比重依次为0%、14.71%、13.94%和33.67%，基本随着户主受教育年限的增加而减少，但并未呈现出完全的负相关。之所以如此可能与受教育年限介于10～12年的样本农户太少有关，仅有35户，其代表性受到了影响。总体而言，户主文化程度越高,其自身所拥有的知识储备以及接受新知识的能力普遍较强,这有助其各项决策制定的科学化和管理行为的合理化,进而降低了其家庭陷入贫困的可能性。

第四,劳动力人口对农户家庭贫困具有显著的负向影响,即拥有的劳动力数量越少,其家庭陷入贫困的可能性越大。统计分析结果表明,当家庭劳动力数量为4人及以上、3人、2人、1人及以下时,其家庭处于贫困状态的比重依次为12.28%、15.13%、22.42%和43.35%,明显随着家庭劳动力数量的减少而增加。劳动力不属于纯消费者,其自身可以通过务农、务工以及其他各类形式创造价值,获取收益或相应的报酬。一个家庭之中,劳动力数量大,就表明能创造财富的人相对较多,而纯消费者数量较少,收入水平因此得到提高,其陷入贫困的可能性由此也就大大降低。

第五,是否遭受重大疾病对农户家庭贫困的影响显著为正,即有遭受重大疾病成员的农户家庭相比一般家庭更易陷入贫困状态。统计结果完全印证了这一点,在拥有疾病成员的家庭中,陷入贫困的比例高达44.74%;而其他正常家庭陷入贫困的比重仅为20.04%。显然,一个家庭倘若有成员遭受重大疾病,无论是从经济层面还是从精神层面,对其家庭的不利影响均不可低估。其中,经济层面,由于遭受疾病,该成员可能长期甚至永远丧失劳动能力,加之还需要专人进行照顾,由此引发的双重误工损失不可小觑,另一方面其大量的医疗费用也易让一个农村家庭举步维艰,进而陷入贫困;精神层面,家中成员患病容易影响其他家庭成员的基本情绪,进而工作状态与工作动力也受到一定冲击,由此陷入精神贫困之中。

第六,是否供养在读大学生对农户家庭贫困具有显著的负向影响,即未供养大学生的家庭更容易处于贫困状态,而拥有在读大学生的家庭并未因学致贫。统计结果显示,一个家庭如未供养在读大学生,其陷入贫困的比率为22.45%;与之相比,供养了在读大学生的家庭其贫困比重仅为14.29%,明显低于前者。可见,面对高昂的学杂费和生活费,那些拥有在读大学生的农户家庭并未"等、靠、要",而是积极通过自身的勤劳与智慧创造更多获取财富的机会,比如科学种地、就近兼业、外出务工等。对于那些家庭而言,家中拥有在读大学生是一件倍感荣光的事情,这笔巨大的精神财富激励着他们努力工作、勇往直前,从而客观上降低了其家庭陷入贫困的可能性。

第七,交通通达度对农户家庭贫困的影响显著为负,即距离村主干道越近,其家庭更易陷入贫困状态,这与前文预期正好相反。原因可能归结为两点:一是受访地区属于山区,距离村主干道较远的地方通常海拔较高,适应发展反季节蔬菜产业,相比一般粮食作物其经济价值更高,这在一定程度上降低了当地居民陷入贫困的可能性；二是绝大多数家庭都距离村主干道较近，可能就是5米与10米、20米的差异，在这一数值范围内，距离村主干道较远的家庭陷入贫困状态的可能性并不一定会比距离较近的家庭高。

从家庭生命周期来看，标准核心家庭、成熟核心家庭和扩大核心家庭均通过了显著性检验，即可认为家庭所处的生命周期阶段对其家庭是否处于贫困状态能产生显著影响。为此，有必要构建二元Logistics模型分别探讨影响标准核心家庭、成熟核心家庭和扩大核心家庭的主要因素，并从中发现其异同点。需要说明的是，由于标准核心家庭的划分标准之一就是长子女未成年，由此使得该类家庭鲜有在读大学生（一般是18岁上大学，此时已成年），为此在探讨标准核心家庭致贫因素时剔除"是否供养在读大学生"这一变量。各模型回归结果详见表8-12。

表8-12 不同家庭生命周期阶段各变量对农户家庭贫困影响的结果分析

变量	模型Ⅲ（标准核心家庭）			模型Ⅳ（成熟核心家庭）			模型Ⅴ（扩大核心家庭）		
	系数	标准误	Exp(β)	系数	标准误	Exp(β)	系数	标准误	Exp(β)
性别	-0.886**	0.416	0.412	-4.385***	0.995	0.012	-2.341***	0.403	0.099
年龄	0.040**	0.018	1.041	0.102***	0.029	1.107	0.005	0.013	1.005
受教育年限	-0.128	0.084	0.880	0.435***	0.156	1.545	-0.231***	0.059	0.794
耕地面积	-0.047**	0.098	0.954	0.145	0.124	1.156	-0.020	0.063	0.980
劳动力人口	-0.491	0.248	0.612	-0.481**	0.241	0.618	-0.657***	0.132	0.519
是否有人外出务工	0.176	0.391	1.193	-2.449***	0.641	0.086	-0.434	0.320	0.648
是否遭受重大疾病	0.536	0.642	1.709	3.358***	0.730	2.874	0.749*	0.429	2.114
是否供养在读大学生	—	—	—	-0.326	0.894	0.722	-1.936***	0.670	0.144
交通通达度	-0.157	0.275	0.855	-0.100	0.220	0.905	-0.235**	0.112	0.790
常数项	-0.606	1.408	0.667	-4.960**	2.217	0.007	4.819***	1.245	123.867
卡方检验值	26.087***			68.530***			144.193***		

注：*、**、***分别表示变量在10%、5%和1%的统计水平上显著。

通过表8-12不难发现，模型Ⅲ、模型Ⅳ和模型Ⅴ的卡方检验值分别为26.087、68.530和144.193，均在1%的水平下通过显著性检验，为此可认为所选取的变量能有效解释和预测样本的回归结果。而由各模型回归结果可知，在不同的家庭生命周期阶段，影响农户家庭贫困与否的主要因素通常有所区别。其中，标准核心家庭主要受户主性别、年龄以及家庭耕地面积等变量影响，具体而言，当农户处于标准核心家庭阶段时，户主性别为女性、户主年龄较大、耕地面积较少的家庭处于贫困的可能性更大一些，这与前文的理论预期较为一致，而其他变量均未通过显著性检验。成熟核心家庭主要受性别、年龄、受教育年限、家庭劳动力人口、家庭是否有人外出务工、家中是否遭受重大疾病等因素影响，具体来看，户主性别为女性、年龄较大、受教育年限较长，家中劳动力人口较少、无人外出务工、遭受过重大疾病的成熟核心家庭更容易处于贫困状态。扩大核心家庭主要受性别、受教育年限、家庭劳动力人口、家中是否遭受重大疾病、家中是否供养在读大学生以及交通通达度等6个变量的影响，具体而言，户主性别为女性、受教育年限较短，家中劳动人口数量较少、遭受过重大疾病、未供养在读大学生、距离村主干道路较近的家庭陷入贫困的可能性更大，而其他变量均未通过显著性检验。

综合来看，户主性别、年龄、家中劳动力人口数量、是否遭受重大疾病等4变量在至少两个模型中通过显著性检验，且作用方向均与前文预期保持一致性，唯一的区别是在不同模型中所发挥的作用大小存在一定差异。而受教育年限虽然在模型Ⅳ和模型Ⅴ中均通过了显著性检验，但二者的作用方向却完全相反。家庭耕地面积、家中是否有人外出务工、是否供养在读大学生、交通通达度等4变量则在某一个模型中通过显著性检验，其中前3个变量的作用方向与前文理论预期完全一致，而交通通达度变量的作用方向与前文研究假设正好相反。从前面的分析不难发现，影响农户家庭贫困与否的主要因素在不同的生命周期阶段通常会存在一定差异，甚至同一因素在不同阶段的作用方向也不尽相同，比如户主受教育年限。

第九章

协同治理视角下武陵山区
特殊类型贫困的破解

前述研究表明，武陵山区贫困类型主要是深高山地区基础设施、卫生、教育等公共服务水平较低，农户在生命历程中遭受疾病、多次灾害等而形成的经济发展滞缓型贫困。提升基础设施水平、卫生、教育等公共服务水平，促进片区整体经济社会协同发展是解决武陵山区特殊类型贫困的关键，然而由于武陵山区地处渝鄂湘黔四省结合区，远离各省市的省会城市及中心城市，很难被各省市纳入区域规划发展战略，导致了武陵山区的边缘化发展态势。这种边缘化导致武陵山区与各省市的中心区及省会城市间在基础设施、公共服务、交通条件等方面存在较大的差距。正是由于武陵山区各省市位于边界区，使得各片区的空间协调难度较大，常常面临复杂的贫困交织、片区资源、市场、流通阻碍等方面的问题，贫困政策的完善和落实受到限制，政策有效性被极大削弱。虽然国家大力采取相关措施解决武陵山区的贫困问题，但是由于行政区划的限制，对此采取一般的方式难以奏效，需要通过片区各省市的协同治理形成治理合力，才能提升该区贫困问题治理的有效性。基于此，本章旨在探究武陵山贫困协同治理基础和困境，提出契合武陵山区实际的协同治理体系。

第一节 武陵山区贫困问题特殊性来源：行政区划分割

一、武陵山区行政分割的表现

（一）基础设施分割

武陵山区行政分割首先表现为基础设施的分割。从交通基础设施方面来看，一是由于受到地域的影响，该区的交通还存在很多"断头路"；该区的内环网络交通未形成，邻近省市州县的公路交通、铁路交通还尚未完全衔接，且配置的基础设施与中心、省会城市相比还有很大差距。二是在交通体制上表现为条块分割、衔接不畅、多头管理的情况。交通部、铁道部和民航局分别负责不同的交通秩序，没有形成统一的交通体制。三是各区域之间存在竞争，各区依据行政区域划分各自相应的职能范围，负责各区的交通设施建设。各省市将基础设施限制在自己的行政范围内，彼此之间不考虑回报率，盲目进行基础设施建设，阻碍各省市在基础设施方面的共享与合作，进一步限制各省市之间的资源流动和共享，浪费基础设施的同时又阻碍了武陵山区整体效益的发挥。

（二）公共服务分割

武陵山区行政分割其次表现为公共服务的分割。从机制上来看，武陵山区缺乏统一的公共事务治理机制。武陵山区各省市之间各自负责本区域的公共事务治理，没有统一的约束制约机制，在没有统一协调机构的介入下，跨行政的公共事务治理很难。例如河水污染治理，武陵山区区域内的主要支流多流经两个省市，位于河流上中下游的各省市多因水污染问题发生矛盾，纷纷转嫁至邻域，不愿承担治理责任。从公共服务供给上来看，武陵山区存在公共服务分割的现象。公共物品的"外部性"使得省际边界区的各级政府都不愿在公共区域提供相关公共物品及公共服务。与各省市的省会和中心城市相比，该区公共服务存在缺失现象。各省市将科教文卫等公共服务限制在自己的行政区域内，不愿与其他邻近省市共享，致使公共物品及服务不能及时供给。

(三) 市场体系分割

武陵山区行政分割再次表现为市场体系的分割，具体表现在产品市场、劳动力市场等方面。就产品市场而言，一方面，武陵山区各省市之间出于保护本地产品市场的考虑，多实施差异化的产品准入政策，阻碍邻近省市产品的流入。另一方面，各省市鼓励本地的产品流出省外，抢占省外市场。因此，同一产品在不同省市市场之间的流通存在差异和障碍。就劳动力市场而言，由于教育水平、社会网络、劳动力成本等方面的差异，各省市之间多偏向于雇佣本地的劳动力，省际间劳动力流动受到限制。

(四) 扶持政策分割

武陵山区行政分割还表现为扶持政策的分割。第一，优惠政策存在分割。各省区本地都有其特色及主导产业，省市区多对本省市的相关产业实施优惠政策，而对流入本地的其他省市的产业不给予同等的优惠政策。第二，政策支持分割。省会城市与中心城市是各省市发展的重点，相比较而言省际边界区由于其地理位置、基础设施配置、经济发展程度等原因往往容易被忽视，对该区的政策支持力度远小于省会及中心城市，相关的资源投入远远不够。第三，税收政策分割。国家对有西部大开发政策支持地区的扶持型企业，根据15%的税率征收。而武陵山区没有得到扶持的企业在发展过程中明显处于劣势，虽属同一片区，但政策保障却不一样。第四，扶持政策不能共惠共享，局限在本省市行政范围内。

二、武陵山区行政区划分割对片区发展的影响

(一) 产业同质竞争

武陵山区四省市在自然资源、生态资源和人文环境方面相似，但因行政规划的影响常出现产业同质竞争的现象。恩施州以烟、茶、药材、林果、畜牧、蔬菜为主要产业；铜仁市主要以茶叶、食用菌、中药材、蔬果、油茶为特色产业；湘西州特色产业包含水果（柑橘及猕猴桃）、蔬菜、中药材、烟叶、油茶、百合及茶叶；秀山县是果蔬、畜禽、茶叶、中药材、油茶等产业。从各片区的主导产业来看，各片区的主导产业基本相同，特色的产业基本相近，且在品种和品质上的差异甚小。各片区从自身利益考虑，为了抢占市场、扩大招商引资规模，一方面在招商引资优惠政策上比拼；另一方面在各行政区域内实施地方保护政策，限制

邻近省市产业延伸。从旅游产业来看,产业同质竞争现象特别明显。武陵山区是少数民族聚居区,多以土家族、苗族为主,作为土家族、苗族特色的服饰、饮食、吊脚楼、特色民族风情(女儿会、拦门酒、对山歌)在武陵山区各片区屡见不鲜,然而各地域却都将此作为主要的旅游特色之一,相互之间激烈竞争。比如湖北武陵山区的恩施女儿会和宜昌女儿会,作为相邻的市都将女儿会作为自身特色,大大降低了"女儿会"的吸引力。

(二)要素流动限制

由于行政规划对基础设施的影响,要素流动受到限制。一方面,产业结构限制了要素流动。武陵山区各省市之间的经济体系都有其地方特色,产业结构小而全,限制了资金、人才、信息等生产要素的流动。另一方面,通过增加要素成本来限制要素流动。武陵山区作为省际边界区,自身的行政度相对来说较大。各省市在发展目标、产业布局、行政规划、环境保护等方面经常发生各种摩擦,统筹发展的难度较大,和邻近省市州县的存在一定的行政壁垒和封锁,为了保护本区域的利益往往通过增加要素成本来限制区域要素流动。进而导致本省市区域的要素不能与省会城市和中心城市进行自由流动,局限了自身的内生性发展。

(三)市场动力不足

行政分割对片区的影响还表现为市场动力不足。一是市场运行的推动力不足。竞争是市场运行的推动力,它通过优胜劣汰机制促进市场及企业的发展。但是囿于行政区划分割的影响,经常会发生激烈的恶性竞争,不能推进市场和企业的发展。二是市场运行的外引力不足。政府通过制定相关政策来调整市场利益主体之间的关系,进而促进市场主体进行相关决策。然而,行政分割使得各省市政府多只能针对本地的市场利益主体进行调整,市场的分割使得该区整体市场缺乏运行的外引力。三是市场的消费动力不足。行政分割造就市场分割,各省市的消费群体规模小且能力有限,与中心城市和省会城市相比消费动力明显不足。

三、武陵山区行政区划分割对农户脱贫的制约

(一)资产积累限制

行政区划分割限制了农户的资产产生与积累。从农户资产产生来看,武陵山区整体的生产力水平低,社会发展缓慢,使得农户在自然、物质、人力、社会和

金融资产方面都明显滞后于其他地区，农户资产产生受到限制。从农户资产积累来看资产积累的限制体现在两方面。一方面，行政分割限制了资金、人才、信息和技术等要素的流动，相邻各省市区域不能相互沟通协作，不能形成资源、人才、信息、技术优势互补，这种"以邻为壑"的方式大大限制了武陵山区农户的资产积累。另一方面，武陵山区虽然资源丰富，但农户个体拥有的资产存量不足以让其有能力来开发利用丰富的资源，限制了农户资产积累。具体来说，就自然资产而言，武陵山区农户拥有的耕地面积少且碎，对其而言仅可作为基本生活保障而不能作为农户的资产积累。农户不能将资产转化为自身的资本，不能通过耕地实现自我发展。

（二）能力发展限制

行政区划分割对农户脱贫能力的制约体现在生产能力的限制和进入市场的能力限制两个方面。从生产能力限制方面来说，武陵山区的行政分割使得要素流动受限，资金、技术、人才和信息难以彼此之间流通，造成农户的生计方式单一、生产力水平落后、信息不对称，限制了农户的生产能力。由于受到行政分割的影响，武陵山区远离省会城市和中心城市，受到的公共服务辐射特别是教育辐射少，和中心城市相比，农业劳动力缺少进入市场的能力。在调研中发现，该区农户的文化水平低，平均受教育年限仅为 6.5 年；受到文化水平限制，在农业生产方面农户只能进行粗放型的农业生产，生产力水平低、抗风险能力低；在收入能力方面，农户受教育水平低，和中心城市的劳动力比较而言市场竞争力低，收入能力受到限制，农户多从事体力劳动繁重、技术能力要求低的行业。

（三）市场参与限制

武陵山区农户市场参与受到限制。对农户的市场限制具体体现在以下五个方面：一是缺乏统一的市场体制。受到行政区划分割限制，使得该区缺乏统一的市场体制，该区各省市之间存在信息不对称现象，市场恶性竞争现象突出，资源要素流动不畅。二是市场基础薄弱。受到武陵山区行政区划分割制约，该区的市场发展还不成熟，农户进入市场的基础薄弱。三是市场发展受限。地方政府的地方保护和贸易壁垒，将市场局限在自己的行政区域内。一方面，本地的市场多由相对集中的村镇发展而成农贸商品市场，这种市场容纳量小，在市场上经常出现供需不平衡的现象。另一方面，出于本地市场保护主义思想影响片区之间不愿意其他地区的资源、产品流入本地市场，农户生产的仅仅只是低端的农产品，不能通过市场形成高端的产业链，致使农户在市场中处于不利地位，丧失竞争力，加深自己的贫困。四是市场环境无序。武陵山区的资源、文化、农贸商品等方面存在同质性，易产生恶劣竞争，不能给农户进入市场营造一个竞争有序的市场环境。五是市场的组织化程度低。武陵山区多为小农经济，合作组织数量少且参与程度低，难以形成规模效应，很难大范围的带动农户进入市场。

第二节 武陵山区贫困问题协同治理的基础与困境

武陵山区如期脱贫事关全面建成小康社会目标实现，脱贫攻坚需要通过区域协同治理来打破发展瓶颈，包括产业发展协同、公共服务协同、市场形成协同、资源开发协同、政策体系协同等等。

一、武陵山区贫困问题协同治理的条件

（一）相似的自然资源

武陵山区"山同脉"。武陵山区位于四省市交界区，各片区位置毗邻，同属武陵山脉，在自然资源方面具有很大的相似性。首先，从矿产资源来看，武陵山区的矿产丰富，现已探明的多达70种以上。武陵山区各省市的矿产互补性很强，分布于该区的各省市且相对集中，各省市之间可以进行整合，进行资源加工延伸产业链。其次，从水资源来看，域内大小河流多达上千条，河网密集，水能资源丰富，水质优良。再其次，从植被覆盖率来看，该区的森林覆盖率高，各区的森林资源丰富，多自然保护区。最后，从土地资源来看，武陵山区多山地，各省市的人均耕地面积均较少，且土壤贫瘠。因此，从矿产资源、水资源、植被覆盖率、土地资源等方面来看，武陵山区各省市在自然资源方面存在极大的相似性，为武陵山区贫困问题的协同治理奠定了基础。

（二）相同的人文基础

武陵山区"人同俗"。该区是一个少数民族聚居区，长期生活着土家族、苗族、仡佬族等世居的民族，长期以来各民族相互融合，有着相同的人文背景、民族历史、风俗习惯和文化底蕴。恩施土家族苗族自治州少数民族众多，现有土家、苗、白、侗等43个少数民族，少数民族约217万人，占恩施州的54.4%。[①]

---

① 恩施州人民政府门户网，http://www.enshi.gov.cn/zzf/zq/。

黔江、彭水、石柱、秀山、酉阳,总人数约 316.4 万人,少数民族约占 72%;[①]铜仁地区生活有苗、仡佬、回等 29 个少数民族,约占总人数的 70%。[②] 西州生活有以土家族、苗族为主体的少数民族,少数民族人口占其总人口的 79%。[③] 张家界市有土家、回、苗、白等 33 个少数民族,少数民族约占该市总人数的 77.19%。[④] 怀化市有侗、苗、土家、白、瑶等 50 个少数民族 210 万人,占该市总人数的 40%。[⑤] 从该区各片区主要城市人口结构可知,该区少数民族人口众多;各族人民长期以来同脉、同源、同俗,有着历史悠久的人文基础。

武陵山区少数民族在人文方面有很多的共同点。饮食方面都喜食辛辣、喜饮酒;语言方面虽然各民族有特有的语言文字,但其都源于共同的语系,都通汉语。居住方面都以寨而居,讲究山水合一。风俗习惯方面虽各具特色,但都有相似的文化底蕴。就分布方面来看表现出大杂居、小聚居的特点,各民族之间相互融合,有利于交流、合作,促进彼此间的共同发展、共同繁荣。

(三) 相同的生态环境

该区各省市的生态及其环境有极大的相似性。一方面,该区气候环境适宜植被生长。该区属于亚热带暖温带过渡区,降水丰沛,多山地,生物多样性丰富。各省市均是山清水秀,在自然生态旅游资源方面存在极大的相似性。各省市之间可以协同开发,共同开发利用该区丰富的资源。另一方面,生态环境也比较差。该区的平均海拔高,降水量大,多旱涝。该区各省市的生态环境都很脆弱,多受到风灾、泥石流、雨灾、冰雪霜冻等自然灾害的影响。各省市可以制定协同政策,共同治理该区的生态问题。因此,从武陵山区生态环境的优势和劣势来看,各省市区在生态环境上均存在极大的相似性,相同的生态环境为协同治理提供了条件。

二、武陵山区贫困问题协同治理的基础

(一) 自发协作时期 (2004 年以前)

1984 年,《关于帮助贫困地区尽快改变面貌的通知》中全国十八个贫困区就

---

① 重庆市政府网,http://www.cq.gov.cn/cqgk/82835.shtml。
② 铜仁市人民政府网,http://www.trs.gov.cn/。
③ 湘西自治州人民政府网,http://www.xxz.gov.cn/。
④ 张家界市政府门户网站,http://www.zjj.gov.cn/。
⑤ 怀化市政府门户网站,http://www.huaihua.gov.cn/default.htm。

包括"武陵山区",此后该区常常召开协作会议。1988年,遵义市建立湖南、贵州、四川、重庆四省市相邻地区的民族工作协作会。1991年,费孝通在黔江参加湖南、贵州、四川、重庆四省市相邻地区的民族工作协作会议时提出:"武陵山区应该被视为是经济区,是少数民族集聚的经济区。"① 2001年湖南、贵州、四川、重庆四省市毗邻地区民族工作协会第十三次年会召开,这些会议的召开无一不加强了毗邻民族地区间的联系与合作,使得各地区在增进彼此间的友谊与发展上达成了许多共识。

(二) 协调组织时期 (2004~2012年)

2004年之后,先后四年举行"武陵山民族地区经济社会发展座谈会",考虑将武陵山区纳入国家规划。2009年,《关于推进重庆市统筹城乡改革和发展的若干意见》出台,文件首次正式提出建立"武陵山区经济协作区",对武陵山区进行规划,加快该区社会经济又好又快发展。同年,武陵山区经济协作区正式成立。2011年国务院发布《关于开展武陵山经济协作区发展规划编制工作的通知》,编制关于武陵山经济协作区的规划;同年,国务院对《武陵山片区区域发展与扶贫攻坚规划(2011-2020年)》进行批复并颁布实施。该规划对武陵山区的发展、扶贫作出总体要求和空间布局安排,明确工作的重点和政策。2011年11月,率先启动对武陵山区的区域发展和扶贫攻坚试点工作,武陵山区作为扶贫示范区备受瞩目。

(三) 片区开发时期 (2012年以后)

2012年之后武陵山区进入片区开发时期。规划的制定为武陵山区的扶贫试点工作指明了方向,各省市区域结合规划纷纷制定本区域的扶贫攻坚政策,并对相关政策进行落实。例如,湖南省联合贵州省加强旅游一体化建设,加强两地的旅游资源开发与市场开发,建设旅游示范区。自精准扶贫政策提出以来,各区纷纷结合新阶段的扶贫开发纲要、"十二五"及"十三五"规划制定本区域的相关政策。具体实施工作中采取项目合作、规划对接、会议论坛和专题协议等多种方式加强武陵山区各省市之间的合作。

各省市之间的长期沟通协作及支持,为武陵山区的协同治理提供了良好的行政环境,进一步也说明武陵山区具备协同治理的基础,为武陵山区贫困问题协同治理体系的构建提供了可能。

---

① 费孝通:《在湘鄂川黔毗邻地区民委协作会第四届年会上的讲话》,载《北京大学学报》(哲学社会科学版) 2008年第5期,第33~38页。

三、武陵山区贫困问题协同治理的困境

改革开放以来,武陵山区反贫困政策实施取得明显效果,特别是在基础设施、贫困人口、公共服务等方面得到明显的改善。但是从现实情况来看,武陵山区的协同治理工作还存在一些困境:一是武陵山区片区的分割现状仍未改变,二是片区受市场限制的情况依然突出,三是武陵山区农户个体的能力仍然缺失。

(一)片区分割的现状尚未改变

武陵山区位于四省市交界区,从片区实际情况来看,目前武陵山区片区分割的现状仍未得到改变,仍是各区对自己所属管辖范围进行行政规划。由于片区分割,缺乏统一的协同治理机制,致使在反贫困工作中各区仅从本区行政规划、经济利益着手制定本区相应的反贫困政策。从行政管理方面来看,武陵山区自治县众多,各区制定不同的行政管理机制,缺乏统一管理。片区内有34个地方自治县和18个自治县,自治地方有广泛的自治权,在实施具体扶贫政策方面各区根据自己的情况制定政策,且片区的民族自治区与非民族自治区之间也存在差异,因而在整体上缺乏统一协调的管理机制。从经济方面来看,目前区域内部之间以及区域城市与中心城市之间存在较大的经济发展落差,由于行政区划的分割使得资金、资源等经济要素也存在分割的现象,各区是竞争关系,不能形成经济一体化。从基础设施方面来看,国家对该区开始进行大规模的扶贫开发,特别是在把武陵山区作为扶贫攻坚试点区以来,片区的基础设施建设得到大幅度的改善,但是从片区整体来看,由于片区的分割致使在基础设施建设方面还存在省内重复建设,省际限制共享的现状。同时还有盲目投资、浪费资源的现象。

(二)市场限制依然突出

由于片区分割导致该区市场限制表现突出。一是武陵山区缺乏统一的、规模化的市场主体。对武陵山区来说,自然、旅游资源丰富,农户多发展特色农业和特色旅游业,然而发展的特色农业和特色旅游业也仅仅只是单一个体的自我发展,缺少专业合作社、产业链的带动,武陵山区在片区之间也缺少彼此之间的市场合作;因此,在片区内部以及片区之间难以形成统一的、规模化的市场主体。二是武陵山区难以建立一体化的市场。首先,武陵山区整体上矿产资源、生态资

源、旅游资源丰富，但就各片区来看由于自然资源、旅游资源的同质性较高，在各省市区域内被孤立的开发，且地区资源的开发利用存在竞争性，各区之间缺乏合作，片区鼓励竞争，各自争夺市场。其次，由于区域缺乏统一的市场主体，缺少市场主体的引导，农户生产的仅仅是初级农产品，只能在农贸集市上售卖，不能形成高端的产品以及产业链，加上各区之间缺少彼此的沟通协作，致使武陵山区在整体上缺乏统一的、规模化的市场。最后，武陵山区市场制度缺失。武陵山区规模化市场主体和市场的缺失，也表明了武陵山区市场制度的缺失。这一制度缺失体现在该区缺少统一的市场监管主体、缺少监督管理机制，各区之间存在激烈竞争、争夺市场的现象，整体市场处于混乱局面。

（三）个体能力仍然缺失

武陵山区片区分割所导致的市场限制是致使农户陷入贫困的直接外因，农户自我发展能力不足、个体能力的缺失是农户致贫的关键内因。个体能力的缺失是扶贫工作中最大的阻碍因素。武陵山区个体能力缺失的原因具体可归纳为以下几点。一是自上而下扶贫方式的限制。武陵山区从开始反贫困至今，扶贫的历程和相关扶贫政策都基本上与国家扶贫历程和政策相吻合。扶贫政策依据国家政策制定，扶贫政策的实行是由政府作为主体进行的，是采取自上而下的方式，政府与贫困户之间是领导与被领导的关系，个体缺少独立意识。二是片区分割和市场限制。由于片区分割致使省会城市及中心城市对其关注不够，在片区的资源配置相比于省内其他地区均存在较大差异，特别是在教育、医疗等方面，而且由于农户的个体能力的不同以及市场的限制也促使农户自我发展能力缺失。三是农户自身导致的个体能力缺失。贫困人口因为自身受教育水平、身体状况等因素被排斥在政策之外。相关政策制定出台后，很多贫困户对政策都不甚了解；对政策的一知半解加上自身"等、靠、要"思想的影响，个体的参与积极性不高，自我发展能力得不到发展。

第三节 武陵山区贫困问题协同治理体系

一、协同治理主体多元化

武陵山区贫困问题采取常规手段的有效性大大降低，更为合理的方式是采取协同治理。实现协同治理关键在于主体多元化，多元主体之间的有效衔接和协作配合是武陵山区实现脱贫目标，实现社会和谐稳定的基础。

（一）武陵山区协同治理模式的框架结构

武陵山区贫困问题的协同治理核心在于治理主体的多元化。在武陵山区的反贫工作中发现，政府、市场、社会组织及公民都发挥着不可替代的作用，各方面的有效结合和参与使得治理更加有序（详见表9-1）。政府组织进行领导、引导，把握宏观战略并进行定位，制定相关的法律制度，积极营建良好的政策环境。一切活动的开展都离不开市场的推动，一切所需的产品和服务都需要市场来提供。因此，市场组织在其中进行执行、反馈和经营。社会组织提供智力支持，发挥服务、监督等功能作用。公民积极参与，协助工作开展，在武陵山区反贫困工作中积极参与、监督与反馈相关政策的落实情况。

表9-1　　武陵山区贫困问题协同治理模式的框架结构

治理主体		扮演角色	主要职责
政府组织	中央政府	领导、引导	区域战略定位，法律制度的制定，政策环境的营建
	省级政府	指导、掌舵、监督	进行四省市的跨省战略磋商，武陵山区区域整体的规划治理，主导片区整体规划及监督工作开展和完成情况
	州市政府	主导、协调、组织	具体进行组织实施，彼此信息的交流沟通，进一步在整体战略规划的基础上进行机制创新和相关的职能变革
	相关职能部门	执行	主要是一个执行者与操作者，在工作中需做好信息的沟通与反馈
市场组织	生产型企业	执行、反馈、经营	为片区生产所需的公共产品
	咨询型企业		为片区提供所需的公共服务
	金融机构		为片区协同治理给予所需的金融支持
	个体经营者		在进行项目经营过程中，反馈相关的信息

续表

治理主体		扮演角色	主要职责
社会组织	科研机构	智库中心	为武陵山区的协同治理提供智力支持
	行业协会	组织、协调	组织及协调公共服务的开展
	志愿组织	参与、服务	提供志愿服务
	群众性自治组织	参与、协调、反馈	进行自我管理
公民	公民	参与、协助	在具体工作中积极参与，支持工作的开展

（二）地方政府是主导

武陵山区是少数民族聚居区，是革命老区，是省际边界区，是集中连片贫困地区。该区的特殊性使得地方政府主导下的组织、市场、环境以及相关活动，对该区的脱贫工作、经济发展都有着重要的影响。尽管"多元治理"强调政府应将权利还原给社会，但是政府公共性的特性决定其绝对的主导地位。政府担负着建立协同治理主体间的同一准则，指导具体行为，营造良好环境的重任。政府的主导作用在以下方面体现：一是根据上级政策制定武陵山区的宏观战略和政策，将武陵山区的经济社会发展与片区的反贫困工作相结合。二是主导多层次主体的有效衔接及合作。提供相关的政策和资金支持，积极发挥指挥、协调和沟通作用，营造良好的区域外部环境，减少不利影响。三是提供公共产品和服务。政府应当完善市场所不能提供的公共产品和服务。

（三）市场组织是主体

武陵山区行政分割常常导致各省市政府对公共产品和服务的垄断限制，出现低效率、寻租等"政府失灵"的问题。武陵山区反贫困问题中，应实现协同治理主体多元化，通过市场提供公共产品和服务，改善武陵山区的公共服务。市场的主体作用通过以下方面来体现：一是在公共事务项目中，市场组织成为政府的优先选择。通过招投标可以招到所需的专业领域的市场组织，并由其提供专业的技术及服务。二是政府可以通过市场筹集资金。在政府进行公共事务治理过程中遇到财政紧张的局面，可以通过筹集的社会资本来缓解。

（四）社会组织积极参与

政府、市场失灵的现象经常出现在公共事务治理过程中，通过引入社会组织的参与，可以缓解其不利影响。社会组织在其中担任参与者、协调者、反馈者和服务者的角色，在武陵山区贫困治理过程中，它们是不可或缺的。新闻媒体可发挥政策宣传、监督作用，进行正确的引导引领。科研机构提供智力支持，提出很多可行性和建设性的方案。协会积极搭建政府与企业和市场桥梁，提供公共服务和技术支持。志愿组织提供各种服务支持。公民可积极参与相关活动，发挥监督与反馈作用。

二、行政机制统一协调化

（一）统一的领导协调机构

武陵山区协同治理体系的建设障碍在于行政分割的影响，为了消除各省市之间局部利益对武陵山区整体利益的影响，成立跨越渝鄂湘黔四省市的统一的领导协调机构也就成为当务之急。没有统一的领导协调机构，各省市难免在经济合作、市场合作的过程中出于自身利益考量从而对片区整体利益造成不利影响。因此，成立的统一协调机构必须是在四省市之间自愿合作、民主选举的基础上逐渐形成的，并且通过明确的职责和权限，通过制定相关规则和明确的法规，形成统一制约机制，规范四省市地方政府的行为；同时协助各省市根据统一规划制定详实的地方发展规划，尽量保证领导协调机构运行的高效性。这一机构对武陵山区整体的公共事务，包括生态环境保护、矿产资源开发、旅游品牌推广、基础设施建设、市场规划合作、收益分配、扶贫攻坚、大数据整合等方面进行规划、管理；通过成立专业的合作研讨小组，定期召开会议，来加强四省市之间的合作交流，确保武陵山区经济发展与扶贫攻坚工作的有序进行。

（二）明确的议事决策机制

武陵山区协同治理体系的建立必然涉及到四省市的行政主体，除了建立统一的领导协调机构，还需要形成明确的议事决策机制。这一决策机制包括咨询、决策、执行和监督机制。具体的程序是由科研机构、政府及其他相关领域的专家智囊团提出议案，提供咨询，确定立项；通过具体的调研活动提出可行方案；民主选举的代表投票达成一致意见；跨区域治理的市长会议进行磋商，确定合作纲领，形成决策；通过制定明确的执行和监督机制，负责跨域治理扶贫相关工作的实施与落实。通过对武陵山区传统议事机制的再设计，确保武陵山区贫困问题协同治理体系的有序运行。

（三）完善的利益协调机制

跨域协同治理体系的高效运行需要通过协调各省市的相关利益，需要在协调各省市利益的基础上进一步展开扶贫工作。因此，建立完善的利益协调机制是不可或缺的。武陵山区利益协调机制建设需遵从以下几点：一是形成共赢理念。破除行政分割障碍，从整体利益着眼进行武陵山区整体的扶贫攻坚工作。二是建立完善的利益保障机制。在发展经济过程中要充分考虑到贫困人口的利益，优化资源配置，制定的相关保障性政策、开发性政策要兼顾贫困人口的利益。在片区开发过程中，对于生活环境恶劣的贫困群体实施异地扶贫政策。三是对生态开发区建立易地搬迁生态补偿机制。对在生态开发区的贫困人口提高补偿标准，拓宽资金筹集渠道。四是创新利益表达渠道建设。通过微博、微信等多种利益表达渠道，倾听扶贫工作中贫困人口的心声，专家智囊团及时对相关信息进行整理分析，确保相关政策实施的有效性。

（四）有效的监督约束机制

有效的监督制约机制保障协同治理体系有效运行。在扶贫攻坚工作中，难免会有地方政府人员政策落实不到位、执行力度不够、为了政绩产生腐败等行为，有效的监督制约机制能尽可能地避免以上行为的产生。武陵山区协同治理体系的监督制约机制构建包括以下几点：一是成立专门的监督制约机构。通过制定统一的约束规则，跨域进行监督管理工作。二是加强监督约束环境建设。各省市加强自身的环境建设，广泛宣传，提升各省市民众及各级政府的监督意识，为武陵山区整体的扶贫工作开展营造一个良好的环境。三是拓宽监督渠道。拓宽渠道保证公众的知情权、举报和申诉等相关的权利，发挥公众、人大、政协、媒介等的监督作用。四是建立完善的责任追究制度。发现政府、企业等的相关问题，进行追究；问责体系规范、程序化，确保相关行为有章可循。

三、片区开发一体化

（一）注重武陵山区基础设施建设

扶贫攻坚，交通先行。交通建设是武陵山区协同治理的依托和条件。从武陵山区的交通基础设施来看，一方面，经过改革开放以来的西部大开发和片区的扶贫攻坚，目前武陵山区的交通基础设施已得到很大程度的改善。以铁路为例，已建成通车的有宜万（宜昌—万州）铁路、沪昆高铁铜仁南站建成通车，在建的重庆到黔高铁、渝怀铁路二线、黔张常（黔江—张家界—常德）城际铁路，拟建的黔恩（黔江—恩施）铁路、黔遵（黔江—遵义）铁路、黔毕昭（黔江—毕节—

昭阳）铁路、渝湘高铁、安张（安康—张家界）铁路等铁路网。[①] 而另一方面，该区的交通仍是协同治理的障碍。和东部沿海地区相比较而言，武陵山区的交通基础设施仍存在很大差距。内环交通还有待完善，仍阻碍市场、资源和要素的流动。

第一，设立专门的组织机构，指导片区整体交通建设。由于行政分割，使得渝鄂湘黔四省市在交通基础设施建设的过程中，多从本省市的利益出发进行基础设施建设。一方面，造成基础设施的重复建设；另一方面，造成省际交通限制，不利于武陵山区各省市之间的资源互补与协作。因此，在武陵山区的基础设施建设中首先要设立专门的组织机构，对片区的整体交通基础设施建设进行指导、规划和操作。设立的专门组织机构要从武陵山区的整体利益出发，指导各省市交通基础设施的衔接工作。同时，设立的专门组织机构应有一套完整的规则和机制，以保证各省市政府可以按照其规划进行交通建设。

第二，加强内环交通基础设施的衔接与合作。渝鄂湘黔四省市在积极加强本区交通基础设施建设的同时，要从全局利益出发，考虑到周边省市的发展。周边交通设施的衔接将拉动沿线省市的资源、要素及市场流通，进一步促进武陵山区整体的经济发展和脱贫攻坚工作的开展。例如，十三五规划拟建的渝湘高铁是国家八纵八横高铁网中的重要部分，将与沪昆、成渝、渝西高铁串接起来，可实现重庆至长沙全线高铁的目标，将带动重庆、长沙、贵州三省市的发展；安张铁路经过陕西、重庆、湖北，是衔接西北、西南与华南、东南的重要通道。然而，目前在武陵山区内环交通仍存在不便利、不完善的情况；因此，内环交通建设仍是各省市的重要任务，要在专门组织的指导下，进行整体的合理规划，形成渝鄂湘黔四省市的内环立体交通网，为资源、要素和市场的流通创造条件和可能。

（二）培育武陵山区特色产业

特色产业是武陵山区进行扶贫攻坚的机遇和优势，在武陵山区脱贫工作中必须结合该区的优势自然资源、生态旅游资源及农业发展特色产业。

第一，对农业要进行产业化经营。农业是基础，产业化经营能推动武陵山区结构调整和经济发展。武陵山区农户生计方式、收入来源单一且多依赖于农业；然而，在农业生产活动中，农户多是自给自足的生产方式，没有专门的产业机构引导；在市场流通中的也仅仅只是初级农产品，只能进行低端的销售，不能形成高端的农业产业链进而产生规模效应。以茶叶为例，从武陵山区整体

---

① 中国铁路总公司，http://www.china-railway.com.cn/xwdt/jrtt/index_49.html.

来看有很多特色茶叶，包括恩施、长阳、桑植、溆浦等地的富硒茶，都是富硒茶但却形成相互独立的茶叶品牌，且生产的产品多为初加工产品难以形成精品，不能形成规模。因此，对农业进行产业化经营有其重要性和价值。在农业产业化经营中，首先需要成立统一的产业机构，引导武陵山区农户与企业走农产品生产与农产品加工业相结合的路子。其次，要大力扶持该区的优势产业，形成产业支柱群体。如加大对矿产、茶叶、生物医药、特色食品、旅游等产业的扶持力度，各区资源互补且相互区别、突出重点。再次，积极营造农业产业化经营的环境，制定相关法规，大力宣传且树立良好形象，确保招商引资环境的稳定和有序。

第二，保护生态资源，发展特色旅游业。旅游业需要依托一定的生态环境，因此保护生态是发展旅游业的前提。武陵山区生态资源充足，人文底蕴深厚，发展有一定的优势。大力发展旅游业可以带动第一、第二产业的发展，同时，旅游业亦可带动武陵山区贫困农户向旅游服务业转移，促进农户脱贫增收。然而，由于武陵山区生态资源的相似性和互补性，使得各省市的旅游资源趋于同质化，如相邻的宜昌和恩施，都会举办"女儿会"；宜昌的"小三峡"与重庆的"小三峡"各办各的。发展旅游业要做到以下两点：一是进行区域整体规划，各省市形成鲜明的旅游特色，比如"小三峡""桃花源"就在一个省市内形成特色，"女儿会"在一个省市内形成特色等等。二是推广武陵山区特色的旅游品牌。武陵山区的旅游品牌呈现散、乱的局面，相关的品牌宣传呈现零星、不连续的特点；因此，武陵山区应树立品牌观念，通过具有鲜明特色的和连续性的品牌宣传，提升武陵山区特色旅游知名度。

四、市场发展有序化

（一）可及性市场建设

一是政企分开，确保企业作为市场主体。行政分割造成市场分割，各省市政府对本省市的市场形成地方保护，对市场进行干预；因此，协同治理体系中重要的一点在于政企分开。二是制定优惠政策，提高市场积极性。针对武陵山区制定更多的市场优惠政策，合理配置优质资源促进市场建设。三是加强武陵山区的市场基础设施建设，提升市场的容纳量及服务能力，加强市场一体化建设。在扶贫工作中加大对武陵山区的公共财政投入，提升武陵山区的经济发展水平，建立与武陵山区资源相一致的市场，利用市场配置资源，通过企业促进武陵山区经济发展。

（二）注重市场调节作用

通过市场可以促进供需平衡，配置资源。一是市场可以调节商品供求。在武陵山区的扶贫工作中要注重资源的供需关系和区域市场调节作用。武陵山区的特色旅游资源、自然生态资源、特色产业等的开发必须面对市场，根据不同的市场需求，结合自身的资源优势开发适合市场需求的高端产品。二是市场可以调节资源分配，促进资源流动。武陵山区市场分割，资源不能流通互补，阻碍区域整体的经济社会发展和扶贫进程。通过市场调节可以促进武陵山区市场一体化的进程，促进各区资源要素的分配流动，降低生产的成本，进而提高区域整体的经济效益。三是市场可以调节劳动力的分配。市场可以促进劳动力特别是贫困劳动力在各区之间的流动，增加增收渠道，解决贫困人口就业，缓解贫困。

（三）培养农户市场经济意识

在武陵山区调研过程中发现，该区的贫困村、贫困户家庭多为小农经济，小农意识浓厚，种植的农产品多自给自足，很少去市场交换，即使有一部分农户去市场交换也只是低端的农产品。提高市场经济意识，是农户增强自我发展能力的关键。一是成立专门的农业合作组织，加强宣传、农业技术指导和培训。二是扶持技术能人、种植大户，起到良好的示范作用和榜样激励。技术能人和种植大户能起到很好的示范效应，更能带动贫困户脱贫致富。三是帮助贫困户建立自身的特色产业。生产的不再仅仅是农产品，而是自己的特色产业，通过产业带动其发展。

（四）市场竞争有序

市场有序运行是关键。武陵山区各省市之间资源相似难免会因为发展而产生一系列的地方保护主义和恶性竞争行为。有序的竞争市场是实现武陵山区资源优化配置和武陵山区反贫困协同治理的重要基础。首先，应该制定统一的市场规则，规范活动行为。禁止地方保护主义，允许相邻省市州县的资源流动，不歧视非本省市州县的资源和产业。其次，营造良好的市场竞争环境。竞争不再通过价格战、品牌战，而是通过新技术、统一的市场和制度来确保市场环境的发育和完善。再次，推进市场法治建设。制订和完善相关的法律制度，反对不正当竞争和地方的市场保护主义；进而推动武陵山区整体经济及扶贫工作的健康有序开展。

第四节 武陵山区贫困问题协同治理的农户扶持政策

前述研究表明,武陵山区贫困类型主要是深高山地区基础设施、卫生、教育等公共服务水平较低,农户在生命历程中遭受疾病、多次灾害等而形成的经济发展滞缓型贫困。对于这种类型的农户,一方面要从改善外部环境来为其提供脱贫机会;另一方面也必须摸清其家庭生命历程,探清致贫原因,精准实施扶持政策。在前文分析基础上,本节拟从建立"家庭生命全周期扶贫"政策体系和建立慢性贫困农户精准扶持机制两个方面,提出针对武陵山区特殊类型贫困的农户扶持措施。

一、建立"家庭生命全周期扶贫"政策体系

为了确保贫困人口到 2020 年能如期脱贫,政府相关部门一方面应强化其职能创新、注重顶层战略设计,另一方面则需制定合理的减贫政策、采取切实可行的必要措施。由前文分析可知,武陵山区农户家庭生命周期变化与其是否陷入贫困状态之间存在显著的相关性,同时户主性别、受教育水平,家庭耕地经营面积、是否遭受重大疾病等因素也通过了显著性检验。为此,本节将在前文实证分析的基础上,充分结合国内外在反贫困工作上所取得的一些典型经验以及课题组自身源于社会实践的一些浅见,基于家庭生命周期视角有针对性提出推进武陵山区农村家庭脱贫的合理化建议。具体对策由三方面构成:一是加快构建社会保障制度,推动社会事业发展,谨防致贫返贫;二是提高农民素质,提升农村劳动力价值,以教育促脱贫;三是依托优势资源,产业建设稳中求进,积极推进产业扶贫。

(一)加快完善社会保障体系,推动社会事业发展,谨防致贫返贫

1. 提高核心阶段家庭风险意识,不断完善当地农村社会保障体系

根据前文结论显示,武陵山区农户家庭生命周期处在标准、成熟、扩大三种核心类型阶段的高达 90% 以上,特别是成熟核心家庭占比最高,接近 1/3 (32.46%)。对于三种核心类型的家庭而言,夫妻是家庭中的主要劳动力和经济来源,担负着养育子女和赡养老人的任务,如若夫妻遭遇变故必将对家庭造成沉重的影响。因而对于核心类型的家庭而言,构建完善的社会保障制度是防治其致

贫、返贫的核心措施，它能有效地对家庭核心成员的风险进行防范，一定程度上降低核心类型家庭贫困发生率。但是，截至目前当地农村社会保障体系仍不完善，面临基础医疗保险应付重大疾病能力不足，商业保险价格昂贵，失业保险等险种缺失等一系列问题。由于这些问题的存在，导致很多核心家庭因其核心成员变故而陷入贫困状态，为此有必要进一步完善当地社会保障体系，核心围绕两点：一是费用由农民个人和政府按比例缴存，且主要费用应由政府负担；二是要抓住主要矛盾，将这一工作的重点放在养老和医疗两个方面。除此之外，还应强化对农户的教育和宣传，使处在核心阶段的家庭能建立起现代养老观念，通过储蓄、商业保险、子女教育等多种途径避免落入老年贫困的窘境。

2. 注重综合评估与分类帮扶，推进患病家庭精准脱贫

由前文分析可知，无论其家庭生命周期处于何阶段，有成员遭受了重大疾病的农户家庭相比一般家庭更易陷入贫困状态。疾病特别是重大疾病一直是影响武陵山区农户致贫和返贫的重要因素。农药化肥的过度使用和生活生产垃圾的随意处理，致使农村生活环境日益恶劣，疾病发生率上升。因而改善农村生活环境，提高农户生活环境质量，构建美丽乡村，是武陵山区各级政府急需完成的任务。而对于已遭受了重大疾病的贫困农户，政府对其家庭状况应进行综合评估，按情形严重程度将其划分为四类，进而有针对性地制定脱贫策略。其中，对于一类家庭（存在既丧失了劳动能力且需长期用药的家庭成员），政府应提供人道帮扶，或考虑将其移送到福利机构并提供基本的医疗卫生保障；对于二类家庭（存在因病已丧失劳动能力但无需长期用药的家庭成员），政府应多予以关注，有好的产业项目、帮扶项目应优先安排，同时应在"低保户"评选上予以重点考虑；对于三类家庭（存在未丧失劳动能力但需长期用药的家庭成员），政府应在公费医疗报销、"低保户"评选方面给予更多关照；对于四类家庭（存在疾病好转即可恢复劳动能力且无需长期用药的家庭成员），政府帮助农户多渠道筹措资金，让其尽快入院治疗，早日恢复健康。

（二）提高农民素质，提升农村劳动力价值，以教育促脱贫

一是核心阶段家庭努力提升女性决策能力，以科学决策促脱贫。由前文分析可知，让农户家庭在处于标准核心、成熟核心以及扩大核心阶段时，户主性别对家庭是否陷入贫困都具有显著影响。女性户主之于男性户主，通常由于性格或者所接受知识的差异，导致其行为决策通常更为保守，家庭也由此错失一些发展机遇。而近年来，随着越来越多青壮年男性劳动力外出务工，女性在家庭以及农业生产决策中扮演着越发重要的角色，因此有必要采用一些措施来强化女性户主决策制定的科学化与规范化：一是推行针对农村女性的文化教育活动，通过专业讲

座、相关书籍赠阅、成人教育班等方式提升其认知能力，解决许多年龄偏大的女性户主难以领会一些专业知识甚至识字都极为有限的问题；二是充分借助榜样作用，通过劝说的方式促进其改进，各级地方政府和村组织可以找一些拥有成功经验的女性户主现身说法，以榜样宣传的方式激励她们改进决策方式。女性户主决策的科学化显然有助于其家庭迈向正轨，进而早日脱贫。

二是强化对农民的各项技能培训工作，激励农村子弟接受高等教育。前文已论证，户主文化程度越低，其家庭陷入贫困的可能性越大；是否供养在读大学生对农户家庭贫困具有显著的负向影响；拥有的劳动力数量越少，其家庭陷入贫困的可能性越大。这要求各级地方政府和村组织在今后的工作中要加强对农户家庭情况的了解。对户主文化程度低、劳动数量少等容易落入贫困的家庭积极关心与帮扶。并对这些家庭进行教育与培训：一方面通过引导农民收看涉农电视节目、搜索涉农网络信息、聆听农业专家讲座、翻阅农业宣传手册等方式，让其拥有更为丰富的农业知识储备，以便其务农能力的提升；另一方面加强对年青一代尤其是外出务工意愿较为强烈的农民的各项技能培训工作，比如计算机的熟练运用、各种动力机械的熟练操作等，尽可能让所有人都有一技之长，以便在就业市场上能占据一席之地。该对策主要适用于成熟核心和扩大核心家庭。同时，各级地方政府和村组织应当激励农村子弟接受高等教育，提倡"跳出农门天地宽"的口号，并对贫困大学生家庭给予经济上的帮扶。

（三）依托优势资源，产业建设稳中求进，积极推进产业扶贫

第一，关注老年农户家庭状况，积极培育特色种养殖产业。由前文可以得出农户家庭所处的生命周期阶段对其家庭是否处于贫困状态能产生显著影响，其中，萎缩家庭贫困率超过9成（91.30%）；衰退家庭组紧随其后，其贫困率也高达85.19%。二者的共同点是家庭成员以老年人为主，由于劳动能力相对有限，只能从事一些简单的农业生产活动，而无法像中青年劳动力一样通过兼业或外出务工的方式获取收入补贴家用，加之其儿女由于抚育下一代普遍负担较大，也难以完全履行赡养义务。受此影响，当农户家庭处于衰退和萎缩阶段时极易落入贫困状态。对于这两类家庭，应从以下几个方面促进其脱贫：一是村组织和各级地方政府应经常关注这些农户的家庭情况，依据贫困程度对其进行适度划分，然后对他们进行综合评估，确定各个家庭的脱贫难易程度，对于贫困陷入深、脱贫难度大的家庭应优先予以帮扶；二是与农业大专院校、科研院所形成良好对接，结合当地水热、气候以及土壤、地形条件，开发一些仍适宜于老年劳动力参与且具有较高收益回报率的特色农业产业，或者特种牲畜养殖产业，一旦产业形成一定规模，政府在其产品销售等方面应予以重点关照和帮扶。

第二，标准核心阶段家庭强化农地流转工作，推进农业生产规模化经营。通过前文分析可知，对于标准核心家庭而言，所拥有的耕地面积越多，其陷入贫困的可能性越小，从中可见农业规模化生产的重要性。走访当地农村发现：一些当地农户由于难以通过农业生产获取较高收益，存在一定的弃耕或者随意耕作行为，将大部分精力转向务工，家庭收入虽得到了保障，但客观导致了其耕地生产率低下；同时另有一些农户虽是精耕细作，无奈耕地有限同样无法获取较高收益，过多的精力投入农业生产又使其缺少闲暇时间从事其他兼业工作，家庭由此陷入贫困。针对上述两类情形，课题组认为，结合当地实际，应鼓励处于标准核心家庭阶段的农户强化农地流传，进而形成规模化经营，一方面可让一些农民从农业生产中解放出来，从事其他兼业工作或者外出务工；另一方面还能有效保证耕地生产率，实现农业生产效益的最大化。

第三，完善农业产业链条，适度发展旅游产业，增加农民就近兼业机会。武陵山区农业目前以出售初级农产品为主，由于地处山区且交通相对不便，导致其农产品价格要低于市场平均水平，农民收益难以得到充分保障。为此，政府有必要引导、鼓励就近创办一些农产品加工企业，重点加工当地的一些特色农产品，逐步形成规模化与产业化兼备的公司经营模式。这样做的好处是，一方面可以提高农产品附加值，并形成一些极具当地特色的农业品牌；另一方面可使当地农民务农收入得到增加，让那些贫困家庭早日脱贫致富；除此之外，还能为当地农民提供一些就业机会，让他们摆脱"离土又离乡"的外出务工模式，而这将有利于其子女的教育与成长，从而保障未来农村社会的和谐与稳定。同时，武陵山区既是土家族、苗族等多个少数民族的聚集地区，又兼有大峡谷、腾龙洞、土司城等多个自然旅游资源和人文旅游资源，因此当地可以适度发展旅游产业，走旅游扶贫模式，以旅游产业带动就业和增收。当地贫困人口参与旅游产业的方式包括为游客提供住宿和必要的日常生活用品或者景区纪念品、作为向导陪同游客远足旅行等。

二、建立慢性贫困农户精准扶持机制

（一）建立精准识别慢性贫困农户的机制

慢性贫困的识别，应该基于长期的时段性观察，将长时间贫困的农户从数据库中剔选出来。首先要做的就是精准识别每年的贫困户，而贫困户的评选指标不应该只参考当年的收入水平，应该向多维化发展，其次要完善贫困户的退出机制和再进入机制，最后才能做到重视慢性贫困家庭的贫困问题，给予特殊扶持。

1. 建立多维贫困识别体系，精准识别慢性贫困户

精准识别慢性贫困户，是精准治理慢性贫困户的基础。在识别慢性贫困过程中，将收入作为唯一指标，尚不够全面，这就要求建立多维贫困识别体系。要构建科学的统一的综合评价体系，把个人创收能力、家庭可支配收入等多项能力纳入评价体系之中，对建档立卡农户从陷入贫困到逃离贫困进行全程监管。

2. 借助大数据精准识别并追踪慢性贫困户

对于扶贫对象的确定，特别是慢性贫困群体以及暂时贫困群体的确定，是扶贫的重要一环，也是精准扶贫的题中之义。目前的政策一般还没具体的区分慢性贫困与暂时贫困，从而使得有些政策实施效果不明显。利用大数据对所有的贫困农户，进行全寿命管理、全流程分析。依据大数据区分出暂时贫困、慢性贫困，对慢性贫困农户给予优先关注，给予特殊支持政策。此外，家庭的经济变化是一个动态变化的过程，将所有贫困户纳入"进入—脱贫—退出—再识别—再进入"的动态监管机制，把已经暂时脱贫的农户也纳入其中并观察一段时间，以便在其返贫时能第一时间得到救助，从而降低贫困对象返贫率，巩固扶贫成效。

（二）建立精准扶持慢性贫困农户的政策

1. 明确慢性贫困户农户需求，有重点的分配资金

数据统计以及实证研究表明：家中痴呆傻残大病慢性病人数、子女高中和中专以上人数、劳动力初中及以上人数、家庭劳动力受教育程度与慢性贫困息息相关。慢性贫困家庭主要是由于家庭人力资本不足或是能力较低，说明更要加大力度对慢性家庭家庭成员的健康状况进行帮扶，此外帮助家中有上学的家庭，负担教育费用，提高家庭人力资本。

根据武陵山区特殊的背景与具体的农户需求，有针对性地、有所重点地分配资金。每一户慢性贫困家庭都有其各自特殊的家庭状况，因此陷入贫困的原因、持续贫困的原因、劣势累积因素都有所不同，要做到因人而异、因户而异、因村而异，避免"一刀切"，结合当地、每户、每人的情况开展工作。特别是在分配资源方面，要把资金用在最需要最贫困的家庭上，并且明确一户家庭最需要的是哪方面的资助。例如，将优质的扶贫项目或者是技术培训机会留给劳动力充足的贫困户，再如居住危房的农户最需要得到的是住房安全等，使得每一户得到的扶持发挥最大效益，从而推动农村扶贫工作的总体进程。

2. 帮扶过程进行严格监管

在帮扶过程中进行严格的监管，特别是资金的流向问题，需建立扶贫资金管理系统。各级扶贫资金从申请到审批再到发放，都实行全程监控，使资金流向公开化和透明化，可委托第三方定期进行入户调查，直接采访接受资金的农户。此外，对于资金的利用率以及贫困户的反馈要及时进行总结，使信息能够进入决策层，以便扶贫开发治理的法规政策能得到及时的修订和完善。

（三）建立精准预防慢性贫困农户的政策

农户慢性贫困长期预防工作应该具有特定的人群指向，主要针对老人、孕产妇、"三孤"人员以及残疾人等等，并且着眼于家庭的长远发展。发达国家政府一般都设有对于异质类人口（此类人口往往缺乏基本能力或丧失生产能力）特殊生活补贴的家庭发展计划。家庭计划作为一项特别救助计划，在发展中国家反贫困工作（特别是针对慢性贫困群体）中也得到广泛运用。如印度中小学生营养午餐计划、尼泊尔特殊养老金补充计划、斯里兰卡母婴保健计划等，这类计划均属于家庭计划范畴，带有明显的社会救助的特征。

我国当前的农村家庭计划并不是空白，但仍然处于不成熟的初级阶段。例如关于农村极度贫困家庭的暂时性生活补助政策、新农合中的孕妇补贴、"三孤"人员补助金制度，都带有明显的家庭计划的特征，但是仍然不够具体和全面。除了最低生活保障制度与农村社会救助体系以外，农村家庭计划应该被看作是对这两者的一项补充，相关部门应该设立专门的家庭计划基金，在严格界定计划范围的基础之上，对慢性贫困家庭逐户认定，全面覆盖家庭计划。

1. 注重阻断家庭负面冲击效应

慢性贫困是一系列负面冲击长期累积的结果，阻断慢性贫困的持续就是要阻断负面事件，包括连续型的负面事件和独立的负面事件等，以村为单位，关注遭受某一事件冲击的家庭，例如突然而来的大病，一方面村里相关干部要做好心理疏导工作，对已经发生的事件进行心理安抚；另一方面提供一定的物质支持，减少负面事件的冲击力，以及预防由此衍生的其他负面事件。

2. 注重消解家庭负面累积效应

贫困代际传导是慢性贫困延续的重要原因之一，为阻断代际贫困要从两个方面着手：一是重点关注孕妇生活状况，可建立母婴保健计划，目的是保证母婴的健康，减少伤亡率，减少幼儿先天性缺陷。二是注重小孩的身体状况，实行中小学生营养午餐或牛奶补助计划，针对处在生长发育时期的青少年，提高其身体素质。调查显示，户主在身体状况较好，压力较小的壮年时期比较容易摆脱贫困，此时提供一定的就业岗位或者说增加其创收因子，可以有效摆脱慢性贫困；对于贫困老人、无能力者（如慢性病患者）、残疾人，目前的养老金远远不够支撑老人的生活开支，应设立特殊困难人口专门的补贴基金，固定发放，保证该部分人口的日常支出。

本篇结论

武陵山区位于渝鄂湘黔四省（市）交界处，集民族地区、革命老区、贫困地区与经济协作区于一体，贫困人口多，分布区域广，致贫因素复杂，扶贫难度大。从上述研究看，武陵山区特殊类型贫困与其高山深切的自然环境有密切关系，破解武陵山区特殊类型贫困的路径正是运用现代化的工具合理开发武陵山区的山水人文资源，彰显其优势，规避其劣势。

一、武陵山区特殊类型贫困的现状与特征

武陵山区贫困主要呈现以下特征：第一，贫困分布分散。武陵山区属于深山区，交通不便，人口分散聚居在小居民点，因此武陵山区贫困分布格局呈现出"大聚集、小分散"的特点；第二，贫困程度差异大。武陵山区各小居民点的自然条件存在很大差异，有的居民点处在交通要道、良田谷地，人民生活相对富裕，有的居民点处在深山台地，交通不便，灾害频发，则人民生活相对较差。第三，贫困类型多样。武陵山区生态环境的多样化，造成其贫困原因相对较多，各个居民点贫困表现各不一样。根据对武陵山区农户的多维贫困测量分析中可知，耕地资源缺乏、缺乏教育、家庭劳动力少、健康程度低是武陵山区农户贫困的主要因素。第四，贫困程度深。武陵山区剩余贫困人口多属于深度贫困群体，脱贫难度大，脱贫和返贫现象交织，贫困农户易陷入"贫困—脱贫—返贫—脱贫—返贫"的交替状态。

武陵山区贫困的特殊成因在于：第一，区位陷阱。武陵山区处于中国第一阶梯向第二阶梯过渡区域，地形高山深切，内外交通均不便，使得对外沟通缺乏，特色产品资源外运成本较高。内部沟通难度大，难以形成大中型城市聚居区。从区域经济学角度来说，武陵山区的自然条件不利于"点—轴"式开发，通过形成区域增长极和区域经济带，实现区域开发减少贫困。第二，人口陷阱。在地理环

境上，武陵山区虽然交通区位不变，但是生态环境较好，自然资源丰富，因此从明末清初开始，单位面积人口承载量增多，开发力度增大，到2015年为止，武陵山区人均耕地面积不到1亩，是民族地区中人地关系矛盾最突出的地区。长期以来对山区的不当开发使得武陵山区生态环境破坏较大，水土流失严重，土地质量较差。第三，资本陷阱。正是由于特殊的区位条件，武陵山区资本集聚难度较大，容易出现资本外逃而形成资本陷阱现象。比如人口中相对能力较强的劳动力离开武陵山区而向周边大中城市流动，留守武陵山区人口中低学历、低技能人口比重较大，造成人力资本缺乏；由于武陵山区金融网点缺乏，城市发展动能不足，储蓄资金外流而造成金融资本缺乏；由于武陵山区基础设施差，公众交往不足，社会组织难以形成，而造成社会资本缺乏。

二、武陵山区特殊类型贫困形成的微观机理

对武陵山区贫困问题进行宏观总体分析后，本篇借助对农户的抽样调查，从微观角度对武陵山区特殊类型贫困进行多角度解析，以期有助于破解武陵山区特殊类型贫困的政策制定。

根据农户脆弱性评估和多维度测量表明，武陵山区农户贫困是多个因素综合导致，其中主要的原因是耕地资源的缺乏和人力资本的缺失，其中人力资本缺失主要体现在慢性病较多和教育程度不高。因此，从微观上看武陵山区贫困类型主要是深高山地区基础设施、卫生、教育等公共服务水平较低，农户在生命历程中遭受疾病、多次灾害等而形成的经济发展滞缓型贫困。

构建武陵山区农户贫困影响因素的计量模型表明：家庭所处的生命周期阶段对其家庭是否处于贫困状态能产生显著影响，萎缩家庭、衰退家庭贫困发生率较高，前者为91.3%，后者为85.2%；不同家庭周期农户贫困影响因素不同，其中疾病是造成所有类型农户贫困的主要原因，其他原因还包括自然灾害、金融资本缺乏等。

通过对武陵山区贫困农户生命历程的质性分析表明：武陵山区贫困农户都经历了长时间的贫困，家庭受到单重负面事件效应和多重负面事件效应的影响；初始的累积因素能够影响生命历程中重要的生活事件，如教育、工作和婚姻事件，通过这些事件，其影响会持续性地发挥作用；贫困农户个人或家庭的生活轨迹均出现大幅下滑，同时个人能动性受到了制约，社会关系网络无法提供有力的支持；贫困农户在个人或家庭在陷入贫困之后，难以恢复，长期处于贫困之中。

三、武陵山区特殊类型贫困反贫困的治理路径

武陵山区贫困问题具有特殊性，应有特殊治理路径：一方面通过武陵山片区协同开发引导资本汇聚实现"大开发"促"大扶贫"，另一方面通过建构家庭生命周期保障体系实现"全覆盖"促"稳脱贫"。

第一，武陵山片区协同发展，以"大开发"促"大扶贫"。一是要实现协同治理主体多元化，通过地方政府主导，市场组织辅助，社会组织参与，公民进行监督的协同治理方式，进行多元主体之间的有效衔接与配合，实现武陵山区片区开发与精准扶贫目标。二是成立完善的武陵山区整体发展协调机制。通过成立专业的合作研讨小组，定期召开会议，来加强四省市之间的合作交流，对生态环境保护、矿产资源开发、旅游品牌推广、基础设施建设、市场规划合作、收益分配、扶贫攻坚、大数据整合等方面进行整体规划实施。三是建立武陵山区特色产业协同开发机制。特色产业是武陵山区进行扶贫攻坚的机遇和优势，是与其他地区相区别并能带动片区发展的机会，是带动武陵山区贫困农户脱贫致富的可能。因此，在武陵山区脱贫工作中必须结合该区的优势自然资源、生态旅游资源及农业发展特色产业。在对农业进行产业化经营，扶持优质产业的同时，保护生态资源，发展特色旅游业，带动一、二、三产业协同发展。四是加快基础设施建设引导资本回流。在武陵山区的基础设施建设中首先要设立专门的组织机构，对片区的整体交通基础设施建设进行指导、规划和操作。设立的专门组织机构要从武陵山区的整体利益出发，指导片区内渝鄂湘黔四省市交通基础设施的衔接工作。同时，设立的专门组织机构和完整的规则机制，以保证各省市政府可以按照其规划进行交通建设。同时要加强内环交通建设，要在专门组织的指导下，进行整体的合理规划，形成渝鄂湘黔四省市的内环立体交通网，为资源、要素和市场的流通创造条件和可能。

第二，武陵山片区全周期扶贫政策，以"全覆盖"促"稳脱贫"。一是关注老年农户家庭状况，积极培育特色种养殖产业。结合当地水热、气候以及土壤、地形条件，开发适宜于老年劳动力参与且具有较高收益回报率的特色农业产业。一旦产业形成一定规模，政府应在其产品销售等方面应予以重点关照和帮扶。二是强化农地流转工作，推进农业生产规模化经营。结合当地实际，应鼓励处于标准核心家庭阶段的农户强化农地流传，进而形成规模化经营，一方面可让一些农民从农业生产中解放出来，从事其他兼业工作或者外出务工；另一方面还能有效保证耕地生产率，实现农业生产效益的最大

化。三是完善农业产业链条，适度发展旅游产业，增加农民就近兼业机会。重点加工当地的一些特色农产品，逐步形成规模化与产业化兼备的公司经营模式，可以适度发展旅游产业，走旅游扶贫模式，以旅游产业带动贫困人口的就业和增收。

第四篇

滇桂黔石漠化区特殊类型贫困研究

滇桂黔石漠化区是一个集"老、少、边、山、穷"为一体的连片特困区域,是连片特困地区中少数民族人口最多的片区,是国家新一轮扶贫开发攻坚战主战场。根据《滇桂黔石漠化片区区域发展与扶贫攻坚规划(2011-2020年)》,滇桂黔石漠化片区区域范围包括广西壮族自治区、贵州省和云南省的80个集中经济特殊困难地区的县(市、区),另外还包括滇桂黔石漠化片区内的11个其他(分散)贫困县(市、区),总共有91个县(市、区)。滇桂黔石漠化区区域内包含了73个少数民族自治县(少数民族聚居区)、34个革命老区县域、8个边境地区县域,66个国家级贫困县。

滇桂黔石漠化区是我国石漠化面积最大的连片区域之一,是我国未来较长一段时间内扶贫攻坚的"主战场"。

本篇结合滇桂黔石漠化区特殊的实际情况,建立多维贫困模型,测算民族地区包括收入、住房、教育、健康、环境等因素的多维贫困指标,从而解析其致贫的特殊原因,有助于从理论上把握贫困及其成因的特殊性。另一方面,系统地进行政策评估,构建特殊扶贫政策体系,有利于指导该片区扶贫实践。

第十章

滇桂黔石漠化区特殊类型贫困现状与致贫机理

第一节 滇桂黔石漠化区贫困现状

一、滇桂黔石漠化片区基本情况

滇桂黔石漠化区区域面积约为22.8万平方公里，该片区大部分县域位于云贵高原东南部和广西山地与盆地过渡地带，气候大多属于亚热带季风气候，平均年降水量范围在880~1991毫米之间，[①] 山区海拔高差大，地形丰富多样。滇桂黔石漠化区是石漠化面积最大的连片区域之一，碳酸盐分布极广，片区内有大量的"大石山区""石林""喀斯特熔岩""溶洞""天堑"等特殊自然景象。在纵横山脉之间，有珠江、长江两大跨地流域，流淌着红水、左江、右江、清水江、融江、花江、南北盘江等河流，具有较大的水能资源储存量。作为典型的生态功能屏障区，滇桂黔石漠化区也拥有独特的景观，具有巨大的旅游开发潜力。

---

① 国务院扶贫办、国家发展和改革委员会：《滇桂黔石漠化片区区域发展与扶贫攻坚规划（2011－2020年）》，http://www.ndrc.gov.cn/zcfb/zcfbqt/201304/t20130425_538578.html，2012年7月12日。

根据《滇桂黔石漠化片区区域发展与扶贫攻坚规划（2011－2020 年）》可知该区域是一个典型的少数民族连片特困地区。滇桂黔石漠化片区内有壮族、苗族、布依族、瑶族、侗族等 14 个少数民族，具有少数民族杂居、聚居结合的多元化特征。区域内产业包括农业、工业、旅游业、民族文化产业等。滇桂黔石漠化区具有深厚的少数民族文化底蕴，这里民俗风情浓郁、民间工艺丰富、文化创意产业潜力巨大。典型的有侗族大歌、壮族锦、布依族八音、苗族古歌、瑶歌等，这些珍贵的非物质文化遗产不仅形成了"多彩"的特征，而且为各民族和睦相处、团结共进提供了良好的载体。

随着国家对西部的建设加速推进，滇桂黔石漠化区正在形成完善的现代化交通网络。已建成的机场有兴义、六盘水、百色、文山等，铁路主干线有湘黔铁路、贵昆铁路、黔桂铁路、南昆铁路等，现有的高速公路交通干线有沪昆高速、广昆高速、兰海高速、厦蓉高速、汕昆高速等，目前片区内的多个城市正在陆续开通高速铁路站点。经过多轮扶持和乡村建设，乡村公路通行率不断提高，乡镇建设现代化水平显著上升，县市级基础设施建设多数已达到中小城市的规模和标准。农村基础设施建设不断完善，困难群众问题、贫困户住房问题等正在被解决。然而，由于该片区贫困面积广、贫困程度深、石漠化问题严重、环境修复和保护水平不高、资源开发利用水平低下、县域经济基础仍然薄弱、基础设施与发达地区相比差距大、水利和交通的瓶颈制约极为突出、社会经济发展滞后、群众的自我发展能力不充足等原因，滇桂黔石漠化区特殊类型贫困的反贫困工作难度依然非常大、任务非常艰巨。规划中滇桂黔石漠化区的县域分布情况详见表 10－1。

表 10－1　　　　　　　　滇桂黔石漠化区县域分布

省区	市州（区）	县域（区）
广西壮族自治区（35 县）	柳州市（3 县）	1. 融安县；2. 融水苗族自治县；3. 三江侗族自治县
	桂林市（2 县）	1. 龙胜各族自治县；2. 资源县
	南宁市（3 县）	1. 隆安县；2. 马山县；3. 上林县
	百色市（12 县）	1. 田阳县；2. 德保县；3. 靖西县；4. 那坡县；5. 凌云县；6. 乐业县；7. 田林县；8. 西林县；9. 隆林各族自治县；10. 右江区；11. 田东县；12. 平果县
	河池市（10 县）	1. 凤山县；2. 东兰县；3. 罗城仫佬族自治县；4. 环江毛南族自治县；5. 巴马瑶族自治县；6. 都安瑶族自治县；7. 大化瑶族自治县；8. 金城江区；9. 南丹县；10. 天峨县
	来宾市（1 县）	忻城县
	崇左市（4 县）	1. 宁明县；2. 龙州县；3. 大新县；4. 天等县

续表

省区	市州（区）	县域（区）
贵州省（44县）	六盘水市（3县）	1. 六枝特区；2. 水城县；3. 钟山区
	安顺市（6县区）	1. 西秀区；2. 平坝县；3. 普定县；4. 镇宁布依族苗族自治县；5. 关岭布依族苗族自治县；6. 紫云苗族布依族自治县
	黔西南布依族苗族自治州（8县）	1. 兴仁县；2. 普安县；3. 晴隆县；4. 贞丰县；5. 望谟县；6. 册亨县；7. 安龙县；8. 兴义市
	黔东南苗族侗族自治州（16县）	1. 黄平县；2. 施秉县；3. 三穗县；4. 镇远县；5. 岑巩县；6. 天柱县；7. 锦屏县；8. 剑河县；9. 台江县；10. 黎平县；11. 榕江县；12. 从江县；13. 雷山县；14. 麻江县；15. 丹寨县；16. 凯里市
	黔南布依族苗族自治州（11县）	1. 荔波县；2. 贵定县；3. 独山县；4. 平塘县；5. 罗甸县；6. 长顺县；7. 龙里县；8. 惠水县；9. 三都水族自治县；10. 瓮安县；11. 都匀市
云南省（12县）	曲靖市（2县）	1. 师宗县；2. 罗平县
	红河哈尼族彝族自治州（2县）	1. 屏边苗族自治县；2. 泸西县
	文山壮族苗族自治州（8县）	1. 砚山县；2. 西畴县；3. 麻栗坡县；4. 马关县；5. 丘北县；6. 广南县；7. 富宁县；8. 文山市

注：根据《滇桂黔石漠化片区区域发展与扶贫攻坚规划（2011–2020年）》整理。

二、滇桂黔石漠化片区贫困的基本现状

根据 2015 年滇桂黔石漠化片区三省区的统计公报和统计年鉴，课题组搜集整理了滇桂黔石漠化区区域内 80 个市（州）的人均 GDP 的数据和贫困人口数。从省级层面看，云南省石漠化片区的人均 GDP 约为 23 988 元、广西壮族自治区石漠化片区人均 GDP 约为 37 538 元、贵州省石漠化片区人均 GDP 约为 29 707 元，按照人均 GDP 排名的顺序，三省区依次排序为广西壮族自治区、贵州省、云南省；云南省石漠化区贫困人口数总约为 226.55 万人、广西壮族自治区石漠化区贫困人口数总约为 348.28 万人、贵州省石漠化区贫困人口数约为 261.88 万人，三省区按贫困人口数排序依次为广西壮族自治区、贵州省、云南省。从人均 GDP 和贫困人口数相比来看，广西壮族自治区石漠化区人均 GDP 收入最高，但

其贫困人口数量却最多,说明其中的贫富差距较大;贵州省石漠化区人均 GDP 和贫困人口数均位列第二,其贫富差距也是比较大的;云南省石漠化区人均 GDP 和贫困人口数都位列第三,说明云南省石漠化区贫困群众的收入位于较低的水平。

滇桂黔石漠化区中市州(区)的具体情况详见表 10-2。

表 10-2　　　　　　　滇桂黔石漠化区贫困程度

省区	市州	人均 GDP(元)	贫困人口数(万人)
云南省	曲靖市	27 044	79.91
	红河哈尼族彝族自治州	26 286	71.64
	文山壮族苗族自治州	18 634	—
广西壮族自治区	柳州市	60 233	37.8
	桂林市	39 329	28.4
	南宁市	48 812	50
	百色市	30 034	102.4
	河池市	19 578	68.2
	来宾市	28 181	27.3
	崇左市	36 599	34.18
贵州省	六盘水市	41 675	41.65
	安顺市	27 096	34.39
	黔西南布依族苗族自治州	28 516	43.23
	黔东南苗族侗族自治州	23 337	84.32
	黔南布依族苗族自治州	27 911	58.29

注:数据来自滇桂黔石漠化区 80 个主要县市 2015 年的统计年鉴和统计公报;表中云南省文山壮族苗族自治州 2015 年贫困人数的数据缺失,在统计中采用本省人均 GDP 收入与贫困人口数比率计算出其均值而使用。

从市(州)级层面看,按人均 GDP 排序从高到低依次为柳州市、南宁市、六盘水市、桂林市、崇左市、百色市、黔西南布依族苗族自治州、来宾市、黔南布依族苗族自治州、安顺市、曲靖市、红河哈尼族彝族自治州、黔东南苗族侗族自治州、河池市、文山壮族苗族自治州,按照贫困人口数从低到高排序依次为来宾市、桂林市、崇左市、安顺市、柳州市、六盘水市、黔西南布依族苗族自治州、南宁市、黔南布依族苗族自治州、河池市、红河哈尼族彝族自治州、曲靖市、黔东南苗族侗族自治州、百色市。通过计算人均 GDP 和贫困人口数的比值,贫困严重程度排序从大到小依次是黔东南苗族侗族自治州、河池市、百色市、曲靖市、红河哈尼族彝族自治州、黔南布依族苗族自治州、黔西南布依族苗族自治州、安顺市、南宁市、六盘水市、来宾市、崇左市、桂林市、柳州市。此处的排序仅根据人均 GDP 和贫困人口数量得出，虽然不能完全反映滇桂黔石漠化区内部的贫困情况，但是也具有一定的参考意义。

为了更深入、详细地分析滇桂黔石漠化区的贫困情况，课题组 2015 年对三省区典型村寨进行调研，通过问卷调查、案例访谈、地方走访等方法收集一手数据和资料，以把握滇桂黔石漠化区特殊类型贫困的现状与反贫困制度的实施情况和绩效。课题组先后调研的云南省、广西壮族自治区和贵州省的典型村寨情况详见表 10-3。课题组先后收集了滇桂黔石漠化区中 8 县市、13 乡镇 15 个村（社区）的 314 份有效数据，并获取了大量一手资料。

表 10-3　　　　滇桂黔石漠化区典型村寨调研分布情况

编号	调研村寨	调研乡镇	调研县市	所属省区
1	黑舍村	旧城镇	红河州泸西县	云南省
2	发新村	老厂乡	曲靖市罗平县	
3	平略村	作登乡	百色市田东县	广西壮族自治区
4	陇穷村			
5	新乐村	平马镇		
6	新隆村	思林镇		
7	城北社区	新郊区	河池市巴马县	
8	俄典村	屯脚镇	兴仁县	贵州省
9	江满村	莲城镇	晴隆县	
10	江兴村			
11	孟寨村	光照镇		
12	安谷村	安谷乡		
13	紫马村	紫马乡		
14	拱桥村	则戎乡	兴义市	
15	冬妹村	者相镇	贞丰县	

注：课题组自行整理。

为更好地展开研究，本课题从生计资本、生计策略、社会保护、生计风险消减等维度来分析滇桂黔石漠化区的贫困现状。生计资本主要从自然资本、物质资本、人力资本、金融资本和社会文化资本五个方面进行分析；生计策略主要从收入来源、工资性收入占比等方面分析；社会保护主要是指新农合参保率、户均获得的救济金额；生计风险主要从自然灾害发生频率和其他意外风险发生情况进行分析。对于每种生计资本，还可以细分为多项指标。

从样本情况和结构来看，所调研314个样本中户主受教育程度情况为小学及以下63.69%、初中27.39%、高中8.28%、大专及以上0.96%，户主性别比例为男87.26%、女12.74%，民族分布为壮族14.01%、苗族22.93%、布依族25.16%、侗族14.97%、土家族6.05%、彝族5.10%、汉族7.96%、其他民族4.14%，年龄结构为18~25岁2.87%、26~30岁7.01%、31~35岁9.87%、36~40岁15.92%、41~45岁14.97%、46~50岁21.02%、51~55岁15.92%、56岁以上12.10%。按村分的户均年收入情况如图10-1所示。

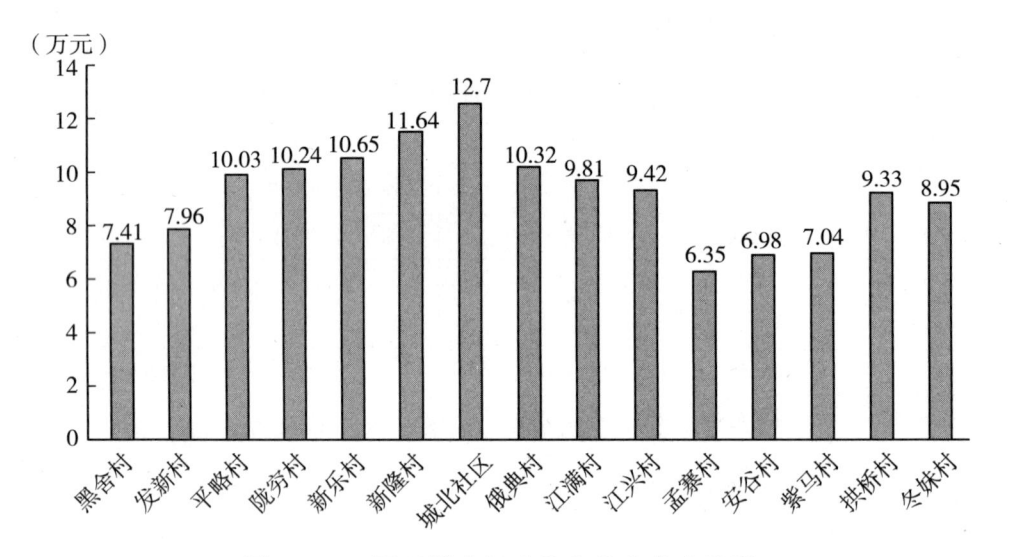

图10-1 调研样本村户均年收入分布情况

注：课题组调研整理，数据折算至2016年现值，已消除物价指数影响。

从生计资本禀赋情况看，把调研所得15个调研样本村314份数据中各项资本资产化核算成户均年产出（支出），可以了解到15个村样本农户的生计资本现状。折算后样本村生计资本户均均值情况如图10-2所示。每个村的户均生计资本分布情况如图10-3所示。

从图10-2和图10-3可见，样本村户均物质资本（包括房屋、家电、交通工具、其他耐用品等）所占的比例是最大的，而其最大值仅为9万元（8.96万元）左右，所位于的水平是极其低下的。样本村户均生计资本禀赋从多到少依次是物质资本、金融资本、人力资本、社会文化资本和自然资本，各项资本的均值依次为4.30万元、2.87万元、2.13万元、1.72万元、0.74万元。

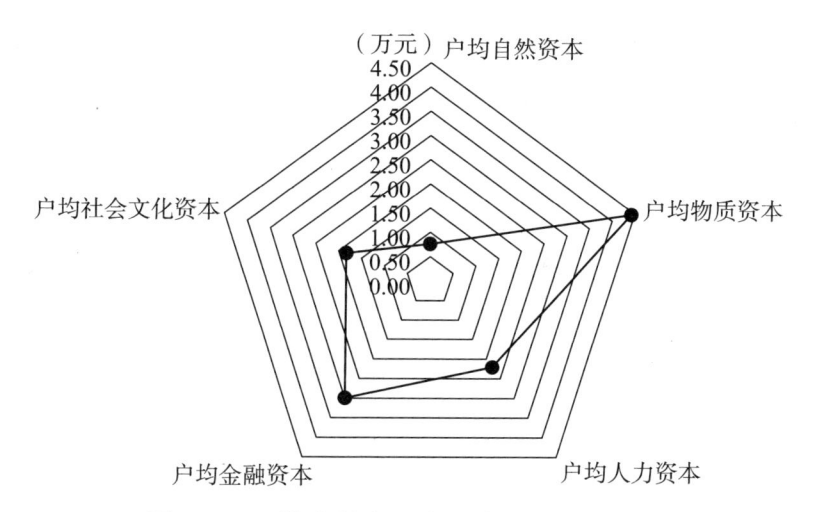

图 10-2　样本村生计资本户均均值雷达图

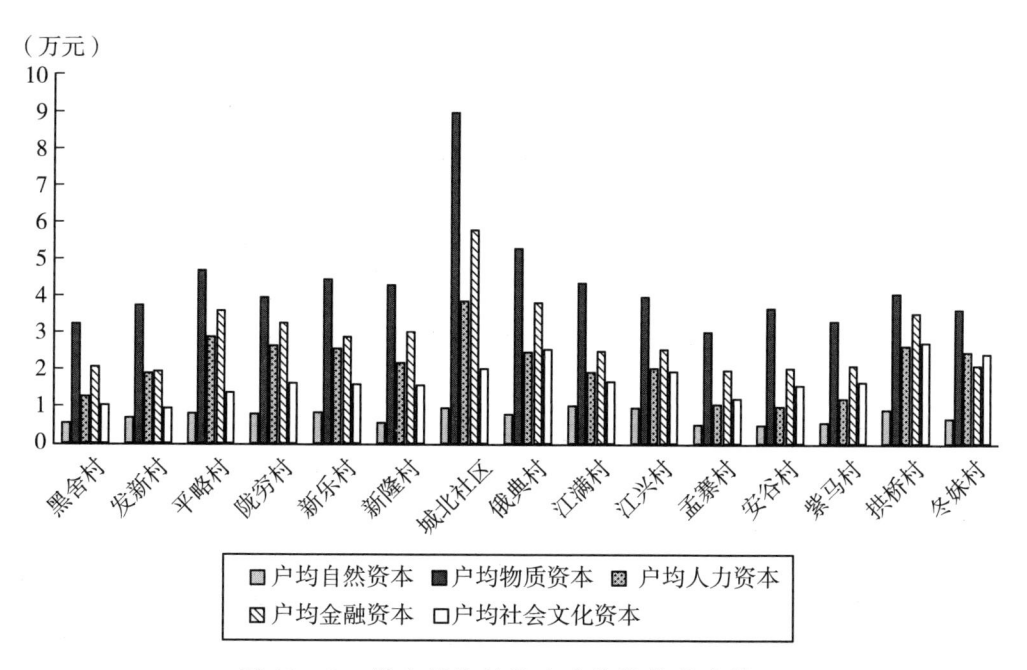

图 10-3　样本村生计资本户均均值分布情况

从生计策略来看，样本农户的收入来源主要有务工、养殖、种植、自给农业以及部分旅游服务业等。15 个村的收入来源及工资占收入比重的情况详见表 10-4。

表 10-4   样本村主要收入来源及工资占收入的比重分布情况

样本村寨	主要收入来源	工资性收入占比（%）
黑舍村	务工、务农	65.64
发新村	务工	88.75
平略村	务工、种植	55.41
陇穷村	务农、种植	13.82
新乐村	种植、养殖、务工	21.54
新隆村	养殖、种植、务工	18.26
城北社区	务工	89.3
俄典村	务工、务农	82.58
江满村	养殖、务工	44.39
江兴村	养殖、务工	56.23
孟寨村	务工、养殖	88.36
安谷村	养殖、务工	42.79
紫马村	养殖、务农	21.38
拱桥村	旅游服务、务农	23.47
冬妹村	种植、务农	28.95

从社会保护的角度看，样本村参加基本医疗保险的比例分别为黑舍村87.93%、发新村89.02%、平略村91.4%、陇穷村90.66%、新乐村91.57%、新隆村94.35%、城北社区93.62%、俄典村90.38%、江满村89.45%、江兴村87.67%、孟寨村89.71%、安谷村89.28%、紫马村87.64%、拱桥村91.79%、冬妹村87.43%。大多数农户还是参加了新型农村合作医疗保险和养老保险。处于特困状态的农户在参保上还需要进一步提升。另外，生产经营性保险参保率依然维持在极低的水平。

从生计风险和风险应对角度看，样本村主要面临的风险有灾害风险、市场风险、技术风险等。在众多风险中，对于从事农业经营性养殖、种植事业的农户受到的自然灾害影响很大。为应对这些风险，除了农户积极采取措施外，获得救济的资金也用在了风险应对上。样本村主要面临的自然风险以及获得的救济金额情况详见表 10-5。

表10-5　样本村面临的主要自然风险与户均获得救济金额情况

样本村寨	主要自然灾害	户均获得救济金额（万元）
黑舍村	旱灾、冰灾、瘟疫	0.92
发新村	旱灾、洪灾	0.97
平略村	洪灾、瘟疫	0.86
陇穷村	旱灾、瘟疫	0.91
新乐村	瘟疫、旱灾	1.33
新隆村	瘟疫	1.68
城北社区	瘟疫、其他	0.55
俄典村	旱灾	0.93
江满村	旱灾、冰灾、瘟疫	1.01
江兴村	旱灾、冰灾、瘟疫	0.94
孟寨村	旱灾、冰灾、瘟疫	0.97
安谷村	旱灾、冰灾、瘟疫	1.86
紫马村	旱灾、冰灾、瘟疫	1.49
拱桥村	旱灾、其他	1.63
冬妹村	旱灾、洪灾、瘟疫	1.32

第二节　滇桂黔石漠化区多维贫困测算

一、多维贫困指标体系构建

本节的研究数据来源于2015年的实地入户调查。根据多维贫困理论设计调查问卷，采用分层随机抽样选取了滇桂黔三省区15个村入户调查回收了314份有效数据，整理成研究样本。调研样本和数据分布详见表10-6。

表10-6　滇桂黔石漠化区调研实施情况

编号	村寨	调研乡镇	调研县市	所属省区	代号	样本
1	黑舍村	旧城镇	红河州泸西县	云南省	HS	18
2	发新村	老厂乡	曲靖市罗平县		FX	20

续表

编号	村寨	调研乡镇	调研县市	所属省区	代号	样本
3	平略村	作登乡	百色市田东县	广西壮族自治区	PL	23
4	陇穷村	作登乡	百色市田东县	广西壮族自治区	LQ	22
5	新乐村	平马镇	百色市田东县	广西壮族自治区	XL	19
6	新隆村	思林镇	百色市田东县	广西壮族自治区	XLG	20
7	城北社区	新郊区	河池市巴马县	广西壮族自治区	CB	18
8	俄典村	屯脚镇	兴仁县	贵州省	ED	21
9	江满村	莲城镇	晴隆县	贵州省	JM	25
10	江兴村	莲城镇	晴隆县	贵州省	JX	19
11	孟寨村	光照镇	晴隆县	贵州省	MZ	21
12	安谷村	安谷乡	晴隆县	贵州省	AG	25
13	紫马村	紫马乡	晴隆县	贵州省	ZM	21
14	拱桥村	则戎乡	兴义市	贵州省	GQ	19
15	冬妹村	者相镇	贞丰县	贵州省	DM	23

注：合计3省区，8县市，13乡镇15个村（社区），314份有效数据；为尽可能克服调研局限性，部分数据资料除来自调研外，还来自官方统计资料、官方报道及政府文件等。

以阿尔基尔－福斯特（Alkire－Foster）的多维贫困理论和方法为基础，[1] 从收入、教育、健康、生活水平和社会关系五个维度研究样本家庭的贫困状况。在样本数据中取2 855元作为人均年纯收入维度的标准来判断贫困临界值；[2] 教育维度包括户主受教育程度和家庭成员最高学历两项指标，户主文化水平在初中以下或家庭成员最高学历在高中以下，则家庭存在教育维度的贫困；健康维度中，若家庭成员中有人患有重大疾病或残疾，则存在健康维度的贫困；生活水平维度包括家庭资产状况、住房质量状况和燃料类型3方面指标，农户存在任何两方面的贫困则认为存在生活水平维度的贫困；社会关系维度中，当家庭有经济困难时，以是否有能够借到钱的亲朋好友来衡量，没有则被认为存在社会关系维度的贫困。[3] 具体情况详见表10－7。

---

[1] 多维贫困指数测算的理论模型参考第二章第一节。
[2] 国家扶贫标准为家庭年人均纯收入低于2 855元。
[3] 崔治文、徐芳、李昊源：《农户多维贫困及致贫机理研究——以甘肃省840份农户为例》，载《中国农业资源与区划》2015年第3期，第91～97页。

表10-7　　　　　贫困判断维度及被剥夺的临界值

维度	指标内容	临界值	均值	方差
收入	家庭年人均纯收入	人均纯收入低于2 855元,赋值为1	0.872	0.109
教育	户主受教育程度	户主的文化水平初中以下,赋值为1	0.725	0.197
教育	家庭成员最高学历	家庭成员最高学历高中以下,赋值为1	0.911	0.081
健康	家庭成员的身体健康状况	家庭成员中有人患有重大疾病或残疾,赋值为1	0.886	0.055
生活水平	家庭资产状况	家庭拥有的资产中电视、电话、摩托车、洗衣机、电冰箱、热水器、微波炉、电脑、空调、拖拉机或农用车、轿车的数量小于3,赋值为1	0.753	0.148
生活水平	住房质量状况	家庭住房为危房,赋值为1	0.874	0.023
生活水平	燃料类型	家庭燃料为柴草的,赋值为1	0.655	0.247
社会关系	是否有能借到钱的亲朋好友	家庭有困难时,无可借得钱的亲朋好友,赋值为1	0.819	0.094

二、滇桂黔石漠化区特殊类型贫困多维测度

通过对调查问卷的整理统计,得出样本家庭各维度贫困状况详见表10-8。

表10-8　　样本农户家庭各维度贫困情况与贫困维度数统计　　　单位:%

村寨	收入	教育		健康	生活水平			社会关系	K=0	K=1	K=2	K=3	K=4	K=5
		户主	家庭		资产	住房	燃料							
黑舍村(HS)	21.67	25.99	24.77	11.19	5.65	5.23	22.18	60.31	6.08	8.06	13.77	39.53	25.21	7.35
发新村(FX)	23.45	47.34	12.01	24.49	6.47	5.34	28.63	25.97	5.84	6.71	12.98	28.97	40.94	4.56
平略村(PL)	15.66	28.85	19.75	27.00	19.23	6.05	26.08	32.51	3.83	8.87	29.34	39.19	18.49	0.28
陇穷村(LQ)	20.38	46.79	29.48	27.44	17.11	31.37	13.48	61.51	3.50	8.37	19.19	24.08	41.99	2.87

续表

村寨	收入	教育		健康	生活水平			社会关系	K=0	K=1	K=2	K=3	K=4	K=5
		户主	家庭		资产	住房	燃料							
新乐村（XL）	9.51	25.01	28.40	22.91	6.43	6.59	7.86	55.44	4.49	10.00	10.05	38.47	36.97	0.02
新隆村（XLG）	12.70	13.93	49.12	24.44	5.86	19.87	23.64	29.06	8.50	9.18	23.21	14.06	44.04	1.01
城北社区（CB）	6.98	19.59	21.39	22.01	15.42	31.72	21.32	23.91	14.01	13.87	27.69	19.48	18.54	6.41
俄典村（ED）	21.94	30.32	20.66	18.59	11.72	32.99	18.91	58.24	7.25	17.78	11.00	14.36	43.70	5.91
江满村（JM）	14.52	21.12	32.93	18.75	16.18	12.54	23.80	53.74	5.50	12.38	26.42	34.49	19.12	2.09
江兴村（JX）	19.86	15.87	16.75	12.93	30.39	17.43	15.18	49.13	9.87	10.06	12.22	14.08	49.20	4.57
孟寨村（MZ）	23.10	46.15	44.99	23.10	18.29	20.08	14.99	41.66	7.44	13.96	16.59	33.01	20.00	9.00
安谷村（AG）	20.87	24.12	52.27	21.60	15.38	28.94	11.49	56.14	3.73	2.02	11.06	33.10	40.51	9.58
紫马村（ZM）	16.49	37.01	24.12	19.26	7.36	8.56	20.60	7.96	8.76	8.18	10.09	11.53	53.27	8.17
拱桥村（GQ）	18.51	32.03	20.99	19.22	8.56	24.35	15.70	43.71	5.21	10.76	14.96	19.17	36.42	13.48
冬妹村（DM）	13.64	40.65	50.37	21.21	25.75	21.23	20.01	40.12	4.82	10.12	10.38	32.25	41.99	0.44
全样本（ALL）	18.60	30.39	31.18	22.25	15.30	19.46	20.23	43.94	3.37	8.27	11.81	27.72	40.91	7.92

从表 10-8 中可以发现，在 314 个样本家庭中，不存在任何维度贫困的只占了 3.37%，而在五个维度都处于贫困的家庭占 7.92%，这说明总体上是贫困的，极度贫困的程度较深。从整个维度分布上来看，大多数家庭的贫困集中在 3~4 个维度，分别占了农户数量的 27.72% 和 40.91%，两者之和则高达 68.63%，说

明绝大多数的家庭是存在 3~4 维度贫困的,贫困水平处于深度贫困。而在 1~2 个维度存在贫困的比例分别为 8.27%、11.81%,两者之和为 20.08%,还是占了相当一部分比重,但是比 3~4 维度的家庭少了许多。从 0~5 个维度的分布情况看,整个样本的贫困维度分布是呈"缓增急降"曲线型的,可以用图 10-4 表示。

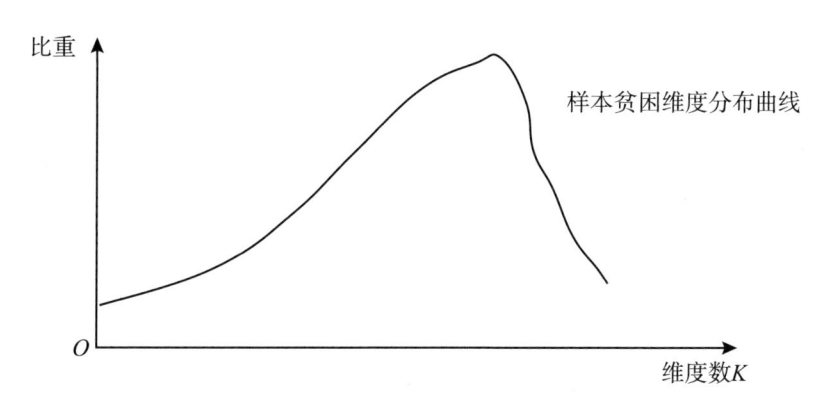

图 10-4 样本农户的多维贫困维度分布趋势线

从各维度的分布来看,总体上的顺序从低到高为资产 15.30%、收入 18.60%、住房 19.46%、燃料 20.23%、健康 22.25%、户主受教育程度 30.39%、家庭最高受教育程度 31.18%、社会关系 43.94%。说明在五个维度中,社会关系、家庭受教育程度和户主受教育程度是影响最大的因素,健康也是重要因素,相比较之下影响没有前三者强烈。因此在分析贫困的形成机理的时候,需要加强分析社会关系、教育的影响。

对于每个村而言,不同的维度又有不同的影响程度。黑舍村(HS)收入、户主受教育程度、家庭最高受教育程度、健康、资产、住房、燃料、社会关系这 8 个因素中的贫困影响值分别为 21.67%、25.99%、24.77%、11.19%、5.65%、5.23%、22.18%、60.31%。其中,影响最明显的是社会关系,说明该村地域偏远,贫困家庭缺少村级能人的带动,这成为贫困落后的重要因素,群众的自我发展能力有限,导致贫困具有较强的持续性。另外,户主受教育程度、家庭最高受教育程度和家庭用燃料也具有较大的贫困贡献,这是人力资本缺失的重要表现,因为没有受过很好的教育,民众自我发展和目光视野也受到了相应程度的限制。

发新村(FX)收入、户主受教育程度、家庭最高受教育程度、健康、资产、住房、燃料、社会关系这 8 个因素中的贫困影响值分别为 23.45%、47.34%、12.01%、24.49%、6.47%、5.34%、28.63%、25.97%。其中,影响最为明显的有户主受教育程度,但是家庭受教育程度的影响比户主受教育程度对贫困的影响还小,说明家庭越来越重视家庭成员的教育投资,大多数还是想通过读书来改变家庭的命运，这从一定程度上来讲是一种进步。对家庭贫困产生重要影响的因素还有家庭所用燃料、社会关系、健康和收入。发新村是一个施行易地搬迁扶贫的佃行村，全村586户2 426人，建档立卡贫困户87户327人，搬迁后的新村通过养殖和种植来维持生计，村里很多家已经安装上了沼气，但很多缺少家庭劳动力的就没有办法很好地享受沼气带来的好处，因此健康和清洁燃料缺失成为影响贫困的重要因素。

平略村（PL）、陇穷村（LQ）两个村贫困受到收入、户主受教育程度、家庭最高受教育程度、健康、资产、住房、燃料、社会关系这8个因素中的贫困影响值分别为15.66%、28.85%、19.75%、27.00%、19.23%、6.05%、26.08%、32.51%以及20.38%、46.79%、29.48%、27.44%、17.11%、31.37%、13.48%、61.51%。这两个村地理位置相近，都是大石山区中的贫困村，近几年的精准扶贫项目实施以来，两村主要种植的有芒果、火龙果，还培育了多家农村专业合作社。两村的贫困受到经济收入和住房的影响相对来说较小，但是存在一个共同的问题就是"卖难"的问题，组织化、市场化和专业化的水平不够，使得这里的新型农业经营主体竞争力不足，同时也因为很多配套的政策尚未完善，农户和新型主体都受到了相应的损失和风险。同时，社会关系成为重要的影响因素，这直接反映在火龙果和芒果的营销上面。关系网较宽的、有技术的农户，农产品经营受到的损失相对要小一些。同时，教育和健康缺失也是这两个村主要的贫困因素。

新乐村（XL）贫困受到收入、户主受教育程度、家庭最高受教育程度、健康、资产、住房、燃料、社会关系这8个因素影响的值分别为9.51%、25.01%、28.40%、22.91%、6.43%、6.59%、7.86%、55.44%。调研中发现，该村贫困户大多数为相对贫困，看到别的村种植以为能够赚到钱，但是没有看到谷贱伤农的风险，一窝蜂地跟着种芒果、火龙果，有的投入了很大的资产，结果亏损也大。这里测评的结果是社会关系的影响最大，其次是户主、家庭受教育程度和健康因素。调研和测评结果可以相互解释，因此需要注意，扶贫应该先扶"智"。

新隆村（XLG）贫困情况受到收入、户主受教育程度、家庭最高受教育程度、健康、资产、住房、燃料、社会关系这8个因素影响的值分别为12.70%、13.93%、49.12%、24.44%、5.86%、19.87%、23.64%、29.06%。其中影响最大的是健康因素，其次是社会关系和所用燃料。调研时发现，该村普遍有一种软骨病，这可能跟他们使用的燃料有关系，有可能是含氟元素过多，因此家庭成员的健康已成为一个重要的致贫因素。在这种情况下，精准扶贫应该把握每个村的具体情况，对症下药。

城北社区（CB）的贫困受到收入、户主受教育程度、家庭最高受教育程度、健康、资产、住房、燃料、社会关系这8个因素影响的值分别为6.98%、19.59%、

21.39%、22.01%、15.42%、31.72%、21.32%、23.91%。其中，影响最大的三个因素是住房、社会关系和家庭成员的健康。可能的解释就是，该村属于移民新村，农民被集中起来，住上了楼房，因此随之而来的相关消费增加了，同时庭院经济也受到了极大的损失，因此在开销增加的同时收入减少，这可能是该村村民们一个重要的感受。从社会关系来看，这个社区是移民社区，由于地域文化和社会适应等方面的因素无法很好地融入到城市社会中，这相当于降低了他们的社会资本。

俄典村（ED）贫困受到收入、户主受教育程度、家庭最高受教育程度、健康、资产、住房、燃料、社会关系这 8 个因素影响的值分别为 21.94%、30.32%、20.66%、18.59%、11.72%、32.99%、18.91%、58.24%。其中，影响最大的依然是社会关系，其次是住房和户主受教育程度。一方面，是因为该村大多数贫困家庭都具有相似的特征：外出打工—回家结婚生子—孩子继续外出打工，这样的模式将贫困进行了代际传递，一家如此，多家如此情况下社会资源和社会关系网是效率低下质量不佳的。另一方面，该村普遍缺少有文化的老年人，在思想和观念方面没有及时更新，因此陷入了贫困的恶性循环。这一点也说明要扶贫要先扶"志"。

江满村（JM）和江兴村（JX）的相似度较高，这两个村的贫困受到收入、户主受教育程度、家庭最高受教育程度、健康、资产、住房、燃料、社会关系这 8 个因素影响的值分别为 14.52%、21.12%、32.93%、18.75%、16.18%、12.54%、23.80%、53.74% 以及 19.86%、15.87%、16.75%、12.93%、30.39%、17.43%、15.18%、49.13%。这两个村是晴隆模式（种草养羊）的发源地，其贫困因素中影响最大的是社会关系，也就是社会资本。占重要影响因素的还有家庭成员受教育情况、家庭资产以及所用燃料。这两个村也稍有差别，比如在收入、资产和燃料使用方面有细微的差异，可能的解释就是村级能人的差异和政策试点导致的差异，两个村重点示范的应该是江满村，其在资源获取和建设方面有一定的优势。

孟寨村（MZ）的贫困受到收入、户主受教育程度、家庭最高受教育程度、健康、资产、住房、燃料、社会关系这 8 个因素影响的值分别为 23.10%、46.15%、44.99%、23.10%、18.29%、20.08%、14.99%、41.66%。其中影响最大的是教育，包含了户主受教育程度和家庭成员受教育程度。另外，社会关系也是一个重要的影响因素。调研时发现，孟寨村的村民其实非常勤劳，但是由于地域偏远，许多村民受教育的程度不高，都有一种感觉就是"吃了没有文化的亏"。也正因没有人能够顺利地走出村庄，到外面发展，所以大多数也只能留守山村，但是该村很重视下一代的教育问题，从小学阶段就开始抓起，老百姓坚信读书可以改变命运。

安谷村（AG）和紫马村（ZM）虽然地理位置相距不远，但是两个村的差别较大。两个村的贫困受到收入、户主受教育程度、家庭最高受教育程度、健康、资产、住房、燃料、社会关系这8个因素影响的值分别为20.87%、24.12%、52.27%、21.60%、15.38%、28.94%、11.49%、56.14%以及16.49%、37.01%、24.12%、19.26%、7.36%、8.56%、20.60%、7.96%。其中最大的差别就是在社会关系方面,因为紫马村有个能人在县城做官,总能够为家乡争取项目,尤其是在轮流扶持和基础设施修建方面,该村具有很大的优势,因此这个村的村民也都喜欢对外开发,有勇气去冒险。而安故村的情况似乎恰恰相反,更多处于保守的状态。另外,在资产的影响方面,紫马的影响也就相应的小很多,很多人确实脱贫致富了。但总体上而言,该地区的扶贫之路也正处于最艰难的时候,需要更多关心困难群众的发展问题。

拱桥村(GQ)具有优美的风景,是兴义市万峰林景区的区域,但是由于历史原因,该村的发展依然非常落后。该村的贫困受到收入、户主受教育程度、家庭最高受教育程度、健康、资产、住房、燃料、社会关系这8个因素影响的值分别为18.51%、32.03%、20.99%、19.22%、8.56%、24.35%、15.70%、43.71%。调研发现,该村大多数家庭处于艰难的转型之中,一方面要耕种粮食、种药材和养殖,另一方面都在寻找万峰林山地旅游发展的机会。山地旅游是该村一个很好的机遇,因此在扶贫实践中应该将这种机遇与贫困家庭的发展相结合,争取获得多重效应。

冬妹村(DM)和广西壮族自治区的平略村(PL)、陇穷村(LQ)情况略有相近。一方面,村民们被鼓励种植蔬菜、种植花椒以及药材等;另一方面由于市场体系构建不完善,经常出现"卖难"的问题。该村贫困受到收入、户主受教育程度、家庭最高受教育程度、健康、资产、住房、燃料、社会关系这8个因素影响的值分别为13.64%、40.65%、50.37%、21.21%、25.75%、21.23%、20.01%、40.12%。从数据中可以看出,教育、社会关系是冬妹村贫困的重要影响因素,这就进一步说明了教育和人力资本投资是十分必要的。

第三节 滇桂黔石漠化区特殊类型贫困的致贫机理

一、生态环境因素

(一)生态环境脆弱性加剧

滇桂黔石漠化区的生态环境脆弱,石漠化也导致滇桂黔三省的贫困程度进一步加深,而贫困化会反过来加速片区生态环境退化,同时自然灾害也恶化了滇桂黔石漠化区的生态环境,最终形成滇桂黔石漠"石漠化—贫困—石漠化—贫困"的恶性循环模式。

滇桂黔石漠化区的地表和地下形成的"二元三维"双层储水结构中地表水漏失较大,甚至达不到储水的功能;具有石生、旱生和喜钙特性的片区植被系统拥有较低的生物量,受干扰程度高,破坏后的修复能力差。同时2015年贵州出现季节性连续降雨11天,一年共降雨241天。当季节性的强降雨或是干旱等自然灾害发生的时候会叠加到脆弱的生态环境上,生态环境会进一步恶化。同时2015年贵州省中有86个县(市州)遭受过不同程度的地震、低温冷冻、风雹、干旱、滑坡、暴雨洪涝等自然灾害,部分地区甚至会重复受灾。2015年贵州省有594.55万人遭受自然灾害,其中有68人因灾死亡或失踪;有22.10万公顷的农作物受灾,其中2.93万公顷绝收;灾害导致的直接经济损失高达74.53亿元。[①] 而且滇桂黔石漠化区居民的生活方式简单,生产经营模式单一,教育程度相对落后,总体而言相对比较封闭,与外界沟通较少,外界先进技术和信息很难进入。对石漠化片区发生的自然灾害处理不当,片区居民的烧山放牧、毁林开荒和乱砍滥伐的行为均会对石漠化片区的生态环境造成破坏。滇桂黔石漠化区的自然灾害频繁、灾害强度大以及灾后恢复慢等特点会进一步促进片区生态环境恶化,加剧片区贫困。

(二) 生态与贫困和区域等问题叠加交错

多重问题交织是滇桂黔石漠化区域扶贫困难最重要的原因之一。滇桂黔石漠化区域中涉及区位问题、生态问题、文化问题等等。这些问题交织在一起,使扶贫政策落地困难,扶贫效率低,扶贫成果不尽如人意。滇桂黔区域所包含的区域广,也是少数民族种类和人口最多的片区,其中云南省内世居少数民族就有25个,其中15个是云南所特有的;贵州省中有17个世居少数民族;广西有世居少数民族11个。滇桂黔石漠化区域内各民族分布交错,有些地区是2、3个民族杂居,云南省域内甚至没有单一的民族地、县。与我国其他单一民族地区相比,滇桂黔地区贫困问题治理就显得较为特殊。此外,滇桂黔片区在地理位置上也较为特殊。滇桂黔片区同时还是边境地区,甚至还与境外居民同属于同一民族,其中云南省中有15个民族分别跨越中越边境、中老边境和中缅边境,各少数民族都保持着本民族的语言、服饰和文化习俗,彼此不容易被同化,治理起来更加困

---

① 央广网:《2015年贵州省594.55万人遭受自然灾害侵扰》,http://news.cnr.cn/native/city/20160107/t20160107_521065465.shtml,2016年1月7日。

难。此外，滇桂黔片区的生态环境也较为特殊。滇桂黔区域石漠化程度深，面积广，其中云南省文山壮族苗族自治州的石漠化面积为 10143 平方公里，占全洲岩溶面积的 71.1%，广西壮族自治区内岩溶面积占全区总面积的 35.2%。① 岩溶型地区的生态环境脆弱，极易形成石漠化，治理起来更是难上加难。

二、基础设施因素

（一）基础设施薄弱，贫困程度深

滇桂黔石漠化区国家扶贫开发工作重点县有 67 个，属于国家石漠化综合治理的重点县有 80 个，区域内的基础设施和公共设施不健全，对扶贫工作有威胁。滇桂黔石漠化区内贫困农户住房条件差，杈杈房、茅草房所占比例较高，甚至存在人畜混居现象。滇桂黔石漠化区的石漠化问题突出，片区内岩溶区域占总面积的 48.7%，有 11.1 万平方公里，其中石漠化区面积有 4.9 万平方公里，中度以上的高达 3.3 万平方公里，人均耕地面积较少，只有 0.99 亩。② 基础设施落后，水利和交通瓶颈制约严重。基本农田有效灌溉面积占比较少，仅有 27.8%。片区内农户饮水不安全，人畜饮水工程建设落后，其中，水利建设滞后，骨干水利工程及其配套设施明显不足，小微型水利设施严重缺乏，工程性缺水问题特别突出。③ 此外，交通主干网络不完善，榕江至三江、罗甸至乐业、富宁至那坡等省际交通路况不好，市（州区）际公路连通性差。县、乡际公路等级低、质量差，据统计，滇桂黔石漠化片区有不通沥青（水泥）路的乡镇和行政村，所占比例分别为 4.9% 和 65.6%，其中有 17.4% 的行政村不通公路。④

滇桂黔石漠化区的生态环境脆弱，土壤贫瘠，修复能力和承载能力低，而且片区农民人均纯收入低，2015 年滇桂黔三省分别为 6 314 元、9 467 元、7 014

---

① 云南日报：《文山壮族苗族自治州扶贫开发纪实》，https://www.yndaily.com/html/2015/yaowen-yunnan_1219/101462.html，2015 年 12 月 19 日。
② 国务院扶贫办、国家发展和改革委员会：《滇桂黔石漠化片区区域发展与扶贫攻坚规划（2011－2020 年）》，http://www.ndrc.gov.cn/zcfb/zcfbqt/201304/t20130425_538578.html，2012 年 7 月 12 日。
③ 曹威威：《海南西部干旱片区扶贫开发对策研究》，载《经济研究导刊》2015 年第 16 期，第 9~10 页。
④ 国务院扶贫办、国家发展和改革委员会：《滇桂黔石漠化片区区域发展与扶贫攻坚规划（2011－2020 年）》，http://www.ndrc.gov.cn/zcfb/zcfbqt/201304/t20130425_538578.html，2012 年 7 月 12 日。

元，远远低于国内 2014 年农民人均纯收入的 13 000 元；① 滇桂黔石漠化区贫困人口数量多，有较强的区域性和民族性特征，虽然片区内开展的扶贫工作已经达到一定效果，但是片区的贫困面广、贫困人数多、贫困程度深的局面仍然没有转变。

（二）特色优势资源开发利用与保护不足

自然资本是农户为了谋求生计拥有或所利用的土地、水、生物资源及生存环境，具体可分为可以再生的资源和不可以再生的资源两大类。自然资本是农民谋生、创造价值的重要资源。资源资本涉及土地、水、生物资源、空气资源、气候资源等，它是农户赖以生存和发展的基础资源。一般来说，资源富集的特困民族地区的土地、水资源、生物资源和生态环境资源等自然资本较为丰腴，而资源贫瘠的特困民族地区的自然资本则较为稀缺，而土地资源又是农户其他资源的基础，是农户赖以生存与获得发展的重要前提。土地包括数量、结构和质量三个方面，土地数量决定着农户的经营规模，土地结构决定着农户的经营模式，土地质量决定着农户经营的效率。但是滇桂黔石漠化区域中土地资源异常缺乏，是典型的石头多、耕地少地区，这也是其特困的原因之一。但是滇桂黔片区也蕴藏着丰富的特色资源。

滇桂黔片区动植物资源、旅游资源和矿产资源等非常丰富。滇桂黔矿产资源富集，锰、锑、铝土、锡、煤炭、磷、重晶石、铅锌、黄金等蕴藏丰富。广西壮族自治区和贵州省都属于亚热带季风气候，而云南省地处青藏高原的南延地带，兼有亚热带、热带、温带和寒带等多种气候类型，滇桂黔片区森林覆盖率高，约占 47.7%，而且植物资源丰富，只云南省内就有高等植物 1.8 万多种（全国近 3 万种），其中各种珍贵植物、材用树种（云南松、思茅松和云杉）、经济林木（茶叶、核桃、橡胶、板栗、柑橘、八角、咖啡、油桐、油茶和芒果等）、药用植物（三七、天麻、云茯苓、云木香、云黄连等）、香料植物（69 科 400 多种）和观赏植物（2 100 多种）等种类繁多，有着"植物王国"之称，是国内植物种类最多的省份。此外，滇桂黔片区还孕育了许多珍贵的动物资源，云南省纳入《中国昆虫名录》的昆虫有 1.6 万余种，鱼类有 5 科 40 属 249 种，还有许多珍稀动物野牛、滇金丝猴、长臂猿、穿山甲、绿孔雀等 200 种；② 贵州省野生动物资源也很丰富，而且滇桂黔片区风景名胜区数量众多，为全国之冠，旅游资源的开发

---

① 参见《贵州省统计年鉴（2016）》《云南省统计年鉴（2016）》《广西壮族自治区统计年鉴（2016）》《中国统计年鉴（2016）》。

② 云南省政府信息公开门户网站、云南省统计局官网：《云南省情——资源板块》，http://www.stats.yn.gov.cn/TJJMH_Model/newsview.aspx?id=3622960。

潜力很大。

　　滇桂黔片区主要是以高原、山地和丘陵为主，虽然滇桂黔片区特色资源丰富，但由于交通条件、基础设施以及生产技术等方面存在约束，使得资源利用不足或是资源开发利用水平低，县域经济薄弱。片区的特色资源的转化程度低，丰富的矿产资源和其他特色资源的优势没有发挥出来。片区的龙头企业、基地和农业合作社等都极少，产业链条不完整，先进基础设施配备缺乏，没有形成带动经济，对扶贫的助力发挥不出来。人均地区生产总值和人均地方一般财政预算收入都偏低。城镇化进程滞后，城镇化率低于全国平均水平25个百分点。滇桂黔交通条件落后，大量的资源不能走出去，或者是外运出去的成本高，招商引资困难，使得大量的特色资源不能充分的开发利用。同时滇桂黔片区基础设施落后，病虫害防治技术、机耕道和水利配套等基础设施匮乏，对农作物、水果产业的产量和质量有严重影响。此外，滇桂黔片区石头多，耕地少，农作物和水果或是其他草药的种植比较分散，群众种植技术和管理水平落后，加工企业少，种植成本和运输成本高，影响产业的规模。

三、产业与乡村发展因素

（一）人力资本薄弱，贫困的代际传递严重

　　人力资本是最具能动力的生计资本，因为只有人力资本才能操作和利用其他生计资本。农户的人力资本包括农户家庭劳动力的数量与质量两个方面，其中劳动力的质量主要包括年龄、受教育程度、掌握技能情况和健康状况等几个方面。人力资本状况直接关乎着农户贫困状况，直接来看，农户家庭人力资本的数量越多，质量越高，其抗贫困能力越强。但是滇桂黔片区人力资本还是比较薄弱，提升人力资本的文化素质对滇桂黔片区脱贫有十分重要的意义。

　　就农民受教育程度而言，滇桂黔片区居民处于一个非常低的水平。同时，由于滇桂黔片区特殊的经济因素或是地理环境等其他原因，导致大多数人因为经济困难、学校太远或者是家里缺乏劳动力等原因小学读完便辍学，其中经济困难是主要原因，也是首要原因，这会进一步导致滇桂黔片区贫困传递。近年来随着乡村小学入学人数的锐减，为减轻政府办学负担，纷纷实行撤销村办小学，合并到乡中心小学，这使得一些偏远的乡村距离学校太远，低年级小学生要上学只能实行父母陪读，高年级小学生只能实行寄宿住读，无形中大幅度地增加了学龄儿童家庭的经济负担。据统计，2015年广西壮族自治区6岁及以上受教育程度的构成中小学学历占31.20%，初中学历占41.10%，高中（含高职）学历占13.65%，

大专及以上占 9.21%。① 高等教育学历的所占比例极低，受教育程度普遍偏低，而且比例结构不协调。我国虽然实行了学杂费减免，但是实践中由于滇桂黔片区特殊的地理原因会出现陪读或住读等情况，使得农村居民负担有增无减。同时，在人口负担方面，滇桂黔片区的劳动力比较匮乏。《贵州统计年鉴》的数据显示，贵州省全省中主要劳动力平均需要负担的人数不到两人，只有 1.70 人。同时滇桂黔片区居民掌握的技术主要是靠原有经验和试错检验获取的，在以前实践中效果较为明显，但是在扶贫攻坚中，由于滇桂黔片区当地居民文化水平较低以及技术本身的难度较高，会使生产和种植存在较大的风险和成本，使扶贫难度加大。

此外，教育也会导致家庭贫困。据统计，在贵州省内建档立卡的贫困家庭有 2 375 638 户，其中因学致贫占比 3.82%，有 90 728 户。从贫困人口层面来看，贵州全省在 7 396 657 位贫困人口中有 369 503 人因学致贫，占贫困人口的 5.00%。此外，比较突出的是滇桂黔石漠化区农户所需掌握的相关技术缺乏。其中贵州省有 20.56% 的家庭是因此致贫，占贫困人口的 23.11%，共有 488 507 户。另外一个重要的原因是缺乏发展动力，其占全省贫困人口的 3.19%。② 而且滇桂黔石漠化区自我发展能力不足，社会事业发展相对滞后，片区的人均教育、卫生、社会保障和就业三项支出相对较低，医疗卫生条件也较差，村庄卫生服务能力不足；片区九年义务教育师资力量差，文化技能教育培训水平低，劳动力素质整体偏低，干部群众市场意识淡薄，科技对片区经济发展贡献率低，农户生产经营方式也较为落后。由于滇桂黔片区的一些学校布局调整，撤销或合并部分教学点，使得教师教学负担过重，影响教学质量。而且少数民族干部后备力量不足，通过考试进入公务员、教师队伍等事业单位的少数民族考生数量较少。③ 由于滇桂黔片区生活条件艰苦，优秀人才不愿来，或者是来了就走，使得片区中各民族县、乡普遍存在教师、医疗、农林牧科技人员缺乏现象，人力资本薄弱。

（二）特殊类型贫困具有较明显的持续性

片区生态环境极其脆弱，对片区经济发展有很强的抑制作用。以云南省为例，云南省全省有 85 个特殊类型贫困县，其中属于石漠化片区的有 10 个，均被列入国家扶贫开发重点县中。国家级贫困县中 12.3% 属于石漠化地区，贫困人口

---

① 参见《贵州省统计年鉴 2016》。
② 王佳珊：《贵州省农村贫困测评及其影响因素分析》，贵州财经大学 2016 年硕士学位论文，第 22 页。
③ 许丹婷：《不让一个民族掉队》，载《广西日报》2016 年 4 月 14 日第 1 版。

中约 13.7% 分布在石漠化片区。大量的石漠化地区陷入"越贫越垦，越垦越贫"的恶性循环局面。① 而且滇桂黔石漠化区的产业结构单一，生态环境退化严重，滇桂黔石漠化区常常要面对生态退化、石漠化治理反复的相互交织牵绊的局面，导致片区的贫困问题持续。

此外，滇桂黔石漠化区的各类实用性人才匮乏，群众整体的文化、技术等综合素质偏低，会阻碍滇桂黔石漠化区的综合扶贫治理。所以滇桂黔石漠化片区扶贫的举措之一是让片区中的贫困者有机会、有能力从扶贫项目中脱贫，甚至是致富。滇桂黔石漠化区中贫困人口主要存在两类：一类是弱势群体，鳏寡孤独、老弱病残的人；二是文化水平偏下、思想观念陈旧的农民。这两类贫困人群很难摆脱贫困，或者是短期摆脱贫困后又会出现贫困反复现象，其原因主要有：①由于第一类弱势人群没有劳动能力，缺乏生存技能，很难从扶贫政策中获得生活来源，只能获得一些少量的补助，导致这类人一直处于贫困中；②滇桂黔石漠化区的农户综合素质普遍偏低，地理位置和经济发展也限制了这类人获取信息的能力，或者获取信息真实度较低，对于扶贫过程中自身的参与权、知情权和申诉权等基本权利都没有得到维护。而这一部分的贫困人口又比较多，就贵州省而言，在精准扶贫信息平台上公布的数据中 2015 年贵州省贫困人口的建档立卡中文化程度在初中以下的比重高达 95.35%；③片区的乡村道路、网络通信、水利工程等基础设施不健全，农民的基本生活受到影响。而且大多数贫困农民的社会经济活动和政治经济活动的经验比较少，不能使获得的扶贫资金及时精准有效地发挥其价值；④扶贫工作最终的落脚点是贫困户，而贫困户缺乏扶贫治理过程中所扶持的项目实施和过程管理的执行能力，甚至之间会存在断层，导致扶贫没有达到效果。因此，滇桂黔石漠化区贫困问题严重，持续性较为明显。

根据以上分析，滇桂黔石漠化区致贫机理可以大致梳理如下：在生态环境、基础设施、乡村产业、公共服务等多个因素的影响下，许多家庭因为受教育程度不够高，因此在人力资本上陷入了"能力贫困"，其贫困容易产生恶性循环和代际传递，同时也影响了贫困群体的社会资本；贫困具有极度脆弱性，尤其是在精准扶贫过程中，表现得比较明显的是有了产业但是没有销路，与产业配套的市场体系没有构建完善，因此极容易出现"卖难"的问题以及"谷贱伤农"的困境；家庭成员的健康、收入、资产是影响贫困的重要因素，但是相对于"智贫"和"志贫"，其影响力并不一定就能够很明显地体现，因此课题组认为，在分析特殊

---

① 曾晓赢：《滇桂黔石漠化片区地方政府合作扶贫开发问题研究》，西南大学 2014 年硕士学位论文，第 23 页。

类型贫困的时候可以大胆引入"扶贫先扶'智'"以及"扶贫先扶'志'"的观点。具体贫困形成机理大致可以表达如图 10-5 所示。

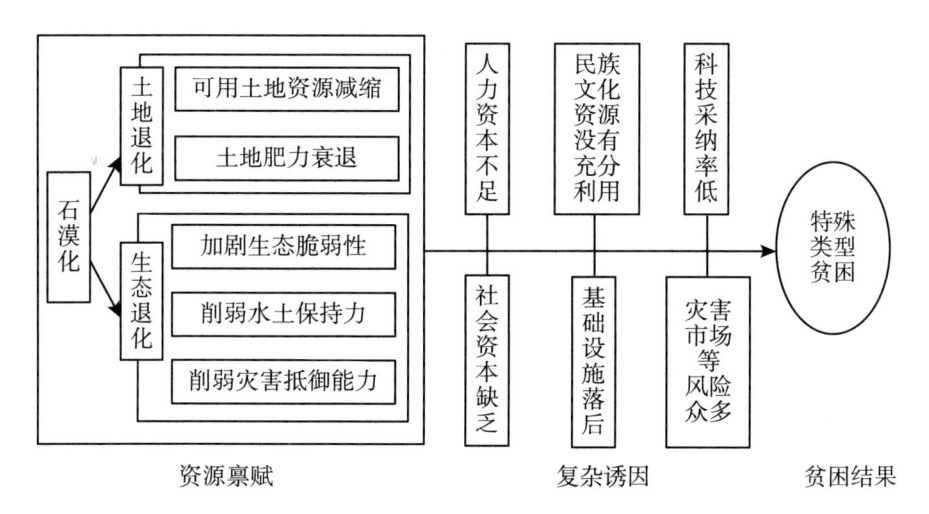

图 10-5　滇桂黔石漠化区特殊类型贫困的形成机理

第十一章

滇桂黔石漠化区特殊类型贫困的减贫模式与绩效评价

第一节 滇桂黔石漠化区特殊类型贫困脱贫攻坚的顶层架构

一、粗放型反贫困实践中的制度反思

(一) 粗放型反贫困制度对特殊区域的特殊贫困失效

区域经济社会的发展速度和发展水平在少数民族地区发挥着基础性作用。比如处于山区或丘陵地区的滇桂黔石漠化区，由于长期受到历史、地理、自然条件和其他因素的影响，经济发展速度缓慢，以农业为主，工业发展水平较发达地区相对落后。为了尽早解决滇桂黔石漠化区的人口温饱问题，并使得该地区能够依靠自身优势达到脱贫，中央政府和地方财政部门投入了大量的扶贫资金来加大滇桂黔石漠化区的扶贫力度。但由于滇桂黔石漠化区市场主体创新意识不够，市场经济意识迟迟不能树立，要实现政策在滇桂黔石漠化区的有效实行，就必须在管理上有所保障，特别是在创新意识、市场意识、科技意识方面，完全确保在滇桂

黔石漠化区的扶贫开发项目运作的系统化、制度化、规范化等。

(二) 扶贫 "不扶贫" 现象仍时有发生

扶贫对象的偏离是滇桂黔石漠化区乃至全国地区都一直难以解决的问题,而且扶贫对象的偏离具有多层次性。首先政府对滇桂黔石漠化区贫困群体的识别存在偏差,虽然石漠化区每个村庄的扶贫对象相对于县级扶贫对象的精确度有所提高,但是由于有较多的贫困村被排除在外,没有纳入石漠化地区的扶贫范围,这种现象主要是因为缺乏统一的国家级统计资料,缺乏简单易于操作的贫困村识别办法和监督管理机制。其次在滇桂黔石漠化区的扶贫政策中,每个具体的扶贫模式都存在着扶贫对象的偏离问题,这在整村推进扶贫模式、产业化扶贫模式、劳动力转移培训扶贫模式、以工代赈扶贫模式、小额信贷扶贫模式、移民搬迁扶贫模式以及科技扶贫模式中或多或少存在,因此导致传统扶贫工作精准度不高。

(三) 滇桂黔石漠化区扶贫投入的边际效益递减规律渐愈明显

自改革开放以来,中央政府先后实施了多种扶贫政策以解决滇桂黔石漠化区和少数民族地区的贫困问题,比如国务院在 2001 年发布了《中国农村扶贫开发纲要 (2001 - 2010 年)》、在 2011 年发布了《中国农村扶贫开发纲要 (2011 - 2020 年)》。在诸多政策作用下,我国滇桂黔石漠化区的扶贫开发工作取得了重大进展,扶贫事业卓有成效。滇桂黔石漠化区的贫困人口大幅度减少,少数民族群众的收入水平逐渐提高,但我国仍需继续保障该石漠化地区人民的最低生活水平,继续努力探索出一条符合中国国情的滇桂黔石漠化区扶贫脱贫道路,使得经济发展和社会和谐在整个滇桂黔地区扶贫脱贫中占据重要的主导地位,同时也为整个中国少数民族贫困地区扶贫脱贫事业的发展做出了巨大贡献。

但是滇桂黔石漠化区的贫困是一种综合型贫困模式,是收入、知识、精神和信息等多种贫困的综合体现。尽管中央政府及滇桂黔三个特困民族地区的政府为了消除贫困拟定了各种切实可行的政策,并且相应地都取得了可观的成果,但是对于复杂多变、综合以及特殊的特困民族地区的贫困,中央政府及滇桂黔石漠化区地方政府扶贫政策供给仍然不足。此外,滇桂黔三省区总体扶贫增速也低于中国财政总收支的增速。具体到扶贫方式的评估中,资金方面的短缺已经成为限制加大滇桂黔石漠化区扶贫效果的主要阻碍。资金的限制性也加大了滇桂黔石漠化区扶贫资源的稀缺性,常常会偏离扶贫对象。

(四) 扶贫措施的执行与扶贫政策的顶层设计预期差距较大

在我国滇桂黔石漠化区的众多扶贫机构中,缺少专门监督扶贫工作的相关单位,而外部监管也无法展开实施,造成贫困地区的扶贫措施存在执行力度不够、扶贫专项资金的使用和扶贫单位的工作绩效缺乏相应监督和治理等一系列问题。再加上滇桂黔石漠化区的扶贫机构并没有采用钱事分离的现代化的管理制度,这就使得实际操作中扶贫资源不断漏出。而且在滇桂黔石漠化区,基数比较大,少数民族贫困地区分布比较多,导致这些地区实施扶贫政策的成本不断增加,相应的扶贫效率必定会下降。

(五) 应对特殊贫困的持续性和动态性路径尚不明确

虽然滇桂黔石漠化区和少数民族地区等多重矛盾相互交织的特殊地区大体上消除了绝对贫困,但是动态贫困仍然存在。因此滇桂黔石漠化区需要一套完整的"安全网",应对石漠化区的动态贫困,需要构建相应的社会救助、社会服务体系来巩固扶贫成果。我国滇桂黔石漠化区社会服务的制度尚不健全,尤其是对贫困片区,没有一套完整的社会保障体系。一方面是新型农业经营主体发展迟缓,土地林地流转不及时,土地林地的保障功能尚不能充分发挥。另一方面是现有的保障措施难以确保扶贫对象长期保持在贫困线以上水平,极易出现阶段性的贫困和持续性的贫困(如图11-1所示)。

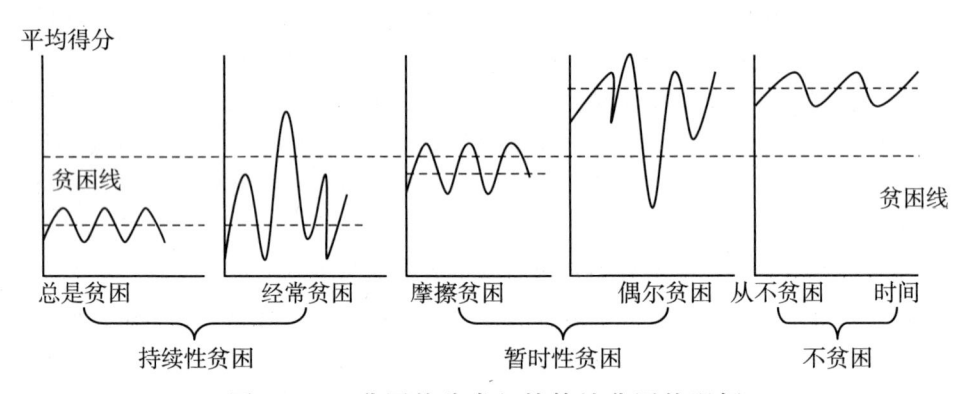

图11-1 贫困的分类与持续性贫困的理解

注:平均得分是根据可获得的家庭消费、收入、财产等资料进行综合评估取得的。
资料来源:Chronic Poverty Research Center(2004)。

(六) 劳动力人口就业情况与扶贫政策预期差距悬殊

我国多年的扶贫开发项目虽然取得了出众的成绩,但是很多领域还未达到国家要求的水准,比如劳动力人口的就业情况,特别是在滇桂黔石漠化严重的地区,国家实行的反贫困政策的推行并不能够实现贫困劳动力人群的有效就业。一是对贫困人口再就业培训工程实施的规模很小，覆盖面也比较窄，再加上当地政府以及下面的附属单位等总体的投入力度不足，所以很难保证滇桂黔石漠化区所有的贫困劳动力人口得到培训机会；二是享受国家政策的对象略显单一且缺乏针对性。市、县级的劳动人口获得培训机会多一些，就业情况也会好一些，对于特别贫困的石漠化山区，贫困农民想要得到机会比较困难；三是在对石漠化地区进行培训增加就业机会的同时，领导部门呈现出的状态则是多头管理、各自为政，他们仅仅是为了完成上级的任务，而没有考虑到整个石漠化地区人口的具体状况，培训过程及其质量控制与评估难，难以达到真正的效果，所以劳动力人口的劳动技能还是停留在自然经济之上，并没有一技之长，有效就业表现出越来越难的局面，更多的人在就业机会中被排斥出去。

二、现阶段滇桂黔石漠化区精准扶贫的顶层设计与地方规划

第一个100年——2020年全面建成小康社会的目标在即，攻坚进度与质量控制极为关键。在众多特殊类型贫困地区中，若以贫困面积、贫困范围、贫困程度三者加以衡量，滇桂黔石漠化区为其最典型的代表。滇桂黔的发展与全国各地能否共同分享改革发展的成果，能否促进西部大开发战略的深入开展，能否有效推进区域协调发展，能否使国家的总体战略目标快速实现等密切相关。另外，该区的扶贫开发也影响"边、少"地区的繁荣、团结，其稳定与和谐是国家经济发展提高的必要条件。将生态恶劣地区的环境承载力进一步提高，既是科学的也是可持续的，且对于我国同东南亚地区的对外合作与交流更是积极有益的。

（一）滇桂黔石漠化区脱贫攻坚的基本原则

为使该区的扶贫攻坚指导思想得到进一步贯彻落实，国务院扶贫办提出了一系列基本原则，为使扶贫进程得以有效推进：

第一，区域发展和扶贫攻坚结合。该区的扶贫开发需先促进区域经济发展，再反过来利用经济的发展提高扶贫开发水平，实现双赢。同时不能忽视政府的引导作用，通过政府带头，对"经济洼地"的贫困群体开展精准扶持，将发展和改革的成果与全国人民共同分享，加快全面小康宏伟蓝图的实现。

第二，区域发展和保护生态结合。由于独特的地理环境导致滇桂黔石漠化区成为顽固性贫困，其生态环境的脆弱性，决定了必须优先利用现有资源发展优势产业，构建资源型深加工产业链，且以当地现有资源环境的承载力为基础，建成特色的产业园区，形成集约化、可持续的发展模式，通过资源利用率的提高、产业结构和空间布局的优化，使生态、经济发展相结合，形成经济的良性循环。

第三，区域发展和改革开放结合。历史经验证明，引领国家经济发展的长效机制毫无疑问是改革开放，若将区域发展的政策方针中加入改革开放，这将会为脱贫攻坚之战增添强大动力。为对外开放水平的进一步提高，实现各区域的优势互补与协作发展，积极打造新的扶贫格局。

第四，国家支持和自力更生结合。政府的扶持是地区经济社会快速发展的必要条件，为使滇桂黔等特殊类型贫困地区的贫困现状得以改善，必须以国家的引导和支持为前提，加大财政金融的投入及相应政策法规的支撑，综合各类的社会资源，大力呼吁广大的干部群众，为推进扶贫开发与区域发展献出一份力量。同时，对教育扶贫力度加大，大力培养人才，为贫困地区及群众的发展提供内源动力。

（二）滇桂黔石漠化区贫困的特殊战略定位

滇桂黔石漠化区具有独特优势，即其特殊的自然环境与资源禀赋。故国务院扶贫办在《石漠化区区域发展与扶贫攻坚规划》中，对当地的战略进行明确定位：

滇桂黔石漠化区必须将扶贫攻坚与石漠化治理两手一起抓。该区域发展的首要难题为恶劣的地理环境。从对人口数量的控制着手，推进当地的生态移民搬迁工程开展，同时引导农户多途径创收，从区域基础设施的建设、资源开发利用率的提高、人力资源开发水平的强化。使生态恢复与扶贫开发进一步结合，退耕还林还草、因地制宜发展生态农林业，使石漠化区的贫困症结得以解决。

滇桂黔应凭借十分丰富的能源和矿产资源成为重点深加工基地。该区资源丰富，蕴藏锰、黄金、铝土、铅锌、锡、磷、煤炭、锑、重晶石等，但开发利用率较低，难以有效地把资源优势转化成经济优势。所以，在扶贫开发工作中，需以当地生态承载力为前提，大力发展精深加工产业，使水电、有色金属、煤电等产业链条有序推进，提高对其资源的转化率和利用率，将使该地区成为我国能源和矿产资源的重要深加工产业基地。

滇桂黔地区应利用自身独特风情成为闻名世界的文化旅游胜地和喀斯特景观。该区域具有十分典型的高原山地地形，且广泛分布着碳酸盐类岩石，又由于亚热带湿润季风气候，年降水量丰富，对可溶性岩石不断冲刷、溶蚀造成了独特的喀斯特地貌，在世界上也是典型代表。再加上该区域地处云南、广西、贵州三省区的交界处，有瑶、布依、壮、苗、侗等14个少数民族，深厚的民族文化底蕴、浓郁的民俗风情，是少数民族非物质文化遗产中不可多得的聚集区。以此为基础，充分利用当地民族文化的特有风情与独特地貌特征促进生态旅游业的大力发展，探索将旅游与特色文化相结合的发展模式，将该地区打造成国际闻名的休闲度假胜地。同时，该区域位于边境地区，同越南相接壤，以稳定边境为前提，推进兴边富民政策实行，大力推动对外经济协作和沿边开放，早日实现脱贫致富。

滇桂黔地区借助独特地理位置成为珠江流域的生态安全屏障。该区域地跨珠江、红河及长江流域，该区域生态环境的平衡是以珠江流域安全生态屏障为基本前提。故急需对水土采取综合治理，并大规模的建立重点生态工程，如进行防护林建设，以实现石漠化区生态系统的快速恢复。

（三）特殊类型反贫困的目标

2012年7月，国务院扶贫办对外发布《滇桂黔石漠化片区区域发展与扶贫攻坚规划（2011－2020年）》。在该规划中，对滇桂黔石漠化区制定了详细的分阶段发展目标。

第一阶段目标，即到2015年，第一步，优化升级其产业结构，加快当地特色优势产业的发展，例如能源和资源进一步精加工，延伸其产业链条。第二步，使该区域基础设施落后局面得以改善，加大财政性支持，使水利、交通设施日趋完善，打破其发展瓶颈。再有，对区域公共服务事业加大力度发展，对于科技和教育加大投入，大力发挥人力资源优势，利用科技和人才彻底改变滇桂黔地区的贫困模式。第三步，对当地石漠化进行综合治理，以期改善当地生态环境，使环境承载力进一步提升。当一些基本面得以提升和改善后，为实现该地贫困范围的缩小、竞争实力的增强、人民生活满意度的提高打下基础，更为全面小康的实现奠定了基础。

第二阶段目标，即到2020年，保障民生，在于使扶贫对象的温饱问题得到圆满解决，在于基础的义务教育、基本的住房权利与医疗救助得以保证。对于该地基础建设，迫切需要加以改善，使其与经济社会发展同步，使现代产业结构体系加快建成，使经济发展的又快又好。对于生态环境，必须从根源着手，解决石漠化问题，使群众拥有优质的生活环境与质量。对于对外合作，加快区域经济发展，实现各民族、各边境地区的共同繁荣，使民族进一步融合，对外开放进一步深化，让该区人民早日共享改革开放的丰厚果实。

（四）目标落实与地方规划

1. 云南省实施规划

《中共中央、国务院关于打赢脱贫攻坚战的决定》中的战略部署是从根源上解决该区的贫困问题，要坚决落实。2015年12月28日，云南省政府发布了一项决定，特意对扶贫攻坚战略的重大意义、目标任务与总体要求进行阐述，并对该区中的云南片区制定了具体扶贫开发规划,从精准脱贫、脱贫政策体系、区域整体扶贫、脱贫组织领导保障规划等方面进行详细论述。①

首先,在精准脱贫规划中,云南省政府对此特意提出八项任务,分别为:易地搬迁、生产、转移就业、生态保护、医疗保险与救助、教育、资产收益和低保托底脱贫。一是易地搬迁脱贫,对区域内贫困地区进行生态修复和危房改造,贫困户迁出至安置的新村,并完善基础设施、基本公共服务,使迁出群众的生产生活得到保障。二是在片区内,生产脱贫是指发展和制定特色产业,将区域特征与资源禀赋相结合,因地制宜地开展农副产品加工业、多种种养业与传统手工业相复合的发展模式,并依托科技力量,建设一批现代化产业园区,大力发挥龙头企业示范带动作用,使新兴产业进一步发展。进行产业链延伸,通过农产品的精加工和与深加工,使农产品产量与产值实现双增长,利用现代互联网技术,有力地推广和营销产品,使农产品与电商结合,开启新模式。三是转移就业脱贫,贫困地区群众通过再教育获得新的劳动技能,可以更好地到经济发展较好地区进行就业,利用技能培训、政策信息咨询、就业指导平台,通过政府的专项财政资金投入,进行创业教育,为群众提供创业咨询、孵化服务,提供贷款及税收优惠。四是生态保护脱贫,旨在对多个重点生态工程进行建设,如治理石漠化、退耕还草还林、建设防护林等,使贫困区域内的恶劣自然生态环境逐渐修复,并对生态资金的使用方式加以创新,雇用当地劳动力作为生态工程建设人员,使就业和生态保护都得以妥善解决。五是医疗保险与救助脱贫,指提供基本的医疗保险和救助服务,并补贴基本医疗保险,某种程度上,使贫困地区的人民可以更好地享受医保及救助,并建立该区域的医疗卫生队伍。六是教育脱贫,拨付财政教育专款到贫困地区,使该区域的教育状况改善,使人力资源水平进一步提高,引进师资队伍后将教育水平与办学质量进一步提升,对学校加强建设,资助困难家庭,使学龄儿童能更多地接受平等的教育。七是资产收益脱贫,致力于改革产权制度,抵押贷款途径更多样化,并号召贫困群众进行投资入股,以获得分红收益等。八是低保托底脱贫,特指对没有劳动能力的贫困户落实最低生活保障政策,使其基本生活得以保证,并执行养老保险制度,将救助水平进一步提高。

其次,中共云南省委、云南省政府针对整体扶贫规划提出多项要求,旨在推进区域更好建设。即推进美丽乡村、农村能源、交通、互联网、水利建设、公共服务体系建设、少数民族整族帮扶建设、革命老区建设、整乡整村建设、兴边富

---

① 中共云南省委、云南省人民政府:《关于深入贯彻落实党中央国务院脱贫攻坚重大战略部署的决定》,http://ylxf.yn.gov.cn/Html/News/2015/12/31/132194.html,2015年12月28日。

民建设。又分具体方面制定规划，如基础设施、民族文化、生态环境、历史文化和边境繁荣，为了该区域早日实现全面的扶贫脱贫。具体措施有：通过高速公路和乡村公路的修建，使区域路网进一步完善，真正做到村村相通；推进水源工程的大力建设，使区域水网尽快建成，有利于吃水、用水难问题的解决；利用互联网扶贫，特色农业与电商结合，引入各大电商，为农村业务对外销售创造更多更好平台；农村区域电网建设、升级，使供电能力更大、质量更优，加大财政支持，使电网建设更快更好，对电价进行补贴，使农民都舍得用电；使公共服务水平提高，使基础教育和医疗水平有所保障；对危房进行改造，把贫困乡村建设成美丽的生态宜居乡村；利用经验帮扶使各区域各民族实现共同脱贫，使多民族关系更具稳定性，形成繁荣的新局面；利用革命老区的特色历史文化进行再建设，大力发展文化旅游产业，进一步对外开放，使困难群众的生活条件大大改善，使沿边地区的整体经济大力发展。

再其次，政府通过对财政投入、科技人才支持、金融扶持、行业扶贫资金投入等力度加大，积极倡导社会力量参与扶贫开发工作，号召群众搭建服务平台，专为贫困地区人口服务，实行精准脱贫动态管理并对扶贫专项资金实行精确管理监督，使脱贫政策进一步体系化。

最后，中共云南省委、云南省政府特意从强化责任、营造氛围、队伍建设、严格考核、基层基础、群众主体六方面对组织领导工作进行强调。

2. 广西壮族自治区实施规划

在2015年8月22日的石漠化工作推进会上，广西壮族自治区人民政府对扶贫开发工作提出了最新的总体要求、具体规划，以期在未来工作中彻底解决问题。①

首先，响应习近平总书记的重要指示，针对广西扶贫工作，自治区人民政府对精准扶贫的扎实推进提出总体要求。一是要强化组织保障。建立扶贫开发的领导小组，实现领导直接与片区联系，利用定点帮扶，专门在重点片区设立相应的扶贫机构，进一步使扶贫队伍建设好。二是要完善政策体系。建立扶贫绩效考评制度，规定硬性规定（如财政扶贫的投入比例、结余存量等），建立金融扶贫机制。还有出台激励政策鼓励民营企业对扶贫开发工作提供资本支持，区域内产业通过投资扶持或吸收贫困户入股的方式，使农民增收，摆脱贫困。三是要健全精准机制。精准机制表现在识别、帮扶、考核三方面。精准识别：识别处于贫困线之下的群众，为所有贫困户建立档案，知其所缺，补其所需；精准帮扶：在扶

---

① 中华人民共和国水利部：《广西壮族自治区人民政府在滇桂黔石漠化片区区域发展与扶贫攻坚推进会上的发言》，http：//www.mwr.gov.cn/ztpd/2015ztbd/pqsmh/jlfy/201510/t20151012_723418.html，2015年8月22日。

政策实施、扶贫工作开展时,仅针对特定的贫困户扶持,做到精准,帮助其彻底脱贫;精准考核:对于区域内的各级领导干部,考评其扶贫绩效,并将考核结果同年度综合考评挂钩。四是要充足的资金支持。采用预算方式,保障贫困片区的扶贫专项资金充足,不会出现资金短缺现象,使区域扶贫开发稳步推进,较上年扶贫投入更有效。

其次,应对精准扶贫的总体要求,广西壮族自治区人民政府制定详细规划,使广西地区扶贫开发工作重点推进。一是要跟踪片区规划实施进度。为配合扶贫攻坚工作中的任务目标实现,在本区域内,已开展的各项基建、重点项目及对各项目的累计投资额进行梳理。二是要健全区域协调机制。在扶贫过程中,滇桂黔三省区携手建立会议制度,对于石漠化的治理采用协作方法。三是要实施生态移民工程、水网和路网基础设施建设工程、教育扶贫工程、兴边富民行动等,从而改善区域发展条件。四是要加快产业的发展速度。五是要综合治理该区的石漠化。需采取以下措施:退耕还林还草、生态防护林、防风固沙工程等,通过区域内林草覆盖率的提高来治理石漠化。

最后,广西壮族自治区人民政府为了实现到2020年农村全面脱贫的目标,从领导小组、专项文件、产业发展三个大方面着手,进一步加大扶贫开发力度。一是组建领导小组。选一批领导干部进行集中办公,在精准识别的基础上推进精准扶贫、脱贫。利用干部驻村帮户方式,将扶贫绩效与其工作绩效相挂钩。二是出台专项文件,如基础建设扶贫、生态修复扶贫、教育扶贫等,作为扶贫攻坚战胜利的法宝。对于扶贫开发工作,加大财政投入且引导社会资本的投入。三是综合利用产业发展、生态环境修复和民生事业建设等措施来推动石漠化片区快速发展。产业发展:设立扶贫产业发展基金、财政金融投入、社会资本投入,打造特色产业园区,创建一批龙头企业,延长农产品产业链,凭借民族特色、历史文化优势大力发展旅游业,实现旅游扶贫。民生事业:基础设施的完善,对区域内水、路网、互联网及科教文卫事业都加大投入力度,使居民生活条件更好。

3. 贵州省实施规划

2013年3月,贵州省为了响应国家扶贫开发总旗号,由省发展和改革委员会积极印发了2011~2015年的实施规划,以实现早日脱贫。①

第一,《规划》中提出将贵州片区按照区情和资源环境条件的不同划分为四个主体功能区,并特别制定了相应的总体发展计划。

---

① 贵州省扶贫办:《滇桂黔石漠化片区(贵州省)区域发展与扶贫攻坚实施规划(2011-2015年)》,http://www.qxn.gov.cn/ViewGovPublic/fzgh/88801.html,2014年6月5日。

石漠化综合治理区：特指中、重度的石漠化区。该区由于过度开垦和水土流失严重，造成大范围岩石裸露加深石漠化程度。治理方法：实施退耕还草还林、植被恢复等生态修复工程，从脆弱的生态状况着手改变，以期将发展绿色农产品与石漠化的治理结合，使该片区的农业产业蓬勃发展。

旅游、生态与森林保护区：湿地、草场、森林与自然保护区等多样化的动植物资源。在环境承载力范围内，凭借丰富的动植物、优美的环境进行适当开发，建设一些生态旅游区，打造特色休闲的生态旅游业，做到生态修复与扶贫开发皆不误，使区域贫困状况得到改善。

城镇与工矿区：各地区的重要项目区和工矿产业园区。该区内人口密布、产业基础雄厚，所以，有利于促进该区的工业化、城镇化。借此，使扶贫开发与产业发展进一步结合，促进经济社会的快速发展。

生态农业与乡村旅游区：河谷、低山丘陵与平坝地带。该区域有优越的地势及环境优势，适宜发展种养殖业和旅游业。借助现代化科技手段打造新型农业产业园区，对观光农业与乡村旅游业进行开发，可使农民创收，区域经济状况得到改善。

第二，《规划》特意将州片区的空间结构进行了新的合理布局，形成以"三区五心六廊"为主体外加两个重点发展区（如图11-2所示）。"三区"特指经济发展区，即毕水兴资源富集区、三州民族发展区和黔中经济区；"五心"特指中心城市，包括六盘水、安顺、凯里、兴义和都匀；"六廊"特指经济走廊，分别为：六盘水—安顺—兴义—文山—河口、天保经济走廊，曲靖—安顺—贵阳—都匀—凯里—怀化经济走廊，昆明—兴义—百色—南宁经济走廊，贵阳—都匀—榕江—从江—桂林经济走廊，贵阳—惠水—罗甸—百色—龙邦经济走廊以及瓮安—都匀—独山—河池—凭祥、防城港经济走廊。

第三，《规划》对贵州片区的产业结构进行分类安排。产业园区在选址问题上，须避开生态敏感区，一切推进产业园区的发展均以不破坏生态为前提，实现又快又好地发展。目前，区域内已开展"全省100个产业园区成长工程"。扶贫产业特指对片区内优势产业的扶植培育，每个贫困县都在争取开发1~2个具有本区比较优势的产业，并对其加大人、财和物的投入，以求发展为支柱产业，并借其优势带动地方的贫困群众脱贫致富。在该片区内，现阶段已有多个特色扶贫优势产业，分布情况详见表11-1。

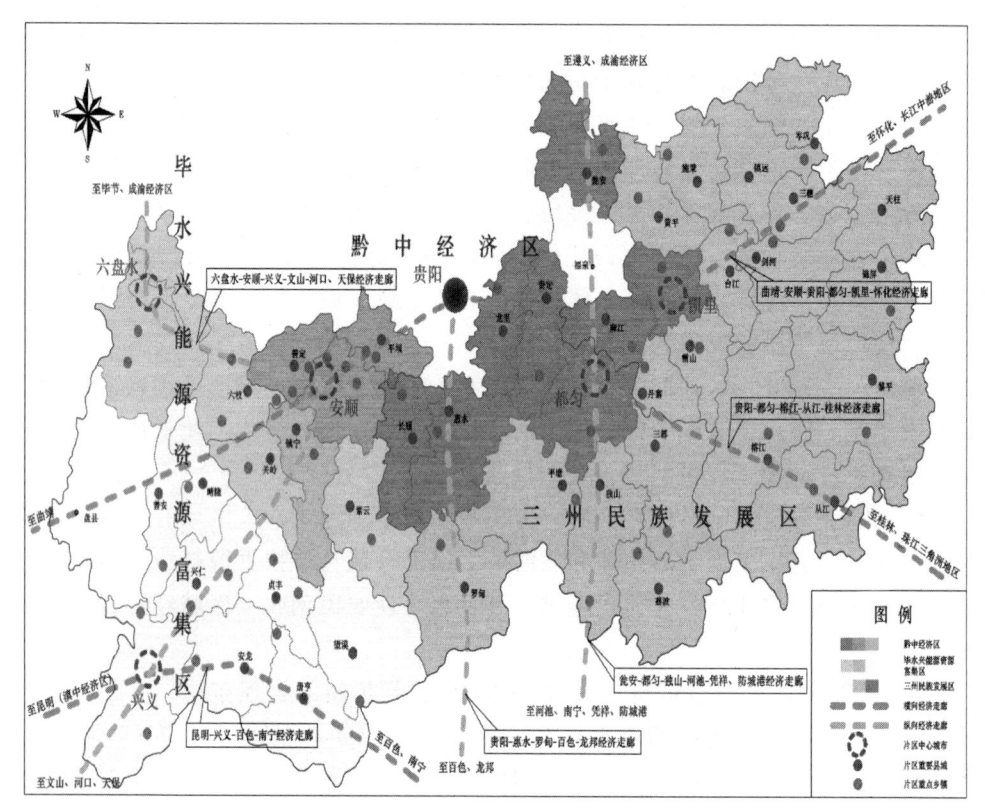

图 11-2　"三区五心六廊"空间结构及中心城市、县城和重点乡镇分布

资料来源：《滇桂黔石漠化片区（贵州省）区域发展与扶贫攻坚实施规划（2011-2015年）》，http://www.qxn.gov.cn/ViewGovPublic/fzgh/88801.html，2014年6月5日。

表 11-1　片区内扶贫特色优势产业发展分布情况

县级行政区	特色优势产业	县级行政区	特色优势产业
平坝县	蔬菜、茶叶	天柱县	油茶、草地生态畜牧业
普定县	茶叶、马铃薯	锦屏县	特色养殖、核桃
镇宁县	马铃薯、乡村旅游	剑河县	特色养殖、中药材
关岭县	核桃、马铃薯	台江县	蔬菜、核桃
紫云县	油茶、农产品加工	黎平县	茶叶、油茶
钟山区	蔬菜、精品水果	榕江县	蔬菜、精品水果
六枝特区	中药材、茶叶	从江县	特色养殖、乡村旅游
水城县	猕猴桃、核桃	雷山县	茶叶、乡村旅游
兴义市	乡村旅游、蔬菜	麻江县	精品水果、蔬菜

续表

县级行政区	特色优势产业	县级行政区	特色优势产业
兴仁县	薏苡、核桃	丹寨县	茶叶、特色养殖
普安县	核桃、烤烟	都匀市	蔬菜、茶叶
晴隆县	草地生态畜牧业、茶叶	荔波县	蔗糖、乡村旅游
贞丰县	乡村旅游、核桃	贵定县	茶叶、刺梨
望谟县	草地生态畜牧业、蔗糖	瓮安县	核桃、茶叶
册亨县	蔗糖、油茶	独山县	蔬菜、草地生态畜牧业
安龙县	蔬菜、中药材	平塘县	烤烟、核桃
凯里市	草地生态畜牧业、蔬菜	罗甸县	蔬菜、板栗
黄平县	草地生态畜牧业、蔬菜	长顺县	核桃、草地生态畜牧业
施秉县	中药材、草地生态畜牧业	龙里县	蔬菜、刺梨
三穗县	草地生态畜牧业、蔬菜	惠水县	蔬菜、花卉观赏苗木
镇远县	乡村旅游、精品水果	三都县	蔬菜、核桃

第四，《规划》对于进一步取得脱贫攻坚成效列举了详细的举措。其一，基础设施方面：对公路、航运、机场建设方方面面把关，使该区的交通网路更完善，对外联系沟通更便利；建设水利工程，如小型水库、大中型水库和引提水工程，使区域内缺水问题得到解决，还有如河流治理、防洪、农田灌溉等工程建设；以满足区域内能源需求为前提，大力开发太阳能、风能等清洁能源以此替代不可再生能源；加快通信网络建设，实现该区域网络全覆盖。其二，生产生活条件方面：一是加强基础建设；二是做好城镇规划，改善群众生活环境，彻底解决后续的发展问题，大力推进生态移民的搬迁工程。其三，社会事业与公共服务方面：在贫困地区，需统筹推进科、教、文、卫事业，优化公共服务水平，并发挥社会保障作用，使社保体系更完善，实现社保对贫困人口的全覆盖。其四，就业、人力资源开发方面：一是加快农村剩余劳动力向经济较发达地区移动，向第三产业和新兴产业移动；二是再教育培训，使劳动力素质提高，具备更多职业技能，实现高质量的就业。其五，产业发展方面：依托资源优势，进行技术升级打造生态特色农业、民族文化产业、乡村旅游业、现代服务业等。其六，生态和环境方面：对重要生态功能区加大保护力度，使该区域多样性生物、地貌等得以保持，并加强对重点生态环境的建设，综合治理石漠化。

三、滇桂黔石漠化区特殊类型贫困的减贫进展

近几年,滇桂黔石漠化区的扶贫攻坚工作成效显著。如图11-3所示,贫困人口从2011年的816万人减少到2014年的488万人,贫困发生率从2011年的31.5%降低到2014年的18.5%。[①] 然而,滇桂黔石漠化区的扶贫任务依然还很重,片区少数民族在产业发展、基础设施、生态建设等方面还面临诸多特殊困难。

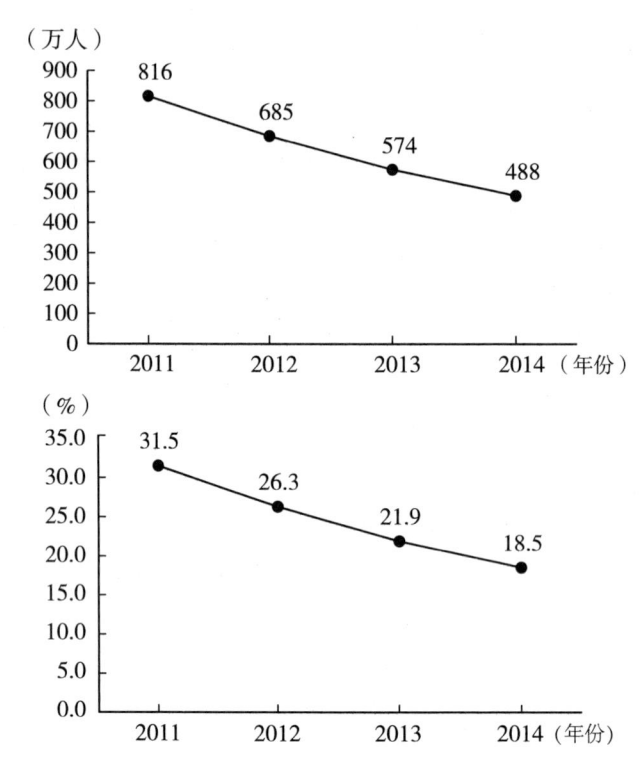

图11-3 2011~2014年滇桂黔石漠化区年贫困人口与贫困发生率

从表11-2中收入和消费趋势来看,滇桂黔石漠化区农村人口的人均可支配收入从2013年的5 907元增加到2016年的8 212元,名义增长率从2013年的15.3%减少到2016年的9.7%;人均消费支出绝对值从2013年的5 186元增加到2016年的7 284元,名义增长率从2013年的20.8%减少到2016年的11.9%。[②]

[①] 新华网:《滇桂黔石漠化片区农村贫困人口4年减少328万人》,http://news.xinhuanet.com/local/2015-08/22/c_1116340685.htm,2015年8月22日。

[②] 国家统计局农村社会经济调查总队:《中国农村贫困监测报告2015》,中国统计出版社2015年版,第166~167页;《中国农村贫困监测报告2017》,中国统计出版社2017年版,第390~391页。

表11-2 滇桂黔石漠化区贫困农村人口的收入和消费变化趋势

年份	人均可支配收入水平（元）	名义增速（%）	人均消费支出绝对值（元）	名义增速（%）
2013	5 907	15.3	5 186	20.8
2016	8 212	9.7	7 284	11.9

资料来源：国家统计局农村社会经济调查总队：《中国农村贫困监测报告2015》，中国统计出版社2015年版，166~167页；《中国农村贫困监测报告2017》，中国统计出版社2017年版，第390~391页。

如图11-4所示，从住房及家庭设施来看，滇桂黔石漠化区农村贫困人口居住竹草土坯房的农户比重为1.8%，使用照明电的农户比重为99.8%，使用管道供水的农户比重为74.5%，使用经过净化处理自来水的农户比重为36.9%，饮水无困难的农户比重为78.6%，独用厕所的农户比重为92.7%，炊用柴草的农户比重为52.9%。

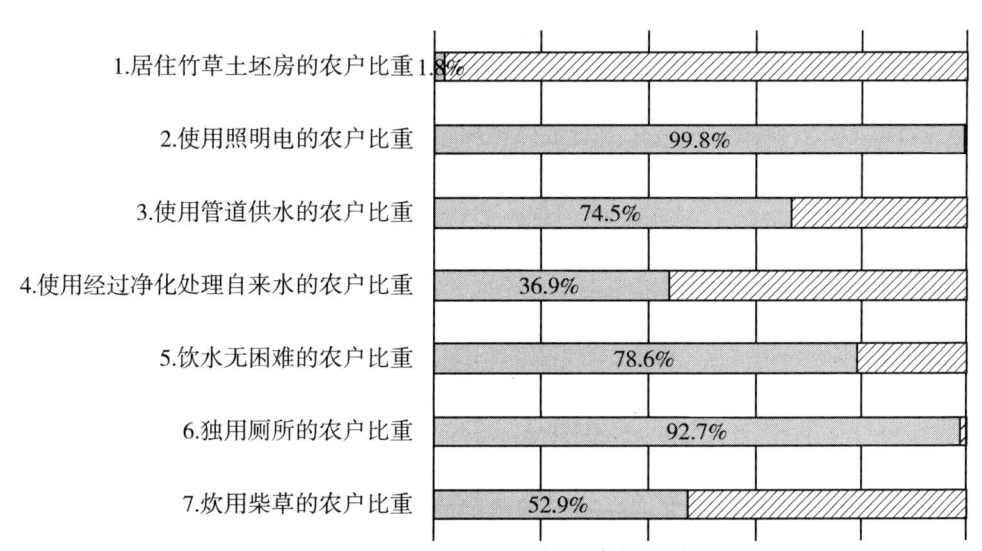

图11-4 滇桂黔石漠化区贫困农户住房及家庭设施状况

从耐用品拥有的情况来看，滇桂黔石漠化区贫困农户每百户拥有汽车8.8辆、洗衣机71.2台、电冰箱68.9台、移动电话229.3部、计算机11.7台。① 如图11-5所示，从基础设施建设情况来看，通电、通电话、通有线电视信号、通宽带、主干道路面经过硬化处理、通客运班车、饮用水经过集中净化处理、拥有

---

① 国家统计局农村社会经济调查总队：《中国农村贫困监测报告2015》，中国统计出版社2015年版，第160页。

畜禽集中饲养区的自然村比重分别为 99.8%、91.2%、48.9%、27.8%、55.8%、35.7%、31.8%、25.8%。

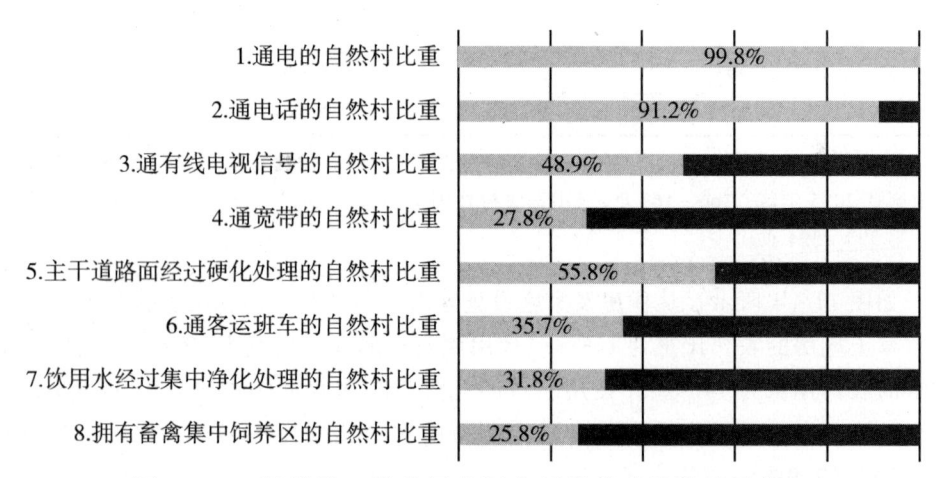

图 11-5　滇桂黔石漠化区贫困农村的基础设施建设状况

资料来源：国家统计局农村社会经济调整总队：《中国农村贫困监测报告 2015》，中国统计出版社 2015 年版，第 158~163 页。

如图 11-6 所示，从文化教育卫生建设情况来看，有文化活动室的行政村比重为 77.9%、有卫生站的行政村比重为 96.2%、有合法行医证医生/卫生员的行政村比重为 87.5%、有幼儿园或学前班的行政村比重为 62.7%、有小学且就学便利的行政村比重为 74.9%。

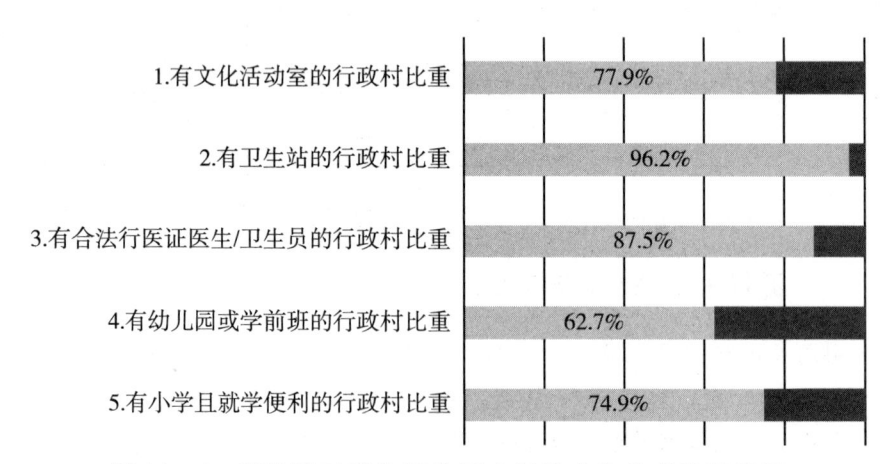

图 11-6　滇桂黔石漠化区贫困农村的文化教育建设状况

资料来源：国家统计局农村社会经济调整总队：《中国农村贫困监测报告 2015》，中国统计出版社 2015 年版，第 158~163 页。

第二节　滇桂黔石漠化区特殊类型贫困治理的典型模式与工程

一、石漠化片区各市（州区）反贫困实践探索

滇桂黔石漠化片区的脱贫攻坚工作已迈入了新阶段，在此之前片区内各个县区为扶贫开发工作都做出了不同程度的探索，因地制宜地发展多种产业并采取了多种措施，以期早日攻克贫困这个顽疾，在这个过程中还是取得了一些颇有成效的成果，石漠化片区各市（州区）反贫困实践具体情况详见表11-3。

表11-3　　　　　　2015年滇桂黔石漠化片区反贫困情况

省区	市州（区）	反贫困实践
云南省	曲靖市	挂包帮，转走访；困难职工帮扶中心、职工医疗互助中心建设；建档立卡贫困户依托电商就业创业；贫困地区产品销售网络平台和电商服务平台搭建；贫困地区"万村千乡"农家店、邮政、供销合作社、快递网点、村邮站和村级综合服务中心（社）信息化改造；"邀您一起来网购"等消费扶贫体验活动，贫困地区土特产品销售；电商扶贫示范网店建设；特色产业基地建设；电商扶贫人才培养；土地、科技园区等优惠政策
	红河哈尼族彝族自治州	州、县、乡3级设立农村劳动力转移培训、就业工作机构；技能扶贫行动；山区乡镇开展种养培训；"就业援助月""春风行动""少数民族山区劳动力素质提升培训"；"贷免扶补"及小额担保贷款等扶持创业；中越边境少数民族地区综合扶贫；边境旅游特色产业化扶贫；人畜饮水安全活动
	文山壮族苗族自治州	"山顶戴帽子"，生态恢复工程；"山腰系带子"，核桃、油茶等特色经济林产业；"山脚搭台子""平地铺毯子"，建设高稳产农田和改造中低产田地；"坡改梯"，进行耕作条件地改善；"入户建池子"，推进建设小水窖、沼气池；封山育林；老区建设；美丽乡村、民族特色、民族团结示范村；"搬家、种树、办教育"的方式扶持石山区的瑶族"山瑶"支系、彝族"僰人"支系两个特困群体

续表

省区	市州（区）	反贫困实践
广西壮族自治区	柳州市	麻园油茶基地的油茶品改扶贫；"政府作为、银行参与、农民受益"产业扶贫；扶贫移民搬迁工程；进德镇四连村晋航现代农村旅游扶贫；养殖项目产业化扶贫；建档立卡，教育扶持家庭经济困难学生；三江县产业扶贫；干部扶贫系统集体约谈；雨露计划扶贫培训；"春茶节""金橘节"等农产品节会扶持农副产品；扶持农村网店建设
	桂林市	民营企业结对帮扶贫困村共建；建设"普惠制"新村、硬化道路、安装太阳能路灯；建成村级公共服务中心、村级篮球场；建设村级农家书屋；"11236"扶贫工程；培养百香果、育肥牛新兴支柱产业扶贫致富；支持贫困人口的子女接受中高等教育；桂林旅游综合服务平台；干部进村入户摸底"打分"；现代特色农业（核心）示范区建设
	南宁市	"精准扶贫"卫生进乡村义诊活动；建档立卡贫困户子女在校就读学生资助；支部对村、支部对户、党员对户的帮扶机制；"帮扶就业、技能脱贫、创业带动"三位一体的就业扶贫机制；引导农村种养、商贸加工等小型企业吸纳贫困劳动力，推动产业扶贫与就业扶贫；西乡塘区妇联举办妇女创业培训，帮助妇女脱贫致富；青秀区教育系统通过"手拉手"、"结对子"等活动，帮助城区脱贫
	百色市	百色市"1+2+10+N"的精准扶贫；桥马片区"捆绑式"扶贫模式；"龙头企业+合作社+建档立卡贫困户""经济合作组织或能人+建档立卡贫困户"等方式扶贫；贫困户小额信贷入股分红；小型多样化的种养项目；精准脱贫摘帽"一村一策"；产业扶贫、易地搬迁、金融扶贫、公共服务扶贫多头并进；"银行+保险+扶贫"模式扶贫
	河池市	建档立卡贫困群众的脱贫；"脱贫攻坚产业富民"，重点是核桃、八角、油茶等传统产业的管护和低产改造；开发和推广百香果、火龙果、珍珠李、黄皮果、柑橘、猕猴桃、食用菌、巴岗山贡米等新兴产业扶贫；建设易地扶贫搬迁项目，建设盈通物流园、老乡家园；送复合肥给扶贫联系村贫困户；县直单位联村、领导干部帮户脱贫；"两新"组织助推脱贫
	来宾市	发展山羊养殖吸引经济能人承包、发动村民入股的模式扶贫；体育下乡、体育扶贫系列活动；寺山镇青年返乡创业；"万才返乡共建小康"计划；培训扶持、财政扶持、金融扶持、电商扶持和组织扶持"五大行动"；搭建外出务工返乡经商人才创业平台；"党旗领航·电商扶贫"活动；兴宾区"第一书记"产业联盟产品展销旗舰店；富硒鸡养殖扶贫

续表

省区	市州（区）	反贫困实践
广西壮族自治区	崇左市	5 000多名干部分别入户与贫困户"结对子"、"认亲戚"；边贸扶贫，打造边境地区的精准扶贫；全区创建精准扶贫综合示范点；开展"千企联千村""万人帮万户"活动；开展甘蔗"双高"带动脱贫工程；马铃薯产业精准扶贫；"以扶促增"工程；蔗糖业为支柱、特色种养业并举的产业化扶贫；贫困家庭子女接受职业教育实行"应补尽补"
贵州省	六盘水市	为全市农村贫困户建立电子信息档案；实现山地特色农业产业扶贫，重点发展猕猴桃、茶叶、核桃、蔬菜、油茶、刺梨、中药材、草食畜牧业等山地特色农业产业；小额信贷金融扶贫试点；生态移民"地票"试点；中药材产业资金扶持；乡村旅游；职教培训扶贫"1户1人"三年行动计划等
	安顺市	"六马系列李子"产业化扶贫；"坡坡花果山、田田蔬菜园、户户农家乐"扶贫开发民生工程；蔬菜品种交易及全方位的市场物流体系；村文化广场、扶贫产业和格凸小学学校建设；农业适用技术培训和劳动技能培训素质提升工程
	黔西南布依族苗族自治州	"黔兴帮O2O平台""掌上兴仁"等本土网购平台建设；电子商务进农村工程；"1+15+151"的县、乡、村三级电商服务网络；"晴隆羊"产业扶贫；创建精准扶贫建档立卡示范点；帮助贫困户进驻学校、机关企事业单位食堂市场；32名"第一书记"、驻村干部与161户贫困户结成帮扶对子
	黔东南苗族侗族自治州	对重大疾病自费超过6 000元的患者实行二次补偿救助；为全州65岁以上老年人建立健康档案，并定期随访和体检；调整救助对象和救助比例；以"两公示一公开"的程序为贫困户建档立卡；"1+10+10"配套精准扶贫政策；整村整组扶贫移民搬迁；建立"六个到村到户"的脱贫机制；"5321"精准帮扶工程；"农旅融合"发展新扶贫路子
	黔南布依族苗族自治州	公益林生态补偿工程；退耕还林工程；森林资源管护工程；石漠化治理工程；林下经济发展工程；珠江防护林体系建设工程；154个贫困自然寨易地扶贫搬迁

注：课题组根据滇桂黔三省区扶贫办扶贫动态追踪资料整理。

本研究将从不同地形地势的角度来总结现有的几种较为典型的减贫模式，以及各种模式的具体内容、实施区域和取得的成效，详见表11-4。

表11-4　　　　　片区内不同地形的典型减贫模式与工程

分类	地形	典型扶贫模式	具体内容	实施区域	扶贫绩效
特色型减贫模式	高海拔山顶区	"弄拉模式"	封山育林，人工造林	广西南宁市马山县弄拉屯；广西桂林市龙胜各族自治县；云南文山壮族苗族自治州富宁县	形成立体生态发展模式，有效治理了石漠化
		"晴隆模式"	种草养畜	贵州黔西南布依族苗族自治州晴隆县、普安县、册亨县、兴仁县；贵州安顺市关岭布依族苗族自治县、镇宁布依族苗族自治县；贵州六盘水市水城县等	实现了生态修复、扶贫开发和农民增收的有机结合
	中海拔山腰区	发展经济林	种植油料、药材等经济林木，发展生态茶业	广州百色市德保县；贵州黔东南苗族侗族自治州黎平县、雷山县；贵州黔南布依族苗族自治州贵定县、都匀市；贵州黔西南布依族苗族自治州普安县、晴隆县、安龙县、兴义市；贵州安顺市平坝县、普定县；贵州六盘水市水城县	实现了经济的可持续发展与农民增收
		生态移民	贫困人口外迁	广西百色市德保县；贵州黔东南苗族侗族自治州岑巩县	解决了贫困户的生存环境与后续发展问题
	低海拔盆地区	发展特色农业	种植有机蔬菜水果	贵州安顺市西秀区、平坝县；贵州六盘水市六枝特区、水城县；贵州黔西南布依族苗族自治州兴义市；贵州黔南布依族苗族自治州龙里县、惠水县、罗甸县等	带动了区域农业发展，实现农民增收
	石漠化河谷地带	"顶坛模式"	在石漠化地区种植花椒	贵州黔西南布依族苗族自治州贞丰县顶坛片区等	改善了石漠化状况，实现农民增收

续表

分类	地形	典型扶贫模式	具体内容	实施区域	扶贫绩效
特色型减贫模式	石漠化河谷地带	"贞丰模式"	在石漠化地区种植金银花	贵州黔西南布依族苗族自治州贞丰县；广西南宁市马山县等	
		小流域治理	通过划分小流域综合治理单元治理生态环境问题	云南文山壮族苗族自治州丘北县、砚山县富宁县等	森林覆盖率增加，改善了灌溉面积，实现粮食产量的增收
	复合型山地区	"六子登科模式"	根据不同自然环境，因地制宜综合治理石漠化	云南文山壮族苗族自治州西畴县、马山县、富宁县、砚山县、丘北县、广南县等	形成了生态效益和经济效益双赢的局面
广谱型减贫模式	基础设施大会战	大会战模式	整合资源，健全贫困区基础设施	广西壮族自治区德保县、大化县	道路建设、饮水工程、用电保障和公共服务等基础设施建设得到改善
	人力资本培育	智力扶贫模式	根据多元化的教育培训，提升农民综合素质	云南省柯渡镇彝良县	掌握实用的生存技能，提高贫困地区群众自我发展能力
	构树扶贫	"林-饲-畜"模式	根据杂交构树的特性发展产业	黔西南州贞丰县者相镇	利用构树的经济和生态价值为片区农户增收
	生态文化旅游扶贫	发展特色旅游业	发展山地旅游业，开发特色精品旅游路线	贵州安顺市平坝县、关岭布依族苗族自治县；贵州黔西南布依族苗族自治州贞丰县；云南文山壮族苗族自治州马山县；广西南宁市上林县等	建成了多个重点景区和线路，开发了两个特色旅游主题

注：课题组整理。

二、典型模式

（一）高海拔山顶区的减贫模式

滇桂黔石漠化片区是典型的高原山地构造地形，又属亚热带季风性湿润气候，年降水量丰沛且强度大，均在 880~1 991 毫米，大量的降水对高海拔山顶地区的冲刷与侵蚀使得山顶水土流失严重，再加上人为的乱砍滥伐和无序的建设开发，以及由于当地耕地资源的缺乏加重了地方毁林开垦、毁草开垦的现象，造成了山顶生态环境的严重破坏，已不利于耕地农田的开垦与农作物的种植。为了改善这一现状，恢复滇桂黔石漠化片区高海拔山顶区的生态环境，当地探索了高海拔地区针对性的反贫困模式，在此列举典型的两种特殊模式。

1. 弄拉模式

以广西马山县弄拉屯为代表的"弄拉模式"，是一种在高海拔山顶区实施封山育林和人工造林工程的典型扶贫开发模式，该县区地形起伏大，具有"山高坡陡谷深"的特点，且熔岩分布广泛，石漠化严重。至 20 世纪 60 年代，当地的生态环境恶化与水土流失严重，群众才意识到需要对生态加以保护，于是开始生态恢复，进行退耕还林还草，封山育林，发展生态林业，种植防护林等措施，使该片区水土流失的状况得以缓解，并逐渐在当地发展了立体生态模式，即"山顶林，山腰竹，山脚药和果，低洼粮和桑"（如图 11-7 所示）。

图 11-7 弄拉模式产业的海拔分布示意

"弄拉模式"的实施使得如今的马山县弄拉屯变成了一个森林繁茂、风景秀丽的绿洲，全屯的森林覆盖率大大提高，可以说是舒适的天然大氧吧。依托优越的自然环境资源，在 2008 年之后，弄拉村民自发成立了旅游合作社，开发了特色生态旅游业，将生态保护、扶贫开发与农民增收实现了完美结合。

2. 晴隆模式

"晴隆模式"为贵州省晴隆县的发展模式，指在高海拔山顶区以种草养畜业为典型的扶贫开发模式。晴隆为高原热带季风气候，即雨热同步、温凉湿润，适宜优质牧草生长，其优势用于发展多元化畜牧业。2000 年，利用"政府引导，企业运作，以场带户，利益共享"机制，积极指导农户发展草地生态畜牧业，采用模式为"中心+农户、农户集体转产"，达到联合农户养羊的目的，突破口为改良杂交波尔山羊，使岩溶石漠化难题得到解决。加上政府资助，聘请当地有名的技术中介开展培训，使农民即使在陡坡岩溶山地也能养殖优质地肉羊、种植牧草，进而发展草地生态畜牧业模式辐射至全县农户，较好地打破了生态恶性循环的怪圈，实现生态修复与扶贫开发、农民增收三者的有机结合（如图11-8 所示）。

图 11-8 晴隆模式实施示意

自该模式实施以来，晴隆县的脱贫攻坚战取得了巨大的成功，不仅带领本县区从"脆弱环境—贫困生活—消耗资源—环境恶化—加剧贫困"的循环中走出来，还将"晴隆模式"在全省 43 个县推广并取得初步成效。实践的推动和深入促成了"政府发动、市场拉动、科技推动、企业带动、农户主动"五联动的新局面。

晴隆县产业发展取得的成果和经验分析：一是坚持产业发展主体为农民，吸纳农民积极参与到项目中，可使其主动发展的能力得以提升，关键是能将"救济式"扶贫转换为"开发式"扶贫。二是落实科学发展观，切入点为种草养畜，在喀斯特地区将扶贫开发与生态建设有效结合，为生态建设与扶贫开发的根本出路。三是整合各种资源，发挥合力效用，为有效推进扶贫开发、新农村建设与生态建设的重要手段。四是对机制加以完善，实现共赢，这为可持续发展的内在动力。五是强化监督、科学管理，为将扶贫开发成效进一步提高的根本措施。

（二）中海拔山腰区的减贫模式

在滇桂黔石漠化片区的中海拔山腰区，由于其所处的岩溶区域再叠加较陡的坡度，以及人口数量多而导致的过度开垦和过度砍伐，导致该地区生态环境恶劣，不宜居住生活，且耕地资源贫乏，难以发展粮食蔬菜种植业。为减轻土地和环境压力并促进区域经济发展，在片区内探索了人工造林，大力发展经济林木业，并取得了较好的成果。

在滇桂黔石漠化片区的中海拔山腰区退耕还林，因地制宜大力发展特色经济林业，经济林为生产除木材以外的药材、工业原料、食用油料和果品等林副产品的森林。现阶段区域内发展较好的有特色生态茶业、特色林产品以及林下药材。

特色生态茶园育苗基地分布较广，在黔西南州、黔东南州、安顺市、六盘水市几个区域发展态势良好，黔东南州以黎平、雷山为核心，黔西南州以普安、安龙、晴隆、兴义为核心，六盘水市以水城为核心。几大区域分别培育不同的特色优质茶产品，黔东地区以优质绿茶产业为主，黔中以发展高档绿茶产业为主，黔西南以发展大叶中早生绿茶和花茶坯产业为主。

片区的林产品主要是油茶、油桐、桉树等以生产食用油料为主的经济林木。通过在中海拔山腰区扩大经济林的种植面积，大力打造观赏苗木、竹产业、花卉产业与茶叶等产业基地，一方面改善生态环境，营造良好的生态发展基础，另一方面增加了农民收入，改善区域农户的生活条件，把绿水青山变成金山银山。

以德保县为代表的林下药材发展迅速。该县位于广西西南部，2013年有林地总面积约195 580公顷，石山林地110 170公顷，占56%。全县农民32.1万户，7.21万农户。① 德保县最低海拔为240米，最高海拔可达1 616米。拥有丰厚的石山林地资源，群众种植山豆根、石斛类等十分积极，林下经济发展迅速。林下药材长势好、产量高、成本低且品质好，拥有较强的市场竞争力。该发展方式既能恢复好生态植被，又可实现可持续发展。因此，德保县为使经济进一步发展，特提出对策：首先，做到"封、造、育"三者相结合，落实具体实施办法，务必做好水土保持工作，激发当地农民的积极性，提高土地利用率。提供充足的技术、资金支持，打造一批"龙头企业"，实现"生产、加工、销售"一条龙模式。其次，林农扶持工作很关键，需提高林农服务意识及科技渗透力，达成规模经营。近年来，政府不断投入资金支持产业转型，提高林农造林护林的积极性。对于中药材，进行统一种苗提供和技术推广，并鼓励企业和广大林农事先签订协议统一收购。最后，开发产品加工企业，打造特色品牌。

（三）低海拔盆地区的减贫模式

在滇桂黔石漠化片区的低海拔盆地区，由于充沛的雨水和适合粮食作物种植的地形地势，且劳动力较为集中，本区域探索了一条发展特色生态农业的道路，培育有机蔬果和粮食作物。其中，有机粮食蔬菜种植业主要以安顺市的西秀县和

---

① 黄国伟：《德保县石山地区林下经济发展模式及对策》，载《吉林农业》2014年第13期，第74～75页。

平坝县，六盘水市的六枝县和水城县，黔东南州的清江水流域，黔西南州的兴义县，黔南州的龙里县、三都县、惠水县和罗甸县为重点培育基地，共开拓有机蔬菜基地400万亩以及有机食品基地700万亩。本节以融安县发展特色生态农业来具体分析该减贫模式。如图11-9所示，融安县产业化模式不断推进，大力加强无公害农产品基地建设和产地认定及农产品认证的工作，为使无公害生产技术得到有效推广，农产品品牌意识增强。自治区确定融安县为"广西无公害蔬菜生产基地示范县"。其特色农产品十分丰富，如金橘、小洲头菜等，为"无公害农产品"，是被农产品质量安全中心认证的，这使其产品的附加值提升约15%。更是借龙头企业带动农业发展、农民增收。

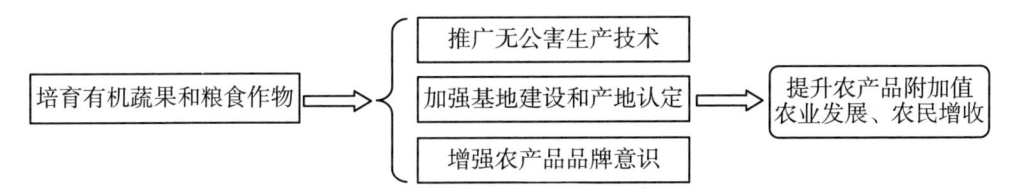

图11-9 低海拔地区扶贫模式中的产业发展情况

特色生态农业模式促进了融安县经济快速发展，提高了居民生活水平，然而要想实现更大的跨越式发展，使区域群众彻底脱贫致富，还应该走农业产业化道路。首先，要创新发展观念，推动农产品产业向规模化、专业化发展。打造一批农产品优质品牌，树立品牌效益，增强市场竞争力。其次，要为农产品的产业化发展开拓出一条科学的、可持续发展的道路，为产业化创造环境、打实根基。最后，要增加对产业化发展的基建投入，更新升级专业化和规模化生产的设备，在保证产品质量的大前提下最大化生产，推进农产品生产向优质高产高效方面发展。

（四）石漠化河谷地带的减贫模式

滇桂黔石漠化片区由于碳酸盐类岩石面积广，范围大，亚热带湿润季风气候又带来丰富的降水，地表受到雨水冲刷与侵蚀，使得岩石裸露，形成典型的喀斯特地貌，是我国石漠化最严重的地区之一，而该区域的河谷地带更是石漠化的重灾区，特殊的地形地貌难以种植蔬菜粮食作物，且石漠化趋势日益扩张，生态环境日趋恶劣，片区群众生产生活受到阻碍，一直以来饱受贫困的折磨。为了改变这一现状，居民开始探索对本区域的扶贫开发模式，在不断地尝试中找到了适合本区发展的减贫模式。

1. 顶坛模式

"顶坛模式"最早是从黔西南州贞丰县顶坛地区开始实行的，是该县治理海拔1 000米以下北盘江低热河谷地带石漠化的成功模式，即在石漠化地区种植花椒的模式。发展思路为"因地制宜，改善生态环境，依靠种粮稳农，种植花椒致富"，若是大面积的岩层裸露，便从其他地方运来土围种树，若旱季到来，便利用输液管将水引到树木的根部，以打"点滴"方式续活花椒树，使石头缝里长出摇钱树，更在青石板上创效益。

顶坛片区是典型的喀斯特岩溶地貌，海拔高度普遍低于850米，主要为钙性石灰土，土层十分瘠薄、不连续，大量分布着石旮旯土，地表水匮乏，其气候为典型的干热河谷气候。顶坛花椒是具有地域特色的优良花椒品种，适生于喀斯特干热河谷，具有喜钙、耐旱、周年萌梢、有效成分含量高等特点，是北盘江狭谷典型石漠化山地进行生态治理的主要经济树种。因此喜温耐旱耐瘠适应钙性环境的顶坛花椒可在此较好地生长，开启了花椒—养猪—沼气生态农业的模式（如图11-10所示）。推行该种模式考虑了区域特殊的自然地理条件，实现了产业因地制宜的发展，同时可以有效地治理片区石漠化，恢复生态，并带动农民增收。

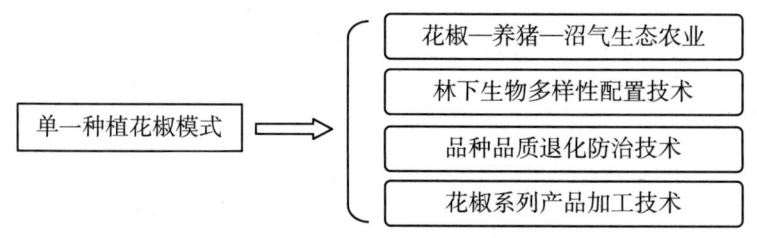

图11-10 顶坛模式实施示意

20世纪90年代初，以银洞湾村为代表，起初由十几个村干部进行带头种植。到1993年，种植花椒所获收益明显增多了。在当时，每户约种100多株花椒，收入也大约有1 000多元。在成功经验推动下，当地农户便积极涌入种花椒大队伍中了。通过种花椒治理石漠化增加了农民收入，据统计，该片区90%以上的农户拥有了家用电器，有摩托车近100辆，电视、电话普及率达80%以上，有的农户还买了家用小轿车；年收入10万元以上的农户有12户，2万元到5万元的有50多户。①

对于单一的种植花椒模式，并不能满足地区治理环境与脱贫开发的长久目标，顶坛地区后续在此基础上对该模式进行创新，创造了新的模式即"花椒—养猪—沼气生态农业"。花椒林地较为单一，其林下植物匮乏，不能很好地保水保土，同时单一品种的花椒地，极易遭受粉蚧病、锈斑病等病虫害侵害，使花椒的产量、质量、甚至花椒树的寿命都深受影响，这就需要对花椒林下多样性生物配

---

① 李盛明：《贵州"顶坛模式"的启示》，载《光明日报》2012年6月29日第10版。

置技术多加研究，通过筛选获得宜生长的林下作物、草种，加以合理搭配林地林草品种，使花椒林增强抗病虫害与保水保土能力。

2. 贞丰模式

"贞丰模式"最初是黔西南州的贞丰县牛坪山片区开创的，是将喀斯特岩溶区种植金银花与治理石漠化有机结合、相互促进的成功模式。根据课题组对县农业局的调查，牛坪片区石山多的地方有适宜金银花等多种经济作物生长的自然地理环境，最适合种植金银花，于是开启了"贞丰模式"。该地特意成立了金银花专业经济协会，该协会主要负责帮农户找到市场、寻求销路，与相关的公司联系并签订协议。当金银花到达采收季节时，收购公司按市场价保底收购。"公司+基地+农户+协会"的方式成就了坪上村金银花的种植。至 2014 年，该镇开花并采收的有 8 000 余亩。目前，市面上金银花生花每公斤价格为 20 元以上，干花价格更是高达 80 元以上，全镇光金银花总收入就超过了 300 万元。该地居民因地制宜发展生态农业，治理石漠化见效快，生态恢复明显，农民增收迅速，政府职能得到转变，打造为服务型的政府，并充分发挥乡土人才，树立了"标杆"效应，创优工作机制，营造"赛马"效应。

1998 年开始"贞丰模式"的探索，耗时 4 年，于 2002 年基本成规模、获得收益。至 2014 年，在该区种植金银花达 2.1 万亩且亩产值可达 1 500～2 000 元收益，李子亩产值收益为 2 000～5 000 元以上。仅此两项，该片区农民群众便实现人均收入增加 1 000 多元。对于坪上片区的成功经验，该县及时进行了总结与推广，利用金银花低产林改造、退耕还林等工程实施，使坪上片区得以成功发展并带动全县经济。2014 年，该县种植李子、金银花达 5 万多亩，其森林覆盖率更是从低于 10%一跃为 70%以上，其生态环境得到明显改善。[①] 长期实践证明，"贞丰模式"能做到生态环境改善、石漠化治理，是实现山区新型农业综合开发的有效途径。

3. 小流域治理

小流域综合治理模式是一种通过划分小流域综合治理单元治理来解决石漠化问题的新模式。由于对石漠化的综合治理是一项系统性的工程，既涉及农、林、水利部门的工作，还会涉及畜牧等部门的工作。因此，对于一些石漠化重灾区，就需要划分小流域综合治理单元，可以以山、水、林、田、路、畜等为单元进行划分，根据各单元的实际情况采取对策，如封山育林和棚圈、人工造林、沉砂池、排灌沟、生产便道、输水管、蓄水池（窖）等基础设施建设，以期针对性地快速解决主要问题，实现石漠化的综合治理，帮助片区群众尽快脱贫致富。

---

① 朱明辉：《让椒香花香托起绿色致富新希望》，载《黔西南日报》2010 年 10 月 13 日第 2 版。

以丘北县北门河的小流域综合治理模式为例，分析该模式对扶贫开发的效果。丘北县北门河流域位于云南省文山州丘北县中部，面积达930平方公里。区内除地表水外，还有较丰富的地下水资源。近年来，针对北门河流域进行石漠化防治，特采取一系列措施，并取得初步成效。对于重度石漠化危险区，其陆坡地区的植被覆盖率低，板岩、地表灰岩等岩石大面积出露且未发育地表河流，不合理人类活动如坡耕、乱砍滥伐等严重影响该地区生态环境，积极采用退耕还林、种植"耐旱、喜钙、石生"的植物、修建蓄水工程、严禁坡耕等方式恢复该区的生态环境；对于中度石漠化危险区，根据自然、人文条件的不同对流域南部和流域北部分别治理。流域北部居民地分布较少，应以水土流失的防治为主，流域南部由于人口和耕地相对集中，急需规范不合理的人类活动；对于轻度石漠化、无石漠化危险区则应以预防为主。

（五）复合型山地区的减贫模式

滇桂黔石漠化片区是一个多山的地区，根据不同的地形地貌特征量体裁衣，发展不同的生产模式是改善当前生态破坏，石漠化程度深范围广的根本途径。在复合型山地区，由于其"立体性、层次性、复合性"的自然特点，会出现山脚到山顶温度的渐变，每个高度植被种类的差异，阳坡阴坡光照强度的不同等环境特征，要想实现最大化的经济效益与环境效益，则必须因地制宜发展多种复合型的农林生产体系。在现阶段，该区域群众已经探索出两种典型的扶贫开发模式。以云南"六子登科"模式为例。

"六子登科模式"为云南省有效应对石漠化开展的综合治理措施，根据复合型山地复杂且多样的地形地貌、环境特征，因地制宜地将生物、工程措施有机结合，创造出的一种适宜综合治理石漠化且做到扶贫开发的新模式，即"六子登科"，该模式为利用混交复合经营，具体措施："山顶戴帽子"，即植树造林，恢复森林植被，改善生态环境；"山腰系带子"，在山坡耕作水平不高，耕作条件差的区域发展特色经济林产业如核桃、油茶等，既能使生态环境改善，又能够增加农民收入；"山脚搭台子"，特指对小于25度的缓坡进行耕地改造，即"坡改梯"，使耕作条件从根本上得到改善，切实提高土地产出率；"平地铺毯子"，在灌溉条件较好的区域建设高稳产农田并改造中低产田地，大力种植有机绿色蔬菜、粮食等作物，切实提升农户的综合生产能力，增产；"入户建池子"，在片区建造沼气池，解决农村能源问题，提供优质肥料，保护生态环境，并修筑小水窖，解决农户饮水及灌溉问题；"村庄移位子"，对居住环境恶劣村寨实行整体移民搬迁，改善其生产生活条件，再支持引导地区剩余的年轻劳动力向经济发展好的地区转移就业，增加收入。

近年来，云南省西畴县就是采用此方法治理石漠化并取得了较大成果，进而广泛推行全州。因此，至2012年，西畴县全县累计实施坡改梯5.2万亩、炸石造地3.6万亩，建成人畜饮水池、旱地水浇池2.7万件、高产稳产农田6.5万亩，沼气池4.5万口，使沼气池普及率达81.4%，发展八角4.8万亩、核桃2万亩、香椿2万亩、花椒3.14万亩、杨梅1.31万亩，封山育林总达20.1万亩，退耕还林地约6.7万亩，森林覆盖率更是提高到43.3%。

三、典型工程

（一）基础设施建设大会战

基础设施建设大会战就是指集中财力、物力和人力，整合资源，在某一期间对我国贫困地区的基础设施和公共设施进行全面的建设。滇桂黔石漠化区的基础设施建设大会战就是指集中片区资源，强化片区领导力量，在一定时间内全面建设和改造石漠化区内的边境地区、边远少数民族聚居区以及革命老区等特困地区的基础设施和公共设施，重点解决与片区群众的切身利益密切相关的问题，修复并保护石漠化区的生态环境，提升石漠化区的优势产业市场竞争力和群众综合能力；基础设施大会战使得石漠化区内养老设施、救灾设施以及医疗机构等基础性设施得以健全，为滇桂黔石漠化区贫困群众创造良好的设施和条件基础，保障了贫困群众的最低生活要求，提高了贫困群众生活质量。

以广西壮族自治区为例，为了能够有效地实施广西基础设施建设大会战战略，广西从自治区、市（州区）一直到县的各级主管部门，层层衔接，落实责任。广西从住房城乡建设、乡村公路建设、电网建设等多领域的基础设施和公共设施共同入手，整合各类项目资金，着重推进特困地区的基础设施建设大会战，改善群众的生活环境和条件，提升特困地区群众的幸福感。2017年，德保县整合资源，实施20户以上村屯的道路建设、危房改造、安全饮水工程、电视和网络宽带、易地扶贫搬迁、用电保障和公共服务等基础设施建设"七大工程大会战"，改造并完善农村基础设施；大化县水利基础设施建设大会战中累计投资3.24亿元，完成全县农村安全饮水水利工程486个，使得103 300位群众受惠。[①]

[①] 新华网：《广西大化：为水而战》，http://news.xinhuanet.com/photo/2016-10/31/c_129344452.htm。

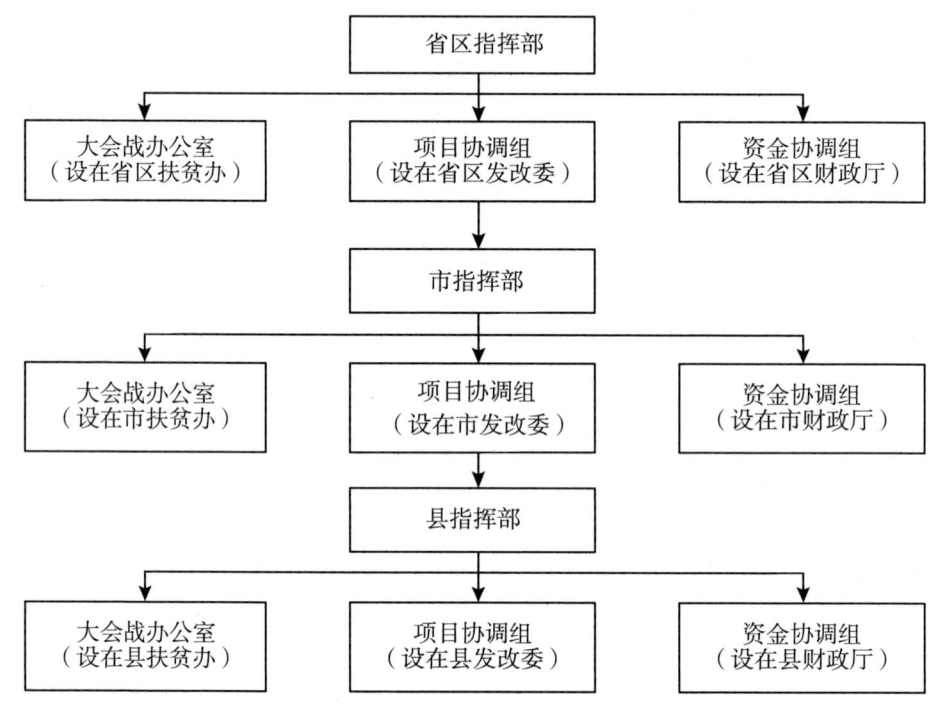

```
                    ┌──────────────┐
                    │  省区指挥部   │
                    └──────┬───────┘
         ┌─────────────────┼─────────────────┐
   ┌─────┴──────┐   ┌──────┴──────┐   ┌──────┴──────┐
   │ 大会战办公室│   │ 项目协调组  │   │ 资金协调组  │
   │(设在省区扶贫办)│ │(设在省区发改委)│ │(设在省区财政厅)│
   └────────────┘   └─────────────┘   └─────────────┘
                    ┌──────┴───────┐
                    │  市指挥部    │
                    └──────┬───────┘
         ┌─────────────────┼─────────────────┐
   ┌─────┴──────┐   ┌──────┴──────┐   ┌──────┴──────┐
   │ 大会战办公室│   │ 项目协调组  │   │ 资金协调组  │
   │(设在市扶贫办)│  │(设在市发改委) │ │(设在市财政厅) │
   └────────────┘   └─────────────┘   └─────────────┘
                    ┌──────┴───────┐
                    │  县指挥部    │
                    └──────┬───────┘
         ┌─────────────────┼─────────────────┐
   ┌─────┴──────┐   ┌──────┴──────┐   ┌──────┴──────┐
   │ 大会战办公室│   │ 项目协调组  │   │ 资金协调组  │
   │(设在县扶贫办)│  │(设在县发改委) │ │(设在县财政厅) │
   └────────────┘   └─────────────┘   └─────────────┘
```

图 11-11　基础设施建设大会战组织结构

资料来源：黄承伟：《石漠化地区大扶贫攻坚：广西连片特困地区基础设施建设大会战全景实录和深层透视》，经济日报出版社 2016 年版。

（二）人力资本培育工程

"授之以鱼"的物质扶贫对缺少资源、资金的贫困地区是必要的，其结果毕竟是短期效应，如果贫困地区群众没有掌握"渔"的本领，人力资源发展跟不上，贫困地区会出现贫困代际延续，其扶贫效果仍然不尽如人意。所以，"治贫先治愚，扶贫先扶智。要拔穷根，教育是最重要的"。[①] 要将物质扶贫和人力资本培育扶贫结合，以物质扶贫作为扶贫攻坚的基础，通过人力资本培育工程延伸并发展物质扶贫及其扶贫成效，推进反贫困的长效机制。人力资本培育工程就是通过各种形式的教育、培训，全面提高贫困地区群众的文化综合素质，改变贫困群众落伍的思想观念，掌握实用的生存技能，提高贫困群众自我发展能力，提升生活质量。

滇桂黔三省区通过开展各种实用型技术培训、贫困农户子女的中、高等学历教育资助、"阳光工程""雨露计划·圆梦行动""雨露计划·民族民间技艺培

---

① 《省政协开展"教育精准脱贫"重点调研——教育扶贫"拔穷根"》，http://220.163.121.86/fpxw/fpyw/20170717/1061.html，2017 年 7 月 17 日。

训""雨露计划·助学工程"等多种项目激发贫困地区群众的内生发展动力。以云南省为例,云南省昆明市寻甸县柯渡镇农村劳动力转移 15 000 余人,2017 年多次组织开展餐饮、酒店服务、手工刺绣、计算机等行业培训,共计培训 400 多人,年转移就业超过 2 500 人;[1] 兴业证券将公司高级经理送到云南彝良县,在彝良县挂职并开展教育、培训等相关工作,推进彝良的劳务输出和教育扶贫;镇雄县开展的教育扶智工程成绩显著,小学和初中的入学巩固率大大提升。

(三) 构树扶贫工程

滇桂黔石漠化区生态生态环境极其脆弱,植物存活率低。而构树在石漠化区生长有极其明显的优势。构树适应性极强,不论平原还是山地都可以成活,而且构树还有易生长繁殖,生长周期短、耐砍伐、不易生虫等特征。除此之外,构树可以说是"宝树",构树的嫩芽可以炒成茶叶;嫩叶下 10 厘米处的嫩枝可以做菜,食用;构树的树液、树根和树种可以作为药材;构树的树皮是造纸的高级原料,而且造出的纸质洁白;构树的枝条和树叶可以作为饲料,多次收割等。通过现代生物杂交技术培育出来的杂交构树更是富含蛋白质和多种微量元素,利用现代生物技术和酶工技术对构树进行枝叶发酵,禽畜所需元素吸收率大大提升。2015 年构树扶贫工程被列入十项精准扶贫工程之中,已经在国内贵州、广西、山西和河北等 20 多个省区进行了实验示范,2017 年广西在 31 个省区市推广种植构树。滇桂黔石漠化区引入构树扶贫工程,在片区的荒山荒坡上种植构树,不仅可以在一定程度上修复并保护石漠化区的生态环境,而且可以利用构树的经济和生态价值为片区农户增收。构树扶贫模式推进,如图 11 – 12 所示。

以黔西南州贞丰县为例,贞丰县是贵州省石漠化类型齐全、范围较大的县份之一,是贵州省有名的"石夹土"区域,有的甚至整座山都是石旮旯。贵州省林科院专家研究发现构树的经济价值,贞丰县随之探索构树的利用和开发,"十三五"期间规划种植 20 万亩,预计将使 8 000 余户贫困家庭摆脱贫困。[2] 贞丰县扶贫办的资料显示,通常情况下构树每亩种植 600 株,每年构树枝叶可以刈割 3~5 次,鲜叶和嫩枝亩产量在 10 吨以上,市场售价在 0.4 元/千克,每户收入在 4 000 元/亩以上。为了更大程度的为农户增收,贞丰县率先建立了育苗、种植一直到枝叶发酵处理的一体化构树产业链,带动了 6 800 户参与种植,吸引了 1 061 个精准贫困户持特惠贷入股,使贞丰县农民人均年收入高达 18 000 元以上,推

---

[1] 新华网:《云南寻甸柯渡镇创新方式分类扶持盘活资源精准扶贫》,http://www.yn.xinhuanet.com/nets/2017 – 07/24/c_136468546.htm,2017 年 7 月 24 日。

[2] 刘付林:《贞丰县"构树扶贫"助力石漠化地区脱贫攻坚新路径》,http://news.eastday.com/eastday/13news/auto/news/china/20161009/u7ai6096059.html,2016 年 10 月 9 日。

动了石漠化片区贫困户脱贫致富。

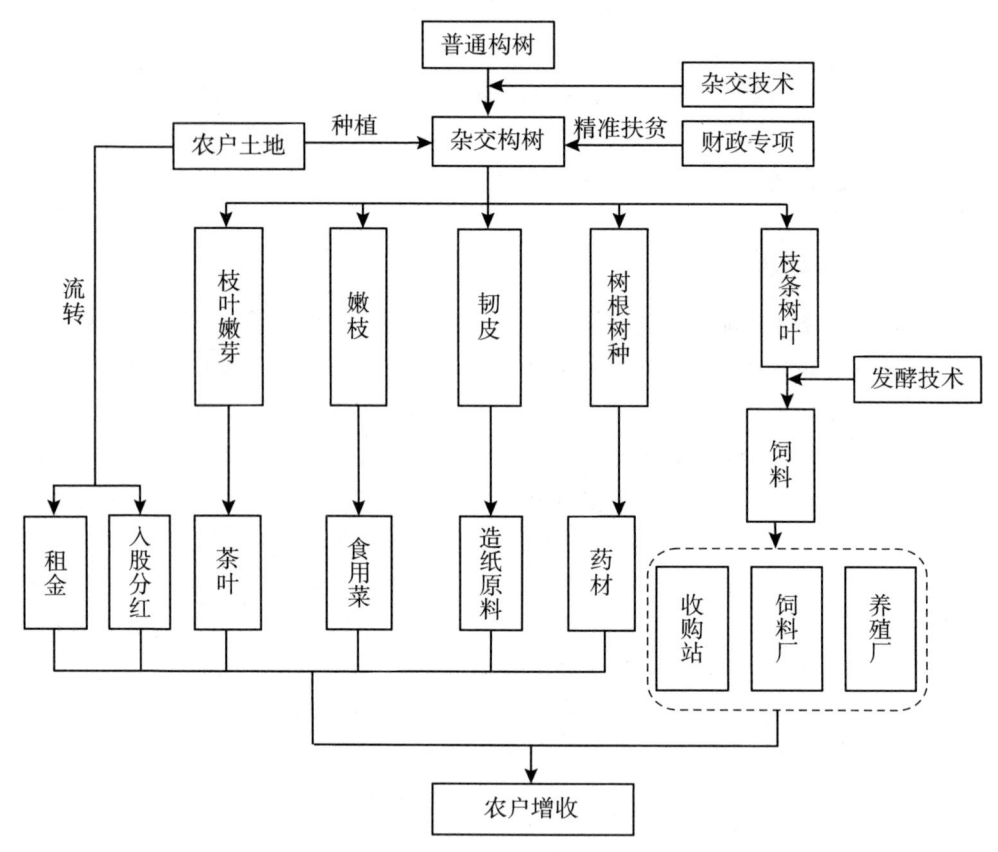

图 11-12 构树扶贫模式实施示意

（四）生态文化旅游扶贫

1. 民族文化扶贫

滇桂黔石漠化片区山水相连、文化相融，拥有丰厚的文化底蕴，区域内又有壮族、苗族、布依族、瑶族、侗族等 14 个少数民族聚居，民族文化交融发展，且该片区还是革命老区，历史文化内涵丰富。带动区域内的扶贫开发进程，可以立足特色文化，在加强对片区特色文化的保护和传承基础上，进行开发与利用，将区域发展与文化扶贫相结合，治理石漠化贫困现状。一方面，要加强对特色地域文化、民族文化、历史文化的保护与传承，深入挖掘现有的少数民族传统文化，并对已经或快要消亡的特色民族文化进行大力保护和抢救，保护现有的特色古村、古镇风貌，加强对古建筑的维护。寻找和培养非物质文化遗产的继承人，建设非物质文化博物馆，将现存非物质文化更好地传承下去，建立起特色文化遗产的保护网络和体系，积极申报联合国和国家级非物质文化遗产。另一方面，要在保护和传承的基础上对特色文化加以开发和利用，形成当地特色的竞争力。利用特色民族文化、历史文化、地域文化建设一批文化产业基地，发展一批文化产业中的龙头企业，加强文化产业的集聚发展，形成地区特色竞争力。做大做强文化产业，打造知名的文化品牌。位于广西西北部的隆林各族自治县是施行特色文化扶贫模式的典型县区，处于滇、桂、黔三省交界地带，地处总面积约3 551平方公里，全县人口近38.6万人，共有16个乡（镇）。隆林县共有彝、苗、壮、仡佬、汉5个民族，为多民族聚居地区，是典型的贫困地区、边疆地区、民族地区和革命老区。① 通过对少数民族传统文化、边疆特色异域文化、革命老区红色文化和古村落悠久历史文化的保护、传承和开发，以及区域非物质文化遗产的利用，做大做强了民族歌舞如侗族大歌、苗族岭飞古歌、龙州天琴等。将彝族的"火把节"、苗族的"跳坡节"、壮族的"三月三"、仡佬族的"吃新节"等歌节打造成地方民族民俗文化的亮点，借助特色文化的平台，结合自身区域特点，推动了特色民族文化旅游、边境异域文化旅游和红色革命老区旅游等特色文化旅游业的发展，实现了区域发展与文化扶贫的有机结合，开创了一条经济的绿色低碳发展与可持续发展道路。大力发展农村文化产业合作社，支持引导贫困群众参与民族传统手工艺品的生产，既吸收了农村剩余劳动力，又传承了民族传统文化，使村民们靠文化、靠技术创造了扶贫开发的内生性发展动力。

2. 发展特色旅游业

滇桂黔石漠化区是世界上喀斯特地貌最典型的地区之一，自然景观独特。在该片区的复合型山地有多样化的动植物资源和多个国家级森林公园、风景名胜区等，生活有壮族、苗族、布依族、瑶族、侗族等14个少数民族，拥有丰厚的民族文化底蕴和多样的民俗文化风情，还有少数民族的多种非物质文化遗产。因此，依托地区多样的民俗文化和自然资源，以及革命老区的红色旅游资源，可以发展一条特色生态休闲旅游业的扶贫开发模式。一方面打造重点景区和精品旅游线路，另一方面提升旅游服务的能力，同时开发多元化的旅游产品。将区域发展与旅游扶贫相结合，实现区域群众快速脱贫致富。

如图11-13所示，现阶段该区域已依托片区内的世界自然遗产、国家级森林公园和风景名胜区以及区内著名的历史文化古城等打造了多个重点特色旅游景区。例如：喀斯特山水风光景区、少数民族文化生态旅游景区、边境风情旅游景区和红色旅游景区等，在各景区内都开发了多条特色精品旅游路线，拓宽了当地居民的就业渠道，实现了农户收入来源的多样化，缓解了区域贫困状况。

---

① 隆林各族自治县人民政府门户网站. 走进隆林. www.gxll.gov.cn/zjcity.shtml.

```
┌──────────────┐                           ┌──────────────────┐
│   民俗文化    │                           │ 完善区域交通道路网 │
├──────────────┤    ┌─────────┐            ├──────────────────┤
│   自然资源    │ ⇒  │ 特色旅游业│  ⇐        │ 完善景区基础设施建设│
├──────────────┤    └─────────┘            ├──────────────────┤
│  红色旅游资源  │                          │ 完善住宿、餐饮等服务│
└──────────────┘                           └──────────────────┘
```

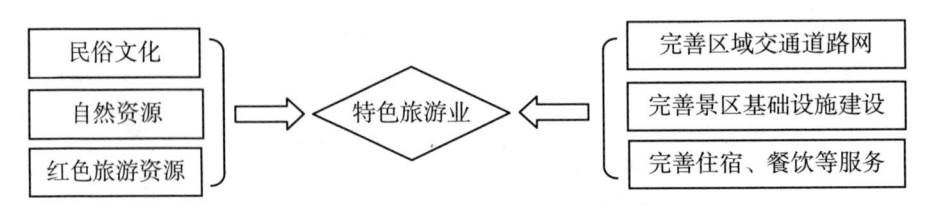

图 11 - 13　特色旅游发展示意

在提升旅游服务能力方面，一是要完善区域交通道路网，对重点旅游景区内外的交通设施进行重点建设，以防止旅游旺季出现景区内外交通拥堵的现象，扩大景区承载力，实现重点景区与精品旅游路线之间的公路交通便利衔接。在景区外部开设旅游专用线路，并建设容量足够大的停车场，为游客创造一个便捷、安全的旅游环境；二是要完善景区基础设施建设，如水网、电网、通信网、互联网以及垃圾污水处理等系统，在景区建设并合理布局多个游客服务中心、旅游信息咨询处、公共厕所、公交站点等，优化景区环境，合理分流旺季大规模的人流量，保证旅游质量，营造舒适的旅游氛围，同时要为游客提供安全标识、交通标识、导航系统等公共服务设施，保证游客安全；三是要完善旅游住宿、餐饮等服务，大力建设宾馆、度假村等，增强景区接待能力。

开发旅游资源、建设旅游景区和旅游路线时，可以配套开发多元化的旅游产品。将地方少数民族的特色手工艺品，例如少数民族的刺绣工艺、蜡染工艺、银饰等特色产品、精美民族服饰以及特色小吃等推广出去，提高产品的附加值、扩大农户收入来源，实现农民增收，同时也将少数民族的传统文化与工艺传承下去。

第三节　滇桂黔石漠化区现行扶贫政策的绩效评估

一、评价指标体系的构建

随着反贫困制度的不断完善和反贫困政策的大力推进，我国扶贫开发工作取得了显著成效，2010~2014 年我国农村扶贫人口规模从 16 567 万人下降到 7 017 万人，贫困发生率由 17.2% 降低到 7.2%。① 政府、学者及社会界已经逐步认识

---

① 国家统计局：《改革开放以来中国农村贫困人口减少 7 亿》，http://news.youth.cn/gn/201510/t20151016_7215516.htm，2015 年 10 月 16 日。

到反贫困制度在扶贫攻坚中发挥的重要作用。经过各方共同努力,"十二五"期间片区累计完成投资1.15万亿元,完成扶贫项目1.04万个,解决1 188万农村人口饮水安全问题,通电村和有卫生室的村达到100%,建制村通沥青(水泥)路比例达79.5%,治理石漠化面积4 000万亩,农村居民人均纯收入增长一倍,片区农村贫困人口由2011年的816万人减少到2014年的488万人,四年时间减少了328万人;农村贫困发生率由31.5%下降到18.5%,下降了13个百分点。①滇桂黔石漠化区反贫困行动在取得诸多成效的同时,也面临着许多现实问题,迫切要求反贫困制度做出优化和创新。而优化和创新反贫困制度,必须建立在现有反贫困制度合理科学的绩效评估基础之上。基于前人的相关研究成果,本节构建了滇桂黔石漠化区特殊类型贫困治理绩效评价体系,并在下一节对滇桂黔石漠化区特殊类型贫困治理进行了绩效评价,为第十二章的滇桂黔石漠化区特殊类型贫困治理的创新和优化提供了现实依据。

(一) 评价指标体系的意义与基本思路

1. 构建评价指标体系的意义

随着世界反贫困的理论研究与实践工作逐步深入,人们对贫困的认识也不断完善,贫困的内涵由之前的单一经济贫困拓展为更全面的多维贫困,贫困不仅体现在收入视角的贫困,还包含知识贫困、教育贫困、健康贫困、信息贫困等众多内容。随着扶贫开发的不断推进,滇桂黔石漠化区的贫困形态也在发生着变化,贫困状态由"持续贫困"向"动态贫困"过渡,贫困形式由经济性贫困向脆弱性贫困转变。目前,我国滇桂黔石漠化区的扶贫开发仍以经济性贫困治理为主,缺乏对脆弱性贫困的有效治理。然而,目前我国贫困的衡量标准以收入视角的贫困线为依据,同时反贫困制度的评价仍以贫困人口发生率和脱贫人数为标准,已经越来越不能适应新时代滇桂黔石漠化区反贫困斗争的需要,严重地制约着反贫困绩效的提升,暴露出诸多现实性问题:一是扶贫成本高,脱贫难度大,脱贫速度渐趋下降;二是极度贫困人口生计艰难,返贫现象异常严重,扶贫成效不稳定;三是贫困农户生计资本单薄,生计策略单一,面临市场风险和自然风险的双重冲击,农户贫困脆弱性突出;四是贫困农户发展机会少,发展能力低,脱贫致富难度大;五是扶贫资金缺乏有效整合,贫困农户参与扶贫项目的积极性不高。

滇桂黔石漠化区现行的反贫困制度在扶贫开发过程中,缺乏对贫困农户的有

---

① 新华社:《滇桂黔石漠化片区吹响新一轮扶贫攻坚"冲锋号"》,http://news.xinhuanet.com/local/2016-04/19/c_1118672398.htm,2016年4月19日。

效正向激励，由于贫困农户脆弱性问题突出，部分贫困农户在"脱贫"和"返贫"的过程中循环，逐步降低了参与扶贫项目的积极性，脱贫难度进一步增大。滇桂黔石漠化区的基层政府和扶贫部门，由于现有的反贫困行动消减剩存贫困人口速度放慢，而返贫人口又不断地涌现，在反贫困行动中也变得难以适从，在一些地区甚至出现了"扶贫行动不扶穷"的令人费解的现象，扶贫政策缺乏目标瞄准，严重地扭曲了政府部门的扶贫工作行为，降低了扶贫政策的效果。因而，构建多维度的反贫困制度绩效评价指标体系，转变现有的"单一式"反贫困制度的绩效评价方法，对科学合理评价滇桂黔石漠化区特殊类型贫困治理的绩效具有重要的现实意义。

随着滇桂黔石漠化区的贫困人口数量的逐步减少，现有的政府主导的"事后救济"式扶贫开发的绩效逐步下降，具体表现为扶贫成本高，脱贫难度大，脱贫速度渐趋下降，扶贫成效不稳定，农户贫困脆弱性突出。因此，多维度的反贫困制度绩效评价体系，不应该仅仅局限于农户生计资产建设和社会保护完善两个方面，应该包含对农村基础设施和公共服务建设、微观主体生计改善、风险防范等方面的考核评价。总之，多维度的绩效评价指标体系要聚焦于农户贫困脆弱性。为此，现有的扶贫开发反贫困行动应该发展转变成一些具体的项目计划和建设，具体包括：生计资产建设，生计决策能力提升，社会保护完善，自然生态系统修复与建设，社会生态系统修复与建设，以及生计风险消减等六个方面。

因此，只有基于多维度反贫困制度绩效评价指标体系，才能客观和科学地评估滇桂黔石漠化区反贫困绩效，为推进滇桂黔石漠化区反贫困行动由"事后救济"式向"事前干预"式转变，进而提高滇桂黔石漠化区反贫困工作的效果，促进滇桂黔石漠化区社会经济可持续发展。目前滇桂黔石漠化区的扶贫资金和扶贫项目缺乏有效整合，严重制约了扶贫资金和扶贫项目的作用。究其原因，扶贫资金和扶贫项目涉及扶贫办、发改委、农业、财政等多个部门，决策部门多、部门之间的利益博弈导致了扶贫资金和扶贫项目难以有效整合。此外，还有一个极其重要的原因被研究者所忽略，就是现有的反贫困制度绩效评价是基于反贫困的结果（即脱贫人口数量）进行的，而不是针对反贫困过程而实施的，缺乏对多个维度绩效的合理考核。这种单一标准的评价方法，并不能全面客观反映反贫困制度的真实绩效，造成了扶贫思路不明确，"该扶什么，不该扶什么，扶什么效果最好"，各个政府职能部门由于其所站的角度不同，必然会对扶贫的过程和具体内容形成较大的分歧，必然会引发扶贫项目和扶贫资金的难以整合。通过构建新型的基于农户脆弱性的多维度反贫困制度评价体系，将扶贫绩效的评估考核对象由"结果"转变为"行动"，明确扶贫工作的内容和重点，不仅有利于将分散在各个具体扶贫部门、各个行政地域的资金和项目予以有效整合,形成反贫困的合力,而且有利于规范反贫困行动的具体行为,避免相应政府职能部门因负责人的变动而影响到反贫困行动的可持续性和实施效果。①

2. 构建评价指标体系的基本思路

滇桂黔石漠化区特殊类型贫困治理绩效评价指标体系是以党在新时期的扶贫攻坚工作方针和《中国农村扶贫开发纲要(2011－2020年)》为政策依据,以脆弱性贫困理论等为理论依据,以滇桂黔石漠化区社会经济发展状况和农户生计状况为现实依据,致力于推进我国滇桂黔石漠化区的经济与社会发展,消减农户脆弱性贫困,以实现"各民族共同团结奋斗、共同繁荣发展"为目的。依据现有的农户住户调查资料、我国农村贫困监测数据、中国农村统计年鉴、农村实地调查的相关指标,借鉴相关研究成果,结合滇桂黔石漠化区社会经济发展的实际情况,构建了新时期滇桂黔石漠化区特殊类型贫困治理绩效的评价体系。

为了使本研究构建的滇桂黔石漠化区特殊类型贫困治理绩效评价指标体系,符合滇桂黔石漠化区的反贫困行动的实际,并且具有较强的实用性和应用价值,同时能够客观全面地反映滇桂黔石漠化区特殊类型贫困治理的绩效情况,该指标体系构建必须遵循以下五条基本原则:

一是系统性。滇桂黔石漠化区特殊类型贫困治理绩效评价指标体系的设计应从全面系统性的要求出发,力求全面、系统、综合地反映滇桂黔石漠化区反贫困行动的实际情况。绩效评价指标体系的各项具体指标,不但要反映农户生计资产建设状况,而且要反映农户生计策略改进、社会保护完善的情况,还要反映农村社区自然生态建设、社会生态建设以及生计风险消减的状况,并有针对性地对滇桂黔石漠化区反贫困各个方面的实施情况进行评估。

二是突出重点。滇桂黔石漠化区特殊类型贫困治理绩效评价指标体系,不仅要能够全面地反映出滇桂黔石漠化区反贫困行动的实践情况,还要突出农户生计系统改善状况。滇桂黔石漠化区农户的生计脆弱性与农户贫困息息相关,滇桂黔石漠化区特殊类型贫困治理绩效评价指标体系要特别强调与农户脆弱性贫困消减相关的农户生计系统、自然生态系统、社会生态系统、风险系统系统的改善,并且突出这些方面以便确保该指标体系能够更好地反映滇桂黔石漠化区反贫困绩效。

三是可比性。滇桂黔石漠化区特殊类型贫困治理绩效评价指标体系的设计要

---

① 在具体职能部门,新老部门负责人可能因为其对反贫困的内容和重点理解不同,因而在新老负责人交替过程中,极有可能会影响其反贫困工作的连续性。

体现指标的普遍适用性和时空上的可对比性。指标的选取不但能全面、客观地反映滇桂黔石漠化区反贫困行动的实际状况，而且可以进行横、纵向比较，因此应该尽可能选取那些具有可比性的相对量指标和共性指标，以便找到反贫困制度绩效的薄弱环节，把握问题的核心环节，为谋求制定切实、合理、有效的改进方案服务。

四是简洁性。滇桂黔石漠化区特殊类型贫困治理绩效评价指标体系的构建要体现简洁性，各项评价指标不宜设置过多，否则，各项指标之间极易引起信息相互重叠，导致评价效果下降。该指标体系应尽可能选择包含综合信息的指标，尽可能减少重复性指标，以提升指标评价效果。

五是可操作性。滇桂黔石漠化区特殊类型贫困治理绩效评价指标体系构建应体现可操作性。具体来看，各项指标的选取应充分考虑数据的可获取性，而且每项指标的内涵设定要具体明确，信息来源要真实可靠，数据采集方便易行，年度间、地区间数据的统计口径要协调统一，数据的核算方法力求规范、可操作，从而确保最终的评价结果做到客观与公正。

（二）基于脆弱性的特殊类型贫困治理绩效评价指标体系

1. 指标体系的基本框架

本研究借鉴了中国农村贫困监测数据指标体系、联合国人类发展指数、中国健康与营养调查全面建设小康社会指数、中国健康与营养调查（CHNS）指标体系以及专家学者的前期相关研究成果，经过反复征求贫困研究专家、滇桂黔石漠化区扶贫办官员、滇桂黔石漠化区基层干部的意见，依照世界银行的农户可持续生计框架，我们最终将滇桂黔石漠化区特殊类型贫困治理绩效评价指标体系划分为生计资产建设、生计策略改进、社会保护完善、自然生态修复与建设、社会生态修复与建设、生计风险消减等6大类；其中，生计资产建设是滇桂黔石漠化区反贫困行动中最为重要的环节，因而参照前人的"生计资本五边形"的经典分类方法，我们又将其分成自然资本建设指标、物质资本建设指标、人力资本建设指标、金融资本建设指标、社会与少数民族文化建设指标等5小类；为了测度衡量这10类分项指数，我们共选取了65项具体的指标。滇桂黔石漠化区特殊类型贫困治理绩效评价指标体系的基本框架，具体情况详见表11-5。

表 11 – 5　　滇桂黔石漠化区特殊类型贫困治理评价指标体系

指标名称	指标解释
生计资产建设指数	自然资本建设指数：人均耕地面积、人均林地面积等 10 项指标 物质资本建设指数：通公路的自然村率、家庭耐用品金额等 7 项指标 人力资本建设指数：有卫生室的村比重、成人平均受教育年限等 7 项指标 金融资本建设指数：人均纯收入、人均现金和存款数量、人均负债额等 5 项指标 社会文化资本建设指数：参加社区组织的农户比重、社区少数民族文化传承与开发情况等 7 项指标
生计策略改进指数	农业技术应用状况、工资性收入占比、大学生村官情况等 7 项指标
社会保护完善指数	新农合参合率、新农保参保率、户均获得救济救助资金额度等 6 项指标
自然生态建设指数	森林覆盖率、户均生态补偿金额等 6 项指标
生计资产建设指数	劳动力负担率、"婚姻贫困"状况、村级组织服务能力等 5 项指标
生计风险消减指数	自然灾害发生频率、外出务工或兼业农户比率等 5 项指标

2. 综合指数评价方法

传统反贫困制度评价方法仅以"脱贫人口数量"为评价标准，这种单一标准的评价方法仅仅只能对滇桂黔石漠化区特殊类型贫困治理进行片面、简单的评价，存在一定的缺陷，不能够科学而准确地针对滇桂黔石漠化区特殊类型贫困治理的绩效作出比较全面客观的评价。滇桂黔石漠化区特殊类型贫困治理绩效是一个极为复杂性和综合性的概念，不仅涉及滇桂黔石漠化区的农户生计系统的各个方面，而且还涉及与农户生计系统有关的生计资产系统、生计策略系统、社会完善保护系统、自然生态系统、社会生态系统和农户风险系统的各个方面，由于其涉及的指标数量和层级太多，为了便于统计处理以及区际间横向比较、区域内部纵向比较，我们采用综合指数评价方法对滇桂黔石漠化区特殊类型贫困治理绩效进行评价。

本节所采纳的综合指数评价方法的步骤如下（见表 11 – 6）：第一，通过设置参考标准和权重方法，结合各单项指标的当年实际值，计算出各单项指标的指数，进而计算出综合评价指数。第二，将单项指数和综合评价指数与全国相应平均水平及理想水平进行比较。绩效水平的测算过程中，各项指标的参照评价值可选取全国平均水平或理想水平；单项（或分项或综合）指数在数值上等于该单项（或分项或综合）指标除以参照评价值；各项具体指标的权重确定，要广泛征求专家、学者、行政人员和基层工作者的意见。

表 11-6　　　　　　　　综合评价方法

单项指标名称	某时期实际值（1）	权重（2）	同期全国平均值（3）	理想水平（4）	单项指数（5）=（1）/（3）×（2）或（5）=（1）/（4）×（2）
1					
2					
…					
合计					

二、滇桂黔石漠化区特殊类型贫困治理的绩效评价

（一）数据来源与预处理

1. 数据来源

课题组所在的研究团队依据滇桂黔石漠化区特殊类型贫困治理的绩效评价框架，设计了相应的问卷调查表，并于 2015 年深入滇桂黔石漠化区进行分散调研，在获取典型案例访谈资料、政府数据资料和了解当地情况的基础上获取了有效问卷 314 份。在调研结束后，及时组织团队成员将问卷调查内容录入计算机，为滇桂黔石漠化区特殊类型贫困治理的绩效评价取得了第一手的数据来源。

2. 指标的无量纲化处理

本研究所有构建的基于特殊类型贫困视角的滇桂黔石漠化区反贫困制度绩效评价指标体系由农户生计资产建设指标体系、农户生计策略改进指标体系、农村社会保护完善指标体系、农村社区自然生态修复与建设指标体系、农村社区社会生态修复与建设指标体系、农户生计风险消减指标体系等组成。本文构建的滇桂黔石漠化区特殊类型贫困治理的绩效评价指标体系的 6 大指标体系中的 65 项指标，在属性和度量单位方面具有差异性，在定量绩效评价时无法直接对滇桂黔石漠化区特殊类型贫困治理绩效进行直接测算，需要对各项指标进行无量纲化处理。指标的无量纲化处理是通过数学处理方式来消除指标变量原始数据的量纲差异的统计学方法，本质上是对数据的规范化和标准化处理。指标的无量纲处理的目的，就是为了解决各项指标值之间由于量纲差异、经济意义及其对滇桂黔石漠化区特殊类型贫困治理绩效的正负作用不同，进而导致绩效评价难以进行的问题。

不同指标的属性和度量单位千差万别，统计实践中所运用的无量纲化处理方法也有很多种，针对不同属性的原始指标采用不同的无量纲化方法：第一，针对比例或概率类型的指标，就直接使用该指标值，用指标值来表示该项指标的标准指数化后的数值；第二，针对具有明确变化趋势的数量型指标，就用该项指标除以相对先进标准指标数值的比值来评价指标的优劣；第三，针对确实难以定量化的定性指标，可以将该指标实施"好""较好""一般""较差""差"的分等级评价的方法来数值化处理，具体实践中通常运用专家调查法或文献调查法或模糊数学聚类法来确定评价等级和评价标准。实施无量纲化处理后，所有的原始指标就转化为 0～100 之间的一个正向的相对数值，为即将实施的指标评价工作做好了基础准备。

在本研究所构建的滇桂黔石漠化区特殊类型贫困治理绩效评价指标体系中，6 个指标体系所包含的 65 项具体指标中，既有正向指标（指标数值与滇桂黔石漠化区特殊类型贫困治理绩效成正比），又有逆向指标（指标数值与滇桂黔石漠化区特殊类型贫困治理绩效成反比），还有区间型指标（指标取值越靠近居中值，滇桂黔石漠化区特殊类型贫困治理绩效就越好；越远离居中值，滇桂黔石漠化区特殊类型贫困治理绩效就越差）。在具体的无量纲化处理中，针对不同类型的指标，本研究分别采用不同的处理方法：

第一，正向指标的无量纲化处理方法。本指标体系共有具体的正向指标 57 个，即人均耕地面积、人均林地面积、人均园地面积、通公路的自然村率、有卫生室的村比重、人均预期寿命、成人平均受教育年限、特色少数民族传统文化技能、人均纯收入、人均现金和各类存款数量、参加社区组织的农户比重、农业技术应用状况、工资性收入占比、新农合参合率、新农保参保率、农村低保应保尽保状况、获取救灾钱物农户的比重等。

将以上 57 项正向指标实现程度进行无量纲化处理的计算公式为：

$$z_i = \begin{cases} \dfrac{x_i}{x_{i1}} \times 100\%, & 若 \dfrac{x_i}{x_{i1}} < 1 \\ 100\%, & 若 \dfrac{x_i}{x_{i1}} \geq 1 \end{cases}$$

其中 z_i 为 x_i 评价值，x_i 为实际值，x_{i1} 为标准值。

第二，逆向指标的无量纲化处理方法。本指标体系共有逆向指标 8 个，即学龄儿童辍学率、人均负债额、水土流失率、劳动力负担率、"婚姻贫困"状况、自然灾害发生频率、年自然灾害户均损失、恩格尔系数等。

将它们实现程度进行无量纲化处理的计算公式为：

$$z_i = \begin{cases} \dfrac{x_{i1}}{x_i} \times 100\%, & \text{若 } \dfrac{x_{i1}}{x_i} < 1 \\ 100\%, & \text{若 } \dfrac{x_{i1}}{x_i} \geq 1 \end{cases}$$

其中 z_i 为 x_i 评价值，x_i 为实际值，x_{i1} 为标准值。

第三，区间型指标的无量纲化处理方法。指标体系共有具体的区间指标1个，即基尼系数。依照世界银行等国际组织确定区间标准，本研究将基尼系数这一指标的目标区间确定为 $[0.3, 0.4]$，允许下界限值为0，允许上界限值为0.5。

将它们实现程度进行无量纲化处理的计算公式为：

$$Z_i = \begin{cases} 0, & \text{if } x_i \notin [m_1, m_2] \\ \left(-\dfrac{1}{(q_1 - m_1)^2}x^2 + \dfrac{2q_1}{(q_1 - m_1)^2}x + \dfrac{m_1^2 - 2q_1 m_1}{(q_1 - m_1)^2}\right) \times 100\%, & \text{if } x_i \notin [m_1, q_1] \\ 100\%, & \text{if } x_i \notin [q_1, q_2] \\ \left(-\dfrac{1}{(q_2 - m_2)^2}x^2 + \dfrac{2q_2}{(q_2 - m_2)^2}x + \dfrac{m_2^2 - 2q_2 m_2}{(q_2 - m_2)^2}\right) \times 100\%, & \text{if } x_i \notin [q_2, m_2] \end{cases}$$

其中，Z_i 为 x_i 的评价值，x 为实际值，$[q_1, q_2]$ 为指标 x 的目标值，m_1、m_2 为指标 x_i 的一个允许上、下限值。

（二）指标权重的确定

本节所构建的滇桂黔石漠化区特殊类型贫困治理的绩效评价指标体系，涉及6个指标体系65项具体指标，涉及扶贫行动的多个维度，因此民族地区反贫困制度的绩效测算建立在科学合理的指标权重的基础上。指标权重的确定是否科学与合理，关乎整个贫困治理绩效测算的质量和成败。在滇桂黔石漠化区特殊类型贫困治理的绩效评价指标权重确定工作中，准确掌握指标彼此间重要程度、其对分项指标或总指标的贡献度是非常困难的。贫困治理的绩效评价是一项复杂的系统工程，涉及农户生计资产建设、农户生计策略改进、农村社会保护完善、农村社区自然生态修复和建设、农村社区社会生态修复和建设、农户风险消减等6项分项指数和65项具体指标。我们采取单指标评价法、分项指数评价法、综合指标评价法相结合的方法进行测算和评估。具体测算过程中，65项具体指数的计算公式为 $z_t = \dfrac{x_t}{p_t} w_t$，其中 x_i 为实际观测值，p_i 为该指标的参考标准值，w_i 为指标 x_i 的权数；6个分项评价指数的计算公式为 $F_j = \sum\limits_{t=1}^{n} z_t$，其中 z_i 为第 i 个单项指标的评价指数；综合指数的计算公式为 $M = \sum\limits_{j=1}^{6} F_j u_j$，其中 u_j 为各分项指数的权数。

为了较为准确地确定各项具体指标的权重、6项分项指数的权重,在云南、广西和贵州的调研中,我们设计了相应的问卷调查表,对滇桂黔石漠化区反贫困问题最为关切的人群进行意愿调查,参与权重确定的相关群体包括:第一类是三省区15个样本村的村委会和村民小组干部,每个村村委会干部3人,村组干部2人;第二类是三省区红河州泸西县、曲靖市罗平县、百色市田东县、河池市巴马县、兴仁县、晴隆县、兴义市、贞丰县8个县市的扶贫办干部,每县2人;第三类是贫困研究学者,其中学者分布情况为云南2人、广西6人、贵州6人。

利用表11-7中的农户意愿、扶贫办干部和贫困研究学者对各分项指数权重的理解与意愿,运用简单平均数计算方法 $\bar{u} = \dfrac{\sum u_t}{n}$,计算出各分项指数权重平均值结果,具体情况详见表11-7中的最后一列数据。生计资产建设指数、生计策略改进指数、社会保护完善指数、自然生态建设指数、社会生态建设指数和生计风险消减等6项分项指数的权重分别为28.57%、23.56%、17.14%、11.43%、7.14%、12.86%。

表11-7 特殊类型贫困治理绩效评价指数各分项指数权重的确定 单位:%

参与权重确定的群体/权重平均值		生计资产建设指数权重	生计策略改进指数权重	社会保护完善指数权重	自然生态建设指数权重	社会生态建设指数权重	风险消减指数权重
村组干部意愿	云南	30	20	15	5	10	15
	广西	20	30	10	15	5	20
	贵州	35	15	20	15	5	10
扶贫办官员意见	云南	30	25	20	10	5	10
	广西	25	25	15	10	10	15
	贵州	35	20	15	15	5	10
贫困研究学者建议		25	30	25	10	10	10
各分项指数权重平均值		28.57	23.56	17.14	11.43	7.14	12.86

注:表中数据来源于课题组的调查数据整理结果。

三、绩效评价结果分析

依照前文构建的基于特殊类型贫困的反贫困制度绩效测算框架,运用本节调研数据的预处理方法和各项指标的权重确定，对滇桂黔石漠化区特殊类型贫困治理的绩效指数测算结果详见表11-8。其中，综合指数和各项分支指数的满分都为100分，相对于100分，分数越高表示其反贫困制度的绩效就越好；反之，则反贫困制度的绩效就越低。

表11-8　滇桂黔石漠化区特殊类型贫困治理绩效指数的测算结果

村域	综合指数	生计资产建设指数	生计策略改进指数	社会保护完善指数	自然生态建设指数	社会生态建设指数	风险消减指数
黑舍村（HS）	55.77	54.83	47.63	56.78	74.02	51.20	55.11
发新村（FX）	49.17	46.05	38.14	59.15	51.34	55.62	55.30
平略村（PL）	48.28	48.07	49.10	53.24	24.47	46.78	60.46
陇穷村（LQ）	55.17	52.67	57.13	60.55	40.03	53.41	61.76
新乐村（XL）	51.83	44.40	50.56	57.74	70.87	42.36	48.73
新隆村（XLG）	57.65	45.67	53.48	60.39	92.62	60.04	53.09
城北社区（CB）	56.96	57.79	51.29	55.66	73.50	51.20	53.07
俄典村（ED）	56.08	59.01	49.10	56.40	58.10	44.57	63.93
江满村（JM）	49.76	52.32	49.83	58.93	41.55	55.62	33.50
江兴村（JX）	51.56	53.18	43.52	46.83	50.71	48.99	68.87
孟寨村（MZ）	43.53	53.16	45.71	41.53	20.49	57.83	31.42
安谷村（AG）	42.45	42.35	44.25	50.61	27.85	37.95	42.13
紫马村（ZM）	45.82	55.10	43.98	46.21	32.67	46.78	37.20
拱桥村（GQ）	48.35	43.35	52.02	45.02	50.61	46.78	53.81
冬妹村（DM）	59.36	52.60	54.94	56.39	85.54	53.41	63.68
平均值（Avg）	51.45	50.70	48.71	53.70	52.96	50.17	52.14

（一）整体制度绩效分析

课题组所调查的滇桂黔石漠化区的15个贫困村的反贫困制度绩效综合指数的平均值仅为51.45。通过对表11-8的绩效评估结果进行分析，综合指数、生计资产建设指数、生计策略改进指数、社会保护完善指数、自然生态建设指数、社会生态建设指数、风险消减指数的均值分别为51.45、50.70、48.71、53.70、52.96、50.17、52.14。可以看到得分均在50分左右，没有达到60分的，最高为53.70。一方面是因为常规扶贫制度的效益边际递减；另一方面是整体扶贫成效进入攻坚期，速度不可能很快，效果需要慢慢呈现。同时，这些指数没有低于45分的，说明成绩是值得肯定的，是制度设计的结果也是基层执行实施精准扶贫以及特困扶持的功劳。

从绩效的偏差幅度来看，滇桂黔石漠化区特殊类型贫困治理绩效的综合指数、生计资产建设指数、生计策略改进指数、社会保护完善指数、自然生态建设指数、社会生态建设指数、风险消减指数的绩效偏差幅度为分别为16.91、16.66、18.99、19.02、72.13、22.09、37.45。可以看到偏差最大的是自然生态建设指数，通过对比15个样本村的生态建设指数，发现孟寨村的指数低至20.49，通过调研了解，可能的解释是政府对这个小区域的投入少，而且这个地带处于石漠化和土山之间的过渡地带，水土流失极为严重。偏差其次大的为风险消减指数，这个指数与调研了解到的情况是一致的，贵州的种草养羊，云南的六子登科，广西的火龙果、芒果，这些产业确实能够使贫困的家庭增产，但是在经济收入、投入产出效益以及市场销售和利润实现方面存在着极大的风险，同时还面临着巨大的自然风险，因此需要重点关注模式化区贫困治理的风险防御系统建设。

从绩效均值来分析，综合指数、生计资产建设指数、生计策略改进指数、社会保护完善指数、自然生态建设指数、社会生态建设指数、风险消减指数在其均值之上的指数个数分别为8、9、9、9、6、8、10，在整个样本村庄中该数据已经过半，说明扶贫绩效一方面是在增效，另一方面说明水平并不低，但总体来讲有很大的提升空间。在15个样本村中，反贫制度绩效位于均值之上的有8个，离均值的距离最远的为7.91，最近的有0.11，说明差异较大；在均值之下的有7个，离均值最远的为9，最近的有1.69，可见均值低下的水平比较明显。这表明这15个贫困村的反贫困制度的绩效极为低下，如何优化和完善滇桂黔石漠化区的反贫困制度，提高反贫困制度绩效，既具有重要意义，更具有紧迫性。

滇桂黔石漠化区特殊类型贫困治理绩效的综合指数、生计资产建设指数、生计策略改进指数、社会保护完善指数、自然生态建设指数、社会生态建设指数、风险消减指数在样本中的最大值分别是59.36、59.01、57.13、60.55、92.62、60.04、68.87；均值以上最大指数距离分别为7.91、8.31、8.42、6.85、39.66、9.87、16.73；均值以上最小指数分别是51.56、52.32、49.10、55.66、58.10、51.20、53.07；均值以上最小指数距离分别是0.11、1.62、0.39、1.96、5.14、1.03、0.93；均值以上平均指数分别为55.55、54.52、51.94、58.00、75.78、54.79、58.91；均值以上平均指数距离分别是4.10、3.81、3.23、4.30、22.82、4.62、6.77。总体上偏差较大，这表明各村典型性较强；同时也可以看出样本村中有许多共同之处，主要有生态建设指数偏差大，幅度广，说明每种治理贫困与石漠化的模式各有优劣势。

从绩效均值下方来分析，滇桂黔石漠化区特殊类型贫困治理绩效的综合指数、生计资产建设指数、生计策略改进指数、社会保护完善指数、自然生态建设指数、社会生态建设指数、风险消减指数在其均值之上的指数个数分别为7、6、6、6、9、7、5；最小值分别是42.45、42.35、38.14、41.53、20.49、37.95、31.42；均值之下最大指数距离分别为9.00、8.35、10.57、12.17、32.47、12.22、20.72；均值之下最大指数分别是49.76、48.07、47.63、53.24、51.34、48.99、48.73；均值之下最小指数距离分别为1.69、2.63、1.08、0.46、1.62、1.18、3.41；均值之下平均指数分别为46.77、44.98、43.87、47.24、37.75、44.89、38.60；均值之下平均指数距离分别是4.68、5.72、4.84、6.46、15.21、5.28、13.54。总体上看出均值之下的共性更强，主要体现在生计风险指数、生计策略指数、生态建设指数方面，因此需要关注这三个方面对绩效的影响。

（二）滇桂黔三省区绩效对比分析

从省区层面来看，云南省特殊类型贫困治理绩效的综合指数、生计资产建设指数、生计策略改进指数、社会保护完善指数、自然生态建设指数、社会生态建设指数、风险消减指数值分别为52.47、50.44、42.89、57.97、62.68、53.41、55.21；与全片区均值之差分别为1.02、-0.26、-5.83、4.27、9.72、3.24、3.07；最大值分别是55.77、54.83、47.63、59.15、74.02、55.62、55.30；最小值分别是49.17、46.05、38.14、56.78、51.34、51.20、55.11。广西壮族自治区特殊类型贫困治理绩效的综合指数、生计资产建设指数、生计策略改进指数、社会保护完善指数、自然生态建设指数、社会生态建设指数、风险消减指数值分别为53.98、49.72、52.31、57.52、60.30、50.76、55.42；与全片区均值之差分别为2.53、-0.98、3.60、3.82、7.34、0.59、3.28；最大值分别是57.65、57.79、57.13、60.55、92.62、60.04、61.76；最小值分别是48.28、44.40、49.10、53.24、24.47、42.36、48.73。贵州省特殊类型贫困治理绩效的综合指数、生计资产建设指数、生计策略改进指数、社会保护完善指数、自然生态建设指数、社会生态建设指数、风险消减指数值分别为49.61、51.38、47.92、50.24、45.94、48.99、49.32；与全片区均值之差分别为-1.84、0.68、-0.79、-3.46、-7.02、-1.18、-2.82；最大值分别是59.36、59.01、54.94、58.93、85.54、57.83、68.87；最小值分别是42.45、42.35、43.52、41.53、20.49、37.95、31.42。这三个地区反贫困制度绩效的区域差异较为明显，可能存在的原因有：三省区间的自然条件和资源禀赋差异较大，与广西和云南相比，贵州省石漠化面积最大，贫困程度最深，涉及范围最广；而且，与广西和云南相比，贵州的财政扶贫资金投入相对较少，致使贵州石漠化贫困区域的开发程度较低，民众自我发展能力最低。

第十二章

滇桂黔石漠化区特殊类型贫困与反贫困的制度创新

第一节 滇桂黔石漠化区特殊类型反贫困制度的创新方向

由于滇桂黔三省区地理文化等有差异，即贫困的多样性和动态性决定了反贫困的系统性和创新性。由于片区贫困的区域性，片区扶贫攻坚的工作价值在很大程度上取决于片区内的区域协同。协同治理贫困是把以往散漫的扶贫工作精织成面，以加强区域多方面协同为理念，通过生产、运输交通、片区城镇间扶贫、基本公共服务、扶贫政策实施，做到片区扶贫的可持续发展，同时实施"一揽子"具体的政策措施，包括石漠化综合治理、自然灾害消减、水利工程建设、民生发展、人力资源开发、农户生计培育、优势农业发展。协同治理可以通过构建市场经济和区域经济的"一体化"，打造一个具有地区特色的规模化产业，将区域市场以集聚的形式在市场上打响，以这种方式实现三区经济的一同提高。不同于以往的反贫机制，协同治理强调的是区域协同，即在寻求一种区域间的"平衡"。即便区域间有贫困差异与贫富差距，通过协同治理，也可以利用各区域的优势弥补各区域的劣势。协同治理甚至可以实现片区反贫的可持续性，在完成一些工程建设和政策发布后，片区反贫有很大的发展空间。通过协同治理，使滇桂黔石漠化区形成可持续的特色片区产业群，实现片区贫困户的脱贫致富（如图 12-1 所示）。

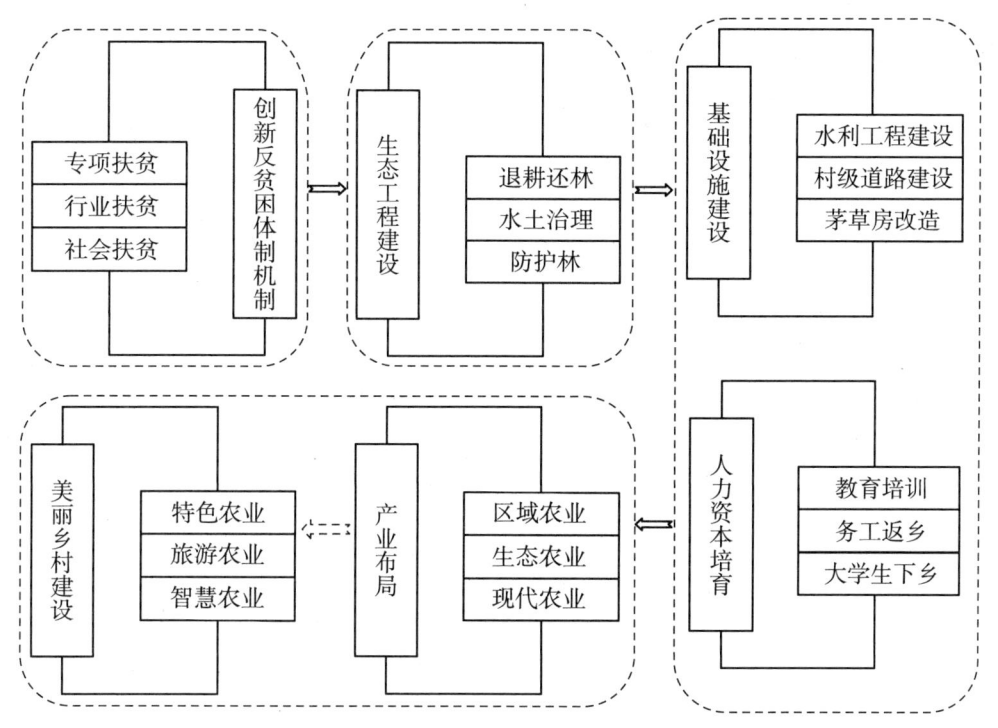

图 12-1 滇桂黔石漠化区贫困治理模式

一、反贫困体制机制创新

现行主要大扶贫模式有专项扶贫、行业扶贫、社会扶贫三个方向。在《中国农村扶贫开发纲要》中指出，专项扶贫包括革命老区建设、扶贫试点、产业扶贫、易地扶贫搬迁、以工代赈、就业促进、整村推进等；行业扶贫主要有完善基础设施、明确部门职责、改善公共卫生和人口服务管理、发展教育文化事业、发展特色产业、重视能源和生态环境建设、开展科技扶贫、完善社会保障制度等；而社会扶贫包括军队和武警部门作用的发挥、企业和社会各界的参与、东西部扶贫协作的推进以及定点扶贫的加强等。大扶贫模式的创新之处有两点：一是实施精准扶贫工作。根据贫困地区和贫困人口的实际情况进行精准扶贫，明显加大扶贫效果，使扶贫资金落实到位。二是增加了社会资源。扶贫工作吸收了各方各界的资源，并动员组织社会力量参与扶贫开发。政府扶贫模式在推动力、覆盖面和资金等方面有着得天独厚的优势，而社会组织则会以灵活、专业的优势予以弥补，两者相辅相成，共同打好推进反贫困攻坚战。纵观滇桂黔石漠化区域扶贫的历史历程，三区的贫困总况已有很大改善，但是针对集中连片特殊困难地区和绝对贫困人口，传统反贫困机制的漏洞一览无余。经过多年的扶贫工作，现行反贫机制已经很成熟，但是从扶贫成效来看，反贫机制亟须创新，以达成小康社会建设目标。

二、加速特色优势资源资本化

扶贫攻坚与石漠化综合治理相结合重点区。控制人口总量，促进人口有序转移，因地制宜发展生态农林产业和畜牧业，多种途径促进农民增收致富，继续实施退耕还林，大力恢复林草植被，深入开展石漠化综合治理，探索岩溶地区石漠化综合治理和扶贫开发相结合的可持续发展路子。一是建立重要能源和矿产资源深加工基地，以保护生态环境为前提充分发挥水能、煤炭和锰、铝土、锑、锡、铅锌、磷、重晶石、黄金等资源优势，进一步壮大水电产业，有序发展煤电，因地制宜推进煤电磷、煤电铝一体化发展，延伸产业链条，提高资源就地转化和精深加工水平，促进产业集聚发展，建成重要的能源和矿产资源深加工基地。二是建设国际知名喀斯特山水风貌与特色文化旅游目的地，发挥旅游资源优势，大力发展喀斯特山水生态游、少数民族文化游和红色旅游，探索特色文化与旅游融合发展新路子，努力建设成为世界知名、国内一流的旅游目的地和休闲度假胜地。三是建立民族团结进步和边境繁荣稳定模范区。发扬各民族和睦共处优良传统，开展民族团结进步创建活动，推进民族文化传承创新，巩固发展平等、团结、互助、和谐的民族关系，促进各民族交往交流交融和民族团结进步。大力实施兴边富民行动，推进沿边开放和跨国经济合作，保障边境地区稳定，实现贫困群众脱贫致富。四是打造珠江流域重要生态安全屏障。推进生态文明建设，建立健全生态补偿机制，加强水土保持综合治理和珠江流域防护林等重点生态工程建设，提高森林覆盖率，增强水源涵养能力，防治水土流失，逐步恢复岩溶地区生态系统，建成珠江流域重要生态安全屏障。

滇桂黔地域的显著特点便是多个少数民族的聚集，政府要充分重视滇桂黔少数民族在长期居住于此地而积累形成的宝贵独特的"地方性知识"，例如民族文化传统可以作为旅游区的宣传重点，一些民族的特殊生产技术可以联动种植养殖业的繁荣；在农村发展中，统一生态环境治理和保护有机产业，如"猪—沼—果""猪—沼—菜""猪—沼—药"三种经济发展模式，实现在保护中扶贫，在扶贫中保护。某些民族内部陈旧的不适于今的传统，可通过潜移默化的方式进行消除。民族地区反贫考虑到了民族与社会、民族与环境等之间的联系与问题。由于各民族贫困的成因、影响因素也不同，民族地区反贫着手于民族差异性，充分考虑到不同民族传统形成的社会组织形式，利用民族文化与民族资源，促进民族地区旅游业、农业等产业的发展。

三、动员社会资本参与反贫行动

滇桂黔石漠化区的贫困治理不能仅仅是依靠三省区的力量，而是要举全国之力，团结、动员、组织全党全社会的力量参与到滇桂黔特困地区的治理中，共同承担政治责任，统筹片区资源，强化扶贫开发工作领导机制，结合多种扶贫举措，构建互为支撑的多元化扶贫格局。第一，要协调多方力量，推进滇桂黔石漠化区水利基础设施建设。整合多方资源，加大对片区抗旱水源工程、贫困区域的重大节水供水工程的支持力度，并加快推进扶贫工程的建设，保障片区农民饮用水的安全，加快对区域内河流的治理，加固病险水库以及对山洪灾害的预防，推进石漠化区水土保持、农村水电建设和石漠化的综合治理，全面改善滇桂黔石漠化区农民生产生活条件和人居环境。第二，要深化拓展片区基础设施的革新。全面落实片区水资源、森林以及土地管制工作，加强对片区污染的防治，强化片区河湖生态空间用途管制，建立健全廉政风险防控体系、质量保障体系和信用体系，加大对片区基础设施建设的投融资力度，完善片区基层服务体系。第三，要全面落实片区基础设施精准扶贫机制。建立健全片区基础设施扶贫需求调查机制、项目储备机制、投融资倾斜机制以及绩效考评机制，精准把握片区贫困村需求，建立基础设施项目数据库，实行动态追踪管理，确保项目投融资的落实。第四，要加快推进片区基层人才队伍建设，加大教育培训力度，开展干部双向交流，切实加强贫困地区的对口帮扶工作，实行人才挂职、大学生下乡计划，壮大片区技能和管理人才的队伍。对于滇桂黔石漠化区基础设施建设还需要社会各界加大对其项目、资金、技术以及人才的支持力度，片区充分发挥组织协调的职能，落实各级部门的主体职责，合力推进片区基础设施建设，帮助片区群众脱贫致富。

四、科学合理地进行产业布局

当前，应立足滇桂黔石漠化片区区情，加强片区内的产业协作、交通协作、城镇协作、基本公共服务提供协作、政策协作，充分发挥各片区的地域优势和资源优势，提升产业结构，构建统一市场和区域经济"一体化"的驱动机制，共同打造地域品牌，并从规模效应、区位优势和产业集聚等方面共同提升特困片区的整体效应。聚焦于贫困治理,从认识民族地区几种典型的特殊类型贫困问题的"特殊性"入手,充分考量民族特点、民族文化、民族传统、民族资源等特殊性,横向比较各类典型特殊类型贫困区的贫困治理模式的优劣,纵向分析其产生的原因、发展历程,透析其内部利益博弈机制、基本成就和发展局限,重点关注新形势下各种扶贫模式面临的机遇与挑战,并充分重视少数民族同胞在长期的生产生活实践中形成的宝贵的"地方性知识"(如:生产技术、社会组织形式、文化传统等)的运用,在此基础上,提出原模式的改进方向和新模式创新方向。以滇桂黔石漠化特殊类型贫困区为例,分别比较三省(区)在高海拔、中海拔、低海拔地区石漠化治理和贫困消减方面的典型模式,提出可资推广的贫困治理模式,为其他同类型地区显著性地提升反贫困绩效寻找到一种"捷径"。

根据资源环境条件,按照整体保护、点状发展的原则,划分为重点发展区、生态保护区和农业发展区三大产业区:一是重点发展区,主要包括地市级城市、县城和单独设立的重要项目。要集约节约用地,充分利用城镇空间和产业基础条件,促进人口集中和产业集聚,积极推进工业化、城镇化,着力提高片区综合承载能力。二是生态保护区,主要包括高山草场、森林、天然湿地及各级自然保护区、地质公园、森林公园、湿地公园等重点生态功能区。主要是生态建设和环境保护,除适当发展生态旅游、种养业和必要的科学试验外,限制其他生产建设活动。鼓励结合生态建设进行石漠化片区的扶贫开发,有序推进人口易地安置。三是农业发展区。主要包括低山丘陵和平坝地区的农业生产空间和农村居住空间。改善生产生活条件,推进农业结构调整,发展特色农业、生态农业和现代农业。依托铁路、高速公路等建设,加快中心城市和产业集聚区发展,增强辐射带动功能,推进该区域与北部湾经济区、黔中经济区、滇中经济区等的融合发展,加强与珠三角地区、长三角地区、成渝地区经济联系,扩大对外特别是对东盟国家开放与合作,构建"八中心六走廊"经济发展格局,形成布局合理、联系紧密、特色鲜明、城镇体系完善的空间结构。

五、丰富特困地区扶贫策略

滇桂黔石漠化区的扶贫治理是一场长期的攻坚战,必须针对滇桂黔石漠化区特殊性,在创新反贫困体制机制、加速特色优势资源资本化、科学合理地进行产业布局以及动员社会资本参与反贫行动的基础之上,拓宽扶贫思路,丰富滇桂黔石漠化区扶贫策略。

（一）电商扶贫

我国农村近年来的电子商务发展迅速，"电商扶贫"于2015年被国务院扶贫办列入精准扶贫十大工程之中。阿里巴巴、京东以及苏宁等分别实施"千县万村""千县燎原""农村电商"计划，建设农村第三方电商平台，形成区域性电商服务平台。滇桂黔石漠化区开展电商扶贫可以推动农业产业链的形成，促进片区农业升级，助推贫困地区产业发展，促进农民脱贫致富。

滇桂黔石漠化片区拥有众多特色资源，通过电商扶贫可以加快特色资源的开发和利用，同时鼓励片区贫困地区农户与本地合作社、种养殖大户、农业示范基地、农产品生产基地、农产品加工企业、龙头企业、物流公司以及电商企业组合，形成订单式生产，建设有品质、有市场的滇桂黔石漠化区现代山地电商扶贫特色农产品；滇桂黔石漠化区可以通过"网店+微商"的发展模式，凭借片区特色农业以"绿色、特色、优质"的销售定位，开展线上、线下统一批发零售的交易方式，推动滇桂黔石漠化区农产品供销网点、物流网点以及服务站等基础设施建设，增加片区贫困群众就业，为贫困户增收。

（二）农村创业

创业扶贫是不同于传统扶贫方式的创新性开发式扶贫，是由政府引导，遵循市场经济竞争原则，多家扶贫企业或其他扶贫组织共同参与，运用合作经济组织形式或是创业的投资模式，鼓励扶贫地区群众积极参与，将更多的社会资源引进贫困地区进行开发利用，提高扶贫人力、物力和财力的运行水平和使用效益，使得贫困地区的贫困群众能在短期内解决困难，长期内增加收入，脱贫致富。2015年国务院出台多份文件号召贫困地区群众大众创新创业，支持农民工返乡创业，鼓励大学生到基层创业，同时也将全国带入到创兴创业的热潮中，为农村创业带动就业、提高收入，从而为贫困县、乡（镇）、村和户实现脱贫致富提供了有力的政策支持。

滇桂黔石漠化区的贫困程度非常深，但是片区的特色资源却没有得到充分的开发和利用。农村创业扶贫这一创新性举措可以缓解滇桂黔石漠化区贫困代际延续，甚至可以使其脱贫致富。因此，滇桂黔石漠化区要重视片区农村创业扶贫这一举措，鼓励片区群众开展农村创业。首先，要建立健全片区创业投资服务体系。片区要开展一系列的农村创业项目咨询、培训、融资贷款以及全程跟踪的优质服务，同时还要拓宽融资贷款渠道，创新新型贴息贷款业务和服务方式，为滇桂黔石漠化区搭建扶贫农业产业融资服务平台。其次，要优化片区创业环境，加强农村创业制度建设，健全创业财政扶持资金监督制约机制，落实责任追究制度。最后，加强片区创业培训，强化片区创业者的创业本领，增强其自主创业能力。

（三）互联网+民族特色旅游

在 2015 年第十二届全国人民代表大会上，李克强总理提出制定"互联网+"行动计划，将"互联网+"提到国家战略层面。将"互联网+"计划引进到贫困地区的贫困治理之中，用互联网提升贫困地区的农业培育、生产、农产品加工、运营、管理及服务水平，培育多元化贫困区域农业物联网管理模式，推进贫困地区农业现代化发展，带动区域农业发展，促进贫困群众增收。在滇桂黔石漠化区贫困治理中引入"互联网+"扶贫计划，运用互联网思维，利用片区特色资源，开展"互联网+民族特色旅游"行动方案进行扶贫，发展片区经济，实现片区贫困攻克。

滇桂黔石漠化区涵盖众多少数民族群众，拥有多样化的少数民族文化、各具民族特色的建筑、村寨等，亟待开发民族特色旅游促进当地就业，通过互联网技术加快片区开发具有少数民族特色的银饰等手工艺品或是特产抢占市场，推进片区少数民族地区的经济繁荣和社会稳定。在滇桂黔石漠化区实行"互联网+民族特色旅游"计划时，首先制定支持片区民族特色旅游商品运营的产业相关政策，促进片区产业关联性整合与提升，充分运用互联网信息技术整合跨企业、跨地区的民族特色旅游商品供应链信息，确保片区产业链上的企业通过互联网交互和共享生产信息和销售信息，以互联网信息化推进片区特色商品运营的工业化，降低成本，提高效率，促进片区形成特色旅游商品产业化。其次建立开放式营销模式。运用现代化技术包装传统民族特色产品，提升片区民族旅游商品视觉效应，增加商品附加价值。同时可以利用先进生产技术升级商品生产过程，提高民族特色旅游产品的价值内涵。除此之外，转变坐等顾客上门购买的被动销售方式，开设微信公众号，发展滇桂黔石漠化区民族特色旅游产品微商，实时推送产品信息。同时在片区旅游区域实行 WIFI 全覆盖计划，免费无线服务策略，建立客户数据库，根据游客的个性化消费特征提供合适的片区民族旅游产品，拓宽销售渠道，提高片区民族特色产品的销售量，增加收益。

（四）生态农业

生态农业是一个物质循环体系，采取生物的方法预防和杀死害虫，减少化肥和农药的投入，遵循资源的永续利用和生态保护的原则。将生态农业引入滇桂黔石漠化区减缓片区生态退化，并在一定程度上对片区的生态环境起到修复和保护的作用。首先要大力发展滇桂黔石漠化区的特色农产品，发展片区特色农产品的品牌效应，推进片区生态特色农产品的产业链条，要不断保障石漠化区生态农产品绿色有机安全，打造片区特色生态农产品品牌，增加市场竞争力，为片区群众增收。其次，要在片区内广泛推行产业化模式，建设生态农业公司、专业合作社和基地，形成"公司＋专业合作社＋基地＋农户"的发展模式，加大对片区特色生态农产品的龙头企业的培育，通过龙头企业带动当地小企业的发展，再辐射到片区合作社、基地，形成利益风险共享机制，增加了彼此在石漠化区的成活率，对片区农户的收入有极大的促进作用。除此之外，滇桂黔石漠化区还要提升生态农业技术，培育农业技术型人才，保证生态农业人才队伍建设的质量，并通过其他教育形式培训片区农户，提高片区生态农业技术普及率，使生态农业落地生根，真正地为农户创收。

（五）智慧农业

智慧农业主要是指将专家智慧和知识通过计算机网络技术、3S 技术和无线通信等现代化科学技术实现农业领域的灾变预警、可视化远程诊断以及远程控制等智能化管理。智慧农业属于农业发展的高级阶段，可以对种植区内环境温度、湿度、土壤酸碱度、水分等有一个精准的把握，而且可以通过传感节点、无线通信网络等将信息及时地传达给"指挥部"，针对一些简单的农业技术问题可以进行智能检测并作出简单的决策，复杂的要传达给专家，进行专家远程指导，从而实现农业的可视化、精准化和智能化的种植和管理，在很大程度上节省了劳动力，同时也提高了农产品的产量和质量，大大提升了农业生产效率。

将智慧农业引入滇桂黔石漠化区的脱贫攻坚中可以在很大程度上加快进程。但是片区内建设和改造基础设施的覆盖率还没有达到 100%，石漠化片区推进智慧农业还存在一些断层。一方面是技术不成熟，在滇桂黔石漠化区内缺乏支撑"智慧农业"的技术；另一方面滇桂黔石漠化区大数据基础和人力资本都比较薄弱，资金匮乏，农村宽带、4G 通信等信息化基础设施覆盖率较低，在短时间内很难建设到"智慧农业"标准。因此，要开始培育滇桂黔石漠化区的智慧农业：首先是要打造滇桂黔石漠化区智慧农业综合服务平台，培育建设滇桂黔石漠化区智慧农业实验基地，小范围地实验性建立农业生产过程的信息远程采集、检测、预警和管理。其次是要加强滇桂黔石漠化区的全区信息化基础设施建设、信息人力资源的培育和引进，建立健全片区数据资源库，保障片区农村宽带、移动通信等信息化基础设施的普及及推广。最后是要追加片区智慧农业建设的专项资金，推进现代技术和农业智能在石漠化农业领域的研究和示范作用，加快培育现代化农业信息化人才，形成滇桂黔石漠化区的"智慧农民"，带动片区"智慧农业"

的发展，带领贫困农民增收致富。

第二节 滇桂黔石漠化区消减特殊类型贫困的政策建议

　　石漠化地区的扶贫攻坚是一场艰难的持久战，必须团结一切可能的力量，统一作战，各个击破方能取得最终的胜利。在农户生计和生态环境的脆弱性背景下，转型农户群体、政府、市场应形成稳定的攻坚"三角阵"，消除脆弱性背景、盘活未来资本、建设技术市场、加强区域协作，经过较长时期的努力，取得了这场持久战的最终战果。农户生计转型本身具有复杂性、系统性，而扶贫攻坚需要"看得见的手"和"看不见的手"共同有效作用。本节以黔西南州晴隆县"种草养羊"项目为例，经过深入调查研究，分析农户生计转型的脆弱性背景和转型风险，探索影响农户采纳现代农业科学技术的因素，确定农户科技需求的优先顺序，提出了一套农户科技需求的"三角阵"应对策略（如图12-2所示）。

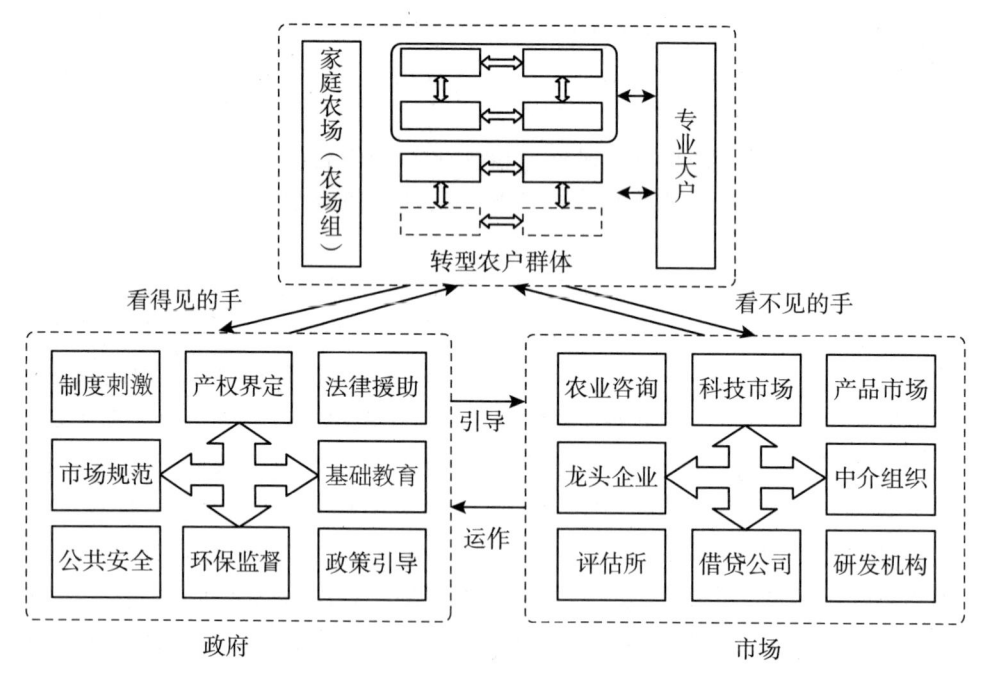

图12-2 应对农户科技需求的"三角阵"策略

　　石漠化区扶贫攻坚"三角阵"从形式上看可分为三个部分：一是政府，二是转型农户群体，三是市场运行机制。因为三个部分之间的关系都是双向的，"三角阵"又可以从6个方面来进行分析。一是政府通过制定政策和市场规范来引导农业科技服务的市场化运营，政府项目交由企业运作，可提高效率；二是完善草地产权制度，明确界定资源产权，实施资源资本化，为农户提供法律援助，确保农户的合法权益，可提高农户对现代农业科技的购买能力；三是家庭农场或者农场合作组织可以通过政府提供的公共服务、基础教育和补贴获得基本生产能力的加强；四是转型群体可以以较低的成本从市场获得所需技术，在政策引导和市场规范的指导下，市场针对转型农户所需，自行组织研发、咨询、技术交易、产品交易等市场活动，为农户提供科技服务；五是通过行业协会、资产评估事务所等中立组织对市场进行自我调整，在政府和社会的监督下，形成良性的市场竞争，提高金融、技术、中介等科技服务；六是转型农户以及市场主体因受到"有利可图"的正向刺激，很容易形成利益共同体，实现"多赢"。

一、因地制宜地设计扶贫制度，探索石漠化区可持续发展路径

（一）以生态保护为基础，更好地治理开发

滇桂黔片区的石漠化综合治理和产业扶贫开发要相结合，实现可持续发展。滇桂黔石漠化片区拥有国内分布最广岩溶，也是石漠化最严重的省区，恢复和保护植被，积极探索有效的治理模式是扶贫攻坚的重要举措。进一步推进林草植被保护、水土保持和基本农田建设、农村能源建设、异地扶贫搬迁、产业扶贫和劳务输出等重点任务，促进石漠化区域的修复和综合治理，推动扶贫工作有序进行。把石漠化治理纳入绿化造林工作中，采取"以封山育林为主，补植、改燃节柴和推广沼气池建设为辅的封、补、改、节"措施。实行"一山一策"或"一山多策"，积极探索不同阶段和不同区域适合群众发展的石漠化治理模式与机制。

（二）人畜饮水工程

人畜饮水工程是农村发展经济的首要基础性工作，目标是将人畜饮水难问题彻底解决，最关键的是需使供水工程保持集中的、稳定的、持续的运行，来保证较高的出水率。在农村中，多采用"户蓄、村调、乡引、县保"联动模式来保障人畜饮水工程。对于人畜饮水工程的更好发展需从以下方面着手：一是科学设计饮水工程。对水源供水稳定条件、供水区域的用水需求、产业结构等充分考虑，使其从做设计、规划到建造、施工的各个环节都科学合理，对于工程的建设、审批及最后的验收，务必都做到严格的高标准要求。二是分区域将供水工程集中

化。对于居住较集中且拥有较好水源条件的乡村，提供集中供水，使供水保证率大大提升。三是干部加强宣传教育，引导农户积极保护、管理饮水工程，组建相应的管护协会，切实让群众为自己的饮水问题献出一份力。四是联动县、乡、村、户四级，实现每家每户有水窖，村村都有蓄水池，乡级与县级实现供水共享、网络相连，做好调节工作，即使大旱来临也不致发水荒。五是阶梯管理水费，合理定价，并做到实收实缴、严格管理。让农户珍惜来之不易的水源，让人畜饮水工程可以长期有效发挥其价值！

二、加强优势资源利用，重点发展民族文化、旅游和特色产业

（一）发挥优势资源带动力

研究发展经济学的学者通常认为，在欠发达地区发展的过程中，资本化起着至为关键的作用，而滇桂黔片区资源优势突出，喀斯特地貌，少数民族文化、特色农产品等资源潜力极大。利用国家统筹兼顾、协调发展的战略布局，开发片区特色，重点发展，形成自我特色资源优势，带动地区发展，可以达到扶贫的最终目的。滇桂黔石漠化片区的脱贫致富，归根结底要靠产业发展来支撑。新一轮的扶贫开发要在以往的基础上做强做大片区产业，坚持实施产业化扶贫，以特色产业扶贫为着重点，形成滇桂黔片区名特优新特色产业。通过产业扶贫发挥其杠杆作用，促进贫困农民增收，带动贫困地区可持续发展。

第一，发挥滇桂黔片区少数民族文化软实力优势。滇桂黔三省区广泛分布着少数民族，虽然该地区经济发展、社会面貌都十分落后，但拥有丰富的特色民族文化、传统习俗、歌舞节日等资源，且保存得较好。最值得一提的便是布依族的年糕、枕头粑（饵块粑）、服饰等类似文化软实力，该类资源属于扶贫开发中的"虚拟开发"，并不会破坏当地的环境、生态，并在一定程度上保护和创新了民族文化，还借以资本化使少数民族能更好地应对生计转型。

第二，推动滇桂黔片区旅游产业发展。滇桂黔喀斯特地貌分布广泛，高有陡峭山坡、低有峡谷洼处，适宜旅游业开发。滇桂黔利用主体功能区进行规划，新建旅游产业链，发展第三产业来带动该片区的经济增长。著名景点如晴隆县的世界闻名景观"二十四道拐"，可惜未能合理地进行开发利用，不得不说是当地的损失，打响旅游品牌让该区闲置资源"变废为宝"，增加片区农户收入。

（二）新型（特色）林农经济

滇桂黔地区拥有大片山区，可因地制宜大力发展特色经济林业，即生产除木

材以外的药材、蔬菜、工业原料、食用油料和干果、果品等林副产品。利用好滇桂黔片区的特色农产品，提升片区资源优势。由于滇桂黔片区属于亚热带温带气候，植物资源丰富，适合许多中草药、香料、水果等生长，形成特色资源。因此，要建设好特色产品的产业扶贫基地，形成区域化布局、规模化生产、集约化经营，如广西来宾市根据各县（市、区）自然资源优势，以广西"十百千"产业化扶贫项目为标杆，在全市范围内有区别、有重点的支持贫困地区优势产业发展。桑蚕、甘蔗、茶叶、药材、油茶等特色产品可以建设成产业化扶贫基地，使之成为贫困地区农民增收的主导产业。

滇桂黔片区要紧紧抓住发展特色现代农业的机遇，将扶贫开发和发展现代农业相结合，支持贫困地区的产业结构调整，加快形成县域有龙头企业、村有主导产业、户有增收项目的产业化扶贫的格局。规划片区特色农产品区域布局，围绕烤烟、甘蔗、茶叶、橡胶、蔬菜、林果、畜牧、马铃薯、花卉以及药用植物等优势产业，使每个乡（镇）、村重点抓好1~2个能促进农民发展致富的特色产业，形成"一村一品、一乡一业"的产业开发格局。在贫困地区建立原料基地，以扶持龙头企业为纽带，扶大传统产业，扶强特色名牌产品，培育支柱产业，把农业变成工业的加工车间，带动贫困户在产业化发展中增加收入，找到可持续能增收的致富路子。

在滇桂黔地区内，已有发展较好的有特色生态茶业、林下药材及特色林产品。在黔西南州、黔南州、黔东南州、安顺市、六盘水市等几个区域，特色生态茶园育苗基地发展态势都十分良好。在该片区还种植有油茶、油桐、桉树等以生产食用油料为主的经济林木，大力建设竹产业、观赏苗木、花卉产业与茶叶等产业基地。发展林下药材种植，做到封、造、育三者相结合，使水土得到保持，使农民积极性提高。

对于山区群众，单靠农业只能解决温饱，要想真正脱贫致富必须靠特色林业。特色林农经济旨在开展多种经营、推动产业发展，使农民收入多元化。推广的思路：一是生态旅游模式，重点推动林业第三产业发展，既抓经济又保生态。二是大力建设特色林业产业基地，充分发挥当地资源优势。三是多方联动，紧跟新型工业化潮流，深加工中小型特色林产品，使非农收入大大增加。四是进行山区综合治理与开发，退耕还林还草、荒漠化治理等，使农民增收，改善农户生活条件，真正做到绿水青山变成金山银山。五是坚持可持续发展要求，进一步改革，优化产业结构，提升林农产业经营管理和技术水平。六是国家财政倾斜，大力推广扶贫工程，对该区加快林业建设步伐，进行林业扶持，让林农早日实现脱贫致富。七是培育一批"绿色"龙头企业，发挥带头作用，利用生态庄园经济模式，帮助农民走出贫穷。

三、充分运用现代科学技术，发挥人力资本优势

（一）科技扶贫

西奥多·W. 舒尔茨曾说："一个像其祖辈那样耕作的人，无论土地多么肥沃或他如何辛勤劳动，也无法生产大量食物。一个得到并精通运用有关土壤、植物、动物和机械的科学知识的农民，即使在贫瘠的土地上，也能生产出丰富的食物。"① 可见"科技扶贫"在刺激贫困群体发挥人力资本优势方面有着重要的指导意义。在滇桂黔石漠化区，重视科技在反贫困中的运用应做到以下三点:②

其一，重视风险防范型现代农业科学技术。在生态脆弱、贫困落后的石漠化区，转型风险和困难如前文所述，经济能力极度有限的家庭和贫穷的村落都无法承受转型所带来的自然灾害风险和技术采纳等方面的风险。在石漠化区里，风险消减型技术是转型农户和村级最需要的支撑性技术，这类技术的采纳状况事关农户能否顺利转型，故应重视风险防范型技术的优先发展。

其二，加强关键技术研究与集成。开展饲草饲料生产关键技术的研究与集成，加强以草定畜为核心的草地利用、建设与管理技术集成。研究和示范多年生优质牧草混播种植与合理利用技术，冬闲田土种草技术，人工草地和天然草地草畜平衡监测与管理技术，退化草地复壮与植被恢复技术；研究和示范优质青干草刈割贮藏技术，农作物秸秆青贮氨化等利用技术，家畜四季放牧与补饲技术，为草地畜牧业提供坚实的科技支撑。重点推广多年生优质牧草混播种植与合理利用技术、秸秆利用技术、舍饲圈养技术、冬闲田土种草养畜技术等先进适用技术。③

其三，削减农户生计转型的脆弱性，实现"丰腴"的人力资源资本化。现代经济学观点认为，人力资源是经济增长的"发动机"，西南石漠化地区人力资源大量外流，虽然人口外流是为解决就业问题，但对该区域来说，实质上是劳动力资源的损失，也就是人力资本的损失。如何使"农民工"回流是一个复杂的系统性机制，国内学者程建华、潘泽江等（2011）改造"推拉理论"形成"推拉模型"框架后提出了应对农民工"双向流动"的策略。根据滇桂黔石漠化区的特殊情况，可以在特色产业发展、产业链构造框架下鼓励农民工回乡创业和就业，

---

① ［美］西奥多·W. 舒尔茨：《改造传统农业》，梁小民译，商务印书馆1987年版，第4页。
② 肖立新：《对泾县蚕桑产业发展的思考》，载《现代农业科技》2013年第14期，第303~304页。
③ 高亚敏、吴文花、张大权：《晴隆县饲草饲料生产现状及发展对策》，载《现代农业科技》2011年第18期，第330~332页。

"拉回"人力资本。①

(二)农村双创

在当代农村,大量适龄劳动力长期奔走外地,致使农村劳动力极其紧缺。在全国"双创"高涨热潮下,农村也不能落后,需加大政策吸引力度,呼吁外出务工农民返乡创业,紧随潮流步伐。"双创"重在首创精神,积极发挥"城归"的作用。"城归"主要指基层历练的大学生村官和回乡的务工农民,多利用他们的前瞻眼界、开放式思维、先进技术。借其力量开拓各种专业市场,在乡村旅游、服务业方面形成有规模的创业群体和优势产业。利用青年群体给旧式农村带来新的生机和活力,这也更有利于滇桂黔特殊类型贫困的治理。

在农村推动"双创"发展,最为关键的是培育一批新型的农业经营主体,即新型的职业农民及经营主体带头人。他们的作用在于进一步优化配置农业资源,使农村更具吸引力。须从以下方面推动:第一,合多方之力、积极呼吁,让更多大学生深入基层。由于大多数大学生心中并无直观的农村形象,对其十分陌生且有很多误解,应借媒体宣传之手解开农村神秘面纱,吸引大学生向乡镇村迈开脚步。第二,重视人才、留住人才,切实发挥人才用处。落实相关政策、机制,让返乡农民工、大学生真正有所作为。让农民真真切切创收,有事业,让大学生干实职、担实责、握实权,能学以致用。第三,发挥村领导集体的宣传教育作用,整合当地特有资源,利用特色文化创意产业发展,让农民对创新创业拥有更多认同感和提升接受度,积极投身创业实践中。第四,和当地的职业院校、高等学府开展合作。凭借高校的优秀师资力量,对有意创新创业的农民开展培训,为农村培养一批优秀的创业人才,利用人才培养和智力支持让农民打赢一场漂亮的翻身仗。

四、发挥政、企、农的联动作用,促进扶贫组织形成多元化格局

(一)政府、农户、龙头企业携手

第一,构建以政府为主导的包括农业类科研院校、企业、农村合作社等在内的多元农业科技供给体系。政府加大财政支持力度,降低农户由于农业科学技术获取和使用的成本,调动农户对科技使用的积极性和主动性。

---

① 程建华、潘泽江:《农民工双向迁移的制约因素与创新思路》,载《海南大学学报(人文社会科学版)》2011年第6期,第68~74页。

第二，科技培训和服务的力度加大，提升农户科学意识。如多培训农民技术员，使草地畜牧业科技水平大大提高。依据进村入户、集中力量、跟踪服务、少讲理论的原则，将成熟实用的技术多加推广，加强信息传播、技术交流、知识普及等，让农户可以自主、积极的人工种草，再利用农作物秸秆，甚至能够进行草产品调制工作。

第三，扩大龙头企业生产体系，融入分散农户，或成立专业化的合作组织。通过机械合作、植保合作等方式走出一条康庄大道，使生产、作业规模进一步扩大。通过设立扶贫产业发展基金、财政金融投入、社会资本投入，打造特色产业园区，创建一批龙头企业，延长农产品产业链，凭借民族特色、历史文化优势大力发展旅游业，实现旅游扶贫。

第四，重视发挥农业科技示范户作用，以点带面的带领周边农户使用新型农业技术，调研结果显示，专业大户对散户的技术采纳影响大，用作示范的专业大户越成功，农户采用新技术的积极性越高，农户采用技术的可能性越大。在农户分布分散、农户间影响大的村落中大力培养创新意识强、科技应用水平高的科技示范户，使其成为领头羊，带领贫困农民种草养畜脱贫致富。并加强对科技示范户的培养，通过学习培训、经验交流等方式，切实提高其学习接受能力和辐射带动能力，扩大典型示范户在科技示范传播等方面的发展规模和覆盖面积，使技术辐射的带动作用得到最大发挥。发挥"公司＋基地"模式的优势，在产业发展方面，通过特色产业的发展来实现产业扶贫。

（二）特色文化创意产业

近年来，文化创意产业发展蒸蒸日上，是地区经济发展的重要竞争力。滇桂黔地区山青水秀，悠悠历史，更是拥有独特文化内涵，务必紧抓文化发展潮流，充分发挥该区特色文化的价值，让该区经济得到更大发展。可从以下对策入手：第一，重创新，利用独具特色文化发展文化创意产业。结合该地区独特资源禀赋，找亮点，改良、完善自身，形成文化品牌，壮大文化产业。第二，面向市场进行产品改革，扩宽产品销售渠道并及时更新、完善。让文化产业"走出去"在更大的发展空间向世界展现自己。第三，重视引进人才并大力培养人才。滇桂黔地区政府及相关企业需高度重视文化创意方面的人才引进，使该区的文化产业大力发展，带动贫困群众增收脱贫。

五、导入"互联网＋"扶贫思维，打造创业扶贫新体系

在扶贫工作中，融入"互联网＋"思维会更好地激发贫困地区经济活力的增

长。特色乡村农业实现高效发展需借助电商的推广和营销，使一二三产业相融合、互促发展。通过不断推进新的电商公共服务平台建设，让农村的现贫困人民收入得以增加，将石漠化地区的农业发展瓶颈进一步打破。其"互联网＋"扶贫的攻坚方向分两大点：电商扶贫、扶贫 APP。

（一）电商扶贫

电商扶贫，需要贫困人民熟练地掌握互联网知识，同时具备一定的识别网络诈骗能力。政府可向贫困群众提供认识、了解、使用互联网的机会，对农户多进行培训，让贫困农民充分利用互联网以达到利益最大化。而后，他们可通过互联网这一快捷便利的端口，大大增加了其成功就业率。

在目前农村发展过程中，务必通过对基层互联网设施的完善，达到网络信号全覆盖。在大力吸引外来人才的同时，尽可能地推动发展当地的教育，使人才培养机制进一步完善，为"互联网＋"扶贫模式创造更多可能。充分发挥电商公共服务平台作用，使销售特色农副产品有更广阔的平台。通过对传统农资买卖的创新，使大量农民工返乡创业，增强本地产品的市场竞争力，结合本区独特优势，充分利用其特色的资源、产品，使其更好地销售，如特色小吃、特色纪念品等。另外，贫困人民还可以作为代理商，经销其他的商品。

（二）扶贫 APP

创造就业是扶贫的关键，而"互联网＋"扶贫思维的核心就是鼓励贫困人口创业，并且提供就业平台。采用电商扶贫模式是基于特困地区的现状，在该区内虽拥有特色产业，但受其薄弱的互联网设施、电商物流、相关互联网操作人才缺失等问题影响，导致滇桂黔石漠化地区难以走向市场，制约该区的经济发展。中国现在也有不少导入互联网思维互联网手段精准帮扶的项目，例如吉林省磐石试点推广农民钱包 APP，让农副产品的购买变得便捷，让农业政策和信息动态变得易于了解，实现了惠民、利民、便民三大基石的奠定；邮政以邮乐网为基础，开发的电子商务系统邮掌柜，提供批发商品、线下代购等线上线下一体化服务。[①]这些扶贫 APP 是基于互联网的扶贫探索，有效解决了传统模式下部分不方便的扶贫问题，惠及大众。

---

① 新华网：《吉林省首个"农民钱包"APP 落地磐石》，http：//www.huaxia.com/jltwlx/yw/jlyw/2015/06/4448103.html，2015 年 6 月 16 日。

本篇结论

滇桂黔石漠化区是一个集"老、少、边、山、穷"为一体的连片特困区域，是连片特困地区中少数民族人口最多的片区，是国家新一轮扶贫开发攻坚战主战场。区域内包含了73个少数民族自治县（少数民族聚集区）、34个革命老区县域、8个边境地区县域，66个国家级贫困县。课题组2015年于云南省、广西壮族自治区和贵州省石漠化区收集8县市、13乡镇15个村（社区）的314份有效数据。

一、滇桂黔石漠化区特殊类型贫困的现状与特征

第一，从三省区贫困程度来看，按贫困人口数排序依次为广西壮族自治区、贵州省、云南省。从人均GDP和贫困人口数相比来看，广西石漠化区人均GDP收入最高，但其贫困人口数量却最多。

第二，从市州贫困程度来看，通过计算人均GDP和贫困人口数的比值，贫困严重程度排序从大到小依次是黔东南苗族侗族自治州、河池市、百色市、曲靖市、红河哈尼族彝族自治州、黔南布依族苗族自治州、黔西南布依族苗族自治州、安顺市、南宁市、六盘水市、来宾市、崇左市、桂林市、柳州市。

第三，从农户生计资本方面，样本村户均生计资本禀赋从多到少依次是物质资本、金融资本、人力资本、社会文化资本和自然资本，生态脆弱型贫困是滇桂黔石漠化区的贫困特征。

第四，从贫困多维性方面，从0~5个维度的分布情况看，整个样本的贫困维度分布是呈"缓增急降"曲线型的，大多数家庭的贫困集中在3~4个维度，在五个维度中，社会关系、家庭受教育程度和户主受教育程度是影响最大的因素。贫困人口主要存在两类：一类是弱势群体，鳏寡孤独、老弱病残的人；另一类是文化水平偏下、思想观念陈旧的农民。

二、滇桂黔石漠化区特殊类型贫困的致贫机理

滇桂黔石漠化区致贫因素包括：一是生态环境脆弱性加剧；二是生态、贫困和民族问题等叠加交错；三是基础设施薄弱，贫困程度深；四是特色优势资源开发利用与保护不足；五是人力资本薄弱，贫困的代际传递严重；六是特殊类型贫困具有较明显的持续性。

滇桂黔石漠化区致贫机理可以大致梳理如下：在生态环境、基础设施、乡村产业、公共服务等多个因素的影响下，许多家庭因为受教育程度不够高，因此在人力资本上陷入了"能力贫困"，其贫困容易产生恶性循环和代际传递，同时也影响了贫困群体的社会资本；贫困具有极度脆弱性，尤其是在精准扶贫过程中，表现得比较明显的是有了产业但是没有销路，与产业配套的市场体系没有构建完善，因此极容易出现"卖难"的问题以及"谷贱伤农"的困境；家庭成员的健康、收入、资产是影响贫困的重要因素，但是相对于"智贫"和"志贫"，其影响力并不一定就能够很明显地体现，因此课题组认为，在分析特殊类型贫困的时候可以大胆引入"扶贫先扶'智'"以及"扶贫先扶'志'"的观点。

三、滇桂黔石漠化区特殊类型贫困的减贫模式与绩效评价

石漠化片区各市（州区）反贫困实践与模式包括：高海拔山顶的减贫模式、中海拔山腰区的减贫模式、低海拔盆地区的减贫模式、石漠化河谷地带的减贫模式、复合型山地区的减贫模式、基础设施建设大会战、人力资本培育工程、构树扶贫、生态文化旅游扶贫。

石漠化片区各市（州区）反贫困绩效评价：通过计算各地区综合指数、生计资产建设指数、生计策略改进指数、社会保护完善指数、自然生态建设指数、社会生态建设指数、风险消减指数，说明扶贫工作成绩是值得肯定的，是制度设计的结果也是基层实施精准扶贫以及特困扶持的功劳。但是，这些指数分值不高，一方面是因为常规扶贫制度的效益边际递减，另一方面是整体扶贫成效进入攻坚期，速度不可能很快，效果需要慢慢呈现。同时，滇桂黔这三个省区反贫困制度绩效的区域差异较为明显，与云南和广西相比，贵州省石漠化面积最大，贫困程度最深，涉及范围最广，民众自我发展能力最低，区域开发程度较低。

四、滇桂黔石漠化区特殊类型贫困反贫困的制度创新

滇桂黔石漠化片区拥有国内分布最广岩溶,也是石漠化最严重的省区,将恢复和保护植被与农民增收、区域发展相结合,积极探索有效的绿色减贫模式是扶贫攻坚的重要举措。

滇桂黔特殊类型反贫困面临的新机遇:农业供给侧结构性改革、发展农村电商扶贫、鼓励农村创新创业行动、发展智慧农业、将"互联网+"理念运用到扶贫上、滇桂黔石漠化区特色资源的开发。

滇桂黔石漠化区特殊类型反贫困制度的创新方向:反贫困体制机制创新、加速特色优势资源资本化、动员社会资本参与反贫行动、科学合理地进行产业布局、丰富特困地区扶贫策略。

滇桂黔石漠化区消减特殊类型贫困的政策建议:一是因地制宜地设计扶贫制度,探索石漠化区可持续发展路径;二是加强优势资源利用,重点发展民族文化、旅游和特色产业;三是充分运用现代科学技术,发挥人力资本优势;四是发挥政、企、农的联动作用,促进扶贫组织形成多元化格局;五是导入"互联网+"扶贫思维,打造创业扶贫新体系。

第五篇

滇桂边境地区特殊类型贫困研究

滇桂边境地区是国家新一轮扶贫开发攻坚主战场。从行政区划来看，滇桂边境地市州共有11个，其中云南省有8个，广西壮族自治区有3个，分别是保山市、普洱市、临沧市、红河州、文山州、西双版纳州、德宏州、怒江州、防城港市、崇左市、百色市。在11个边境地市州中，拥有边境线的县市共33个，其中云南有25个，广西有8个。

云南边境地区大部分位于横断山区南部和滇南山间盆地，处西南边陲，滇西边境山区地处我国地震频发地带，地震、泥石流、干旱、冰冻、洪涝等各种自然灾害十分严重。片区内高山峡谷相间，海拔落差悬殊，地理环境较为恶劣。

广西边境地区大部分位于广西壮族自治区西部，属亚热带季风气候区，是一个集革命老区、少数民族地区、边境地区、大石山区、贫困地区、水库移民区"六位一体"的特殊区域。防城港市是中国唯一一个与东盟陆海相通的城市，由于十万大山的地形作用，防城港市也是广西乃至全国台风和暴雨发生频率最多的暴雨中心之一。崇左市是中越两廊一圈和南宁—新加坡经济走廊的重要节点城市，是中国边境口岸最多的城市，也是广西边境线陆路最长的地级市。百色市是中国大西南通往太平洋地区出海通道的"黄金走廊"。

第十三章

滇桂边境地区多维贫困测度及贫困原因

第一节 滇桂边境地区贫困现状及特征

一、贫困面大、贫困程度深,返贫现象突出

根据表 13-1,从生产总值角度来看,滇桂边境地区的经济总量小,人均生产总值低。2015 年,云南省人均生产总值为 28 806 元,广西壮族自治区人均生产总值为 39 150 元,全国的人均生产总值为 49 992 元,云南省和广西壮族自治区的人均生产总值远低于全国平均水平,尤其是云南。从表 13-1 中边境县市的人均生产总值来看,相当多的县市人均生产总值不超过 20 000 元,如江城县、孟连县等,有许多县市的人均生产总值刚刚超过 10 000 元,不及全国平均水平的 1/4,如普洱市的澜沧县和西盟县、红河州的金平县和绿春县等。

表13-1　2015年滇桂边境地区省、地市州及县市生产总值及结构

省区	行政区域	生产总值（亿元）	第一产业（亿元）	占比（%）	第二产业（亿元）	占比（%）	第三产业（亿元）	占比（%）	人均生产总值（元）
云南	全省	13 619.17	2 055.78	15.09	5 416.12	39.77	6 147.27	45.14	28 806
	保山市	551.96	141.97	25.72	192.05	34.79	217.94	39.48	21 444
	腾冲市	145.9	32.17	22.05	52.25	35.81	61.48	42.14	22 049
	龙陵县	61.96	18.58	29.99	25.34	40.90	18.04	29.12	21 709
	普洱市	514.01	143.13	27.85	178.88	34.80	192.00	37.35	19 773
	江城县	24.43	8.45	34.59	8.84	36.19	7.14	29.23	19 385
	孟连县	23.54	9.39	39.89	4.76	20.22	9.39	39.89	16 923
	澜沧县	56.45	16.34	28.95	21.05	37.29	19.06	33.76	11 340
	西盟县	10.83	2.62	24.19	2.33	21.51	5.88	54.29	11 535
	临沧市	502.12	145.34	28.95	169.80	33.82	186.98	37.24	20 077
	镇康县	35.14	8.43	23.99	11.10	31.59	15.61	44.42	19 286
	耿马县	73.77	27.36	37.09	22.08	29.93	24.33	32.98	24 060
	沧源县	34.05	8.85	25.99	11.66	34.24	13.54	39.77	18 288
	红河州	1 221.08	201.99	16.54	552.59	45.25	466.50	38.20	26 345
	金平县	42.24	10.39	24.60	19.19	45.43	12.66	29.97	11 414
	绿春县	26.31	7.39	28.09	10.07	38.27	8.85	33.64	11 428
	河口县	37.12	8.87	23.90	7.90	21.28	20.35	54.82	34 530

续表

省区	行政区域	生产总值（亿元）	三产业产值及占比						人均生产总值（元）
			第一产业（亿元）	占比（%）	第二产业（亿元）	占比（%）	第三产业（亿元）	占比（%）	
云南	文山州	670.04	146.45	21.86	240.63	35.91	282.96	42.23	18 612
	麻栗坡县	49.92	10.89	21.81	19.75	39.56	19.28	38.62	17 558
	马关县	71.30	16.47	23.10	28.16	39.50	26.67	37.41	18 972
	富宁县	72.78	19.60	26.93	24.94	34.27	28.24	38.80	17 424
	西双版纳州	335.91	85.54	25.47	94.63	28.17	155.74	46.36	28 945
	景洪市	176.82	31.98	18.09	54.53	30.84	90.31	51.07	33 255
	勐海县	86.58	23.79	27.48	29.96	34.60	32.83	37.92	25 465
	勐腊县	72.51	29.77	41.06	10.15	14.00	32.59	44.95	25 108
	德宏州	292.32	73.42	25.12	71.78	24.56	147.12	50.33	22 990
	芒市	84.27	21.10	25.04	17.33	20.56	45.84	54.40	20 645
	瑞丽市	77.14	9.22	11.95	14.12	18.30	53.80	69.74	38 625
	盈江县	75.33	22.52	29.90	28.81	38.25	24.00	31.86	23 877
	陇川县	36.79	14.44	39.25	7.86	21.36	14.49	39.39	19 355
	怒江州	113.15	18.79	16.61	34.37	30.38	59.99	53.02	20 895
	泸水县	41.87	6.63	15.83	14.61	34.89	20.63	49.27	22 345
	福贡县	11.53	2.79	24.20	1.75	15.18	6.99	60.62	11 540
	贡山县	9.68	2.27	23.45	1.71	17.67	5.70	58.88	25 211

续表

省区	行政区域	生产总值（亿元）	三产业产值及占比							人均生产总值（元）
			第一产业（亿元）	占比（%）	第二产业（亿元）	占比（%）	第三产业（亿元）	占比（%）	
广西	全省	16 803.12	2 565.45	15.27	7 717.52	45.93	6 520.15	38.80	39 150
	防城港市	620.71	75.49	12.16	353.00	56.87	192.23	30.97	67 971
	东兴市	85.44	15.44	18.07	36.23	42.40	33.76	39.51	55 441
	防城区	127.13	27.12	21.33	55.02	43.28	44.99	35.39	33 258
	崇左市	682.82	155.06	22.71	274.61	40.22	253.15	37.07	33 355
	宁明县	108.34	29.16	26.92	46.25	42.69	32.93	30.40	31 270
	龙州县	92.60	22.74	24.56	26.59	28.71	33.27	35.93	41 332
	大新县	99.45	21.22	21.34	45.25	45.50	32.98	33.16	32 775
	凭祥市	56.93	4.99	8.77	16.42	28.84	35.52	62.39	49 330
	百色市	980.42	169.38	17.28	511.68	52.19	299.36	30.53	27 365
	靖西市	127.45	15.07	11.82	82.33	64.60	30.05	23.58	24 745
	那坡县	22.69	6.85	30.19	5.27	23.23	10.56	46.54	14 413

资料来源：根据2016年《广西统计年鉴》和2016年《云南统计年鉴》进行整理。

从农村居民年均纯收入角度来看，2015年，除了具有特殊地理位置和旅游业发展很好的西双版纳州和防城港市农村居民年均纯收入较高外，其他地区均在 8 000 元左右，与全国农村居民人均年纯收入 10 772 元相比还有很大的差距，具体情况详见表 13－2，尤其是怒江州的福贡县和贡山县，农村居民人均年纯收入 4 500 元，不到全国平均水平的一半。

表 13－2　　　2015 年滇桂边境地区农村居民人均年纯收入　　　　单位：元

省区	边境地市州	地市州人均	边境县市	县市人均
云南	保山市	8 572	腾冲县	8 323
			龙陵县	8 484
	普洱市	7 914	江城县	7 530
			孟连县	7 482
			澜沧县	7 335
			西盟县	7 341
	临沧市	8 063	镇康县	8 023
			耿马县	8 373
			沧源县	7 899
	红河州	8 599	金平县	6 444
			绿春县	6 385
			河口县	9 473
	文山州	7 699	麻栗坡县	7 608
			马关县	7 644
			富宁县	8 008
	西双版纳州	10 080	景洪市	11 409
			勐海县	9 095
			勐腊县	8 209
	德宏州	7 917	芒市	8 497
			瑞丽市	8 706
			盈江县	8 151
			陇川县	7 284
	怒江州	4 791	泸水县	4 877
			福贡县	4 494
			贡山县	4 519

续表

省区	边境地市州	地市州人均	边境县市	县市人均
广西	防城港市	10 429	东兴市	12 904
			防城区	10 946
	崇左市	8 308	凭祥市	8 346
			大新县	8 668
			宁明县	8 131
			龙州县	7 378
	百色市	6 766	靖西市	5 927
			那坡县	4 962

资料来源：根据2016年《广西统计年鉴》和《云南统计年鉴》进行整理。

从人均生产总值和农村居民人均年纯收入角度来看，广西总体发展水平要高于云南，占据特殊地理位置、沿边开放边境贸易和旅游发展很好的县市经济总体水平较高，比如河口市、景洪市、瑞丽市、东兴市和凭祥市，人均生产总值均超过30 000元。而地处山区、地质条件较差、第一产业占比较高的地区发展相当落后，比如地处高黎贡山区的云南怒江州4个县、岩溶山原地貌的广西靖西市、那坡县也是地处山区，经济发展水平较低。

经济发展落后，农民收入有限，滇桂边境地区贫困发生率较高、返贫现象突出。据课题组在云南德宏州调研了解到，由于扶贫开发和兴边富民行动的开展，德宏州近些年贫困状况有很大改善，按照2011年国家新颁布的2 300元贫困线标准，德宏州农村贫困发生率从2011年的20.8%下降到2013年的11.3%。① 据德宏州州长介绍，2016年，德宏州整合脱贫攻坚资金57亿元，5 000多户居民进行异地搬迁，20 201人脱贫，目前还有58 000多贫困人口。② 虽然贫困发生率明显降低，但缺乏持续脱贫的能力，返贫现象严重。据统计，德宏州2013年全州脱贫18.04万人，返贫人数高达7万多。③ 贫困和脱贫是一个动态过程，因灾、因病、因学、因毒返贫现象突出。许多以种养业为主要经济来源的广大贫困农户通过政策帮扶虽能暂时脱贫，但一旦发生自然灾害，往往再次返贫；农户一旦染病，高额的医药费负担也会使其迅速返贫；贫困农户家庭子女考上大学后，

---

① 资料来源于2014年8月课题组在德宏州调研时，由州扶贫办提供的《德宏州连片特困地区扶贫开发工作情况汇报》。
② 龚敬政：《2016年德宏州超过两万人脱贫》，http://finance.yunnan.cn/html/2017-06/19/content_4858537.htm，2017年6月19日。
③ 资料来源于2014年8月课题组在德宏州调研时，与德宏州扶贫办副主任进行座谈交流时提供。

高昂的学费也让全家返贫；农村家庭一旦有人吸毒，整个家庭迅速被拖进漩涡，脱贫无望。由于致贫因素众多，脱贫人口返贫率高，通常脱贫 3 万人，返贫 1 万人。

从课题组在梁河县和防城区的实地调研情况来看，梁河县和防城区的扶贫开发工作取得了很大成绩，但贫困面广、贫困程度深的格局没有从根本上改变，尤其是偏远的山区贫困问题更加突出。"十二五"期间，防城区有 54 个村被确定为自治区级贫困村，占本区村总数的 38.3%。这些贫困村基本上是边境山区少数民族聚居比较集中的村；防城区贫困户 12 900 户 35 916 人，其中扶贫对象 7 487 户 25 373 人，通过三年的扶贫推进工作有 5 420 户 12 250 人脱贫，但目前仍然有贫困户 7 480 户 23 666 人，其中扶贫对象户 5 236 户 17 734 人。此外，新成立的十万山瑶族乡群众生活水平普遍不高，贫困面相当大。2013 年底，梁河县全县处于 2 300 元贫困线以下的贫困人口 34 100 人，贫困发生率超过 20%。[1] 2016 年底，梁河县现有建档立卡贫困户 5 538 户 21 646 人，贫困发生率为 13.6%。其中少数民族 7 055 人，占总人数的 32.5%。[2]

二、基础设施严重不足，生产生活条件差

滇桂边境地区许多地方是山区，相对封闭，基础设施严重不足，生产生活条件差。从表 13-3 可以看出，在铁路营业里程方面，2015 年，广西总体水平超越全国平均水平，但广西的铁路主要集中在相对发达的广西东部地区，西南边境的铁路少之又少；云南的铁路营业里程远远落后于全国平均水平，从人均拥有铁路营业里程来看，云南人均拥有量为 0.0569 米，比全国平均水平 0.0922 米的一半略多一点。这说明在铁路建设和运营方面，云南省远远落后于国家平均水平。从公路里程来看，云南的平均水平要高于全国平均水平，广西的平均水平要高于全国的平均水平，这说明云南的公路运输情况相对较好，广西的公路运输情况比较差。从建制镇市政公用设施之人均道路面积来看，云南和广西的平均水平均落后于全国平均水平，这说明农村的道路设施方面总体建设水平落后于全国平均水平。

---

[1] 资料来源于课题组 2014 年 8 月到梁河县调研时，由梁河县政府提供的《梁河县农村贫困人口及社会经济发展报告》。
[2] 资料来源于《梁河县扶贫办 2016 年工作总结》。

表 13-3　　　　2015 年云南、广西和全国道路拥有状况

区域	总人口数（万人）	铁路营业里程		公路里程		建制镇市政公用设施之人均道路面积（平方米）
		总计（万公里）	人均（米）	总计（万公里）	人均（米）	
云南	4 741.8	0.27	0.0569	23.60	4.9770	9
广西	5 518	0.5086	0.0922	11.7993	2.1383	11.27
全国	137 462	12.1	0.0880	457.73	3.3299	12.79

资料来源：根据 2016 年《中国统计年鉴》《广西统计年鉴》《云南统计年鉴》进行整理。

从实际调研情况看，广西沿边公路的修建，为广西边境地区带来了翻天覆地的变化，沿边公路于 2002 年 10 月全线通车，到现在已经有十几年了，年久失修，到处是坑坑洼洼，其运输效率大打折扣，而且随着沿边公路的修建和经济发展，沿边里火口岸和峒中口岸的边境贸易越来越发达，货物运输需求增加，此外，沿边公路的开通也带来了沿边旅游的兴旺，来往的游人越来越多，沿边公路破烂的样子已经不能满足需求，急需修缮和升级。课题组在那良镇高林瑶族村与村委会干部进行座谈了解到，村里农户的饮水工程管网设施使用已经有 10 多年，且管网的材质不是特别好，现在老化严重，有待更新管网设施。

三、产业结构不合理，收入增长乏力

产业发展是地区发展和脱贫的根本，造血式扶贫还得依赖产业的发展。从经济发展的规律来看，第一产业的附加值低，风险大，增收有限，一个地方的经济发展主要依靠第二、第三产业发展，尤其是第三产业附加值高且吸纳就业能力强。比较理想的经济结构是第三产业为主，约占 GDP 的 70% 左右，第二产业次之，约占 30% 左右，第一产业最末，控制在 5% 以下。从表 13-4 可以看出，2015 年全国生产总值的第一、二、三产业的构成比重为 8.88%、40.93%、50.19%，梁河县生产总值的第一、二、三产业的构成比重为 32.89%、19.34%、47.77%，防城区生产总值的第一、二、三产业的构成比重为 21.33%、43.28%、35.39%。将全国一二三产业的比重与梁河县和防城区进行对比，可以看出梁河县和防城区的生产总值中第一产业所占的比重远远超出全国平均水平，尤其是梁河县，第一产业占比达到 33.89%，第二产业和第三产业严重偏低。在梁河县进行调研了解到，全县仅有涉及锡、糖、硅和电方面的四个规模很小的工业企业，工业品滞销、价格下跌，比如糖厂，因为糖价下跌，导致无法及时支付蔗农的甘

蔗款，使部分已经脱贫的蔗农重新陷入贫困，原来即为贫困户的蔗农更是雪上加霜。

表13-4　2015年全国、梁河县和防城区生产总值及三产业构成

区域	生产总值（亿元）	第一产业比重（%）	第二产业比重（%）	第三产业比重（%）
全国	685 505.8	8.88	40.93	50.19
梁河县	18.67	32.89	19.34	47.77
防城区	127.13	21.33	43.28	35.39

资料来源：根据2016年《中国统计年鉴》《广西统计年鉴》《云南统计年鉴》进行整理。

农民的收入主要来自家庭种养收入和外出务工收入。一方面，边远贫困山区农民耕地少，农业结构单调，品种单一，农产品难卖，价格不稳定，家庭种养收入不高。据调查组深入防城区那良镇高林瑶族村调查得知，该村坑怀屯村民小组全组52户269人，人均只有0.1亩地，经济收入的主要来源是伐木、打柴火或上山采草药出售。另一方面，边远山区劳动力大多数文化层次低，且没有经过技能培训，外出打工往往只能干最脏最累且工资最低的活儿，外出务工收入也非常有限。

四、社会事业发展有限，持续脱贫能力受阻

（一）教育发展落后

提高教育水平是提高持续脱贫能力的关键所在。2015年，云南、广西和全国的平均小学学龄儿童入学率分别为99.68%、99.4%和99.9%，云南和广西在小学学龄儿童入学率方面均落后于全国平均水平，尤其是广西，落后幅度较大；云南小学学龄儿童入学率男女差别较大，女生入学率明显低于男生（详见表13-5）。

表13-5　　　　　　　2015年小学学龄儿童入学率　　　　　　单位：%

区域	总计	男生	女生
云南	99.68	99.69	99.66
广西	99.40	99.40	99.40
全国	99.90	—	—

注："—"表示数据缺失。

资料来源：根据2016年《中国统计年鉴》《广西统计年鉴》《云南统计年鉴》进行整理。

从近 20 年广西义务教育辍学率来看，1995 年的辍学率很高，到 2000 年，辍学率经历了一个下降的过程，到 2010 年，辍学率反弹升高，在近 5 年，辍学率明显降低，直到 2015 年，广西小学辍学率仍然达到 0.4%，普通初中辍学率更是高达 1.9%（详见表 13-6）。

表 13-6　　　　　1995～2015 年广西义务教育辍学率　　　　　单位：%

年份	小学辍学率			普通初中辍学率		
	总计	男生	女生	总计	男生	女生
1995	3.0	2.9	3.2	7.4	8.4	6.2
2000	0.8	0.9	0.8	5.0	5.5	4.3
2005	1.5	1.6	1.3	5.6	6.7	4.3
2010	2.1	2.3	1.9	6.6	8.0	5.0
2011	1.3	1.4	1.3	3.1	3.6	2.6
2012	1.5	1.7	1.3	3.4	4.2	2.6
2013	1.3	1.5	1.1	3.3	4.1	2.5
2014	0.5	1.5	0.4	2.5	3.0	2.0
2015	0.4	0.4	0.3	1.9	2.5	1.2

资料来源：根据 2016 年《广西统计年鉴》进行整理。

从 6 岁以上人口受教育程度来看，2015 年，云南从未上过学的人口占比高达 9.32%，云南和广西约 70% 的人口受教育水平集中在小学和初中水平，普通高中、大学专科、大学本科和研究生高教育水平占比均远远落后于全国平均水平（详见表 13-7）。

表 13-7　　　　　2015 年 6 岁以上人口受教育程度

区域	6 岁以上人口	未上过学	小学	初中	普通高中	中职	大学专科	大学本科	研究生
云南（人）	682 247	63 598	255 239	220 696	49 715	28 321	33 019	28 817	2 842
占比（%）	100	9.32	37.41	32.35	7.29	4.15	4.84	4.22	0.42
广西（人）	675 146	32 658	210 679	277 465	62 958	29 221	32 652	28 292	1 222
占比（%）	100	4.84	31.20	41.10	9.32	4.33	4.84	4.19	0.18
全国（人）	19 833 469	1 128 946	5 199 574	7 600 489	2 434 365	826 607	1 351 837	1 175 198	116 455
占比（%）	100	5.69	26.22	38.32	12.27	4.17	6.82	5.92	0.59

注：本表为 2015 年全国 1% 人口抽样调查样本数据，抽样比例为 1.55%。

资料来源：根据 2016 年《中国统计年鉴》《广西统计年鉴》《云南统计年鉴》进行整理。

教育发展落后，除了人口受教育水平不高外，还体现在以下几个方面：

第一，教育基础设施落后，教学设备缺乏。防城区有部分地区教学点的学校还没有全部实现校舍楼房化，加上受台风等自然灾害的破坏，校舍危房面积较大，特别是边远山区以及边境一线的少数民族聚居地区，部分教学点仅有一间教室，每个学生拥有校舍面积不足2平方米。同时，大部分学校教学设施陈旧落后，既缺乏报刊图书、小学自然实验和初中理化生实验设备，也缺乏电脑室、语音室、多媒体等现代化教学设备。边远农村学生生源分散，许多学校没有住宿条件，老师和学生都需要花很多时间在路上，没有配备标准校车，即使有校车，也是较为破烂的汽车，司机也缺乏严格培训，存在很大安全隐患。

第二，学校撤并，学生上学难。随着城镇化步伐的推进，农村人口不断向城市流动，农村生源越来越少而且越来越分散，政府出于效率等多方面的考虑，对农村学校进行了撤并，但针对农村适龄儿童入学问题跟进措施不到位，造成了农村儿童入学困难。课题组成员2014年在梁河县九保阿昌族乡勐科村和那良镇高林瑶族村调研了解到，勐科村的适龄儿童就读小学距离有15公里，目前高林村只有一个小学，学校只有1个老师，只开一、二年级的课，由这一个老师教这两个年级的学生，三年级及以上的学生要到更远的4~5公里外的滩散小学就学，而高林村仅坑怀屯就有适龄儿童40多人，由于小学没有寄宿条件，也没有校车接送，家长每天早晚都要花时间接送孩子上学，耽误了生产劳动，让很多家庭难于负担，以至于许多家庭条件差的小孩读完一二年级就辍学，坑怀屯的民众甚至要求自己凑钱给老师发工资，请老师到坑怀屯教学[①]。在防城区和梁河县进行农户调查结果显示，防城区有适龄儿童辍学的户数占受访户数的16.53%，梁河县农户调查此比例也达7.46%。教育投入不足严重阻碍了边境民族地区人民文化素质的提高。

（二）医疗卫生条件差，缺医少药

从表13-8统计数据来看，云南、广西和全国每千农村人口卫生技术人员分别为3.8、3.6和3.9人，云南和广西落后于全国平均水平。从每千农村人口医疗卫生机构床位数和每千农村人口乡镇卫生院床位数来看，云南、广西和全国平均水平不相上下。从设卫生室的村数占行政村的比例来看，云南和广西均达到了100%，高于全国93.3%的水平。

---

① 资料来源：课题组于2014年7月在防城区那良镇高林瑶族村调研，由该村村支书提供。

表 13 - 8　　　　　2015 年农村医疗卫生资源情况统计表

区域	每千农村人口卫生技术人员（人）	每千农村人口医疗卫生机构床位数（张）	每千农村人口乡镇卫生院床位数（张）	设卫生室的村占行政村的比例（%）
云南	3.8	4.31	1.1	100
广西	3.6	3.16	1.47	100
全国	3.9	3.71	1.24	93.3

资料来源：根据 2016 年《中国统计年鉴》进行整理。

从数量上看，云南和广西的医疗卫生条件总体不错，但从质量上看，滇桂边境地区医疗条件相当差，缺医少药非常突出。从调研情况看，防城区少数民族聚居区和边远山区的医疗卫生条件仍然十分落后，山区和边境乡镇卫生院相当多的业务用房和生活用房仍然是 20 世纪六七十年代的房屋，年久失修，残破不堪。此外，乡镇卫生院医疗设备陈旧，像 B 超机、心电图机等医疗设备比较少。少数民族聚居村的医疗卫生条件更差，有的村虽然有一两个赤脚医生和护士，但医药和医疗器械严重匮乏，许多常见病都无法处理。大部分边境山区和少数民族聚居区由于离乡镇卫生院和村卫生室路途太远，有病只好借助草药或参与一些迷信活动。

五、扶贫投入与脱贫需求的资金差距太大

由于多方面原因，滇桂边境地区发展落后，历史欠账太多，尽管政府在扶贫开发上投入了大量资金，但远远满足不了边境地区的脱贫工作对资金的实际需求，许多扶贫项目资金需求大，政府财政投入资金有限，特别是州县财政投入不足，加之贫困村集体经济薄弱，群众自筹能力低，缺乏持续发展的能力。

从表 13 - 9 中一般公共预算主要支出项目的金额结构来看，2015 年，公共预算支出方面，用于教育、科学技术、文化体育与传媒及社会保障和就业方面，云南和广西的人均支出水平均要远远低于全国人均支出水平。在医疗卫生和计划生育方面，云南和广西的人均支出水平比较接近全国人均水平。因此，在一般公共预算支出方面，云南和广西的预算支出与教育、科学技术、文化体育与传媒、就业保障和就业方面巨大的资金需求相比，存在着巨大的差距。

表 13-9　　　　2015 年一般公共预算主要支出项目及金额

项目	云南		广西		全国	
	总计（亿元）	人均（元）	总计（亿元）	人均（元）	总计（亿元）	人均（元）
教育	767.46	1 618.50	789.69	1 413.12	26 271.88	1 911.21
科学技术	48.56	102.41	49.63	89.94	5 862.57	426.49
文化体育和传媒	61.66	130.04	79.00	143.17	3 076.64	223.82
社会保障和就业	648.69	1 368.02	460.63	834.78	19 018.69	1 383.56
医疗卫生和计划生育	422.66	891.35	413.87	750.04	11 953.18	869.56

资料来源：根据 2016 年《中国统计年鉴》《广西统计年鉴》《云南统计年鉴》进行整理。

课题组在德宏州进行调研得知，每年国家及省安排兴边富民行动重点县资金为 400 万~500 万元，而每县市拥有 200 个以上的少数民族聚居自然村，按每村投入兴边富民行动项目资金 50 万元计算，每年仅能覆盖 8 个自然村，覆盖率较低。且一个自然村的水、电、路、教育、文化、医疗、产业、安居等各方面均需要投入，加之群众原始积累少，自筹能力弱，50 万元项目难以覆盖。德宏州为促进农村危房改造，可以对进行房屋改造的贫困户每户补贴 1 万元，但前提是房屋改造必须要达到相关要求，据测算，新修或改造房屋要达到改造要求，在当地的造价通常是 5 万~8 万元，也就意味着农户要自掏资金 5 万~8 万元新修或改造房屋，然后通过上级验收合格才能拿到 1 万元的补贴，对于当地的农户来说，能拿出 5 万~8 万元的资金已是相对富裕的农户。① 对于需要易地搬迁的贫困户，搬迁农户通常需要自己负担一些，但由于搬迁费用相当高昂，许多需要搬迁的贫困农户根本无法负担，最终也会出现"搬富不搬穷"的现象。

第二节　滇桂边境地区农户多维贫困测度

由于自然、社会和历史等多种原因，我国民族地区一直是我国减贫工作的

---

① 资料来源于课题组 2014 年 8 月在德宏州进行调研时，由德宏州扶贫办提供的报告。

重点和难点。自1986年国务院扶贫办成立以来，随着我国政府采取的多项减贫政策，我国的扶贫工作取得了巨大的成就，我国民族地区的贫困现象得到了极大缓解。但横向比较而言，我国民族地区的贫困问题依然突出，民族地区贫困规模大、发生率高、贫困程度深、返贫率高。2011~2020年是我国全面建设小康社会的关键10年，如何实现民族地区可持续减贫，完成2020年全面建成小康社会的奋斗目标，是民族地区的艰巨任务。贫困线确定和贫困测量方法是扶贫开发的基础，只有精准的瞄准穷人，才能提升项目的瞄准效率和实施效果。当前，我国政府识别贫困对象依然采用收入贫困线，我国于2011年11月出台了新的国家扶贫标准——农村居民年人均纯收入2 300元（2010年不变价），将全国贫困人口数量和范围扩大到1.28亿人。随着西部大开发和各项减贫政策和措施的推进，我国民族地区经济增长和收入分配差距虽然使绝对贫困人口大幅减少，但相对贫困的问题却更加突出。人们主观感知的教育、健康和卫生等方面更加重要，因此，单从收入维度来理解和测量民族地区农户家庭的贫困状况是片面的，需要从多个维度来对民族地区的农户贫困状况进行评估和测量，有针对性地改进扶贫措施，提高扶贫效率。我国西南边境地区绝大部分是少数民族聚居的地区，也是扶贫开发的重点和难点区域；同时，边境地区各族人民也是巩固边防的重要力量。

本节采用课题组在广西防城港市防城区、凭祥市和云南梁河县农户调查数据资料，运用阿尔基尔和福斯特（2011）提出的多维贫困方法研究该地区的多维贫困问题，[①] 为我国滇桂边境地区的扶贫开发提供更科学合理的依据。

一、调查地区及样本情况简介

（一）防城区、凭祥市和梁河县的基本情况

防城区位于广西南端，防城区前身是防城各族自治县，1993年5月设立防城港市后，防城撤县设区，成为防城港市管辖的面积最大、人口最多、集"老、少、边、山、穷"于一体的一个市辖区。全区总面积2 427平方公里，辖5个乡5个镇3个街道、146个村委会和16个社区，截至2015年底，户籍人口43.19万人，常住人口总人口38.41万人，[②] 居住着汉、壮、瑶、京等19个民族。防城区边境乡镇陆地边境线长61.8公里，海岸线长138公里，有3个乡镇与越南隔海

---

① 理论模型参考第二章第一节。
② 资料来源于2016年《广西统计年鉴》。

相望，峒中、那良2个镇与越南接壤，现有国务院批准设立的江山港边贸过货口岸和自治区批准设立的峒中口岸以及滩散、里火两个边民互市点。[①]

凭祥市地处中国南部，位于广西崇左市西部，1956年11月设市，是广西第五个建市的城市。1992年6月被国务院批准为沿边对外开放城市，2002年12月成为自治区直辖市，现由地级崇左市代管，是中国最靠近东盟国家的国际化城市，下辖4个镇，全市土地面积650.32平方公里，2015年底，常住人口约11.65万人，有壮、汉、苗、京、侗、傣、布依等17个民族。凭祥市与越南谅山接壤，边境线长97公里，有湘桂铁路和南友高速公路分别与越南的铁路和公路交接，距广西首府南宁160公里，距越南首都河内172公里，距广西首府南宁和越南首都河内均为160公里（高速公路），凭祥与越南接壤，辖区内有凭祥（铁路口岸）和友谊关（公路口岸）2个国家一类口岸、平而关（水路口岸）1个国家二类口岸，弄尧（含浦寨）、凭祥（叫隘）、平而、油隘4个边民互市点，是广西口岸数量最多、种类最全、规模最大的边境口岸城市，是中国通往越南及东南亚最大和最便捷的陆路通道。[②]

梁河县位于云南西部，德宏州东北部，东北于腾冲县接壤，东南与龙陵县交界，南与芒市、龙川县毗连，西与盈江县为邻。全县面积1 159平方公里，最高海拔2 672.8米，最低海拔860米，有中山、低山、火山锥、台阶地、河谷平坝5种地貌类型，是半山半坝县，其中坝区面积144平方公里，占总面积的87.58%，山区、半山区面积1 015平方公里，占总面积的87.58%。全境有癫痫山、芒鼓山、江东山梁子三大山脉及大盈江、龙江两大水系组成。全县辖6乡3镇，62个村委会，4个社区，390个自然村，674个村民小组，2015年末，全县共有15.86万人，[③] 境内主要居住着汉、傣、阿昌、景颇、德昂、傈僳、佤族等13个民族，少数民族人口占总人口的34.6%，是云南省73个国家级贫困县之一，农民的收入主要以种植、养殖、经商和外出打工为主，全县有耕地面积368 889亩，其中水田191 004亩，旱地177 885亩，[④] 2015年县生产总值18.67亿元，人均生产总值11 791元，农民年人均纯收入6 652元。[⑤]

（二）调查样本情况

课题组于2014年7~8月在广西防城港市防城区和云南梁河县进行农户多维

---

① 资料来源于防城区政府提供的防城区简介。
② 凭祥市人民政府网：《走进凭祥》http://www.pxszf.gov.cn/zoujinpingxiang/，2017年11月10日。
③⑤ 资料来源于2016年《云南统计年鉴》。
④ 资料来源于2014年8月课题组在梁河县调研时，梁河县政府提供的《梁河县农村贫困人口及社会经济发展报告》。

贫困调查，2017年1~2月在广西防城港市防城区和凭祥市进行农户多维贫困调查。2014年获得的调查数据为农户2013年的情况，2017年获得的调查数据为农户2016年的情况。调查方式为简单随机抽样调查，调查样本共286户1 419人，其中广西防城港市防城区调查农户121户，占比42.31%；凭祥市调查农户98户，占比34.27%；云南梁河县调查农户67户，占比23.43%。调查内容主要包括农户家庭基本信息、家庭年纯收入、基本消费、受教育状况、健康情况、拥有消费型资产情况和边境因素是否对农户的生产生活带来影响等。在进行多维贫困分析时，本节以户为单位，采用等权重方法计算多维贫困指数。在对数据进行处理时，由于调查工作是分两次进行，调查的时间有差异，仅在收入方面进行了相关处理，将农户纯收入经过CPI调整到2010年的不变价，其他方面忽略时间的差异。调查农户的样本分布具体情况详见表13-10。

表13-10　　　　　　　　调查农户的样本分布情况

区域	样本数量（户）	占比（%）	涉及人数（人）	占比（%）
防城区	121	42.31	685	48.27
凭祥市	98	34.26	432	30.45
梁河县	67	23.43	302	21.28
总计	286	100	1 419	100

资料来源：根据农户调研数据进行统计整理所得。

两地调查农户的基本情况详见表13-11。

表13-11　　　　　　　　农户调查的基本情况统计

项目	指标		总体分布	分地区分布		
				防城区	凭祥市	梁河县
人口	家庭人口（人）	平均值	5	6	4	5
		最大值	13	13	10	9
		最小值	1	1	1	2
收入	年家庭人均纯收入（元）	平均值	5 718	5 010	7 753	4 020
		最大值	28 193	24 229	28 193	16 524
		最小值	108	338	538	108
		标准差	4 943	4 391	5 713	3 537

续表

项目	指标		总体分布	分地区分布		
				防城区	凭祥市	梁河县
教育	有适龄儿童辍学的户数占比（%）		9.44	16.53	2.04	7.46
	劳动力最高受教育程度及占比（%）	文盲	2.10	4.13	2.04	0
		小学	34.97	45.45	1.02	34.33
		初中	44.76	35.54	22.45	44.78
		高中	13.64	13.22	56.12	16.42
		大专	4.55	1.65	8.16	4.48
	受过专业劳动技能培训的劳动力（人）		95	40	19	36
健康	有人患严重疾病的户数占比（%）		36.01	18.18	59.18	34.33
	未购买医疗保险的户数占比（%）		2.45	4.13	2.04	0.00
住房	住房结构类型及占比（%）	钢筋混凝土	38.46	26.45	78.57	1.49
		砖木结构	43.01	36.36	19.39	89.55
		茅草或土坯	18.53	37.19	2.04	8.96
饮用水	水源类型及占比（%）	河水或塘水	3.50	7.44	1.02	0.00
		山泉水	47.55	52.89	9.18	94.03
		井水	10.84	23.97	0.00	2.99
		自来水	38.11	15.70	89.80	2.99
电	已通电户数占比（%）		99.65	99.17	100.00	100.00
卫生	厕所类型用户占比（%）	无厕所	20.63	16.53	2.04	55.22
		旱厕	25.17	47.93	1.02	19.40
		水冲厕所	54.20	35.54	96.94	25.37
炊用燃料	燃料类型用户占比（%）	柴草	37.76	65.29	20.41	13.43
		煤	1.05	0.83	1.02	1.49
		液化气、天然气、沼气	23.43	1.65	63.27	4.48
		电	37.76	32.23	15.31	80.60
耐用消费品	拥有各项耐用消费品的农户占比（%）	电视	91.61	83.47	96.94	98.51
		电话/手机	97.55	98.35	95.92	98.51
		电饭煲	81.47	71.90	85.71	92.54
		洗衣机	25.52	19.83	38.78	16.42
		冰箱	47.90	23.97	80.61	43.28

续表

项目	指标	总体分布	分地区分布		
			防城区	凭祥市	梁河县
耐用消费品	拥有各项耐用消费品的农户占比（%）	空调	5.94	3.31	13.27	0.00
		摩托车/电动车	69.93	73.55	70.41	62.69
		电脑	9.44	4.96	17.35	5.97
		汽车	6.99	7.44	9.18	2.99

资料来源：根据调查问卷统计整理所得。

从表 13-11 数据可以看出三地调查农户的异同。第一，从调查农户家庭规模上看，广西防城港市防城区和凭祥市的家庭规模明显大于梁河县。课题组在实地调研时也观察到，防城区农户受生育文化影响，家庭子女相当多，有多达 6 个孩子的家庭非常常见，该区总体都比较贫困，陷入一种越穷越生、越生越穷的恶性循环。第二，从家庭人均纯收入来看，凭祥市水平最高，防城区其次，梁河县收入水平最低，从收入差距水平来看，从高到低依次是凭祥市、防城区和梁河县。因为凭祥市和防城区与越南接壤，广西沿边公路开通后，交通更加方便，中越边境旅游业逐步发展，凭祥市有国家一级边境口岸，边贸相对发达，防城区有里火边境口岸，到口岸就业的当地人增加，所以凭祥市和防城区的收入水平和收入差距更大。梁河县不与边境接壤，交通不便，是国家扶贫工作重点县，农户收入较低。第三，从教育角度来看，防城区农户受教育水平普遍低于凭祥市和梁河县，防城区农户学历较低，适龄儿童辍学率较高，在调研中课题组发现，梁河县每对夫妻生育 2 个小孩左右，重视教育，重男轻女现象不明显。防城区的情况刚好相反，重男轻女现象突出，许多家庭多达 6 个孩子，家庭负担重，对子女教育也不重视。第四，从健康角度来看，梁河县都基本实现了农村医疗保险全覆盖，但家庭有人患较重疾病的比例较高，约为 1/3，防城区和凭祥市还没有实现农村医疗保险全覆盖，凭祥市有家庭有人患较重疾病的比例高达一半以上。第五，从住房情况来看，凭祥市的住房条件总体较好，防城区的住房贫困问题最为突出，还存在 1/3 多的茅草和土坯房，农村危房改造的任务还较为艰巨。第六，从饮用水和照明用电情况来看，目前通电基本全覆盖，只有极少数农户没有用上电，在饮用水方面，凭祥市的总体情况最好，防城区和梁河县以山泉水为主，自来水较少，这与农户居住较为分散、自来水入户困难有关。第七，从耐用消费品拥有量来看，一般家庭拥有电话、电饭煲、电视机较多，拥有冰箱、洗衣机和摩托车的较少。

二、各维度剥夺临界值的确定

本节参照联合国千年发展目标（MDG），接受专家的咨询意见，吸纳当地官员和村民的意见，结合样本区的实际情况，选择采用收入、教育、健康生活水平4个维度来进行多维贫困测度，其中健康维度由健康状况和医疗保险两个指标构成，生活水平由住房、饮用水、通电、炊用燃料、卫生设施和耐用消费品6个指标构成。各维度（指标）的剥夺临界值详见表13-12。

表13-12　　　　　　　　各维度的剥夺临界值

维度	指标	剥夺临界值
收入	人均纯收入	年人均收入低于2 300元（2010年不变价），赋值为1，否则赋值为0
教育	教育水平	适龄儿童有辍学或者家中劳动力最高受教育水平初中以下，赋值为1，否则赋值为0
健康	健康状况	家庭成员患严重疾病，赋值为1，否则赋值为0
	医疗保险	有家庭成员未购买任何医疗保险，赋值未1，否则赋值为0
生活水平	住房	住房结构为茅草或土坯，赋值为1，否则赋值为0
	饮用水	为河水、塘水或山泉水，赋值为1，否则赋值为0
	通电	未通电，赋值为1，否则赋值为0
	炊用燃料	仅使用柴草为燃料，赋值为1，否则赋值为0
	卫生设施	无水冲厕所，赋值为1，否则赋值为0
	耐用消费品	汽车、电视机、冰箱、洗衣机、空调、电话/手机、电脑、电饭煲、摩托车拥有不足3项，赋值为1，否则赋值为0

关于各维度剥夺临界值的说明：对于收入维度，依据2011年中央决定将农村居民年人均纯收入2 300元作为国家扶贫标准，本文也采用此标准作为收入维度的临界值，人均纯收入低于2 300元视为收入贫困；关于教育维度，主要依据9年义务教育，且农村家庭劳动力最高受教育年限往往决定该家庭的重大决策，关系到该家庭的脱贫能力，所以，如果该家庭有辍学情况或家庭中劳动力最高受教育水平在初中以下视为教育贫困；关于健康维度，依据中国的现实情况，因病致贫现象相当突出，如果有家庭成员患有重疾视为健康贫困；关于住房维度，根据我国经济发展情况和国家危房改造项目要求，一般农户家庭的茅草房、土坯房

及危房视为住房贫困;关于饮用水维度,根据当地情况和调查民众的要求,自来水经过消毒、井水经过深层过滤,安全都较有保障;河水、山泉水和塘水均为地表水,安全性相对较差,饮用水源为河水、山泉水和塘水的视为饮用水贫困;关于耐用消费品维度,调查了电视机、冰箱、洗衣机、电话、电饭煲、摩托车6项耐用消费品,是否拥有这些耐用消费品反映了当地农民的生活水平,根据中国的经济发展情况,电视机、电话、电饭煲这3项已经是相当普及的家用电器,如果一个家庭不具备这3样最基本的电器,就视其为耐用消费品消费贫困。

三、边境地区多维贫困测量结果

(一) 各维度单维贫困发生率

首先,对选取的四大类维度估算各维度的单维贫困发生率,将防城区、凭祥市和梁河县三个地区进行比较,具体详见表13-13。

表13-13 农户各维度单维贫困发生率 单位:%

编号	维度	指标	总体	防城区	凭祥市	梁河县
1	收入	人均纯收入	25.87	28.10	12.24	41.79
2	教育	教育水平	81.82	85.12	79.59	79.10
3	健康	健康状况	36.01	18.18	59.18	34.33
		医疗保险	2.45	4.13	2.04	0.00
4	生活水平	炊用燃料	37.76	65.29	20.41	13.43
		卫生设施	45.80	64.46	3.06	74.63
		饮用水	51.05	60.33	10.20	94.03
		通电	0.35	0.83	0.00	0.00
		住房	18.53	37.19	2.04	8.96
		耐用消费品	12.24	19.01	7.14	7.46

从表13-13可以得出如下结论:第一,从收入维度看,调查地区农户的贫困发生率较高,尤其是梁河县,收入贫困发生率高达41.79%,防城区的收入贫困发生率也高达28.1%;第二,从教育维度看,调查地区农户的贫困率较高,主要劳动力最高受教育程度初中以下占80%左右,其中以防城区的教育贫困最为突出;第三,从健康维度看,调查地区农户的健康状况不是很乐观,就健康状况

指标来看,家有重病患者的农户比例超过36%,尤其是凭祥市,更是高达59.18%。从医疗保险指标来看,贫困发生率较低,说明调研地区农村医疗保险覆盖水平大大提高;第四,从生活水平维度看,调查农户在通电和耐用消费品方面,贫困发生率较低,但在住房、炊用燃料、卫生设施和饮用水方面,贫困发生率相当高。

(二) 多维贫困估计结果

利用前述多维贫困测量方法,计算调研地区的多维贫困测量结果列示详见表13-14。由于采用各维度等权重,各指标的权重有所不同,因此这里的K值为加权维度。当K取值为1时,表示在所有考察维度中,有10%的加权维度被剥夺;当K取值为2时,表示在所有考察维度中,有20%的加权维度被剥夺;以此类推,当K取值为8时,表示在所有考察维度中,有80%的加权维度被剥夺。

表13-14　　　　　　　　　多维贫困指数

K	贫困发生率（H）	贫困剥夺份额（A）	多维贫困指数（M0）
1	0.8951	0.42839	0.38345
2	0.84615	0.4449	0.37646
3	0.68182	0.48761	0.33246
4	0.41259	0.56921	0.23485
5	0.27273	0.64103	0.17483
6	0.17133	0.69473	0.11903
7	0.07343	0.75992	0.0558
8	0.01049	0.83333	0.00874

从表13-14中可以看出,当K=1时,贫困发生率为89.51%,这说明在所有考察维度中,有89.51%的农户有10%的加权维度被剥夺,贫困剥夺份额为0.42829,多维贫困指数为0.38345;当K=3时,贫困发生率为68.612%,这说明在所有考察维度中,有68.612%的农户有30%的加权维度被剥夺,剥夺份额为0.48761,多维贫困指数为0.33246;当K=8时,贫困发生率为1.049%,这说明在所有考察维度中,被剥夺维度达到80%的农户为1.049%,剥夺份额为0.83333,多维贫困指数为0.00874。

四、多维贫困分解

(一) 维度分解

表 13-15 显示 K 取不同值时所对应的多维贫困指数 (M_0),以及 4 个维度分别对总指数的贡献率。以 K=3 为例,多维贫困指数为 0.3324,其中收入贫困的贡献率为 17.18%,教育贫困的贡献率为 50.48%,健康贫困的贡献率为 12.75%,生活水平的贡献率为 19.59%。当 K=3 时,教育贫困最为突出,其次是生活水平贫困、收入贫困和健康贫困。

表 13-15　　　　　　　　　不同 K 值下各维度的贡献率

K	M_0	收入(%)	教育(%)	健康(%)		生活水平(%)					
				健康状况	医疗保险	炊用燃料	卫生设施	饮用水	通电	住房	耐用消费品
1	0.3834	16.86	53.34	11.74	0.79	4.02	4.78	5.05	0.03	2.01	1.32
2	0.3764	17.18	54.33	10.68	0.81	3.94	4.76	4.91	0.03	2.01	1.31
3	0.3324	18.66	50.48	11.83	0.92	4.16	5.30	4.86	0.04	2.23	1.48
4	0.2348	25.68	43.54	11.35	1.30	4.28	4.71	4.83	0.06	2.23	1.98
5	0.1748	34	39	9	1.5	3.41	4.83	4.41	0	1.91	1.91
6	0.1190	35.98	35.98	9.91	1.46	3.67	4.40	3.91	0	2.44	2.20
7	0.0558	32.89	32.89	11.74	3.13	3.91	5.22	4.43	0	2.87	2.87
8	0.0087	30	30	10	5	5	5	5	0	5	5

(二) 地区分解

表 13-16 体现了不同 K 值下防城区、凭祥市和梁河县的多维贫困指数情况。

表 13-16　　　不同 K 值下三个地区的农户多维贫困指数

地区	K						
	1	2	3	4	5	6	7
总体	0.38345	0.37646	0.33246	0.23485	0.17483	0.11903	0.0558
防城区	0.410813	0.404959	0.363292	0.273416	0.194904	0.150482	0.070248
凭祥市	0.323554	0.313776	0.255102	0.148384	0.092687	0.060374	0.014881
梁河县	0.421642	0.416667	0.389925	0.291667	0.258706	0.14801	0.089552

从表 13-16 可以看出，无论 K 取何值，梁河县的贫困指数均最大，这说明从多维的角度来看，梁河县的贫困状况更为突出。以下进一步考察各个贫困维度对于各地区多维贫困指数的贡献率。以 K=3 为例进行分解，具体结果详见表 13-17。

表 13-17　　　　K=3 时，各地区各维度的贡献率　　　　单位：%

地区	收入	教育	健康		生活水平					
			健康状况	医疗保险	炊用燃料	卫生设施	饮用水	电力	住房	耐用消费品
总体	18.67	50.48	11.83	0.92	4.16	5.30	4.86	0.04	2.23	1.49
防城区	18.20	49.48	5.69	1.42	6.73	6.92	5.21	0.09	4.17	2.09
凭祥市	12.00	56.00	25.50	1.00	2.50	0.50	1.17	0.00	0.17	1.17
梁河县	25.84	46.89	9.09	0.00	1.44	7.18	7.81	0.00	0.96	0.80

从表 13-17 可以看出，当 K=3 时，收入贫困贡献率由高到低依次为梁河县、防城区和凭祥市，教育贫困贡献率由高到低依次为凭祥市、防城区和梁河县，健康维度中的健康状况贫困贡献最高的是凭祥市，生活水平维度中，总体来说贡献率较高的是炊用燃料、卫生设施、饮用水方面，防城区的住房贫困贡献率较高。

第三节　滇桂边境地区特殊类型贫困的成因

一、自然环境差，生产生活条件恶劣

滇桂边境地区地处偏远的边境地区，尤其是山区，交通不便，人均土地资源匮乏，自然灾害频发，农民生产生活条件恶劣，严重影响当地人民的脱贫致富。就防城区来说，靠近东部沿海，每年夏季都遭遇台风威胁，2014 年 7 月到 8 月，在课题组深入防城区调研时，正好遇上防城区共遭遇两次大台风，在深入那良镇农户进行调研时，有农户家里房顶完全被揭，无法正常生活。2015 年第 8 号台风"鲸鱼"来袭，6 月 23 日 20 时至 25 日 08 时，防城区沿海及高山地区出现 7~8 级阵风，雨量为中到大雨，局部暴雨，防城区有 10 个乡镇（街道办）受灾，受

灾人口 8.65 万人，紧急转移 0.4439 万人，直接经济损失 1 103.2 万元。①

　　德宏州绝大多数村寨地处山区、半山区或高寒山区，自然条件差，缺水少土，山高坡陡，自然灾害频繁，生存环境恶劣，交通不畅、信息闭塞、农田水利灌溉设施简陋，生产和生活条件差，因灾因病返贫现象较为突出。云南边境地区，山区地质疏松，暴雨来临，泥石流频发，毁坏村庄、房屋、公路和基本农田设施，农民生产生活受到严重影响。地震及次生灾害又是滇桂边境地区人民面临的另一大威胁，滇桂边境由于地处亚欧板块和印度板块交界处，板块活动频繁，地震频发，课题组前往梁河县进行调研了解到，在不久前其旁边的盈江县就刚发生过地震。除了以上自然灾害外，滇桂边境地区的旱季和雨季分明，也给当地人民的生产生活带来相当大的影响，通常每年 11 月至次年 4 月为旱季，5 月到 10 月为雨季，4 月前的长时间干旱，导致春季播种遭遇春旱，5 月后的长时间雨季，长期干旱后又长时间下雨，再遇上地震等，泥石流灾害严重，且长时间的雨季也会影响果树的挂果。以上这些特殊的自然因素都给当地人民的生产和生活带来严重影响，以至于脱贫困难，返贫率高。

二、地理位置特殊，基础设施薄弱

　　高黎贡山脉及其延续贯穿云南边境，六诏山和十万大山位于广西边境，滇桂边境地区地处偏远，山区较多，基础设施薄弱，土地资源匮乏，生产和生活成本高。防城区少数民族贫困居民 65% 居住在边境一线的山区，28% 在丘陵地带，山区地理位置偏僻，海拔较高，居住分散，村与村、屯与屯之间距离相距较远，人均耕地较少，且耕地等级低，肥力差，灌溉条件有限，许多时候只能望天收。那良镇高林村的人均耕地面积只有 0.37 亩，② 河西乡二古城自然村虽然人均耕地相对多一点，有 1.37 亩，但人均高稳产农田面积仅为 0.18 亩，③ 山区有些有特色的农产品也无法扩大生产规模，农民的生产只能维持简单再生产，难有积蓄。山区地理条件差，修建道路等基础设施成本相当高，建设困难，基础设施相当薄弱，以德宏州为例，整个德宏州境内没有一条铁路，也没有一条高速公路。广西边境地区在兴边富民行动的支持下，2002 年修成了著名的沿边公路，此条公路的开通，给广西边境地区带来了翻天覆地的变化，但随着时间的推移和经济的发展，沿边公路年久失修，坑坑洼洼，破烂不堪，早已无法适应现代经济发展的需

---

① 郁海蓉：《台风致防城港 8.65 万人受灾经济损失千万元》，中国天气网广西站，www.weather.com.cn/guangxi/tqxw/2343613.shtml，2015-6-25。
② 数据来源于课题组 2018 年 7 月在防城区那良镇高林村调研时该村村委会提供的资料。
③ 数据来源于课题组 2018 年 8 月在梁河县河西乡二古城村调研时该村村委会提供的资料。

要。交通不便导致了这些偏远地区物流运输成本高,自己生产的产品外销困难,加工生产和生活成本高,导致农民收入水平不高。许多农田水利设施还是20世纪六七十年代修建的,面对频发的泥石流等自然灾害,根本无法抵御,许多农田都是望天收。

三、农业产业脆弱,农民增收困难

边境民族地区大多数属山区,自然资源丰富,但农业基础薄弱,耕作方式落后,利用率极低,单位面积产出少。加之交通不便,人流、物流不畅,高成本、低效益,优势资源难以转化为优势产业,缺乏致富支柱产业。种养业是边境地区农户的主要收入来源之一,农业是天生的弱质产业,由于受自然条件约束、生产周期长、农产品需求弹性小等因素影响,农业发展不仅自然风险大、且市场风险也很大。滇桂边境地区山区很多,交通不便,土地面积有限,土地贫瘠,农业生产投入大、成本高、收益少。课题组在梁河县调研了解到,由于人均土地少,即使有特色农产品的市场需求,也无法进行规模化的生产,由于交通不便,物资进出梁河县的运输成本很高,滇桂边境地区旱季雨季分明,旱季在春季,播种困难,雨季期间,易发山洪和泥石流,毁坏农田和作物。农业生产除了面临这些自然风险外,还面临着巨大的市场风险。课题组调查所知,2013年梁河县的甘蔗大丰收,但受糖价下跌影响,当地糖厂无法支付农户甘蔗款,让许多农户重新陷入贫困。还有许多地方发展扶贫农业项目,只注重生产,追求产量,不关心市场,导致许多同质项目一哄而上,农户投入越多,生产规模越大,产品越卖不出去,农民增收困难。

四、金融服务支持有限,农村融资困难

农村资金存在外流现象。在市场经济条件下,规避风险、追逐利润是社会资金流动的内在取向,市场经济规律使得社会资金自发地由农业领域流向工业领域,由农村流向城市。随着金融体制的改革,绝大部分金融机构为了获得更多利润,把更多资金投向城市和非农产业,不愿意投资经营规模小、信息透明度低、抵押品不足的广大农村市场,出现较为严重的农村资金外流现象。农业具有高成本、低收益的特点,使得外部资金很难流入。农业具有高风险的特点,涉农金融服务机构害怕贷款给农户之后收不回来,要承担巨大的风险和不可推卸的责任,不愿意向农户发放涉农贷款。

农村金融服务村寨网点覆盖率低,服务方式落后。滇桂边境大部分地区属于

山区，村落之间形成"大杂居，小聚居"的地域格局，受自然条件的影响，交通不便，农村金融服务并没有覆盖到乡镇下的村寨。绝大部分乡镇下的村寨没有金融机构，农民距离乡镇及以上的金融机构路程较远，来回往返时间长，车费开销大。云南省农村金融服务方式和手段比较落后，ATM自动取款机、存取款一体机、查询补登折机、网银自助终端机、POS机、惠农终端机等自助设备在城市银行网点随处可见，但在许多农村乡镇还出现空白的局面。

农村金融服务产品满足不了农户需求。目前，云南省农村金融机构提供的小额贷款一般在3万~5万元，主要对农业生产进行投资，大部分农户只能获得小额贷款的支持，贷款金额只能够购买种子、农药、化肥等农资设备，进行简单的农作物种植，无法扩大再生产。农户想要扩大再生产、购买大型农机具、建（购）房、农业基础设施建设等，投资额较大，一般都超过10万元以上，普通农户难以达到银行规定的贷款抵押担保要求，无法获得大额贷款。农村金融机构提供的贷款主要为小额贷款，还款期限较短，而且现有贷款期限与农业生产投资周期不匹配，绝大部分涉农贷款期限在一年以内，但是养殖业、水果种植业等的生产周期普遍在2年以上，农户把资金用于农产品种植，还没有到收获季节，银行就要求还款，这样农户不仅无法实现简单再生产，更无法扩大生产规模，服务效果不好。因此，现有涉农贷款期限结构难以适应农业发展方式转型的要求。

农村信用担保体系建设滞后。目前云南省大部分农村地区没有建立专门的信用评级机构，大部分农户信息没有纳入农村信用信息数据库。农户信用档案缺失，银行金融机构难以了解农户信誉情况，导致农村金融机构面临较大的信用风险。加上县城及县城以下地区的农户普遍存在信用意识淡薄的问题，农户缺乏诚信观念，农村的逃避债务、躲避债务和赖掉债务现象严重，导致银行贷款收不回来，银行不良贷款利率上升，影响金融机构发展。农村信用担保体系缺位，一方面，农村缺少专门为"三农"服务的担保机构。另一方面，农民耕地、宅基地、自留地、自留山等集体所有的土地使用权仍不可作为抵押物获得贷款，导致农民和农村企业难以提供符合农村金融机构贷款要求的抵押物，制约了农户和农村企业的贷款需求得到有效满足。① 目前在云南省内有500多家担保公司，但是大部分担保公司的担保业务主要是扶持国有大中型企业，且大部分担保公司规模小、资本不足、担保能力弱，从事农业贷款的担保公司非常少。

农村保险业发展落后。从目前云南省的现状来看，农业保险发展落后，主要体现在以下几个方面：第一，农业保险险种单一。政府补贴的政策性险种所占比例较大，商业性农业险种不足，农业保险保障水平低，补贴品种少。第二，农业

---

① 彭志强：《农村金融风险分担补偿机制探讨》，载《南方金融》2011年第8期，第55~57页。

保险供给和需求失衡。一方面，农民保险意识淡薄，对农业保险的购买欲不强，再加上农民收入水平低，就算有农业保险的需求，也没有能力购买；另一方面，农业保险市场潜力大，但农业保险具有高风险、高成本、高赔付的特点，保险公司不热衷于发展农业保险，不敢轻易进入农业保险领域，农业保险业务发展速度较慢。农村信用担保体系建设滞后，贫困农民由于缺乏资产进行抵押，通常贷款都很难，农村的小额信贷通常只能满足农民买种子、农药和化肥等生产资料，只能满足于进行简单再生产，如果要扩大生产规模，则很难贷到较大的款项。农村农业保险发展非常落后，由于农业生产周期长、风险大和利润薄的特点，农业保险对于金融机构来说缺乏吸引力，完全依赖政府补贴来政策性推动，如果政府投入不足，农民也缺乏保险意识，农业生产风险就完全暴露在市场中，一旦发生，就成为农民生命不能承受之重，贫困农民无法脱贫，脱贫农民又全面返贫。

五、边境因素影响特殊，致贫因素复杂

（一）战争及边境冲突因素影响

1979年，对越自卫反击战爆发，当全国都在改革开放新政下大力发展经济之时，中越边境地区陷入战争，战争持续10来年，边境少数民族地区人民经历了巨大的战争创伤，边境地区人民一直以参战、支战和避战为政治任务，边境地区的人民支持保卫边疆，投入了大量的人力和物力，战争的巨大破坏也使边境地区元气大伤，生产和生活受到严重影响。在内地进入经济建设高峰期，边境地区错过了经济发展的大好时机，远远落后于全国平均水平，中越战争除了影响边境地区的经济和社会发展外，由于战争，中越双方在中越边境地区埋下大量的地雷，据相关资料显示，20世纪70~90年代，中越边境云南段埋设了约130万余枚地雷、48万余枚（发）各类爆炸物，形成大小不等、断续分布的161个混乱雷场，面积约289平方公里。① 尽管经过了3次排雷行动，但仍然有大量的地雷埋藏在中越边境地区，这些地雷直接威胁到边境地区人民的生命和财产安全，也为和平时期中越的经济合作埋下了障碍。

除了越南战争的遗留问题，云南边境与缅甸接壤，中缅边境线长达2 000公里，由于历史遗留和缅甸政局相关问题，近些年来，缅甸政府军和缅甸北部边境地方武装冲突频发，滇缅边境的人民经常受到缅甸边境冲突的影响。缅北战事频

---

① 参考消息网：《港媒：中越边境第3次扫雷涉云南段16万未爆炸弹》，http://www.cankaoxiaoxi.com/mil/20151105/987122.shtml，2015年11月5日。

发,战事对缅甸经济的破坏较大,为毒品种植反弹埋下隐患,使我国边境地区禁毒的形势更加严峻。

(二) 跨境婚姻影响

滇桂边境地区分别与缅甸、老挝、越南接壤,在边境地区居住着多个跨境民族,他们属于同一民族,分属两个不同的国家,他们同宗同源,有着相同的文化和习俗,在边境线上来往密切,通婚现象也比较普遍,边境地区跨境婚姻比例远远高于全国平均水平。以防城区为例,随着社会的发展和广西沿边地区的开放,跨境通婚人口数量越来越多,就课题组在防城区调研了解到:截至2013年底,峒中镇和那良镇这两个边境乡镇中,中国公民和越南通婚642人,生育人口1 529人。

中越边境通婚的人群主要有以下特征:一是中国男性娶越南女性为主,中国女性外嫁和外籍男性入赘中国的非常少;二是娶越南新娘的中国男性通常经济条件相对较差。三是嫁到中国的越南女性普遍文化程度低;四是越南女性嫁给中国男性基本没有合法手续。

形成以上特征的主要原因有以下几个方面:第一,中国出生人口性别比失调,总人口中,男性比例远高于女性,造成男性娶妻难,而越南的人口结构正好相反,女性多于男性,越来越多女性选择外嫁。第二,在市场经济和城镇化大潮中,中国农村男性的婚姻受到严重挤压,尤其是贫困男性。女孩外出去城市打工,很少回到当地,当地贫困男性很难娶到媳妇。第三,中国总体生活水平高于缅甸、老挝和越南,缅甸和越南北部属于山区,经济更加落后,人们受教育水平低,生活贫困,许多缅甸、越南女性向往中国更好的生活希望嫁入中国。

由于以上特征和原因,通常只有很贫穷的中国男性愿意跨境娶缅越女性,而越南缅甸北部地区比中国更加落后,这就导致边境地区多数跨境婚姻为贫穷家庭与贫穷家庭的结合,跨境婚姻为边境地区的脱贫致富带来新难题。双边经济条件都比较差,且文化水平较低,又因为没有合法的跨国婚姻手续,越南新娘没有中国国籍,不能享受中国方面的福利待遇。目前防城区的跨境婚姻在政府有登记备案,跨国婚姻子女可以取得中国户口,但越南新娘都没有入中国籍,不能享受中国方面相关福利待遇,其子女更容易被歧视,相对缺乏平等的竞争机会,更易诱发贫困的代际传递。课题组在那良镇高林村和六市村了解到,越南新娘不能享受医保和养老保险待遇,也不能享受边民补贴,有的越南新娘已经嫁入中国多年,现在已经做奶奶了,依然没有中国户籍,不能享受中国方面的相关待遇。由于本来经济条件就差,且越南新娘不能享受中国方面的保障和福利,越南新娘更容易遭到歧视,这很有可能使跨国婚姻家庭更容易陷入贫困,这对中越边疆的稳定也带来更多的不确定因素,加重了边境地区跨境婚姻家庭的贫困。

(三) 吸毒、艾滋病泛滥

滇桂边境地区与缅甸、老挝、越南三国接壤,与世界毒品重要来源地"金三角"相邻,特殊的地理位置和错综复杂的地形、边境地区人员复杂流动性大,使得滇桂边境地区成为毒品犯罪的沃土,尤其是滇缅边境地区,由于与缅甸山水相连,天然屏障和小道便道众多,一直是毒品犯罪的重灾区。据统计,2013 年以来,云南公安边防禁毒部门缉毒总量达 11.039 吨,破获毒品案件 2 156 起,抓获犯罪嫌疑人 2 445 人,缴获易制毒化学品 550 吨,其中破获万克以上毒品案件 167 起,打掉贩毒团伙 24 个。① 课题组在云南梁河县九保乡二古城自然村进行调研,当地村支部书记反映,基本上每个自然村都有 1 到 2 个吸毒人员。地处边境一线的边境地区毒品犯罪比梁河县更为严重,云南边境地区禁毒形势非常严峻。贩毒的高收益对贫穷的边境农民有着巨大的吸引力,许多农民因为贫穷而走上贩毒之路,受环境影响,以贩养吸情况普遍。一个家庭只要有人吸毒,就意味着将把整个家庭拖入泥潭,且对周边人群也构成严重威胁,如果吸毒和贩毒不能被有效控制,这样的家庭就脱贫无望。

滇桂边境地区除了缉毒任务重,防范艾滋病的压力也非常大。毒品犯罪和艾滋病有着天然的联系,血液传播和性传播是艾滋病传染的主要渠道,由于边境地区贩毒和吸毒形势严峻,边境人员情况复杂、流动性大,跨境婚姻数量的逐年上升,这些原因都促使艾滋病迅速传播,边境地区跨境婚姻和跨境性行为及贩毒吸毒人员是艾滋病的高危人群,且由于边境地区人民文化水平低,既不懂得保护自己,也不懂得保护自己的孩子,导致艾滋病母亲生下艾滋病孩子,在滇桂边境地区有大量艾滋病孤儿。就当前医疗技术来说,染上艾滋病就等于宣判了死刑,艾滋病治疗的巨大的支出和对生活的绝望造就了永远的贫困。

六、历史文化特殊,减贫工作长期性

云南边疆的部分"直过民族"受教育程度有限,社会发育程度低。

"直过民族"是指从原始社会直接过渡到社会主义社会的民族,在云南省分布着大量直过民族。云南"直过民族"是指 20 世纪 50 年代,党和政府对云南边疆还处于原始社会末期、阶级分化不明显、土地占有不集中的少数民族,通过特

---

① 李磊:《云南中缅边境毒品犯罪现状及打击对策》,载《法制博览》2015 年第 4 期,第 281~283 页。

殊的帮扶政策,使其直接过渡到社会主义社会。① 云南省的直过民族包括景颇、傈僳、独龙、德昂、怒、佤、布朗、基诺和部分拉祜、哈尼、瑶等 20 个民族。"直过民族"作为一个特殊的群体,通过政府对其特殊扶持,已经取得了飞跃性的发展,但由于多方面原因,直过民族整体依然处于贫困状况。多数直过民族居住在山区,自然环境恶劣,交通不便,生活相对封闭。由于是从原始社会直接过渡到社会主义社会,直过民族的文化水平很低,许多直过民族的社会意识还停留在 20 世纪五六十年代,保留着先前的思维和生活方式,由于没有文化,无法顺应社会的发展,跟不上信息时代的要求。德宏州 4 个边境县市的山区或半山区,大多居住着从原始社会末期或奴隶社会直接过渡到社会主义社会的直过民族。新中国的成立使直过民族地区的经济社会发生了很大变化,生活水平有了明显提高,但从原始社会脱胎出来的思维方式、生产方式、生活方式和一穷二白的经济基础,没有随着社会制度的改变而得到根本改变,加之独特的地理及恶劣的自然环境,落后的生活习惯,使直过民族至今仍然处于较为贫穷和落后的状态之中。

由于多种原因,滇桂边境地区人民受教育水平和社会发育水平低。一是由于基础教育发展起步晚、底子薄,加之投入严重不足,办学条件差,教育手段落后等原因,群众文化程度较低,人口文化素质偏低。二是受传统生产生活方式影响和宗教观念的禁锢,大多数少数民族群众"小富即安"思想浓厚,生产为了自给,商品经济和市场经济意识不强,不会谋求更大更快发展,增收致富奔小康进展缓慢。红河哈尼族彝族自治州金平苗族瑶族傣族自治县拉祜族文盲率 90%;河口瑶族自治县有的瑶族村寨青壮年文盲率达 95% 以上,德宏傣族景颇族自治州景颇族农村 50% 以上的劳动力是文盲、半文盲,少年儿童失学率在 20% 以上,即使是非文盲人口,绝大多数也只接受过初等教育。② 云南边境山区的直过民族受教育水平低,广西边境山区的非直过民族受教育水平也不容乐观。经课题组在广西防城港市防城区那良镇的边境山区进行入户调查,有 31.1% 农户有适龄儿童辍学,50.8% 的农户家庭劳动力最高受教育水平在小学及以下。滇桂边境地区的直过民族受教育水平有限、教育贫困突出,人力资本严重不足,社会发育程度低,许多扶贫措施在直过民族地区难以奏效,贫困的代际传递现象突出。

---

①② 杨海波:《云南"直过民族"人文贫困现状研究》,载《邢台学院学报》2014 年第 2 期,第 19~21、32 页。

第十四章

滇桂边境地区扶贫开发效果评价及扶贫政策创新

第一节　滇桂边境地区扶贫开发效果评价

一、滇桂边境地区扶贫开发的主要做法

滇桂边境地区贫困具有相似性，贫困成因较为特殊和复杂，贫困治理也必须多管齐下进行综合治理。多年来，在中央政府的支持下，广西壮族自治区政府和云南省政府结合滇桂边境地区的贫困实际，对滇桂边境地区的贫困进行综合治理，滇桂边境地区扶贫开发的主要做法有下述几个方面。

（一）夯实农村公共基础设施建设

滇桂边境地区农村基础设施建设水平不仅关系到边民当前生活水平，更关系到边民与外界的沟通，进而对边民的认知水平和思想观念有着深刻的影响。滇桂边境地区在国家"兴边富民行动"政策支持下对农村基础设施进行了大力建设，"十二五"期间，云南边境地区的公路、高速公路、农村水利工程和农村电网改造均有所完善，广西区政府对距边境线0~20公里范围内的交通、能源通讯、安

全饮水、危房改造、土地开垦整理等方面进行大力建设，逐步夯实农村基础设施，解决贫困的瓶颈问题。

（二）发展产业扶贫

输血式扶贫只能解决一时的困难，要具备持续脱贫的能力，发展产业是造血式扶贫的重要途径。滇桂边境地区充分利用当地丰富的自然资源，发展多种产业，提高农民的收入。滇桂边境地区发展产业主要集中在特色种养业、乡村旅游和边境旅游。在发展特色种养业方面，支持建立贫困人口参与度高、对贫困户脱贫带动能力强的特色产业基地，以绿色产业发展为重点，鼓励龙头企业在贫困地区发展规模化、标准化种养基地；发展蔗糖、烤烟等传统优势产业，重点发展蔬菜、水果、食用菌、咖啡和花卉等新兴特色种植产业，推广牛羊的生态循环养殖和稻田养鱼虾蟹。在发展旅游业方面，利用边境地区特殊的地理优势和多个少数民族聚居的人文优势，以沿边公路为依托，推动乡村旅游和边境旅游，扩大农民就业，提高收入。发展特色产业往往相对容易，市场推广和销售却比较困难，在网络购物越来越普及的情况下，近几年，滇桂边境地区也把电子商务扶贫纳入扶贫开发工作体系，为电子商务扶贫创造各项条件，宣传、推广、销售特色产品和旅游品牌产品。

（三）易地搬迁扶贫

滇桂边境地区绝大多数地方都是山区，山高坡陡，土地贫瘠，滑坡和泥石流等自然灾害频繁，这些地方缺乏持续开发和生存的条件，"一方水土养不起一方人"，修路、通水通电等成本太高，必须对这部分贫困人群实施易地搬迁。滇桂边境地区需要较大规模易地搬迁的贫困户主要集中在滇西边境山区，滇桂交界地带的石漠化地区。滇桂边境地区精准识别易地扶贫搬迁对象，采取集中安置和分散安置相结合进行安置，并做好公共基础设施配套建设，安置区选择以旅游交通环线、产业聚集区、工贸旅游园区、县城规划区、乡集镇、中心村等为重点，为搬迁户可持续脱贫打下基础。

（四）教育扶贫

百年大计，教育为本。滇桂边境地区面对教育落后的现实，采取多方面措施进行教育扶贫，提高人力资本。缩小城乡差距，改善贫困地区办学条件，建立"控辍保学"机制，确保建档立卡家庭每个适龄孩子接受九年义务教育，推进农村寄宿制学校标准化建设，确保寄宿生基本生活条件，有条件的地方逐步推进高中阶段教育普及，提高受教育水平，阻断贫困代际传递。加强贫困地区职业院校基础设施建设，发展特色职业教育；实施国家职教圆梦行动计划，针对建档立卡贫困家庭子女单列招生计划，鼓励职业院校开展面向贫困人口的继续教育，对有就业需求和培训意愿的建档立卡人口实施职业技能培训。完善困难学生资助救助政策，稳步推进贫困地区农村义务教育学生营养改善计划，优先免除贫困户子女普通高中学杂费或中等职业教育学费，并给予一定的国家助学金和生活补助，对于进入高等学校学习的贫困生，建立新生入学资助、勤工助学岗位、奖助学金、困难补助和学费减免等多元化资助体系。云南迪庆州、怒江州于 2016 年秋季学期开始，实施学前 2 年、义务教育 9 年和高中 3 年的 14 年免费教育。①

（五）医疗卫生扶贫

因病致贫现象很突出，在滇桂边境农村地区表现得更加明显。滇桂边境地区加强贫困地区医疗卫生服务体系建设，解决贫困地区群众看病难看病贵的问题。实施全省区三级医院与贫困县县级医院一对一帮扶，提高县级医疗机构服务能力；加快乡村卫生机构达标建设；以贫困县为重点，加强乡镇远程医疗服务体系建设；医生培训计划向贫困地区倾斜，加强农村医疗队伍建设。健全贫困人口医疗保障制度，建档立卡贫困人口参加城乡居民基本医疗保险个人缴费部分由财政通过城乡医疗救助给予补贴。落实贫困患者医疗报销倾斜政策，减少贫困人口医疗费用支出，优先为建档立卡贫困人口建立动态电子健康档案和健康卡。

（六）生态保护扶贫

绿水青山就是金山银山，滇桂边境地区多高山，地质脆弱，同时也是许多大江大河的发源地，是重要的国际生态涵养区，不适于大规模过度开发，由于生存的需要，曾经对森林、草场和土地过度索取，造成严重生态威胁，有必要对现有生态资源进行有效的保护。滇桂边境地区根据生态功能区划，加大对公益林补偿和管护资金以及新一轮退耕还林还草补助力度，资金使用方面重点向贫困地区倾斜，优先实施贫困地区的水土流失治理，利用生态综合补偿和生态保护工程，设立生态公益岗位，吸纳"禁止开发区域"及周边有劳动能力的部分贫困人口转为护林员或其他生态保护人员；增加国家公园、国家级自然保护区、国家级风景名胜区周边贫困人口参与巡护和公益服务的就业机会。

（七）社会扶贫

滇桂边境地区动员各方面力量对贫困地区进行帮扶，中央国家机关和地方党

---

① 陈鑫龙：《让更多学生健康快乐成长》，云南时报 2017 年 7 月 30 日第 1 版。

政机关事业单位,组织定点扶贫,按照"领导挂点、部门包村、干部帮户"的要求建立长效扶贫机制,组织省领导干部职工挂片联县包村帮户;加大东西部扶贫协作力度,将上海市和广东省对云南和广西的帮扶落到实处;动员各类企业积极主动履行社会责任,鼓励吸纳贫困人口就业,增强企业辐射带动贫困户增收能力;引导社会组织和个人志愿者,积极从事扶贫开发事业,构建社会组织扶贫信息服务平台,加强扶贫活动的信息服务,实现社会组织帮扶资源和精准扶贫有效对接。

二、滇桂边境地区扶贫开发取得的成绩

(一) 经济增长迅速,居民收入水平提高

经过多年的扶贫开发,滇桂边境地区的经济取得了长足的发展,农村居民人均纯收入也大幅增加。2010~2015 年,滇桂边境地市州农村居民年人均纯收入情况详见表 14-1,从此表可以看出,近 5 年来,农村居民年人均纯收入保持稳步增长,5 年以来,农村居民年人均纯收入均约翻了一倍。

表 14-1 2010~2015 年滇桂边境地市州农村居民年人均纯收入 单位:元

省区	边境地市州	2010 年	2011 年	2012 年	2013 年	2014 年	2015 年
云南	保山市	3 626	4 439	5 331	6 275	7 626	8 572
	普洱市	3 456	4 338	5 020	5 873	7 096	7 914
	临沧市	3 279	4 284	5 158	6 066	7 199	8 063
	红河州	3 922	4 650	5 468	6 368	7 726	8 599
	文山州	2 806	3 864	4 643	5 460	6 998	7 699
	西双版纳州	4 354	5 327	6 174	7 107	9 155	10 080
	德宏州	3 368	4 096	4 763	5 608	7 152	7 917
	怒江州	2 005	2 362	2 773	3 251	4 297	4 791
广西	防城港市	5 628	6 502	7 539	8 557	9 524	10 429
	崇左市	4 281	5 370	6 263	7 077	7 707	8 308
	百色市	3 461	4 052	4 774	5 409	6 145	6 766

资料来源:2010 年数据来源于各地、市、州 2010 年的国民经济和社会发展统计公报。2011~2015 年数据根据《广西统计年鉴》和《云南统计年鉴》进行整理。

从防城区和梁河县的实地调研来看,近些年来,防城区抓住机遇,大力推进

沿边开发开放,促进了全区经济社会的稳步发展,居民收入水平显著提高,贫困村、贫困人口减少。2015年,防城区生产总值127.13亿元,增长率7.8%;城镇居民人均可支配收入29 685元,增长率为6.6%;农民人均纯收入10 964元,增长率为10.5%。全区贫困人口由2011年的3.59万人减少至2013年的2.36万人,其中边境乡镇那良镇、峒中镇贫困人口由2011年的8 864人减少至2013年的6 931人,下降了21.8%。① 截至2015年底,防城区贫困村42个,贫困户2 985户,贫困人口12 599人。②

梁河县2015年实现地区生产总值(GDP)186 659万元,比上年增长7.3%。其中:第一产业实现增加值61 364万元,比上年增长6.9%;第二产业实现增加值36 090万元,比上年下降4.6%;第三产业实现增加值89 205万元,比上年增长13.9%。2015年,梁河县常住居民人均可支配收入为20 193元,比上年增长8.8%,全年农村常住居民人均可支配收入6 652元,比去年增长10.0%。2015年末实有贫困人口21 578人,其中:建档立卡21 578人,当年解决贫困人口4 858人③。根据课题组在梁河县扶贫办的了解,2014年,梁河县组织实施美丽乡村及典型示范村项目24个,建设民族团结示范乡村、特色村寨项目5个,组织实施"整村推进"项目28个,累计完成投资1 771.5万元;完成易地搬迁182人,安居工程200户,产业扶贫项目3个;发放小额信贷资金2 800万元,财政贴息140万元。启动了大厂乡"整乡推进"项目,整合项目资金1亿多元,全县减少贫困人口7 000人。截至2015年底,梁河县有建档立卡贫困户5 538户21 646人,贫困发生率为13.6%,其中少数民族7 055人,占总人数的32.5%。④

(二)经济结构更为合理

1. 第一产业比重降低,第三产业比重增加

滇桂边境地区的经济结构越来越合理,主要体现在第一产业比重明显降低,第二产业比重略为降低,第三产业比重明显上升,具体情况详见表14-2。产业结构水平逐步提高。第一产业附加值低,收入增长作用有限,第三产业附加值高,能解决更多的就业问题且收入增长作用明显,持续脱贫更有希望。

---

① 资料来源于2014年7月课题组在防城区进行调研时由防城区扶贫办提供的《防城港市防城区扶贫攻坚工作开展情况汇报》。

② 广西扶贫信息网:《全区各县(市、区)贫困人口总数分布表》,http://www.gxfpw.com/index.php?m=collect&c=index&a=feedback&zj=3。

③ 资料来源于《梁河县2015年国民经济和社会发展统计公报》。

④ 资料来源于梁河县扶贫办2016年工作总结。

表14-2 2014~2015年滇桂边境地市州第一、二、三产业比重   单位：%

省区	边境地市州	第一产业比重		第二产业比重		第三产业比重	
		2014年	2015年	2014年	2015年	2014年	2015年
云南	保山市	27.05	25.72	34.63	34.79	38.32	39.49
	普洱市	28.84	27.85	35.19	34.80	35.97	37.35
	临沧市	30.07	28.95	33.82	33.82	36.11	37.23
	红河州	17.2	16.54	45.64	45.25	37.16	38.21
	文山州	22.94	21.86	36.25	35.91	40.81	42.23
	西双版纳州	25.66	25.47	28.24	28.17	46.10	46.36
	德宏州	25.75	25.12	26.12	24.56	48.13	50.32
	怒江州	16.31	16.61	32.77	30.38	50.92	53.01
广西	防城港市	11.98	12.16	57.80	56.87	30.22	30.97
	崇左市	22.67	22.71	42.70	40.22	34.63	37.07
	百色市	17.29	17.28	53.38	52.19	29.33	30.53

资料来源：根据2016年《广西统计年鉴》和《云南统计年鉴》进行整理。

2. 特色优势产业发展较好

从到防城区和梁河县的实地调研情况来看，在兴边富民政策的推动下，防城区的经济发展形势越来越好。梁河县是德宏州唯一没有边境线的边疆县，目前我国的兴边富民政策主要针对有边境线的边境县，因此梁河县没能受到兴边富民行动的覆盖，但梁河县作为国家扶贫重点县，得到国家扶贫政策的重点支持，其经济发展也取得了突出成绩，经济结构越来越优化，地方特色更加明显。

"十二五"以来，防城区深入推进"一镇一产、一村一品"特色农业建设，形成绿化苗木村、火龙果村、香蕉村、红衣花生村等一大批特色村屯。防城区利用兴边富民行动资金800万元发展特色产业金花茶种植，通过育苗和种植大棚基地建设，实施金花茶母树繁殖园项目，引导防城区优势产业良性发展，带动农民增收，走金花茶绿色产业兴边富民之路，2013年全区建立金花茶基地6个，育苗达450万株，全区发展林下种植金花茶4万多亩，年产值13.5亿元，惠及林农3万多人，实现金花茶种植户年户均增收2万元以上，成为林农增收致富重要途径。除了发展金花茶项目外，防城区还利用兴边富民行动资金250万发展种植白石芽茶和小水体流水养殖鱼，通过"政府+农户"的方式实施种苗扶持政策，实行基地化生产、产业化经营，以点带面，扩大辐射效应，带动群众合理利用林业资源，转变林业经济发展方式，其中那良镇、那梭镇、峒中镇、大箓镇、扶隆乡等山区乡镇溪水鱼养殖形成规模，养殖户达2 000多户，养殖面积3 000多亩，产值达 0.9 亿元，养殖户人均增收 2 000 元以上，成为山区农户增收致富的好途径。同时以科技入户为抓手，依靠科技创新，创建山区高效生态养殖模式，为农民脱贫致富奠定了良好的基础。

梁河县作为国家扶贫重点县，近些年来，在国家政策的关照和推动下，该县的农业产业实现了提质增效。2014 年，梁河县完成农林牧渔业总产值 11.22 亿元，同比增长 6.6%。完成粮食播种面积 22.25 万亩，粮食总产 6.92 万吨，同比增长 3.4%；完成烤烟种植 3.85 万亩，烟叶产量 11.11 万担，实现农业产值 1.51 亿元，税收 3 291 万元；甘蔗总产 38 万吨，实现农业产值 1.62 亿元；茶叶和生猪产业不断加强，每年专项安排 100 万元，扶持两个产业发展，实现茶叶产量 2 793 吨，产值 8 000 万元。挂牌成立了梁河回龙茶协会，并在芒市成功举办了首次茶叶展销拍卖会和优质农特产品迎春展销会，提高了梁河回龙茶的知名度，销售价格增值 30% 以上。大牲畜、生猪和家禽分别出栏 0.86 万头、11.8 万头和 52.62 万只，出售仔猪 20.7 万头，肉蛋奶总产量 1.36 万吨，实现畜牧产值 2.89 亿元。

3. 边境旅游已成气候

以广西为例，近 5 年来，旅游业迅猛发展，游客人数和旅游收入显著上升。从表 14-3 来看，2010 年到 2015 年，广西国际旅游人数从 250.24 万人次上升到 450.06 万人次，国际旅游外汇收入从 8.07 亿美元上升到 19.17 亿美元，其国际旅游发展非常迅猛。

表 14-3　　　　　广西国际旅游人数及国际旅游外汇收入

项目	2010 年	2011 年	2012 年	2013 年	2014 年	2015 年
国际旅游人数（万人次）	250.24	302.79	350.27	391.54	421.18	450.06
国际旅游外汇收入（亿美元）	8.07	10.52	12.79	15.47	17.28	19.17

资料来源：根据 2016 年《广西统计年鉴》进行整理。

根据在防城区和梁河县的调查，防城区峒中镇、那良镇与越南接壤，边境线上北仑河缓缓流过，由于光热条件好，本地植被丰富，峒中镇和那良镇是汉、壮、瑶、侗、京等民族聚居的少数民族乡镇，边疆民族风情浓郁，旅游资源丰富。近年来，峒中镇初步形成"口岸—温泉—北风坳"景点旅游线路，以及"沿边风光—少数民族风情—瑶山大峡谷漂流"边境旅游线路，那良镇建成国家 AAA 级景区——北仑河源头景区、野人谷景区等一批景区景点，2013 年边境乡镇接待游客近 60 万人次。同时，防城区还注重新农村建设与生态休闲旅游开发相结合，发展休闲旅游点、农家乐达 73 个，有力提高了农民群众经营性收入。梁河县大力挖掘休闲旅游建设项目，取得了不俗的成绩。2014 年，南甸宣抚司署、九保古镇、"五乡十八景"纳入德宏州全州旅游发展规划,首部微电影《土司八小姐》拍摄完成并上映。全年共接待游客78万人次,同比增长21%,旅游收入7亿元,同比增长34%。

4. 边境贸易稳步发展

防城区地处中越边境,共有5个对外贸易窗口,其中,陆地边境上有峒中口岸、里火和滩散口岸,沿海边境上有江山港边贸口岸和茅领港海关区外监管卸货点,其贸易方式为边境小额贸易和边民互市贸易。防城区积极筹措资金,加大对互市点的基础设施建设,为互市贸易提供了良好的发展平台。2015年,防城区边民互市贸易额62.3亿元,同比增长2.4%,互市税收3 146.2万元;2016年,边民互市贸易额106.8亿元,同比增长63.2%,互市税收3 688.3万元,同比增长17.2%。①

(三) 基础设施建设力度增加,农村生产生活条件明显改善

边境地区往往山高路远,或者不通公路,居民出行极其困难,物流成本高,地方经济难于发展。2000~2012年,广西共投入37.9亿元,先后组织实施了3次大规模的边境基础设施大会战,从根本上改善边境地区群众的生产生活条件,取得了显著效果。广西8个边境县(市、区)地区生产总值从2000年的9.12亿元,增加到2010年的380.32亿元;财政收入从6.14亿元,增加到42.24亿元,惠及群众240多万人,2012年10月30日,广西壮族自治区人民政府审议通过《广西兴边富民大会战实施方案》,计划投入78.9亿元实施新一轮兴边富民大会战。② 兴边富民行动开展十几年以来,政府加大对边境地区的交通、通信、水利、环保等基础设施的投资和建设,为边境地区的经济发展打下了坚实的基础。"十二五"以来,防城区民宗局在上级民委的领导下,在防城区安排兴边富民行动资金项目83个,资金2 821万元,③ 用于新建村级道路和桥梁架设、人畜饮水、特色产业扶持示范基地、村级文化活动中心(民族团结屯)和技术培训等项目。

1. 广西沿边公路成为广西边境地区经济发展的"经脉"

广西与越南相邻,其陆地边境线长达637公里。长期以来,由于历史、自然条件等原因,广西边境地区经济发展水平较低,基础设施落后,群众生活困难。

---

① 防城区人民政府办公室:《防城区三大措施助推边境互市贸易转型升级改革取得新成效》,http://www.fcgs.gov.cn/zxzx/jrfcg/csdt/201706/t20170609_42117.html,2017年6月9日。

② 国家民族事务委员会:《广西壮族自治区投入78.9亿元实施新一轮兴边富民大会战》,http://www.seac.gov.cn/art/2012/11/1/art_5040_169306.html,2012年11月1日。

③ 资料来源于2014年7月,课题组到防城区进行调研时防城区民宗局提供的《防城区民族和宗教事务局十二五规划来推进兴边富民行动资金项目情况报告》。

要想富先修路，广西政府响应兴边富民行动的号召，2000年8月，广西边境地区基础设施建设大会战在千里边境线上拉开了序幕，在中越边境的8个县（市）修建沿边公路，于2002年10月全线通车，广西沿边公路起于东兴市竹山村，终于百色那坡县弄合村，与云南省富宁县相连，全长715公里，途经与越南接壤的东兴、防城、宁明、凭祥、龙州、大新、靖西、那坡等8个县（市），被称为边境地区发展的"经脉"。广西沿边公路的开通，为广西边境地区的发展带来翻天覆地的变化。本课题组在广西沿边公路经过的那良镇高林村和六市村进行村级访谈和入户调研时，村委成员和村民一致认为让他们脱贫致富最重要的因素是开通了沿边公路。有了沿边公路，村民出行方便，边境贸易越来越发达，边境旅游的资源才得以开发，工作机会越来越多，挣钱越来越容易，日子越来越好过。沿边公路的开通对广西边境地区的边民来说具有划时代的意义，不仅经济条件有所改善，更重要的是更多的边境居民可以走出大山，增加对外交流，外来人员也更容易进入边境地区带来新的信息，改变了以前封闭落后的状态，人们的思想和精神面貌也发生了很大的变化。但沿边公路从2002年通车投入使用后已经有十几年，道路损坏比较严重，跟不上边境地区经济和社会发展的需求，有待修整升级，进一步发挥沿边公路的作用。

2. 道路硬化进村进屯，方便群众出行

实施"十二五"规划以来，防城区利用兴边富民资金，实施完成道路面硬化建设项目24个，建水泥硬化路26公里多，新开砂石路长4.95公里，维修6.5公里长公路和桥梁一座，直接解决了24 000多人的行路难和农产品运输困难问题。截至2013年底，全区146个行政村全部通硬化道路，通达客运班车行政村107个，客运班车通达率达73%。道路建设改善了交通条件，大大地促进了当地群众的收入提高。

3. 饮水安全工程和安居工程改善群众生活

防城区积极抓好饮水安全工程和安居工程，积极改善群众生产和生活条件，实施"十二五"规划以来，防城区共投入资金386万元，实施人畜饮水项目21个，其中新建拦水坝及过滤池17座和水池17个，容量为419立方米，铺设供水管长77 500米和坝头长16米，三面光水渠1 360米，打井18口，排污沟766米；直接解决了16 000多人安全饮水问题和132亩耕地用水难问题；截至2010年底，全区共有194 984人用上安全水，占65.03%，截至2013年底，全区有267 013人用上安全水，占85.25%；防城区还投入大量的物力和财力对农村危房进行改造，截至2010年底，全区无房或住危房农户7 549户，到2013年底，全区总危房户839户，危房率1.3%；全区无卫生厕所农户由2010年的27 898户降低到

2013 年底的 9 480 户。① 2016 年，自治区下达防城港市农村危房改造任务数为 5 140 户，其中上思县 1 880 户，防城区 2 630 户，东兴市 460 户，港口区 170 户，预计需要投资约 30 840 万元。其中中央、自治区补助 7 860.08 万元，市县配套 1 799 万元，农民需自筹 21 180.92 万元。目前已下达中央、自治区配套资金 7 860.08 万元。截至 2016 年 9 月 30 日，防城港市农村危房改造任务落实到户 4 337 户，落实率为 84.1%；开工 2 790 户，开工率为 54.2%；竣工 1 468 户，竣工率为 28.5%；竣工面积 10.1 万平方米，完成投资约 0.8484 亿元。②

2014 年，梁河县投入农田水利基础设施建设资金 1.59 亿元，完成了芒东翁冷、河西帮读两个片区的土地整治工程；小河头水库导流输水隧洞工程已完工，马茂电站农村电器化项目基本完工，箐头河水库烟草援建工程，曩宋河、曩滚河治理工程开工建设，完成"五小"水利工程 350 件，改善灌溉面积 1.23 万亩，解决农村饮水不安全人口 1.13 万人。投入交通基础设施建设资金 1.1 亿元，完成了 12 个行政村 161 公里的通畅工程，九保桥、中营桥重建工程顺利完工，开通了 4G 无线通信网络。争取中央、省补助资金 960 万元，实施农村危房改造工程 1 423 户。③

4. 加强民族特色文化设施建设，丰富了群众文化生活

截至 2014 年 7 月，防城区共投入兴边富民行动资金 435 万元，兴建文化活动中心项目 16 个。其中，兴建文化综合楼建筑面积 280 平方米和手工坊面积 40 平方米，文化活动室 2 个和凉亭 1 个，配套设施戏台 2 个，篮球场 4 个，宣传栏 9 个，陀螺场、乓乒球台、国旗台各一个。这些项目建成后，为那良镇高林瑶族新村、峒中镇那棒瑶族新村、扶隆乡隘脚瑶族点、江山乡拗口、那梭镇那交等 5 个民族团结屯和那梭镇平木组下大新村、滩营乡那屋背村、茅领乡茅领村、那良镇里火村及周边 19 000 多名群众提供了文化娱乐场所，改善了民族地区文化事业落后面貌，提高了边民文化意识。④

（四）社会事业全面发展

1. 教育方面

从表 14-4 来看，近 10 年来，广西每万人在校大学生人数稳步增长，除了 2013 年有所下降以外，从 2006 年的 78 人增加到 2015 年的 157 人，翻了一倍。

---

① 资料来源于 2014 年 7 月课题组到防城区进行调研时防城区扶贫办提供的《防城港市防城区扶贫攻坚工作开展情况汇报》。

② 防城港市新闻网·防城港日报：《防城港市农村危房改造任务落实率为 84.1%》，http://www.fcgsnews.com/news/hot/2016-10-21/88134.shtml，2016 年 10 月 21 日。

③ 梁河县人民政府：《2015 年梁河县政府工作报告》，http://www.dhlh.gov.cn/Web/。

④ 资料来源于 2014 年 7 月课题组到防城区进行调研时防城区民宗局提供的《防城区民族和宗教事务局十二五规划来推进兴边富民行动资金项目情况报告》。

表 14-4　　　　2006~2015 年广西每万人在校大学生人数　　　　单位：人

年份	2006	2007	2008	2009	2010	2011	2012	2013	2014	2015
大学生人数	78	91	102	109	123	130	139	137	148	157

资料来源：根据 2016 年《广西统计年鉴》进行整理。

从实地调研来看，随着经济的发展和对扶贫的投入增加，防城区和梁河县对学校办公经费投入逐年增多，保障了学校教育工作的正常运转，校舍维修改造长效机制得到有效巩固，确保教师工资能及时足额发放。同时，落实"两免一补"政策，切实减轻农民负担，提高学生入学率。通过实施"国家贫困地区义务教育工程""中小学危房改造""西部地区农村寄宿制学校建设工程"等，改善了边境地区的中小学基础设施，办学条件明显改善。广西防城港市防城区九年义务教育巩固率 2012 年达到 73%，2013 年达到 81%。

梁河县大力推进教育综合改革，改善办学条件，2014 年，投入 1 324 万元，新建校舍 6 675 平方米，排除 D 级危房 1.49 万平方米；出台《关于进一步提升教育工作的意见》，创新教师培训模式，促进教师专业发展，培训教师 6 462 人次，高中阶段办学环境大为改善，吸引中考成绩 600 分以上的 200 多名优质生源留在县内就读；小考、中考成绩居全州各县市第一。①

2. 医疗卫生方面

从表 14-5 可以看出，近 10 年来，广西、云南的人均医疗卫生资源数量稳步增长。每万人医院、卫生院病床数和每万人卫生技术人员数量逐步增加，广西的整体水平高于云南的整体水平。广西的每万人医院、卫生院病床数量从 2006 年的 18.2 张增加到 2015 年的 40.6 张，每万人卫生技术人员从 2006 年的 27.5 人增加到 2015 年的 57.3 人；云南的每万人医院、卫生院病床数量从 2006 年的 17.3 张增加到 38.2 张，每万人卫生技术人员从 2006 年的 27.1 人增加到 2015 年的 48.1 人。

表 14-5　　　广西、云南每万人医院、卫生院病床数和
每万人卫生技术人员

年份	广西		云南	
	每万人医院、卫生院病床（张）	每万人卫生技术人员（人）	每万人医院、卫生院病床（张）	每万人卫生技术人员（人）
2006	18.2	27.5	17.3	27.1
2007	20.6	30.5	18.4	27.4

---

① 梁河县人民政府：《2015 年梁河县政府工作报告》，http：//www.dhlh.gov.cn/Web/。

续表

年份	广西		云南	
	每万人医院、卫生院病床（张）	每万人卫生技术人员（人）	每万人医院、卫生院病床（张）	每万人卫生技术人员（人）
2008	22.8	32.3	19.9	27.8
2009	25.3	34.9	21.9	29.4
2010	29.0	40.3	24.5	30.8
2011	27.2	39.2	27.3	32.2
2012	29.9	42.1	30.8	35.4
2013	36.9	49.5	33.3	41.2
2014	39.5	54.4	36.0	44.3
2015	40.6	57.3	38.2	48.1

资料来源：根据2016年《广西统计年鉴》和《云南统计年鉴》进行整理。

针对边境山区山高路远，交通不便和居住分散的情况，防城区和梁河县大力投入资金，设立村级卫生室，每个村级卫生室至少配备一名医生和护士，让村民小病就在村里解决，方便村民就医。截至2013年，防城区146个行政村全部有合格卫生室，有合格乡村医生/执业（助理）医师。课题组在梁河县河西乡二古城自然村和九保阿昌族乡勐科村进行调研了解到，村委会均配有卫生室和医生。

3. 社会保障和救济制度方面

建立新型农村合作医疗制度、农村养老保险制度和农村低保制度，为村民脱贫致富建立制度保障。在防城区，农民参与养老保险有补贴，对于距边境线20公里以内的村民参与新农合完全免费，对边境地区的困难家庭在低保方面能保尽保。课题组在梁河县河西乡二古城自然村和九保阿昌族乡勐科村进行调研，农村社会养老保险和新农合医疗保障实现全覆盖。至2013年底，防城区共有五保户村27个，敬老院13所，社会福利院1所。全区共供养五保对象3 379人，其中分散供养2 911人，集中供养468人，2014年，分散供养的标准是每人每月180元现金，30斤大米。目前全区供养孤儿599人，其中分散供养586人，集中供养13人，按分散供养每人每月600元，集中供养每人每月1 000元发放。除此之外，广西还建立了高龄老人生活补贴制度。目前防城区有80岁以上高龄老人6 022人，按照防城港市统一标准，80~89周岁老龄补贴每人每月50元，90~99周岁老龄补贴每人每月100元，100周岁老龄补贴每人每月300元，2014年1~5月全区共发放高龄补贴106.65万元。除以上福利措施之外，防城区还建立了以最低生活保障为基础、以特困人员供养、受灾人员救助、医疗救助、临时救助为辅助,以其他救助、救济和社会帮扶为补充的社会救助体系,为边境地区的群众构织生活安全网,为人民群众解除后顾之忧。① 2014 年底,农村居民最低生活保障人数 4.04 万人,下降 4.3%,农村最低生活保障标准在年内有所提高,由 1~3 月的 100 元/人·月提升至 4~12 月的 110 元/人·月。② 2014 年,梁河县全年共发放低保金 5 559.2 万元,低保对象 3.8 万人;发放农村"五保"供养、医疗救助、救灾救济、80 岁以上高龄补贴等救济资金 988.1 万元,受益群众 1.1 万人次。社会保险覆盖面持续扩大,"五险"参保 12.66 万人次,发放保障金 6 692.13 万元,新农合参合率达 98.1%,受益群众 14.7 万人次。③ 2015 年末,领取农村居民最低生活保障金人数 32 530 人。④

(五)加大帮扶力度,增强了贫困村发展活力

防城区从 2012 年起,实施领导挂村、单位包村、干部包户,即"一挂两包"行动。各挂村领导、包村单位、干部通过送技术、政策、信息等互动形式,有效地增强了贫困村、贫困户的发展活力。防城区在"十三五"期间脱贫帮扶工作实施方案中,按"3、2、1、1"结对帮扶模式,开展"一联一挂一帮"活动,实施结对帮扶全覆盖。防城区四套班子领导挂钩联系乡镇(街道)对应帮扶,每人帮扶 3 户;乡镇干部联系各自乡镇,按照级别不同进行挂钩帮扶,正科级领导干部每人帮扶 2 户,副科级领导干部每人帮扶 1 户,科员级干部每人帮扶 1 户;区直、驻区单位按挂钩联系乡镇(街道)对应帮扶,正科级领导干部每人帮扶 2 户,副科级领导干部每人帮扶 1 户,科员级及以下干部,每人帮扶 1 户。⑤ 课题组在梁河县二古城村进行调研了解到,二古城的进村道路的硬化也是在上海某对口扶贫单位的支持和帮助下才得以建成。

(六)发放边民生活补助,边民归属感增强

为认真贯彻国务院办公厅《兴边富民行动规划(2011-2015 年)》,全力实施兴边富民行动大会战,进一步巩固提高兴边富民行动成果,更好地造福于边境

---

① 资料来源于 2014 年 8 月课题组到防城区进行调研时,由防城区民政局提供的《防城区边境乡镇农村社会福利社会救助工作汇报提纲》。
② 防城港市统计局:《防城区 2014 年国民经济和社会发展统计公报》,http://www.fcgs.gov.cn/xxgk/jcxxgk/tjxx/ndtjgb/201606/t20160624_25379.html,2015 年 6 月 12 日。
③ 梁河县人民政府:《2015 年梁河县政府工作报告》,http://www.dhlh.gov.cn/Web/。
④ 防城港市统计局:《防城区 2015 年国民经济和社会发展统计公报》,http://www.fcgs.gov.cn/xxgk/jcxxgk/tjxx/ndtjgb/201606/t20160624_25389.html,2016 年 6 月 1 日。
⑤ 防城港市扶贫办:《防城区强化措施推进精准扶贫攻坚》,http://www.fcgs.gov.cn/fpb/zwgk/201607/t20160728_27696.html,2016 年 7 月 28 日。

地区广大人民，广西壮族自治区党委、自治区政府于2010年出台《关于进一步改善广西边境群众生产生活条件 加快边境地区发展的意见》（桂发〔2010〕24号）文件，文件规定，对位于距边境0～3公里符合条件的边民进行生活补助。2014年1月至6月，那良和峒中两镇纳入边民补助64 745户次283 939人次，发放边民生活补助金3 270万，补贴标准为每人每月96元，边民生活补助社会发放率100%。边民生活补贴政策让边境地区居民安心扎根边疆，国防意识进一步增强，让边民感受到祖国的关怀，边民的归属感增强。课题组在德宏州调研了解到，德宏州发放边民补贴的标准为每户1 000元，远低于防城区边民补贴每人每月96元的标准。目前兴边富民行动只覆盖到有边境线的边境县，因此梁河县不在此行动之列。

三、滇桂边境地区扶贫开发存在的不足

近些年来，在中央的号召下，我国非常重视精准扶贫的工作，在习总书记提出精准扶贫的理念之后，中共中央办公厅和国务院扶贫办分别出台了《关于创新机制扎实推进农村扶贫开发工作的意见》和《建立精准扶贫工作机制实施方案》，在全国范围内推进精准扶贫工作，我国的扶贫工作由以前的"大水漫灌"向"精确滴灌"转变。精准扶贫的主要内容包括：贫困户的精准识别和精准帮扶，扶贫对象的动态管理和扶贫效果的精准考核。在推进精准扶贫工作以来，精准扶贫工作取得了有效的进展，但要实现有效的精准扶贫还存在着诸多问题和难点。要实现真正有效的精准扶贫，做到"真扶贫、扶真贫"，必须弄清楚这样几个问题：扶持谁、如何扶、如何管理。以下部分利用课题组2014年7、8月在贫困地区的调研资料，主要从"精准识别、精准扶持和精准管理"三个方面分析边境民族地区农村精准扶贫存在的问题。

（一）贫困户识别不精准

精准识别扶贫对象，主要是指对贫困村和贫困户的识别，在扶贫对象的精准识别方面主要存在以下难点或问题。

1. 贫困规模的确定自上而下

"两项制度衔接"的一系列政策都明确指出对衔接对象要以县为单位实行"规模控制"。也就是说贫困人口规模的确定不是基于科学标准识别出来的，而是基于省级扶贫部门测算的结果自上而下分配。这也就意味着贫困规模是自上而下确定的，并不是按照某个标准由基层统计并逐级上报的结果。课题组于2014年7、8月赴广西和云南深入基层村委会和农户进行实地调查，村干部和村民反映

贫困户的确定是根据上级扶贫部门下达的指标，结合村里的情况来确定贫困户，且村干部反映仍有相当多的很贫困的农户因指标限制不能上报为贫困户。从实地调研来看，贫困户指标与实际贫困户并不一致，这必然导致一部分真实贫困的村或农户因为"规模控制"得不到应有的政策扶持。

2. 区域扶贫政策的排斥

我国于 2013 年正式启动了"集中连片特困地区区域发展与扶贫攻坚规划"，在集中连片特困地区实行大规模的扶贫开发，促进了特困片区综合发展，但这一政策在客观上导致了某些贫困村或贫困户被排斥在精准识别范围之外。由于行政区划的限制，有的地方为搭上集中连片特困地区扶贫开发的政策，为连片而连片，将某些非贫困村纳入连片开发地区，而对于某些插花式贫困村或贫困群体忽视。

为促进边境地区的发展，实现民族团结与稳固边防，1999 年我国开始"兴边富民行动"试点，到"十二五"规划期间，兴边富民行动规划实施范围为内蒙古、辽宁、吉林、黑龙江、广西、云南、西藏、甘肃、新疆等 9 个省、自治区的 136 个陆地边境县、旗、市、市辖区，新疆生产建设兵团的 58 个边境团场。[①]有的县离边境很近，但仅仅因为不接壤，就被排除在兴边富民行动规划以外。在边境地区调研过程中，某靠近边境的内陆县甚至希望与其相邻的边境县重新划分行政区域，从而也成为拥有边境线的县，可以享受兴边富民行动相关政策。

3. 贫困户具体识别过程和结果不科学

由于规模"总量控制"的缘故，贫困户指标有限，县、乡镇、村在上级分配的指标的基础上进行贫困户的识别，由于各种主观或客观的原因，真正的贫困户可能被排斥而不予识别。贫困户的确定一般要经过以下几个步骤：一是贫困户申请，二是入户调查核实，三是民主评议，四是公示，五是县乡镇审核审批。以上五个步骤，任何一个步骤出现问题，都将导致贫困户被排除。

第一，就贫困户申请来说，有的村关于申请贫困户的条件和扶贫政策宣传不到位，村民对政策了解不透彻，有相当多的贫困户由于没有文化，信息很封闭，根本就不了解扶贫政策，在综合经济条件较好的地方，有的贫困户出于面子或其他原因不主动申请贫困户。第二，入户调查核实步骤是建立在申请的步骤基础之上，如果由于各种主观或客观的原因，也就不会有入户核实调查。第三，民主评议步骤能否做到公平公正公开，取决于谁来评价、评价的标准如何、怎样进行评议，由谁来监督，这些标准和条件及具体的评判村干部的意志往往有很大的决定

[①] 国务院办公厅：《关于印发兴边富民行动规划（2011 - 2015 年）的通知》，http：//www.gov.cn/zwgk/2011 - 06/13/content_1883222.htm，2011 年 6 月 13 日。

作用。第四，就公示步骤来说，是否做了公示，在什么地方做公示，公示期有异议该如何处理，在许多地方贫困群体根本就不清楚。第五，县乡镇审核审批步骤方面，往往都是依据村里报上来的材料进行形式审查，很少有抽查重新入户审查的过程，也就是说贫困户的决定基本上就在村一级确定了。

（二）扶持方式不科学

1. 扶贫内容方面注重物质忽略其他方面

从扶贫内容上看，绝大多数扶贫政策和措施侧重于物质扶贫，而在教育扶贫、医疗卫生扶贫、金融保险扶贫和技术培训等方面还做得很不够。课题组通过在云南和广西的农户调查了解到，对农户的扶持大多集中在扶持种养业方面，许多贫困户一般都能得到免费的种子、种苗、化肥、小猪、小羊、小鸡等生产资料。这种普通物质上的帮扶，使得许多贫困户依然原地踏步，脱贫困难。对于帮助贫困户积累人力资本的教育和技术培训方面的扶贫措施还远远不够。课题组在广西防城港市防城区那良镇高林村调研发现，在这些山区，山高路远，农村学校撤并，学校寄宿设施缺乏，虽然有"两免一补"政策，但学生上学的成本依然很高，有许多贫困家庭孩子放弃读书，甚至不能完成9年义务教育，这又为下一代新的贫困埋下伏笔。在金融扶贫方面，在贫困地区，金融服务成本和风险高，金融机构没有足够的动力拓展农村金融服务，贫困的农村地区金融资源有限，由于农村相关产权方面的限制，房屋宅基、责任田等都不能进行有效抵押，缺乏担保，能满足农村或农民的金融产品数量相当有限。比如贫困农户申请贷款，往往贷款期限与农业生产周期不匹配，农业生产周期长、风险大，投资回收期长，农户的贷款项目还不到收益期就要归还贷款，这些都严重限制了贫困农户的脱贫致富。在医疗卫生方面，农村医护人员严重不足、缺医少药，不少农民的基本医疗需求都无法满足，因病致贫问题相当突出。

尽管我国的扶贫已由输血式扶贫已更多转向造血式扶贫，但我们仍难以彻底根治长期形成的以救济、救助为主的扶贫思维和行为模式，许多地区的扶贫工作多集中在给钱给物的物质扶贫，不注重贫困户的教育、提高其素质和改变其精神面貌，等靠要的思想严重，有的贫困户终日懒散，不思进取，争戴贫困帽子。

2. 扶贫方式方面重视形式脱离实际需求

我国的扶贫政策通常是自上而下的，往往由上级部门主导和推进，缺乏充分的实地调研，脱离贫困地区或贫困户的实际需求，提供的扶贫项目在当地无法有效实施，没有体现因地制宜、因户施策，千篇一律，缺乏针对性、个性化、无法实际操作，严重水土不服。课题组在云南省梁河县调研了解到，该县某村前几年实行养猪项目扶贫，由于当地旱季和雨季分明，在旱季时期，人畜饮水困难，且因干旱，无法为猪提供足够的青饲料，此项目最后无疾而终。某村推行某果树种植项目，在果树挂果期，当地雨水过多，果实脱落，挂果率太低，后来果树全被砍伐，农民损失惨重。由于自上而下的扶贫工作及决策，贫困人口的参与只是被动的投工投劳和自筹资金，主观能动性和发展决策权没有得到足够的重视和挖掘，导致扶贫项目在实施和管理中缺乏有效的群众监督，缺乏对这些项目进行后续管理和维护的积极性，造成了扶贫行为的短期性和扶贫资源的浪费。

3. 扶贫模式方面重视生产忽视市场

实施项目扶贫必须要考虑自然、市场等多方面的风险。目前，我们针对贫困户的产业帮扶措施仍然是重生产轻市场，只顾眼前利益，不顾长远利益，违背产业发展规律。在调研中发现，扶贫机构往往注重扶贫项目的生产环节，对其产品的市场前景不了解不关心，导致许多扶贫项目盲目投入，"一窝蜂"大干快上。比如某县的某扶贫种植项目，实施第一年项目利润可观，第二年就大规模扩大种植，产品价格急剧下跌，农户损失惨重。对于农民已有的传统农业种植和养殖，扶贫部门往往主抓产量，忽视市场风险，没有采取有力的措施帮助农民规避风险。例如，在云南某县调研发现，甘蔗是该县重要的经济作物之一，2014 年该县农民甘蔗大丰收，卖给县甘蔗糖厂，由于糖价下跌，糖厂严重亏损，只能给农民打白条，县财政也没有充足资金来妥善处理此事，使许多农户因此重新陷入贫困。

4. 扶贫门槛方面要求较高排斥贫困户

由于国家投入的扶贫资金不够，有不少扶贫项目都要求贫困户有一定的投入，有的要求还相当高，许多真正的贫困户因为较高的扶贫门槛被排斥在相关扶贫政策之外，真正能享受扶贫政策的往往是能跨越门槛的非贫困户。例如，四川省有的县通过扶贫项目组建养殖合作社、茶叶合作社等，但要求贫困户必须要缴纳多少配套资金，多大面积连片的茶叶地等，致使很多贫困户因为没有足够的入门资金，没有足够的连片的茶叶地等，只能选择放弃，客观上被入门要求排斥在帮扶之外。

（三）"精准管理" 不到位

1. 扶贫相关部门财权与事权不匹配

我国的扶贫工作依然是政府主导，政府的各种组织制度安排问题突出。在扶贫资金组织管理体制上，条块分割，责权分离，扶贫工作难以协调一致。投入到贫困地区的扶贫资金尤其是扶贫专项贴息贷款实行的是"双轨制"管理，扶贫职能部门管理扶贫项目立项、项目规划、资金指标；金融部门管理资金发放和资金到期回收，这种管理体制上的条块分割、责权分离，导致扶贫步调难以协调一致。各级政府部门扶贫责任大资金权利小，而金融机构资金权利大扶贫责任小，金融部门往往出于利润最大化的目标，对扶贫部门选择的项目以资金安全和效益为由进行否决，使得急需扶持的项目难以得到资金支持。就扶贫资金的组织结构来看，各级扶贫办是扶贫工作的主要办事机构，但各级扶贫办领导小组本身只是议事机构，其作用空间有限，各级扶贫办与具有财权的财政部门或银行部门之间只是协调关系，对众多的扶贫资金缺乏特殊的管理权限，扶贫办在具体的扶贫工作中地位与权限被弱化。

2. 资金使用效率不高、监管困难

我国扶贫资金来源多样，扶贫具体方式多样，实际扶贫工作多头领导，扶贫资金中的涉农资金、中央专项贷款、各省市自治区的专项扶贫贷款、以工代赈资金、财政支援不发达地区资金等，分属不同部门管理，各部门资金按自行渠道下拨，各项扶贫资金条块分割，扶贫工作协调性差，以至于资金分散，难以形成合力，且不容易监管，资金浪费、沉淀严重，资金使用效率极低。各相关部门各自为政，缺乏有效的协调，扶贫资金不能有效进行监管，各级主管部门挪用扶贫资金、擅自变更项目或资金用途、通过项目骗取扶贫资金现象严重，扶贫资金到达贫困地区和贫困人口手中也是雁过拔毛，在扶贫资金发放过程中，照顾关系户、行贿受贿时有发生，扶贫资金到达真正贫困人群手中十分有限。

针对资金条块分割的情况，为提高资金的使用效率，国务院办公厅于2016年4月发布《国务院办公厅关于支持贫困县开展统筹整合使用财政涉农资金试点的意见》以下简称《试点意见》，该《试点意见》规定，2016年，各省（区、市）在连片特困地区县和国家扶贫开发工作重点县范围内，优先选择领导班子强、工作基础好、脱贫攻坚任务重的贫困县开展试点，试点贫困县数量不少于贫困县总数的三分之一，具备条件的可扩大试点范围。2017年，推广到全部贫困县。① 对财政涉农资金进行整合使用，虽然以前资金分散、各部门为政的局面有所改观，但对财政涉农资金的整合使用也没有想象的那么完美，依然面临着许多问题，具体来说主要存在以下问题：第一，根据涉农资金整合试点现行政策，中央资金及其地方配套资金应在相关资金管理办法框架内按照"渠道不乱、用途不变"的原则使用，中央资金较难真正整合；第二，资金整合水平较低，由于各类涉农专项资金涉及主管部门众多，资金管理办法、使用界限各不相同，这样导致很多资金的整合并不是真正意义上的整合，而是停留在地点上、空间上项目堆砌式整合的初级阶段，无法实现部门资金统一管理、统一实施的目的；第三，项目管理涉及多个部门，监管责任不同，管理方式各有侧重，县上集中整合使用与上

---

① 国务院办公厅：《关于支持贫困县开展统筹整合使用财政涉农资金试点的意见》，载《当代农村财经》，2016年第6期，第47~49页。

级部门资金投向矛盾突出,项目检查、验收不好协调,部分涉农资金项目实施不力,资金使用效益不佳,出现管理薄弱、建设质量差等问题,并且项目完工后验收责任不清。

3. 扶贫绩效考核不够完善

扶贫绩效考核不够完善主要体现在两个方面:一是各级政府官员的年度考核依然以 GDP 为主,未将扶贫工作成效纳入其业绩考核,许多地区的扶贫工作流于形式,年年扶贫年年贫,许多县争戴贫困的帽子,以争取更多的扶贫资源。二是没有建立起有效的扶贫工作绩效评估制度。由于多方面的原因,我国扶贫工作多注重投入,而对投入过程中的扶贫资金监管、资金使用效率、投入过后的绩效评价不足,考核评价办法没有具体细化,也缺乏评价指标体系,资金的分配没有与地方完成扶贫任务的好坏挂钩,缺乏激励机制,扶贫工作的责任和任务没有落到实处,扶贫成本高,扶贫效果欠佳。

第二节 滇桂边境地区扶贫政策创新

一、建立"大边疆"视野,形成区域扶贫开发均衡格局

边境地区的贫困具有特殊性,由于历史、地理、自然等方面的原因,我国边境民族地区的自然条件比较恶劣,经济文化发展还比较落后,交通、通信、能源、水利等基础设施比较薄弱,贫困人口比例和脱贫难度都比较大,与内地特别是沿海发达地区有很大差距。因此边境地区的民族工作十分重要,关系到社会稳定、国家统一、民族团结和边防巩固。边境地区对于国防安全至关重要,是维护国家安全的第一道防线,边境地区的贫困和年轻人口的外流对边境地区的国防安全构成了严重威胁。

国家民委于 1999 年倡议发起了"兴边富民行动",目前的实施范围为全国 135 个边境县(旗、市、市辖区)和新疆生产建设兵团的 56 个边境团场。通过近 20 年的兴边富民行动,我国边疆的贫困状况得到大大改善,以广西为例,通过兴边富民行动计划,沿边公路的开通为广西边境地区的发展带来了翻天覆地的变化。从本次调研的防城区、凭祥市、梁河县的情况来看,防城区和凭祥市是有边境线的边境县,梁河县是没有边境线的边境县,防城区和凭祥市可以享受"兴边富民行动"计划的待遇,距边境线 3 公里以内的边民均可以享受边民补贴,且

边境线地区往往边境贸易比较发达，能与越南和缅甸互通有无，一线边境县的农户有更多的工作机会，收入更高，生活成本相对比较低，有更好的发展机会。对于梁河县来说，由于没有边境线，相对来说地处内陆，不能享受"兴边富民行动"计划的待遇，农户的收入更多的来源于农业，工作机会比较少，外出打工和谋生的成本更高，贫困问题更加突出。在调研过程中，梁河县相关领导甚至开玩笑说希望能改变行政区划，和盈江县交换一部分有边境线的领土，这样梁河县也可以享受"兴边富民行动"计划的待遇。

为了边疆的进一步稳固，"兴边富民行动"计划需要进一步实施下去，但有必要建立"大边疆"的视野，促进区域扶贫开发均衡格局。一线边境县比二线边境县的经济状况更好，在以后的扶贫开发中，更要关注二线边境地区的贫困状况，将目前的"兴边富民行动"计划实施范围从目前有边境线的边境县扩大到边境州，赋予边境州更多的资金利用能力和灵活性，根据本州的实际情况统筹安排，在提高一线边境地区的辐射能力的同时，能促进区域扶贫开发的均衡格局形成，如果一线边境地区受到战争和局部冲突的威胁，二线边境地区能成为有效的缓冲区，让二线边境地区能成为一线边境地区的后盾和保障，让一线边境地区成为带动二线边境地区发展的龙头，两者相互呼应，互动协调发展。

二、构建"政府、市场、社会"三位一体的大扶贫格局

我国要在2020年实现全面奔小康，扶贫的任务还很艰巨，任重道远，光靠政府的力量还远远不够，我们应该动员各方面力量参与到扶贫开发工作当中来，构建政府、市场、社会协同推进的大扶贫开发格局。

（一）发挥政府在扶贫工作中的主导作用

我国区域经济发展严重不平衡，贫困人口主要集中在中西部地区，滇桂边境地区是贫困相当突出的地区，尤其是滇西集中连片贫困地区，政府必须加大财政投入，通过政府财政的力量来实施有效倾斜，为贫困地区的开发提供有力的措施和保障，对低保和临时救助等实施财政兜底，保障社会的稳定。政府除了提供财政资金来主导扶贫外，更应该明确政府在扶贫工作中的地位，减少对扶贫项目的确立和实施等具体工作中的干预，向服务型政府转变，主要做好扶贫调研、扶贫政策研究、扶贫监测和评估、构建扶贫工作相关平台等工作，保障扶贫工作的稳步推进。

（二）利用市场有效配置资源

首先，要转变思想意识，强化市场经济理念，不能把扶贫工作仅仅当作是政府

的事，还要充分利用市场配置资源的作用，鼓励调动市场主体参与扶贫开发的积极性，吸引各种资源要素向贫困地区配置和各类市场主体到贫困地区投资兴业。其次，要从市场法制方向考虑，抓紧相关法律法规的配套落实；强化贫困农户的市场意识，让其由"要我干"转化为"我要干"，彻底摒弃"等、靠、要"的懒惰思想；立足解决大市场与小农户的矛盾，提高贫困农户的组织化程度，鼓励和引导贫困地区发展规模经济，扶持龙头企业；坚持市场导向和顺应民意，充分考虑农户的实际需求，扶贫决策权限下放，决策机制由自上而下转变为与自下而上相结合；把握市场信息化的趋势，整合相关部门的统计资源，实现网络互联互通，信息共享。总之，应在整个扶贫工作中贯穿市场意识和采用市场手段，通过市场来引导政府决策。

（三）积极引导社会扶贫

尽管政府扶贫在资金、推动力、覆盖面等方面有优势，但社会组织和个人扶贫更灵活更专业，可以弥补政府的不足，部分专业化的社会组织可以根据专业特点在自己比较擅长的领域实施专业化的扶贫措施，如教育扶贫、健康扶贫等，专业的教育机构人员和卫生医疗机构人员能有效发挥自己的特长，扶贫措施更加精准到位，针对一些突发性的因素导致的贫困，社会组织和个人往往比政府反应得更快，更容易实现一对一的扶贫，除了物质上的帮助之外，一对一的沟通更能给予贫困者精神上的支持。除了进一步加强各级党政机关、军队和武警部队、国有企事业单位等定点扶贫，东部发达地区与西部贫困地区结对扶贫之外，还要培育多元社会扶贫主体，大力倡导民营企业扶贫，积极引导社会组织扶贫，广泛动员个人扶贫。比如从税收政策上对企业、社会组织和个人进行扶贫捐赠的给予相应的税前扣除，建立社会扶贫信息服务网络平台，推进扶贫资源和扶贫需求有效对接，实现社会扶贫和精准扶贫有效结合。

三、明确财政投入方向，加大财政投入力度

鉴于滇桂边境地区，尤其是滇西边境山区贫困程度更为深重，扶贫需求与扶贫资源矛盾突出，这需要进一步加大政府财政投入，重点用于以下几个方面：

一是改善边境地区的交通状况。要想富、先修路，广西壮族自治区边境地区的沿边公路为边境地区的经济发展带来了翻天覆地的变化，但目前已经年久失修，不能适应现代经济发展的需要，尤其是边境贸易和边境旅游休闲业的发展，有必要对其维修升级。除此之外，也可以将广西壮族自治区的沿边公路继续往云南边境地区延伸，借助云南边境发展的比较好的旅游业态势带动广西边境地区的旅游业的发展，同时云南边境地区也可以更好地利用广西沿海港口更好地满足货

运的需求，满足日益增长的交通运输和旅游需求，为广西和云南边境地区的合作和开发奠定基础，促进滇桂边境地区的联合协调发展。

二是加大危房改造的力度。安居方能乐业，鉴于滇桂边境地区台风多发、雨季雨水集中、泥石流和地震频发的情况下，针对居住条件相当恶劣的农户，进行危房改造，提高房屋的抗灾性，由于住房改造需要大量的资金，目前危房改造成本远远超出危房改造补助的资金，贫困户根本无力承担，但随着生活水平的提高，贫困户危房改造的愿望很强烈，贫困户往往大力举债修建房屋，这就必然压缩其他生产性的投资，其未来就更容易重新陷入贫困，这就需要政府大力投入、多方筹措大量资金来进一步保障，并且引导其合理的建房消费。

三是实施生态移民搬迁。滇桂边境地区多高山，地质脆弱，同时也是许多大江大河的发源地，是重要的国际生态涵养区，不适于大规模过度开发，需要对现有生态资源进行有效的保护。而且，部分山区修路架桥的成本太过高昂，当地现有的资源不足以维持生存，针对此类地区的农户，采取生态移民搬迁的方式，为农户谋求长远的发展，易地搬迁所需的资金无异也是相当巨大的，这均有赖于各级政府加大投入。

四是继续发放边民生活补助，并保持补贴金额稳定增长。边境地区的人民为保卫边疆做出了特殊的贡献，同时也经受了巨大的战争创伤，边境地区的人民脱贫致富是我国稳定边疆的需要，也是我国长治久安的需要，我们要保障距边境线0~3公里范围内的符合条件的居民继续享受边民生活补助，并保持补贴金额的稳定增长，让边境人民生活有保障，感受到祖国的温暖。

五是提高边境工作者的待遇。滇桂边境地区贫困的一个重要原因是缺乏人才，吸引和留住人才也是造血式扶贫的必要条件之一。边境地区经济基础薄弱，基础设施落后，农民收入不高，在乡镇和村里工作的基层干部工作量大、待遇低，所以滇桂边境地区很难留住人才，但凡接受了高中及以上教育的年轻人，大多数都会选择到东南沿海城市或南宁工作，当地人才相当匮乏。课题组在防城区那良镇高林村村委会开展座谈会了解到，该村支书为大专毕业，以前在外打工，月工资收入4 000元左右，去年应高林村父老乡亲的期望回到村里竞选支书，以高票当选，但其现在一个月的工资为1 000元，本轮任期结束后他是否愿意继续留在村里是个未知数，村里的文书兼副主任月工资只有800元，而其妻子在里火口岸拉板车，月收入大约2 000元左右。① 边境地区的工作者工资待遇低，但边境地区山高路远，农户分散，工作付出大，工作任务重，物质和文化生活均相对较差，建议对边境地区的建制乡镇工作的国家公务员、教师、事业单位干部、职

---

① 资料来源：2014年7月，课题组在防城区那良镇高林村调研时由高林村支书和村文书提供。

工和医务工作者设立边境工作津贴，提高村干部的待遇，留住人才。根据实际情况和需要，建一批廉租的周转房供乡镇干部、教师和医生使用，让边境工作者能够安心在边境工作，为边境地区的人民脱贫致富贡献力量。

六是健全社会保障机制，构建社会安全网。因病因灾以及市场风险等因素都是导致滇桂边境地区贫困和容易返贫的重要原因，建立和完善农村社会保障机制，构建社会安全网，让滇桂边境地区农民能有多方面的生活保障。一是健全农村合作医疗保障机制，完善农村医疗保险制度；二是进一步完善农村人口最低生活保障制度；三是完善救济制度，对于因病因灾等导致的临时性贫困，能及时给予救助，提高贫困对象的自救能力。

四、实施精准扶贫，提高扶贫效率

精准识别扶贫对象，实事求是、因地制宜、分类指导，实施精准扶贫战略。当前我国的贫困群体区域性分布与插花式分布相结合，对于区域性分布，重点抓好集中连片特困区和扶贫工作重点县的扶贫开发工作，对于插花式分布要扶贫到村到户，做好扶贫和救助"两项制度"的衔接，确保贫困人群的扶贫工作全面覆盖，对于已经脱贫的区域、县、村和农户进行摘帽，确保有进有出，实行动态管理。

（一）多层次扶贫开发并进

1. 宏观上开展片区扶贫攻坚工作

集中连片特殊困难地区是扶贫攻坚的硬骨头，应该按照"区域发展带动扶贫开发，扶贫开发促进区域发展"的思路，坚持领导和政策倾斜，加大支持力度，集中力量，保证片区重点项目的实施，大力建设道路等基础设施，搞好各方面的硬件设施，提高可进入性，降低流通成本，为片区的资源开发和产业扶贫打好基础，引导各类扶贫主体到片区投资，充分利用当地特色资源，大力发展龙头企业和经济合作组织，发展规模化的产业，带动片区发展经济。

2. 中观上加快发展县域经济

以前扶贫项目都是由省里统管和审批，上报批复时间长、效率低，且容易脱离实际，以后"除中央有明确规定需要省级组织实施的竞争性项目外，所有项目审批权限一律下放到县市，由县级政府或同级扶贫开发领导小组负责审批；所有项目备案权限一律下放到市州，由市级扶贫部门审核备案"。① 建立和完善重点

---

① 湖北省人民政府扶贫开发办公室：《省委"深化扶贫开发改革"12号文件解读——构建大扶贫格局》，http：//www.hbfp.gov.cn/xxgk/gfwj/wjjd/14048.htm，2014年5月12日。

县约束机制,使重点县政府行为和经济行为做到有所为有所不为,注重经济发展和民生改善,约束楼堂馆所、形象工程建设等。建立重点县正向激励机制,鼓励重点县脱贫摘帽,对提前摘掉贫困帽子的重点县,实行扶贫优惠政策不变,扶贫投入力度不减,对口帮扶单位不撤。加快重点县县域经济发展,认真实施基础设施、产业发展、村庄整治、招商引资等重大项目建设,大力实施民生工程,促进富民强县。

3. 微观上整村推进、扶贫到户

按照以县为单位、规模控制、分组负责、准确识别、动态管理的原则,对每个贫困村、贫困户从多维贫困的角度建档立卡,深入分析致贫原因,逐村逐户制定差异化帮扶措施,实现六个"到村到户":基础设施到村到户、产业扶持到村到户、教育培训到村到户、农村危房改造到村到户、扶贫生态移民到村到户、结对帮扶到村到户。

对于贫困村,我们应该逐步完善贫困村认定纳入机制,坚持先难后易的标准,严格执行程序,确保将最偏远、最贫困、覆盖贫困人口最多的村纳入整村推进范畴;完善工作机制,明确省市县三级职责,进一步下放权力,实行节点迁移,规范工作程序;完善资源整合机制,以村级扶贫规划为统领,以财政扶贫资金为牵引,整合涉农资金和各类帮扶资金,促进农村全面发展。

对于贫困户,在识别环节采取自上而下与自下而上相结合的贫困群体识别方法,坚持"民评民议、公开公示、阳光透明的原则",确保贫困识别过程公开、公正、透明,为扶贫到户奠定基础;针对贫困户的不同情况,因户施策,做到一户一策;利用信息化技术实现贫困户信息网络化的动态管理,对已经脱贫的农户在系统中销户,将新陷入贫困的农户纳入系统,实现扶贫对象有进有出,让有限的扶贫资源能真正惠及真正的穷人。为落实帮扶到村到户,要确实抓好干部驻村帮扶工作,做到每个贫困村都有驻村帮扶工作队,每个贫困户都有帮扶责任人,确实落实帮扶责任,健全帮扶制度,制定驻村工作队管理办法,落实保障措施,建立激励机制,开展定期考评,做到不脱贫不脱钩,实现驻村帮扶长期化、制度化。健全扶贫开发与农村最低生活保障、农村养老保险、基本医疗保险等社会保障制度有效衔接机制,建立贫困人口法律援助、教育救助、人文关怀等制度,完善贫困留守老人、留守妇女、留守儿童扶持措施。

(二)确立多维贫困新标准

随着社会经济的发展,人们的需求更加多元化,收入只是贫困表现的一个方面,不能再采用单一的收入贫困线来作为贫困标准进行扶贫工作,应该借鉴多维贫困的理论,将收入、教育、健康、生活水平等方面加以细化,进行合理的评估，从多个维度进行脱贫，既改善人民现有的生活水平，同时也提高其持续反贫困能力，降低返贫率，阻断贫困的代际传递。在现有的农村贫困户建档立卡的基础上进行动态管理，除了进行进入和退出的动态管理外，对每个贫困户每年的贫困改善情况和不足的方面进行动态管理，做到因户因时施策。当贫困户达到脱贫标准后，建议不要立即将其清除出贫困户动态管理系统，建议对其多维脱贫状况进行评估，对其持续脱贫能力进行评估，做到扶上马送一程，提高其持续脱贫能力，降低进一步返贫的概率。

（三）健全精准扶贫绩效考核和评价机制

改革扶贫考核机制，促进责任落实到县。除特殊项目外，扶贫项目的审批权限下放到县市，由县市来统管，要保证扶贫效果和责任落实，除了省、市、片区的考核外，尤其要加强县级扶贫工作考核。健全贫困县精准扶贫考核机制，对贫困县的干部年度考核不以 GDP 为主，要将扶贫工作成绩纳入考核体系。地方 GDP 的增长与扶贫工作并不矛盾，没有经济的发展，减贫是一句空话，但在贫富差距日益加大和生态环境日益恶化的今天，我们不能再一味追求 GDP，要把提高贫困人口生活水平和减少贫困人口数量作为重点县考核主要指标，对重点县和非重点县进行分类考核，对限制开发区域和生态脆弱的重点县取消 GDP 考核，对其他重点县降低 GDP 考核的权限，对非重点县也需要把扶贫开发成效纳入考核作为重要指标。

建立有效的扶贫工作绩效评估体系。由国务院扶贫开发领导小组组织，成立扶贫考核工作领导小组，各省市根据本地实际情况组建相应的考核工作领导小组和考核组，主要从组织领导情况、经济社会发展情况、扶贫工作实施情况、扶贫工作管理情况这四个方面，以资金流向和项目进展为主线，确定合理的评价指标体系，对各级扶贫工作进行考核，督促将扶贫工作的责任和任务落到实处，并将财政专项扶贫资金的分配与扶贫效果相挂钩，确立激励机制。

五、大力发展特色农业、边境旅游业和边境贸易

（一）发展特色农业产业，提高其产业化程度

首先，要转变思想意识，强化市场经济理念，立足解决大市场与小农户的矛盾，提高贫困农户的组织化程度，扶持龙头企业，大力探索"公司+农户"等新型模式；其次，要在整个扶贫工作中贯穿市场意识和采用市场手段，政府决策也

要遵循市场规律,将看得见的手与看不见的手相结合,增强扶贫工作的造血功能。

根据边境地区的地理环境和资源优势来安排产业,分区域连片发展种植业,发展规模化的养殖业,打造特色产业村或特色产业片。就防城区边境地区来说,已经大力培植了"皇妃"贡橘、火龙果、金花茶、白油茶以及小水体养育等一批优势产业,为边境地区群众脱贫致富打下了良好的基础,在此基础之上,利用政策,有针对性的吸引和扶持相应的公司投资,进一步推进农业产业化,拉长产业链条,提高特色优势农产品的附加值,走"扶强企业建龙头、龙头带动兴产业、产业带动贫困户"的路子,推行"公司+基地+农户"的模式,实现分散经营的农户和大市场的对接。

(二) 发展边境旅游业,打造滇桂边境旅游带

滇桂边境地区多山,多自然灾害,是许多大江大河的发源地,不能进行过度的开发,否则将严重破坏生态环境,滇桂边境地区的旅游资源优势让发展边境旅游业成为不二的选择。将边境地区独特的自然景观与少数民族独特文化相结合。滇桂边境沿线居住着汉、壮、瑶、京、傣、阿昌等多个民族,是典型的多民族聚居的地方。中越边境的特殊地理位置自然风光独特,以广西边境为例,广西边境地区有很多丰富的自然景观,如得天瀑布、古龙山峡谷群、通灵大峡谷、崇左石林、瑶山大峡谷等自然景观。各少数民族人民在长期与自然环境的生存斗争和社会实践中,创造和形成了自己独特的民族文化,比如京族的"哈节"。"哈节"是京族的宗教信仰、生活习俗、文化艺术、民族心理等诸多方面的独特体现。京族的独弦琴、丝质旗袍和宽脚裤、踩高跷捕鱼虾在全国都是独一无二的。再比如瑶族歌舞,瑶族传统的"三月三""阿波"节、瑶族歌舞、瑶族婚俗都体现了浓郁的瑶族风情。自然景观是旅游的载体,文化是旅游的灵魂,将边境民族地区独特的自然景观和独特的少数民族文化相结合,进行合理的开发,自然景观负载着民族文化,民族文化渗透于自然景观并经自然景观而体现,两者相互依存、相得益彰,实现了边境旅游业的可持续发展。

往西延伸广西沿边公路,打造"滇桂边境旅游带"。我们应该延伸广西沿边公路贯穿云南边境地区,充分利用沿边公路,对沿边公路进行升级改造,提高边境地区的可进入性,对沿边公路周围的旅游资源进行合理开发,沿边公路就如同一根线将边境地区的旅游珍珠串联起来,打造"滇桂边境旅游带",拉长旅游线路,吸引游客。同时与边境国家进行广泛的国际合作,建设国际旅游合作区。比如桂越边境地区可以依托崇左—大新板约跨国瀑布景区、凭祥—同登友谊关景区和东兴—芒街景区,加快中越国际旅游合作区建设。

(三) 发展边境贸易

边境贸易的发展促进了边境地区经济和社会的全面发展。滇桂边境地区与越南、老挝和缅甸山水相连，双边交往密切而悠久，由于资源结构、产业结构、需求结构等方面的互补性，为双边开展边境贸易奠定了良好基础，滇桂边境贸易的发展，不仅满足了两国边民生活的需要，而且有力地推进了沿边民族地区经济和社会的全面发展。广西中越边境贸易的发展，加深了边境地区与国内外市场的联系，加强了民族团结，稳定了边境，增进了双方的睦邻友好关系，促进了两国毗邻地区的经济技术合作和旅游、运输、商业、饮食、服务等第三产业的发展，缩小了边境地区与内地经济发展的差距。从防城区、凭祥市和梁河县的农户调研情况来看，凭祥市的农户人均纯收入最高，其主要原因是凭祥市的边境贸易发展得最好。据本课题组在那良镇高林村调研，年轻劳动力通常到东部城市打工，本村留在家里的年长些的劳动力基本上都到附近里火口岸去拉货，通常月收入在 2 000 元左右，在里火口岸运货的收入已经成为高林村居民收入的主要来源，在里火口岸，聚集了各类餐馆、商店、物流企业等服务业，里火口岸也吸引了沿边旅游的游客，由此可见，边境贸易的发展的确促进了边境地区经济和社会的发展。

为边境贸易创造条件、促进边境贸易发展。中国—东盟自由贸易区的建立，削弱了边境贸易的优势，边贸不会成为外贸的主要部分，但边贸依然非常重要，我们应该为边境贸易创造条件，促进边境贸易的发展。加大投入，加强边境口岸的基础设施建设，由于地方财政困难，我国可以参照越南口岸建设政策，将口岸关税收入的一定比例留存给地方用于边境口岸建设；放宽边境贸易相关政策，比如进一步放宽边民互市贸易免税限额政策，随着物价的提高，原来规定边民每天可以进口 8 000 元的商品免税额应该提高到 2 万~3 万元的水平；充分利用中国—东盟自由贸易区的平台，推进滇桂边境贸易发展。

六、加强教育和培训，培育人力资本

(一) 结合滇桂边境地区实际发展基础教育

增加投入。知识是当代经济发展和社会转型中最为重要的因素，知识和智力贫困是制约边境地区脱贫的重要原因。在边境地区，应该加大对教育的投入，尤其是 9 年义务教育的基础投入，多建立寄宿制学校、配备足够的师资力量，提高教师待遇，保障边境地区的适龄孩童能享受保质保量的 9 年义务教育，有助于提高边境民族地区的人口素质。

谨慎撤并学校。除了增加投入外,边境地区学校撤并应谨慎。进入21世纪以来,由于城镇化的趋势,农村人口大量流入城市,农村学校生源越来越少,为了资源能够更为有效的利用,农村学校撤并较为普遍,许多农村的孩子集中到城镇学校上学,对于学校撤并,政府的配套措施不到位,增加了农村家庭来孩子上学的负担,对于边境民族地区来讲,农民本来经济条件就差,这个负担更加明显,许多边境地区的贫困户就更是雪上加霜。因此,在边境民族地区,由于经济条件差,且山高路远,学生上学时间成本很高,对于边境民族地区的小学撤并要相当谨慎,百年大计,教育为本,对于学生人数较多且较为集中的村落,应尽量保障小学低年级的完整教育,对于学生较少且较分散的村落,尽量建立寄宿制小学,保障偏远地区的同学能够住宿读书,对于暂时没有条件建立宿舍或者建宿舍不划算的地方,应该为当地学生配备校车,统一集中接送,降低当地孩子上学的成本,提高学生入学率,保障9年义务教育的普及。为提高教师的教学积极性,除了提高教师工资之外,还应该投入资金为老师建周转房,让老师能够安心在边境民族地区从事教育工作。

(二) 完善培训,加大劳动力转移

在保障9年义务教育的基础上,围绕提高素质和扩大就业,突出抓好劳动力转移培训。结合就业形势和产业发展,坚持引导性培训和技能培训并重,就近和就地转移和输出并重的原则,确实提高培训质量和转移就业效果。在边境地区创办适合边境少数民族地区经济发展的职业技术学校和成人教育机构,编写适合边境少数民族地区特点的教材,制定适合边境民族地区发展的职业技术教育政策,优先发展农业、旅游业和边境贸易方面的职业技术教育,适应当地经济发展需要。

七、完善农村金融服务,加大金融扶贫支持力度

金融是经济发展的血液,滇桂边境地区要脱贫致富,必须进一步完善农村金融服务。

(一) 延伸农村金融服务覆盖范围

推进农村金融服务电子化。通过在农村地区乡镇、行政村安装自助服务终端,加大ATM自动取款机、存取款一体机、查询补登折机、网银自助终端机、

POS 机、惠农终端机等自助设备设施的建设。将银行的支付结算功能延伸到农民的家门口，让农民足不出村就能享受存款、取款、转账结算、刷卡消费和领取各项惠农补贴等现代化的基础性金融服务。此外，通过优化网上银行、电话银行、手机银行、微信支付等电子银行的功能，推进农村金融电子化服务，让农民充分享受到和城市居民一样便捷的存、取款和结算服务，有效延伸金融服务范围。如农业银行、农村信用社应进一步加大"金融惠农卡""惠农一卡通"等的发放力度，为农户存取现金、转账结算、消费、理财，特别是向农户发放小额贷款和财政补贴提供切实便利。

增设惠农支付点。在金融服务空白网点地区设立惠农支付服务点，利用 POS 终端为农村和广大农民朋友提供刷卡消费、小额取款、小额转账汇款、刷卡缴费、银行卡余额查询等支付服务，满足农民群众最基本的金融服务需求。深入乡镇及村委会开展金融知识宣传，加大普惠金融政策宣传力度，重点突出对惠农支付服务点功能和金融知识介绍，增强群众对惠农支付、安全用卡、金融服务的认知度和参与热情。

开展流动金融服务。个别偏远地区，采用流动金融服务方式，利用金融流动服务车，定期上门为农户服务。银行业金融机构还可以通过"汽车银行""马背银行"等金融服务方式，为偏远山区农户提供定时、定点的"零距离"服务。努力解决农村金融"最后一公里"的问题，有效解决部分县域或村镇金融服务空白问题，实现农村金融服务全覆盖。

（二）创新金融服务产品

随着农业生产者的融资需求扩大，小额贷款已经难以满足农户需求，农村金融机构需要推进大额度、中长期限贷款的发放，满足农村经济日益增长的需求。推进林权、果园、集体土地、房屋等资产抵押贷款等创新金融产品，简化农户信贷手续，引导各类金融机构将资本投向农业，支持农村发展。解决农村贷款抵押难的难题，增强农户抗风险能力。量体裁衣，根据不同客户，提供不同的金融产品。针对农户、种植企业、小企业提供"农机具贷款""农户创业贷款""小企业保证保险贷款"。针对农村合作社推出"农户+专业合作社""农户+专业合作社+龙头企业"等基于产业链金融的多种信贷模式。

（三）全面推进农村信用体系建设

构建完善的农村征信体系。优化农村金融生态环境，首先要加快农村征信的立法，为征信行动提供法律依据。其次，建立健全农户信用档案。建立健全农村信用信息数据库，需要借助政府各部门的力量，建立自上而下的"政府牵头、人民银行主导、政府各部门及涉农金融机构参与"的农村信用体系。金融机构应借助基层政府、村委会等组织，对农户信息进行收集、甄别，建立档案，以获取农户财务信息和个人品行信息，解决农村金融信息不对称问题。增强农民信用意识，对农户开展有针对性的金融基础知识教育活动，宣传普及金融知识，加强农村地区的诚信意识教育，建立失信行为惩戒机制，严厉惩罚逃债行为，提升金融机构对农村金融市场的信心。

推进农村信用担保体系建设。农村信用担保体系建设是农村经济发展的基础，可以有效改善农村金融服务生态环境，促进农村经济的发展。加快建设农村信用担保体系，政府应该加快建立涉农贷款担保机构；设立农户贷款担保基金，发展农村互助担保组织；实行联保贷款管理模式；扩大有效抵押品的范围。具体可以借鉴以下做法：第一，创建道德银行。以农户家庭为单位，评定道德积分，道德积分达到一定程度且有能力的农户家庭，农村金融机构可以为其提供小额免担保信用贷款。第二，创新担保模式。推出"农户+农村信用社""农户+专业合作社+龙头企业（公司）"等基于产业链金融的多种创新信贷模式。第三，采用信贷资产五级分类，降低信贷门槛，提高对"三农"的金融支持。

（四）完善农业保险体系

鉴于农业保险具有高风险、高成本、高赔付的特点，政府应该大力发展政策性农业保险，完善农业保险补贴政策，扩大政策性农业保险的覆盖面，把各类涉农保险补贴落在实处，推动政策性保险业务发展。根据云南省实际情况，应考虑将云南林业、高原特色农业、"美丽家园"建设等纳入政策性农险险种，发展地方特色农业保险，丰富林木保险种类，发展更为综合的森林保险；推进高原特色农业保险，服务地方农业；大力发展农房保险，促进新农村建设。针对农民保险意识淡薄的问题，在农村加大农业保险的宣传和教育工作，提高农民的保险意识。

首先，要增加金融网点，针对边境广大山区的实际情况，采取更为灵活的网点形式，方便农民办金融业务；其次，要加大金融资金支持力度，加大产业扶贫资金、信贷扶贫资金、互助扶持资金的投入；再其次，要不断创新适合农民的金融产品，比如与农业生产周期相匹配的生产贷款，与农民消费习惯贴合的消费类贷款，尤其是要在政策上多加支持健全农业保险制度，推出适宜的农业保险产品，鼓励农民投保，降低农民农业生产的自然风险和市场风险；最后，要完善抵押担保制度和信用体系建设，创新抵押品和担保形式，加大金融扶贫扶持力度。

八、加强国际合作,创建良好的边境社会环境

(一) 对于跨境婚姻由管理转向管理与服务相结合

从调研情况来看,滇桂边境地区跨境国婚姻越来越多,跨境婚姻的双方绝大多数都是相对贫困的,边境地区的反贫困就无法绕过这群特殊的对象。鉴于大量跨境婚姻已成为具体的事实婚姻,政府有必要对于跨境婚姻由管理转向管理与服务相结合,比如可以参照德宏州首创的边民入境通婚备案登记制度并加以推广。德宏州根据滇缅边境同一民族跨境而居,特别是近年边民入境通婚人员大幅上升的实情,以及存在的因涉婚长期居住于德宏州的外籍人口,其居住、通行、谋生等权益不明确的问题,2010年,德宏州公安局和民政局联合发布《德宏州边民入境通婚备案登记证管理规定(试行)》,对缅籍入境通婚边民试行备案登记,全面纳入实有人口信息管理。边民入境通婚备案登记制度有利于政府部门行使职能,搭建的实有人口服务管理平台,得以让公安、民政、计生、卫生、防疫、外事等部门信息共享,形成合力,保障了入境通婚边民及其家庭应享有的合法权益,为众多家庭排除了居住、通行、经商、务工的身份障碍,解决了户口管理、社会保障、子女就学等方面的许多现实问题,有利于各民族安居乐业,边境民族地区的稳定发展。① 课题组在德宏州调查了解到,入境通婚边民只要在政府相关部门进行登记,除了享有以上权利外,还享有农村合作医疗保障,这对于因病致贫很普遍的贫困地区的农户来说,是一个相当有力的保障。德宏州对于跨境婚姻的管理与服务办法值得借鉴和推广,希望能普及到更多的边境地区,为边境地区的脱贫致富和长期发展奠定基础。

(二) 严厉打击吸毒贩毒、加强防艾工作

吸毒贩毒、艾滋病给一个家庭带来的影响是灾难性的,对周围的老百姓也是巨大的潜在或现实威胁,是造成边境地区贫困的一个重要原因。针对边境地区吸毒、贩毒和艾滋病泛滥的情况,政府除了严厉打击吸毒贩毒犯罪外,更要加大投入,加强对边境地区管理和监察,帮助边境地区人民脱贫致富,加强毒品和艾滋病的相关教育和宣传,提高群众对毒品和艾滋病的认知水平,发动群众,全民参与监督和防范,加强国际合作,控制毒品和艾滋病蔓延的势头。

---

① 张爱华:《滇缅边境地区非法居留问题思考——以德宏州边境地区为例》,载《云南警官学院学报》2013年第5期,第38~42页。

(三) 沿边开放并加强与邻国合作与交流

滇桂边境地区与缅甸、老挝、越南边境相邻，由于历史、政治等多方面原因，中国与缅甸、越南的政治关系面临着许多现实障碍，滇桂边境地区的开放和开发或多或少受到不良影响。但我们应该认识到和平与发展是主流，应该以一种积极的态度推进西南边境地区的对外开放，充分发挥瑞丽等这样一些边境地区开放的桥头堡作用，逐步推进沿边开放，在东盟—中国自由贸易区的框架下，促进中缅、中越的贸易，加强与邻国的交流，尽量消除双边的政治顾虑，大力开展次区域合作，促进边境地区的发展，让边境地区的中外人民都能享受发展的成果。

本篇结论

滇桂边境地区是我国西南的大门户，有边境线的地市州共 11 个。云南境内与越南、老挝和缅甸接壤的边境县有 25 个，其中 16 个为国家扶贫开发工作重点县；广西境内与越南接壤的边境县有 8 个，其中 3 个为国家扶贫开发工作重点县。滇桂边境地区地理位置特殊，自然条件复杂多样，民族关系错综复杂，贫困问题十分突出，是国家新一轮扶贫开发攻坚主战场。课题组于 2014 年 7~8 月在广西防城港市防城区和云南梁河县，2017 年 1~2 月在广西防城港市防城区和凭祥市进行机构访谈和农户调查。调查样本共 286 户 1 419 人。本篇将文献、统计数据与调研资料相结合，全面分析了滇桂边境地区的贫困现状及特征、特殊类型贫困的成因，对滇桂边境地区扶贫开发效果进行了评价，并进一步提出了滇桂边境地区扶贫政策创新的方向和路径。

一、滇桂边境地区贫困现状及特征

本篇从两个层面考察了滇桂边境地区的贫困现状，一是从文献和统计数据资料着手从宏观层面考察了滇桂边境地区的贫困总体状况，二是从农户问卷调查着手从微观层面、多维角度考察了滇桂边境地区的贫困现状。

宏观层面：从人均 GDP 和农村居民人均收入来看，均与全国平均水平有很大的差距，由于经济规模小、收入低，贫困发生率高，滇桂边境地区贫困面大、贫困程度深、返贫现象突出；从基础设施和生产生活条件看，铁路、公路、乡村公路人均拥有量来看，均低于全国平均水平，尤其是云南省更为突出，总体来说基础设施严重不足、生产生活条件差；从产业结构来看，滇桂边境地区一、二、三产业结构不合理，第一产业占比较高，由于农业的天生弱质性，农村居民收入增长乏力；从教育和医疗来看，滇桂边境地区教育水平总体低下，接受高等教育的人口比例很低，绝大多数人口受教育水平为小学和初中水平，文盲占比较高，尤其是云南边境地区的直过民族地区文盲率超过50%，除了受教育水平总体较低以外，教育条件和教育质量均比较差，在城镇化进程下，农村学校大量撤并，山区孩子上学难，许多孩子面临辍学危险，就医疗方面来说，云南、广西和全国每千农村人口卫生技术人员人数落后于全国平均水平，从每千农村人口医疗卫生机构床位数量和每千农村人口乡镇卫生院床位数量与全国平均水平不相上下，但从质量上来说，许多基层医疗机构缺医少药，医疗技术、设备和人才匮乏，民众持续脱贫能力受阻；从脱贫需求与扶贫投入来看，现有投入明显不能满足脱贫的需要，政府财政投入资金有限，特别是州县财政投入不足，加之贫困村集体经济薄弱，群众自筹能力低，缺乏持续发展的能力。

微观层面：根据广西防城港市防城区、凭祥市和云南梁河县的农户数据进行统计分析结果，我们可以得出以下结论：总体而言，滇桂边境地区教育贫困最为突出，其次是生活水平贫困、收入贫困和健康贫困。从收入维度看，调查地区农户的贫困发生率较高，尤其是梁河县，收入贫困发生率高达41.79%；从教育维度看，调查地区农户的贫困率较高，主要劳动力最高受教育程度为初中以下的有80%左右，其中以防城区的教育贫困最为突出；从健康维度看，调查地区农户的健康状况不是很乐观，就健康状况指标来看，家有重病患者的农户比例超过36%，从医疗保险指标来看，贫困发生率较低，说明调研地区农村医疗保险覆盖水平大大提高；从生活水平维度看，调查农户在通电和耐用消费品方面，贫困发生率较低，但在住房、做饭燃料、卫生设施和饮用水方面，贫困发生率相当高。综合起来看，单纯以收入来测度农户的贫困是远远不够的，多维贫困更能反映贫困的全貌，收入的增加通常能缓解住房、耐用消费品等方面的贫困，但对于教育、医疗、健康、饮用水等方面，更多地依赖政府的公共投入。

二、滇桂边境地区特殊类型贫困的成因

滇桂边境地区贫困成因复杂且特殊，主要有以下几个方面的成因：一是自然环境差，生产生活条件恶劣。滇桂边境地区大多数都是山区、石漠化区，云南西部边境地区旱季雨季分明，暴雨、泥石流、地震时有发生；滇桂交界边境地带石漠化区域储水困难，下雨则涝、天晴则旱，农业生产望天收居多，土地地块零碎分散，耕作成本高，人均耕地面积很少，产出有限；广西东部边境地区常年遭受台风的威胁。二是边境地理位置特殊，基础设施薄弱，滇桂边境地区地处我国西南边境，距离较发达的中东部或重要城市距离较远，且多为山区，山高坡陡，地质灾害频发，修建基础设施成本高，历史欠账多，交通不便，运输成本高，与外界交流相对困难，环境相对封闭落后。三是农业产业脆弱，农民增收困难，滇桂

边境地区一二三产业结构中，农业产业结构比重相对较高，农业收入是农民收入的重要来源之一，农业具有天生的弱质性，生产面临着巨大的自然风险，销售面临着巨大的市场风险，产业附加值低。四是农村金融服务支持有限，由于自然条件恶劣，交通不便，许多乡镇的金融机构网点较少，金融服务手段落后，金融产品与贫困农户的需求不匹配，贫困农户贷款困难，稍有意外，贫困农户生产可持续性深受影响。五是边境因素影响特殊，滇桂边境地区与缅甸、老挝和云南接壤，周边国家的政局以及同中国的关系直接影响着滇桂边境地区居民的生产和生活，缅甸政局不稳定，缅甸北部地方武装力量经常发生冲突，云南边境地区也经常被波及，中越边境地区由于历史遗留问题，边境地区还残存大量地雷，对边境地区居民的生产和生活构成威胁，中国和越南的政治和经济关系不是太稳定，双边经济和贸易也经常受到影响，影响边民的收入；除了战争和冲突的威胁外，滇桂边境地区跨境婚姻大量存在，在城镇化的背景下，大量的青年进城发展，尤其是女青年流入城市的更多，滇桂边境地区男女明显失调，许多邻国女性选择嫁给中国边境地区男性。由于中国边境地区婚姻困难的男性绝大多数比较贫困，邻国女性更加贫困，所以大多数这种跨境婚姻均面临更加贫穷的境地。六是历史文化特殊。滇桂边境地区有大量的直过民族存在，由于历史的原因，居民文化水平低，文盲大量存在，社会发育程度低、市场意识薄弱，脱贫任务重且历时可能相当长。

三、滇桂边境地区扶贫开发效果评价

经过多年的扶贫开发，滇桂边境地区的扶贫也取得了许多成效。经济增长迅速，居民收入水平提高，贫困发生率大大降低，贫困人口明显减少。经济结构更为合理，通过发展特色优势产业、边境旅游、边境贸易，脱贫的造血能力更强。基础设施建设力度增加，农村生产生活条件明显改善，具体体现在广西沿边公路、道路硬化进村进屯、饮水安全工程和安居工程、加强民族特色文化设施建设。社会事业全面发展，教育、医疗、社会保障方面覆盖更加全面、资助力度更大，水平和质量有所提高。帮扶力度增强，实现了贫困村扶贫开发工作单位包村定点扶贫全覆盖，增强了贫困村发展活力，发放边民生活补助，边民归属感增强。

滇桂边境地区的扶贫开发取得了显著成效，但也存在着诸多不足，主要体现在以下几个方面：贫困人口识别不够精准，扶贫内容方面注重物质、不注重精神和思想方面，扶贫方式注重形式而脱离实际需求，扶贫模式方面注重生产忽视市场，扶贫门槛要求较高排斥真正的贫困户，扶贫精准管理与考核不到位等。

四、滇桂边境地区扶贫政策创新

根据滇桂边境地区的贫困现状和贫困成因,有必要对现有的扶贫政策和做法进行创新和完善。具体包括:一是加大财政投入,加强基础设施建设,完善农村金融服务;二是建立"大边疆"视野,将目前的"兴边富民行动"计划实施范围从目前有边境线的边境县扩大到边境州,形成区域扶贫开发均衡格局;三是确立多维贫困新标准;四是构建"政府、市场、社会"三位一体的大扶贫格局;五是大力发展特色农业、边境旅游业和边境贸易;六是加强教育和培训,培育人力资本;七是健全社会保障机制,构建社会安全网;八是创建良好的边境社会环境。重点措施包括:一是对外籍入境通婚边民试行备案登记,全面纳入实有人口信息管理;二是加强边境地区人民对毒品和艾滋病的认知,以及进一步扩大沿边开放,加强与邻国的交流与合作,确立共赢合作机制,实现睦邻兴邦。

第六篇

高寒藏区特殊类型贫困研究

高寒藏区是全国最大的集中连片贫困地区，涵括了西藏、四省藏区两大集中连片特殊困难地区，包括西藏、青海、四川、甘肃、云南五省区19个市（州）共151个县，是国家集中连片特殊困难地区扶贫开发的"主战场"。该区域具有极大的特殊性，是我国自然条件恶劣区域、生态脆弱区域、经济欠发达区域、高原连片贫困区域、藏民族聚居区域、西南边疆区域、反分裂斗争重点区域等。

贫困是高寒藏区面临的重大问题之一。高寒藏区的贫困发生率达20%~30%，文盲率和半文盲率在30%~90%之间，是我国范围最广、程度最深、类型最典型、扶贫成本最高、扶持难度最大的一个特殊贫困单元。传统的反贫困政策在实践中发挥的作用越来越有限，必须采取特殊的反贫困手段，以有效补齐短板，加快推进全面小康社会建设。

第十五章

高寒藏区特殊类型贫困总体特征与空间差异研究

第一节 高寒藏区总体区域概况

一、高寒藏区整体区位特征

历史上，途经云南、四川、西藏的"茶马古道"与经过甘肃、青海的"古丝绸之路"共同开辟了我国同中亚、西亚、南亚、欧洲的贸易人文之路，成为对外经济文化交往的重要走廊和通道。从地缘位置来看，西藏和四省藏区正是"茶马古道"和"丝绸之路"的途经地，西藏、甘肃、云南、四川也被纳入"一带一路"建设规划的版图当中，更是为高寒藏区脱贫攻坚和经济社会全面发展提供了难得机遇。从行政区域分类来看，如表15-1、15-2、15-3所示，高寒藏区行政区域占14个集中连片特殊困难地区总面积的53.79%，占全国国土总面积的24.03%，涵盖西藏、甘肃、青海、四川、云南五省区19个地市州，共151个民族自治县，占14个片区总数的40.59%；涉及国家扶贫开发重点县26个；革命老区县17个，边境县21个，牧区半牧区县104个，其中牧区县52个，半农半牧区县52个。① 高寒藏区是十分典型的特殊类型贫困地区，既具有少数民族聚集区、革命老区、边境地区、自然灾害频发区、生态脆弱及资源保护区等多重特征，又是我国重要的农牧交错带、宗教传承地、文化富集区和开放前沿阵地。作为国家扶贫攻坚主战场，地理区位重要，生态环境特殊，贫困区域面积大，贫困类型特殊且多样化，扶贫脱贫难度大，既需要国家、各片区、各省区市的扶贫合力，更需要以更加精准的手段、切实的措施、详细的规划推进扶贫开发工作。

表15-1　　　　　　　　　　高寒藏区行政区划

省区	地市州	县市区
西藏	拉萨市	城关区、林周县、当雄县、尼木县、曲水县、堆龙德庆县、达孜县、墨竹工卡县
	昌都市	卡若区、江达县、贡觉县、类乌齐县、丁青县、察雅县、八宿县、左贡县、芒康县、洛隆县、边坝县
	山南市	乃东区、扎囊县、贡嘎县、桑日县、琼结县、曲松县、措美县、洛扎县、加查县、隆子县、错那县、浪卡子县
	日喀则市	桑珠孜区、南木林县、江孜县、定日县、萨迦县、拉孜县、昂仁县、谢通门县、白朗县、仁布县、康马县、定结县、仲巴县、亚东县、吉隆县、聂拉木县、萨嘎县、岗巴县
	那曲市	色尼区、嘉黎县、比如县、聂荣县、安多县、申扎县、索县、班戈县、巴青县、尼玛县、双湖办事处
	阿里地区	普兰县、札达县、噶尔县、日土县、革吉县、改则县、措勤县
	林芝市	巴宜区、工布江达县、米林县、墨脱县、波密县、察隅县、朗县
四川省	阿坝藏族羌族自治州	汶川县、理县、茂县、松潘县、九寨沟县、金川县、小金县、黑水县、马尔康市、壤塘县、阿坝县、若尔盖县、红原县
	甘孜藏族自治州	康定市、泸定县、丹巴县、九龙县、雅江县、道孚县、炉霍县、甘孜县、新龙县、德格县、白玉县、石渠县、色达县、理塘县、巴塘县、乡城县、稻城县、得荣县
	凉山彝族自治州	木里藏族自治县

---

① 牧业、半农半牧业、农业是高寒藏区贫困居民三类主要的生产方式，文中未将农民、牧民进行区分，统称为农牧民，其是指以在农牧区或林牧区以农业、林业和牧业为主要经济来源和生活方式的农民。

续表

省区	地市州	县市区
云南省	迪庆藏族自治州	香格里拉县、德钦县、维西傈僳族自治县
甘肃省	武威市	天祝藏族自治县
甘肃省	甘南藏族自治州	合作市、临潭县、卓尼县、舟曲县、迭部县、玛曲县、碌曲县、夏河县
青海省	海北藏族自治州	门源回族自治县、祁连县、海晏县、刚察县
青海省	黄南藏族自治州	同仁县、尖扎县、泽库县、河南蒙古族自治县
青海省	海南藏族自治州	共和县、同德县、贵德县、兴海县、贵南县
青海省	果洛藏族自治州	玛沁县、班玛县、甘德县、达日县、久治县、玛多县
青海省	玉树藏族自治州	玉树市、杂多县、称多县、治多县、囊谦县、曲麻莱县
青海省	海西蒙古族藏族自治州	格尔木市、德令哈市、乌兰县、都兰县、天峻县、冷湖行委、大柴旦行委、忙崖行委

资料来源：《中国农村扶贫开发纲要（2011－2020年）》。

表15－2　14个集中连片特殊困难地区民族自治地方县统计

片区名称	县数（个）	民族自治地方县数（个）	所占比例（%）
14个片区	680	372	54.7
西藏	74	74	100.0
四省藏区	77	77	100.0

资料来源：《2012年全国扶贫开发工作重点区域监测报告》及《2013年西藏统计年鉴》。

表15－3　14个集中连片特殊困难地区行政区域分类统计

片区名称	国家重点县（个）	民族县（个）	革命老区县（个）	边境县旗（个）	牧区半牧区县、旗（个）	乡镇（个）	行政村（个）	自然村（个）	面积（万平方公里）
14个片区	440	372	252	57	146	—	141 994	—	398.8
西藏	0	74	0	21	37	683	5 255	—	120.2
四省藏区	26	77	17	0	67	—	6 875	19 516	94.3

资料来源：《2012年全国扶贫开发工作重点区域监测报告》和《2013年西藏统计年鉴》，横线处表示数据缺失。

由表15－4可知，高寒藏区面积230.687万平方千米，占全国国土总面积的24.03%，其中海西州、玉树州、甘孜州的面积分别为32.58万平方公里、26.7

万平方公里、15.26万平方公里，区域面积较大，其他州县面积相对较小，天祝县仅有0.715万平方公里。从2015年各地区人口情况看，在有统计的地区数据中，以藏族为主体的少数民族人口占主体，其中玉树州少数民族人口比重高达98.62%，而最少的海北州也有66.97%。从人口自然增长率看，与2015年全国人口自然增长率4.96‰相比，海西州和迪庆州低于全国水平，其他地区均相对较高，其中黄南州、果洛州和西藏均超过10‰，体现出国家对少数民族人口的扶持性以及"二胎"政策的现实影响。

表15-4　　　　　　　　高寒藏区各地区人口状况

省区	市（州、地区）县	区域面积（万平方公里）	总人口数（万人）	少数民族人口数（万人）	少数民族人口比重（%）	人口自然增长率（‰）
西藏	—	120.22	323.97	297.5	91.83	10.65
青海	海北藏族自治州	4.50	29.70	19.89	66.97	5.10
	黄南藏族自治州	1.88	26.88	25.22	93.82	12.30
	海南藏族自治州	4.60	46.40	—	—	9.80
	果洛藏族自治州	7.60	20.00	18.37	91.87	11.58
	玉树藏族自治州	26.7	39.19	38.65	98.62	6.60
	海西蒙古族藏族自治州	32.58	40.21	—	—	4.74
四川	阿坝藏族羌族自治州	8.42	91.41	72.98	79.84	5.12
	甘孜藏族自治州	15.26	116.49	—	—	7.16
	凉山州木里藏族自治县	1.325	13.30	—	—	6.67
云南	迪庆藏族自治州	2.387	40.80	32.09	78.65	4.52
甘肃	甘南藏族自治州	4.5	70.50	—	—	7.87
	武威市天祝藏族自治县	0.715	17.59	—	—	5.99

资料来源：各省、区、州2015年国民经济和社会发展统计公报；各州县政府网站及2015年政府工作报告；2016年《中国统计年鉴》及各省区统计年鉴，横线处表示数据缺失。

二、西藏自然区位与人口特征

西藏自治区于1951年和平解放，成立于1965年9月1日，辖6个地级市（拉萨市、昌都市、日喀则市、林芝市、山南市、那曲市）、1个地区（阿里地区）共74个县（区），区域总面积为120.22万平方公里，地处世界上最大最高的青藏高原，占青藏高原面积的一半以上，是世界上海拔最高的地方，海拔

4 000米以上的地区占全区总面积的85.1%，素有"世界屋脊"和"地球第三极"之称，地形复杂，气温偏低，日温差大，气候类型复杂，垂直变化大，高寒特征显著，年降水量自东南低地的5 000毫米，逐渐向西北递减到50毫米。① 西藏水资源丰富，是中国水域面积最大的省级行政区，地表水存在形式多样，包括河流、湖泊、沼泽、冰川等，境内流域面积大于1万平方公里的河流有28条，是长江、怒江、澜沧江、印度河、恒河及雅鲁藏布江等众多大江大河的发源地、流经地，是中国河流最多的省区之一，且大小湖泊1 500多个，总面积达2.4万平方公里，居全国首位。② 西藏的自然资源十分丰富，种类多、藏量大、质量好，在水资源总量、人均水资源占有量、森林面积、大中型野生动物数量、湿地类型、盐湖锂矿资源及高温地热储量等多项目均居全国首位。西藏独特的高原地理环境孕育了种类齐全、品质优异、典型性强、保存原始的自然景观、人文景观。

2015年西藏总人口323.97万人，人口自然增长率为10.65‰，从人口构成看，男性人口为164.29万人，占总人口的50.71%；女性人口为159.68万人，占49.29%，人口性别比值为1.03∶1；城镇人口89.87万人，占总人口的27.74%，乡村人口234.10万人，占总人口的72.26%。③ 从民族构成看，西藏包括了藏族、门巴族、珞巴族、蒙古族、回族、怒族等为主的44个少数民族。汉族人口24.53万人，占总人口的8.17%；少数民族人口275.69万人；其中，藏族人口为271.64万人，其他少数民族人口为40 514人；藏族和其他少数民族人口占91.83%，其中藏族人口占90.48%，其他少数民族人口占1.35%。④ 同第五次人口普查相比，第六次人口普查中西藏总人口及少数民族人口数均不断增长，但少数民族人口比重呈现下降趋势。第六次人口普查西藏总人口增长了38.6万人，增长幅度为14.75%，其中，藏族人口增加28.9万人，但占比下降1.72个百分点，其他少数民族人口增加近1万人，但占比下降0.55个百分点，汉族人口增加8.7万人，占比上升了2.27个百分点。

三、四省藏区自然区位与人口特征

（一）四川藏区自然区位与人口特征

四川藏区地处川、藏、青、甘、滇五省（区）结合部，包括迪庆藏族自治

---

①② 西藏自治区人民政府网站，http：//www.xizang.gov.cn/xwzx/ztzl/rsxz/。
③ 资料来源于《2016年西藏统计年鉴》。
④ 国家统计局：《西藏自治区2010年第六次全国人口普查主要数据》，http：//www.stats.gov.cn/tjsj/tjgb/rkpcgb/dfrkpcgb/201202/t20120228_30406.html，2012年2月28日。

州、甘南藏族自治州、甘孜藏族自治州、阿坝藏族羌族自治州和凉山彝族自治州木里藏族自治县，是中国第二大藏族聚居区，是内地连接西藏的重要通衢，自古就是"汉藏走廊"。

甘孜藏族自治州位于四川省西部，青藏高原东南缘，处于川、滇、藏、青四省六地交界处，辖康定1个县级市及泸定、九龙等17个县，共325个乡镇，2 679个行政村，全州面积15.26万平方公里，州府设在康定市炉城镇。① 2015年甘孜州总人口109.2万人，人口自然增长率为7.16‰，男性人口55.32万人，女性人口53.91万人，男女性别比例为1.04∶1。从民族构成看，甘孜居住着以藏族、彝族为主的25个民族。第六次人口普查中，甘孜州汉族199 198人，占18.24%；各少数民族892 674人，占81.76%，其中藏族854 860人，占78.29%；其他少数民族37 814人，占3.47%。②

阿坝藏族羌族自治州是四川省第二大藏区以及我国羌族的主要聚居区。区域辖汶川县、阿坝县、松潘县、九寨沟县等13个县，219个乡镇，1 354个行政村，州府设在马尔康市，全州面积8.42万平方公里。2015年全州总人口91.41万人，人口自然增长率为5.12‰，其中男性46.6万人，占比50.9%，女性44.8万人，占比49.1，男女比例为1.04∶1；藏族53.08万人，羌族16.96万人，回族2.93万人，汉族18.25万人，分别占总人口比例为58.1%、18.6%、3.2%、20.0%，其他少数民族占0.2%。③ 同2000年相比，少数民族人口占总人口的比重上升了6.7个百分点，其中藏族人口比重上升5.6个百分点，羌族人口比重上升1.1个百分点。

凉山彝族自治州木里藏族自治县包括藏、彝、汉、蒙古、回、纳西等22个民族，是全国仅有的两个藏族自治县之一，是四川省唯一的藏族自治县。木里县面积1.33万平方公里，辖3个区、1个镇、28个乡、9个牧场，占凉山州面积的22%，居全省第三位，是四川辖区面积最大的县之一。2015年末全县总人口为13.3万人，其中城镇人口1.87万人，乡村人口11.43万人，城镇化率为14.03%，其中藏族人口占总人口30%以上，是四川藏区人口第一大县。④

---

① 甘孜藏族自治州人民政府：《甘孜简介》，中国甘孜门户网站，http：//www.gzz.gov.cn/。
② 甘孜州统计局：《甘孜州2015国民经济和社会发展统计公报》，http：//www.tjcn.org/tjgb/201604/32784_4.html，2016年4月15日。
③ 阿坝州统计局：《阿坝州2015年国民经济和社会发展统计公报》，http：//www.tjcn.org/tjgb/201605/32921_2.html，2016年5月8日。
④ 四川省统计局、国家统计局四川调查总队：《四川统计年鉴2016》，中国统计出版社2016年版。

(二) 云南藏区自然区位与人口特征

迪庆藏族自治州是云南省唯一的藏族自治州，北与西藏自治区昌都市相连，东与四川省甘孜藏族自治州和凉山彝族自治州毗邻，南和西与云南省丽江纳西族自治县和怒江傈僳族自治州相接，地处滇、川、藏三省（区）结合部的青藏高原延伸地带及沙江、澜沧江、怒江三江并流国家级风景名胜区腹地，平均海拔3 380米，澜沧江和金沙江自北向南贯穿全境。全州面积2.387万平方公里，辖香格里拉县、德钦县和维西傈僳族自治县3个县，29个乡镇，182个行政村，首府设在香格里拉县，生活着藏族、傈僳族、纳西族、彝族等26个少数民族，是历史上西南"茶马古道"的要冲之地。① 2016年末，全州常住总人口41万人，其中少数民族人口323 888人，占总人口的88.9%。其中：藏族人口131 187人，占总人口的36%；傈僳族人口110 108人，占总人口的30.23%；纳西族人口46 154人，占总人口的12.7%。千人以上的少数民族人口分别为：彝族15 862人，白族14 977人，普米族2 162人，苗族1 475人，回族1 112人。2016年，全州人口出生率9.94‰，人口死亡率5.27‰，人口自然增长率4.67‰，人口城镇化率32.93%。②

(三) 甘肃藏区自然区位与人口特征

甘南藏族自治州位于甘肃省西南部，区域总面积4.02万平方公里，州府驻合作市。地处青藏高原与黄土高原过渡地带，东与定西市、陇南市接壤，南与四川省阿坝藏族自治州毗邻，西与青海省黄南藏族自治州、果洛藏族自治州相连，北靠临夏回族自治州，位于甘、青、川三省结合部。③ 2016年全州总人口71.02万人，包括汉、回、土、蒙、满等24个民族，人口自然增长率7.91‰，城镇人口22.73万人，乡村人口48.29万人，城镇化率32.0%④。以第六次人口普查数据来看，少数民族人口比重为61.40%，其中藏族37.85万，占总人口的

---

① 马宁：《迪庆藏族自治州人口和经济发展基本情况分析》，载《西北人口》2009年第6期，第122~128页。
② 迪庆州统计局：《迪庆州2016年国民经济和社会发展统计公报》，http://www.tjcn.org/plus/view.php?aid=28077，2015年3月27日。
③ 甘南藏族自治州人民政府：《走进甘南》，甘南藏族自治州人民政府网，http://www.gn.gansu.gov.cn/。
④ 中国统计信息网：《甘南藏族自治州2016年国民经济和社会发展统计公报》，http://www.tjcn.org/tjgb/28gs/35153.html。

55.6%。①

武威市天祝藏族自治县地处甘肃省中部，武威市南部，区域面积0.715万平方公里，占甘肃省的1.54%，武威市的21.51%，首府设在华藏寺镇，全县辖9镇10乡，1个县级国有种羊场，1个县级三峡森林公园管理委员会，176个行政村，18个居委会；东有景泰县，西邻青海省门源、互助、乐都3县，南接永登县，北靠凉州区、古浪县，西北与肃南县交界，是古丝绸之路的咽喉要道。天祝县位于青藏高原、黄土高原和内蒙古高原的交汇地带，地势西北高、东南低，平均海拔3 400米左右，地貌以山地为主，属大陆性半干旱气候，气温垂直分布显著，小区域气候复杂多变，时常发生干旱、冰雹、霜冻、风雪等气象灾害。天祝是一个以藏族、土族为主体的多民族聚居区，有藏、汉、土、回、蒙古等28个民族，总人口23万人，其中少数民族占总人口的37.1%，藏族占少数民族人口的97.14%。②

（四）青海藏区自然区位与人口特征

海北藏族自治州辖门源回族自治县、祁连县、海晏县、刚察县及34个乡镇（内有19个牧业乡）、204个村民委员会（内有69个牧业村民委员会），全州总面积为4.5万平方公里，州府驻海晏县西海镇。位于青海省东北部，东南与西宁市的大通县、海东地区的互助、湟中、湟源县接壤；西与海西蒙古族藏族自治州的天峻县毗连；南与海南藏族自治州的共和县隔湖相望；东北与甘肃省的天祝、民乐、肃南等市、县毗邻。③ 2015年海北州总人口29.7万人，城镇人口8.33万人，占28.04%，乡村人口21.37万人，占71.96%，聚居着汉族、回族、藏族、蒙古族等25个民族，少数民族人口19.89万人，占66.97%，其中，回族主要分布在门源县、祁连县，蒙古族主要分布在祁连县、海晏县、门源县，土族人口主要分布在门源县，撒拉族人口的90%分布在祁连县。④

黄南藏族自治州辖4个县、35个乡镇、251个行政村，全州总面积1.89万平方公里，州府设在同仁县隆务镇。黄南州位于青海省东南部，地处九曲黄河第

---

① 甘南统计信息网：《甘南州2010年第六次全国人口普查主要数据公报》，http://www.gnz-tj.gov.cn/htm/201412/108_2227.htm。
② 陈晓梅：《天祝藏族自治县基本情况》，http://www.gstianzhu.gov.cn/zjtz/tzjj/201606/t20160615_5099.html，2016年6月15日。
③ 海北藏族自治州人民政府：《走进海北》，海北州人民政府门户网，http://www.qhhb.gov.cn/zjhb。
④ 海北州人民政府门户网：《海北藏族自治州2015年国民经济和社会发展统计公报》，http://www.qhhb.gov.cn/html/22/193515.html。

一弯，东南与甘肃甘南州的夏河县、碌曲县、玛曲县和本省果洛州玛沁县为邻，西北与本省海南州同德县、贵德县和海东地区的化隆、循化县接壤。地势南高北低，平均海拔在 3 000 米以上，属高原大陆性气候，气候高寒特征显著，雨热同季，干旱、霜冻等气候灾害多发。① 2015 年全州总人口为 26.9 万人，人口自然增长率为 12.30‰，少数民族人口 25.2 万人，占总人口的 93.8%，其中藏族 184 575 人，蒙古族 37 579 人，回族 17 396 人。②

海南藏族自治州辖共和、同德、贵德、贵南、兴海 5 个县、36 个乡镇，全州总面积 4.6 万平方公里，首府设在共和县恰卜恰镇。海南州地处青海省东部，青藏高原东北隅，素有"青藏高原门户"之称，东与海东地区和黄南州毗连，西与海西州接壤，南与果洛州为邻，北隔青海湖与海北州相望。③ 2015 年海南州常住人口 46.4 万人，人口出生率 13.90‰，人口死亡率 4.10‰，人口自然增长率 9.80‰，州内包括了藏、汉、回、蒙古等 21 个民族，汉族人口为 10.97 万人，占 24.84%；各少数民族 33.20 万人，占 75.16%，其中，藏族 29.29 万人，占 66.31%；回族 30 203 人，占 6.84%；土族 3 991 人，占 0.90%；撒拉族 1 040 人，占 0.24%；蒙古族 3 096 人，占 0.70%；其他少数民族 777 人，占 0.17%。④

果洛藏族自治州辖玛沁、班玛、久治等 6 个县、44 个乡镇，全州总面积 7.60 万平方公里，占青海省总面积的 10%，州府设在玛沁县大武镇。⑤ 2015 年果洛州总人口 20.02 万人，人口出生率 15.72‰，人口死亡率 4.14‰，人口自然增长率 11.58‰。果洛是全国 30 个少数民族自治州中单一民族成分比例最高的自治州，其中藏族人口 18.39 万人，占总人口的 91.87%，农牧业人口 152 060 人，占总人口的 75.96%。⑥

玉树藏族自治州是青海省第一个、全国第二个成立的少数民族自治州，辖玉树、杂多等 6 个县市、45 个乡镇、257 个行政村，全州总面积 26.7 万平方公里，

---

① 杜加强、舒俭民、张林波：《基于 NPP 的黄南州自然植被对气候变化的响应》，载《生态学杂志》2010 年第 6 期，第 1094~1102 页。
② 黄南州统计局：《黄南州 2015 年国民经济和社会发展统计公报》，http：//www.tjcn.org/tjgb/29qh/32956.html，2016 年 6 月 2 日。
③ 海南藏族自治州人民政府：《走进海南》，海南藏族自治州人民政府网站，http：//www.qh-hn.gov.cn/zjhn/。
④ 海南州统计局：《海南州 2015 年国民经济和社会发展统计公报》，http：//www.tjcn.org/tjgb/29qh/32957_2.html，2016 年 6 月 2 日；海南藏族州 2010 年第六次人口普查主要数据公报。
⑤ 果洛藏族自治州人民政府：《走进果洛》，果洛藏族自治州人民政府网，http：//www.guoluo.gov.cn/zjgl.html。
⑥ 果洛州统计局：《果洛州 2015 年国民经济和社会发展统计公报》，http：//www.tjcn.org/tjgb/201606/32958.html，2016 年 6 月 2 日。

占青海省总面积的 37.2%，州府设在玉树市结古镇，该镇历来是青、川、藏交界处的民间贸易集散地。① 2015 年玉树州总人口 39.19 万人，人口自然增长率为 6.6‰，在总人口中，少数民族人口 38.65 万人，占总人口的 98.6%，其中藏族 38.57 万人，回族 298 人，其他少数民族 50 人，是全国 30 个少数民族自治州中主体民族比例最高的自治州。②

海西蒙古族藏族自治州辖格尔木、德令哈两市，都兰、乌兰、天峻三县及大柴旦、冷湖、茫崖三个行政委员会，共 35 个乡镇、305 个行政村，全州总面积 32.58 万平方公里，占青海省总面积的 45.17%，州首府德令哈市。全州大部分处于柴达木盆地内部，地貌以山地、荒漠、河谷、草地为主，大部分地区海拔在 3 000 米以上，属于典型的高原大陆性气候。③ 海西州可利用草原面积 892 万公顷，草场利用类型多样，主要畜养蒙古羊、黄牛、藏系羊及牦牛等。④ 2016 年末全州常住人口 51.26 万人，城镇人口 36.55 万人，占比 71.3%；乡村人口 14.71 万人，占比 28.7%。男性人口 20.58 万人，女性人口 19.85 万人。汉族人口 27.36 万人，少数民族人口 13.07 万人，其中蒙古族 2.71 万人，藏族 5.26 万人。户籍人口出生率 12.83‰，死亡率 5.62‰，人口自然增长率 7.21‰。⑤

四省高寒藏区基本行政区划详见表 15 – 5。

表 15 – 5　　　　　　四省高寒藏区基本行政区划

省	地区	建立时间	首府驻地
四川	阿坝州	1952.10.1	马尔康市
	甘孜州	1950.11.24	康定市城关镇
	凉山州木里县	1953.2.19	乔瓦镇
云南	迪庆州	1957.9.13	中心镇

---

① 玉树藏族自治州人民政府网：《玉树概况》，玉树藏族自治州人民政府网，http://www.qhys.gov.cn/html/2/7.html。
② 玉树州统计局：《玉树州 2015 年国民经济和社会发展统计公报》，http://www.tjcn.org/tjgb/201606/32959.html，2016 年 6 月 2 日。
③ 中共海西州委宣传部：《海西州情简介》，海西新闻网，http://www.haixinews.com/system/2016/06/16/012031050.shtml。
④ 青海省海西蒙古族藏族自治州人民政府：《自然资源》，海西蒙古族藏族自治州人民政府网，http://www.haixi.gov.cn/ljhx/cdm_jbp/zrzy.htm。
⑤ 海西州统计信息网：《海西州 2016 年国民经济和社会发展统计公报》，http://www.qhtjj.gov.cn/tjData/cityBulletin/201708/t20170802_49757.html，2017 年 3 月 22 日。

续表

省	地区	建立时间	首府驻地
甘肃	武威市天祝县	1950.5.6	华藏寺镇
	甘南州	1953.10.1	合作镇
青海	海北州	1953.12.31	浩门镇
	黄南州	1953.12.22	隆务镇
	海南州	1953.12.6	恰卜恰镇
	果洛州	1954.1.1	大武镇
	玉树州	1951.12.25	结古镇
	海西州	1954.1.25	德令哈市
西藏	西藏自治区	1965.9.1	拉萨市

资料来源：课题组整理所得。

第二节 高寒藏区特殊类型贫困总体特征

一、贫困情况

高寒藏区的扶贫开发事业虽然取得了巨大成就，但作为我国贫困范围最广、程度最深、类型最典型、扶贫成本高、扶持难度最大的一个特殊贫困单元，高寒藏区的贫困现状仍不乐观。如表15-6所示，2015年西藏和四省藏区的贫困人口仍有136万人，占14个集中连片特殊困难地区贫困人口的4.73%，占全国农村地区贫困人口总规模5 575万人的2.44%；其中西藏和四省藏区分别有48万人、88万人的贫困人口，分别占全部片区贫困人口总数的1.67%、3.06%。从减贫人口来看，全部片区2015年较2014年贫困人口规模减少643万人，减贫率为18.3%，其中西藏减少13万人，占贫困人口减少总规模的2.02%，减贫率为21.3%；四省藏区减少15万人，占2.33%，减贫率为14.6%。从贫困发生率来看，全部片区的贫困发生率为13.9%，较2014年下降3.2个百分点；① 西藏的贫困发生率为18.6%，较2014年下降5.1个百分点，高于全部片区4.7个百分点，

---

① 与2014年的比较数据均根据《2015年全国农村贫困监测调查主要结果》《2014年全国农村贫困监测调查主要结果》计算得到。

高于全国农村地区 12.9%;而四省藏区的贫困发生率为 16.5%,较 2014 年下降 7.7 个百分点,高于全部片区 2.6 个百分点,高于全国农村地区 10.8%,是全部片区中下降幅度最大的片区。可见,西藏及四省藏区的贫困发生率显著高于其他连片特困地区,贫困问题更为突出和顽固。

表 15-6　2015 年高寒藏区农村贫困人口变动及片区对比情况

片区名称	贫困人口			贫困发生率	
	数量（万人）	下降（万人）	下降幅度（%）	水平（%）	下降（百分点）
全国农村地区	5 575	1 442	20.6	5.7	1.5
全部片区	2 875	643	18.3	13.9	3.2
西藏	48	13	21.3	18.6	5.1
四省藏区	88	15	14.6	16.5	7.7

资料来源:《2015 年全国农村贫困监测调查主要结果》,全部片区指 14 个集中连片特殊困难地区。

二、农村居民收入与支出情况

由表 15-7 可知,2015 年西藏、四省藏区农村居民人均可支配收入分别为 8 244 元、6 457 元,分别占全国水平（21 966 元）的 37.5%、29.4%,占全国农村地区水平（11 422 元）的 72.2%、56.5%,西藏人均可支配收入在全部片区中排名第 2 位,比排名第 1 的大别山区低 785 元,比全部片区水平（7 525 元）高 719 元,四省藏区则低于全部片区水平 1 068 元,在 14 个片区中排名第 12 位。西藏、四省藏区农村居民人均纯收入分别为 8 275 元、6 208 元,分别占全国农村地区水平（10 772 元）的 76.8%、57.6%,西藏人均纯收入为全部片区最高,且高于全部片区水平（7 053 元）1 222 元,四省藏区则低于全部片区水平 848 元,在 14 个片区中排名第 12 位,仅高于六盘山区和吕梁山区,如图 15-1 所示。从增长态势上看,西藏 2015 年农村居民人均纯收入较 2014 年增长 12.0%,高出全部片区总体水平 0.1 个百分点,高出全国及全国农村地区水平 3.1 个百分点;四省藏区 2015 年农村居民人均纯收入较 2014 年增长 12.8%,高出全部片区总体水平 0.9 个百分点,高出全国及全国农村地区水平 3.9 个百分点。从人均消费支出来看,西藏和四省藏区分别为 5 580 元、5 437 元,分别低于全部片区的总体水平（6 573 元）993 元、1 136 元,更低于全国农村地区及全国平均水平（9 223 元、15 712 元）,在 14 个片区中分别排名倒数第 3 位、倒数第 2 位。从支出的增长情况来看,全部片区人均消费支出较 2014 年增长 11.4%,西藏人均消费支出较 2014 年增长 15.7%,均明显高于全部片区、全国农村地区及全国平均水平,为全部片区中增长最快的片区;四省藏区人均消费支出较 2014 年增长仅为 8.5%,分别低于全部片区总体水平、全国农村水平 2.9、1.5 个百分点,但高于全国水平 0.1 个百分点,且增长速度快于大兴安岭南麓山区、燕山—太行山区、新疆南疆三地州 3 个片区。由此反映,高寒藏区居民收入和支出水平明显提升,西藏的收入和支出改善状况尤为明显。

表 15-7　2015 年高寒藏区农村居民收入、支出增长及片区对比情况

片区名称	收入			支出	
	人均可支配收入（元）	人均纯收入（元）	名义增长（%）	人均消费支出（元）	增长（%）
全国	21 966	—	8.9	15 712	8.4
全国农村地区	11 422	10 772	8.9	9 223	10.0
全部片区	7 525	7 053	11.9	6 573	11.4
西藏	8 244	8 275	12.0	5 580	15.7
四省藏区	6 457	6 208	12.8	5 437	8.5

资料来源:《2015 年全国农村贫困监测调查主要结果》《2015 年国民经济和社会发展统计公报》,横线处表示无数据。

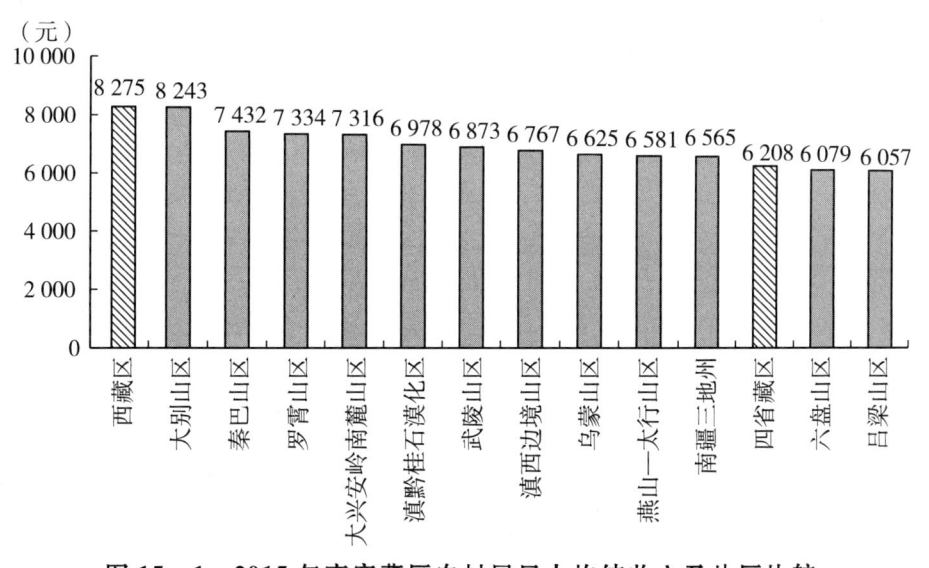

图 15-1　2015 年高寒藏区农村居民人均纯收入及片区比较

（元）
西藏区 8 275
大别山区 8 243
秦巴山区 7 432
罗霄山区 7 334
大兴安岭南麓山区 7 316
滇黔桂石漠化区 6 978
武陵山区 6 873
滇西边境山区 6 767
乌蒙山区 6 625
燕山—太行山区 6 581
新疆南疆三地州 6 565
四省藏区 6 208
六盘山区 6 079
吕梁山区 6 057

三、基础设施建设情况

《中国农村扶贫开发纲要（2010－2020年）》中明确提出"到2015年，全面解决贫困地区无电行政村用电问题，大幅度减少西部偏远地区和民族地区无电人口数量；饮水安全问题基本得到解决；稳步提高贫困地区农村客运班车通达率；贫困地区群众的居住条件得到显著改善；贫困地区学前三年教育毛入园率有较大提高，巩固提高九年义务教育水平；实现自然村和交通沿线通信信号基本覆盖；实现每个行政村有卫生室；基本实现行政村有文化活动室"[1] 等目标任务。贫困地区生产生活用电、安全饮水、道路等公共基础设施的建设与完善是改善贫困地区生产生活面貌、扩大对外交往、促进经济发展的基本保证和必需条件，也是贫困地区脱贫致富的重要基础保障。然而基础设施薄弱也正是目前高寒藏区特殊瓶颈制约，其水平的提高受地质地貌和自然环境条件的制约极其明显。针对高寒藏区基础设施情况，主要侧重于生活基础、交通基础和信息基础分析三个部分。基于可获得的数据，选取2015年通电的自然村比重、通电话的自然村比重、通宽带的自然村比重、主干道路面经过硬化处理的自然村比重、通客运班车的自然村比重5类项目，2014年通有线电视信号的自然村比重、饮用水经过集中净化处理的自然村比重、拥有畜禽集中饲养区的自然村比重3类项目。

从生活基础来看，第一，2015年西藏、四省藏区通电的自然村比重分别为92.1%、90.7%，远低于全部片区99.7%的总体水平，分别位于14个片区的倒数第2、倒数第1位，其中西藏较2014年增长了4.3个百分点，四省藏区较2014年无增长。农牧民的用电问题对促进藏区经济发展和维护社会稳定具有重要的政治意义，也为满足藏区水电开发外送，实现资源优势转化发挥重要作用。特殊的地质地貌使藏区的基础设施建设难度更大、耗时更多、技术要求更高，如位于金沙江、怒江和澜沧江聚集的"三江"断裂带上的川藏联网工程。工程全长1 500多公里，沿线多为高山峡谷和无人区，最高海拔4 980米，平均海拔3 850米，气候高寒，环境恶劣严酷，无形之中增加了施工的难度，也使该工程成为全球最具挑战性的输变电工程。正因如此，是否通电则成为评价高寒藏区贫困水平的重要指标之一，五省（区）藏区通电率与其他片区相比相对较低，成为藏区特殊贫困类型的表现之一。第二，西藏、四省藏区2014年饮用

---

[1] 中共中央、国务院：《中国农村扶贫开发纲要（2011－2020年）》，载《人民日报》2011年12月2日第1版。

水经过集中净化处理的自然村比重分别为11.5%、23.1%，远低于全部片区34.5%的总体水平，在集中连片特殊困难地区中分别排名倒数第1、倒数第2位。高寒藏区的水资源丰富，但多集中于江河水、湖泊水、冰川水及未冻水等，不能为居民便利、直接使用，降低了饮水安全性，侧面反映出高寒藏区贫困人口的生活质量不高的现实情况。第三，西藏、四省藏区拥有畜禽集中饲养区的村比重分别为4.7%、26.1%，在全部片区中分列第13和第7位，四省藏区拥有畜禽集中饲养区的村比重略低于全部片区26.7%的总体水平，而西藏则远低于全部片区总体水平。

从交通基础来看，一方面，西藏和四省藏区主干路面经过硬化处理的自然村比重分别为57.7%、61.4%，分别低于全部片区71.7%的总体水平14.0、10.3个百分点，分列全部片区的第13位、第12位，与2014年相比，分别增长6.1、6.0个百分点，交通出行有所改善。另一方面，西藏和四省藏区通客运班车的自然村比重分别为29.1%、43.5%，明显低于全部片区47.5%的总体水平，分列全部片区的第14、第10位，与2014年相比，分别增长0.2、4.8个百分点。由于藏区的地理区位偏远，地质构造复杂，道路建设成本高、难度大，维护难，交通建设相对落后，客运班车班次少、往返时间长。

从信息基础来看，第一，西藏和四省藏区通电话的自然村的比重分别为89.5%、90.9%，分别比全部片区水平95.1%低8.2、6.8个百分点，分别排名倒数第1、倒数第2位，其中西藏较2014年增长了2.8个百分点，且是全部片区中唯一一个通电话自然村比重低于90.0%的片区。第二，西藏和四省藏区通有线电视信号的自然村比重分别为75.8%、58.5%，西藏略高于全部片区72.6%的总体水平，而四省藏区则远低于全部片区的总体水平，分列第8、第12位。第三，西藏和四省藏区通宽带的自然村比重分别仅为8.5%、25.5%，分别比全部片区水平53.2%低44.7、27.7个百分点，分列倒数第1、倒数第2位，与2014年相比，分别增长1.3、6.5个百分点，且两者是所有藏区中仅有的低于30.0%水平的片区，与大兴安岭南麓山区（82.4%）、大别山区（78.8%）、罗霄山区（73.7%）相比差距很大，体现了高寒藏区信息化水平低的现实情况，也直接制约了电商扶贫项目在高寒藏区的实施、应用及普及，制约了扶贫发展进程。

高寒藏区农村基础设施相关情况详见表15-8、表15-9。

表 15 – 8　2014、2015 年高寒藏区农村基础设施及片区对比情况　　单位：%

片区	2015 年					2014 年		
	通电的自然村比重	通电话的自然村比重	通宽带的自然村比重	主干道路面经过硬化处理的自然村比重	通客运班车的自然村比重	通有线电视信号的自然村比重	饮用水经过集中净化处理的自然村比重	拥有畜禽集中饲养区的自然村比重
全部片区	99.7	97.7	53.2	71.7	47.5	72.6	34.5	26.7
西藏	92.1	89.5	8.5	57.7	29.1	75.8	11.5	4.7
四省藏区	90.7	90.9	25.5	61.4	43.5	58.5	23.1	26.1

资料来源：《2015 年全国农村贫困监测调查主要结果》《2014 年全国农村贫困监测调查主要结果》。

表 15 – 9　　高寒藏区农村基础设施情况的排名位次比较　　单位：%

片区名称	通电的自然村比重	通电话的自然村比重	通宽带的自然村比重	主干道路面经过硬化处理的自然村比重	通客运班车的自然村比重	通有线电视信号的自然村比重	饮用水经过集中净化处理的自然村比重	拥有畜禽集中饲养区的自然村比重
西藏	13	14	14	13	14	8	14	13
四省藏区	14	13	13	12	10	12	13	7

资料来源：根据表 15 – 8 计算得出，其中位次数值越小表示项目情况越好，位次数值越大表示项目情况越差。

四、农村居民生活情况

中共中央国务院《关于打赢脱贫攻坚战的决定》明确了打赢脱贫攻坚战的总体目标："到 2020 年，稳定实现农村贫困人口不愁吃、不愁穿，义务教育、基本医疗和住房安全有保障。"① 因此，有必要全面掌握高寒藏区的住房、医疗、教育、卫生及文化的发展现状，通过与其他集中连片特殊困难地区进行横向对比，能够更直观掌握藏区的扶贫开发绩效及贫困农牧民的生活改善程度。

---

① 中共中央、国务院：《关于打赢脱贫攻坚战的决定》，载《人民日报》2015 年 12 月 8 日第 1 版。

基于农户主体考察高寒藏区农村居民生活情况,包括住房、家庭设施状况及农户耐用品拥有情况。第一,2015 年西藏和四省藏区居住竹草土坯房的农户比重分别为 2.5%、9.5%,四省藏区高于全部片区(6.1%)3.4 个百分点,西藏则低 3.6 个百分点,分列全部片区的第 3、第 9 位,与 2014 年相比,西藏下降了 0.9 个百分点,由此反映各省区藏区住房条件的差异性较大。第二,西藏和四省藏区使用照明电的农户比重分别为 93.8%、92.0%,明显低于全部片区 99.8% 的总体水平,分列倒数第 2、倒数第 1 位,这与西藏、四省藏区自然村通电率相对较低的现实情况相关。第三,西藏和四省藏区使用管道供水的农户比重分别为 50.0%、62.8%,西藏低于全部片区(61.2%)11.2 个百分点,四省藏区则略高出 1.6 个百分点,分列第 12、第 6 位,与 2014 年相比,四省藏区增长 2.3 个百分点。第四,西藏和四省藏区使用经过净化处理自来水的农户比重分别为 25.5%、23.9%,均明显低于全部片区 34.7% 的总体水平,分列倒数第 4、倒数第 2 位,与 2014 年相比,分别增长 4.2、3.1 个百分点。第五,西藏和四省藏区分别仍有 34.2%、23.1% 的饮水困难户,远高出全部片区的饮水困难户比重(16.0%)18.2、7.1 个百分点,分列倒数第 1、倒数第 4 位,与 2014 年相比,西藏下降 1.0 个百分点,但安全饮水问题仍较严峻。第六,西藏和四省藏区独用厕所的农户比重分别为 71.5%、78.4%,均远低于全部片区 93.0% 的总体水平,分列倒数第 1、倒数第 3 位,与 2014 年相比,西藏增长 2.1 个百分点。第七,西藏和四省藏区炊用柴草的农户比重分比为 64.9%、50.6%,分列第 11、第 6 位,西藏高出全部片区(55.5%)9.4 个百分点,四省藏区则低 4.9 个百分点,与 2014 年相比,西藏下降 3.3 个百分点。上述情况详见表 15 - 10 和表 15 - 11。

表 15 - 10　　　　　　2015 年高寒藏区农村农户住房及
家庭设施及片区对比状况　　　　　　单位:%

片区名称	居住竹草土坯房的农户比重	使用照明电的农户比重	使用管道供水的农户比重	使用经过净化处理自来水的农户比重	饮水无困难的农户比重	独用厕所的农户比重	炊用柴草的农户比重
全部片区	6.1	99.8	61.2	34.7	84.0	93.0	55.5
西藏	2.5	93.8	50.0	25.5	65.8	71.5	64.9
四省藏区	9.5	92.0	62.8	23.9	76.9	78.4	50.6

资料来源:《2015 年全国农村贫困监测调查主要结果》。

表 15 - 11　高寒藏区农户农村住房及家庭设施情况的排名位次比较　单位:%

片区名称	居住竹草土坯房的农户比重	使用照明电的农户比重	使用管道供水的农户比重	使用经过净化处理自来水的农户比重	饮水无困难的农户比重	独用厕所的农户比重	炊用柴草的农户比重
西藏	3	13	12	11	14	14	11
四省藏区	9	14	6	13	11	12	6

资料来源:根据表 15 - 10 计算得出,其中位次数值越小表示项目情况越好,位次数值越大表示项目情况越差。

从高寒藏区农户耐用品拥有情况来看,第一,2015 年西藏和四省藏区百户汽车拥有量分别为 17.1 辆、15.0 辆,分列第 1、第 2 位,均远多于全部片区 7.9 辆的总体水平,究其原因,主要与四省藏区和西藏地缘广阔,且公共交通极为不发达等有关,这与之前分析的交通基础情况是相吻合的,且与 2014 年相比,四省藏区每百户增加 3.0 辆。第二,西藏和四省藏区百户洗衣机拥有量分别为 44.0 台、73.1 台,均低于全部片区(75.0 台)的平均水平,分列倒数第 4、倒数第 2 位。其中西藏比罗霄山区(40.3 台)略高 3.7 个百分点,四省藏区比全部片区略低 1.9 个百分点,与 2014 年相比,两者分别增长 10.5 台、5.0 台。第三,西藏和四省藏区百户电冰箱拥有量分别为 44.6 台、60.6 台,分别比全部片区(65.8 台)少 21.2 台、5.2 台,分列第 13、第 9 位,与 2014 年相比,两者分别增长 6.7 台、5.5 台。第四,西藏和四省藏区百户移动电话拥有量分别为 173.4 部、192.1 部,分别低于全部片区(210.5 部)37.1 部、18.4 部,分列第 12、第 8 位,与 2014 年相比,两者分别增长 27.2 部、18.1 部。第五,西藏和四省藏区百户计算机拥有量分别为 0.2 台、4.3 台,均远低于全部片区 12.0 台的总体水平,分列倒数第 1、倒数第 3 位,与 2014 年相比,四省藏区增长 0.5 台,主要与其电力、宽带等基础设施建设相对滞后有关。上述情况可参见表 15 - 12 和表 15 - 13。

表 15 - 12　2015 年高寒藏区农村农户耐用品拥有及片区对比情况

片区名称	汽车(辆/百户)	洗衣机(台/百户)	电冰箱(台/百户)	移动电话(部/百户)	计算机(台/百户)
全部片区	7.9	75.0	65.8	210.5	12.0
西藏	17.1	44.0	44.6	173.4	0.2
四省藏区	15.0	73.1	60.6	192.1	4.3

资料来源:《2015 年全国农村贫困监测调查主要结果》。

表 15-13　高寒藏区农村农户耐用品拥有情况的排名位次比较

片区名称	汽车 （辆/百户）	洗衣机 （台/百户）	电冰箱 （台/百户）	移动电话 （部/百户）	计算机 （台/百户）
西藏	1	11	13	12	14
四省藏区	2	13	9	8	12

资料来源：根据表 15-12 计算得出，其中位次数值越小表示项目情况越好，位次数值越大表示项目情况越差。

五、社会事业发展情况

高寒藏区社会事业是关系当地民生和发展基础的重要方面，尤其是教育、文化、卫生三个方面。基于可获得的数据，选用 2014 年有文化活动室的村比重、有卫生站（室）的村比重、拥有合法行医证医生或卫生员的村比重、有幼儿园或学前班的村比重、有小学且就学便利的村比重 5 类项目。

文化方面，2014 年西藏和四省藏区有文化活动室的村比重分别为 97.6%、86.2%，均明显高于全部片区 82.4% 的总体水平，分列全部片区的第 1、第 4 位，这主要与藏区的民族、宗教文化资源丰富与国家高度重视和推动民族文化繁荣发展有关。卫生方面，2014 年西藏和四省藏区有卫生站（室）的村比重分别为 64.6%、74.2%，分列倒数第 1、倒数第 2 位，均远低于全部片区 93.4% 的总体水平；西藏和四省藏区拥有合法行医证医生/卫生员的村比重分别为 68.8%、76.5%，分列倒数第 2、倒数第 3 位，远低于全部片区 90.3% 的总体水平，由此表明，高寒藏区卫生事业发展水平远低于全部集中连片特殊困难地区的总体水平，属于特困地区中的落后地区。教育方面，2014 年西藏和四省藏区有幼儿园或学前班的村比重分别为 30.0%、26.0%，分列倒数第 2、倒数第 1 位，均远低于全部片区 55.4% 的总体水平；有小学且就学便利的村比重分别为 21.0%、29.7%，分列倒数第 1、倒数第 2 位，均远低于全部片区 63.7% 的总体水平，由此反映，高寒藏区学前教育和基础教育水平处于集中连片特殊困难地区的落后位置，严重制约了贫困居民文化素质及技能水平的提升，也成为各藏区特殊类型贫困的显著特征之一。上述情况可参见表 15-14 和表 15-15。

表15-14　2014年高寒藏区农村文化教育卫生及片区对比情况　　单位：%

片区名称	有文化活动室的村比重	有卫生站（室）的村比重	拥有合法行医证医生/卫生员的村比重	有幼儿园或学前班的村比重	有小学且就学便利的村比重
全部片区	82.4	93.4	90.3	55.4	63.7
西藏	97.6	64.6	68.8	30.0	21.0
四省藏区	86.2	74.2	76.5	26.0	29.7

资料来源：《2014年全国农村贫困监测调查主要结果》。

表15-15　高寒藏区农村文化教育卫生情况的排名位次　　单位：%

片区名称	有文化活动室的村比重	有卫生站（室）的村比重	拥有合法行医证医生/卫生员的村比重	有幼儿园或学前班的村比重	有小学且就学便利的村比重
西藏	1	14	13	13	14
四省藏区	4	13	12	14	13

资料来源：根据表15-14计算得出，其中位次数值越小表示项目情况越好，位次数值越大表示项目情况越差。

第三节　高寒藏区特殊类型贫困空间差异研究

对高寒藏区内部空间差异性进行研究既有利于从总体把握其贫困现状，又能够清晰地揭示西藏与四省藏区、西藏内部、四省藏区内部各区域间的贫困水平、贫困差异、贫困特殊性等问题。

一、高寒藏区经济发展现状分析

（一）高寒藏区产业产值总量与产业结构现状分析

表15-16显示了2006~2015年高寒藏区产业规模和结构关系，首先，从整体看，10年间高寒藏区产业规模呈现稳定扩大趋势，2015年产业总值达到2 708.3亿元，是2005年的3.41倍，年均增长14.60%，高于全国同期年均增长

水平（13.92%）0.68个百分点，高寒藏区经济发展趋势良好，顺利从"十一五"过渡至"十二五"，为"十三五"时期的经济发展打下一个良好的基础，也充分表明国家对西藏、四省藏区等集中连片特殊困难地区实施的特殊扶贫政策和措施有利于地区经济的稳定增长。其次，从三次产业看，2015年第一、二、三产业的产值分别较2006年增长了230.54亿元、839.56亿元、844.07亿元，年均增长率分别为11.65%、15.08%、15.21%，三次产业比为13.53∶43.21∶43.26。其中，第二、第三产业比值分别较第一产业高出29.68、29.73个百分点，第三产业比值较第二产业高出0.05个百分点，高寒藏区初步形成了"三二一"的产业结构，第一产业的基础地位巩固，第二产业的主体地位转移，第三产业的优势逐步突显，主导产业地位开始形成。

表15–16　　　　　　2006~2015年高寒藏区三次产业产值情况

年份	第一产业		第二产业		第三产业		生产总产值（亿元）
	产值（亿元）	比重（%）	产值（亿元）	比重（%）	产值（亿元）	比重（%）	
2006	135.87	17.11	330.57	41.63	327.7	41.26	794.14
2007	166.29	17.24	406.42	42.13	392.01	40.63	964.72
2008	191.46	16.98	490.33	43.50	445.49	39.52	1 127.27
2009	202.49	15.95	556.27	43.82	510.62	40.23	1 269.38
2010	228.4	14.90	711.31	46.40	593.4	38.70	1 533.12
2011	262.56	13.72	953.29	49.82	697.67	36.46	1 913.52
2012	296.75	13.14	1 146.08	50.20	815.67	36.11	2 258.5
2013	333.98	13.09	1 296.12	50.82	920.4	36.09	2 550.5
2014	355.24	13.34	1 277.91	47.97	1 030.75	38.69	2 663.9
2015	366.41	13.53	1 170.13	43.21	1 171.77	43.26	2 708.3

资料来源：根据2007~2014年西藏、青海、甘肃、云南、四川统计年鉴；2006~2015年各省区、州、县统计公报、政府工作报告；各州、县统计局统计信息等整理得到。

图15–2显示了2006~2015年10年间高寒藏区经济总产值及增长率变化趋势，从产值变化情况看，呈现出逐年递增的趋势，表明藏区经济的稳定增长，而增长率则呈现为一个"M"形，表现为先增后减再增再减的变化趋势，其中有3年增长率超过20.00%，分别是2007年较2006年增长21.48%，2010年较2009年增长20.78%，2011年较2010年增长24.81%。从2012年开始，国内生产总值的增长速度逐年放缓，2015年较2014年仅增长1.67%，表明在国家经济产业

转型升级的大背景下，集中连片特殊困难地区也在不断调整产业结构，探索新的经济发展方式，寻求新的经济增长点。

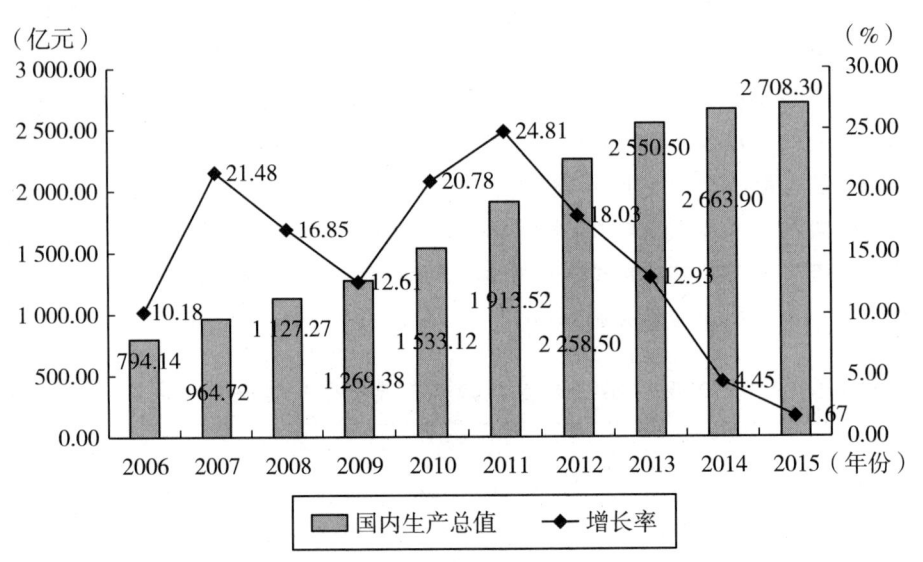

图 15-2 2006~2015 年高寒藏区国民经济总产值变化趋势

由图 15-3 可知，10 年间高寒藏区三次产业产值比重的变化趋势不同，其中第一产业表现为先升后降再升，第二产业呈现先升后降，而第三产业则表现出先降后升重复交替的趋势。而从产业结构看，2006~2014 年高寒藏区一直保持着第二产业比重高于第三产业和第一产业，表现为典型"二三一"产业结构，但 2015 年第三产业比重（43.27%）高于第二产业比重（43.21%）0.06 个百分点，开始呈现出"三二一"结构，表明藏区的经济结构不断趋于优化。高寒藏区有色金属、煤、石油等矿产资源富集，为工业发展提供充足原料，2015 年西藏、海西州、阿坝州的第二产业产值分别为 376.19 亿元、297 亿元、131.44 亿元，三者之和占高寒藏区第二产业总产值的 68.76%，而海西州和阿坝州的第二产业产值之和则占据总产值的 29.95%；另一方面，全国三次产业结构比在 2013 年为 10.0:43.9:46.1，形成"三二一"的产业结构，而高寒藏区从 2013 年三次产业比为 13.1:50.8:36.1 的"二三一"结构到 2015 年 43.27:43.21:13.52 的"三二一"结构，整体经济发展水平落后全国 2 年时间，且第三产业占比仅高出第二产业 0.06 个百分点，优势并不突出。

具体来看，第一，2015 年高寒藏区第一产业占比为 13.53%，仍高于同期全国水平（9.0%）4.53 个百分点，而从发展趋势看，2007 年较 2006 年增长 0.13%，2007~2013 年表现出逐年递减，而 2014 年、2015 年产值又有少量回升。第二，藏区第二产业比重呈先逐年上升而后下降的态势，2006~2013 年为逐年递增，2014 年、2015 年的产值比重逐年下降，2015 年产值比重为 43.21%，较同期全国水平

（40.5%）高出 2.71 个百分点。高寒藏区蕴藏丰富的矿产资源和能源资源，加上国家大力推动工业转型升级，东部向中西部地区产业转移步伐加快，增强了高寒藏区工业生产能力，第二产业产值显著提升。第三，第三产业比重的变化有起有落，10年间，最高值为 2015 年的 43.27%，最低值为 2013 年的 36.09%，相差 7.18 个百分点；2015 年第三产业比重与同期全国水平（50.5%）相比仍低 7.23 个百分点，存在一定差距，产业基础不牢固。第四，如图 15-4 所示，对高寒藏区所辖 19 个区域的三次产业结构比较发现：仅玉树的三次产业结构为"一二三"，种植、畜牧、虫草业作为玉树的支柱产业，是农牧民赖以生存的物质基础；"二三一"结构的有山南、海北、海南、海西、阿坝、木里和天祝，第二产业仍是这些州、县的主导产业；"三二一"结构的有拉萨、昌都、日喀则、那曲、阿里、林芝、黄南、果洛、甘孜、迪庆，它们的第三产业成为地区国民经济的优势产业，其中拉萨、那曲、阿里、林芝、迪庆的三次产业比分别为 58.9:37.4:3.7、61.21:23.95:14.84、54.31:31.25:14.44、55.39:36.26:8.35 及 58.39:34.95:6.66，与同期全国三次产业比（50.5:40.5:9.0）相比，其产业结构更加优化；而甘南的产业结构则表现为"三一二"，比重为 62.30:21.35:16.35，2015 年甘南接待国内外游客 770.63 万人，旅游收入 34.03 亿元，占第三产业产值 78.84 亿元的 43.16%，农作物面积为 108.63 万亩，草食牲畜存栏 373.91 万头，从而保证了第一产业的重要地位。工业增加值 17.23 亿元，占第二产业产值（20.7 亿元）的 83.23%。可见，高寒藏区经济发展表现出总体逐年增长，三次产业结构不断优化，但区域内部各地区的产业结构差异较大的特点。因此，应进一步巩固第三产业的主导地位，依靠独特的自然生态景观和丰富的人文景观加快发展以旅游业、净土健康产业为主导的服务业，通过资源整合形成优势明显的民族旅游产业集群，实现第三产业快速健康发展。

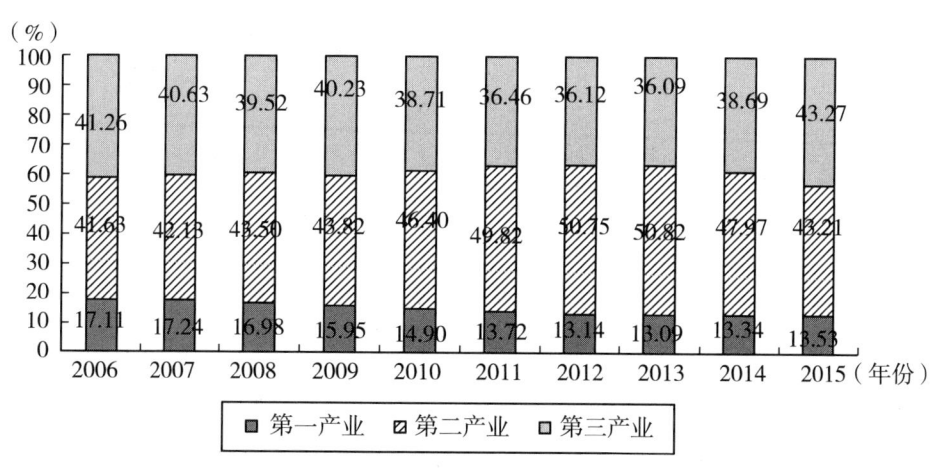

图 15-3 2006~2015 年高寒藏区三次产业结构发展趋势

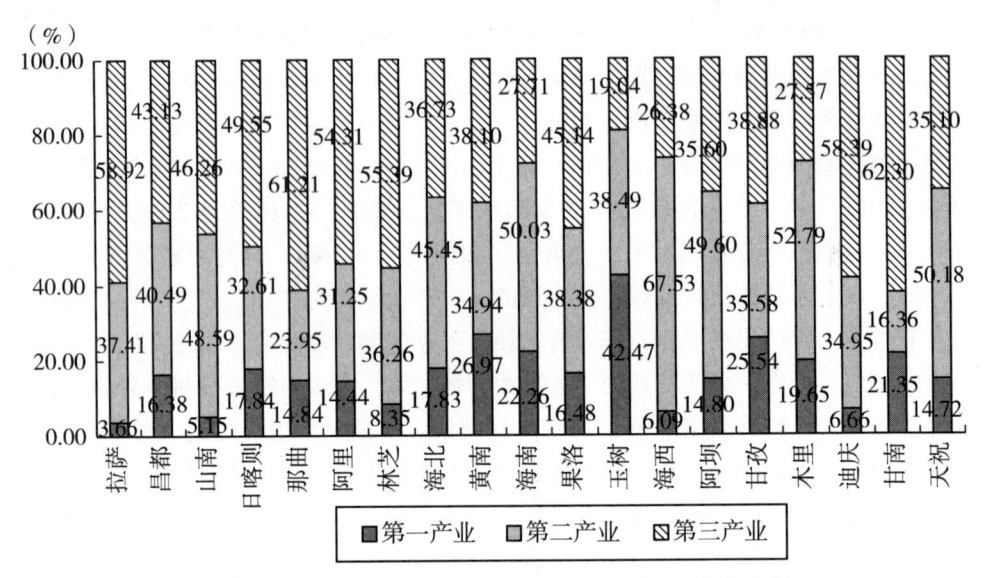

图 15-4　2015 年高寒藏区内部三次产业结构比较

（二）高寒藏区人均国内生产总值比较分析

参见表 15-17，将五省（区）及五省（区）藏区的各市、州、地区的人均 GDP 与全国进行横向比较，可以清楚了解高寒藏区经济发展水平，以便更好地评价其贫困状态。与全国水平相比，只有海西州、拉萨市、林芝市分别比其高 37 679 元、20 270 元、2 297 元，其余地区均低于全国平均水平。与各省区相比，西藏的拉萨市、林芝市、阿里地区的人均 GDP 高于西藏平均水平，其余 4 个地区则相对较低；甘肃的天祝县及甘南州分别比甘肃省低 34.82%、45.11%；青海藏区中只有海西州的人均 GDP 高于青海省平均水平，海北、黄南、海南、果洛、玉树 5 个州分别比其低 20.59%、51.11%、35.05%、124.65%、170.95%，差距显著；云南迪庆州人均 GDP 较云南省平均水平高出 36.42%；而四川藏区的阿坝州、甘孜州及木里县人均 GDP 分别比四川省低 79.22%、94.34%、29.44%。从总体来看，高寒藏区各地的人均 GDP 低于全国及各省区平均水平，居民生活水平相对较低。

表 15-17　　　　2015 年高寒藏区人均 GDP 对比分析

区域	市（州、地区）、县	人均 GDP（元）
全国	—	49 351
西藏	—	31 999
甘肃	—	26 165

续表

区域	市（州、地区）、县	人均GDP（元）
青海	—	41 252
云南	—	29 015
四川	—	36 836
西藏	拉萨市	69 621
	昌都市	18 630
	山南市	31 081
	日喀则市	23 333
	那曲市	20 740
	阿里地区	39 162
	林芝市	51 648
四省藏区	甘肃 武威市天祝县	19 408
	甘南藏族自治州	18 031
	青海 海北藏族自治州	34 208
	黄南藏族自治州	27 298
	海南藏族自治州	30 545
	果洛藏族自治州	18 363
	玉树藏族自治州	15 225
	海西蒙古族藏族自治州	87 030
	云南省 迪庆藏族自治州	39 582
	四川省 阿坝藏族羌族自治州	29 461
	甘孜藏族自治州	18 954
	凉山彝族自治州木里藏族自治县	20 553

资料来源：各省、区、州、县《2015 年国民经济和社会发展统计公报》，2015 年政府工作报告，中国经济与社会发展统计数据库，横线处为无数据。

（三）城乡居民收入支出及恩格尔系数对比分析

1. 城乡居民可支配收入现状分析

人均可支配收入是居民生活质量的直接保障和间接体现，更是衡量一个地区经济和社会发展水平的重要指标。根据表 15 – 18，一方面，从 2015 年高寒藏区城镇居民人均可支配收入比较来看，分别为四川＞青海＞云南＞甘肃＞西藏，[1]

---

[1] 符号"＞"表示根据数值大小进行顺向排序，下同。

阿里＞迪庆＞拉萨＞那曲＞阿坝＞果洛＞玉树＞海西＞日喀则＞甘孜＞海北＞黄南＞海南＞山南＞林芝＞昌都＞甘南，木里＞天祝，其中，阿里地区高出甘南州7 795元。由此可以看出，五省（区）的城镇居民可支配收入均低于各州县，而四川木里县、甘肃天祝县和甘南州是收入较低的区域。从农村居民人均纯收入比较来看，四川＞青海＞云南＞甘肃＞西藏，林芝＞海西＞拉萨＞海北＞阿坝＞山南＞海南＞甘孜＞阿里＞那曲＞日喀则＞昌都＞黄南＞迪庆＞甘南＞玉树＞果洛，木里＞天祝，其中拉萨市、林芝市和海西州的农村居民消费支出均超过1万元，林芝市高出果洛州5 238元。五省（区）平均水平在高寒藏区农村居民人均纯收入中处于领先地位，而甘肃天祝县、青海玉树州和果洛州的农民收入最低。可见，高寒藏区城镇居民收入较各省区的平均水平高，而农村居民收入则较低，青海、甘肃的部分地区收入水平相对较差。

表15-18　2015年高寒藏区各地区居民人均可支配收入及对比　　单位：元

省区	省区居民平均	市（州、地区）、县	城镇	农村
西藏	12 254	拉萨市	26 908	10 378
		昌都市	22 374	7 311
		山南市	23 811	8 991
		日喀则市	25 078	7 402
		那曲市	26 154	7 862
		阿里地区	27 451	7 903
		林芝市	22 387	10 703
青海省	15 813	海北藏族自治州	24 606	9 836
		黄南藏族自治州	24 407	6 819
		海南藏族自治州	24 025	8 737
		果洛藏族自治州	25 762	5 465
		玉树藏族自治州	25 655	5 565
		海西蒙古族藏族自治州	25 419	10 528
甘肃省	13 467	甘南藏族自治州	19 656	5 928
		武威市天祝县	21 290	5 916
四川省	17 221	阿坝藏族羌族自治州	25 939	9 711
		甘孜藏族自治州	24 978	8 408
		凉山彝族自治州木里县	21 764	7 182
云南省	15 223	迪庆藏族自治州	27 097	6 487

资料来源：各省区州2015年国民经济和社会发展统计公报；各州县2015年政府工作报告；2016年《中国统计年鉴》及各省区2016年统计年鉴。

从各市（州、地区）、县与所在省域平均水平比较来看，高寒藏区19个市（州、地区）县的城镇人均可支配收入均高于所在省域平均水平。其中，差距最大的分别是阿里地区高于西藏平均水平15 197元，果洛州高于青海平均水平9 949元，天祝县高于甘肃平均水平7 823元，阿坝州高于四川平均水平8 718元，迪庆州高于云南平均水平11 874元。各地区的农村人均可支配收入均低于所在省域平均水平，其中差距较大的分别是西藏平均水平高于昌都市4 943元，青海平均水平高于果洛州10 348元，甘肃平均水平高于天祝县7 551元，四川平均水平高于木里县10 039元，云南平均水平高于迪庆州8 736元。综上所述，高寒藏区各地区城镇人均可支配收入均高于各省区平均水平，而农村地区则均低于各省区平均水平；且藏区区域内部比较发现，城镇之间、农村之间、城镇与农村之间的居民收入差距均较大（如图15-5所示）。

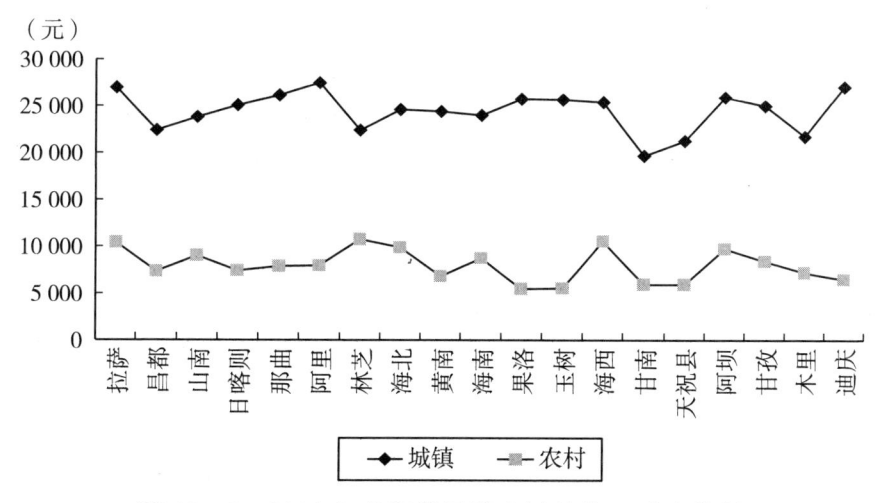

图 15-5　2015年高寒藏区城乡居民收入对比分析

2. 城乡居民消费支出及恩格尔系数对比分析

根据表15-19，除因迪庆州、甘南州、天祝县的数据不全无法统计外，就西藏及16个地区的居民人均消费支出而言，2015年西藏的城镇居民人均消费支出为17 022元，农村居民人均消费支出为5 580元，仅相当于城镇居民支出的32.78%，可见西藏的城乡消费水平差距较大。从城镇居民人均消费支出看，拉萨＞阿里＞果洛＞日喀则＞阿坝＞山南＞甘孜＞黄南＞海西＞昌都＞海北＞林芝＞海南＞玉树＞那曲，其中拉萨市则高出那曲地区43.56%，而木里的城镇居民人均消费支出为16 118元。从农村居民人均消费支出看，海西＞阿坝＞海南＞海北＞林芝＞拉萨＞甘孜＞阿里＞山南＞黄南＞那曲＞昌都＞玉树＞日喀则＞果洛，其中海西州的农村居民支出水平高出果洛州1.75倍，而木里的农村居民人均消费支出为 5 834 元，仅为城镇居民的 36.2%。从各州县的城镇与农村消费支出水平看，果洛州的差距最大，城镇居民支出是农村的 5.40 倍，而海南州的差距最小，城镇居民支出是农村的 1.67 倍。可知，就人均消费支出而言，高寒藏区各州县的城镇居民消费支出水平与农村居民消费支出水平差异明显，各州县的城镇居民消费支出水平远远高于农村居民。

表 15-19　　2015 年高寒藏区城乡居民收入和恩格尔系数

省区	区域	城镇居民人均消费支出（元）	城镇居民恩格尔系数（%）	农村居民人均消费支出（元）	农村居民恩格尔系数（%）
西藏	西藏合计	17 022	42.52	5 580	52.19
	拉萨市	18 666	38.91	6 545	44.47
	昌都市	15 412	42.82	4 994	52.74
	山南市	17 073	35.30	5 870	31.79
	日喀则市	17 370	54.52	3 608	22.98
	那曲市	13 002	55.84	5 226	76.00
	阿里地区	18 074	43.26	5 925	51.58
	林芝市	14 726	36.39	7 200	40.38
青海	海北州	14 876	—	7 938	—
	黄南州	15 626	30.39	5 694	41.54
	海南州	13 828	32.00	8 261	35.60
	果洛州	17 613	—	3 263	—
	玉树州	13 823	33.92	4 367	57.47
	海西州	15 596	—	9 000	—
四川	阿坝州	17 139	37.55	8 517	46.75
	甘孜州	17 051	41.70	6 117	58.38
	木里县	16 118	38.50	5 834	72.35
云南	迪庆州	—	—	—	—
四川	甘南州	—	38.90	—	46.30
	天祝县	—	—	—	—

资料来源：各省、区、州 2015 国民经济和社会发展统计公报，各州县 2015 年政府工作报告，2016 年《中国统计年鉴》及各省区 2016 年统计年鉴，其中横线表示数据缺失。

根据联合国标准，平均家庭恩格尔系数大于 60% 为贫穷，50%~60% 为温饱，40%~50%为小康，30%~40%为相对富裕，20%~30%为富裕，20%以下为极其富裕。① 就西藏整体而言，城镇居民属于小康水平，而农村居民仍处于温饱阶段。除去因数据不全无法统计的5个地区外，对14个市（州、地区）县的城乡恩格尔系数数据分析，从城镇区域来看，拉萨、山南、林芝、黄南、海南、玉树、阿坝、木里、甘南等9个区域属于相对富裕，昌都、阿里、甘孜3个区域属于小康，日喀则和那曲属于温饱，详情参见表15-19、表15-20。从农村区域来看，日喀则市为富裕水平，但其是一种"假性富裕"状态，2015年该地区农村居民人均消费支出为3 608元，而食品支出只有829元，可见其消费仍是一种低水平消费，消费能力十分脆弱；山南、海南属于相对富裕；拉萨、林芝、黄南、阿坝、甘南属于小康；昌都、阿里、玉树、甘孜属于温饱；而那曲、木里属于贫穷，其恩格尔系数分别高达76.00%、72.35%，贫困程度较深。综合来看，高寒藏区各地区城镇生活状态优于农村，山南市的农村生活状态要好于城镇，而日喀则市农村居民的富裕状态实为低水平的"假性富裕"。

表 15-20　　　　2015 年高寒藏区城乡生活状态区域特征

生活状态	城镇	农村
贫穷	—	那曲市、木里县
温饱	日喀则市、那曲市	昌都市、阿里地区、玉树州、甘孜州
小康	昌都市、阿里地区、甘孜州	拉萨市、林芝市、黄南州、阿坝州、甘南州
相对富裕	拉萨市、山南市、林芝市、黄南州、海南州、玉树州、阿坝州、木里县、甘南州	山南市、海南州
富裕	—	日喀则市

注：由于部分市（州、地区）县数据缺失，故未列入。

（四）高寒藏区农牧业发展情况分析

农牧业是高寒藏区贫困农牧民重要的生计及收入来源，农牧业发展好坏直接关系到贫困家庭的收入高低及食物供给是否充足。根据表15-21，2015年西藏的农作物面积为379.26万亩，其中粮食种植面积为268.41万亩，占比70.77%；草食牲畜存栏总数1 832.68万头。农作物及粮食种植面积多少与区域面积及地貌

---

① 王晓易：《统计局局长：中国居民恩格尔系数为30.1%接近富足标准》，http://news.163.com/17/1010/11/D0CPIH4O00018AOR.html，2017年10月10日。

条件密切相关,从 19 个市州县来看,根据农作物面积多少排序,海南 > 日喀则 > 甘孜 > 阿坝 > 甘南 > 迪庆 > 昌都 > 海北 > 海西 > 拉萨 > 山南 > 林芝 > 黄南 > 玉树 > 阿里 > 那曲 > 果洛,天祝 > 木里,其中,海南州、日喀则市、甘孜州、阿坝州和甘南州的农作物面积均大于 100 万亩。从粮食种植面积看,甘孜 > 日喀则 > 海南 > 阿坝 > 迪庆 > 昌都 > 甘南 > 拉萨 > 山南 > 林芝 > 海北 > 海西 > 玉树 > 黄南 > 那曲 > 阿里 > 果洛,木里 > 天祝,其中甘孜州的粮食种植面积较大,为 108.21 万亩,但粮食种植面积占比最高的是木里县,为 95.19%。除了甘南州、海北州、海西州和阿里地区的粮食种植面积比重低于 50.00%,其他区域占比均较高。从草食牲畜存栏总数看,那曲 > 日喀则 > 海南 > 甘孜 > 甘南 > 海北 > 昌都 > 海西 > 玉树 > 阿坝 > 阿里 > 黄南 > 山南 > 果洛 > 拉萨 > 林芝,其中那曲市存栏数最多,为 525 万头,而最少的林芝市也有 74 万头,另有天祝存栏数为 87.09 万头。从各类牲畜出栏数看,海南 > 海北 > 阿坝 > 那曲 > 日喀则 > 海西 > 黄南 > 甘孜 > 昌都 > 玉树 > 阿里 > 山南 > 果洛 > 拉萨 > 林芝,天祝 > 木里,其中阿坝州、天祝县、海北州、海南州、黄南州、海西州 6 个州县的出栏率分别为 86.44%、68.08%、65.46%、62.06%、57.92%、53.62%,出栏率较高,一定程度上改变了以往惜杀惜售的现象,对增加家庭收入、反贫脱贫作用较大。

表 15-21　　　　2015 年高寒藏区农牧业发展情况对比分析

省区	区域	农业			牧业		
		农作物面积（万亩）	粮食种植面积（万亩）	粮食种植面积占比（%）	草食牲畜存栏总数（万头、只）	各类牲畜出栏数（万头、只）	出栏率（%）
西藏	西藏总计	379.26	268.41	70.77	1 832.68	—	—
	拉萨市	60.75	40.35	66.42	133.37	42.74	32.05
	昌都市	83.10	68.82	82.82	273.00	91.07	33.36
	山南市	48.63	34.59	71.13	149.00	57.20	38.39
	日喀则市	131.45	88.47	67.31	469.00	146.63	31.26
	那曲市	8.81	6.81	77.34	525.00	165.32	31.49
	阿里地区	14.13	2.42	17.09	208.00	65.83	31.65
	林芝市	34.13	26.87	78.73	74.00	15.22	20.57
青海	海北州	80.70	24.04	29.79	338.11	221.33	65.46
	黄南州	26.90	11.98	44.54	195.82	113.42	57.92
	海南州	150.10	83.05	55.33	468.84	290.95	62.06

续表

省区	区域	农业			牧业		
		农作物面积（万亩）	粮食种植面积（万亩）	粮食种植面积占比（%）	草食牲畜存栏总数（万头、只）	各类牲畜出栏数（万头、只）	出栏率（%）
青海	果洛州	0.79	0.69	87.15	134.12	42.92	32.00
	玉树州	18.34	12.81	69.86	251.70	82.12	32.63
	海西州	75.50	21.62	28.63	260.91	139.9	53.62
四川	阿坝州	122.25	78.90	64.54	210.15	181.66	86.44
	甘孜州	128.72	108.21	84.06	401.11	97.93	24.41
	木里县	25.28	24.07	95.19	—	36.13	—
云南	迪庆州	95.70	71.40	74.61			
甘肃	甘南州	108.63	53.62	49.36	373.91	—	—
	天祝县	35.84	15.83	44.17	87.09	59.29	68.08

资料来源：各省区 2015 国民经济和社会发展统计公报，各州县 2015 年政府工作报告，2016 年《中国统计年鉴》及各省区 2016 年统计年鉴，横线处表示数据缺失。

（五）高寒藏区投资消费及金融旅游发展情况分析

第一，从投资及消费情况看，根据表 15-22，2015 年西藏的全社会固定资产投资达 1 342.16 亿元，社会消费品零售总额为 408.49 亿元。从各市（州、地区）县的全社会固定资产投资来看，拉萨＞海西＞甘孜＞阿坝＞迪庆＞海南＞甘南＞昌都＞林芝＞山南＞日喀则＞海北＞那曲＞黄南＞果洛＞阿里＞玉树，天祝＞木里，其中拉萨市、海西州的投资总额均超过 500 亿元，分别是玉树州的 11 倍、10 倍之多，而阿坝州和甘孜州也超过 400 亿元。从社会消费品零售总额来看，拉萨＞海西＞阿坝＞甘孜＞日喀则＞甘南＞迪庆＞山南＞昌都＞林芝＞海南＞海北＞那曲＞玉树＞阿里＞黄南＞果洛，天祝＞木里。其中，拉萨市的零售总额是果洛州的 39 倍之多，而果洛州的社会消费品零售总额比木里县还少 1.22 亿元。

表 15-22　　　　2015 年高寒藏区社会投资及消费品
零售总额对比分析　　　　单位：亿元

省区	区域	全社会固定资产投资	社会消费品零售总额
西藏	拉萨市	546.04	205.80
	昌都市	172.65	35.75

续表

省区	区域	全社会固定资产投资	社会消费品零售总额
西藏	山南市	145.91	39.61
	日喀则市	140.12	73.14
	那曲市	122.18	17.24
	阿里地区	51.53	8.61
	林芝市	163.74	28.33
青海	海北州	127.11	18.89
	黄南州	76.30	8.46
	海南州	232.06	24.73
	果洛州	67.81	5.28
	玉树州	49.61	10.17
	海西州	1 629.70	81.50
四川	阿坝州	400.00	76.01
	甘孜州	421.83	74.20
	木里县	90.36	6.50
云南	迪庆州	285.15	41.54
甘肃	甘南州	186.24	41.58
	天祝县	114.80	24.59

资料来源：各省、区、州 2015 国民经济和社会发展统计公报，各州县 2015 年政府工作报告，2016 年《中国统计年鉴》及各省区 2016 年统计年鉴。

第二，从各地区年金融机构各项存款余额看，西藏存款余额遥遥领先，高达 3 671.22 亿元，见表 15-23。而后依次为，甘孜＞阿坝＞海西＞迪庆＞甘南＞海南＞玉树＞海北＞黄南＞果洛，木里县金融机构各项存款余额为 46.58 亿元。从各地区年金融机构各项贷款余额看，西藏贷款余额为 2 124.49 亿元，而后依次为，海西＞甘孜＞阿坝＞甘南＞海南＞海北＞黄南＞玉树＞果洛，木里县金融机构各项贷款余额为 23.25 亿元，分别比玉树和果洛还高出 4.44 亿元、7.88 亿元。此外，西藏辖 21 个边境县，边境进出口贸易活跃，2015 年西藏边境进出口总额达 30.24 亿元，其中出口 29.91 亿元，进口 0.33 亿元，极大推动了与印度、尼泊尔、不丹、缅甸以及克什米尔地区的贸易往来，加快了各边境县的经济社会发展，对扩大边境贫困农牧民的生计渠道，提升他们反贫脱贫的能力作用显著。

第三，旅游扶贫是我国产业扶贫的重点工程和措施之一，发展旅游业已经成为高寒藏区贫困地区的优先脱贫道路，而各类旅游景区也已成为贫困村及村民脱贫致富的重要载体。以甘肃天祝县为例,依托景区内马牙雪山、药水神泉、天堂寺等景点优美的自然风光、动人的传说和浓郁的民族风情,当地相关部门深入挖掘整理历史资料,创编民族歌舞演艺节目,策划举办赛马会、花儿会等民族风情体验活动,引导游客从单纯的观光游向深入体验游发展,增加了过夜游人数和旅游经营户收入。近年来,景区每年接待游客近 20 万人次,带动附近石门镇石门村、天堂镇天堂村等 5 个贫困村 400 多户建档立卡贫困户通过景区建设、民俗表演、农家乐、特产销售等就业增收。2015 年,直接参与旅游经营的 2 个贫困村 115 户共 423 人实现脱贫,人均收入达 4 300 元以上。其中,天堂镇天堂村农(牧)家乐已形成规模,6 户农家乐获得中国乡村旅游金牌农家乐,13 人获得中国乡村旅游致富带头人称号。① 可见发展民俗旅游业有效促进了高寒藏区的经济社会发展,拓宽了贫困人口的生计来源,为贫困居民提供可持续的收入来源,极大地提高了生活质量,提升了生活水平。

根据表 15-23 数据,2015 年西藏接待国内外游客 2 017.53 万人次,旅游总收入 281.92 亿元,占西藏第三产业产值的 50.95%,有效推进了西藏经济结构的不断优化。木里县 2015 年接待国内外游客 22.30 万人次,创造旅游总收入 2.10 亿元。从 10 个州的旅游情况看,阿坝 > 迪庆 > 甘孜 > 甘南 > 海西 > 海北 > 海南 > 黄南 > 玉树 > 果洛,其中阿坝州、迪庆州、甘孜州的游客人次及收入排名前 3 位,游客人次分别是 3 230.57 万人次、1 758.07 万人次、1 076.18 万人次,旅游收入分别为 285.09 亿元、160.34 亿元、107.50 亿元,且阿坝州的游客人次及收入额均高于西藏,究其原因为,阿坝州生活着藏、羌、回、汉等 23 个民族,自然资源壮丽独特,人文资源丰富多彩,拥有九寨沟、黄龙、大熊猫栖息地、汶川特别旅游区等世界自然遗产和 5A 级景区,有大熊猫、小熊猫、金丝猴、植物活化石珙桐等珍稀动植物资源,旅游资源十分丰富,旅游吸引力指数较高。

综上所述,在国家各类扶贫政策推动下,高寒藏区经济发展较快,投资、金融、旅游、边境贸易发展迅速,贫困地区面貌大为改观,贫困人口生活水平显著提升,但各州县的经济发展快慢不一,区域内部差异较大。

表 15-23   2015 年高寒藏区金融、旅游发展对比分析

区域	年金融机构各项存款余额(亿元)	年金融机构各项贷款余额(亿元)	接待国内外游客(万人)	旅游总收入(亿元)
西藏	3 671.22	2 124.49	2 017.53	281.92
海北州	122.29	48.91	636.00	16.50

---

① 牛毅:《甘肃:景区带村成扶贫重要途径》,载《中国旅游报》2016 年 11 月 28 日第 A02 版。

续表

区域	年金融机构各项存款余额（亿元）	年金融机构各项贷款余额（亿元）	接待国内外游客（万人）	旅游总收入（亿元）
黄南州	108.45	37.10	344.29	10.75
海南州	182.55	71.28	476.00	13.09
果洛州	90.96	15.37	36.50	2.20
玉树州	147.32	18.81	50.68	2.53
海西州	490.75	446.82	646.30	31.60
阿坝州	535.36	221.63	3 230.57	285.09
甘孜州	588.30	230.50	1 076.18	107.50
木里县	46.58	23.25	22.30	2.10
迪庆州	299.40	—	1 758.07	160.34
甘南州	296.12	205.36	770.02	34.03

资料来源：各省、区、州 2015 国民经济和社会发展统计公报，各州县 2015 年政府工作报告，2016 年《中国统计年鉴》及各省区 2016 年统计年鉴。迪庆州金融机构贷款余额及天祝县数据缺失，故未列入表中。

二、高寒藏区财政保障情况分析

财政是支持地区经济社会发展的重要保障，尤其是高寒藏区作为高度政策依赖性发展的连片特困区，其财政保障能力直接决定扶持政策的力度与实际效果，进而在很大程度上决定了特困地区的精准脱贫和全面建成小康社会的进程。2015 年西藏财政保障程度为 9.91%，财政自我保障程度不高。从地方财政收入和支出情况看，保障程度较高的是海西州和拉萨市，保障程度分别为 38.14%、31.15%；木里县、迪庆州分别位于第 3、第 4 位，保障度分别为 23.51%、18.72%，其余 15 个地区的保障度均低于 15%，其中甘孜州、山南地区、海北州、玉树州、昌都地区、果洛州、日喀则市、黄南州、阿里地区及那曲市的保障度均低于 10%，且阿里地区和那曲市仅为 4.53%、3.91%。综上所述并参见表 15-24 可以看出，高寒藏区经济社会发展支出对中央财政依赖性很强，财政的自我保障和造血功能极弱，经济和社会发展的内生支持和发展动力不足，脱贫和推进全面小康的外援性特征明显。

表 15 – 24　　　　　2015 年高寒藏区财政保障情况

省区	区域	地方公共财政收入（亿元）	地方公共财政支出（亿元）	地方财政自我保障程度（%）
西藏	拉萨市	62.42	200.39	31.15
	昌都市	10.24	161.64	6.34
	山南市	11.60	121.84	9.52
	日喀则市	9.51	186.11	5.11
	那曲市	5.16	131.95	3.91
	阿里地区	2.95	65.19	4.53
	林芝市	8.63	74.65	11.56
青海	海北州	6.61	71.69	9.22
	黄南州	3.48	68.99	5.04
	海南州	14.17	99.68	14.22
	果洛州	4.04	65.43	6.17
	玉树州	5.24	79.25	6.61
	海西州	50.72	132.99	38.14
四川	阿坝州	31.67	215.25	14.71
	甘孜州	31.44	316.43	9.94
	木里县	5.19	22.08	23.51
云南	迪庆州	20.68	110.46	18.72
甘肃	甘南州	15.73	143.81	10.94
	天祝县	3.95	34.54	11.44

资料来源：各省、区、州 2015 国民经济和社会发展统计公报，各州县 2015 年政府工作报告，2016 年《中国统计年鉴》及各省区 2016 年统计年鉴。

三、高寒藏区社会事业发展现状分析

（一）高寒藏区科教文卫事业现状分析

近年来，随着国家对高寒藏区投入不断加大，藏区公共服务水平持续提高，科技、教育、卫生等民生问题成为发展的重中之重，社会事业发展快速推进，民生改善显著。第一，从各类学校总数看，西藏各类学校 968 所，而后依次为甘孜 525 所，甘南 506 所，海南 357 所，阿坝 342 所，黄南 270 所，海北 204 所，玉树 184 所,迪庆 106 所,海西 101 所,果洛 100 所,木里 35 所,而从每万人学校拥有数看,黄南州为 10.00 所/万人、海南州 7.69 所/万人、甘南州 7.12 所/万人、海北州 6.87 所/万人、果洛州 5.00 所/万人、甘孜州 4.51 所/万人、玉树州 4.70 所/万人、阿坝州 3.74 所/万人、西藏 2.99 所/万人、木里县 2.63 所/万人、迪庆州 2.60 所/万人、海西州 2.51 所/万人。第二,从在校学生人数看,西藏 73.68 万人,占总人口的 22.74%,而后依次为甘孜 16.06 万人、阿坝 13.38 万人、甘南 11.25 万人、海西 9.18 万人、海南 9.13 万人、玉树 7.57 万人、海北 5.32 万人、黄南 5.28 万人、迪庆 3.67 万人、果洛 3.62 万人、木里 1.91 万人。第三,从学龄儿童入学率看,阿坝 > 海南 > 迪庆 > 黄南 > 玉树 > 果洛 > 西藏 > 甘南 > 海北,其中阿坝州高出海北州 6.8 个百分点。第四,从各类科技项目看,甘孜州 254 项,迪庆州 71 项,甘南州 35 项,玉树州 11 项,黄南州和海北州各 10 项。第五,从电视及广播覆盖率看,甘南州的电视及广播覆盖率均高达 100%,玉树州的电视覆盖率最低,仅为 93.62%,而阿坝州的广播覆盖率最低,仅为 92.00%。第六,从每千人卫生机构拥有数看,依次为迪庆(0.69 个)、甘孜(0.51 个)、阿坝(0.46 个)、西藏(0.45 个)、天祝(0.43 个)、果洛(0.40 个)、黄南(0.27 个)、玉树(0.24 个)、海北(0.21 个)、海南(0.19 个)。第七,从每千人床位拥有数看,依次为海南(6.48 张)、黄南(5.73 张)、玉树(5.39 张)、阿坝(4.85 张)、果洛(4.74 张)、海北(4.70 张)、天祝(4.37 张)、西藏(4.33 张)、甘孜(4.22 张)、迪庆(3.16 张),卫生医疗条件较为落后,卫生医疗资源供给不足,且区域之间差异明显。如果再考虑这些区域面积广阔,居住分散,高寒藏区居民卫生医疗极为稀缺,卫生医疗的满足度极低。可见,经过多年的扶贫开发,高寒藏区的科教文卫生事业虽有进步,但发展较滞后,仍不能满足居民各方面的需要,表现出国家对高寒藏区支持力度持续加大和高寒藏区基本公共服务能力建设仍然薄弱并存的典型特征。上述情况参见表 15-25。

表 15-25　　　　　　　2015 年高寒藏区科教文卫事业发展情况

省区	区域	各类学校总数(所)	在校学生(人)	学龄儿童入学率(%)	各类科技项目(项)	电视综合人口覆盖率(%)	广播覆盖率(%)	卫生机构(个)	床位数(张)
西藏	自治区	968	736 783	98.90	—	95.96	94.83	1 463	14 013
青海	海北州	204	53 211	93.00	10	98.00	98.90	62	1 395
	黄南州	270	52 801	99.10	10	95.25	—	72	1 541

续表

省区	区域	各类学校总数（所）	在校学生（人）	学龄儿童入学率（%）	各类科技项目（项）	电视综合人口覆盖率（%）	广播覆盖率（%）	卫生机构（个）	床位数（张）
青海	海南州	357	91 315	99.70	—	—	—	88	3 007
	果洛州	100	36 158	99.00	—	98.25	97.33	80	947
	玉树州	184	75 702	99.00	11	93.62	95.60	94	2 113
	海西州	101	91 769	—	—	98.10	98.20	—	—
四川	阿坝州	342	133 811	99.80	—	98.10	92.00	422	4 435
	甘孜州	525	18 405	—	254	95.70	96.00	596	4 918
	木里县	35	19 097	—	—	—	—	50	—
云南	迪庆州	106	36 746	99.70	71	98.62	97.67	282	1 288
甘肃	甘南州	506	112 500	98.20	35	100.00	100.00	273	—
	天祝县	—	—	—	—	—	—	75	769

资料来源：各省、区、州 2015 国民经济和社会发展统计公报，各州县 2015 年政府工作报告，2016 年《中国统计年鉴》及各省区统计年鉴。为保证数据标准一致性，"卫生机构"不包含各地区村卫生室个数，"各类学校总数"不包含幼儿园个数，横线表示数据缺失。

（二）高寒藏区社会保障现状分析

从参加基本养老保险人数看，在有统计数据的地区中，海北州每万人参保人数最高，有 5 643 人；而后依次为甘南州 5 087 人/万人、迪庆州 5 042 人/万人、阿坝州 4 746 人/万人、海南州 4 468 人/万人、西藏 4 353 人/万人、拉萨 3 979 人/万人、甘孜州 3 312 人/万人，而黄南州每万人仅有 547 人参保，与全国水平 6 244 人/万人[1]相比，高寒藏区的参保率水平仍相对较低。城乡居民基本医疗保险参保率在政策强力推进和保障下普遍较高，在有数据的地区均达到 98.5% 以上，其中迪庆州为 100.00%。从城乡最低生活保障情况来看，西藏最低保障人数 36.68 万人，州级层面城乡最低保障人数均超过 2.5 万人，其中最高的甘孜州高达 28.41 万人，最低的果洛州也有 2.92 万人；每万人城乡最低保障人数最高的为迪庆州，达到 3 407 人/万人，而后依次为甘南州 2 902 人/万人、甘孜州 2 439 人/万人、阿坝州 2 190 人/万人、果洛州 1 461 人/万人、海南州 1 138 人/万人、

---

[1] 资料来源于《2015 年国民经济和社会发展统计公报》，每万人享受基本养老保障人数 =（城镇职工基本养老保险人数 + 城乡居民基本养老保险人数）/2015 年全国人口数。

西藏 1 132 人/万人，而拉萨市每万人城乡最低保障人数为 741 人，与全国水平 519 人/万人[①]相比情况较乐观。总体上看，高寒藏区的社会保障情况较好，基本养老较全国水平低，但差距不大，基本医疗参与率较高，最低生活保障情况优于全国水平，贫困居民的生活质量大有改善。上述情况参见表 15-26。

表 15-26　　　　　2015 年高寒藏区社会保障情况分析

省区	区域	城乡居民基本养老保险参保人数（万人）	城乡居民基本医疗保险参保人数（万人）	参保率（％）	最低生活保障人数（人）
西藏	西藏自治区	141.04	61.48	—	366 752
	拉萨市	21.10	6.50	—	39 300
青海	海北州	16.76	27.08	—	—
	黄南州	1.47	1.93	—	—
	海南州	20.73	37.89	99.50	52 788
	果洛州	9.12	16.75	98.70	29 216
四川	阿坝州	43.39	67.90	99.40	200 201
	甘孜州	38.58	90.79	—	284 122
	木里县	—	11.70	99.48	—
云南	迪庆州	20.57	27.87	100.00	139 000
甘肃	甘南州	35.86	52.87	99.10	204 600
	天祝县	—	15.28	98.64	—

资料来源：各省、区、州 2015 国民经济和社会发展统计公报，各州县 2015 年政府工作报告，2016 年《中国统计年鉴》及各省区 2016 年统计年鉴，横线表示数据缺失。

[①] 资料来源于《2015 年国民经济和社会发展统计公报》，每万人享受城乡最低生活保障人数 =（城市居民最低生活保障人数 + 农村居民最低生活保障人数 + 农村五保供养人数）/2015 年全国人口数。

第十六章

高寒藏区特殊类型贫困微观调查与农户政策依赖性

对高寒藏区贫困及反贫困现状展开实地调查，既能够全面掌握第一手关于高寒藏区贫困概况及农户家庭生产、生活特征的资料，又有利于分析贫困农户的贫困认知及参与扶贫的程度，从而整体描绘出高寒藏区的贫困面貌及扶贫现状。2015年8月，课题组先后在甘孜州的康定市、道孚县、色达县、炉霍县等进行实地调研，组织政府部门座谈会，走访扶贫移民局、统计局等职能部门，并对典型贫困农牧民进行了入户访谈、问卷调研。同时，在青海、甘肃、四川、云南、西藏采用抽样调查方式进行实地考察和问卷调研，获得了大量宝贵的数据。

第一节 农户基本情况调查

一、调查样本区域分布

根据调研工作的总体安排，2015年7月课题组对四省藏区的青海、甘肃、四川、云南等地以及西藏进行抽样调查，共发放问卷700份，有效问卷562份，有效率为80.3%,发放区域涉及西藏、青海、甘肃、四川、云南5个省区总计15个地区(市、州)的48个县(市、区)。具体区域详见表16-1,包括西藏的拉萨市、昌都市、山南市、日喀则市、那曲市、阿里地区及林芝市,共计37个县(市、区);青海的海北藏族自治州、玉树藏族自治州、果洛藏族自治州及海东地区,共计4个县;甘肃武威市的天祝藏族自治县;四川的甘孜藏族自治州、凉山彝族自治州,共计5个县以及云南迪庆藏族自治州的德钦县。调查问卷包括调查样本基本信息、生产生活情况、贫困认知与意愿、政策参与及评价、农户政策期盼及反贫困的建议等五大部分。

表16-1　　　　高寒藏区贫困与反贫困现状调查问卷区域分布

调查省区	问卷数量(份)	占比(%)
西藏	335	59.61
青海	66	11.74
四川	73	12.99
云南	11	1.96
甘肃	77	13.70
合计	562	100.00

二、农户户主特征分析

(一)户主性别及年龄

根据表16-2数据,562位调查对象中男性427人,占比75.98%,女性135人,占比24.02%。调查对象农户年龄在20~29岁的有12人,占比2.14%;30~39岁的有95人,占比16.90%;40~49岁的有231人,占比41.10%,比重最大;50~59岁的有123人,占比21.89%;60~69岁的有71人,占比12.63%;70岁及以上的有30人,占比5.34%。

表 16-2　　　　　　　　高寒藏区受访农户户主特征

户主特征	类别	数量（人）	占比（%）	户主特征	类别	数量（人）	占比（%）
性别	男	427	75.98	职业类型	务农	487	86.65
	女	135	24.02		乡镇企事业单位	8	1.42
年龄	20~29 岁	12	2.14		政府机关	9	1.60
	30~39 岁	95	16.90		个体	7	1.25
	40~49 岁	231	41.10		外出务工	24	4.27
	50~59 岁	123	21.89		学生	2	0.36
	60~69 岁	71	12.63		其他	25	4.45
	70 岁及以上	30	5.34	打工状况	在家务农	449	79.89
身体状况	健康	412	73.31		县内务工	49	8.72
	体弱多病	87	15.48		县外省内务工	27	4.80
	长期慢性病	41	7.30		省外务工	15	2.67
	患有重大疾病	5	0.89		其他	22	3.92
	残疾人	14	2.49	是否担任干部	是	39	6.94
	多种	3	0.53		否	523	93.06
文化程度	小学及以下	451	80.25	是否具备某项专业技能	是	66	11.74
	初中	77	13.70		否	496	88.26
	高中或中专	16	2.85	是否参加新型合作医疗	是	523	93.06
	大专	9	1.60		否	39	6.94
	大学本科及以上	9	1.60	是否参加城乡居民基本养老保险	是	408	72.60
					否	154	27.40

资料来源：根据调查问卷整理得到。

（二）户主健康及受教育情况

从调查对象的身体健康状况看，有 412 人为健康状况，占比 73.31%；87 人为体弱多病，占比 15.48%，主要集中在老年人群体；有 41 人患长期慢性病，占比 7.30%，西藏及四省藏区地处青藏高原，平均海拔高达 3 000 米以上，加上特殊的气候环境及饮食习惯，高血压等心血管系统疾病及胆道疾病、呼吸系统疾病等高原慢性病最常见，且随着年龄的增长，患病的概率大幅增加。同时棘球蚴病（又称包虫病）也是畜牧地区的高发疾病；有 5 人患有重大疾病，占比 0.89%；

有 14 人身患残疾，占比 2.49%；另有 3 人身体患多种疾病，医疗费用负担沉重，给家庭带来巨大压力。因病致贫是贫困家庭面临的难题之一，严重制约了家庭反贫脱贫步伐，不利于生活条件改善和质量提升。

从农户受教育程度看，有 451 人为小学及以下文化程度，占比 80.25%，受教育程度低，这与 2015 年西藏、四省藏区"有小学且就学便利的村比重"分别是 21.0%、29.7% 的现实情况相符合，也说明藏区的教育设施及条件仍较落后，不利于人口素质的提高；有 77 人为初中文化水平，占比 13.70%；16 人为高中或中专文化水平，占比 2.85%；而有 9 人接受了大专教育，占比 1.60%；有 9 人接受了大学本科及以上的教育，占比 1.60%。随着知识经济时代及互联网时代的到来，不会使用外语、计算机的人，都可能成为新时代的"文盲"。联合国重新定义新世纪文盲的标准，将文盲分为三类：第一类，不能读书识字的人，这是传统意义上的文盲；第二类，不能识别现代社会符号（即地图、曲线图等常用图表）的人；第三类，不能使用计算机进行学习、交流和管理的人。后两类被认为是"功能型文盲"，他们虽然接受过基本的识字教育，但在现代信息传播高度发达的社会生活仍存在比较大的困难。①

（三）户主职业特征

从调查对象的职业类型看，有 487 人为务农，占比 86.65%；有 8 人为乡镇企事业单位人员，占比 1.42%；有 9 人为政府机关人员，占比 1.60%；7 人为个体，占经 1.25%；有 24 人选择外出务工，占比 4.27%；有 2 人为学生，占比 0.36%；另有 25 人为其他职业，占比 4.45%，可见从事第一产业仍作为高寒藏区贫困农户的主要生计方式，而作为调研主体对象的普通农牧民，他们一般在村庄集体事务上没有什么话语权，在发展上处于天然的弱势地位，这也与他们的文化程度低有直接关联。低下的文化程度，限制了高寒藏区农户的发展思路，内生发展动力不足，直接表现在缺少"走出去"的勇气，也缺乏能够增产增收的职业技能。从打工状况的整体来看，有 525 人（占比 93.42%）留在省内工作，随着经济发展的互联互通及城镇化进程加快，少数民族的人口迁移流动空间范围不断扩大，但受制于经济、文化水平，以及语言和生活习惯上的差异，人口迁移流动率仍比较低，省内迁移流动率高于省际迁移流动率。② 具体来看，有 449 人（占比 79.89%）在家务农，有 49 人（占比 8.72%）在县内务工，有 27 人（占比

---

① 薛晖：《联合国重新定义新世纪文盲标准》，http://sdxjw.dzwww.com/xjfw/zskp/201309/t20130911_8894996.htm，2013 年 9 月 11 日。

② 张善余、曾明星：《少数民族人口分布变动与人口迁移形势——2000 年第五次人口普查数据分析》，载《民族研究》2005 年第 1 期，第 17~25、107 页。

4.80%）在县外省内务工，两者之和与全国贫困人口省内务工比重 14.60% 相比还差 1.08 个百分点；有 15 人（占比 2.67%）选择省外务工，与全国贫困人口省外务工比重 5.90%①相比还差 3.23 个百分点，可见由于缺少文化、技能及小农意识等因素影响，高寒藏区选择离开家乡外出务工的人仍占少数。从是否担任干部来看，有 39 人担任干部职务，占比 6.94%，而有 523 人未担任干部；从是否具备某项专业技能（该技能指在本村获得认可的，如泥瓦、兽医、突出种养殖技术、手工艺品加工、文艺表演及经济管理等技能）来看，仅有 66 人（占比 11.74%）具备相关技能，而有 496 人（占比 88.26%）无相关专业技能，只能从事基本的农事劳作，增收能力十分有限。

（四）户主医疗养老保障情况

从调查对象参加新型合作医疗的情况看，93.06% 的农户已经参与新农合。对农户的访谈中了解，部分农户认为该政策的实际受益没有预想的大，对新型农村合作医疗及其作用、理赔程序仍不太了解，不真正了解新型农村合作医疗制度的意义。从参加城乡居民基本养老保险的情况看，有 72.60% 的农户参与养老保险。调查发现，部分农户对该政策不够了解，有些家庭生活困难到无力缴纳最低缴费档次 100 元，也有部分农户家庭仍依赖传统的养儿防老，对参保存在等待、观望心态。我国已经提前进入老龄化阶段，人口老龄化呈现逐步加速趋势，需要进一步规范、完善城乡居民养老保险制度，与社会救助、社会福利等其他社会保障政策相配套，充分发挥家庭养老等传统保障方式的积极作用，更好地保障连片特困地区老年人的基本生活。

三、农户家庭人口特征

从高寒藏区受调查农户家庭成员人数看，有 71.00% 共 399 户家庭成员有 3~5 人。第六次全国人口普查数据显示我国平均每个家庭户的人口为 3.10 人，家庭户规模呈现继续缩小趋势，② 由此可见高寒藏区贫困地区的家庭人口规模相对较大，也侧面体现了贫困家庭需要更多劳动力承担家庭经济负担的现实情况。具体看，30 户家庭（占比 5.34%）只有 1 位家庭成员；61 户（占比 10.85%）有 2

---

① 新闻联播：《脱贫攻坚大数据：五年脱贫五千万，精准帮扶路线图》，http：//www.cpad.gov.cn/art/2016/10/26/art_82_54921.html，2016 年 10 月 26 日。
② 国家统计局：《第六次全国人口普查主要数据发布》，http：//www.stats.gov.cn/ztjc/zdtjgz/zgrkpc/dlcrkpc/dcrkpcyw/201104/t20110428_69407.htm，2011 年 4 月 28 日。

人；161 户（占比 28.65%）有 3 人；144 户（占比 25.62%）有 4 人；94 户（占比 16.73%）有 5 人；45 户（占比 8.01%）有 6 人；16 户（占比 2.85%）有 7 人；6 户（占比 1.07%）有 8 人；另有 5 户（占比 0.89%）家庭成员达到 9 人。从家庭劳动年龄人口数[①]看，有 76.16% 共 428 户家庭劳动年龄人口数集中在 2~4 人。具体看，有 15 户（占比 2.67%）家庭缺乏劳动力，主要是独居老年人及残疾人，其生活困难，贫困问题严峻，依靠常规的扶贫手段难以奏效，需要进一步实施农村兜底扶贫等措施来保障他们的基本生活、就医等问题；73 户（占比 12.99%）家庭有 1 位劳动年龄人口，此类家庭也承担着较大的生活压力；124 户（占比 22.06%）家庭有 2 人；181 户（占比 32.21%）家庭有 3 人；123 户（占比 21.89%）家庭有 4 人；32 户（占比 5.69%）家庭有 5 人；12 户（占比 2.14%）家庭有 6 人；而有 2 户（占比 0.36%）家庭有 7 位劳动年龄人口。通过对家庭成员人数及劳动年龄人口数计算得到总抚养比为 34.58%，比重相对较低，表明受调查区域的人口条件相对较好，存在人口红利。上述情况参见表 16 - 3。

表 16 - 3　　　　　　高寒藏区受访农户家庭人口特征

家庭成员人数（人）	受访家庭（户）	占比（%）	劳动年龄人口数（人）	受访家庭（户）	占比（%）
1	30	5.34	0	15	2.67
2	61	10.85	1	73	12.99
3	161	28.65	2	124	22.06
4	144	25.62	3	181	32.21
5	94	16.72	4	123	21.89
6	45	8.01	5	32	5.69
7	16	2.85	6	12	2.13
8	6	1.07	7	2	0.36
9	5	0.89			

资料来源：根据调查问卷整理得到。

劳动力缺乏是导致家庭贫困的重要因素，有些家庭的青壮年因病、因灾导致身亡或残疾，留下老人抚养幼儿，家庭生计十分艰难。例如在走访四川康定市的大河沟村中发现，村中有 20 户居民，其中有 5 户都是单亲家庭，有的因为灾祸、

[①] 国家统计局：《年龄在 15~64 岁为劳动年龄人口，统计数据中指标解释"人口"》，http://www.stats.gov.cn/tjsj/zbjs/201310/t20131029_449552.html，2013 年 10 月 29 日。

疾病导致身亡，有的是因为父母离异，还有1户只有奶奶和孙女两人，完全没有发展能力，只能靠政府救助或者亲戚朋友的帮助艰难度日，脱贫难度很大。而对于劳动力充足的家庭来说，可以通过种养畜、外出务工等方式获得收入，贫困程度较浅。

四、农户收入及消费支出情况分析

（一）养殖及种植业成为主要收入来源，收入内向性程度较高

从贫困农户生产种植情况来看，主要集中在青稞、小麦、油菜、玉米、豌豆、土豆、花椒、核桃、枇杷等作物品种，养殖品种主要是牦牛、黄牛、羊、藏鸡和猪。如图16-1所示，2014年调查样本农户户均收入为20 108元，其中种植业收入为户均6 929元，占比为34.46%；户均养殖收入8 483元，占比为42.19%；户均务工收入为3 651元，占比为18.16%；户均补贴收入904元，占比为4.49%；户均土地流转或补偿收入139元，占比0.69%；户均租金收入2元，占比0.01%。其中占比最高的为养殖业收入，其次为种植业收入及务工收入。可以看出，高寒藏区农牧民的收入水平较低，收入来源主要依靠第一产业，内向性特征明显。从借款情况来看，如图16-2所示，共有78户家庭有借款，占比13.88%，其中借款金额1 000元以下的有2户，1 001～10 000元的有28户，10 001～30 000元的有23户，而超过30 000元的有25户，其中最低借款金额为500元，最高借款金额达20万元，借款原因主要集中在扩大生产、支出医疗费用及修缮房屋等。

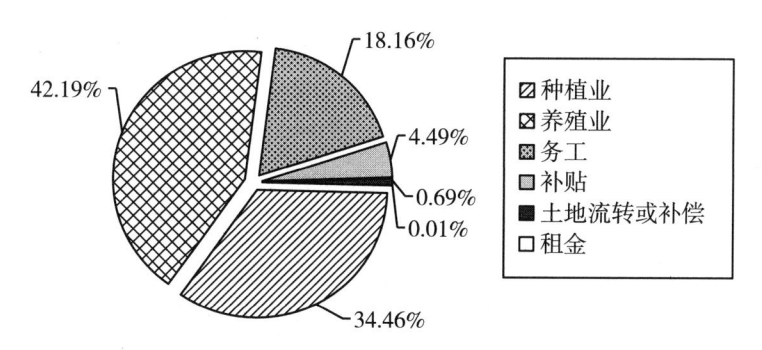

图16-1 高寒藏区受访农户户均收入构成情况

```
        25户
              2户
                      □ 1 000元及以下
                      ▨ 1 001~10 000元
                      ▦ 10 001~30 000元
  23户                 ■ 30 001元及以上
              28户
```

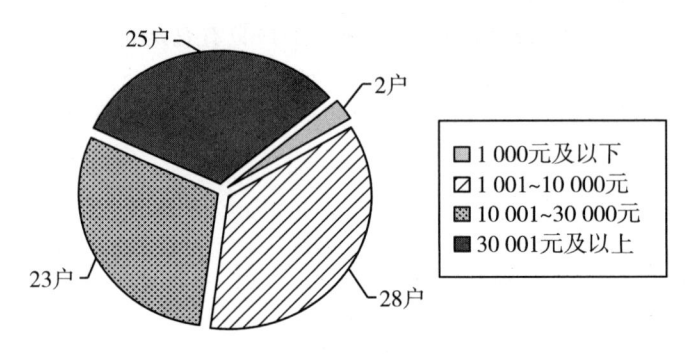

图 16-2　高寒藏区受访农户借款金额情况

　　受气候、气温、传统耕作方式的影响，高寒藏区家庭种植业仍处于粗放型、机械化率低、低效益、低产出的状况，农作物自给自足率高，商品率较低，直接导致了贫困农户发展的内生动力不足。此外，牦牛、黄牛等牲畜关系到藏族人民的衣食住行烧耕，以牦牛为例，它素有"高原之舟"之称，能适应高寒生态条件、耐粗、耐劳、善走陡坡险路、雪山沼泽，能游渡江河激流，成为藏民最主要的养殖牲畜。但受宗教文化戒杀生的影响，牲畜是家庭最耀眼的财富，最直接的储蓄方式，牧民不愿意出售牲畜，如 2015 年四川甘孜藏族自治州各类牲畜期末存栏 401.11 万头，而牲畜出栏 97.93 万头，出栏率仅为 24.41%，[①] 畜牧业发展受到限制，养殖牲畜数量多，存栏量大，但出栏率低，直接制约牧民的收入提高。

　　与此同时，在调研过程中我们了解到，对于没有外出务工的农牧民来说，挖虫草和拾菌子是获取现金收入的重要来源，普通农牧民每年有 5 000 元左右的收入来源于挖虫草和拾菌子，运气好的时候，捡拾的数量多，价格高的时候可以获得更多的收入。而且不少农牧民每年可以获得"计划生育金""基本养金""低保金""退耕还林补贴""草原奖补""农业补贴""年末政府慰问"等各类补贴，少则几百元，多则上万元，对于缓解贫困农牧民的家庭负担，改善生活发挥了重要作用。也有部分农户在非农作时节外出务工，主要从事木工、泥瓦匠工、清洁工、修车、服务业、做生意等工作，工作时间短，劳动强度大，每年收入最少的只有 500 元，多的有 7 万元，可见，贫困农户的收入渠道多元不一，且收入差距较大，务工时间短，收入来源不稳定，不利于贫困家庭的持续、稳定脱贫。

（二）食物和生产支出平均占比最高，医疗及教育支出次之

　　2014 年高寒藏区贫困农户户均总支出为 11 920 元，其中户均生产支出 2 621

---

　　① 甘孜州统计局：《甘孜州 2015 年国民经济和社会发展统计公报》，http：//www.tjcn.org/tjgb/23sc/32784.html，2016 年 4 月 15 日。

元,占比为 21.99%;户均食物支出 2 625 元,占比为 22.03%;户均教育支出 1 604 元,占比为 13.45%;户均衣着支出 1 459 元,占比为 12.24%;户均医疗支出 2 104 元,占比为 17.65%;户均文化支出 585 元,占比为 4.91%;户均人情支出 679 元,占比为 5.69%;户均宗教信仰支出 242 元,占比为 2.03%,符合藏、青、川、甘、滇是我国藏传佛教的主要流传地的现实情况。食物支出和生产支出比例较高,主要是由于贫困农户大多地处高寒山区且地广人稀,生产生活条件恶劣,农业产量低,生产成本高,且食物支出仍是贫困家庭的重要消费开支项目。其次为医疗支出和教育支出,高血压等心血管系统疾病及胆道疾病、呼吸系统疾病等慢性病是高寒藏区的常见病,给居民的身体健康造成危害,加之子女上学路程远,成本高,导致贫困农户需要承担更重的经济负担。

五、农户生产生活条件情况

(一) 生产资源有限,产业化组织参与率不高

调查样本农户户均耕地规模为 7.77 亩,其中耕地规模最大农户有 100 亩,最小的农户仅 0.3 亩。只有部分靠近河流的田地能灌溉,有效灌溉面积几乎为零,贫困村农田"望天收"现象极为普遍,生产生活条件极为有限。有 83 户参加了扶贫互助资金组织,参与率为 14.77%;有 123 户参与了农业合作组织,参与率为 21.89%,已有 16 户从产业中获益,平均收益金额达到 3 034.25 元,而龙头企业带动收益甚微。由此可以反映出大多数贫困农户既没有参加农业合作组织又没有获得互助资金,基本上是处于农业生产的"单干"状态,农业生产资源有限,且生产组织化程度相对较低。但对于已经参与合作组织的农户来说,现有的产业扶贫增收成效初现,贫困农牧民自我扶贫的"造血"功能开始形成,随着精准扶贫项目的深入实施和推进,通过产业发展带动收入增长已经成为贫困农户的必然选择。

(二) 生活条件差异大,基本公共服务有待提升

2014 年调查样本户均住房面积为 156.11 平方米,样本农户之间差异较大,农户住房面积最大为 650 平方米,最小仅为 30 平方米,差距极为显著。从住房结构来看,如图 16-3 所示,钢筋混凝土结构有 66 户,占比为 11.74%;砖混材料结构有 195 户,占比为 34.70%;砖瓦砖木、石窑洞结构有 202 户,占比为 35.94%;竹草土坯、土窑洞结构有 27 户,占比为 4.81%;其他结构有 72 户,

占比为 12.81%，该类住房主要是土木结构。调查中有 60.14% 的农户享受了"危房改造"政策实惠，通过政府的帮助，他们从过去的破、旧、漏的竹草土坯房搬进了宽敞明亮的砖混材料、钢筋混凝土住房，居住条件大大改善，生活质量显著提升。从建房时间来看，仍有 88 户住房是 2000 年以前修建，其中有 9 户是 1980 年以前修建；有 9 户为 2015 年新建设住房，均为砖瓦砖木、石窑洞结构。从农户易地扶贫搬迁情况看，156 户已搬迁，75 户需搬迁，331 户属于其他。从生活主要燃料类型来看，有 7 户受访农户同时使用柴草（农作物秸秆、干畜粪）和煤炭，有 104 户同时使用柴草（农作物秸秆、干畜粪）和清洁能源，有 5 户同时使用煤炭和其他（主要是液化气），309 户单独使用柴草（农作物秸秆、干畜粪），103 户使用煤炭，27 户使用清洁能源，3 户无炊用行为，4 户使用其他燃料。可以看出，干畜粪是农户的主要生活燃料之一，这也呼应了高寒藏区居民惜杀惜售的行为除了宗教文化因素影响之外，也有为了获得生活燃料的现实需求。从受访农户生活条件情况看，根据表 16-4 数据，有 544 户、96.80% 的农户通了生活用电；58 户、10.32% 的农户饮水仍存在困难，60 户、10.68% 的农户饮水不安全；有 175 户、31.14% 农户仍无卫生厕所；201 户、35.77% 的农户所在地无村级标准化卫生室；仍有 43 户、7.65% 的农户未通广播电视。

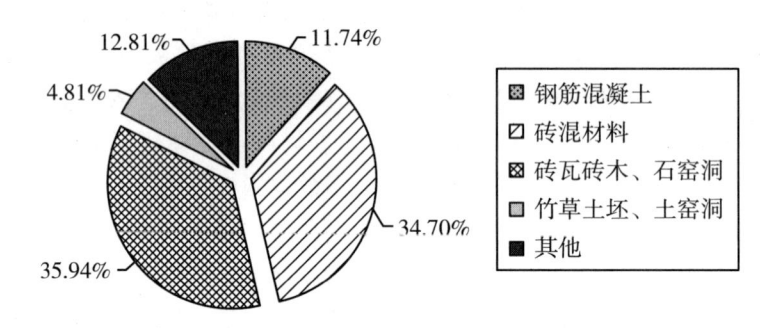

图 16-3 高寒藏区受访农户住房结构情况

从出行情况看，受访农户距离村主干路平均距离为 325.47 米，47.15% 的入户路主要为水泥路面公路和普通泥土公路。户均距离最近的集市 42.47 里，其中最远的农户距离 570 里，最近的农户距离 0.5 里。交通工具以公交、大巴、中巴、摩托车为主，少量交通方式为乘坐拖拉机和骑自行车。户均到最近集市花费的时间为 46.73 分钟，其中到最近集市花费时间最多的农户为 370 分钟，花费时间最少的农户为 5 分钟。总体而言，样本农户生活水平不高，农户的生活条件差异明显，各地区的基本公共服务水平有待提升和改善。

表 16-4　　　　高寒藏区受访农户生活条件情况

生活情况	是或否	农户数量（户）	占比（%）
是否通生活用电	是	544	96.80
	否	18	3.20
饮水是否困难	是	58	10.32
	否	504	89.68
饮水是否安全	是	502	89.32
	否	60	10.68
是否有卫生厕所	是	387	68.86
	否	175	31.14
是否有村级标准化卫生室	是	361	64.23
	否	201	35.77
是否通广播电视	是	519	92.35
	否	43	7.65

第二节　农户多维贫困测量

一、变量内容及被剥夺阈值说明

高寒藏区贫困极具特殊性，贫困成因既有自然环境的客观因素，也有社会发展的经济原因，既有历史文化的人文因素，也有体制机制的固有因素，这些因素相互联系、相互交错。因此，加大对高寒藏区多维贫困问题的研究，既有利于扩展对它的研究深度，也有利于精准定位藏区贫困特征，发现致贫因素，实施特殊反贫措施，从而进一步推动高寒藏区反贫脱贫进程。本研究数据样本量来源于2015年7月课题组组织本科生和研究生在西藏和四省藏区所采集的数据。共计发放问卷700份，有效问卷562份，回收率为80.3%。

通过参照联合国人类发展报告中MPI（多维贫困指数）的构造标准,[①] 并结合高寒藏区实际情况以及调查数据的可获得性，分别选取了教育、健康、居住和

---

① 多维贫困指数测算的理论模型参考第二章第一节。

消费 4 个维度作为贫困测算的变量，其指标内容及剥夺阈值详见表 16-5。

表 16-5　　　　　　　　变量内容及被剥夺阈值

维度	指标内容	被剥夺阈值
教育	被调查者受教育程度	受教育程度为小学以下或文盲赋值为 1
健康	身体健康状况（1 = 健康；2 = 体弱多病；3 = 长期慢性病；4 = 患有大病；5 = 残疾人）	健康状况为体弱多病、长期慢性病、患有大病、残疾等赋值为 1
居住	房屋结构（1 = 钢筋混凝土；2 = 砖混材料；3 = 砖瓦砖木、砖、石窑洞；4 = 竹草土坯、土窑洞）	住房结构为竹草土坯、土窑洞赋值为 1
消费	家庭人均年消费支出	人均年消费支出低于 2 300 元（2010 年不变价）赋值为 1

二、多维贫困测量结果及分析

（一）单维度贫困发生率

从单维角度进行分析，高寒藏区农户总体贫困发生率排序为教育（61.5%）>消费（37.3%）>健康（34.7%）>居住（7.5%）。教育的贫困发生率在所有维度中占比最高，受访农户中占比 80.0% 以上的样本户受教育水平为小学或者小学以下，受教育水平偏低，这既与高寒藏区教育基础设施条件落后有关，也反映出农牧民对子女接受义务教育不重视的现实情况。受访者总体消费贫困发生率为 37.3%，三分之一的样本户人均年支出低于 2 300 元的国家农村贫困标准，缺乏消费内增长动力，不利于地方经济的内生发展。样本户健康贫困发生率为 34.7%，大部分受访者健康状况较差，或者自感体弱多病，或者患有长期慢性病或大病，还有部分人为残疾人。高寒藏区居住贫困发生率较低，仅有 7.5%，调查发现有超过 60.0% 的农户享受了"危房改造"政策实惠，通过政府的帮助，他们从过去的破、旧、漏的竹草土坯房搬进了宽敞明亮的砖混材料、钢筋混凝土住房，居住条件大大改善，生活质量显著提升。

比较西藏和四省藏区农户贫困发生率，可以发现两片区域的贫困特征具有与总体类似的特点，反映为教育贫困、消费贫困和健康贫困特征显著，尤其是西藏的教育贫困非常突出，86% 的西藏样本户受教育程度为小学以下或文盲，这可能与当地居民的藏传佛教宗教信仰较为浓厚有关。四省藏区的健康贫困发生率高于西藏15.4%，而西藏的消费贫困发生率则高于四省藏区4.5%。此外，西藏消费贫困发生率为40.0%，四省藏区为35.5%，既体现出高寒藏区居民消费水平较低的现实情况，也暴露出两个地区拉动经济发展动力不足的瓶颈制约（详见表16－6）。可见，从高寒藏区农村居民的现实生活条件看，其贫困程度较深，是全国扶贫攻坚难点区域。

表16－6　　　　　　　　高寒藏区单维度贫困发生率　　　　　　　　单位：%

贫困维度	总体	西藏	四省藏区
教育	61.5	86.0	51.6
健康	34.7	25.6	41.0
居住	7.5	3.2	10.4
消费	37.3	40.0	35.5

（二）多维贫困测算结果

按照多维贫困的测算方法，估算出高寒藏区农牧户的多维贫困结果，详见表16－7。当考虑1个维度时，总体贫困发生率为91.6%，即91.6%的家庭存在4个维度中任意1个维度的贫困，多维度贫困指数为0.403。当考虑多个维度时，维数越多，高寒藏区农牧户的贫困发生率越呈下降趋势，且在3、4维度时下降幅度更大，考虑2个维度时，贫困发生率依旧大于30%，说明当地贫困程度深，农牧户最高存在4个维度的贫困。

比较西藏和四省藏区多维贫困发生率，可以发现西藏农牧户比四省藏区农牧户的贫困程度更深，西藏农牧户在1、2维的多维贫困发生率上显著高于四省藏区，例如1维贫困发生率，西藏为96.8%，四省藏区为88%。从多维贫困指数上看，西藏农村贫困特征更为单一，突出表现在教育贫困和消费贫困上，尤其是教育贫困，四省藏区贫困特征更为多样化。

表16－7　　　　　　高寒藏区农牧户的多维贫困测算结果

维数	总体			西藏			四省藏区		
	贫困发生率	贫困发生份额	多维贫困指数	贫困发生率	贫困发生份额	多维贫困指数	贫困发生率	贫困发生份额	多维贫困指数
1	0.916	0.440	0.403	0.968	0.426	0.412	0.880	0.450	0.396
2	0.552	0.565	0.312	0.584	0.541	0.316	0.530	0.582	0.309

续表

维数	总体			西藏			四省藏区		
	贫困发生率	贫困发生份额	多维贫困指数	贫困发生率	贫困发生份额	多维贫困指数	贫困发生率	贫困发生份额	多维贫困指数
3	0.130	0.775	0.101	0.096	0.750	0.072	0.153	0.786	0.120
4	0.013	1.000	0.013	—	—	—	0.022	1.000	0.022

（三）多维贫困贡献度

表16-8表示在考察不同维度数下对应的多维贫困指数、不同考察维度分别对总指数的贡献度。为了便于比较，我们将不同维度下的贡献度进行均值处理后发现，总体贫困贡献率排序为：教育＞消费＞健康＞居住，这说明教育、消费和健康的平均贡献率更大，而居住的平均贡献率相对较小。从西藏的各个维度的平均贡献度看，教育＞消费＞健康＞居住，表现出与高寒藏区总体贫困类似的情况，而四省藏区为教育＞健康＞消费＞居住，其健康贡献度大于消费贡献度，可见四省藏区的教育及健康情况较消费及居住的贫困情况更为突出。

针对这种情况，政府应积极采取相应措施，包括积极推广农村义务教育，大力发展职业教育和农业技术培训，提高高寒藏区农牧民人力资本水平，消除教育贫困；与此同时，努力发展市场经济，提升高寒藏区经济发展水平，优化贫困人口消费结构，增强其消费能力，强化内生发展动力；进一步加大医疗保障水平，提升城乡基本医疗水平，尽可能降低贫困人口及家庭因病致贫、返贫的可能性；再者尽管居住维度与教育、健康、消费相比，其贫困的贡献率不高，但基于高寒藏区恶劣的生存生产环境，需要进一步加快易地搬迁扶贫工作，帮助贫困人口建设新居，发展生产，使贫困人口既能获得新的生存环境和生产条件，又能结合地方产业特色和优势获得稳定的收入，实现脱贫致富的目标。

表16-8　多维贫困指数（M）及不同K值下每个维度的贡献率

类型	K	M	教育	健康	居住	消费
总体	1	0.403	0.506	0.216	0.046	0.232
	2	0.312	0.424	0.242	0.055	0.279
	3	0.101	0.315	0.315	0.089	0.282
	4	0.013	0.250	0.250	0.250	0.250
	均值	0.207	0.374	0.256	0.110	0.261

续表

类型	K	M	教育	健康	居住	消费
西藏	1	0.412	0.583	0.155	0.019	0.243
	2	0.316	0.462	0.203	0.025	0.310
	3	0.072	0.333	0.306	0.028	0.333
	均值	0.267	0.459	0.221	0.024	0.295
四省藏区	1	0.396	0.452	0.259	0.066	0.224
	2	0.309	0.398	0.270	0.075	0.257
	3	0.120	0.307	0.318	0.114	0.261
	4	0.022	0.250	0.250	0.250	0.250
	均值	0.212	0.352	0.274	0.126	0.248

第三节 农户贫困认知与意愿分析

一、农户贫困认知与意愿分析

（一）交通和生活质量改善感知程度最高，农田水利设施改善感知相对较弱

在贫困农户对地区改善最多的认知方面，对生活质量提升选择频次最多，为 366 次，选择率为 65.12%；其次为交通更完善，为 321 次，选择率为 57.12%，当然生活质量提升感知一定程度上也主要是由于交通条件的改善，方便了人们的出行及产品的输入与输出，外出打工、做生意的时间都大大缩短，这与现实中地方政府加大交通基础设施建设投入的倾向性是一致的。频次相对较高的是儿童教育改善及收入增加，分别为 220 次和 193 次，选择率分别是 39.15%、34.34%，表明政府对贫困地区的教育改善及扶贫增收等措施是有效的（详见表 16-9）。相比之下，生存环境改善、农田水利设施改善及其他方面的感知度相对较低。一方面，由于高寒藏区特殊的地理地貌及恶劣的气候条件,改善生存环境的难度较大,通过易地搬迁扶贫能够在一定程度上改善贫困农户的居住环境,但需要经过较长时间的环境建设和搬迁过程;另一方面,藏区高海拔、严寒气候普遍,冰雹、霜冻、干旱等自然灾害频发,现有的农田水利设施无法全面保障农业、牧业的正常进行,使得农牧民经常遭受因灾致贫、因灾返贫,给家庭生产生活带来巨大损失。也正因为如此,农牧民对这些方面的感知程度相对较低。

表 16-9　受访农户对地区改善最多认知的累计选择频次

认为地区改善最多的地方（多选）	累计频次（次）	概率（%）
收入增加	193	34.34
交通更完善	321	57.12
生活质量提升	366	65.12
农田水利设施改善	70	12.46
儿童教育改善	220	39.15
生存环境改善	114	20.28
其他	1	0.18

(二) 农村扶贫受到重视:教育、医疗、社保等扶贫措施投入大

根据表 16-10 的数据显示,受访农户认为当前政府对农村扶贫非常重视的有 169 户,认为重视的有 260 户,两项认知占比为 76.33%;另有 123 户认为一般,占比 21.89%;有 10 户认为政府对农村扶贫的重视程度不足,占比 1.78%。在对当地进行扶贫的部门的累计选择频次上,有 87.54% 的农户选择了政府,11.39% 的农户选择了工商联,11.92% 的农户选择了慈善组织,8.01% 的农户选择了企业,9.25% 的农户选择了个人,另有 1.07% 的农户选择其他。由此可以看出,在扶贫主体的感知上较为单一,扶贫主体多元化体系尚未形成,或多元化体系尚未深入农户层面。对地区已经实施的扶贫措施,48.93% 的农户认为政府对教育、医疗、社保等扶贫投入力度加大;39.50% 的农户认为扶贫金额标准有所提高;27.40% 的农户选择了提高扶贫贷款额度;另分别有 126 户、116 户、105 户选择扩大扶贫人口覆盖面、开发特色扶贫产业及加强贫困家庭劳动力引导培训等政策,分别占比 22.42%、20.64% 及 18.68%。虽然多种扶贫政策措施相继实施,但从调查中可知农户对自身参与的扶贫政策了解较多,而对未参与的政策缺乏了解。

表 16-10　受访农户对扶贫政策实施情况及作用认知的选择频次

认知内容	认知选项	频次（户）	占比（%）
政府对农村扶贫的重视程度	非常重视	169	30.07
	重视	260	46.26
	一般	123	21.89
	不重视	6	1.07
	很不重视	4	0.71
认为对当地扶贫的部门主要有哪些	政府	492	87.54
	工商联	64	11.39
	慈善组织	67	11.92
	企业	45	8.01
	个人	52	9.25
	其他	6	1.07
所在地区已经实施的扶贫措施有哪些	提高扶贫金额标准	222	39.50
	提高扶贫贷款额度	154	27.40
	扩大扶贫人口覆盖面	126	22.42
	开发特色扶贫产业	116	20.64
	加大教育、医疗、社保等投入	275	48.93
	加强贫困家庭劳动力培训	105	18.68

（三）扶贫政策评价较高，政策实施帮扶效果显著

第一，有 75.98% 的农户对目前扶贫政策的实施效果总体评价满意，21.71% 的农户感觉一般，另有 2.32% 的农户不满意。第二，在扶贫政策给当地农村困难群体带来的帮助程度总体认知方面，27.05% 的农户认为非常大，48.04% 的农户认为大，19.75% 的农户认为一般，3.74% 的农户认为一般，1.42% 的农户则回答不清楚，总体上认为帮助较大的农户比例为 75.09%。贫困农户对扶贫政策的效果感知度之所以没有达到很高的比例，主要是由于一些扶贫项目和扶贫政策多是基于面上扶持政策，主要侧重于一些公共基础设施等领域，具体针对农户改善的不够多，因此农户感知度不够，因此当前实施的精准扶贫、扶贫到户等扶贫政策更加接近农户，直接针对农户贫困现实需求，势必将大幅提升农户对扶贫政策感知程度。第三，在扶贫政策对农户家庭的帮助作用程度总体认知方面，41.53% 的农户认为非常重要，37.06% 的农户认为比较重要，总体上认为帮助作用较大的农户比例为 78.59%；另有 11.18% 的农户认为一般，6.55% 的农户没感觉政府的

政策发挥了作用，3.68%的农户则对政策不了解。第四，在现行的扶贫政策是否使家庭享受到实惠的认知方面，75.80%的农户回答是，但也仍有24.20%的农户认为没有享受到政策实惠（详见表16-11）。可见在今后的实际扶贫工作中，加大扶贫政策的宣传力度，进一步落实精准扶贫措施才可能改变这部分农户的观念。

表16-11　受访农户对扶贫政策实施情况及作用认知的选择频次

认知内容	评价选项	频次（户）	占比（%）
对目前扶贫政策的实施效果总体评价	非常满意	120	21.35
	满意	307	54.63
	一般	122	21.71
	不满意	12	2.14
	很不满意	1	0.17
政府扶贫政策给农村困难群体带来的帮助效果	非常大	152	27.05
	大	270	48.04
	一般	111	19.75
	很小	21	3.74
扶贫政策的实施对您家庭的帮助作用	非常重要	233	41.53
	比较重要	208	37.06
	一般	63	11.18
	没感觉政策发挥作用	37	6.55
	对扶贫政策不了解	21	3.68
现行的扶贫政策是否使您享受到实惠	享受到实惠	426	75.80
	未享受到实惠	136	24.20

（四）扶贫对象精准性存在一定偏差，项目技能培训有待提升

一方面，在扶贫对象的精准性上，35.05%的农户认为当前扶贫项目漏掉了一些贫困家庭或者错置给非贫困家庭，主要原因有非贫困家庭通过各种非正当关系获得、贫困家庭无力参与、贫困家庭根本不知道有扶贫项目、政府为完成下达指标而硬性安排以及贫困家庭不愿意参与，参见表16-12。尽管比例相对较低，但是由此可以反映扶贫对象精准性上存在一定的偏差，在贫困对象识别上存在下指标现象，在贫困项目宣传上仍存在不足，有些贫困家庭也由于缺乏技术、能力或存在"懒汉"思想而未参与扶贫项目。另一方面，针对农户接受的项目技能培训情况，有48.04%的农户完全没有接受过相关项目的技能培训，有24.91%的

农户接受了农业生产技能培训，有 17.08% 的农户接受了劳动力转移技能培训，另有 9.96% 的农户接受了远程教育培训，如图 16-4 所示。技能培训是贫困农户实现脱贫致富的内生动力，然而从调查结果来看，内生性的扶贫政策并未得到贫困农户的认可，或者说贫困农户技能培训参与度还较低。可见，加大精准识别贫困户的力度，加强农户项目技能培训仍是扶贫工作的重要内容。

表 16-12　　　　　受访农户对精准扶贫认知的选择频次

认知内容	认知选项	频次（户）	占比（%）
当前的扶贫项目是否漏掉贫困家庭或错置给非贫困家庭	选项为"否"	365	64.95
	选项为"是"	197	35.05
认为漏掉贫困家庭或错置给非贫困家庭即选项为"是"的最主要原因	贫困家庭不愿意参与	22	11.17
	贫困家庭无力参与	34	17.26
	非贫困家庭通过各种非正当关系获得	88	44.67
	政府硬性安排	23	11.67
	贫困家庭根本不知道有扶贫项目	30	15.23

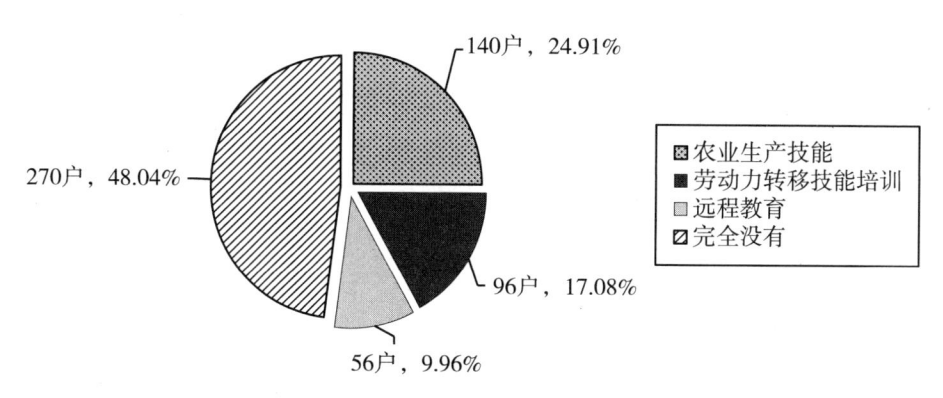

图 16-4　受访农户接受项目技能培训情况

二、农户脱贫认知与意愿分析

（一）存在多种脱贫制约因素，因病致贫是贫困农户最主要担忧

从图 16-5 可知，制约贫困农户脱贫的因素多元化，其中家里人生病的累计

选择为 364 次，占比 64.77%，可见因病致贫、因病返贫仍是贫困农户摆脱贫困的首要制约因素；其次，46.98% 及 37.01% 的农户担心收入没保障及孩子的教育费用太高；22.78% 的农户担心生产出来的东西卖不出去，18.68% 的农户担心买到假冒伪劣的种子化肥而影响生产，11.74% 的农户担心孩子不孝顺，体现出养儿防老的传统观念依然存在，21.89% 的农户担心社会风气变坏及治安状况不好，另有 1.96% 的农户选择其他因素。

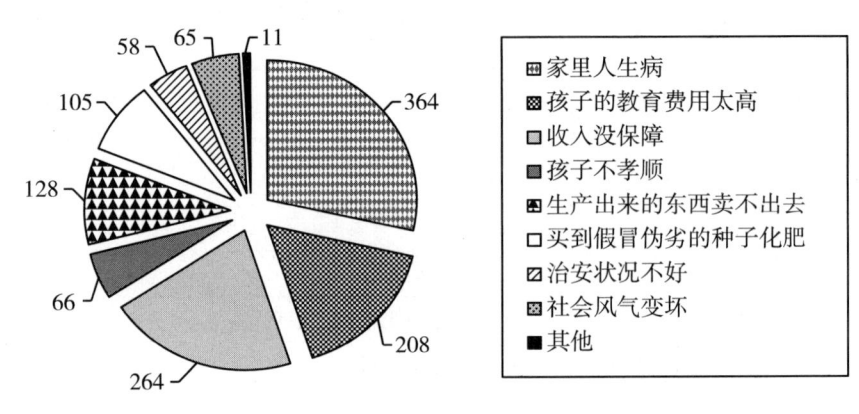

图 16 - 5 制约农户脱贫因素的累计选择频次（次）

（二）医疗救助作用显著，减免义务教育学杂费、增加老年人福利受农户欢迎

在扶贫政策对贫困家庭收入提高有帮助的认知方面，医疗救助累计选择 390 次，占比 69.40%；义务教育学杂费减免为 303 次，占比 53.91%；老年人福利为 287 次，占比 51.07%，可见农户对直接有利于提升家庭收入的政策倾向性更强；有 226 户选择政府修硬化公路、建设电网、兴建自来水厂及普及广播电视，占比 40.21%；有 215 户选择社会救济，占比 38.26%；117 户、占比 20.82% 的农户认为劳动力培训有利于增加家庭收入；100 户、占比 17.79% 的农户认为修建农田水利设施有必要；70 户、占比 12.46% 的农户选择增加良种农机具等农业补贴；另有 49 户、占比 8.72% 的农户认为市场体系建设与完善对提高收入有益。根据扶贫政策对提高家庭收入的重要性排序，各项政策的首选频次及占比依次为医疗救助（368 次，65.84%）、义务教育学杂费减免（74 次，13.17%）、政府修硬化公路、建设电网、兴建自来水厂及普及广播电视（43 次，7.65%）、老年人福利（37 次，6.58%）、社会救济（17 次，3.02%）、劳动力培训（13 次，2.31%）、减免农业税、增加良种农机具等农业补贴（5 次，0.89%）、修建农田水利施（4 次，0.71%）、市场体系建设（1 次，0.18%）。上述情况详见表

16－13。

表16－13　扶贫政策对提高家庭收入的选择频次

下列政策对您家收入提高有帮助	累计频次（户）	占比（%）	首选频次（户）	占比（%）
医疗救助	390	69.40	368	65.48
义务教育学杂费减免	303	53.91	74	13.17
老年人福利	287	51.07	37	6.58
社会救济	215	38.26	17	3.02
政府修硬化公路、建设电网、兴建自来水厂、普及广播电视	226	40.21	43	7.65
修建农田水利设施	100	17.79	4	0.71
劳动力培训	117	20.82	13	2.31
增加良种农机具等农业补贴	70	12.46	5	0.89
市场体系建设	49	8.72	1	0.18

（三）农户对脱贫充满信心，认为发展经济是摆脱贫困的最好方法

对当地农户脱贫致富的看法上，43.95%的农户充满信心，50.89%的农户较有信心，通过长期大规模的扶贫行动，贫困农户脱贫的信心倍增；也还存在5.16%的农户没有信心或抱着无所谓的态度，脱贫信心较缺乏。针对家庭尽快摆脱贫困的最好方法的认知方面，63.70%的农户认为发展经济是改变贫困落后的最好方法，其次21.89%的农户选择外出打工，5.34%的农户选择地区实现城镇化，8.18%的农户依然存在"等着扶、躺着要"的懒汉思想，希望依靠政府救济而不是自身努力实现脱贫，另有0.89%的农户选择其他方法。上述情况详见表16－14。

表16－14　受访农户对脱贫致富信心及摆脱贫困方法的选择频次

认知内容	认知选项	频次（户）	占比（%）
对当地农民脱贫致富愿景的看法	充满信心	247	43.95
	较有信心	286	50.89
	没有信心	22	3.91
	无所谓	7	1.25

续表

认知内容	认知选项	频次（户）	占比（%）
认为家庭尽快摆脱贫困的最好方法	发展经济	358	63.70
	外出打工	123	21.89
	地区实现城镇化	30	5.34
	政府救济	46	8.18
	其他	5	0.89

三、农户反贫困政策参与及评价

（一）特殊扶贫政策参与度不高

在调查中，共涉及政府灾害救助、大病救助、危房改造等三类特殊政策，总体来看，三项特殊政策参与度均不高，总体参与度为58.13%。其中，政策灾害救助、政府大病救助、危房改造等参与度分别为57.12%、57.12%、60.14%。三项政策参与度均超过50%，但比重仍然不高，由此说明，扶贫政策覆盖程度及政策在实际操作中农户参与度仍有待提升，需要进一步加大政策宣传力度，让农牧民参与政策、感受政策实惠，真正发挥扶贫政策的帮扶作用。

（二）扶贫政策满意度总体较高但存在一定差距

从具体八项政策满意度评价结果来看，总体满意度均超过60.00%，且政策之间满意度存在一定差距。在具体分析中，将"很满意"和"满意"评价进行合并分析，总体为"满意"评价。八项政策及其满意度排序依次为"新型农村合作医疗"（86.12%）＞"义务教育减免学杂费"（81.85%）＞"城乡居民基本养老保险"（73.49%）＞"农村最低生活保障"（67.79%）＞"灾害救助"（63.52%）＞"危房改造"（62.99%）＞"大病救助"（62.63%）＞"产业扶贫到户"（60.32%），医疗保障的满意度相对较高，农户对其评价积极，但产业扶贫的影响面较小，部分农户甚至没有听说过该项政策。可见，伴随扶贫攻坚步伐的推进，集中连片特殊困难地区的扶贫工作成为国家扶贫工作的重中之重，扶贫政策取得了较好效果，各项扶贫措施及务实行动已经成为贫困地区及家庭实现脱贫致富、决战全面小康的必要保障和坚强后盾。

四、农户的政策期盼及反贫困建议

一方面,贫困农户对扶贫政策期盼主要体现在以下几方面。第一,农户对新型农村合作医疗普遍持肯定态度,认为政策很好,希望继续实施下去并扩大范围;希望简化报销程序,提高报销效率;希望提高医疗服务水平,提高报销额度。第二,农户对新型农村养老保险的态度积极,认为该项政策对老年人有益,希望政策能长期稳定,并能增加补贴金额,及时发放。第三,农户认为农村最低生活保障能保障基本生活,但金额太低,希望能提高额度。第四,获得过灾害救助的农户希望救助物资能在第一时间发放,希望提高工作质量。第五,多数农户认为大病救助政策很好,希望扩大范围、提高标准,扩大救助范围。第六,部分农户未得到过危房改造补助,了解不深,但获得过补助的农户认为该项政策很好。第七,义务教育减免学杂费政策的认可度较高,农户认为其对家庭有帮助,提高了地方入学率,同时提出全部免除学杂费的愿望。可见,政府实施的一系列优惠政策和项目确实给藏区居民带来了实惠,他们的参与态度积极,希望在政府的帮助下,能够更大程度地改善生活,提高生活水平和质量,对以后的生活充满信心和期盼。

另一方面,针对受访农户反贫困建议调查,可以了解现阶段贫困农户的反贫脱贫决心如何,对反贫政策的评价如何等问题。首先对"今后自身脱贫的思路与主要做法",受访农户的回答主要集中在"加强劳动力教育培训,提高种养技术""更多参与扶贫脱贫项目活动,如农业合作组织""外出务工""依靠政府加大资金投入和技术培训力度"等方面,可见贫困农户自主脱贫意识强烈,但也希望得到政府及外界的帮助来实现家庭脱贫。其次对"当地扶贫工作存在问题与建议",受访农户的回答主要集中在"要精准扶贫对象,使真正贫困的家庭得到帮助""扶贫程度不深,要加大扶贫力度,落实扶贫项目等工作""扶贫工作趋于表面形式,应加大扶贫工作落实力度",另希望"增加项目、技术指导,提供创业就业机会""增加对家庭的物质帮助,提供贷款"等方面。再其次,对"国家扶贫工作的建议"的回答主要集中在"减免高等教育学费或贷款""选派干实事的干部""加大医疗、社保、教育等保障力度""深入实际调查,了解农户实际所需"等内容。

第四节 贫困农户政策依赖性分析

分别从以下两个维度针对农户对国家扶贫政策的依赖性进行探讨:一是高

寒藏区农户减贫增收是否依赖国家扶贫政策？二是高寒藏区农户自主反贫困对于增加收入是否更有效？从这两个问题出发，基于实地调研数据，对调研地区特殊贫困基本情况及调研数据描述性统计结果进行分析，并采用分位数回归探讨农户对扶贫政策的依赖性程度，分别估计农户政策依赖行为、政策依赖心理及农户自主反贫困能力对国家贫困标准线下贫困户和非贫困户人均收入的边际贡献。

一、模型建立

肯克和帕塞（Koenker & Passet）于 1978 年提出的分位数回归模型，[①] 是对基于均值回归的最小二乘估计的一种扩展，它依据被解释变量的条件分位数进行回归，能精确地描述解释变量对被解释变量的变化范围及其条件分布形状的影响，反映其在不同分位数上的边际贡献。同时，分位数回归不受被解释变量异常值的影响，且对误差项分布并不要求很强的假设条件，相比最小二乘法回归具有更好的稳健性。结合本节研究的问题，拟就农户对国家扶贫政策的依赖性进行探讨，相较于最小二乘法只关注平均而掩盖各分位点上的差异，采用分位数回归的好处是可以测度不同收入分布点上农户的政策依赖性，且能全面展现农户政策依赖性在不同收入分布点上的边际贡献变动趋势，基于此，本文选择半对数分位数回归模型，根据农户收入决定函数（Morduch & Sicular, 2000）[②] 改进并设定线性回归方程为：

$$\ln Y_{i,q} = \beta_0 + \beta_{1,q} behavior_{iq} + \beta_{2,q} mentality_{i,q} + \beta_{3,q} ability_{i,q} + \sum_{k=1}^{K} \beta_{k,q} CV_{k,i,q} + \varepsilon_{i,q}$$

(16.1)

式（16.1）中，因变量 $\ln Y_{i,q}$ 表示农户人均年纯收入的对数变化形式，i 表示农户样本编码，q 代表分位数，可取 0~1 之间任意小数。β_0、β_1、β_2、β_3、β_k 分别表示各变量的半弹性系数，可理解为自变量变动一个单位带来的因变量变化的百分比水平。k 为控制变量 CV 个数。$\varepsilon_{i,q}$ 是随机误差项。核心解释变量 behavior、mentality 和 ability 分别表示农户对扶贫政策的依赖行为、扶贫政策依赖心理和农户自主反贫困能力，分别以农户依托政府扶贫政策的受惠情况、从心理上认为扶贫政策对家庭的帮助作用大小和农户经营主业外的务工收入占家庭总收入比

[①] Koenker, R. & G. Basset：Regression Quintiles. Econmetrica，1978，46（1），pp. 33–50.

[②] Morduch, Jonathan, and T. Sicular：Politics, Growth and Inequality in Rural China：Does it Pay to Join the Party？. Journal of Public Economics，1998，77（3），pp. 331–356.

例作为这三个核心变量的衡量标准。此外，收入水平决定机制复杂，影响因素涉及较广，其中最重要的包括人力资本（Mincer，1974）[①]和物质资产（高梦滔，2006）[②]类因素，也不排除农户家庭禀赋特征异质性的干扰（万广华，2005）[③]及样本所处环境差异（Yao et al.，2004）[④]的影响作用。因此，除以上核心变量外，本文另引入家庭特征、人力资本、财务资产、区域环境等众多与收入密切相关的影响因素作为控制变量，最大程度上减小随机干扰项的影响。

二、变量设置及描述性统计

根据上述模型框架及相关变量选取，借鉴国家 2011 年新调整的相对贫困标准，以农村居民家庭 2010 年人均纯收入 2 300 元的不变价格为衡量标准，将样本农户划分为贫困户和非贫困户两个组别，对每一个变量分别进行描述性统计，结果详见表 16-15。根据表中贫困户与非贫困户的对比结果可发现相较于非贫困户，贫困户家庭更倾向于伴随如下基本特征：一是对政府扶贫政策依赖性较高，同时自主反贫困能力较弱。贫困户无论是扶贫政策依赖行为均值 3.17，还是依赖心理均值 3.07，均高于非贫困户水平的 2.33 和 1.60；自主反贫困能力均值水平 1.44 却远远低于非贫困农户的 19.85 水平。二是人力资本劣势凸显，表现在家庭成员文化程度、拥有专业技能比例及健康状况等方面。从调研数据来看，贫困户家庭文化程度普遍在小学及以下水平，略低于非贫困户水平，且拥有某项专业技能的人数非常少；体弱多病、长期慢性病、大病及残疾人在家庭总人口中所占比例为 2.82%，比非贫困户高出 2.80%。三是拥有较少的物质资本及社会资本。贫困户人均住房面积为 36.48 平方米，人均比非贫困户少 4.06 平方米。四是区域经济发展水平在两组观察样本中也表现出一定差异性，此外，女性且年龄偏大户主似乎更容易出现贫困现象。可见，高寒藏区农户贫困现象多元、结构复杂，本节关注焦点农户扶贫政策依赖性及其自主能力的研究需进一步实证分析。

[①] Mincer, J.: *Schooling, Experience, and Earnings*. National Bureau of Economic Research; distributed by Columbia University Press, 1974, 29 (1), pp. 218–223.

[②] 高梦滔、姚洋：《农户收入差距的微观基础：物质资本还是人力资本？》，载《经济研究》2006 年第 12 期，第 71~80 页。

[③] 万广华、周章跃、陆迁：《中国农村收入不平等：运用农户数据的回归分解》，载《中国农村经济》2005 年第 5 期，第 4~11 页。

[④] Yao S, Zhang Z, Hanmer L.: *Growing inequality and poverty in China*. China Economic Review, 2004, 15 (2), pp. 145–163.

表 16-15　　　　　　　变量设置及描述性统计结果

解释变量			全部样本		非贫困户		贫困户	
变量类型		替代变量及度量方法	均值	标准差	均值	标准差	均值	标准差
核心变量	政策依赖行为	depend-behavior 依托政府扶贫政策受惠情况①	2.54	1.23	2.33	1.37	3.17	2.23
	政策依赖心理	depend-mentality 认为扶贫政策对家庭的帮助作用②	1.79	1.08	1.60	1.22	3.07	2.10
	自主反贫困能力	independ-ability 经营主业外务工收入比例（%）	14.36	45.66	19.85	37.07	1.44	47.36
控制变量	家庭特征	gender 户主性别（男=1，女=0）	0.77	0.42	0.78	0.42	0.72	0.43
		age 户主年龄（岁）	48.28	10.73	47.94	10.22	52.67	11.19
		cadre 干部户（是=1，否=0）	0.08	0.28	0.09	0.28	0.04	0.19
		minority 少数民族户（是=1，否=0）	0.87	0.54	0.87	0.54	0.86	0.59
		family 家庭规模（人）	3.83	1.48	3.72	1.32	4.18	2.06
		industry 家庭经营主业（农业=1，非农=0）	0.84	0.73	0.83	0.73	0.94	0.87
	人力资本	health 健康人数比例（%）	99.29	17.14	99.98	17.15	97.18	16.21
		education 文化程度均值（1~5）	1.87	0.82	1.95	0.83	1.59	0.77
		skill 专业技能比例（%）	0.07	0.31	0.09	0.32	0.01	0.20

① 根据调查问卷，样本地区政府扶贫政策包括"新型农村合作医疗""新型农村养老保险""农村最低生活保障""农业补贴""灾害救助""大病救助""危房改造项目""义务教育减免学杂费""产业扶贫到家"等，只要享有或参与其中一项，即赋值追加一分。

② 根据问题"您认为当前政府扶贫政策的实施对您的家庭的帮助作用如何"回答：1=非常重要，2=比较重要，3=一般，4=没感觉政府的政策发挥了作用，5=对政府的政策不了解。

续表

变量类型		解释变量	全部样本		非贫困户		贫困户	
		替代变量及度量方法	均值	标准差	均值	标准差	均值	标准差
控制变量	财物资产	farmland 耕地面积（亩/人）	3.73	17.96	3.74	17.66	3.76	17.20
		house 住房面积（平方米/人）	39.39	23.18	40.54	23.19	36.48	24.55
		loan 金融负债额（千元/人）	0.63	4.32	0.73	4.34	0.34	2.01
	区域环境	development 所在地区人均收入（千元）	7.40	1.76	7.51	1.78	7.12	1.24
		market 最近集市距离（里）	29.82	34.81	28.67	31.91	34.77	40.16
		province 所在区域（省份）①	—		—		—	
样本数（obs）			551		419		132	

三、实证结果及分析

为了尽可能削弱"遗漏变量"现象所带来的内生性问题对模型回归结果的影响，除核心变量外，本书模型在控制变量的设置上，尽量考察较为全面的影响收入的相关因素，但这有可能导致模型中解释变量间存在相关性或多重共线性问题，从而影响模型估计结果的准确性和可信度。鉴于此，本书在正式回归前，先进行变量的相关性检验和多重共线性检验，且由于分位数回归对误差项并不要求很强的假设条件，对于非正态分布而言，其估计量则更加稳健。因此根据模型检验剔除部分样本，最终确定 496 个样本量进行回归检验。根据检验结果，膨胀因子 VIF（Variance Inflation Factor）值小于经验临界值 2，可认为本书所选变量之间不存在高度的多重共线性或相关性，如果忽略部分变量之间存在的不严重的共线性或相关性，我们可以保留预设模型中的所有解释变量。再用 Stata12 软件进一步估计模型的拟合情况，模型拟合较好。结果显示，贫困户样本中，本文所关

---

① 样本所在省份包括西藏、青海、甘肃、四川，以西藏为基准分别设置三个虚拟变量进行回归。由于云南藏区的 11 份问卷为后期补充，此实证分析中未包含云南藏区的调查问卷。

注的三个关键变量政策依赖行为（depend-behavior）、政策依赖心理（depend-mentality）和自主反贫困能力（independ-ability）在不同显著性水平上均通过了显著性检验；非贫困户样本观察中，该三个考察变量均在1%的显著性水平上通过了检验，具体分析如下。

（一）政策依赖行为

扶贫政策依赖行为（depend-behavior）无论是在贫困户组还是非贫困户组均显示在1%的显著性水平上通过了检验，且回归系数符号为正，即农户对于国家扶贫政策的依赖行为与其收入呈显著正相关关系。从变量分位数回归系数来看，政策依赖行为（depend-behavior）在贫困户和非贫困户组的系数分别为0.2672和0.3388，表明该变量评价值每增加一单位，贫困户和非贫困户的人均年纯收入分别增加26.72%和33.88%。我国扶贫政策先后经历了预防式、救济式和开发式反贫困等不同战略阶段，目前以精准扶贫为工作重点，在一定程度上极大地推动了国家反贫困事业进程[①]，尤其近20年来在减少农村贫困人口方面取得了巨大成功，林建[②]用14年的连续数据证明了政府财政及金融上的反贫困政策联动效应的发挥对于民族地区贫困状况的缓解具有积极作用。就调研地区而言，新型农村合作医疗、新型农村养老保险、农村最低生活保障、农业补贴、灾害救助、大病救助、危房改造项目、义务教育减免学杂费、产业扶贫到家等多项扶贫政策已正式启动并初见规模，大多农户能够抓住上述扶贫政策的享有或参与机会，从该变量样本均值（2.54）来看，至少有两到三项是当地农户重点依赖政策，并以此为家庭带来一定增收。因此，充分利用农户对于国家扶贫政策的依赖行为，落实国家扶贫政策的实施，提升扶贫政策效应，有助于贫困状况的缓解，这与林建的研究结论相符合。

（二）政策依赖心理

扶贫政策依赖心理（depend-mentality）在贫困户模型和非贫困户模型回归结果中均在1%的显著水平上通过了显著性检验，系数符号均为正，表明农户对于国家扶贫政策的依赖心理与其收入情况显著正相关。从分位数回归系数来看，该变量回归系数分别为0.1557和0.2323，表明政策依赖心理（depend-mentality）

---

① 郑智航：《论免于贫困的权利在中国的实现——以中国的反贫困政策为中心的分析》，载《法商研究》2013年第2期，第48~57页。

② 林建、廖杉杉：《民族地区财政金融政策的反贫困效应研究》，载《中国人口·资源与环境》2014年第9期，第110~117页。

评价值每增加一单位，贫困户和非贫困户的人均年纯收入分别增加 15.57% 和 23.23%，表明农户坚信当前国家扶贫政策的实施给自己的家庭带来非常重要的帮助，这种心理的引导作用越大，越愿意参与或更倾向于获得国家扶贫政策的推行项目，从而带来家庭收入的增加，这种引导效应在非贫困户样本中表现得更明显。不难理解，扶贫政策大规模降低贫困人口数量的政策目标对于公众而言颇具吸引力，也极易获取公众的认可和拥护，[①] 事实证明，政府的宏观政策使农民收入水平得到普遍提高，农民对政府在提高农民收入的工作持积极认同态度。[②] 已有研究也表明，社会援助反贫困战略主要通过集体形式加以实施，其反贫困作用相当有限，在这一体系未能解决问题时，贫困群体不得不向国家寻找政策帮助，从而强化了国家在社会反贫困进程中所扮演的角色。[③] 因此，认清政府在反贫困过程中的重要性，充分利用好农户对国家扶贫政策的认同度和依赖性，进一步提升国家扶贫政策的社会公信力，有助于加快高寒藏区农村反贫困进程。

（三）自主反贫困能力

由表 16-16 分位数回归结果可知，贫困户样本和非贫困户样本两个模型中，变量自主反贫困能力（independ-ability）在不同置信水平上均通过了显著性检验，且系数符号均为正，表明农户的自主反贫困能力对其收入有显著正向促进作用。分位数回归系数分别为 0.3371 和 0.3443，即自主反贫困能力（independ-ability）评价值每增加一单位，贫困户和非贫困户的人均年纯收入分别增加 33.71% 和 34.43%，表明农户经营主业外兼职务工是其增加家庭收入实现自主反贫困的重要途径，从数值上来看，兼职务工的减贫增收效应对于非贫困户更显著。事实上，由于农业易受自然灾害、气候、环境等多方面影响，且生产成本日益增加，农业收益的不确定性因素较大，调查地区一部分村民通过外出打工或在当地做临时工等其他兼职行为增加家庭收入。理论上，个人能力的提升对预防和缓解贫困具有根本性的作用，有学者借助 Sen 能力贫困理论，[④] 从能力贫困指标所涵盖的基本内容出发，验证了机会的缺失、糟糕的教育水平、社会保障系统的软弱无力等是造成人们收入能力丧失并陷入贫困的不可忽视的因素，因此，注重人力资本投资、着重提升农户自主反贫困能力的反贫困理念对于国家扶贫政策制定的影响

[①] 苗齐、钟甫宁：《中国农村贫困的变化与扶贫政策取向》，载《中国农村经济》2006 年第 12 期，第 55~61 页。

[②] 李华荣：《山西省农民收入差距的主观承受力实证分析》，载《山西农业大学学报》（社会科学版）2008 年第 6 期，第 561~565 页。

[③] Finer C J.: Social policy reform in China: views from home and abroad. AshgatePublishing, 2003.

[④] Sen A.: Capability and Well-Being in Nussbaum. Quality of Life, 1993. pp. 30-54.

极深,[①] 提倡调整开发式扶贫策略,为有劳动能力的贫困和低收入人群提供就业机会带来的反贫困效应将更显著。综上所述,农户的自主反贫困能力与家庭人均年纯收入呈现显著正相关关系,从增收角度来看,自主反贫困能力的提升,有助于促进高寒藏区农户减贫增收。

表 16-16　　　　　　　分位数回归结果及显著性检验

解释变量	贫困户（Q50）	非贫困户（Q50）
扶贫政策依赖行为（depend-behavior）	0.2672*** （0.1154）	0.3388*** （0.0809）
扶贫政策依赖心理（depend-mentality）	0.1557*** （0.0249）	0.2323*** （0.0357）
自主反贫困能力（independ-ability）	0.3371* （0.1818）	1.3443*** （0.1312）
常数项（constant）	2.3134* （1.222）	3.0456*** （0.8227）
虚拟判定系数（Pseudo R^2）	0.1987	0.2401
控制变量（CV）	Yes	Yes
样本数（obs）	378	118

注：***、**和*分别表示在1%、5%和10%的显著性水平上通过检验；括号内为标准误；"Yes"表示控制变量已控制,下同。

四、模型稳健性检验

（一）基于国际贫困标准的稳健性检验

表 16-16 的结果是以国家 2011 年新调整的相对贫困标准（2010 年的 2 300 元不变价格）为例,但有国外学者[②]表示该标准较国际贫困标准（人均每天 1.25 美元）有一定出入。故本节选取国际贫困标准线进行再回归,以检验上述模型的稳健性。检验结果参见表 16-17。与国家贫困标准相比,贫困线提高

[①] 徐月宾、刘凤芹、张秀兰:《中国农村反贫困政策的反思——从社会救助向社会保护转变》,载《中国社会科学》2007 年第 3 期,第 40~53 页。

[②] Minoiu, Camelia, and S. G. Reddy: *Estimating Poverty and Inequality from Grouped Data*: *How Well Do Parametric Methods Perform*?. Social Science Electronic Publishing, 2008.

以后，就收入决定来看，自主反贫困能力（independ-ability）显著性水平发生变化，但仍通过显著性检验，而扶贫政策依赖行为（depend-behavior）和扶贫政策依赖心理（depend-mentality）显著性较原国家贫困线水平没有变化，三个观测变量依然在不同显著性水平上均通过了检验，验证了上文中回归模型的稳健性良好。因此，可认为上文回归模型在两个不同贫困线标准条件下具有较好的稳健性，能够在一定程度上反映农户对扶贫政策的依赖性及自主反贫困能力对人均收入的影响作用。

表 16-17　　　　　　　稳健性检验分位数回归结果

解释变量	贫困户（Q50）	非贫困户（Q50）
扶贫政策依赖行为（depend-behavior）	0.2534 *** (0.0946)	0.3095 *** (0.0851)
扶贫政策依赖心理（depend-mentality）	0.1639 *** (0.0263)	0.2473 *** (0.0296)
自主反贫困能力（independ-ability）	0.3403 ** (0.1473)	1.3412 ** (0.1364)
常数项（constant）	2.3929 ** (1.0059)	3.0103 *** (0.8227)
虚拟判定系数（Pseudo R^2）	0.1967	0.2536
控制变量（CV）	Yes	Yes
样本数（obs）	373	123

（二）全分位数回归检验

以上结果仅仅是在部分分位点上的回归结果，虽然较好地反映了既定贫困线标准下贫困户和非贫困户的收入水平差距情况，但并不能全面展现各观测变量在全部分位点上的边际贡献变动趋势，有必要进一步讨论各自变量在因变量全部分位点上的边际贡献变动情形。[①] 全分位数回归检验结果如图 16-6 所示。图中，横坐标为分位点，纵坐标为自变量回归系数，在本文中即各自变量对因变量农户收入水平的边际贡献率，图形中实线代表模型回归系数，阴影部分代表 5% 的置信带区域。可知，三个变量回归系数均出现不规则波动态势，但在整体上均呈上升趋势。其中，扶贫政策依赖行为（depend-behavior）和扶贫政策依赖心理（de-

---

① Koenker R. & KF. Hallock. : *Quintiles Regression. Journal of Economic Perspectives*, 2001, 15 (4), pp. 143-156.

pend-mentality）对农户减贫增收的边际贡献随着分位数增加缓慢上升，表明随着收入水平的提高，政策依赖性的边际贡献逐渐增强；自主反贫困能力（independ-ability）对农户减贫增收的边际贡献在 0.50 分位点以下保持相对平稳状态，之后随着分位数增加快速上升，表明在平均收入水平以下的观测样本中，农户自主反贫困能力并没有得到较好体现，而在平均收入水平以上的农户则能够较好地利用除农业外的其他兼职工作来提升家庭收入水平。综上所述，全分位数回归检验同上文的回归结果保持一致，进一步验证了以上回归模型及结果的稳定性。①

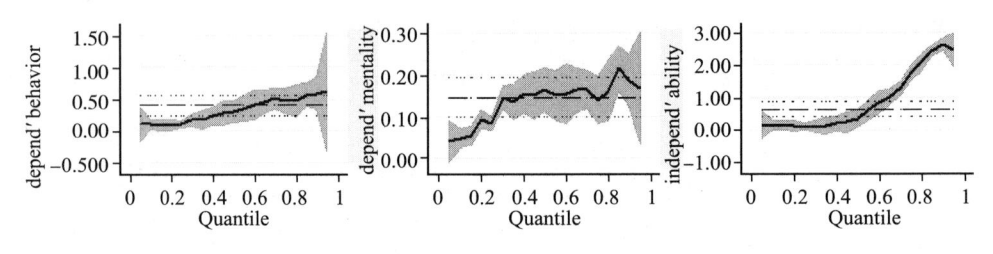

图 16 - 6　全分位数回归检验结果及系数变化

五、实证结论

第一，高寒藏区具有农户收入水平较低、收入内向性和政策依赖程度较高，总体贫困与内部不均衡发展并存，贫困发生率（20% ~ 30%）远高于其他连片特困地区等特殊性；而相较于非贫困户，高寒藏区贫困户的基本特征有：女性且年龄偏大户主居多，对政府扶贫政策依赖性较高但自主反贫困能力较弱，人力资本、物质资产及社会资本劣势凸显，且所处区域经济发展水平相对较差。

第二，农户对扶贫政策的依赖性和反贫困自主能力显著影响其收入水平，依赖性越高、自主反贫困能力越强的农户收入水平越高；政策依赖行为和依赖心理对贫困户收入水平边际贡献率分别为 26.72% 和 15.57%，反贫困自主能力对贫困农户收入水平边际贡献率为 33.71%，表明强化农户对扶贫政策的依赖行为及依赖心理有助于增加农户的收入，而提升其反贫困自主能力，则在更大程度上提升农户的收入水平，进而对改善贫困现状、加快高寒藏区的农村反贫困进程发挥作用。

第三，扶贫政策依赖行为、依赖心理对农户减贫增收的边际贡献随着收入分位点增加缓慢上升，表明随着收入水平的提高，政策依赖性的边际贡献逐渐增

---

① 李波、刘丽娜、李俊杰：《高寒藏区农村反贫困政策依赖性研究——基于分位数回归模型的经验分析》，载《中央民族大学学报》（哲学社会科学版）2017 年第 5 期，第 69 ~ 78 页。

强；自主反贫困能力对农户减贫增收的边际贡献在 0.50 分位点以下保持相对平稳状态，之后随着分位数增加快速上升，表明在平均收入水平以下的观测样本中，农户自主反贫困能力并没有得到较好的体现，但随着收入水平的提高，自主反贫困能力的边际作用呈增强趋势。

由此可见，现有扶贫政策对增加高寒藏区贫困农户收入和增强他们反贫脱贫能力具有十分积极的作用，需要继续保持和推进各类扶贫政策的实施，将扶贫政策、扶贫项目与贫困农户捆绑发力，增强贫困农户对扶贫政策的依赖性及利用程度，使他们能够充分自主地加入到扶贫事业工作当中，提升反贫困的能力和信心。

第十七章

高寒藏区特殊类型贫困成因及反贫困模式突破

第一节 高寒藏区特殊类型贫困的成因分析

一、特殊的历史文化导致特殊的固性贫困

高寒藏区孕育了富饶灿烂的藏族文化遗产，伴随着藏族历史的发展而同步发展。文化对现代藏民的习俗和生活方式影响深远，在对高寒藏区经济、政治、教育、科技、文学、语言、医学、艺术等方面产生了积极作用的同时，部分文化和生活习俗中不同的生产生活方式和财富观导致了贫困的加剧。此外，藏族属于"直过民族"，他们从原始社会或奴隶社会跨越几种社会形态，直接进入社会主义社会，"一夜之间"跨越了其他民族上千年的历程。这种社会制度的大跨越并没有彻底消除旧时代的痕迹，思想保守、人口平均受教育程度低等问题依然存在，自我发展能力仍然较低，贫困具有其顽固性。贫困人口缺乏内生动力，自身的"造血"能力不足。因此，高寒藏区贫困人口由于历史原因在思想观念、生产生活上面临着社会制度巨大变迁的挑战。[1]

---

[1] 刘彤：《藏族地区贫困与反贫困研究》，载《西南民族大学学报》（人文社会科学版）2008年第5期，第32~37页。

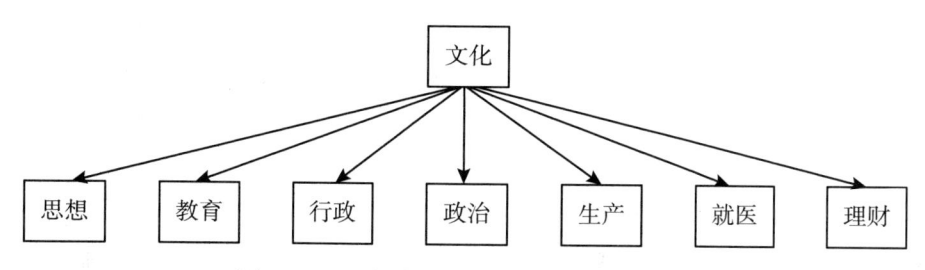

```
                         文化
         ┌──────┬──────┬──┴───┬──────┬──────┐
        思想   教育   行政   政治   生产   就医   理财
```

图 17-1　高寒藏区特殊固性贫困成因

二、特殊的自然生态环境导致特殊的生态贫困

典型的空间区位决定了特殊的生态环境，而特殊的生态又直接制约着高寒藏区贫困农牧民的生产生活方式，导致了特殊的生态贫困，使贫困问题更加脆弱，更难以通过一般的经济手段和发展方式得到解决。高寒藏区自然区位环境的主要特征就是地处偏远，地广人稀，且属于高寒高海拔地区，大部分地区年积雪期超过 6 个月，人居条件恶劣，交通不便利，地域相对封闭，资源缺乏、土地贫瘠、生态脆弱、灾害频繁。恶劣的自然环境是导致高寒藏区农牧民家庭贫困的根本原因，如图 17-2 所示，脆弱的生态环境直接制约了各类产业的开发和发展，加之自然灾害频发，产业基础十分薄弱；且可利用资源少，开发难度大，普通居民从事农业、畜牧业，只能靠天吃饭，收入低下且来源单一，贫困现象普遍；而恶劣的人居生存环境对藏区居民的身体健康造成威胁，高原性疾病、慢性病及包虫病等存在广泛，发病率高，严重影响身体健康，给贫困家庭造成巨大的经济负担，阻碍了贫困家庭反贫脱贫，因病致贫也成为高寒藏区贫困居民最突出的贫困因素。

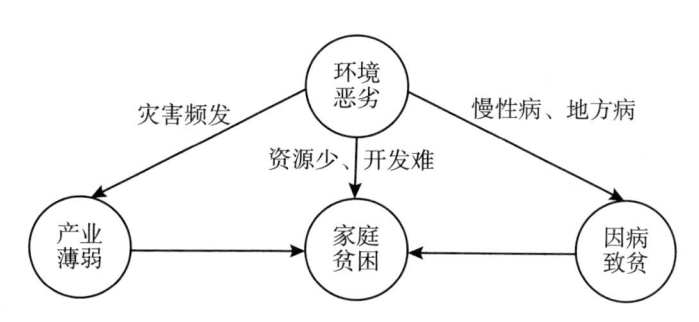

```
              环境
              恶劣
         灾害频发  慢性病、地方病
        ↙    资源少、开发难    ↘
      产业  ──────→  家庭  ←──────  因病
      薄弱           贫困           致贫
```

图 17-2　高寒藏区特殊生态贫困成因

第一，生态环境脆弱，产业基础薄弱。高寒藏区在全国的生态功能地位举足轻重，涉及多类生态系统、多种生态功能、多个生态功能区，生态敏感性强，生

态保护重要性大多处于极重要、较重要地位,是世界上生物多样性最为丰富的地区之一,是生物多样性的重要基因库(详见表 17-1)。伴随全球气候变暖的趋势,高寒藏区降水量减少,大部分地区持续干旱,风沙日数增加、土地沙化、水土流失、湖泊干枯、地下水位下降、草场退化等现象日趋严重,极大破坏了生态资源和生态环境,贫困地区人畜生存环境日益恶化。如凉山生物多样性保护功能区的水土流失严重、山地灾害频发和野生动植物栖息地退化与破碎化加剧;藏东南生物多样性保护重要区的原始林面积减少,野生动植物栖息地受到威胁;珠穆朗玛峰生物多样性保护与水源涵养重要区的过度放牧和受气候变化的影响,草地生态系统退化加剧,草地生物量和生产力下降、病虫害和融冻滑塌及气候与气象灾害增多、高寒特有生物多样性面临严重威胁。高寒藏区绝大多数地区海拔都在 3 500 米以上,贫困农牧民大多居住在生态敏感的高寒地带,地质构造复杂,气候环境较为恶劣,各类灾害频发、危险性较高,特殊地区饮水、取暖都存在较大困难,环境易遭破坏而难以恢复,生态限制和粗放式的经济增长方式仍制约着藏区各项产业发展,固有贫困加上生态贫困加剧了高寒藏区的贫困深度,贫困问题更加严峻。

表 17-1　　　　　　　　高寒藏区生态功能区划

项目		区域
生态系统类型	灌丛生态系统	川藏交界高海拔区及青藏高原(阔叶灌丛、针叶灌丛)
	草地生态系统	青藏高原东部(高寒草甸)、西部与西北部(高寒草原与高寒荒漠草原)
	湿地生态系统	独特的青藏高原高寒湿地生态系统类型
	荒漠生态系统	青藏高原北部
生态敏感性评价	水土流失敏感性	横断山区、念青唐古拉山脉、藏东南、昆仑山脉局部地区
	冻融侵蚀敏感性	青藏高原东部、祁连山北部、昆仑山北部
生态功能类型	水源涵养区	川西北高原区、三江源、祁连山、藏东南、昆仑山、横断山区、滇西地区
	生物多样性保护区	滇西北高原、藏东南、松潘高原及甘南地区、羌塘高原
	土壤保持区	祁连山区、川西高原、藏东南
	产品提供区	青藏高原高寒草甸、高寒草原
	重点城镇群	拉萨

续表

项目	区域
生态功能区举例	川西北水源涵养与生物多样性保护功能区、甘南山地水源涵养功能区、澜沧江源水源涵养功能区、祁连山水源涵养功能区、中喜马拉雅山北翼水源涵养功能区、滇西北高原生物多样性保护与水源涵养功能区、岷山-邛崃山-凉山生物多样性保护与水源涵养重要区、凉山生物多样性保护功能区、山南地区生物多样性保护功能区、念青唐古拉山南翼生物多样性保护功能区、珠穆朗玛峰生物多样性保护与水源涵养功能区、南羌塘生物多样性保护功能区、阿里生物多样性保护功能区、藏西北羌塘高原生物多样性保护功能区、昆仑山东段生物多样性保护功能区、雅鲁藏布江中游谷地农产品提供功能区、拉萨谷地农产品提供功能区、藏东高原农产品提供功能区、拉萨城镇群

注：根据《全国生态功能区划（2015年修编）》整理得到。

第二，追逐珍贵药材利益，生态破坏堪忧。以冬虫夏草为例，价格不菲的冬虫夏草产自青藏高原，主要分布在四川、青海、西藏等地，每年采挖季节正是高原草甸的恢复成长期，对草甸的恢复有很大的影响。自20世纪90年代开始，采挖虫草的人数急速增加，大量农牧民涌入虫草采集区，挖采虫草后没有采取随挖随填措施，留下了无数坑洞，导致大面积虫草生长的草皮干枯退化，裸露的泥土极易引起水土流失，草场沙化可能延伸扩展至整片草原，并使下游水源断流，成为生态受损的"重灾区"。善挖虫草的农牧民获得不菲收入的同时也导致草地生态环境受到严重破坏，由于文化素质偏低、急功近利、生态保护意识缺乏，对虫草的乱采滥挖，已经使该物种产量总体呈大幅度下降趋势，而且个体变小、质量下降，分布区域也逐年缩小。追逐利益的行为使得原本脆弱的高寒藏区生态资源环境变得更加恶劣、难以恢复，直接导致藏区居民的生存环境恶化、产业发展失去环境支撑。以青海玉树藏族自治州杂多县为例，素有"中国冬虫夏草第一县"美誉的杂多县地处澜沧江源头，境内有三江源自然保护区，也是"雪豹之乡"，平均海拔4 200米，为纯牧业县，县域境内虫草资源丰富。正因如此，随着近年虫草价格不断攀升，虫草采掘规模迅速升级，导致虫草资源急剧萎缩，虫草质量急剧下降，严重威胁县域虫草主产地的生态环境，破坏了草原的生态系统。

第三，耕地资源缺乏，食物供给不足。高寒藏区环境恶劣、地形地貌复杂，土壤质量参差不齐，土地利用类型多样，其中牧草地面积占据土地利用的绝对优势，而农业耕地面积十分有限，且土壤质量普遍不高。以2015年数据来看，高寒藏区农作物耕地面积和粮食种植面积分别为8 320.11平方公里、6 953.00平方公里，仅占总面积230.207万平方公里的0.361%、0.302%。① 土地资源十分有限，而且分布零星破碎、土质贫瘠，不宜农耕，耕地多数以陡坡为主，土壤质量不高，农作物产量低，有些家庭甚至无法满足日常口粮，更无法通过销售多余粮食获得额外收入。

第四，人居生存环境差，高原疾病高发。特殊的、恶劣的地理气候条件决定了高寒藏区的人居生存环境差，具体表现在海拔高、气温低、昼夜温差大、空气稀薄、太阳辐射强等特点，且由于公共基础设施建设不足，贫困农牧民的饮食、饮水、生存环境条件均较差，直接导致高血压等高原慢性病、大骨节病、包虫病等高发、频发，严重增加了农牧民家庭负担，因病致贫是我国贫困地区，也是在实地调查中农牧民家庭最大的贫困制约因素与担忧。与因灾、因学致贫的暂时性和可救助性相比，因病致贫的原因更为复杂，救助也更为困难，不少家庭由于疾病反复发生面临巨大经济压力，乃至重新回到贫困的行列当中。以来自西藏萨嘎县昌果乡的白玛加布为例，2013年11岁被查出患有包虫病就辍了学，只能每天待在家里，小白玛的父母都是牧民，年收入不足2万元。几年间，为筹集治疗的8万多元费用，父母卖掉了牦牛和羊群，还欠下外债，生活十分拮据，而他的病情却一再加重，亟须获得相关医疗救助，摘除大包虫囊。② 对于像小白玛这样的情况在藏区并不少见，疾病缠身对本就贫困的家庭来说耗尽了家庭的储蓄，也沉重打击了他们反贫脱贫的信心。

第五，自然灾害和地质灾害频发，损失严重。由于特殊的地理位置及地质结构，高寒藏区自然条件恶劣、气候异常，自然灾害往往混合发生，旱涝灾害并存、水土流失和石漠化严重，风灾、霜冻、冰雹、农业病虫害频繁发生，对农牧业生产的危害极大，农业生产量低而不稳。而由于洪涝、地震引发的泥石流、山体滑坡、山体崩塌、矿山塌方等次生灾害也时有发生，给藏区人民的生命及财产安全造成了巨大损失。如2008年四川阿坝藏族羌族自治州汶川地震、2010年青海玉树藏族自治州玉树地震，导致了严重的人员伤亡，数以万计的房屋倒塌，给当地居民生产生活带来巨大损失，给原本贫困的家庭雪上加霜，反贫脱贫难度加大。

第六，资源环境承载力有限，经济发展受限。高寒藏区蕴藏了水能、太阳能、地热能、风能、林草和畜粪等可再生能源，100多种矿产资源，森林、药物、动物等生物资源，类型多样、物产丰富。但地形险峻、地质地貌复杂、生态

---

① 资料来源于各省、区、州2015国民经济和社会发展统计公报，各州县2015年政府工作报告，2016年《中国统计年鉴》及各省区2016年统计年鉴，经课题组计算得到。
② 章士平：《"世界屋脊"的医疗扶贫之路——"藏区千名包虫病患者救助行动"纪事》，载《中国农村卫生》2016年第7期，第5~8页。

环境脆弱使得藏区的资源环境一旦开发破坏,恢复速度慢甚至难以恢复,加上日益增长的人口规模、城市无限制扩张,生态承载力严重超载,生态功能低,污染严重,人居环境质量下降。以西藏为例,2015 年底,西藏已建立各类自然保护区 47 个,各类生态功能保护区 22 个,保护区总面积约 41.22 万平方公里,占全区国土面积的 34.35%,[①] 虽然资源丰富,分布却极不均衡,可用耕地、牧场资源、可开发生物资源及矿产资源等十分有限,实际资源环境承载力较低。

三、特别薄弱的基础设施导致特殊的资本贫困

特殊的地质地貌及气候环境导致高寒藏区各类基础设施建设投入大、成本高、施工难度大、使用寿命短,直接降低了基础设施的质量水平,不利于当地形成系统完善的基础设施体系,严重影响了居民正常的生产生活,削弱了他们的反贫脱贫的能力和水平。上述情况如图 17-3 所示。

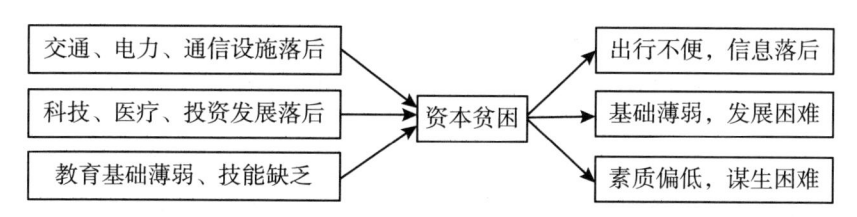

图 17-3 高寒藏区特殊资本贫困成因

第一,西藏和四省藏区均地处我国西部高原高山地带,区位偏远,交通、电力、通信等基础设施落后成为长期制约当地经济社会发展的瓶颈因素。发达的交通、稳定的供电、便捷的通讯是互联网时代的必备要素,也是输送物资、传递信息、带动经济发展的基础条件。当前,高寒藏区的交通仍不便捷,片区内主干道网络体系尚未形成,水利、电力、通讯设施建设不足,且现有设施严重老化,基础设施整体薄弱。一方面,由于高寒藏区地理位置独特,自然条件、地理条件极其复杂,处于青藏高原、高山峡谷、雪山冰川覆盖的板块缝合带及地震高发带,修建公路、铁路、电力等基建面临诸多技术难题,如低含氧、低气温、强雷暴的恶劣自然条件使工程施工难度大,严寒缺氧更容易导致人机工作效率低下;且还需要更有效的技术措施和科学的施工方案解决冻土退化和融蚀、季节融化层的冻结和融化、不良冻土等物理地质现象,造成高寒藏区基础设施建设难度大、时间

---

① 刘务林、程斌、李睿、彭建生:《西藏三成以上国土是保护区》,载《森林与人类》2016 年第 11 期,第 40~59 页。

长、成本高，经常由于地质地貌原因导致技术变更，工期拖延。另一方面，地方财政特别困难的贫困县，配套能力普遍很弱，自给率极低，扶贫资金紧张、落实不足，基建项目申请下来后往往资金难以配套，且长期累积的工程建设历史欠账较多，相关部门只能是"拆东墙补西墙"，负债如滚雪球般越来越大，使高寒藏区无法形成有效的发展基础，社会资本投资薄弱，物质资本积累严重不足，贫困农牧民脱贫致富缺乏外在环境支撑。截至2015年12月，甘孜州仍有111个乡不通邮路，450个村不通公路，部分偏远乡村还不通电，基础设施条件落后，严重阻碍了贫困人口的出行和农产品外输，产业发展基础条件差。①

第二，科技、医疗、金融、投资、文化、体育等方面发展落后，有效供给不足。科学技术发展落后，医疗卫生条件仍不能满足群众需要，图书馆、博物馆、科技馆、体育场馆等公共文化设施及平台缺乏，金融机构、投资机构少，金融市场发展缓慢，学校体育设施不足、大众体育服务供给欠缺等严重制约了高寒藏区社会发展，直接导致物质资本、金融资本、人力资本的多重缺乏，资本形成困难，发展起点低。

第三，教育基础薄弱，导致部分居民文化素质偏低，谋生技能较差。在传统藏族社会里，农牧民沿袭着非常简单的生活方式和劳动方式。其中，游牧民除了拥有游牧知识及相关技能外，缺乏从事其他产业的基本知识和劳动技能，连揉皮和搭建过冬窝棚这样简单的工作，也求助于附近的农民。② 经过长期的努力发展，高寒藏区的教育机制不断完善，教育水平显著提升，培养了大批服务藏区发展的各类合格人才，对推进西藏经济发展、民族团结、社会进步、文化繁荣和全面建设小康西藏、平安西藏、和谐西藏发挥了重大作用。但科技、农业、教育、艺术、体育等领域的人才存在严重的数量不足，尤其是艰苦地区和农牧区基层人才更为缺乏，人力资本文化素质不高，教育软硬件水平仍较落后是藏区发展、农牧民技能提升的严重阻碍之一。例如，2015年西藏小学入学率98.94%（全国为99.88%），初中毛入学率96.24%（全国为104.0%），高中阶段毛入学率74.47%（全国为87%），高等教育毛入学率29.45%（全国为40%），学前教育毛入园率61.49%（全国为75%）③，教育水平仍然较低。藏区贫困农牧民家庭由于一些错误的观念，送孩子上学的积极性不高。另外，由于居住分散，上学路

---

① 中国新闻网：《探访金融扶贫"甘孜模式"，精准扶贫打通"最后一公里"》，http://www.chinanews.com/cj/2015/12-02/7652796.shtml，2015年12月2日。
② 罗绒战堆：《藏族地区"惜杀惜售"问题的研究》，载《西南民族大学学报》（人文社会科学版）2009年第11期，第13~17页。
③ 黎华玲：《新西藏建设50年，青壮年文盲率降至新低》，http://news.youth.cn/gn/201512/t20151215_；教育部：《中国教育概况——2015年全国教育事业发展情况》，http://www.moe.gov.cn/jyb_sjzl/s5990/201612/t20161219_292432.html，2016年12月19日。

程远，且不少地区的学校办学质量和办学水平不高，缺乏教育设施设备，教师队伍水平不高。教育基础的落后和软硬件环境交叉制约，使得藏区普遍存在学生入学难、辍学易、留不住等问题，无疑导致人力资源素质偏低、人力资本不足等现实问题。而在扶贫攻坚过程中，正需要熟悉藏区环境、掌握地方语言文化、具备良好的知识结构体系及综合素质较高的人才队伍，这也是高寒藏区脱贫致富的关键。

四、低层次的市场化程度和水平导致特殊的收入贫困

高寒藏区历史上一直以农耕畜牧业为主的自给自足的自然经济为主，农业长期处于刀耕火种阶段，牧业处于游牧阶段。农业主要以种植青稞、小麦、大豆等为主，牧业主要以牦牛、藏羊、藏马为主，与实地调研的现实情况相符，生产工具十分落后，生产力水平低下。中华人民共和国成立以后，藏区经济社会文化均有较快发展，农牧民的生活水平也显著提升。虽然拉萨、那曲、阿里、林芝、迪庆等地已经迈向"三二一"的产业结构，但依赖土地的广大贫困农牧民依然过着"靠天吃饭，靠天养畜"的农耕游牧生活。恶劣闭塞的自然环境以及原始落后的生产方式，使藏区居民难以适应市场经济的发展步伐，生产生活方式落后，农牧业生产率和农畜产品商品化程度很低。

高寒藏区收入贫困成因主要有以下五个方面：

第一，有限的耕地资源、恶劣气候条件只能产出少量的粮食，有些贫困家庭甚至缺少正常的食物，更无法有多余的食物拿到市场出售，销售粮食、农产品获得的收入十分有限。

第二，伴随全球气候变化，高寒藏区的气候也呈现出自然灾害多发、频发、难以监测、后果严重等趋势，雪灾、干旱、洪涝、冰雹、霜冻等严重危及农牧业生产，对农牧业生产可能产生毁灭性的打击，给贫困农牧民造成极大的生产损失，影响正常生产生活。而相继引发的泥石流、山体滑坡、雪崩等次生灾害、地震也严重危及人身及财产安全。

第三，高寒藏区农业生产总体上仍然处于较为传统的农耕游牧生产水平阶段，现代化、科学化、绿色化的农牧业尚未形成有效规模，农牧业产业化的原料不足，产业结构较为单一，缺少农业产业化龙头企业，拳头产品、品牌产品仍较少。一方面，"靠天吃饭"仍是多数农牧民的主要生计方式，农牧业产业化起步晚、水平低、规模小，难以形成规模化的种植、养殖，除去满足自身家庭的食物需求，拿到市场上销售的农牧品数量较少，无法有效增加农牧民的收入。另一方面，农牧民欠缺科学的种养技术，使得产品质量不过关，加之农畜产品价格波动大，受市场的影响极大，农产品质量无统一标准，市场竞争力不强，这些问题均

加剧了农牧民收入的不稳定性,也制约着藏区农牧业产业化水平的提升。

第四,经济发展历史起点低,使得高寒藏区的产业发展水平不高,农牧业作为传统优势产业的经济带动功能有限,农牧民的思想观念仍较传统和落后,商品意识仍然较弱,市场经济意识不强,增收渠道有限,家庭仍然面临着贫困的巨大压力和挑战。

第五,"惜杀惜售"思想和自给自足的小农意识仍普遍存在,农牧民们参与市场经济程度较低,缺乏市场经济效益观念,缺乏可靠、稳定的收入来源,更无法有效推动藏区农牧产业的发展和完善。上述情况如图 17-4 所示。

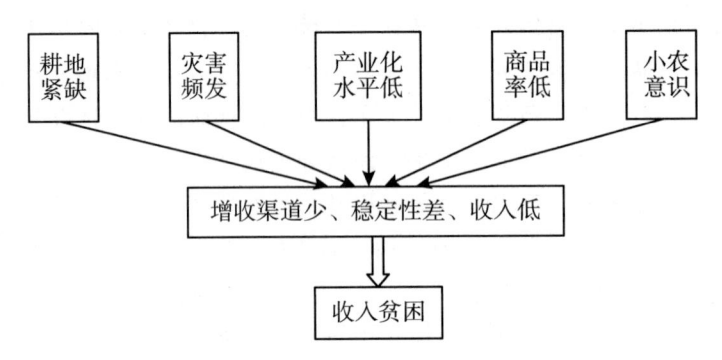

图 17-4　高寒藏区特殊收入贫困成因

五、特殊的政策规划限制导致特殊的发展贫困

高寒藏区特殊的生态环境需要特殊的政策规划,而特殊的政策规划也决定了特殊的发展方式,导致了特殊的贫困类型。青藏高原是中国乃至东南亚的重要"江河源",被称为"亚洲水塔",而被誉为"藏族人母亲河"的雅鲁藏布江在西藏境内绵延 2 000 多公里,途经区域绝大部分地区属于禁止开发区和限制开发区,这也决定了高寒藏区成为我国生态保护的重要源头的历史使命。作为我国重要水源涵养区和生物多样性保护区,高寒藏区区域内部已经建立了各类生态功能保护区,减少人类活动干扰,严格控制无序采矿、过度放牧、毁林开荒等各种损害生态系统水源涵养功能的经济社会活动和生产方式。通过改善自然保护区生态系统,严格保护具有重要水源涵养功能的自然植被,禁止对野生动植物进行滥捕、乱猎、乱采等措施保护生物多样性,同时有效限制人口过度增长及城镇无序扩张,减少交通、水电等基础设施建设给生态环境带来的负面影响。

一方面,面对经济发展与生态保护的矛盾统一体关系,高寒藏区的经济发展比其他地区要付出更大的生态代价,也限制了农牧民的生产生活方式。如表

17-2 所示,高寒藏区涉及我国的三大牧区,包括西藏牧区、青海牧区及甘肃牧区。西藏是我国最大的高寒草甸畜牧区,草场可利用面积为 8.25 亿亩,居全国第三位,特殊的高寒气候和地貌也造就了优质的草场质量和牲畜品种,承担着向全国输送牛羊肉、奶、皮毛制品等农畜特产品的功能,是重要的产品提供区。青海和甘肃分别是我国第四、第五大牧区,可利用草场面积分别为 5.0 亿亩、1.3 亿亩,草场类型多样,饲养牲畜品种多、质量好,其中青海的牦牛存栏数占全国牦牛总数的 40%,牛奶的乳脂率比一般奶牛高出一倍,是我国牦牛数量最多、奶质最好的牧区省份,为全国提供了优质的奶、肉产品。面对日益严重的水土流失、草场退化,现有草场已经无法承受更大甚至现有的牲畜养殖规模,农牧民们本就缺少生产就业技能,也无法利用自然资源或生态产品获得生计来源和收入,因而陷入了特殊的资源贫困和发展贫困。比如,《青海省主体功能区规划》发布生态安全红线,青海省国土面积的近九成被列入限制开发区和禁止开发区,在一定程度上限制居民的生产生活行为,导致家庭收入减少,贫困问题加剧。

表 17-2　　　　　　　　　高寒藏区牧区类型　　　　　　　　　单位:亿亩

牧区	面积	可利用面积	地理特色	特色产品
西藏牧区	12.4	8.25	高寒牧场	藏牦牛、藏羊、藏马、藏鸡
青海牧区	10.8	5.0	高寒牧场	羊、和田羊、伊犁马、骆驼
甘肃牧区	6.8	1.3	东部湿润,西部干旱	牦牛、黄牛、马、羊

另一方面,目前生态保护补偿制度体系仍不健全,生态保护补偿的范围仍然偏小、标准偏低,保护者和受益者良性互动的体制机制尚不完善,一定程度上影响了生态环境保护措施行动的成效,[①] 没有较好地体现出主体功能区生态价值,也未能有效地调动藏区居民保护生态的积极性。此外,在严守生态红线的情况下,高寒藏区还缺乏发展方式转型和产业结构转型升级的能力和基础,导致其在执行国家主体功能区规划时,突破发展的思路缺乏,经济发展受到制约,导致了特殊的发展贫困。

六、特殊返贫因素错综交织导致特殊的贫困恶性循环

返贫问题直接关系到脱贫的稳定性和贫困人口的可持续发展,也是导致高寒

[①] 国务院办公厅:《国务院办公厅关于健全生态保护补偿机制的意见》,http://www.gov.cn/zhengce/content/2016-05/13/content_5073049.htm,2016 年 5 月 13 日。

藏区特殊类型贫困的重要成因之一。农牧民返贫的因素很多，有市场返贫、文化返贫、政策返贫、因灾返贫、因病返贫、因学返贫等，而这些均是返贫的外在因素，而导致返贫的根源更在于返贫人口的自身素质，包括科学文化素质、智力素质、能力素质、心理素质以及身体素质的弱质性、低层次性，使其在同等的社会经济环境中，不能从社会获得足够的、可靠的收入。

伴随着全球气候变暖、经济形势变化等趋势，高寒藏区贫困人口由于自然灾害、重大疾病、素质偏低、环境变化等因素导致的返贫现象尤其明显，贫困群众发展能力弱。同时由于农户家庭贷款缺少抵押物，难以获得贷款，加上自然灾害频发，自身防灾、减灾能力低下，农牧业生产风险较大，使得家庭容易陷入"低收入—低储蓄—低资本形成—低生产率—低产出—低收入"的贫困恶性循环。加上因灾、因病、因学等致贫因素错综交织，阻断返贫的有效机制尚待完善，原本已经脱贫的群众又重新回到贫困甚至更为贫困的状态，脱贫人口稳定性不强，贫困恶性循环难以完全打破，返贫现象较为普遍。在实地走访中也发现，由于政策帮扶、资金分配等原因，有部分群众在短期之内收入增加，似乎脱离了贫困，但其自身思想观念仍未发生变化，生计能力未得到提升，也缺乏稳定的收入与渠道，属于暂时性脱贫，实则仍处于贫困状况，一旦资金用完或出现病、灾，则又重新回到贫困的行列。有很多农户经历了多次返贫后，他们对脱贫的信心也越来越小，有些甚至陷入宿命论中，这无疑又增加了扶贫的难度。

第二节 高寒藏区反贫困模式突破

一、深化理解和认识，高度重视高寒藏区特殊类型贫困

高寒藏区地理位置特殊且重要，生态环境特殊且脆弱，贫困类型特殊且多元，各种致贫因素错综交织，贫困程度深，反贫难度大，更需要各扶贫主体充分认识、尊重高寒藏区经济社会发展规律，全面考虑高寒藏区的现有资源条件和贫困现状，精准把握特殊类型贫困的内涵、本质、表现，才能将认识内化到现实的扶贫攻坚行动中，确保扶贫工作的正确方向和顺利实施。

（一）充分认识高寒藏区脱贫的重要意义

高寒藏区是我国的资源富集区、水系源头区、生态屏障区、文化特色区和边疆地区，其能否脱贫是维护民族团结，保证社会安定，巩固发展成果，实现共同富裕的重要环节。要加强宣传和认识，充分认识到西藏与四省藏区在国家发展稳定大局中处于十分重要的战略地位。同时，作为集中连片特殊困难地区的最短板，高寒藏区是全国14个集中连片特殊困难地区中贫困范围最大、贫困程度最深的区域，其是否能够如期脱贫关系到我国新时期扶贫攻坚主战场的胜利大局，同时也是我国全面建成小康社会的最难的短板和最难啃的一块硬骨头，是我国扶贫攻坚总体任务中最难的一公里，体现着党和政府的承诺和重要担当。因此，高寒藏区能够如期脱贫，事关全国扶贫攻坚任务的大局，同时也决定了全面建成小康社会的关键时刻点。高寒藏区的脱贫攻坚，既是一项政治任务，也是加快发展和改善民生的社会责任。只有充分认识到其重要性，在工作中才能有创新思维的原动力和攻坚拔寨的勇气。

（二）充分认识高寒藏区的特殊贫困和困难的特殊性

高寒藏区由于其特殊的自然资源与地理环境、历史文化、生产生活方式等原因，导致其既具有一般贫困的普遍性，也具有多因素交织的贫困特殊性。特殊的地理区位导致了特殊的生态贫困，特殊薄弱的基础设施导致了特殊的资本贫困，低层次的市场化程度和水平导致了特殊的收入贫困，特殊的政策规划限制导致了特殊的发展贫困，特殊的历史文化和宗教信仰导致了特殊的固性贫困，而特殊返贫因素错综交织导致了特殊的贫困恶性循环，体现出高寒藏区特殊类型贫困的多样性。而面对复杂的贫困成因和贫困特征，高寒藏区的反贫困工作也面临着异常艰巨的困难。一方面，西藏与四省藏区和东部地区以及与其他内地地区相比，发展差距还在扩大，藏区城乡之间、各地藏区之间发展差距也比较明显，农牧民收入偏低，缺乏增收的有效途径。① 另一方面，西藏和四省藏区经济社会发展状况以及扶贫脱贫特点与全国有很大的差异，青藏高原在生态保护和环境治理方面担负的特殊使命也导致难以进行大规模开发，决定了实施精准扶贫精准脱贫路径方法的不同，贫困特殊性更强、矛盾问题更为突出、困难更大，需要继续探索更灵活且具有差别性的扶贫机制，充分调动起贫困群众的反贫脱贫积极性。

---

① 李宏：《关于西藏和四省藏区精准扶贫精准脱贫的思考》，载《西藏发展论坛》2015年第12期，第45~49页。

二、加大扶贫资金投入，实现资金来源与渠道多元化

（一）继续加大各级财政资金的投入力度

第一，加强中央财政资金投入力度，充分发挥财政转移支付导向作用。要进一步加大中央对西藏和四省藏区发展的支持力度，制定实施特殊的优惠扶持政策和财税优惠政策，进一步促使补贴政策差异化、精准化，以适应各地区扶贫工作的现实需要。进一步提高中央对西藏和四省藏区财政转移支付比例，使得转移支付比例增长不低于通货膨胀比例；加大藏区项目投入和扩大贫困村范围，力争在国家政策中将具有整村贫困特点行政村全部纳入贫困村扶贫范畴，进一步提高新农村建设国家补助标准。

第二，省级及以下各级政府部门应加大财政投入力度。要积极开辟财政收入来源，并按照一定比例稳定提升扶贫资金额度。此外，还需设立促进西藏和四省藏区重要公共服务和基础设施建设的财政专项扶持资金，重点用于路、水、电、桥等基础设施建设工程，强化藏区新居公共服务和基础设施配套建设，着力改善农牧民生存环境和生产生活条件，为贫困群众实现脱贫增收创造条件。

第三，精准瞄准贫困人口，精准定位扶贫对象，强化扶贫资金使用精准力度。在实地考察中发现，不少受访者认为扶贫对象精准性存在一定的偏差，在贫困对象识别上存在下指标现象，在贫困项目宣传上存在不足等问题。因此，一方面，高寒藏区各级政府在加大扶贫资金投入的同时要加大各类扶贫政策宣传力度，向广大贫困农牧民传递政府的声音，传递政策的福祉，同时推进农牧民对政策了解和参与。另一方面，要强化资金的分配、监管和使用，防止扶贫资金渗漏错置，提升资金使用效益，使真正的贫困县、贫困村、贫困户获得实实在在的帮扶。

（二）继续提高对口援助资金的投入水平

从单一行政援藏到社会援藏、从单一资金援藏到经济社会全方位补位支撑、从单一统筹区内资源到统筹援受双方优质资源，现有结对帮扶和对口支援充分显示了精准扶贫工程的先进性和实效性，有效推动着高寒藏区的产业发展、教育完善、科技培训等多方面工作。因此，继续实施东西部扶贫协作、发达城市对口援助贫困地区，加大各级党政机关、军队和武警部队、国有企事业单位等定点帮扶的援助投入，扩大援助范围，整合援助资源，充分认识和把握对口支援藏区工作

的长期性、群众性、科学性，不断加大在经济援藏、教育援藏、就业援藏、科技援藏、医疗援藏、干部人才援藏等方面资金投入力度，进一步完善全方位、多层次、宽领域的对口援藏工作格局，从而促进藏区经济、文化向均质化方向发展，巩固"共同团结奋斗、共同繁荣发展"的生动局面。同时，及时针对对口援助资金的使用进行统计和绩效考核，并将考核结果列入对党政一把手和部门主要负责人的政绩考核体系中，强化责任落实，提高结对帮扶的工作实效。

（三）强化引导并规范社会资本参与扶贫开发

广泛动员全社会力量共同参与扶贫开发，是我国扶贫开发事业的成功经验，是中国特色扶贫开发道路的重要特征。现有的社会大扶贫局面中，政府资源固然重要，而大量企业组织、社会团体及个人也希望献爱心、做慈善、促扶贫。第一，要培育多元社会扶贫主体，进一步发挥各部门、各单位、企事业单位和全社会组织、人民群众的力量，综合运用政治的、经济的、行政的、法律的、文化的、教育的等多种手段，全面提升贫困地区的反贫困能力，弱化各类致贫因素的不利影响，激发贫困群众参与反贫的积极性，坚定脱贫致富的信念和决心。第二，扩大企事业单位参与扶贫的积极性，政府要积极推动企事业单位投资藏区、支援藏区，发挥它们在扶贫工作中的市场带入和引领作用，有针对性地实施项目建设、人才交流、人员培训、支教支医、科技援助、智力帮扶、经济协作等内容。第三，广泛动员个人扶贫，鼓励、欢迎社会各界参与、加入扶贫援藏，包括港澳同胞、台湾同胞、华侨及海外人士，爱心团体、企业家、慈善家、高校教师、大学生及各行各业的普通人，通过爱心捐赠、志愿服务、结对帮扶等多种形式参与扶贫，从而积极开辟扶贫开发新的资金渠道，增强高寒藏区扶贫事业群众基础。第四，开展丰富多样的扶贫、济困、救弱等体验走访的实践活动，大力宣传援藏公益善举和优秀事迹，讲好扶贫济困的爱心故事，畅通社会各界交流交融、互帮互助的渠道，努力在全社会形成一种积极向上、互帮互助、携手共进的氛围。

（四）不断优化金融扶贫方式

加快高寒藏区的金融改革创新步伐，加大对扶贫开发金融支持力度，搭建融资平台，以金融扶贫补产业短板，为打赢脱贫攻坚战提供坚实支撑。首先，加大金融机构对藏区公路、水利、棚户区改造项目建设及相关配套基础设施建设等项目的支持力度，各级政府及部门要积极加强与相关企事业单位的沟通协调，主动对接项目，通过采取灵活支持方式，贯彻落实合作协议，稳步推进扶贫攻坚工作。其次，高寒藏区贫困具有特殊性，一般金融扶持政策难以奏效，因此必须针对其特殊性实施特殊的金融扶持政策,如增加对藏区的贷款投放规模,单列信贷规模或放开藏区贷款规模的限控政策;扩大授权授信,降低贷款项目准入门槛,向授信的贫困户提供更多免担保、免抵押信用贴息贷款,为贫困人口创业增收提供及时、便利、有效的信贷支持;在扩大高寒藏区民族贸易和民族特需商品贷款范围的基础上给予全额贴息等措施。再次,创新金融扶贫方式,通过互联网和信息化手段,提升精准扶贫的能力。一方面,针对高寒藏区面积广阔,居民居住分散,市场交易的外在成本极高的特点,充分利用"互联网+"的优势,打造融合结算、融资、生活等各种服务的金融平台,打通农村和城市资金、信息通道,加快推进高寒藏区特色产品的市场化。与此同时,可在高寒藏区发展手机小额信贷平台,方便农牧民进行小额生产性融资。另一方面,由于许多藏区贫困农牧民缺少贷款抵押物,难以获得生产所需的发展资金,政府需要加强与金融机构的联系沟通,在瞄准扶持农牧民的前提下,紧密结合地方特色优势产业,加大对这些农牧民的信贷投放力度,积极探索政府担保与"贫困户+银行+X"的联动模式,X可以是农业合作社、互助社、企业、保险机构或个人,按一定比例分担风险,建立风险共担机制,从而为贫困户解决产业发展资金短缺问题。

(五) 探索实行资产收益扶贫

由于交通闭塞、环境约束、缺乏技术等原因,许多高寒藏区群众成为难以通过增强自我发展能力实现脱贫的贫困人口,在这种情况下,通过积极探索资产收益扶贫,在不改变资金用途的情况下,将财政专项扶贫资金和其他涉农资金投入高寒藏区基础设施建设和产业发展形成的资产,拿出部分量化折股配置给丧失或部分丧失劳动能力的贫困户,帮助其增加财产性收入。[①] 高寒藏区资源丰富,各地资产收益扶贫主要依托当地优势特色产业,并积极发挥农民专业合作社等新型生产经营主体作用,确保贫困人口既可以享受保底收益和红利,还能通过流转土地和参加务工获得收益。海北藏族自治州海晏县金滩村的村民李生福是资产收益扶贫的受益者,2016年医疗保险、大病救助政策帮助他的妻子治好了重病,增强了他们的反贫脱贫信心,他将家里的12亩耕地交给村集体统一经营,将3.2万元的扶贫产业金入股到村专业合作社,年底分红不少于本金的10%,自己也获得无息贷款饲养藏系羔羊,规模不断扩大,偿还了债务,过上了小康生活[②]。实践证明,通过资产收益扶贫,不仅可以形成扶贫资金的规模效益,带动地区特

---

① 国务院新闻办公室:《〈中国的减贫行动与人权进步〉白皮书》,http://politics.people.com.cn/n1/2016/1017/c1001-28784713.html,2016年10月17日。
② 人民日报:《青海海晏县金滩村李生福脱了贫,昂起头,有奔头》,http://www.cpad.gov.cn/art/2017/1/25/art_5_58965.html,2017年1月25日。

色扶贫产业及项目发展，同时也可以增加贫困农牧民的收入来源，提高他们的生产积极性，增加贫困地区"造血"能力。

三、稳步实施易地搬迁扶贫，持续推进生态保护脱贫

（一）正确处理生态环境保护与反贫困的关系

可持续发展理论明确了经济发展与人口、资源、环境的关系，也为高寒藏区正确处理好生态环境保护与反贫困提供方向指南。高寒藏区作为我国重要生态功能保护区，承担着生物多样性、水土保持、水源地等关键环境作用，对全国乃至亚洲的生态气候环境影响重大。藏区的经济发展立足于资源生态环境，生态环境的好坏直接决定着高寒藏区能否推动经济产业升级及可持续性发展，真正实现反贫和脱贫的目标。因此，在具体扶贫工作中要充分认识到高寒藏区生态环境保护与反贫困的紧密联系，树立保护生态环境的大众意识，重点做好普通群众环境保护的宣传工作，定期发放环保宣传册、开展环保宣传日、普及科学采挖知识和技术、讲解环保重要性，让更多群众认识、理解保护环境的重要性，将环保工作贯穿于日常生活与工作中，形成自觉自立的爱护家乡、守护故土的全社会生态环境保护氛围。

（二）稳步实施易地搬迁扶贫，改善贫困人口生存环境

恶劣的地理气候因素对贫困人口的生存、身体健康造成了消极影响，使高寒藏区贫困群众无法获得良好的生存环境和生产条件，易地搬迁扶贫是改善他们的生存环境，减少患高原病、地方病概率以及获得新的收入来源的必要措施。第一，鉴于不少藏区贫困群众仍存在故土难离、安于现状、害怕未知的心理，基层工作部门要扎实做好宣传动员工作，组织双联干部、驻村工作队、乡（镇）村干部等深入村组农户，通过宣传政策、算账对比等方式，引导群众转变观念，使贫困群众从"要我搬"转变为"我要搬"。第二，统筹易地搬迁扶贫资金，科学合理规划安置区基础设施和社会公共服务设施建设，提高政府补助标准，改善搬迁群众的饲养、居住、卫生、饮水等生产生活条件，创造一个清洁、安全、舒适的生活环境，提升其生产生活水平。第三，联结产业扶贫、就业创业扶贫、旅游扶贫等多种帮扶方式，帮助易地搬迁群众实现后续发展，通过帮助发展种植业和养殖业，培训种养、管理技术，引导外出务工，直接增加劳务收入，加快搬迁群众脱贫致富步伐，确保搬迁一户、脱贫一户。

(三) 持续推进生态保护脱贫，拓宽贫困人口增收渠道

生态保护脱贫有利于高寒藏区形成生态、经济、人口的和谐发展、共存共生。第一，改善高寒藏区生态系统环境，积极推进生物多样性保护、动植物资源保护、水源涵养、退耕还林、退牧还草等重大生态工程，加快生态保护和修复步伐，不断拓展贫困人口生存空间，鼓励重点工程区范围内的贫困户投工投劳，为高寒藏区优势特色产业发展、贫困人口就业增收、经济人口环境和谐共生创造良好的生态条件。第二，建立完善生态补偿机制，加快推进高寒藏区的生态补偿工作，完善草原生态保护奖励机制，包括禁牧补助、草畜平衡奖励、牧草良种补助以及牧民生产资料补贴等，提高贫困群众的受益水平，拓宽其增收渠道，在一定程度上保障他们的生活。第三，大力推进生态专项治理环境保护与恢复工作。一方面，高寒藏区的产业规划和战略部署应以生态资源环境保护为首要工作，积极探索"生态保护+产业发展"的扶贫新模式和新方向，将生态扶贫作为高寒藏区精准扶贫的重要一环，推进草食畜牧业、净土健康产业、生态旅游业、藏医药业等发展，优先扶持生态农业、生态林区、生态畜牧业、生态旅游等生态扶贫项目，推动藏区传统牧业向现代牧业转变，降低藏区贫困农牧民收入内向性水平，拓宽他们的收入来源与渠道，让更多人融入到生态扶贫的大潮中来。另一方面，各级政府及部门应加大力度宣传生态环境保护的重要性，将环境保护治理落到实处，大力开展保护藏羚羊、藏牦牛的打击盗猎专项行动，严厉打击各类犯罪活动，惩治破坏野生动植物资源、牟取非法利益的违法犯罪行为。

四、持续扶持特色产业，增强产业造血功能

(一) 加强区域产业协同规划，建设良好生态产业环境

产业扶贫是各项扶贫工作的基础，高寒藏区应抢抓国家扶贫攻坚战略机遇，依托产业协同及区域合作，构建高寒藏区扶贫产业链，建设良好的生态产业环境，以创新模式的产业扶贫弭平贫困洼地，补平贫困短板，实现真正脱贫。第一，正确处理好经济发展与生态保护的关系，注重长期利益与短期目标结合，统筹推进高寒藏区的生态功能区及总体产业规划，积极探索建立多元化生态保护补偿机制，打造绿色、健康、持续的高寒藏区特色产业，促进产业发展与生态文明建设迈上新台阶。第二，加大对高寒藏区新型城镇化的支持，推进城乡、区域协调产业规划，因地制宜，找准城镇产业资源和发展优势，提高主导产业、优势产

业的辐射力,增强特色城镇的人口集聚能力,实现"城镇发展带动产业扶贫、产业扶贫促进城镇发展"的新格局。第三,积极利用产业扶贫、科技扶贫、文化扶贫、旅游扶贫、光伏扶贫、能源扶贫契机,综合规划藏区产业扶贫项目,加强藏、青、甘、川、滇的区域合作;紧紧抓住"一带一路"建设实施发展机遇,充分利用政策、贸易、资金、能源、设施等方面的优势及项目,使其与高寒藏区扶贫攻坚事业紧密联系起来,促使各类政策及项目落地生根,形成共同支持藏区扶贫攻坚及经济社会发展的新合力。第四,高寒藏区要在不断的实践探索中总结经验教训,借鉴吸收国外、国内其他地区的产业扶贫经验,积极探索符合藏区发展的新型扶贫方式。

(二) 加快公共基础设施建设,夯实产业发展基础

道路是贫困地区产业的"输血造血主动脉",精准扶贫,修路先行。产业长足发展依托基础设施的完善,交通等基础设施建设对扶贫脱贫意义重大,有利于增强地区基本公共服务能力,改善贫困群众交通出行条件,拉动有效投资,扩大就业,更好发挥先导作用。高寒藏区地处内陆深处,地理区位偏远,地质环境复杂脆弱,属于基础设施建设的边缘地带,基建设施薄弱已成为高寒藏区反贫脱贫的严重障碍。

第一,加快交通网体系建设,修好高寒藏区的脱贫之路。重点加快高寒藏区边防公路、省级公路、桥梁、铁路、航空等建设,提升道路等级,加强道路建设、养护和管理,加快公路成网,尽快完善国道和省道建设,提高公路贯通程度。第二,进一步加大对高寒藏区基础设施建设的投入力度,加快电力、水利、通信等方面的建设进度,大力整合基建扶贫资金,发动群众投工投劳,加快各类基础设施工程建设,具体包括重大水利工程、江河治理、枢纽水源工程、抗旱应急水源建设、水库建设、农村饮水安全、农田水利设施建设、水土保持、水生态文明等项目,使贫困农牧民尽早摆脱用水不便、饮水困难、对外交流受阻等问题。第三,随着"一带一路"建设的逐步推进实施,少数民族和民族地区正在由对外开放的大后方、边陲、末梢变成最前沿、重要节点和关键枢纽。高寒藏区理应积极利用扶贫攻坚及丝绸之路经济带建设的发展机遇,加快同周边国家和地区的交流、合作与互联互通建设,在交通、能源、借此吸引国内外企业入驻投资,形成产业生态链,增强高寒藏区产业实力。第四,针对各省区藏区的具体实际,制定针对藏区专项产业发展扶持优惠政策,建立、壮大优势农畜特产品生产基地,积极借鉴成功的产业扶贫模式,如"企业+基地+农户""公司+基地+农户""专业合作组织+市场+农户""公司+基地+养殖大户""公司+合作社+贫困户"等经营模式,向农牧业发展的广度和深度进军,不断开拓农牧业增效增

收的空间，实现产业立州（区）、产业兴县、产业富民，助力贫困人口脱贫。

（三）深度开发农畜特产业，做高品质农畜特产品

高寒藏区地域广阔、物产丰富、文化独特、品类齐全，如西藏的尼木藏香、八宿荞麦、古荣糌粑，四川阿坝的小金苹果和酿酒葡萄、云南迪庆的维西百花蜜等国家地理标志保护农产品，甘肃甘南玛曲牦牛和欧拉羊、西藏帕里牦牛、工布江达藏猪、米林藏鸡、青海刚察藏羊和门源白牦牛等国家地理标志保护畜产品，以及甘孜南派藏医药、那曲冬虫夏草、林芝灵芝、波密天麻等医药产品，而墨脱石锅、拉孜藏刀藏毯、乃东泽帖尔、扎囊氆氇、青海同仁的热贡唐卡等民族手工艺品则因浓郁民族特色、宗教文化的图案，以及讲究美学搭配的着色闻名于世。从经济发展的现实情况看，深度开发、加工藏区农产品、畜产品与传统特色产品，既能够促进吸引企业投资入驻，加快经济转型升级，又有助于开辟贫困群众就业渠道，扩大就业规模，增加贫困人口收入；从高寒藏区产业发展方向来看，深度开发具有民族特色、高原特点、文化底蕴、地域优势的农畜特产品是各地区产业发展的必经之路，更是向外输出高原文化、藏羌艺术的重要手段，需要不断做出特色、做出优势、做出品质。

第一，立足各省区产品特色优势，充分利用政策优惠，依托现有特色农产品基地和产业项目，打造高寒藏区特色农畜特产品产业群，形成种类丰富、质量过硬、基础庞大的产品空间格局。第二，以高寒藏区特色旅游业为支撑，将农畜特产品产地与旅游景区对接，形成产品供应和销售的合作机制，并通过打造特色农畜特产品展览会或美食节、文化节、博览会，提升旅游景区的文化影响力和吸引力，扩大产品的知名度。第三，针对农产品及畜产品生产，要注重提升产品的品质和含金量，进行产品深加工、精加工，提升产品附加值；提高对冬虫夏草等特殊医药材的保护力度，严禁乱采滥挖，加大对藏医药学及其文化的深度研究，使之更好服务于高寒藏区的经济社会文化发展；保护、传承、挖掘高原特色纺织工艺、民族手工艺品制作工艺，保护民族手工艺传承人，鼓励、号召更多年轻人研习、传承这些工艺、技术，秉承民族技艺，保护民族文化，实现藏区产业与文化的可持续协调发展。第四，充分利用电商扶贫的发展机遇，建立、完善电商扶贫行政推进体系，致力于形成技术培训、人才培养、特色产业开发、包装加工、网货供应、快递物流、网上营销等贫困地区电商扶贫产业链，切实提高电子商务在高寒藏区的普及程度和应用水平。另外，鼓励贫困农牧民大力利用微信、微博等平台销售产品，依靠地区电商平台、产品基地、合作社及网店将特色农畜特产品推向国内外市场。与此同时，要防止电商扶贫短期化问题的出现，加大电商投入力度和农民、牧民技术培训力度，充分利用已经建成的电商平台和体系，使电商

扶贫落到实处。

(四) 深度挖掘历史积淀，发展旅游文化产业

高寒藏区的五彩斑斓吸引了来自世界各国的游客，天空透明的蓝，雪山圣洁的白，唐卡活力的红，庙宇神圣的黄，湖水默默的青，草原饱满的绿，无不彰显着藏区的神秘和魅力。藏区以其雄伟壮观、神奇瑰丽的自然风光闻名世界，它的地域辽阔、地貌壮观、动植物资源丰富，也激发了这片土地上的各族人民创造了独特灿烂的民族文化，是我国宝贵的自然、历史、文化宝库。

第一，各省（区）藏区应加大保护现有自然、人文旅游文化资源及产品的力度，挖掘历史文化的内在价值，提高自然景区级别，提升藏区文化内涵，扩大旅游产品组合及种类，形成内容丰富、特征鲜明、组合灵活的旅游产品体系。第二，高寒藏区应充分挖掘、利用"茶马古道"和"丝绸之路"的历史文化和人文积淀，使宗教文化、藏族文化、羌族文化、高原文化融入并服务于扶贫攻坚，以人文资源强化自然资源优势，以旅游产业提升藏区产业开放水平。第三，各地区相关部门应继续抓住旅游扶贫的发展机遇，尝试多种旅游文化经营模式，深入挖掘整理特有文化故事，创编民族歌舞演艺节目，积极策划筹办高原体育赛事活动，举办具有民族风情、意义丰富的民俗风情体验活动，将传统历史文化与现代休闲娱乐结合起来，提升藏区赛事、活动的规格和水平。第四，加快地区旅游产品的品牌建设，形成独特、唯一的、不可替代的旅游竞争力；充分发挥"甘孜全域旅游示范区"、雅鲁藏布大峡谷国家级服务业标准化试点等的示范效益和引领作用，提升各景区的综合旅游接待能力和服务能力。第五，高寒藏区地貌复杂、地势险峻、山川峡谷壮丽奇美，各地区应利用现有旅游资源优势，围绕打造体育健康特色小镇，构建集体育、健康、净心、旅游、休闲、娱乐、养老、文化、宜居等多种功能叠加的空间区域和产业平台，充分利用登山、攀岩、自行车、马拉松、滑雪等赛事打造西藏"户外强区"，以及扩大环青海湖国际公路自行车赛的影响力，综合发展体育服务、赛事旅游、文化产业，推动高寒藏区特色体育小镇建设，吸纳更多贫困人口到体育产业当中，形成"体育产业发展—城镇建设—扩大就业—脱贫致富"的发展路径，走出一条高寒藏区特色发展之路。第六，加快高寒藏区整体旅游发展步伐，打破行政区划和地区保护主义的限制和束缚，进一步促成各省区旅游景区之间、景区与服务业企业之间、景区与农畜特企业之间、景区与互助合作社之间、景区与农户之间的联系与合作，提升藏区旅游文化产业的经济辐射能力，吸纳更多贫困农牧民加入到旅游扶贫的队伍当中来，解决贫困人口就业、增收难题。

(五) 大力推进净土健康产业，助力农牧民增收脱贫

基于保护好"世界上最后一方净土"和打造"拉萨净土"品牌的发展定位，2013年《拉萨市净土健康产业发展规划种植篇、养殖篇（2014－2020）》为推动拉萨市净土健康产业发展，助力贫困农牧民脱贫增收奠定了政策保障，也为高寒藏区净土健康产业发展树立一个优秀样板。高寒藏区各地要发挥高原独特的空气、土壤、水、人文环境"四不污染"的资源特色优势，立足高原有机农牧业，将先进技术与传统产业相结合，着力开发高原有机健康食品、高原有机生命产品、高原保健药品、心灵休闲旅游产业等融合一、二、三产业的净土健康产业，打造出高寒藏区的净土产业品牌。一方面，要继续落实、整合精准扶贫相关政策，充分利用已有的转移就业、土地流转、收益分红和推广现代农牧业发展等方式，深度开发净土食品、饮品、茶品、药品及饰品，大力推广净土健康产业规范化、现代化、品牌化经营模式，帮助农牧民增收脱贫。另一方面，以"拉萨净土"品牌为榜样，打造藏、青、甘、川、滇的净土品牌，并力图整合成高寒藏区净土联合品牌，加大净土的品牌效应和市场影响力，提升净土健康产业的内生价值，为贫困农牧民找到一条健康、绿色、环保、充分体现地域特色和文化内涵的可持续发展之路，真正实现"守护世界净土、奉献健康中国"的产业发展目标。

五、不断加大教育扶贫力度，夯实稳定性脱贫的基础

坚持扶贫攻坚，教育先行的思路。整体受教育水平的提高虽然是一个漫长的过程，但从长远来看，这是培育贫困农牧民发展意识最为直接与有效的途径，同时也是阻断返贫的有效手段，是实现可持续脱贫，保证代内脱贫不返贫、代际贫困不传递。

(一) 加强基础教育，牢固教育扶贫的根基

加强高寒藏区基础教育、惠及15年免费教育是高寒藏区教育扶贫工作的关键环节，从根本上提升贫困人口受教育水平，增强反贫脱贫能力，坚决阻止贫困现象代际传递。一是坚定实施学前教育三年行动计划，加快藏区幼儿园建设步伐，增建增修幼儿园，有效扩大学前教育资源，切实解决高寒藏区适龄儿童"入园难"的问题。同时，提升幼儿教育质量，将藏汉双语教学、玩传统牛角棋、看藏式建筑与民族服饰、品尝各地区特色土特产等特有的少数民族语言和文化融入到日常幼儿教育的课程设置中。二是保证免费教育政策的良好落实，减轻贫困家

庭的教育支出压力，减少他们因学返贫的概率；加大对藏区中小学教育的支持力度，建立农牧区中小学教育经费保障机制，提高义务教育保障水平。三是加强高寒藏区民族学校与特殊学校建设，研究出台更加积极的扶持措施，推动藏区教育多样化特色化发展。四是加快藏区教育信息化发展，改变传统教育模式和学习模式、实施素质教育、打造高效课堂、提升教育质量；同时倡导因材施教、改革学生学习水平和综合素质评价、促进学生综合素质提升及健康个性发展、创造有利于培养人才、选拔人才的育人环境。

（二）强化职业技能教育，增强农牧民致富脱贫的能力

发展职业教育作为教育扶贫的重要内容，能够有效增强农牧民的就业能力，增强其技能水平。第一，将职业教育作为教育结构调整的战略需要，作为人力资源开发、服务扶贫攻坚的最有效手段。继续实施中等职业学校免学费、补助生活费政策及面向贫困地区定向招生专项计划，切实保障高寒藏区贫困人口受教育权利；大力发展中等职业教育和面向农村的职业教育，提高贫困农牧民就业能力和致富技能，促进劳动力转移。第二，顺应"互联网＋"的时代潮流，充分发挥雨露计划在贫困人口人力资源开发、扶贫职业教育培训、扶贫创业致富带头人培训、劳动力转移就业培训及创业适用技术推广等项目上的优势，精准定位补助扶贫对象，重点培养一批新型职业农民，加强产业发展带头人、种养能手、创业大学生村官等农村新型人才队伍的建设，刺激农牧民发展的积极性。第三，将职业技能教育与就业创业服务衔接起来，组织实施提升高寒藏区农牧民职业技能的"春潮行动"计划，积极开展就业技能培训、岗位技能提升培训和创业培训，并落实培训补贴政策；组织开展"春风行动"等专项就业服务，加强东中部与西部的输出输入地劳务对接，为藏区贫困人口免费提供职业指导、职业介绍、就业信息、政策法规咨询等公共就业服务，推进富余劳动力进城务工和稳定转移。第四，积极推动高寒藏区职业教育资源开放共建共享，不断改善和优化职业教育师资队伍，提升职业教育教学水平，促进职业教育教学改革，实现助力脱贫攻坚。

（三）普及社会教育，增强贫困农牧民脱贫信心

应以更大的动力和外部条件展开社会教育，包括观念教育和生产、生活习惯教育，减少农牧民对牲畜的严重依赖，使他们掌握除农、牧之外的生存本领，增强他们的生存技能，从而获得脱贫增收的能力。第一，充分尊重藏传佛教的教育传统，发挥寺院教育对藏族地区的社会稳定、文化传承、民族团结的作用。第二，由于藏区农牧区众多居民汉语普通话交流沟通能力较差，难以实现更好就

业,需要增加国家通用语言培训点建立,实施"语言+技能"等职业教育培训模式及项目则能够很好地帮助他们克服语言障碍,解决就业问题。第三,扩大实用技术培训力度,采用多种培训方式,如成立农村实用技术培训班,将培训内容延伸到产业一线,聘请专家、种养能手为贫困农牧民讲解种植养殖技术,组织学习唐卡绘画、金银加工和藏装制作等手艺,使他们掌握实用致富技术,提高致富的内生动力,增强贫困人口脱贫致富的勇气和信心。第四,加大剩余劳动力培训转移力度。要有规模地组织农牧区剩余劳动力开展以实用技能培训为主,以转移就业培训为辅的劳务培训,政府采取有效措施有计划、有组织地将剩余劳动力向发达中心城市输出,实现劳务收入增收脱贫。第五,转变农牧民理财思想,创新金融扶贫方式,增加金融理财产品,帮助贫困家庭树立的"科学管理理财"的观念,降低因病因灾因学而陷入贫困的风险。

(四)加强教育资源基础建设,提升教育服务水平

教育资源主要包括教育硬件和软件。中央及各级地方政府要加大对高寒藏区教育资源的投入力度,改善藏区教育水平落后,教学条件简陋,教育质量低下的现状。硬件方面,增加对高寒藏区各级各类学校的修建、修缮投入,加强教学楼、图书馆、体育场馆及校舍建设,补充教学设备仪器、实验器材、图书体育材料,扩大办学规模,吸引留住学生,调动农牧民送子女上学的积极性。软件方面,要不断增强各级各类学校的软实力,增加高寒藏区乡村教师生活补助,解决乡村教师后顾之忧,稳定教师人才队伍;要加强教师及教育管理人员队伍建设,加强师德师风建设、教师人才培养,保障各类教师培训计划向高寒藏区倾斜;要进一步完善教师补充机制和教师职业准入制度,大力号召大学毕业生支教西部贫困地区,提升藏区教师队伍的整体水平,为藏区建立一支适应现代教育发展需求的高素质教师队伍。

六、全面实施医疗健康扶贫,发挥公益组织扶贫作用

疾病是导致高寒藏区贫困农牧区致贫、返贫的主要原因之一,也成为贫困家庭的首要担忧。健康扶贫作为扶贫工作的重中之重,决定着扶贫工作的成败,全面实施医疗保障扶贫,是降低贫困农牧民致贫、返贫的重要屏障,也是实现贫困家庭可持续脱贫的关键环节。

(一)贯彻落实人口政策,提升高寒藏区人口质量

人口问题始终是关系藏区全面协调可持续发展的重大问题,提升人口素质对

减少贫困发生率有重要积极作用。长期以来，我国政府对藏区实施特殊的计划生育政策和人口政策，对汉族公职人员，提倡和实行一对夫妇只生一个孩子；在藏族公职人员和城镇居民中提倡计划生育，一对夫妇有间隔地生育两个孩子；对占人口主体的藏族及其他少数民族未实施计划生育。① 这在一定程度上推动了藏区人口增长、人口结构优化，但快速增长的人口导致贫困家庭生计困难、资源过度开发、生态的破坏等负面现象愈发显著，严重制约藏区生态、经济、人口的协调发展。因此，第一，高寒藏区卫生健康委员会等职能部门要贯彻落实国家关于人口与计划生育工作的方针、政策、法规，研究制订出符合藏区经济社会发展的人口发展战略，限定人口过度增长；要强化部门职责，在卫生应急、疾病防控、基层卫生、高原保健、妇幼健康、流动人口管理等方面加大力度，为贫穷百姓提供更多医疗保障和服务。第二，启动实施国家免费孕前优生检查项目在高寒藏区各县的全覆盖，为待孕夫妇免费提供健康教育和医学指导，减少疾病婴儿的降生率，提高优生优育的比例。第三，提供宣传教育、健康促进、医学检查和咨询指导等综合服务，将人口信息系统与贫困人口就医信息管理系统对接，实现人口变动与就医信息等信息精准管理，对因病致贫的人口和家庭提供实时追踪和及时帮扶。

（二）加大健康扶贫工作力度，减轻贫困人口医疗负担

第一，各级政府及相关部门要高度重视医疗健康扶贫对贫困人口及我国反贫事业的重要性，不断加大健康扶贫工作力度，减轻高寒藏区农村贫困人口医疗费用负担，增强各级医疗卫生服务能力，努力防止贫困群众因病致贫、因病返贫，提高群众的健康水平，使贫困人口健康权利得到切实保障。第二，全面落实医药卫生体制改革方案，改善基层医疗机构设施条件，加快卫生人才队伍建设，完善以免费医疗为基础的农牧区医疗保障制度，逐步提高国家补助标准和保障水平，加大地方病、高原病、传染病防治力度，提高基本医疗卫生服务的可及性。坚定推进实施现有医疗保障政策，继续完善基本医疗保险制度，扩大新农合覆盖区域和人群，提高人均补助标准和报销比例；全面实施城乡居民大病保险，建立疾病应急救助制度，开展贫困农牧民重特大疾病医疗救助，进一步增强医保制度防大病、兜底线的能力，减轻贫困人口看病负担。

---

① 中国发展门户网：《西藏基本概况——西藏人口》，http://cn.chinagate.cn/aboutchina/2009-04/01/content_17538799.htm，2009年4月1日。

（三）加快医疗基础设施建设，提升贫困人口健康水平

第一，整合医疗健康扶贫资源，加大健康扶贫投入力度，加快高寒藏区省（区）、州（地区、市）、县（市）、乡、村等各级卫生机构基础设施建设，改善偏远落后乡村卫生服务站点的医疗条件。第二，要着重实施对高寒藏区本地医疗人才的培养，实现藏区健康扶贫由"输血"向"造血"的转变。通过深入实施城乡医院对口支援，组织全国三级医院对口帮扶高寒藏区县级医院，实施农村订单定向免费医学生培养、全科医生特设岗位计划等项目，实行向基层医疗工作人员开展医师培训、临床带教等活动，逐步提升基层医疗工作者的能力和技能。第三，各级各类卫生医疗部门及机构要主动承担国家健康扶贫任务，积极开展在贫困地区的健康扶贫活动，预防和控制高原地区常见慢性病、地方病等疾病，定期举行健康宣传活动，普及医学常识和基本方法，提高贫困群众自我保健、自我防治的意识，逐步改善高寒藏区群众健康状况，为高寒藏区贫困人口迈入全面小康社会提供健康保护屏障。

（四）树立医疗健康扶贫典型，发挥公益组织扶贫作用

榜样的力量从来都是社会正能量的集中体现，也是奉献爱心、践行志愿者精神、传播公益意识的重要方式。树立健康扶贫的典型范本，充分发挥各类爱心机构、慈善基金会、民间组织的社会影响力，大力号召社会各界人士尤其是有影响力的公众人物加入、参与健康扶贫队伍，尤其应动员具有影响力的社会公众人物参与爱心扶贫工作，提高扶贫事业的公益性和影响力。

七、完善社会保障体系，构筑可持续脱贫屏障

（一）完善社会救助体系

社会救助主要涉及灾害救助、低保救助和医疗救助。首先，西藏和四省藏区应加快社会救助体系建设，扎实开展"救急难"综合试点，加强救灾应急体系和救灾物资储备体系建设；加快建立藏区农村"三留守"人员关爱服务体系，成立救助管理站，建立健全社会管理机制，组建关爱服务队伍，定期开展关爱服务活动；针对高寒藏区高血压、肺结核、大骨节病、包虫病等地方病导致农牧民因病致贫、因病返贫现象严重的情况，要加强重大地方病的医疗救助力度，充分发挥医院、专家、爱心组织的作用，将医疗扶贫、健康扶贫和爱民助民活动深入到藏

区各地，将党和政府的温暖送到偏远地区群众的心坎上，降低农牧民因病致贫和因病返贫的风险，筑牢可持续脱贫的健康屏障。

（二）完善社会保险体系

针对高寒藏区的实际情况，需要进一步扩大社会保险覆盖面，将城乡居民纳入基本养老保险、基本医疗保险，实现人人有社保；提高社会保障标准，并逐步缩小城乡社会保障标准差距，编织兜住高寒藏区困难群众基本生活的社会安全网；鼓励并支持有条件的农牧民购买基本医疗保险、重大疾病保险、农牧业保险等险种，增强农牧民应对疾病与灾害的能力；关注藏区僧尼的养老问题，积极动员僧尼参加养老保险，改变僧人靠"布施"的传统模式，解决僧尼老年生活的后顾之忧。

（三）逐步实行农村兜底脱贫

针对部分丧失劳动能力、无法通过产业扶持和就业帮助等常规方式实现脱贫的贫困人口，则需要实行政策性保障兜底，保证他们的基本生活。第一，高寒藏区要紧紧围绕贫困人口脱贫目标，完善政策措施，健全建档立卡工作机制，做好低保家庭及人口核查工作，精确帮扶贫困家庭及人口，努力实现农村低保制度政策性兜底保障，不断提高贫困人口社会保障水平。第二，做好农村社会救助、社会保障与扶贫开发政策有效衔接，逐步实现农村低保标准与扶贫标准"两线合一"。第三，将丧失劳动能力的低保户、五保户贫困家庭全部实行兜底脱贫，而对于脱贫后再返贫的家庭，分别纳入临时救助、医疗救助、农村低保等社会救助制度和建档立卡帮扶政策范围。

本篇结论

高寒藏区是全国最大的集中连片贫困地区，涵盖了西藏、四省藏区两大集中连片特困地区，包括西藏、青海、四川、甘肃、云南五省19个市（州）共151个县，是国家集中连片特困地区扶贫开发的"主战场"。区域内包含了151个民族自治县，涉及国家扶贫开发重点县26个，革命老区县17个，边境县21个，牧区半牧区县104个。课题组于2015年7月对四省藏区的青海、甘肃、四川、云南等地以及西藏进行农户抽样调查，共收集有效问卷562份，调查问卷包括调查样本基本信息、生产生活情况、贫困认知与意愿、政策参与及评价、农户政策期盼及反贫困的建议等五大部分。

一、高寒藏区特殊类型贫困的现状与特征

高寒藏区由于其特殊的自然资源与地理环境、历史文化、生产生活方式等原因，导致其既具有一般贫困的普遍性，也具有多因素交织的贫困特殊性。特殊的地理区位导致了特殊的生态贫困，特殊薄弱的基础设施导致了特殊的资本贫困，低层次的市场化程度和水平导致了特殊的收入贫困，特殊的政策规划限制导致了特殊的发展贫困，特殊的历史文化和宗教信仰导致了特殊的固性贫困，而特殊返贫因素错综交织导致了特殊的贫困恶性循环，体现出高寒藏区特殊类型贫困的多样性。

从藏区总体情况来看：一是西藏及四省藏区的贫困发生率显著高于其他12个连片特困地区，贫困问题更为突出和顽固。二是基础设施薄弱和公共服务不足是目前高寒藏区特殊瓶颈制约，五省（区）藏区通电率、安全饮水、学前教育和基础教育水平等指标与其他片区相比偏低，成为藏区贫困的特殊表征。三是高寒藏区农村居民生活情况处于集中连片特困地区的落后位置，包括住房、家庭设施状况及农户耐用品拥有情况。四是高寒藏区城镇居民收入较所在各省区的平均水

平高，而农村居民收入则较低。五是从宏观经济来看，高寒藏区初步形成了"三二一"的产业结构，第三产业主导产业地位开始形成。然而，高寒藏区各地的人均 GDP 低于全国及各省区平均水平，居民生活水平相对较低。藏区经济社会发展支出对中央财政依赖性很强，地方财政的自我保障和造血功能极弱。

从农户调研来看：养殖及种植业成为主要收入来源，收入内向性程度较高；食物和生产支出平均占比最高，医疗及教育支出次之；生产资源有限，产业化组织参与率不高；生活条件差异大，基本公共服务有待提升。另外，比较西藏和四省藏区农户贫困发生率，可以发现西藏农牧户比四省藏区农牧户的贫困程度更深，两片区域的贫困特征反映为教育贫困、消费贫困和健康贫困特征显著，尤其是西藏的教育贫困非常突出。

二、高寒藏区特殊类型贫困的成因

从藏区总体情况来看：一是特殊的历史文化和宗教信仰，导致特殊的固性贫困；二是特殊的自然生态环境，导致特殊的生态贫困；三是特别薄弱的基础设施，导致特殊的资本贫困；四是低层次的市场化程度和水平，导致特殊的收入贫困；五是特殊的政策规划限制，导致特殊的发展贫困；六是特殊返贫因素错综交织，导致特殊的贫困恶性循环。

对农户调查发现：因病致贫是贫困家庭面临的难题之一。西藏及四省藏区地处青藏高原，平均海拔高达 3 000 米以上，加上特殊的气候环境及饮食习惯，高血压等心血管系统疾病及胆道疾病、呼吸系统疾病等高原慢性病最常见，且随着年龄的增长，患病的概率大幅增加。同时棘球蚴病（又称包虫病）也是畜牧地区的高发疾病。劳动力缺乏也是导致家庭贫困的重要因素。

三、高寒藏区特殊类型贫困的减贫绩效评价

从农户对扶贫政策认知的调查来看：一是农户对交通和生活质量改善感知程度最高，农田水利设施改善感知相对较弱；二是农户认为农村扶贫受到当地政府重视，教育、医疗、社保等扶贫措施投入大；三是农户对扶贫政策评价较高，政策实施帮扶效果显著；四是扶贫对象精准性存在一定偏差，项目技能培训有待提升。

从农户对扶贫政策依赖性的分位数回归来看：现有扶贫政策对增加高寒藏区贫困农户收入和增强他们反贫脱贫能力具有十分积极的作用，需要继续保持和推进各类扶贫政策的实施，将扶贫政策、扶贫项目与贫困农户捆绑发力，增强贫困农户对扶贫政策的依赖性及利用程度，使他们能够充分自主加入到扶贫事业工作

当中，提升反贫困的能力和信心。

四、高寒藏区特殊类型贫困反贫困的制度创新

一是深化理解和认识，高度重视高寒藏区特殊类型贫困；二是加大扶贫资金投入，实现资金来源与渠道多元化；三是稳步实施易地搬迁扶贫，持续推进生态保护脱贫；四是持续扶持特色产业，增强产业造血功能；五是不断加大教育扶贫力度，夯实稳定性脱贫的基础；六是全面实施医疗健康扶贫，发挥公益组织扶贫作用；七是完善社会保障体系，构筑可持续脱贫屏障。

参 考 文 献

［1］［德］卡尔·马克思：《资本论》，郭大力、王亚南译，人民出版社1975年版。

［2］［德］伊曼努尔·康德：《康德著作全集》，李秋零编，中国人民大学出版社2013年版。

［3］［法］巴贝夫：《巴贝夫文选》，梅溪译，商务印书馆1962年版。

［4］［法］卢梭：《论人与人之间不平等的起因和基础》，李平沤译，商务印书馆2015年版。

［5］［美］阿历克斯·英格尔斯：《人的现代化》，殷陆君译，四川人民出版社1985年版。

［6］［美］奥斯卡·刘易斯：《桑切斯的孩子们》，李雪顺译，上海译文出版社2014年版。

［7］［美］加里·贝克尔：《人力资本（第3版）》，机械工业出版社2016年版。

［8］［美］劳埃德·雷诺兹：《微观经济学》，商务印书馆1986年版。

［9］［美］约翰·罗尔斯：《正义论》，何怀宏译，中国社会科学出版社2001年版。

［10］［印度］阿马蒂亚·森：《以自由看待发展》，任赜、于真译，中国人民大学出版社2002年版。

［11］［英］T. H. 马歇尔、安东尼·吉登斯：《公民身份与社会阶级》，郭忠华、刘训练译，江苏人民出版社2007年版。

［12］［英］阿尔柯克：《认识贫困》，麦克米伦出版社1993年版。

［13］［英］爱德华·B. 泰勒：《人类学：人及其文化研究》，连树生译，广西师范大学出版社2004年版。

［14］［英］大卫·李嘉图：《政治经济学及赋税原理》，光明日报出版社2009年版。

［15］［英］赫伯特·斯宾塞：《社会学研究》，严复译，上海世界图书出版公司2012年版。

［16］［英］皮特·J. 鲍勃：《进化思想史》，江西教育出版社1999年版。

［17］［英］萨比娜·阿尔基尔：《贫困的缺失维度》，刘民权译，科学出版社2010年版。

［18］［英］亚当·斯密：《国民财富的性质和原因的研究》，郭大力、王亚南译，商务印书馆1974年版。

［19］AK Fosu: *Growth, Inequality, and Poverty Redu in Developing Countries: Recent Global Evidence. Research in Economics*, 2016, (2), pp. 1–45.

［20］B. Lowyck, M. De Hert, E. Peeters, M. Wampers, P. Gilis, J. Peuskens: *A Study of the Family Burden of 150 Family Members of Schizophrenic Patients. European Psychiatry*, 2004, 19 (7), pp. 395–401.

［21］Finer C J.: *Social Policy Reform in China: Views from Home and Abroad*. Ashgate Publishing, 2003.

［22］Gary S. Becker, Nigel Tomes: *An Equilibrium Theory of the Distribution of Income and Intergenerational Mobility. Journal Of Political Economy*, 1979, 87 (6), pp. 1153–1189.

［23］Gary S. Becker, Nigel Tomes: *Human Capital and the Rise and Fall of Families. Journal Of Labor Economics*, 1986, 4 (3): S1–S39.

［24］Jalan J., M. Ravallion: *Geographic Poverty Traps? A Micro Model of Consumption Growth in Rural China. Journal of Applied Econometrics*, 2002, 17 (4), pp. 329–346.

［25］JT Dalton: *Why Growth Matters: How Economic Growth in India Reduced Poverty and the Lessons for Other Developing Countries. Southern Economic Journal*, 2015, 81 (1), pp. 263–264.

［26］Koenker, R, G Basset: *Regression Quintiles. Econmetrica*, 1978, (46), pp. 33–50.

［27］Koenker, R., KF. Hallock.: *Quintiles Regression. Journal of Economic Perspectives*, 2001, 15 (4), pp. 143–156.

［28］LS Carvalho, S Meier, SW Wang. *Poverty and Economic Decision-making: Evidence from Changes in Financial Resources at Payday. American Economic Review*, 2016, 106 (2), pp. 260.

［29］M Ravallion, MP Pradhan. *Measuring Poverty Using Qualitative Perceptions of Welfare*. Social Science Electronic Publishing, 2016.

［30］Mincer J. Schooling, Experience, and Earnings. National Bureau of Economic Research; distributed by Columbia University Press, 1974.

［31］Minoiu, Camelia, and S. G. Reddy: *Estimating Poverty and Inequality from Grouped Data: How Well Do Parametric Methods Perform?*. Social Science Electronic Publishing, 2008.

［32］Morduch, Jonathan, and T. Sicular: *Politics, Growth and Inequality in Rural China: Does it Pay to Join the Party?*. Journal of Public Economics, 1998, 77 (3), pp. 331–356.

［33］Park, Albert, Sangui Wang. *Community-based Development and Poverty Alleviation: An Evaluation of China's Poor Village Investment Program*. Journal of Public Economics, 2010, 24 (9), pp. 790–799.

［34］RRB Leakey, AJ Simons. *The Domestication and Commercialization of Indigenous Trees in Agroforestry for the Alleviation of Poverty*. Pirections in Tropical Agreforestry Research. Springer Netherlands, 1998.

［35］S Ayllon, A. Fusco. *Are Income Poverty and Perceptions of Financial Difficulties Dynamically Interrelated?*. Eale, 2016, 24 (13), pp. 1549–1551.

［36］S. Mclanahan, K. Booth. *Mother-only Families: Problems, Prospects, and Politics*. Journal of marriage and the family, 1989, 51 (3), pp. 557–580.

［37］Shah P. J., Morton MJ. *Adults with Attention-deficit Hyperactivity Disorder-diagnosis or Normality?*. British Journal of Psychiatry, 2013, 203 (5), pp. 317–319.

［38］Yao S., Zhang Z., Hanmer L.: *Growing Inequality and Poverty in China*. China Economic Review, 2004, 15 (2), pp. 145–163.

［39］安宝晟、程国栋：《西藏生态足迹与承载力动态分析》，载《生态学报》2014年第4期。

［40］包玉山：《对"三牧"问题的几点新认识》，载《内蒙古师范大学学报》（哲学社会科学版）2009年第4期。

［41］财政部农业司扶贫处：《集中力量实施扶贫攻坚促进解决滇西深度贫困——关于滇西边境集中连片特困地区扶贫开发调研报告》，载《农村财政与财务》2012年第5期。

［42］曹威威：《海南西部干旱片区扶贫开发对策研究》，载《经济研究导刊》2015年第16期。

［43］曾晓赢：《滇桂黔石漠化片区地方政府合作扶贫开发问题研究》，西南大学2014年硕士学位论文。

［44］陈祖海、谢浩：《干旱牧区贫困异质性分析——基于内蒙古自治区四子王旗的调查》，载《中南民族大学学报》（人文社会科学版）2015年第1期。

［45］赤峰市委党校课题组、宝音陶格陶夫：《赤峰市牧区贫困化问题研

究》，载《松州学刊》2012年第6期。

[46] 崔治文、徐芳、李昊源：《农户多维贫困及致贫机理研究——以甘肃省840份农户为例》，载《中国农业资源与区划》2015年第3期。

[47] 丁建军：《武陵山片区城镇化特征、趋势与发展战略（2014~2015）》，社会科学文献出版社2015年版。

[48] 杜加强、舒俭民、张林波：《基于NPP的黄南州自然植被对气候变化的响应》，载《生态学杂志》2010年第6期。

[49] 杜素红、陶佩君、王贵彦、周大迈：《河北省太行山区生态、经济协调发展对策研究》，载《农业科技管理》2008年第5期。

[50] 房灵敏、王琼、娄源冰、李智元、尼玛拉姆：《西藏教育的特殊性分析与思考》，载《西藏大学学报》（社会科学版）2008年第4期。

[51] 费孝通：《在湘鄂川黔毗邻地区民委协作会第四届年会上的讲话》，载《北京大学学报》（哲学社会科学版）2008年第5期。

[52] 冯明义：《乌蒙山区精准扶贫问题与对策研究——以泸州市古蔺县为例》，载《西华师范大学学报》（哲学社会科学版）2015年第6期。

[53] 俸俊馨：《滇西边境地区特有少数民族山区教育发展的思考——以临沧市双江自治县邦丙布朗族聚居乡为例》，载《云南农业大学学报》（社会科学版）2013年第5期。

[54] 高梦滔、姚洋：《农户收入差距的微观基础：物质资本还是人力资本？》，载《经济研究》2006年第12期。

[55] 葛长青、王美芬、郭振林等：《锡林郭勒盟正镶白旗草原蝗虫灾害的综合防治》，载《内蒙古草业》2006年第4期。

[56] 古扎丽努尔·阿不力孜、路玲、米日古丽·艾乃土、房新志、谌宏鸣：《南疆维吾尔族妇女宫颈癌与种族遗传易感性的关系研究》，载《中国肿瘤临床》2008年第11期。

[57] 胡光辉：《扶贫先扶志扶贫必扶智——谈谈如何深入推进脱贫攻坚工作》，载《今日海南》2017年第2期。

[58] 胡勇：《集中连片特困地区发展现状与贫困的根源探究——以武陵山区为例》，载《湖南农业科学》2013年第19期。

[59] 黄保顺：《决胜全面建成小康社会》，载《浙江日报》，2016年6月13日第6版。

[60] 黄国伟：《德保县石山地区林下经济发展模式及对策》，载《吉林农业》2014年第13期。

[61] 贾金荣：《六盘山连片特困地区自我发展能力研究》，兰州大学2013年硕

士学位论文。

[62] 雷振扬：《少数民族牧民定居政策实施效果与完善研究——基于新疆博尔塔拉蒙古自治州两个定居点的调查》，载《中南民族大学学报》（人文社科版）2011年第6期。

[63] 李波、刘丽娜、李俊杰：《高寒藏区农村反贫困政策依赖性研究——基于分位数回归模型的经验分析》，载《中央民族大学学报》（哲学社会科学版）2017年第5期。

[64] 李翠：《全国脱贫攻坚战中，民族地区这块"硬骨头"如何"啃"》，载《中国民族报》2017年3月24日第6版。

[65] 李华荣：《山西省农民收入差距的主观承受力实证分析》，载《山西农业大学学报》（社会科学版）2008年第6期。

[66] 李俊杰、其乐木格：《干旱牧区特殊类型贫困治理研究——以锡林郭勒盟牧区为例》，载《内蒙古民族大学学报》（社会科学版）2015年第5期。

[67] 李磊：《云南中缅边境毒品犯罪现状及打击对策》，载《法制博览》2015年第4期。

[68] 李卿：《四省藏区金融扶贫调查》，载《青海金融》2014年第10期。

[69] 李盛明：《贵州"顶坛模式"的启示》，载《光明日报》2012年6月29日第10版。

[70] 李仙娥、李倩：《秦巴集中连片特困地区的贫困特征和生态保护与减贫互动模式探析》，载《农业现代化研究》2013年第4期。

[71] 李小云、董强、饶小龙、赵丽霞：《农户脆弱性分析方法及其本土化应用》，载《中国农村经济》2007年第4期。

[72] 廖桂蓉：《四川藏区贫困状况及脱贫障碍分析》，载《农村经济》2014年第1期。

[73] 林建、廖杉杉：《民族地区财政金融政策的反贫困效应研究》，载《中国人口·资源与环境》2014年第9期。

[74] 刘峰：《宁夏六盘山片区扶贫开发路径与对策研究》，宁夏大学2013年硕士学位论文。

[75] 刘璐琳：《集中连片特困民族地区反贫困的思考》，光明日报2012年4月15日第7版。

[76] 刘彤：《藏族地区贫困与反贫困研究》，载《西南民族大学学报》（人文社会科学版）2008年第5期。

[77] 刘伟、黎洁、李聪、李树茁：《西部山区项目扶贫的农户收入效应——来自陕西安康的经验证据》，载《南京农业大学学报》（社会科学版）2014年第6期。

[78] 刘务林、程斌、李睿等：《西藏三成以上国土是保护区》，载《森林与人类》2016年第11期。

[79] 罗绒战堆：《藏族地区"惜杀惜售"问题的研究》，载《西南民族大学学报》（人文社会科学版）2009年第11期。

[80] 马宁：《迪庆藏族自治州人口和经济发展基本情况分析》，载《西北人口》2009年第6期。

[81] 苗齐、钟甫宁：《中国农村贫困的变化与扶贫政策取向》，载《中国农村经济》2006年第12期。

[82] 闵东来：《新西兰、澳大利亚生态文化考察启示》，载《四川林勘设计》2013年第2期。

[83] 闵言平：《深刻把握民族工作"五个并存"的新特征》，载《中国民族报》2014年11月28日第5版。

[84] 潘建生：《西藏全面建设小康社会中的宗教问题研究》，载《西藏民族学院学报》（哲学社会科学版）2005年第2期。

[85] 彭腾：《在制度完善中消除农村贫困》，载《荆楚理工学院学报》2009年第10期。

[86] 秦春艳：《新疆南疆三地州经济发展现状与趋势》，载《新疆财经》2013年第5期。

[87] 商兆奎、邵侃：《自然灾害胁迫下武陵山区农业发展：多重困境与突破路径》，载《云南民族大学学报》（哲学社会科学版）2016年第2期。

[88] 沈乾芳、太玉凤：《瑞丽傣族地区的学校教育与民族认同》，载《黑龙江民族丛刊》2012年第4期。

[89] 石智雷、邹蔚然：《库区农户的多维贫困及致贫机理分析》，载《农业经济问题》2013年第6期。

[90] 史月兰、唐卞、俞洋：《基于生计资本路径的贫困地区生计策略研究——广西凤山县四个可持续生计项目村的调查》，载《改革与战略》2014年第4期。

[91] 孙庆刚、秦放鸣：《中国西部少数民族地区经济社会全面发展的影响因素——综述与评价》，载《经济问题探索》2010年第4期。

[92] 覃建雄、张培、陈兴：《旅游产业扶贫开发模式与保障机制研究——以秦巴山区为例》，载《西南民族大学学报》（人文社会科学版）2013年第7期。

[93] 谭世斌：《现代贫困学导论》，湖北人民出版社2012年版。

[94] 万广华、周章跃、陆迁：《中国农村收入不平等：运用农户数据的回归分解》，载《中国农村经济》2005年第5期。

[95] 万婷、蒲春玲、陶崇鑫：《基于SLA分析框架的新疆南部地区农户生

计资本研究》，载《农业经济》2015 年第 6 期。

[96] 王丹丹、甘淑、张超、孙冠华：《不同地形特征下云南沿边村寨农户生计资产研究》，载《云南地理环境研究》2013 年第 6 期。

[97] 王锡宏：《论西藏教育特殊政策及实施》，载《内蒙古师范大学学报》（教育科学版）2008 年第 1 期。

[98] 温丽娜：《新疆南疆三地州实现高中免费教育》，载《中国民族报》2013 年 9 月 20 日第 1 版。

[99] 吴海涛、丁士军：《贫困学导论》，武汉大学出版社 2013 年版。

[100] 吴忠：《国际减贫理论与前沿问题 2010》，中国农业出版社 2010 年版。

[101] 伍艳：《贫困地区农户生计脆弱性的测度——基于秦巴山片区的实证分析》，载《西南民族大学学报》（人文社科版）2015 年第 5 期。

[102] 习近平：《摆脱贫困》，福建人民出版社 2014 年版。

[103] 习近平：《精准扶贫，决不让一个少数民族、一个地区掉队》，载《中国青年报》2015 年 3 月 9 日第 1 版。

[104] 鲜开林、史瑞：《贫困山区生态补偿机制问题研究——以山西太行山区为例》，载《东北财经大学学报》2014 年第 2 期。

[105] 向楠、叶慧、罗琦珊：《陵山区贫困农户生计资本评估及政府对策探究——以湖南省桑植县沙塔坪乡为例》，载《安徽农业科学》2015 年第 8 期。

[106] 徐定德、张继飞、刘邵权、谢芳婷、曹梦甜、王小兰、刘恩来：《西南典型山区农户生计资本与生计策略关系研究》，载《西南大学学报》（自然科学版）2015 年第 9 期。

[107] 徐国祥：《邓小平对外开放思想研究》，吉林省委党校 2011 年硕士学位论文。

[108] 徐月宾、刘凤芹、张秀兰：《中国农村反贫困政策的反思——从社会救助向社会保护转变》，载《中国社会科学》2007 年第 3 期。

[109] 许丹婷：《不让一个民族掉队》，载《广西日报》2016 年 4 月 14 日第 1 版。

[110] 杨海波：《云南"直过民族"人文贫困现状研究》，载《邢台学院学报》2014 年第 2 期。

[111] 杨开忠、杨咏、陈洁：《生态足迹分析理论与方法》，载《地球科学进展》2000 年第 6 期。

[112] 杨旭东、史伟：《滇桂黔石漠化区贵州片区贫困原因及林业扶贫措施》，载《中南林业调查规划》2013 年第 1 期。

[113] 杨艳、牛建明、张庆、张艳楠：《基于生态足迹的半干旱草原区生态承载力与可持续发展研究——以内蒙古锡林郭勒盟为例》，载《生态学报》2011

年第 17 期。

[114] 叶慧、李俊杰：《边境民族地区精准扶贫模式创新研究》，载《当代农村财经》2016 年第 5 期。

[115] 尤力、杨明洪：《新形势下西藏与四省藏区协调发展基点研究》，载《西南民族大学学报》（人文社会科学版）2014 年第 9 期。

[116] 游俊、冷志明、丁建军：《连片特困区蓝皮书：中国连片特困区发展报告（2014~2015）》，社会科学文献出版社 2015 年版。

[117] 袁祥：《西藏政教合一封建农奴制与中世纪西欧农奴制》，载《光明日报》2008 年 4 月 15 日第 1 版。

[118] 翟彬、梁流涛：《基于可持续生计的农村反贫困研究——以甘肃省天水贫困地区为例》，载《农村经济》2015 年第 5 期。

[119] 张爱华：《滇缅边境地区非法居留问题思考——以德宏州边境地区为例》，载《云南警官学院学报》2013 年第 5 期。

[120] 张大维：《集中连片少数民族困难社区的灾害与贫困关联研究——基于渝鄂湘黔交界处 149 个村的调查》，载《内蒙古社会科学》（汉文版）2011 年第 5 期。

[121] 张力化：《关于东北老工业基地产业结构调整研究》，东北师范大学 2005 年硕士学位论文。

[122] 张全红、周强：《多维贫困测量及述评》，载《经济与管理》2014 年第 1 期。

[123] 张善余、曾明星：《少数民族人口分布变动与人口迁移形势——2000 年第五次人口普查数据分析》，载《民族研究》2005 年第 1 期。

[124] 张绪清：《乌蒙山区贫困化形成机理与新农村抉择》，载《特区经济》2010 年第 5 期。

[125] 张志强、徐中民、程国栋、陈东景：《中国西部 12 省（区市）的生态足迹》，载《地理学报》2001 年第 5 期。

[126] 章士平：《"世界屋脊"的医疗扶贫之路——"藏区千名包虫病患者救助行动"纪事》，载《中国农村卫生》2016 年第 7 期。

[127] 赵雪雁：《生计资本对农牧民生活满意度的影响——以甘南高原为例》，载《地理研究》2011 年第 4 期。

[128] 郑智航：《论免于贫困的权利在中国的实现——以中国的反贫困政策为中心的分析》，载《法商研究》2013 年第 2 期。

[129] 周静茹：《六盘山回族地区反贫困研究》，兰州大学 2014 年博士学位论文。

[130] 周涛、王云鹏、龚健周等：《生态足迹的模型修正与方法改进》，载《生态学报》2015 年第 14 期。

后 记

本著作是教育部哲学社会科学研究重大课题攻关项目"民族地区特殊类型贫困与反贫困研究"（13JZD026）的研究成果。这个项目能够获批立项，是我们长期对民族地区贫困与发展问题观察和探索的结果，为我们今后对民族地区扶贫攻坚和全面小康建设相关领域的持续研究树立了信心。自2013年开始，以中南民族大学和湖北全面小康研究院的青年教师和硕博研究生为主要成员的研究团队，围绕贫困与发展的问题，广泛收集整理国内外经典研究文献，运用跨学科范式对民族地区尤其是集中连片特殊困难地区的贫困问题进行深入研究。课题组先后赴西藏、内蒙古、新疆、云南、广西、贵州、重庆、青海、甘肃、四川、湖南、湖北等贫困地区开展调查访谈，多次到中央与地方相关政府职能部门调研咨询，在调研过程中得到了多方面的支持和帮助，使项目得以顺利完成。

本课题以干旱牧区、武陵山区、滇桂黔石漠化区、滇桂边境地区、高寒藏区为研究对象，从区域特殊类型贫困的现状特征、致贫机理、减贫成效、反贫困制度创新四个部分展开研究。经过四年努力，课题组取得了丰富的阶段性成果。一是公开发表论文41篇，其中在CSSCI刊物上发表学术论文25篇；二是撰写调研报告和咨询报告，其中2篇分别获国家民委社会科学优秀成果奖一、二等奖，4篇被地方政府采纳运用；三是承担地方政府扶贫第三方评估，加快学术研究成果应用转化。

该项目是在首席专家李俊杰教授所设计的总体框架下，课题组成员分工协作完成的，可以说该成果是集体合作的结晶。其中，李俊杰教授设计研究框架，并参与第一、二、六篇撰写；中南财经政法大学丁士军教授和中南民族大学揭子平讲师负责第五篇；中南民族大学陈祖海教授负责第二篇；潘泽江教授负责第四篇；李海鹏副教授负责第三篇；叶慧教授负责第一篇；李波副教授负责第六篇。最后由李俊杰教授完成研究成果的统稿工作。由于研究能力和研究时间有限，书中不妥之处在所难免，恳请读者批评指正。

衷心感谢对本课题相关研究及编写做出贡献的人员和机构。感谢每一位作者在各篇章撰写、书稿审校和修订中付出的辛苦劳动！感谢教育部社科司提供的项目研究资助！感谢调研区域的相关政府职能部门的大力协作！感谢中南财经政法大学、华中农业大学、武汉大学、西藏大学、湖北大学、长春工业大学、悉尼大学等院校的支持！

最后，衷心希望民族地区扶贫攻坚工作和全面小康事业能不断前进，也希望我们的研究成果能为中国乃至其他发展中国家消除贫困作出力所能及的贡献！

教育部哲学社会科学研究重大课题攻关项目成果出版列表

序号	书　名	首席专家
1	《马克思主义基础理论若干重大问题研究》	陈先达
2	《马克思主义理论学科体系建构与建设研究》	张雷声
3	《马克思主义整体性研究》	逄锦聚
4	《改革开放以来马克思主义在中国的发展》	顾钰民
5	《新时期　新探索　新征程——当代资本主义国家共产党的理论与实践研究》	聂运麟
6	《坚持马克思主义在意识形态领域指导地位研究》	陈先达
7	《当代资本主义新变化的批判性解读》	唐正东
8	《当代中国人精神生活研究》	童世骏
9	《弘扬与培育民族精神研究》	杨叔子
10	《当代科学哲学的发展趋势》	郭贵春
11	《服务型政府建设规律研究》	朱光磊
12	《地方政府改革与深化行政管理体制改革研究》	沈荣华
13	《面向知识表示与推理的自然语言逻辑》	鞠实儿
14	《当代宗教冲突与对话研究》	张志刚
15	《马克思主义文艺理论中国化研究》	朱立元
16	《历史题材文学创作重大问题研究》	童庆炳
17	《现代中西高校公共艺术教育比较研究》	曾繁仁
18	《西方文论中国化与中国文论建设》	王一川
19	《中华民族音乐文化的国际传播与推广》	王耀华
20	《楚地出土戰國簡册［十四種］》	陈　伟
21	《近代中国的知识与制度转型》	桑　兵
22	《中国抗战在世界反法西斯战争中的历史地位》	胡德坤
23	《近代以来日本对华认识及其行动选择研究》	杨栋梁
24	《京津冀都市圈的崛起与中国经济发展》	周立群
25	《金融市场全球化下的中国监管体系研究》	曹凤岐
26	《中国市场经济发展研究》	刘　伟
27	《全球经济调整中的中国经济增长与宏观调控体系研究》	黄　达
28	《中国特大都市圈与世界制造业中心研究》	李廉水

序号	书名	首席专家
29	《中国产业竞争力研究》	赵彦云
30	《东北老工业基地资源型城市发展可持续产业问题研究》	宋冬林
31	《转型时期消费需求升级与产业发展研究》	臧旭恒
32	《中国金融国际化中的风险防范与金融安全研究》	刘锡良
33	《全球新型金融危机与中国的外汇储备战略》	陈雨露
34	《全球金融危机与新常态下的中国产业发展》	段文斌
35	《中国民营经济制度创新与发展》	李维安
36	《中国现代服务经济理论与发展战略研究》	陈 宪
37	《中国转型期的社会风险及公共危机管理研究》	丁烈云
38	《人文社会科学研究成果评价体系研究》	刘大椿
39	《中国工业化、城镇化进程中的农村土地问题研究》	曲福田
40	《中国农村社区建设研究》	项继权
41	《东北老工业基地改造与振兴研究》	程 伟
42	《全面建设小康社会进程中的我国就业发展战略研究》	曾湘泉
43	《自主创新战略与国际竞争力研究》	吴贵生
44	《转轨经济中的反行政性垄断与促进竞争政策研究》	于良春
45	《面向公共服务的电子政务管理体系研究》	孙宝文
46	《产权理论比较与中国产权制度变革》	黄少安
47	《中国企业集团成长与重组研究》	蓝海林
48	《我国资源、环境、人口与经济承载能力研究》	邱 东
49	《"病有所医"——目标、路径与战略选择》	高建民
50	《税收对国民收入分配调控作用研究》	郭庆旺
51	《多党合作与中国共产党执政能力建设研究》	周淑真
52	《规范收入分配秩序研究》	杨灿明
53	《中国社会转型中的政府治理模式研究》	娄成武
54	《中国加入区域经济一体化研究》	黄卫平
55	《金融体制改革和货币问题研究》	王广谦
56	《人民币均衡汇率问题研究》	姜波克
57	《我国土地制度与社会经济协调发展研究》	黄祖辉
58	《南水北调工程与中部地区经济社会可持续发展研究》	杨云彦
59	《产业集聚与区域经济协调发展研究》	王 珺

序号	书　名	首席专家
60	《我国货币政策体系与传导机制研究》	刘　伟
61	《我国民法典体系问题研究》	王利明
62	《中国司法制度的基础理论问题研究》	陈光中
63	《多元化纠纷解决机制与和谐社会的构建》	范　愉
64	《中国和平发展的重大前沿国际法律问题研究》	曾令良
65	《中国法制现代化的理论与实践》	徐显明
66	《农村土地问题立法研究》	陈小君
67	《知识产权制度变革与发展研究》	吴汉东
68	《中国能源安全若干法律与政策问题研究》	黄　进
69	《城乡统筹视角下我国城乡双向商贸流通体系研究》	任保平
70	《产权强度、土地流转与农民权益保护》	罗必良
71	《我国建设用地总量控制与差别化管理政策研究》	欧名豪
72	《矿产资源有偿使用制度与生态补偿机制》	李国平
73	《巨灾风险管理制度创新研究》	卓　志
74	《国有资产法律保护机制研究》	李曙光
75	《中国与全球油气资源重点区域合作研究》	王　震
76	《可持续发展的中国新型农村社会养老保险制度研究》	邓大松
77	《农民工权益保护理论与实践研究》	刘林平
78	《大学生就业创业教育研究》	杨晓慧
79	《新能源与可再生能源法律与政策研究》	李艳芳
80	《中国海外投资的风险防范与管控体系研究》	陈菲琼
81	《生活质量的指标构建与现状评价》	周长城
82	《中国公民人文素质研究》	石亚军
83	《城市化进程中的重大社会问题及其对策研究》	李　强
84	《中国农村与农民问题前沿研究》	徐　勇
85	《西部开发中的人口流动与族际交往研究》	马　戎
86	《现代农业发展战略研究》	周应恒
87	《综合交通运输体系研究——认知与建构》	荣朝和
88	《中国独生子女问题研究》	风笑天
89	《我国粮食安全保障体系研究》	胡小平
90	《我国食品安全风险防控研究》	王　硕

序号	书名	首席专家
91	《城市新移民问题及其对策研究》	周大鸣
92	《新农村建设与城镇化推进中农村教育布局调整研究》	史宁中
93	《农村公共产品供给与农村和谐社会建设》	王国华
94	《中国大城市户籍制度改革研究》	彭希哲
95	《国家惠农政策的成效评价与完善研究》	邓大才
96	《以民主促进和谐——和谐社会构建中的基层民主政治建设研究》	徐　勇
97	《城市文化与国家治理——当代中国城市建设理论内涵与发展模式建构》	皇甫晓涛
98	《中国边疆治理研究》	周　平
99	《边疆多民族地区构建社会主义和谐社会研究》	张先亮
100	《新疆民族文化、民族心理与社会长治久安》	高静文
101	《中国大众媒介的传播效果与公信力研究》	喻国明
102	《媒介素养：理念、认知、参与》	陆　晔
103	《创新型国家的知识信息服务体系研究》	胡昌平
104	《数字信息资源规划、管理与利用研究》	马费成
105	《新闻传媒发展与建构和谐社会关系研究》	罗以澄
106	《数字传播技术与媒体产业发展研究》	黄升民
107	《互联网等新媒体对社会舆论影响与利用研究》	谢新洲
108	《网络舆论监测与安全研究》	黄永林
109	《中国文化产业发展战略论》	胡惠林
110	《20世纪中国古代文化经典在域外的传播与影响研究》	张西平
111	《国际传播的理论、现状和发展趋势研究》	吴　飞
112	《教育投入、资源配置与人力资本收益》	闵维方
113	《创新人才与教育创新研究》	林崇德
114	《中国农村教育发展指标体系研究》	袁桂林
115	《高校思想政治理论课程建设研究》	顾海良
116	《网络思想政治教育研究》	张再兴
117	《高校招生考试制度改革研究》	刘海峰
118	《基础教育改革与中国教育学理论重建研究》	叶　澜
119	《我国研究生教育结构调整问题研究》	袁本涛 王传毅
120	《公共财政框架下公共教育财政制度研究》	王善迈

序号	书名	首席专家
121	《农民工子女问题研究》	袁振国
122	《当代大学生诚信制度建设及加强大学生思想政治工作研究》	黄蓉生
123	《从失衡走向平衡：素质教育课程评价体系研究》	钟启泉 崔允漷
124	《构建城乡一体化的教育体制机制研究》	李 玲
125	《高校思想政治理论课教育教学质量监测体系研究》	张耀灿
126	《处境不利儿童的心理发展现状与教育对策研究》	申继亮
127	《学习过程与机制研究》	莫 雷
128	《青少年心理健康素质调查研究》	沈德立
129	《灾后中小学生心理疏导研究》	林崇德
130	《民族地区教育优先发展研究》	张诗亚
131	《WTO主要成员贸易政策体系与对策研究》	张汉林
132	《中国和平发展的国际环境分析》	叶自成
133	《冷战时期美国重大外交政策案例研究》	沈志华
134	《新时期中非合作关系研究》	刘鸿武
135	《我国的地缘政治及其战略研究》	倪世雄
136	《中国海洋发展战略研究》	徐祥民
137	《深化医药卫生体制改革研究》	孟庆跃
138	《华侨华人在中国软实力建设中的作用研究》	黄 平
139	《我国地方法制建设理论与实践研究》	葛洪义
140	《城市化理论重构与城市化战略研究》	张鸿雁
141	《境外宗教渗透论》	段德智
142	《中部崛起过程中的新型工业化研究》	陈晓红
143	《农村社会保障制度研究》	赵 曼
144	《中国艺术学学科体系建设研究》	黄会林
145	《人工耳蜗术后儿童康复教育的原理与方法》	黄昭鸣
146	《我国少数民族音乐资源的保护与开发研究》	樊祖荫
147	《中国道德文化的传统理念与现代践行研究》	李建华
148	《低碳经济转型下的中国排放权交易体系》	齐绍洲
149	《中国东北亚战略与政策研究》	刘清才
150	《促进经济发展方式转变的地方财税体制改革研究》	钟晓敏
151	《中国—东盟区域经济一体化》	范祚军

序号	书　名	首席专家
152	《非传统安全合作与中俄关系》	冯绍雷
153	《外资并购与我国产业安全研究》	李善民
154	《近代汉字术语的生成演变与中西日文化互动研究》	冯天瑜
155	《新时期加强社会组织建设研究》	李友梅
156	《民办学校分类管理政策研究》	周海涛
157	《我国城市住房制度改革研究》	高　波
158	《新媒体环境下的危机传播及舆论引导研究》	喻国明
159	《法治国家建设中的司法判例制度研究》	何家弘
160	《中国女性高层次人才发展规律及发展对策研究》	佟　新
161	《国际金融中心法制环境研究》	周仲飞
162	《居民收入占国民收入比重统计指标体系研究》	刘　扬
163	《中国历代边疆治理研究》	程妮娜
164	《性别视角下的中国文学与文化》	乔以钢
165	《我国公共财政风险评估及其防范对策研究》	吴俊培
166	《中国历代民歌史论》	陈书录
167	《大学生村官成长成才机制研究》	马抗美
168	《完善学校突发事件应急管理机制研究》	马怀德
169	《秦简牍整理与研究》	陈　伟
170	《出土简帛与古史再建》	李学勤
171	《民间借贷与非法集资风险防范的法律机制研究》	岳彩申
172	《新时期社会治安防控体系建设研究》	宫志刚
173	《加快发展我国生产服务业研究》	李江帆
174	《基本公共服务均等化研究》	张贤明
175	《职业教育质量评价体系研究》	周志刚
176	《中国大学校长管理专业化研究》	宣　勇
177	《"两型社会"建设标准及指标体系研究》	陈晓红
178	《中国与中亚地区国家关系研究》	潘志平
179	《保障我国海上通道安全研究》	吕　靖
180	《世界主要国家安全体制机制研究》	刘胜湘
181	《中国流动人口的城市逐梦》	杨菊华
182	《建设人口均衡型社会研究》	刘渝琳
183	《农产品流通体系建设的机制创新与政策体系研究》	夏春玉

序号	书　名	首席专家
184	《区域经济一体化中府际合作的法律问题研究》	石佑启
185	《城乡劳动力平等就业研究》	姚先国
186	《20世纪朱子学研究精华集成——从学术思想史的视角》	乐爱国
187	《拔尖创新人才成长规律与培养模式研究》	林崇德
188	《生态文明制度建设研究》	陈晓红
189	《我国城镇住房保障体系及运行机制研究》	虞晓芬
190	《中国战略性新兴产业国际化战略研究》	汪　涛
191	《证据科学论纲》	张保生
192	《要素成本上升背景下我国外贸中长期发展趋势研究》	黄建忠
193	《中国历代长城研究》	段清波
194	《当代技术哲学的发展趋势研究》	吴国林
195	《20世纪中国社会思潮研究》	高瑞泉
196	《中国社会保障制度整合与体系完善重大问题研究》	丁建定
197	《民族地区特殊类型贫困与反贫困研究》	李俊杰
......		